PRINCÍPIOS INSTITUCIONAIS DO MINISTÉRIO PÚBLICO

Carlos Roberto de C. Jatahy

PRINCÍPIOS INSTITUCIONAIS DO MINISTÉRIO PÚBLICO

Freitas Bastos Editora

Copyright © *2021 by* Carlos Roberto de C. Jatahy

Todos os direitos reservados e protegidos pela Lei 9.610, de 19.2.1998.
É proibida a reprodução total ou parcial, por quaisquer meios, bem como a produção de apostilas, sem autorização prévia, por escrito, da Editora.

Direitos exclusivos da edição e distribuição em língua portuguesa:

Maria Augusta Delgado Livraria, Distribuidora e Editora

Editor: *Isaac D. Abulafia*
Foto da Capa: *Alziro Xavier*
Capa e Diagramação: *Jair Domingos de Sousa*

DADOS INTERNACIONAIS PARA CATALOGAÇÃO
NA PUBLICAÇÃO (CIP)

J39p

Jatahy, Carlos Roberto de C.

Princípios institucionais do Ministério Público / Carlos Roberto de C. Jatahy. – Rio de Janeiro : Freitas Bastos, 2021.

552 p. ; 16cm x 23cm.

ISBN: 978-65-5675-080-4

1. Direito. 2. Princípios Institucionais. 3. Ministério Público. I. Título.

2021-3449   CDD 340   CDU 34

Freitas Bastos Editora

freitasbastos@freitasbastos.com
vendas@freitasbastos.com
www.freitasbastos.com

APRESENTAÇÃO

"Entre todos os cargos judiciários, o mais difícil, segundo me parece, é o do Ministério Público. Este, como sustentáculo da acusação, devia ser tão parcial como um advogado; como guarda inflexível da lei, devia ser tão imparcial como um juiz. Advogado sem paixão, juiz sem imparcialidade, tal o absurdo psicológico no qual o Ministério Público, se não adquirir o sentido do equilíbrio, se arrisca – momento a momento – a perder por amor da sinceridade a generosa combatividade do defensor ou, por amor da polêmica, a objetividade sem paixão do magistrado".

Piero Calamandrei

Esta obra é fruto de muitos anos no magistério da disciplina Princípios Institucionais do Ministério Público, cujo conteúdo é exigido em concursos para ingresso na carreira do MP e no quadro de servidores da Instituição pelo Brasil.

Trata-se da coletânea de aulas, palestras e pesquisas realizadas nesse período, tanto no âmbito profissional quanto como docente da Fundação Escola do Ministério Público (FEMPERJ) e da Escola de Direito Rio da Fundação Getúlio Vargas (FGV Direito Rio), somadas ainda a experiência em órgãos colegiados e na Administração Superior do MPRJ.

Preocupei-me em condensar, em um único volume, o conteúdo dogmático previsto nos últimos certames, além de compilar questões de provas e jurisprudência existentes nos Tribunais Superiores a respeito da Instituição, que permitem ao leitor uma avaliação da sua aprendizagem.

O objetivo final é obter uma visão sistemática da Teoria Geral do Ministério Público, facilitando ainda a abordagem de temas institucionais a todos aqueles que tenham interesse pelo Parquet.

Ao Procurador de Justiça José dos Santos Carvalho Filho, mestre e amigo, profundo conhecedor do Direito, que prefaciou a obra, meus sinceros agradecimentos pelos comentários e críticas recebidos.

Agradeço à minha filha Marina, que muito me honrou como coautora do Capítulo VIII, acerca da intervenção do MP na área cível bem como pela releitura dos originais, demonstrando proficiência acadêmica e apreço pelo estudo da ciência jurídica.

Não poderia deixar de mencionar também o auxílio que recebi, na pesquisa e organização do material consultado, da Dra. Larissa Campos, ex-aluna no curso de graduação da FGV Direito Rio.

Finalmente, agradeço à Celeste pelo amor, apoio incondicionado e horas de convívio subtraídas para a conclusão do presente trabalho.

Rio de Janeiro, Inverno de 2021
Carlos Roberto de Castro Jatahy

PREFÁCIO

Ao tecer suas considerações sobre o Estudo e o regime democrático moderno, Biscaretti Di Ruffia, sempre guiado por um pensamento equilibrado e plurivisual, transmitiu um daqueles ensinamentos que merecem consagração na posteridade: conquanto seja o Estado um ente social, uma realidade jurídica, não pode ser equiparado a um "mecanismo animado" – miraculosa criação de arte e do engenho humano – formador do monstro Leviatã nascido do imaginário de Hobbes (teoria mecânica). Mas também não pode ser semelhante ao homem que se encontre curvado às leis biológicas, como advogou a teoria orgânica, cujas primeiras referências vieram no apólogo de Menenio Agrippa e se desenvolveram no século XIX com o pensamento de Schaeffle, Gierke e Preuss. Concluindo, registrou o grande pensador: "Trata-se, com efeito, mais simplesmente, de um produto natural e espontâneo da sociabilidade humana, que precisa da força cimentadora do direito" (Direito Constitucional, 1984, Ed. RT, p. 35, trad. de Maria Helena Diniz).

Fruto do caráter gregário das sociedades, o Estado não pode ser concebido sem que nele estejam integradas as instituições que lhe servem de conformação, sejam elas políticas, sociais, econômicas, administrativas. Resultam elas do processo histórico e evolutivo que se vai alojando e sedimentando no meio social. Analisando-as no contexto da sociedade organizada, Charles Debbasch (Institutions et Droit Administratifs, Presses Universitaires de France, 1976, p. 23) preferiu generalizá-las como instituições públicas, classificando-as em dois grupos: as instituições políticas e as instituições administrativas.

"*Les institutions politiques déteigment toujours sur les institutions administratives.*

Cette relation est le résultat de diverses données" (Em tradução livre: "As instituições

políticas sempre influem nas instituições administrativas. Essa relação resulta de diversos elementos"). O autor discorre sobre elas e de seu discurso surge a inferência de que o Estado somente se "personifica" quando assentado em suas instituições.

São as instituições, afinal que, compondo-se de estruturas, ideologias e destinos teleológicos, acabam por gerar, ampliar, preservar e velar pelos direitos e garantias dos indivíduos singularmente considerados, dos grupos sociais de semelhantes e, enfim, da própria sociedade em si. Como, por exemplo, se poderia conceber a liberdade – diga-se, a liberdade com fim, com alvo – como *standard* jurídico de homogeneidade social das pessoas? Clássicas as palavras singelas, embora profundas, do saudoso J. H. Meirelles Teixeira: Quando se fala em liberdade há, portanto, uma referência implícita a uma certa atividade, e, como não existe, nem é concebível uma atividade sem objetivo, sem uma finalidade, temos forçosamente de concluir que não há liberdade sem um objeto, isto é, sem um "fim" para o qual ela se oriente e se dirija (Curso de Direito Constitucional, Forense, 1991, p. 664, obra revista por Maria Garcia, grifos original). Estado, Instituição, Liberdade, eis aí os ingredientes fundamentais sobre os quais repousa o Ministério Público. Da mesma forma que sucede com as instituições em geral, muitos mares e continentes foram atravessados desde *les gens du roi* de Felipe IV, o Belo. Muitas intempéries também. Sem perpassar o escorço histórico do processo evolutivo do Ministério Público, é unívoco o pensamento de que a vigente Constituição passou a pintá-lo com cores mais fortes e definidas; descansou-o sobre o patamar estatal que reclamava; dispensou-lhe prerrogativas especiais de direito público para perseguir seus misteres; e, enfim, reforçou-lhe a couraça para defendê-lo de eventuais arremetidas, sobretudo daqueles que, acostumados à indiferença do sistema, passaram a sofrer os incômodos e as sanções proporcionalmente relativas às invasões da ordem jurídica que perpetraram. Pois bem. A obra do Professor Carlos Roberto de Castro Jatahy – dedicado mestre, jovem jurista e, para minha honra, companheiro de Ministério Público – transmite-nos o sentido multilateral do Ministério Público, não apenas sob o aspecto ideológico da Instituição, mas também como vem sendo delineado pelos intérpretes e operadores do Direito. Daí ter-me acometido o que os poetas chamam de "euforia da alma" ao ser convidado pelo autor para prefaciá-la. A leitura da obra – posso confessar (e aqui o faço com isenção) – é ao mesmo tempo enriquecedora e suave, contrariando a prática do dia a dia, em que muitas obras se revelam dentro do paradoxo entre suavidade e enriquecimento cultural. Portanto, é obra para estudiosos de qualquer nível, inclusive para aqueles que iniciam sua navegação nos largos espaços em que se aloja o Ministério Público.

O autor apresenta inicialmente a evolução histórica da Instituição e, em seguida, analisa os princípios institucionais e as garantias e vedações estabelecidas na Constituição para os membros do Ministério Público. Destina um tópico próprio para tema fundamental – o Promotor Natural, verdadeiro postulado do Estado de Direito. Sempre com a apresentação de inúmeros fundamentos, a obra cuida ainda da estrutura legislativa e organizacional, das competências constitucionais e do estatuto funcional – este formalizado pela Lei 8.625/93, sobre o qual o autor tece percuciente análise.

O capítulo destinado à atuação ministerial é substancial e nele são estudados vários temas fundamentais para o conhecimento da Instituição, como o conflito de atribuições, a atuação nas áreas criminal e cível e, dando especial realce, a atuação na tutela dos interesses transindividuais – um dos grandes baluartes do moderno Ministério Público.

Some-se toda essa exposição acadêmica, clara, precisa, sem subterfúgios, como devem ser os estudos jurídicos, à farta coletânea de decisões sobre os vários temas enfocados e às numerosas questões já formuladas em concursos públicos para ingresso nos quadros do Ministério Público – e aí teremos o todo, a unidade, a obra do Professor Carlos Roberto de Castro Jatahy.

É costume que os prefaciantes augurem o sucesso da obra. Faço-o também. Mas acrescento um dado: que o sucesso seja acompanhado da compreensão, pelos que a lerem, das ideias, da cultura, e de todos os temas que contém. Essa, na minha visão, a láurea maior dos que se dedicam a transmitir em obras o produto de seus estudos.

Por fim, cabe neste passo a antevisão de Jonas Edward Salk quando venceu a poliomielite: "A recompensa por um trabalho bem-feito é a oportunidade de fazer mais trabalho bem-feito". Recompensemos, pois, o autor e dele esperemos outros trabalhos tão bem-feitos como este.

José dos Santos Carvalho Filho

SUMÁRIO

I – A Evolução Histórica do Ministério Público

1. A Origem da Instituição 1
    1.1. O Ministério Público na Antiguidade 1
    1.2. As origens próximas da Instituição 2
        1.2.1. As Origens Francesas 3
        1.2.2. As Raízes Portuguesas 4
2. O Ministério Público nas Constituições Brasileiras 6
    2.1. A Constituição de 1824 6
    2.2. A Constituição de 1891 6
    2.3. A Constituição de 1934 7
    2.4. A Constituição de 1937 7
    2.5. A Constituição de 1946 8
    2.6. A Constituição de 1967 8
    2.7. A Emenda Constitucional nº 1/69 8
    2.8. A Constituição de 1988 9
3. Questão de Concurso 9

II – O Ministério Público na Constituição de 1988

1. Conceito: O Art. 127 da CF e o Agente de Transformação Social 10
    1.1 O MP como cláusula pétrea: Instituição permanente e essencial à Justiça 12
    1.2. O Ministério Público no contexto dos poderes políticos e seu papel no Estado Democrático de Direito 13
        1.2.1. Orgão Constitucional com *status* peculiar de Poder do Estado 13
        1.2.2 A defesa do Estado Democrático de Direito 15
    1.3. O Ministério Público e a proteção dos direitos fundamentais 18
2. Princípios Institucionais do Ministério Público (Art. 127, § 1º da CF) 20

2.1. Unidade 20
2.2. Indivisibilidade 21
2.3. Independência funcional 22
2.4. Promotor natural...23
3. Autonomia funcional, administrativa e orçamentária
(Art. 127 § 2º a 6º da CF) 25
   3.1. Autonomia Funcional e Administrativa 26
   3.2. Autonomia Financeira e Orçamentária 27
4. A organização constitucional do Ministério Público
(Art. 128, *caput*, § 1º a 5º da CF) 29
5. As garantias e vedações constitucionais dos membros do MP
(Art. 128 § 5º I e II da CF) 30
6. Funções Institucionais do Ministério Público (Art. 129 da CF) 32
7. O MP e os Instrumentos de controle da Administração
Pública... 63
8. MP e o controle das omissões administrativas e a
efetividade de políticas públicas 66
9. O MP e a Lei de Responsabilidade Fiscal................................. 68
   9.1. O Artigo 9º, § 3º, da LRF 69
10. Atuação Resolutiva do Ministério Público 70
11. O membro do Ministério Público enquanto agente público
e agente político... 72
12. Jurisprudência sobre o Tema.. 74
    12.1. Informativos STF 74
    12.2. Informativos STJ 82
13. Questões de concursos.. 88

III – A Estrutura Legislativa e Organizacional do Ministério Público

1. A Legislação do Ministério Público 89
   1.1. Competência para legislar sobre o Ministério Público 90
      1.1.1. Os projetos da Assembléia Legislativa e os vícios de
      iniciativa 91
      1.1.2. Possibilidade de emendas parlamentares aos projetos
      de lei de iniciativa do Ministério Público 93
      1.1.3. A retirada do PGJ como legitimado para iniciativa de
      leis sobre o Parquet no âmbito da Constituição
      Estadual – Impossibilidade..95

1.2. As leis orgânicas do Ministério Público..96
    1.2.1. A Lei Orgânica Nacional do Ministério Público
        (Lei Federal nº 8.625/93 – LONMP)..................................96
    1.2.2. A Lei Orgânica do Ministério Público da União
        (Lei Complementar Federal nº 75/93 – LOMPU)............99
    1.2.3. A Lei Orgânica do Ministério Público do Estado
        do Rio de Janeiro (Lei Complementar Estadual
        nº 106/2003 – LOMPRJ)..99

2. O Ministério Público da União 100
    2.1. O Ministério Público Federal... 101
        2.1.1. O Procurador-Geral da República e sua atribuição
            perante o STF e o STJ... 102
        2.1.2. A atuação do Ministério Público Federal no STF
            e no STJ.. 104
        2.1.3. Retratação da manifestação de arquivamento pelo
            Procurador-Geral em hipótese de atribuição
            originária... 106
        2.1.4. Sociedade de Economia Mista: a atuação do
            Ministério Público Federal 107
        2.1.5. FUNDEB – Fundo de Manutenção e
            Desenvolvimento da Educação Básica e de
            Valorização dos Profissionais da Educação 108
    2.2. O Ministério Público do Trabalho.. 113
        2.2.1. A contratação de trabalhadores cooperados e a
            atribuição ministerial 116
        2.2.2 Atuação na tutela coletiva – irregularidade contratual
            em face de apenas um trabalhador. Legitimidade
            do MPT 117
        2.2.3. O MPT e os escritórios de advocacia. Relação
            empregatícia de advogados associados 117
    2.3. O Ministério Público Militar.. 118
        2.3.1. O MP Militar e o Inquérito Civil (Art. 129, III da CF)..120
    2.4. O Ministério Público do Distrito Federal e Territórios 120
        2.4.1. O foro por prerrogativa de função dos membros do
            MPDFT... 121
        2.4.2. A atuação dos membros do MPDFT perante os
            Tribunais Superiores.. 122

2.4.3. A inconstitucionalidade do artigo 66, § 1º, do
Código Civil.. 122
3. O Ministério Público Estadual... 124
3.1. Atribuição do Ministério Público Estadual e competência
da Justiça Federal... 124
3.2. Ministério Público Estadual e Tribunais Superiores............... 126
3.3. MP estadual e irregularidades em Universidades privadas.... 127
4. O Ministério Público Eleitoral... 127
4.1. A estrutura do Ministério Público Eleitoral............................ 127
4.2. O foro por prerrogativa de função dos Promotores de
Justiça em atuação eleitoral... 129
4.3. O critério de investidura dos Promotores de Justiça para
a atribuição eleitoral... 129
4.4. O Arquivamento do Inquérito Policial por crime eleitoral.... 133
4.5. A intimação pessoal dos membros do Ministério Público
e o exercício de funções eleitorais....................................... 135
4.6. Algumas atribuições ministeriais... 137
4.6.1. Ação de impugnação ao registro............................... 139
4.6.2. Investigação judicial eleitoral.................................... 139
4.6.3. Ação de impugnação de mandato eletivo.................. 140
4.6.4. Aspectos criminais da legislação eleitoral................. 141
5. O Ministério Público Junto ao Tribunal de Contas................... 141
5.1. A natureza institucional do Ministério Público junto aos
Tribunais de Contas.. 141
5.2. A composição dos Tribunais de Contas dos Estados e
a participação do Ministério Público.................................... 146
5.3. MP de Contas e Tribunal de Contas Municipal..................... 148
5.4. Atos de improbidade administrativa detectados pelo
Ministério Público junto ao Tribunal de Contas e a
atribuição ministerial para deflagrar a respectiva ação
judicial 150
5.5. MP de Contas e execução de título extrajudicial
proveniente de Decisão do TCE.. 151
5.6. MP de Contas e atuação judicial fora do âmbito da
respectiva Corte de Contas 152
5.7. O Ministério Público junto ao Tribunal de Contas –
Informativos do STF 153

6. Jurisprudência sobre o Tema 158
   6.1. Informativos STF 158
   6.2. Informativos STJ 170
7. Questão de concursos 174

IV – Princípios Institucionais

1. Introdução... 175
2. A Unidade Institucional 175
   2.1. A EC 45/2004 e a "Chefia Nacional do MP" – inexistência ... 176
   2.2. Os conflitos de atribuições no âmbito da unidade
        institucional.. 177
        2.2.1. Conflito de atribuição e conflito de competência........... 178
        2.2.2. Conflito de atribuição e dúvida de atribuição................ 180
        2.2.3. Conflito positivo e conflito negativo de atribuição 181
        2.2.4. Outras hipóteses de conflito de atribuição 182
   2.3. A solução dos conflitos.. 182
        2.3.1. As diferentes possibilidades de conflitos 182
        2.3.2. Conflito de atribuição entre membros de uma mesma unidade institucional.. 183
        2.3.3. Conflito de atribuição entre membros do Ministério Público da União 183
        2.3.4. Conflito de atribuição entre membros do Ministério Público de ramos diferentes 184
   2.4. Litisconsórcio entre Ministérios Públicos diversos 189
3. Indivisibilidade.. 193
   3.1. Funcionamento de Promotor sem atribuição 194
   3.2. A indivisibilidade e a independência funcional................... 196
4. Independência Funcional.. 198
   4.1. A independência funcional não se confunde com a
        autonomia institucional.. 199
   4.2. Independência funcional e legitimidade recursal do
        Ministério Público.. 200
   4.3. As recomendações da Administração Superior 201
   4.4. Os limites da independência funcional. A fixação e
        a declaração de atribuição por parte do Procurador-Geral
        de Justiça.. 201
5. Princípio do Promotor Natural... 203

5.1. O Promotor Natural e o STF 204
5.2. O Promotor Natural e suas mitigações infraconstitucionais.. 206
6. **Jurisprudência sobre o Tema** **209**
   6.1. Informativos STF 209
   6.2. Informativos STJ 211
7. **Questões de concursos** **213**

V– Garantias, Prerrogativas, Deveres, Vedações e Responsabilidade dos Membros do Ministério Público

1. **Garantias do Ministério Público** **214**
   1.1. As garantias da Instituição 214
      1.1.1. A autonomia funcional e administrativa 214
      1.1.2. A autonomia financeira e orçamentária 214
         1.1.2.1. Negativa de repasse das verbas pelo Poder Executivo 215
      1.1.3. A autonomia legislativa 216
   1.2. As garantias dos membros do Ministério Público 217
      1.2.1. A vitaliciedade 218
         1.2.1.1. A aquisição da vitaliciedade 218
            1.2.1.1.1. O concurso para ingresso na carreira e a exigência da atividade jurídica 218
            1.2.1.1.2. O vitaliciamento 220
         1.2.1.2. A perda da vitaliciedade 222
            1.2.1.2.1. A questão da exoneração após o decurso do lapso temporal do vitaliciamento 224
            1.2.1.2.2. A indispensabilidade da ação civil ainda que haja sentença criminal determinando a perda do cargo 226
            1.2.1.2.3. Ação de improbidade administrativa e perda do cargo 228
      1.2.2. A inamovibilidade 230
         1.2.2.1. Remoção Compulsória 231
         1.2.2.2. Extinção do órgão de execução, da comarca ou mudança da sede da Promotoria de Justiça . 232
         1.2.2.3. Afastamento cautelar e provisório 233

1.2.2.4. O CNMP e a quebra da inamovibilidade do
membro do MP 234
1.2.2.5. Alteração das atribuições dos órgãos de
execução 234
1.2.2.6. Transferência das dependências do órgão de
execução 235
1.2.3. A irredutibilidade de subsídios 235
1.2.4. O Foro Especial 236
1.2.4.1. Crime de responsabilidade praticado pelo
PGR e pelo PGJ 241
1.2.4.2. A competência para julgamento de habeas
corpus quando a autoridade coatora é
membro do Ministério Público 241
1.2.4.3. A competência para julgamento de mandado
de segurança quando a autoridade coatora
é membro do Ministério Público 243
2. As Vedações Constitucionais dos Membros do Ministério
Público 243
2.1. Percepção de honorários ou verbas equivalentes 243
2.2. Exercício da advocacia 244
2.2.1. O membro do Ministério Público e a defesa em causa
própria – impossibilidade 245
2.3. Participação em sociedades empresárias 246
2.4. Exercício de outra função pública 246
2.4.1. A função de magistério 246
2.4.2. Exercício de outra função pública e membros
ingressos antes da Constituição de 1988 247
2.4.3. Membros ingressos após a Constituição de 1988 e
o artigo 44, parágrafo único, da LONMP 248
2.4.4. Participação em organismos estatais colegiados 250
2.5. Atividade político-partidária 251
2.5.1. A atual situação dos membros do Ministério Público
que desejem exercer atividade político-partidária 255
2.5.2. O período de quarentena 256
2.6. Percepção de quaisquer outros auxílios ou contribuições 256
3. Direitos e Prerrogativas dos Membros do Ministério Público. 257
3.1. A prisão e a investigação do membro do Ministério Público 258

3.2. Intimação pessoal das decisões – prerrogativa irrenunciável do Ministério Público 260
3.3. Porte de arma 263
    3.3.1. A Lei 10.826 de 2003 – O Estatuto do Desarmamento. 264
    3.3.2. A subsistência do porte de arma para membros aposentados 267
3.4. Livre acesso e trânsito em recintos públicos e privados 267
3.5. Assento à direita 268
4. Deveres e Vedações 273
    4.1. Residência na Comarca 274
        4.1.1. A Resolução nº 26 do CNMP (Alterada até a Res. CNMP 211/2020) 275
5. Suspeições e Impedimentos 275
    5.1. Pode o magistrado, ex officio, declarar a suspeição do membro do Parquet? 276
    5.2. O art. 104 do CPP e o afastamento do membro do Parquet pelo róprio magistrado 277
6. Regime Disciplinar: Órgãos Correcionais, Processo Disciplinar e Sanções 278
7. Jurisprudência sobre o Tema 281
    7.1. Informativos STF 281
8. Questões sobre o Tema 295

VI – Estrutura Orgânica

1. Observações Preliminares 297
2. Os Órgãos da Administração Superior 298
    2.1. A Procuradoria-Geral de Justiça 298
        2.1.1. Restrições à capacidade eleitoral ativa e passiva 299
        2.1.2. O procedimento de escolha do PGJ 301
        2.1.3. O mandato do PGJ e a desincompatibilização para reeleição 302
        2.1.4. Vacância do cargo no exercício do mandato 302
        2.1.5. Os Subprocuradores-Gerais de Justiça 303
        2.1.6. As funções institucionais do Procurador-Geral de Justiça 305
            2.1.6.1. As atribuições criminais originárias do PGJ..... 305
            2.1.6.2. As atribuições cíveis originárias do PGJ 307

2.1.7. A destituição do PGJ 308
2.2. O Colégio de Procuradores de Justiça 309
    2.2.1 Órgão Especial do Colégio de Procuradores de Justiça. 309
2.3. O Conselho Superior do Ministério Público 310
2.4. A Corregedoria-Geral do Ministério Público 312
    2.4.1. Atividade Fiscalizatória em relação ao
    Procurador-Geral 313
3. Os Órgãos da Administração 314
3.1. As Procuradorias de Justiça 314
3.2. As Promotorias de Justiça 315
4. Órgãos de Execução 315
4.1. Os Procuradores de Justiça 315
4.2. Os Promotores de Justiça 317
5. Grupos de Atuação Especializada e Forças Tarefa 317
6. Órgãos e serviços auxiliares 319
6.1. Centros de Apoio Operacional (CAOs) 319
6.2. Centros Regionais de Apoio Administrativo-Institucional
(CRAAIs) 319
6.3. Comissão de Concurso (Art. 34 da LONMP) 319
6.4. Centro de Estudos e Aperfeiçoamento Funcional
(art. 35 da LONMP) 320
6.5. Órgãos de Apoio Administrativo (art. 36 da LONMP) 320
6.6. Estagiários (art. 37 da LONMP) 320
6.7. Controle Interno do Ministério Público 321
    6.7.1. Secretaria Geral do Ministério Público 321
    6.7.2. Auditoria-Geral do Ministério Público 321
    6.7.3. Ouvidoria 322
7. Jurisprudência sobre o tema 322
7.1. Informativos STF 322
7.2. Informativos STJ 328
8. Questão sobre o tema 333

VII – Tópicos da atuação do Ministério Público na Área Penal

1. Introdução 334
2. Investigação Criminal Direta pelo Ministério Público 334
2.1. Breve histórico da discussão 334

2.2. A inexistente exclusividade da Polícia Judiciária na investigação criminal (Art. 144 da CF) 335
2.3. Exemplos de investigação realizada por outros órgãos 337
2.4. A prescindibilidade do inquérito policial 338
2.5. A previsão do poder investigatório ministerial 339
2.6. A posição atual do STF 341
2.7. Regulamentação da matéria pelo CNMP 343
2.8. O controle interno e externo de legalidade dos atos investigatórios ministeriais 346
3. As Promotorias Criminais, de Investigação Penal e de Execução Penal 348
   3.1. Promotorias de Justiça Criminal 348
      3.1.1. A atuação ministerial junto aos JECRIMs 349
   3.2. Promotorias de Investigação Penal 353
   3.3. Promotorias de Execução Penal 355
      3.4.1. A questão da execução da pena de multa 356
4. O Controle Externo da Atividade Policial 358
5. O MP e o Acordo de não Persecução Penal 360
6. Jurisprudência sobre o Tema 361
   6.1. Informativos do STF 361
   6.2. Informativos do STJ 371
7. Questões de Concurso 375

VIII – Tópicos da Atuação do Ministério Público na Área Cível

1. O Ministério Público no Processo Civil 376
   1.1. A atuação do Ministério Público como órgão agente 378
      1.1.1 Algumas demandas em que o MP é Órgão Agente 383
   1.2. A atuação do Ministério Público como fiscal da ordem jurídica 385
      1.2.1. Quando houver interesse público ou social (Artigo 178, I do CPC) 385
      1.2.2. Quando houver interesse de incapazes 386
      1.2.3. Nas ações que envolvam litígios coletivos pela posse de terra rural ou urbana 389
   1.3. Intervenção do Ministério Público prevista em outros diplomas legais 393
   1.4. Suspeição e impedimento 394

1.5. Responsabilidade civil 394
2. **Racionalização da Atuação Cível do Ministério Público** 395
3. **Jurisprudência sobre o Tema** 398
   3.1. Informativo do STF 398
   3.2. Informativos do STJ 399
4. **Questões de Concursos** 406

IX – Tópicos da Atuação do Ministério Público no Processo Coletivo

1. **O Ministério Público e a Defesa dos Direitos e Interesses Difusos, Coletivos e Individuais Homogêneos** 408
   1.1. A previsão legal dos direitos e interesses 408
   1.2. Conceitos 409
2. **O MP e a Legitimidade para a defesa dos interesses transindividuais** 411
   2.1. A natureza da legitimidade 411
      2.2.1. Interesses Difusos: 412
      2.2.2 Interesses Coletivos: 413
      2.2.3 Interesses Individuais Homogêneos: 414
      2.2.4 Interesses Individuais (não homogêneos) indisponíveis: 419
   2.3. O MP e a Legitimidade para questões tributárias: uma atribuição derrotada pela Jurisprudência 420
      2.3.1. Posicionamento doutrinário e jurisprudencial acerca do tema 420
      2.3.2 Exceções à ilegitimidade tributária do MP: precedentes jurisprudenciais. 425
3. **Algumas Questões Processuais sobre o Tema** 427
   3.1. Legitimidade Passiva: 427
      3.1.1. Legitimidade Passiva Extraordinária: 428
   3.2. Litisconsórcio ativo entre Ministérios Públicos diversos 429
   3.3. Obrigatoriedade da Ação Civil Pública 429
      3.3.1. A desistência do autor da ação coletiva e o Ministério Público 429
   3.4. O controle difuso de constitucionalidade em sede de ação civil pública 431
   3.5 A questão dos honorários periciais 434
   3.6 O MP e o Acordo de Não Persecução Cível(ANPC) 438

3.7. O MP e as Políticas Públicas: a idoneidade da ACP manejada pelo Parquet 441
4. O Inquérito Civil 442
    4.1. O procedimento no Inquérito Civil 443
    4.2. As opções do Parquet com o encerramento do inquérito 445
    4.3. O desarquivamento 446
5. Termo de Ajustamento de Conduta (TAC) 448
    5.1. Ação civil pública proposta por colegitimado quando já há um TAC firmado. 451
6. Outros Instrumentos para a tutela extrajudicial cível, individual ou coletiva 451
    6.1. Notícia de Fato 451
    6.2. Procedimento Administrativo (PA) 452
    6.3. A recomendação 453
    6.4. Audiência Pública 454
7. O MP e os acordos de leniência 455
8. O Ministério Público e a Defesa do Patrimônio Público e Social 458
    8.1. Improbidade Administrativa 458
9. A Defesa do Meio Ambiente pelo Ministério Público 460
    9.1. Conceito de meio ambiente 460
    9.2. A atuação ministerial 461
        9.2.1. Atuação ministerial ainda quando já exista TAC firmado 462
    9.3. O meio ambiente urbano 463
    9.4. O dano ambiental e sua vertente moral 463
10. A Defesa do Consumidor pelo Ministério Público 464
11. A Atuação do Ministério Público na Tutela da Saúde 465
    11.1. O controle ministerial sobre o SUS 467
    11.2. A prática de atos configuradores de improbidade administrativa 468
    11.3. A chamada *judicialização* da saúde 468
12. Jurisprudência sobre o Tema 469
    12.1. Informativos STF 469
    12.2. Informativos STJ 486
13. Questões de Concursos 496

X – O Conselho Nacional do Ministério Público e seu Regime Jurídico-Constitucional

1. O Conselho Nacional do Ministério Público 500
   1.1. Natureza Jurídica 500
   1.2. Composição 501
      1.2.1. O Procurador-Geral da República como membro nato do CNMP 502
   1.3. A constitucionalidade da criação do CNMP 502
   1.4. A escolha dos membros do CNMP e a Lei 11.372/06 503
      1.4.1. A indicação de membros do Parquet para preenchimento das vagas reservadas à sociedade civil – impossibilidade 504
   1.5. Relação com as Instituições Controladas 505
2. Atribuições e Poder Normativo do CNMP 506
   2.1. O limite ao poder normativo do CNMP 507
      2.1.1. Um caso concreto – A Resolução nº 14 do CNMP 508
   2.2 A solução dos conflitos de atribuição entre Ministérios Públicos 510
3. O Poder Disciplinar do CNMP 510
   3.1. As sanções cabíveis 512
   3.2. O poder punitivo do CNMP e o Procurador-Geral de Justiça 514
4. O Corregedor Nacional do Conselho Nacional do Ministério Público 515
5. Presidente do Conselho da Ordem dos Advogados do Brasil 515
6. Ouvidoria 516
7. Competência do STF 517
8. Jurisprudência sobre o Tema 518
   8.1. Informativos STF 518
9. Questão sobre o Tema 521

Referências Bibliográficas 522

I A Evolução Histórica do Ministério Público

1. A Origem da Instituição

A compreensão do papel do Ministério Público na sociedade contemporânea deve levar em conta as razões históricas que permearam sua formação, seu desenvolvimento e a adoção do atual perfil, observando as perspectivas futuras para seu aprimoramento. Mas a tarefa de precisar a gênese do Ministério Público é árdua. Sua origem é controvertida, divergindo a doutrina quanto à sua base remota, havendo relativo consenso quanto à sua origem próxima.[1]

1.1. O Ministério Público na Antiguidade

A busca por raízes do Ministério Público na Antiguidade tem severos críticos, como Roberto Lyra,[2] que em suas pesquisas concluiu no sentido de que *"os gregos e romanos não conheceram, propriamente, a instituição do Ministério Público"*, apesar de existirem cargos e funções similares àquelas atualmente exercidas pela Instituição na Antiguidade.[3] De fato, como afirmaram Marcel Rousselet e Jean Michel Auboin:[4] *"La justice athénienne, comme d'alleurs toutes lês justices antiques na jamais connu lê Ministère Public"*.

Quanto à existência da Instituição em Roma, nova controvérsia. Estudiosos da matéria[5] apontam os *"procuratores Caesaris"* e os *"advocati fisci"* como precedentes históricos do Ministério Público.

---

1 SAWEN Filho, João Francisco. *Ministério Público e o Estado democrático de direito*. Rio de Janeiro: Renovar, 1999, p. 38.
2 LYRA, Roberto. *Theoria e prática da promotoria pública*. Rio de Janeiro: Jacintho, 1937, p. 9.
3 SALLES, Carlos Alberto. *Entre a razão e a utopia: A formação histórica do Ministério Público*. In: VIGLIAR, José Marcelo Menezes e MACEDO Junior, Ronaldo Porto (coord.). *Ministério Público II: Democracia*. São Paulo: Atlas, 1999, pp. 13-14.
4 ROUSSELET, Marcel e AUBOIN, Jean Michel. *Histoire de La Justice*. 5ª ed. Paris: Presses Universitaires de France, 1976, p. 12.
5 FERREIRA, Sérgio de Andréia. *Princípios Institucionais do Ministério Público*. Revista do Instituto dos Advogados do Brasil, p. 9; SANTOS, Moacyr Amaral. *Primeiras Linhas de Direito Processual Civil*. São Paulo: Saraiva, 1977, v. 1, p. 105; VELLANI, Mário. *Op. cit.*, v. 1, pp. 11-12, MONTEIRO, João. *Teoria do Processo Civil*. 6ª ed. Rio de janeiro: Borsoi, 1956, p. 195.

Nesse sentido, parecer elaborado por João Monteiro,[6] refutado por Roberto Lyra,[7] que, ao pesquisar sobre o tema, focado na questão do exercício da persecução penal pelos membros da Instituição, afirma que tal função não era deferida ao Estado: "*o povo quando não o ofendido competia a iniciativa do procedimento penal e os acusadores eram um César, um Hortencio, um Catão, que, movidos pelas paixões ou pelos interesses, abriam caminho à sagração popular em torneio de eloqüência faciosa. A técnica da função confundia-se com a arte de conquistar prosélitos pela palavra*".

Em suma, é acertado afirmar que algumas funções atualmente exercidas pelo Ministério Público já existiam no Egito e em Roma. Contudo, tratava-se de funções atribuídas a pessoas que não representavam uma estrutura nem gozavam de um estatuto semelhante ao que hoje existe no Ministério Público contemporâneo. De todo modo, sempre é pertinente lembrar que não se deve incorrer em armadilhas historicistas e atemporais. Não se deve olvidar que a distância temporal, como bem diz Gadamer, é sempre um aliado e não um obstáculo para a compreensão do fenômeno.

1.2. As origens próximas da Instituição

O Ministério Público contemporâneo está relacionado a formas específicas de organização do Estado e em especial, da administração da Justiça. Os precedentes históricos que marcam seu surgimento são: I. A superação da vingança privada; II. A entrega da ação penal a um órgão público tendente à imparcialidade; III. A distinção entre o acusador e o Juiz; IV. A tutela de interesses da coletividade e não somente do fisco e do soberano; e V. A execução rápida e certa da sentença dos Juízes.[8]

Tais princípios e requisitos são característicos do Estado Moderno e, nesse contexto, o surgimento do Ministério Público deve ser compreendido como ligado à preexistência de condições básicas de organização política da sociedade, vinculadas ao aparecimento e à formação do novo aparato estatal. Feitas tais considerações, é de se aferir as origens modernas da Instituição, iniciando pelo seu berço: a França.

---

6 MONTEIRO, João, *Op. cit.*, p. 195.
7 LYRA, Roberto. *Op. cit.*, p. 10.
8 ZAPPA, Giancarlo. *Il pubblico ministero: apunti di storia e di diritto comparatto*. In: *La riforma Del pubblico ministero*. Milão: Dott. A. Giuffré, 1974, p. 63.

1.2.1. As Origens Francesas

A origem próxima da Instituição é comumente atribuída à França, especificamente na "*Ordonnance*" de Felipe IV, o Belo, que em 1302, une as funções, então distintas, dos "*advocat et procureur du roi*", também chamados de "*les gens du roi*", numa única instituição, passando tais agentes a desempenhar a persecução penal; a tutela dos interesses do Estado e também do soberano junto ao Poder Judiciário.[9] Com efeito, a criação de Tribunais e a investidura de magistrados na função jurisdicional se deve ao Rei Luiz IX que, com a publicação de seus Estatutos, em 1270 ("Estatutos de São Luiz"), retornou à fonte do direito romano, moralizando a distribuição da justiça naquele país.[10]

Felipe IV – o Belo[11] – cria, portanto, um corpo de funcionários a quem competiria a tutela dos interesses do Estado, separados da pessoa e dos bens do rei;[12] e com a finalidade de fiscalizar de perto as atividades dos magistrados, outorga-lhes as mesmas prerrogativas destes, impondo-lhes, inclusive, a vedação do patrocínio de quaisquer outras causas. Apesar de atuar tão somente na defesa dos interesses do Estado (que então se confundiam com os do soberano) – função que a instituição somente abandonou na Constituição de 1988 – nascia aí o Ministério Público.

A origem das expressões "Parquet" e "Ministério Público" é decorrente do próprio exercício funcional pelos procuradores do rei, que em correspondências trocadas entre si, denominavam sua função como um

---

9 MACHADO, A. *Op. cit.*, p. 13.
10 MELLO Junior, João Cancio de. *A Função de controle dos atos da Administração Pública pelo Ministério Público*. Belo Horizonte: Líder, 2001, p. 46.
11 Alto e dotado de grande beleza física, o que lhe valeu a alcunha, Felipe IV de França é conhecido na história universal como um monarca tirano, responsável por inúmeras atrocidades jurídicas com requintes de perversidade. João Francisco Sauwen Filho relata em sua obra (pp. 44-46), que ao tomar conhecimento do adultério cometido por suas noras, as princesas e irmãs Margarida e Branca Artois, conseguiu-lhes a condenação, juntamente com sua irmã mais nova, que inocente, sabia do ilícito, trancafiando-as num convento até a morte. Os amantes, os irmãos Gautier e Felipe Aunnay, escudeiros de nobres da corte, os fez condenar à morte precedida de bárbaras torturas, como castração em praça pública (a pretexto de resgatar a honra da família) e esfolamento, com a retirada de toda a pele por seus carrascos e a queima de seus órgãos genitais em fogueira. "Jamais o povo tinha visto espetáculo tão horripilante. Felipe quis deixar o exemplo gravado para sempre", conclui o autor.
12 REZENDE Filho, Gabriel. *Direito Processual Civil*. 4ª ed. São Paulo: Saraiva, 1954, v. 1, p. 91.

ofício ou ministério público, visando distingui-lo do ofício privado dos advogados,[13] sendo certo que, a expressão Parquet, utilizada atualmente como sinônimo da Instituição, tem origem no estrado existente nas salas de audiência, onde os procuradores do rei podiam sentar-se lado a lado com os magistrados.

Como bem leciona Hélio Tornaghi:[14]

> "O Ministério Público constituiu-se em verdadeira magistratura diversa da dos julgadores. Até os sinais exteriores dessa proeminência foram resguardados; os membros do Ministério Público não se dirigiam aos juízes do chão, mas de cima do mesmo estrado ("Parquet") em que eram colocadas as cadeiras desses últimos e não se descobriam para lhes endereçar a palavra, embora tivessem que falar de pé (sendo por isso chamados "magistrature debout", Magistratura de pé)".

No mesmo teor, Mauro Capelletti e J. A. Jolowicz,[15] indicando o "*status*" de magistrados dos membros do Ministério Público e o local especial onde tinham assento na corte:

> "Like the judges, they were (and are) member of the magistrature, although called 'magistrats debout' (standing judges) rather than 'magistrats assis" or "magistrates du siége' (sitting judges, to indicate that they made (ad make) their arguments standing before the sitting court). Likewise, they were (and are) also called Parquet, to indicate that, when arguing in court, they did (and do) not sit on the bench but rather, like the normal attorneys, stand on the floor Parquet".

1.2.2. As Raízes Portuguesas

No Brasil, as raízes do Ministério Público repousam, inicialmente, no Direito português, vigente no país no período colonial.

No país ibérico, a primeira menção existente acerca do assunto é um diploma legal de 14 de Janeiro de 1289, em que se criava a figura do *Procurador do Rei*, cargo de natureza pública e permanente,[16] sem,

---

13 MAZZILLI, Hugo Nigro. *Op. cit.*, p. 52; e SAUWEN Filho, João Francisco, *op. cit.*, p. 38, citando Henri Roland e Laurent Boyer, em *Lês Institutions Judiciares*.
14 TORNAGHI, Hélio. *Comentários ao Código de Processo Civil*. São Paulo: Revista dos Tribunais, 1976, v. 1, pp. 277-278.
15 CAPPELLETTI, Mauro e JOLOWICZ, J. A. *Studies in a Comparative Law – Public Interest Parties and the Cative Role of the Judge in civil Litigation* – Milano – Dott. A. Giuffré Editore.
16 MÁRTENS, João B. da Silva Ferrão de Carvalho. *O ministério público e a procuradoria-geral da Coroa e Fazenda. História, natureza e fins*. In: *Boletim do Ministério da Justiça*. Lisboa: Ministério da Justiça, fev. 1974, nº 233.

I – A Evolução Histórica do Ministério Público

entretanto, constituir ainda uma magistratura, o que só ocorreria mais tarde, com a criação dos tribunais regulares e a publicação de leis que viriam a substituir o primitivo direito dos forais de cada região.

Evidenciada no reino de Portugal a necessidade de se estabelecer uma instituição que apoiasse os vassalos que reclamassem por Justiça, bem como defendesse o interesse geral, surge, nas ordenações Afonsinas, publicadas entre 1446 e 1447 (Título VIII, Livro I), a figura do Procurador da Justiça, nestes termos "... *E veja, e procure bem todos os feitos da justiça, e das viúvas, e dos órfãos, e miseráveis pessoas que à nossa Corte vierem*".[17]

Nas ordenações Filipinas de 1603 é que se cria, de maneira mais sistemática, a figura de um Promotor de Justiça. Há diversos Títulos referindo-se à instituição do Ministério Público, com referências a um "*Procurador dos Feitos da Coroa*" ou ao "*Procurador dos Feitos da Fazenda*", ao "*Promotor da Justiça da Casa da Suplicação*" e ao "*Promotor da Justiça da Casa do Porto*", todos no Livro I.[18]

O primeiro texto legislativo genuinamente brasileiro a prever a figura do "Promotor de Justiça"[19] é datado de 1609, tratando-se do diploma que regulava a composição do Tribunal da Relação da Bahia e que dispunha: "*A Relação será composta de 10 (dez) desembargadores, 1 (um) procurador de feitos da Coroa e da Fazenda e 1 (um) promotor de justiça*".

Em 1751 foi criada outra Relação na Cidade do Rio de Janeiro, que viria a tornar-se a Casa de Suplicação do Brasil em 1808, cabendo-lhe julgar recursos da relação da Bahia. Nesse novo Tribunal, o cargo de promotor de justiça e o cargo de procurador dos feitos da Coroa foram separados, passando a ser ocupados por dois titulares. Pela primeira vez em terras brasileiras, separam-se as funções de defesa do Estado e do fisco, da Defesa da Sociedade, finalmente implementada em definitivo na atual Constituição da República.

---

17 RIBEIRO, Diaulas Costa. *Ministério Público: Dimensão constitucional e repercussão no processo penal*. São Paulo: Saraiva, 2003, p. 16. Note-se que o sentido democrático na instituição dos Procuradores da Justiça do reino português deve-se ao especial contexto histórico em que nasceu a monarquia lusa, numa época em regra absolutista. O signo da liberdade era evidente entre os portugueses que venceram a batalha de Aljubarrota e coroaram o primeiro soberano (D. João I, o mestre de Aviz), tanto que em suas lanças estava escrito, por ordem do príncipe: "Os vassalos portugueses são livres", como informa João Francisco Sauwen Filho em sua obra, em nota de rodapé da p. 104, citando Alexandre Herculano.
18 MAZZILLI, Hugo Nigro. *Op. cit.*, p. 46.
19 MELLO JUNIOR, João Cancio de. *Op. cit.*, p. 46.

2. O Ministério Público nas Constituições Brasileiras

2.1. A Constituição de 1824

A Constituição de 1824 não fazia qualquer menção ao Ministério Público, mas em seu artigo 48 afirmava: "No juízo dos crimes cuja acusação não pertence à Câmara dos Deputados, acusará o Procurador da Corôa, e Soberania Nacional". Neste período, foi editado o Código de Processo Criminal do Império (1832), que continha uma seção reservada aos promotores, com os primeiros requisitos para sua nomeação e principais atribuições. Destaque-se, neste período, que a Lei do Ventre Livre (Lei nº 2.040, de 28.09.1871) conferiu ao Promotor de Justiça a função de "protetor dos fracos e indefesos", estabelecendo que lhe competia velar também para que os filhos livres de mulheres escravas fossem devidamente registrados conforme matrícula especial que se criou na época. Chegando ao seu conhecimento a existência de crianças em tal condição, cabia-lhe dar a eles matrícula, numa função que até hoje é desempenhada especialmente pelos Promotores de Infância e Juventude.

2.2. A Constituição de 1891

A Constituição de 24 de fevereiro de 1891 também não mencionou a instituição do Ministério Público, mas em seu artigo 58, § 2º, fazia nascer a figura do Procurador-Geral da República, que seria nomeado pelo Presidente da República entre os Ministros do Supremo Tribunal Federal, com atribuições a serem definidas em lei.

Proclamada a República e instituído o Governo Provisório, Campos Sales, Ministro da Justiça, edita os Decretos nºs 848, de 11 de outubro de 1890, e 1.030, de 14 de novembro de 1890, que deliberavam sobre a Justiça Federal e a Justiça do Distrito Federal, reservando capítulos próprios para o Ministério Público. A exposição de motivos do primeiro ato define a Instituição:

> *"O Ministério Público, instituição necessária em toda organização democrática e imposta pelas boas normas da justiça, está representada nas duas esferas da Justiça Federal. Depois do Procurador-Geral da República, vêm os procuradores seccionais, isso é, um em cada Estado. Compete--lhe, em geral velar pela execução das leis, decretos e regulamentos, que devam ser aplicados pela Justiça Federal e promover a ação pública onde ela convier. A sua independência foi devidamente resguardada".*

Tais decretos, que reconheciam o Ministério Público como instituição democrática e lhe davam acentuada importância na organização do Estado, foram a primeira feição institucional do Ministério Público na legislação infraconstitucional, sendo, por esta razão, Campos Sales o patrono da Instituição.

2.3. A Constituição de 1934

A Carta Magna de 16 de julho de 1934 foi a primeira a constitucionalizar o Ministério Público, inovando o tratamento institucional, ao reservar ao Parquet capítulo próprio, absolutamente independente dos demais poderes do Estado, situando-o entre os "Órgãos de Cooperação nas Activdades Governamentaes" no Capítulo VI, Seção I.[20]

Com efeito, o artigo 95 disciplinava a instituição do Ministério Público, sendo o mesmo organizado na União, no Distrito Federal e nos Estados por leis próprias. Foram fixadas também, pela primeira vez, garantias e prerrogativas aos membros do Parquet, entre as quais a estabilidade funcional e a investidura, obrigatoriamente, por concurso público. Criou-se ainda, no artigo 98, o Ministério Público perante as Justiças Militar e Eleitoral, bem como, ratificando o art. 81, § 1º, da Constituição anterior, concedeu-se ao Ministério Público a legitimidade para revisão criminal (art. 76).

2.4. A Constituição de 1937

A Carta de 1937, editada sob a ditadura de Vargas, gerou severo retrocesso na Instituição, eis que apenas alguns artigos esparsos, como, por exemplo, o artigo 99, dispunham sobre a figura do procurador-geral da República (livremente nomeável e demissível pelo presidente da República), dando-lhe algumas atribuições, como oficiar junto ao Supremo Tribunal Federal. Apesar disso, no período do "Estado Novo" de Vargas, foi editado o Código de Processo Penal de 1941, de influência italiana, conferindo ao Ministério Público o poder de requisição de inquérito policial e diligências em seu bojo, bem como a titularidade da ação penal pública. Na área processual civil, o Código de 1939 estabeleceu a obrigatoriedade da intervenção do Ministério Público em diversas hipóteses jurídicas, na qualidade de *custos legis*, intervindo na proteção de alguns interesses considerados relevantes para o legislador, tais como o Direito de Família e a proteção aos incapazes.

---

[20] CAMPANHOLE. *Constituições do Brasil*. Ed. Atlas, 11ª ed., 1994, p. 655.

2.5. A Constituição de 1946

Com a promulgação da Constituição de 1946, o Ministério Público retornou ao texto constitucional (arts. 125 a 128), prevendo-se a organização da Instituição tanto no âmbito federal como no estadual e sua atuação nas Justiças Comum, Militar, Eleitoral e do Trabalho. Foi assegurado aos seus membros estabilidade e inamovibilidade, além de ser outorgada, nesta ocasião, a representação da União aos Procuradores da República, que podiam delegar tais funções, nas comarcas do interior, aos Promotores de Justiça, numa função de índole fazendária que somente foi afastada em 1988.

2.6. A Constituição de 1967

A Constituição de 24 de janeiro de 1967 dispôs sobre o Ministério Público na seção IX, do Capítulo VIII (Poder Judiciário), do Título I (Da organização Nacional), inserido dentro do âmbito deste Poder. Ao vir a integrar o Poder Judiciário, o Ministério Público deu importante passo na conquista de sua autonomia e independência, afastando-se do Poder Executivo e, por isonomia com os magistrados, conquistando garantias e prerrogativas para o pleno exercício das funções institucionais que somente seriam consagradas efetivamente com a Constituição de 1988.

2.7. A Emenda Constitucional nº 1/69

A Emenda Constitucional nº 1/69, fruto da ruptura da ordem constitucional então vigente, retornou o Ministério Público ao âmbito do Poder Executivo, topograficamente posicionado ao lado dos funcionários públicos e das Forças Armadas, mantendo, entretanto, a autonomia de organização e a carreira conforme os preceitos do ordenamento anterior. Nesse período foi editado o Código de Processo Civil de 1973, que consolidou a posição institucional do Ministério Público no Processo Civil, nas clássicas funções de Autor (órgão agente) e fiscal da lei (órgão interveniente).

Com a EC nº 7/77, que acrescentou parágrafo único ao artigo 96, houve previsão de lei complementar de iniciativa do Presidente da República estabelecendo normas gerais a serem adotadas na organização do Ministério Público estadual, o que terminou ocorrendo com a edição da LC nº 40, de 14 de dezembro de 1981, primeira legislação que organizou a nível nacional os Ministérios Públicos estaduais. Tal diploma legal fixou as linhas gerais do Ministério Público em todo o País, criando órgãos colegiados dentro da Instituição e estabelecendo tratamento orgânico para todo o Ministério Público Estadual. É por este motivo, que o dia 14 de dezembro é considerado o Dia Nacional do Ministério Público.

2.8. A Constituição de 1988

Finalmente, após a Constituição Federal de 1988, foram editadas, com base no texto constitucional, a Lei Complementar nº 75/93, que disciplina o Ministério Público da União (LOMPU) e a Lei nº 8.625/93, que é a Lei Orgânica Nacional do Ministério Público (LONMP).[21] A análise do perfil constitucional atual do Parquet será feita a seguir.

3. Questão de Concurso

(XV Concurso Ministério Público RJ – 1993) Discorra sobre o posicionamento constitucional do Ministério Público em relação aos Poderes do Estado, tecendo breves considerações acerca de sua evolução histórica.

---

21 No Estado do Rio de Janeiro, a LC nº 106/2003, que disciplina o Ministério Público fluminense.

II O MINISTÉRIO PÚBLICO NA CONSTITUIÇÃO DE 1988

1. Conceito: O Art. 127 da CF e o Agente de Transformação Social

A Constituição da República de 1988 dotou o Ministério Público de novo perfil. Conferiu-lhe uma precisa e avançada definição institucional, estabelecendo critérios formais para a escolha e destituição dos Procuradores-Gerais, assegurando autonomia funcional e administrativa à Instituição, outorgando garantias aos seus membros e impondo-lhes vedações, tudo para o bom desempenho da vocação social que lhe foi cometida.

O art. 127, *caput*, da Constituição, ao definir o Ministério Público, foi claro ao asseverar ser o Parquet "instituição permanente, essencial à função jurisdicional do Estado, incumbindo-lhe a defesa da ordem jurídica, do regime democrático e dos interesses sociais e individuais indisponíveis". O tratamento foi claro, mas não é despiciendo trazer à colação a interpretação desse dispositivo:

> *"Instituição no sentido de estrutura organizada para a realização de fins sociais do Estado. Permanente, porquanto as necessidades básicas das quais derivam as suas atribuições revelam valores intrínsecos à manutenção do modelo social pactuado (Estado Democrático de Direito – Constituição, art. 1º). "Essencial à função jurisdicional do Estado", de vez que a atuação forçada da norma abstrata ao fato concreto, quando envolver interesse público, deve sempre objetivar a realização dos valores fundamentais da sociedade, razão pela qual a intervenção do Ministério Público se faz sempre necessária.*[1]

Existe recorrente discussão quanto à natureza jurídica do Ministério Público, divergindo autores em defini-lo como "Órgão ou Instituição". Acredito estar a questão ultrapassada modernamente, por enten-

---

1 GARRIDO DE PAULA, Paulo Afonso. *O Ministério Público e os direitos das crianças e adolescentes*. In: ALVES, Airton Buzzo, RUFINO, Almir Gasquez e SILVA, José Antonio Franco da (org.). *Funções Institucionais do Ministério Público*. São Paulo: Saraiva, 2001, p. 312.

der que, para aqueles arraigados à teoria dos órgãos públicos, o Ministério Público é centro ou unidade de competência (Art. 1º, § 2º, I da Lei 9.784/99), com perfil de órgão estatal independente, sem subordinação ou vinculação a outros poderes do Estado, sendo também Instituição, "*organização nascida no seio da sociedade... um ente eminentemente social e parte do próprio Estado para a concretização de uma das suas grandes aspirações: a realização da Justiça*".[2] O STF, repetidamente, a reconhece como Instituição:

> "*A CF confere relevo ao Ministério Público como instituição permanente, essencial à função jurisdicional do Estado, incumbindo-lhe a defesa da ordem jurídica, do regime democrático e dos interesses sociais e individuais indisponíveis (CF, art. 127). (...) Cuidando-se de tema ligado à educação, amparada constitucionalmente como dever do Estado e obrigação de todos (CF, art. 205), está o Ministério Público investido da capacidade postulatória, patente a legitimidade ad causam, quando o bem que se busca resguardar se insere na órbita dos interesses coletivos, em segmento de extrema delicadeza e de conteúdo social tal que, acima de tudo, recomenda-se o abrigo estatal. [RE 163.231, rel. min. Maurício Corrêa, j. 26-2-1997, P, DJ de 29-6-2001]*".[3]

A Constituição de 1988 elegeu princípios e valores fundamentais para que o Estado Democrático de Direito fosse consolidado. Fazia-se necessário, portanto, escolher quem zelasse por esses valores e princípios. O escolhido foi o Ministério Público, que tem sua atuação, neste aspecto, comprometida com a defesa do Estado Democrático de Direito, da cidadania e da dignidade da pessoa humana. Com efeito, não deve ser outra a interpretação do dispositivo constitucional antes referido, para assentar o perfil e a função maior do Ministério Público.

> *A defesa da ordem jurídica, do regime democrático e dos interesses sociais e individuais indisponíveis" caracteriza a Instituição como verdadeiro guardião das liberdades públicas e do Estado Democrático de Direito, na medida em que o exercício de suas atribuições, judiciais ou extrajudiciais, visa, em essência, o respeito aos fundamentos de modelo social pretendido (soberania, cidadania, dignidade da pessoa humana, valores sociais do trabalho e da livre iniciativa, pluralismo político – Constituição, art. 1º) e a promoção dos objetivos fundamentais do País*

---

2 MACHADO, Antonio Cláudio da Costa: *A intervenção do MP no Processo Civil Brasileiro*. São Paulo: Saraiva, 1989, p. 23-25

3 AI 606.235 AgR, rel. min. Joaquim Barbosa, j. 5-6-2012, 2ª T, DJE de 22-6-2012

(construção de uma sociedade livre, justa e solidária, garantia do desenvolvimento nacional, erradicação da pobreza e da marginalidade e redução das desigualdades sociais e regionais, promoção do bem de todos, sem preconceitos de origem, raça, sexo, idade e quaisquer outras formas de discriminação – Constituição, art. 3º).[4]

1.1 O MP como cláusula pétrea: Instituição permanente e essencial à Justiça.

Deve-se ressaltar, por sua vez, que a expressão permanente[5] (inalterável, efetivo), acrescida da condição de essencial – isto é, indispensável – à própria função jurisdicional do Estado, gera reflexos impeditivos ao próprio poder de reforma da Constituição, com a finalidade de extirpar do texto constitucional o Parquet. De fato, os instrumentos constitucionais que lhe foram deferidos pela Carta Magna protege a Instituição do próprio poder de reforma constitucional tendente a aboli-la ou modificar seu perfil, considerando-se, pois, o Ministério Público como cláusula pétrea implícita à função jurisdicional do Estado. Cria-se, assim, portanto, uma limitação de ordem material para a tramitação de qualquer emenda que restrinja as características que foram desenhadas pelo constituinte originário ao Parquet. Lecionando sobre o tema, o Ministro Carlos Ayres, do STF, em conferência proferida na sede do Ministério Público fluminense intitulada "O MP enquanto cláusula pétrea da Constituição", asseverou:

> *"As cláusulas pétreas da constituição não são conservadoras, mas impeditivas do retrocesso. São a salvaguarda da vanguarda constitucional... a democracia é o mais pétreo dos valores. E quem é o supremo garantidor e fiador da democracia? O Ministério Público. Isto está dito com todas as letras no artigo 127 da Constituição. Se o MP foi erigido à condição de garantidor da democracia, o garantidor é tão pétreo quanto ela, não se pode fragilizar, desnaturar uma cláusula pétrea. O MP pode ser objeto de emenda constitucional? Pode. Desde que para reforçar, encorpar, adensar as suas prerrogativas, as suas destinações e funções constitucionais".*[6]

No mesmo sentido, demonstrando a vocação essencial à função jurisdicional, asseverou o Ministro Ayres em voto proferido no HC 97.969, na 2ª Turma do STF, em 01/02/2011:

---
4 GARRIDO DE PAULA, Paulo Afonso. *Op. cit.*, p. 313.
5 SILVA, De Plácido, *op. cit.*, p. 604.
6 O texto da palestra, proferida em 04.06.2004, foi reproduzido parcialmente na Revista do Ministério Público, nº 20 (jul./dez.), 2004, pp. 476-478.

"O Poder Judiciário tem por característica central a estática ou o não agir por impulso próprio... age por provocação das partes do que decorre ser próprio do direito positivo este ponto de fragilidade: quem diz o que seja "de direito" não o diz senão a partir de impulso externo. Não é isto que se dá com o Ministério Público. Este age de ofício e assim confere ao direito um elemento de dinamismo compensador daquele primeiro ponto jurisdicional de fragilidade. Daí os antiquíssimos nomes de "Promotor de Justiça" ou "Procuradoria de Justiça"... que pugnam pela realização de Justiça ambos a pôr em evidência o caráter comissivo ou a atuação de ofício dos órgãos ministeriais públicos...".

Semelhante pensamento se extrai da obra de Gregório Assagra de Almeida:

"O art. 127, caput, da CF/88, diz expressamente que o Ministério Público é Instituição permanente. Com base na interpretação lógica e na sua correta e perfeita relação com a interpretação teleológica, verifica-se que a Constituição, ao estabelecer que o Ministério Público é instituição permanente, está demonstrando que a Instituição é cláusula pétrea, que recebe proteção total contra o poder reformador, ao mesmo tempo em que impõe sua concretização social como função constitucional fundamental".[7]

1.2. O Ministério Público no contexto dos poderes políticos e seu papel no Estado Democrático de Direito

1.2.1. Orgão Constitucional com *status* peculiar de Poder do Estado

A estrutura formal do Ministério Público e a pretensão dos distintos poderes do Estado de instrumentalizar a seu favor a instituição têm produzido, no ordenamento jurídico internacional, uma variedade de sistemas que diferem quanto a inserção d o Ministério Público na estrutura do Estado. No Brasil, já integrou o Poder Judiciário (Constituição de 1967) e o Poder Executivo (Constituição de 1969). O "status" da Instituição é matéria já examinada pelo STF, em voto da lavra do Ministro Sepúlveda Pertence, para quem, na verdade, *"... a colocação tópica e o conteúdo normativo da seção revelam a renúncia por parte do constituinte de definir explicitamente a posição do Ministério Público entre os*

---

[7] ALMEIDA, Gregório Assagra de. Direitos Fundamentais e os principais fatores de legitimação social in ALMEIDA, Gregório Assagra de e SOARES JÚNIOR, Jarbas (coord.) *Teoria Geral do Ministério Público*. Ed. Del Rey. Belo Horizonte, 2013, p. 128.

Poderes do Estado. Desvinculado do seu compromisso original da defesa judicial do erário e a defesa dos atos governamentais aos laços de confiança do executivo, está agora cercado de contraforte de independência e autonomia que o credenciam ao efetivo desempenho de uma magistratura ativa de defesa impessoal da ordem jurídica ou democrática, dos direitos coletivos e dos direitos da cidadania". E, citando o Ministro Rodrigues Alkmin, discorre "*... a questão da colocação constitucional do Ministério Público entre os Poderes é uma questão de somenos, pois o verdadeiro problema é sua independência. O mal é que partimos de um preconceito de unipessoalidade e verticalidade hierárquica do poder executivo, que o Estado moderno não conhece mais e que está desmentido pelos fatos, de que o direito comparado dá exemplos significativos... Garantida efetivamente a sua independência, a colocação constitucional do Ministério Público é secundária de interesse quase meramente teórico*". [8]

De fato, sendo o Ministério Público criação posterior à teoria da separação dos poderes, incabível situá-lo, no Estado Democrático de Direito, em um dos poderes constituídos, já que tal classificação destoaria das rígidas linhas de repartição imaginadas por Montesquieu.

Há que se mencionar, nesse aspecto, a pioneira posição de Alfredo Valadão, em artigo publicado no Jornal do Commercio que circulou em 19 de abril de 1914, em que o publicista vislumbrava as atividades do Ministério Público como próprias de um quarto Poder do Estado:

> "*As funções do Ministério Público subiram, pois, ainda mais, de autoridade, em nossos dias. Ele se apresenta como a figura de um verdadeiro poder do Estado. Se Montesquieu tivesse escrito hoje o 'Espírito das Leis" por certo não seria tríplice, mas quádrupla a divisão de poderes. Ao órgão que legisla, ao que executa, ao que julga, um outro órgão o acrescentaria – o que defende a sociedade e a lei perante a justiça, parta a ofensa donde partir, isto é, dos indivíduos ou dos próprios poderes do Estado tanto se a ofensa parte dos indivíduos como dos próprios poderes do Estado*".

A natureza das funções institucionais do Ministério Público e seu posicionamento peculiar no Estado contemporâneo também não passaram despercebidos de Prudente de Moraes Filho, constituinte de 1934, que, ao justificar a opção da posição do Parquet naquela Constituição ("Órgão de Cooperação"), assegurava: "*É uma magistratura especial, au-*

---

8 RTJ, 147/129-130

tônoma, com funções próprias. Não recebe ordens do Governo, não presta obediência aos juízes. Atua com autonomia e em nome da sociedade, da lei e da justiça". Com efeito, consoante asseverado por João Gaspar Rodrigues, ao perceber a especial posição da Instituição: "O Poder Judiciário, sem o Ministério Público, fica incompleto. Não pode funcionar. Por isso é que o Ministério Público é mais que um órgão auxiliar ou de cooperação. É peça fundamental do sistema".

De fato, a posição constitucional do Ministério Público na estrutura jurídico-política do Estado contemporâneo revela a integração ou a equação entre dependência e independência da instituição em relação aos poderes do Estado e a sua função como órgão indutor da transformação social desejada pelo Estado Democrático de Direito. Devido a essa função fiscalizadora de todas as esferas, foi-lhe atribuída a característica essencial da independência, dividida tanto na autonomia financeira quanto na administrativa. Destaque-se também o princípio da independência funcional, já que seus membros não precisam submeter suas opiniões a um superior quando se trata de uma atividade-fim. A única vinculação existente é com os atos normativos reguladores de atividade-meio (normas expedidas pelos Conselhos Superiores e pelo Conselho Nacional do Ministério Público).

Neste sentido, a lição do Ministro Celso de Melo:

> "É indisputável que o Ministério Público ostenta, em face do ordenamento constitucional vigente, especial posição na estrutura do Poder Estatal. A independência institucional constitui uma das mais expressivas prerrogativas politico-jurídicas do Parquet, na medida em que lhe assegura o desmpenho, em toda a sua plenitude e extensão, das atribuições a ele conferidas. O Ministério Público não constitui órgão auxiliar do governo. É-lhe estranha, no domínio de suas atividades institucionais, essa função subaterna. A atuação independente dessa Instituição e do membro que a integra impõe-se como exigência de respeito aos direitos individuais e coletivos e delineia-se como fator de certeza quanto a efetiva submissão dos Poderes à lei e à ordem jurídica" (STF, Pleno, Adin 789-MC, 26.02.1993)

1.2.2 A defesa do Estado Democrático de Direito

O Estado Democrático de Direito instaura perspectivas de realização social profunda pela prática dos direitos sociais que ela inscreve e pelos instrumentos que oferece à cidadania para concretizar as exigências de um estado de Justiça social, fundado na dignidade da pessoa humana.[9] Os valores emancipatórios consignados na Constituição devem, portanto, pautar a atuação do Ministério Público na sociedade. É sua função utilizar o direito como instrumento de transformação da realidade social, fazendo com que os fatores que ensejam e mantêm a injustiça social sejam eliminados. Esta é sua maior função. Sua vocação social. O Ministério Público, com efeito, tem como principal missão a defesa do Estado Democrático de Direito e de uma ordem jurídica em que predominem os direitos humanos, manifestando tal viés na defesa dos grupos sociais considerados econômica e socialmente mais débeis e, por que motivo, merecedores de proteção especial de acordo com o direito social. Assim, o Ministério Público passa a ter um importante papel como instituição mediadora nos conflitos de interesses sociais. Os grandes litígios necessitam ser afrontados por um órgão independente e fortalecido, com segurança suficiente para garantir a eficácia dos interesses sociais e a defesa dos fins do Estado, entre os quais sobressai o bem comum.

Embora regimes autoritários tragam exemplos de Ministérios Públicos fortes (mas não independentes), essa instituição só consegue atingir a sua destinação última – defender os interesses da coletividade – em um meio democrático. Como bem afirmado por Eurico de Andrade Azevedo em parecer ofertado sob instâncias da Associação Paulista do Ministério Público: *"a manutenção da ordem democrática e o cumprimento das leis são condições indispensáveis à existência de respeito e ao estabelecimento da paz e da liberdade entre as pessoas. Há, pois, uma íntima relação, delimitada em lei, entre o equilíbrio da vida social e o fiel exercício das funções próprias do Ministério Público"*[10].

A função de defesa do regime democrático vincula o Ministério Público estreitamente ao Estado de Direito. Com efeito, deve-se relembrar do estudo evolutivo da Instituição nas Constituições anteriores que, naquelas onde floresceu o regime democrático, o Ministério Públi-

---

9 SILVA, José Afonso da. *Curso de Direito Constitucional Positivo*. 38ª ed. São Paulo: Ed. Malheiros, 2015, p. 122.
10 MAZZILLI, Hugo Nigro. *Regime Jurídico do Ministério Público: análise do Ministério Público na Constituição, na Lei Orgânica Nacional do Ministério Público, na Lei Orgânica do Ministério Público da União e na Lei Orgânica do Ministério Público Paulista*. 8ª ed. São Paulo: Saraiva, 2014, p. 124

co tinha maior participação no texto constitucional e nas de regime autoritário, exceção à democracia plenamente instituída, a Instituição não tinha qualquer relevo na Lei Maior. Como já asseverava Campos Salles, na exposição de motivos do Decreto nº 848/90: "O Ministério Público é instituição necessária em toda a organização democrática e imposta pelas boas normas de Justiça". Ressalve-se que esta vinculação do Parquet ao regime democrático o legitima a atuar em todos os processos e procedimentos de natureza eleitoral, já que sem um processo eleitoral justo e regular não haverá Estado Democrático de Direito. Como exemplo dessa legitimação na área eleitoral, pode-se citar o caso de repercussão geral que fixou a tese de que o MPE tem legitimidade para recorrer de decisão que julga pedido de registro de candidatura:

> "O MP Eleitoral possui legitimidade para recorrer de decisão que julga o pedido de registro de candidatura, mesmo que não haja apresentado impugnação anterior. Entendimento que deflui diretamente do disposto no art. 127 da CF. (...) Fixação da tese com repercussão geral a fim de assentar que a partir das eleições de 2014, inclusive, o MPE tem legitimidade para recorrer da decisão que julga o pedido de registro de candidatura, ainda que não tenha apresentado impugnação".[11]

Nesta linha de raciocínio, sintetizando a configuração do Ministério Público Brasileiro pós 1988, o Ministro Celso de Mello, decidiu, na Pet. 9067/DF, em 18.08.2020:

> "Sabemos que regimes autocráticos, governantes ímprobos, cidadãos corruptos e autoridades impregnadas de irresistível vocação tendente à própria desconstrução da ordem democrática temem um Ministério Público independente, pois o Ministério Público, longe de curvar-se aos desígnios dos detentores do poder — tanto do poder político quanto do poder econômico ou do poder corporativo ou, ainda, do poder religioso —, tem a percepção superior de que somente a preservação da ordem democrática e o respeito efetivo às leis desta República laica revelam-se dignos de sua proteção institucional", Concluiu o então decano da Corte: "Há que se considerar, por isso mesmo, que um Ministério Público independente e consciente de sua missão histórica e do papel institucional que lhe cabe desempenhar, sem tergiversações, no seio de uma sociedade aberta e democrática, constitui a certeza e a garantia da intangibilidade dos direitos dos cidadãos, da ampliação do espaço das liberdades fundamentais e do prevalecimento da supremacia do interesse social".

11 ARE 728.188, Rel. Min. Ricardo Lewandowski, j. 18-12-2013, P, DJE de 12-8-2014, Tema 680.

Não se deve esquecer, nesta ordem de ideias, do comando constitucional previsto no artigo 85, II, da Carta Magna,[12] que considera crime, de responsabilidade do Presidente da República qualquer ato atentatório ao livre exercício do Ministério Público. Além disso, a expressão "defesa da ordem jurídica" demonstra a vocação para o Ministério Público atuar na já tradicional posição de *custos juris*, que deve ser interpretada em consonância com os demais dispositivos da Carta Magna e suas funções institucionais preconizadas no artigo 129. Finalmente, a Constituição deferiu ao Parquet a condição de guardião dos interesses sociais e individuais indisponíveis, vinculando-o assim à tutela (coletiva ou individual) dos direitos mais expressivos da sociedade, aqueles de relevante valor social, que serão examinados no decorrer desta obra.

1.3. O Ministério Público e a proteção dos direitos fundamentais

A Constituição Federal atribuiu ainda, no Art. 127, ao Ministério Público a função de promover a defesa dos interesses sociais e individuais indisponíveis. Tal função corresponde à defesa dos direitos fundamentais. Estes, segundo Carl Schmitt, possuem dois critérios formais: (i) trata-se de garantias expressamente reconhecidas em uma Constituição e (ii) que, devido a sua relevância, são imutáveis (*unabänderliche*) ou de difícil mudança (*erschwert*). Por outro lado, sob o ponto de vista material, Schmitt assevera que tais direitos variam de acordo com a ideologia, modalidade de Estado, espécie de valores e princípios consagrados no texto constitucional.[13] Segundo Leivas, caso uma lei seja editada e preveja um novo direito fundamental, esse diploma legal não poderia ser revogado licitamente em razão do princípio da proibição do retrocesso em matéria de direitos humanos[14].

É pacífica a divisão dos direitos fundamentais em gerações. De acordo com Paulo Bonavides, o lema revolucionário francês de liberdade, igualdade e fraternidade foi a fórmula de generalização e universalidade que trilhou o caminho para inserir na ordem jurídica positiva os direitos referentes a esses postulados. As três gerações seriam, portanto, direitos da liberdade, igualdade e da fraternidade. O autor também reconhece a existência de uma quarta geração de direitos: o direito à democracia, o direito à informação e o direito ao pluralismo.

---
12 Reproduzido também no artigo 146, II, da Constituição do Estado do Rio de Janeiro
13 SCHMITT, Carl. *Verfassungslehre*, p. 163 a 173.
14 LEIVAS, Paulo Gilberto Cogo. *Teoria dos direitos fundamentais sociais*. Porto Alegre: Livraria do Advogado, 2006.

Em suas palavras, os direitos de primeira geração: "*são direitos da liberdade, os primeiros a constarem do instrumento normativo constitucional, a saber, os direitos civis e políticos, que em grande parte correspondem, por um prisma histórico, àquela fase inaugural do constitucionalismo do Ocidente*".[15]

Sobre os de segunda geração:

"*São os direitos sociais, culturais e econômicos bem como os direitos coletivos ou de coletividade, introduzidos bem como os direitos coletivos ou de coletividades, introduzidos no constitucionalismo das distintas formas de Estado social, depois que germinaram por obra da ideologia e da reflexão antiliberal do século XX. Nasceram abraçados ao princípio da igualdade, do qual não se podem separar, pois fazê-lo equivaleria a desmembrá-los da razão de ser que os ampara e estimula*".[16]

E os de terceira geração:

"*Com efeito, um novo polo jurídico de alforria do homem se acrescenta historicamente aos da liberdade e da igualdade. Dotados de altíssimo teor de humanismo e universalidade, os direitos da terceira geração tendem a cristalizar-se no fim do século XX enquanto direitos que não se destinam especificamente à proteção dos interesses de um indivíduo, de um grupo ou de um determinado Estado. Têm primeiro por destinatário o gênero humano mesmo, num momento expressivo de sua afirmação como valor supremo em termos de existencial idade concreta. (...) Emergiram eles da reflexão sobre temas referentes ao desenvolvimento, à paz, ao meio ambiente, à comunicação e ao patrimônio comum da humanidade*".[17]

A Constituição determinou que certos grupos tivessem as suas defesas garantidas de forma coletiva pelo Ministério Público: deficientes, idosos e índios. Contudo, qualquer outra coletividade que seja vítima de discriminação ou preconceito deve ser igualmente defendida, tais como mulheres, homossexuais, minorias étnicas... Compreende-se que o tratamento desigual injustificável enseja a atuação do Ministério Público. Estar em defesa da ordem pública é também buscar a proteção dos direitos fundamentais porque o bem-estar coletivo e individual só é alcançado quando os direitos humanos são respeitados na forma da lei.

---

15 BONAVIDES, Paulo. **Curso de Direito Constitucional**. 33ª edição. São Paulo: Malheiros, 2018, p. 577
16 BONAVIDES, Paulo. **Curso de Direito Constitucional**. 33ª edição. São Paulo: Malheiros, 2018, p. 578
17 BONAVIDES, Paulo. **Curso de Direito Constitucional**. 33ª edição. São Paulo: Malheiros, 2018, p. 583 e 584.

2. Princípios Institucionais do Ministério Público (Art. 127, § 1º da CF)

A Constituição Federal consagrou ao Ministério Público seus princípios institucionais, que nortearão o Parquet no exercício de suas nobres atribuições constitucionais. Os princípios são elencados expressamente no artigo 127 § 1º: a unidade, a indivisibilidade e a independência funcional e serão amplamente analisados no capítulo IV desta obra. Entretanto, para uma visão geral do comando constitucional entendemos pertinente uma análise superficial neste momento.

2.1. Unidade

A unidade traduz a identidade do Ministério Público como instituição, sendo certo que seus membros não devem ser identificados na sua individualidade, mas sempre como integrantes de um organismo, cujas funções estão elencadas no texto constitucional. Ao atuarem individualmente representam a Instituição a que pertencem, como um todo. Ressalve-se que deve existir no ordenamento constitucional brasileiro apenas um Ministério Público, embora suas atribuições possam ser distribuídas e multifacetadas perante os vários ramos do Poder Judiciário da União e da Justiça Estadual. É relevante esclarecer que a unidade também caracteriza que o Ministério Público, ao exercer seu ofício, forma uma só instituição, sendo chefiado, do ponto de vista administrativo por um mesmo Procurador Geral. A unidade, entretanto, só existe no âmbito de cada um dos Ministérios Públicos, não ocorrendo, por exemplo, entre o Ministério Público Federal e o Ministério Público dos Estados. Cada um com sua estrutura administrativa própria e chefia específica.

Neste sentido, já se manifestou o Supremo Tribunal Federal:

> "*Por força do princípio da unidade do Ministério Público (art. 127, § 1º, da CF), os membros do Ministério Público integram um só órgão sob a direção única de um só Procurador-Geral. Só existe unidade dentro de cada Ministério Público, não havendo unidade entre o Ministério Público de um Estado e o de outro, nem entre esses e os diversos ramos do Ministério Público da União*". (ADPF 482, Rel. Min. Alexandre de Moraes, j. 3-3-2020, P, DJE de 12-3-2020)".

Importante destacar que a Unidade não traduz qualquer hierarquia administrativa e funcional do Procurador Geral da República – na qualidade de chefe de Ministério Público da União e Presidente do Conselho Nacional do Ministério Público – aos demais ramos do Ministério Público dos Estados. Apesar de existir unidade no Ministério Público Brasileiro, há chefias administrativas diversas. O caráter nacional do Ministério Público se traduz na existência de membros da Instituição distribuídos por todo o território nacional, mas cada qual com atribuições e funções institucionais bem definidas, organizadas e distribuídas na forma preconizada pelos Artigos 128 e 129 da Carta da República. E eventuais conflitos de atribuição entre membros de Ministérios Público diversos deve ser dirimido não pelo Procurador Geral da República, que não chefia o Ministério Público Brasileiro, mas pelo CNMP. Assim decidiu o STF acerca do assunto:

> *"Os membros do Ministério Público integram um só órgão sob a direção única de um só Procurador-Geral, ressalvando-se, porém, que só existem unidade e indivisibilidade dentro de cada Ministério Público, inexistindo qualquer relação de hierarquia entre o Ministério Público Federal e os dos Estados, entre o de um Estado e o de outro, ou entre os diversos ramos do Ministério Público da União. EC 45/2004 e interpretação sistemática da Constituição Federal. A solução de conflitos de atribuições entre ramos diversos dos Ministérios Públicos pelo CNMP, nos termos do artigo 130-A, § 2º, e incisos I e II, da Constituição Federal e no exercício do controle da atuação administrativa do Parquet, é a mais adequada, pois reforça o mandamento constitucional que lhe atribuiu o controle da legalidade das ações administrativas dos membros e órgãos dos diversos ramos ministeriais, sem ingressar ou ferir a independência funcional.* (Pet. 4.891, Rel. p/ o AC. min. Alexandre de Moraes, j. 16-6-2020, P, DJE de 6-8-2020*)".*

2.2. Indivisibilidade

A indivisibilidade é decorrente do próprio princípio da unidade. A instituição, dentro de cada um de seus ramos, não pode internamente ser repartida em partes distintas. Assim, é possível que um membro do Ministério Público substitua outro, dentro da mesma atribuição/função, sem que, com isso, exista qualquer consequência prática. Isto porque quem exerce atos, em essência, é a instituição do Ministério Público e não a pessoa do Promotor ou Procurador de Justiça. Vale ressalvar que o princípio da indivisibilidade não permite arbitrariedade na substituição dos membros do Ministério Público. Estas devem sempre obedecer a prévios critérios objetivos e determinados sobre pena de afronta aos princípios da independência funcional e do promotor natural.

2.3. Independência funcional

O princípio da independência funcional assevera que os membros do Ministério Público devem obediência apenas à Constituição, ao ordenamento jurídico e a sua consciência, possuindo ampla liberdade de convicção, devendo sempre fundamentar suas manifestações, sem voluntarismo exacerbado. Enquanto bem exercer o seu *mister*, não se encontra submetido à vontade de quem quer que seja. Nem tampouco vinculado à manifestação anterior de outro membro. Neste sentido: *"A pretensão de um órgão do Ministério Público não vincula os demais, garantindo-se a legitimidade para recorrer, em face do princípio da independência funcional.*(**ARE 725.491** AgR, rel. min. Luiz Fux, j. 26-5-2015, 1ª T, DJE de 15-6-2015)".

A independência funcional é o oposto da hierarquia funcional, eis que os membros do Ministério Público só conhecem hierarquia no sentido administrativo, ou seja, devem obediência às normas hierárquicas de caráter administrativo emanadas de sua chefia ou de órgãos de Administração Superior. Por exemplo, a Corregedoria Geral do Ministério Público pode fixar prazos para apresentação de relatórios acerca da atividade de cada Promotoria ou Procuradoria de Justiça, mas não pode se imiscuir no âmbito da manifestação processual do membro do Ministério Público. Por isso, a atividade fim realizada pelo membro do Ministério Público não pode ser censurada ou modificada, mas é dever institucional, conforme preceitua o artigo 43, XIV da LOMP, "acatar, no plano administrativo, as decisões dos órgãos da Administração Superior do Ministério Público". Neste sentido, já decidiu o STF:

> *"Os limites do princípio da independência funcional do Ministério Público, art. 127, § 1º, CRFB, encontram-se circunscritos pelo respeito à Constituição da República e às leis. (...) O Conselho Nacional do Ministério Público age dentro dos limites constitucionais ao editar resolução para esclarecer que deve ser referendada, pelo órgão de revisão competente, a decisão do membro do Parquet que conclui, após a instauração do inquérito civil ou do respectivo procedimento preparatório, ser este ou aquele de atribuição de outro ramo do Ministério Público. Regramento que se insere na ambiência da estruturação administrativa da instituição e não viola o princípio da independência funcional, eis que é compatível com ele e também com o princípio da unidade, nos termos do art. 127, § 1º, CRFB.*(**ADI 5.434**, rel. p/ o ac. min. Edson Fachin, j. 26-4-2018, P, DJE de 23-9-2019)".

2.4. Promotor natural

O princípio do promotor natural não possui conceito expresso no texto constitucional. No entanto, ele é extraído da conjugação do princípio do juiz natural (artigo 5º, LIII, CF); da garantia da inamovibilidade (artigo 128, § 5º, I, b, CF) e do princípio da independência funcional como explicitado acima. Com efeito, o primeiro dispositivo constitucional não admite que ninguém seja processado nem sentenciado senão pela autoridade competente. Vale dizer que o órgão acusador deverá ser independente, não podendo tratar-se de acusador de exceção. Por sua vez, a atuação isenta e técnica do membro do MP deve ser garantida pela impossibilidade de ser afastado de suas funções, em virtude do regular exercício de seu ofício, isto é, o promotor não poderá ser abruptamente afastado de um processo por autoridade superior, em virtude de sua atuação funcional. Desta forma, como já explicitado, o promotor deverá ter ampla independência para poder formular sua opinião livremente baseado apenas nos comandos constitucionais, legais e na sua liberdade de convicção. Antes de constituir um atributo da instituição, o princípio consagra uma garantia jurídica ao próprio cidadão que será acusado por um promotor livre, desimpedido de qualquer previa orientação e inamovível, em virtude de suas funções, como asseverado pelo STF:

> *"O postulado do promotor natural, que se revela imanente ao sistema constitucional brasileiro, repele, a partir da vedação de designações casuísticas efetuadas pela chefia da instituição, a figura do acusador de exceção. Esse princípio consagra uma garantia de ordem jurídica, destinada tanto a proteger o membro do Ministério Público, na medida em que lhe assegura o exercício pleno e independente do seu ofício, quanto a tutelar a própria coletividade, a quem se reconhece o direito de ver atuando, em quaisquer causas, apenas o promotor cuja intervenção se justifique a partir de critérios abstratos e predeterminados, estabelecidos em lei. A matriz constitucional desse princípio assenta-se nas cláusulas da independência funcional e da inamovibilidade dos membros da instituição. O postulado do promotor natural limita, por isso mesmo, o poder do procurador-geral que, embora expressão visível da unidade institucional, não deve exercer a chefia do Ministério Público de modo hegemônico e incontrastável".*

> Posição dos ministros Celso de Mello (relator), Sepúlveda Pertence, Marco Aurélio e Carlos Velloso. Divergência, apenas, quanto à aplicabilidade imediata do princípio do promotor natural: necessidade

da *interpositio legislatoris* para efeito de atuação do princípio (min. Celso de Mello); incidência do postulado, independentemente de intermediação legislativa (min. Sepúlveda Pertence, Marco Aurélio e Carlos Velloso)".[18]

Tal princípio, fundamental para o Parquet brasileiro, impede a designação do denominado "Acusador de Exceção", pela Chefia Institucional e, especialmente, a designação de Promotores por órgãos estranhos à Instituição, como magistrados que concebiam a figura do Promotor "Ad hoc", mesmo depois da Carta de 1988. Neste sentido, o STF:

> "*Provimento 6/2000 da Corregedoria Geral de Justiça do Estado de Santa Catarina. Faculdade de nomeação, pelo juiz da comarca, de bacharel em direito alheio aos quadros do Ministério Público, para funcionar como órgão acusatório penal. Impossibilidade. Ofende o princípio do promotor natural e a exclusividade da promoção da ação penal pública pelo Ministério Público a designação de particular como promotor ad hoc*". (ADI 2.958, Rel. Min. Gilmar Mendes, j. 27-9-2019, P, DJE de 16-10-2019).

Cabe ressaltar, como será visto em capítulo próprio, que o auxílio consentido, com a expressa anuência do Promotor com regular atribuição, previsto na LONMP, não configura violação ao Princípio do Promotor Natural, como já decidiu o STF:

> "*Habeas Corpus. Violação do Princípio do Promotor Natural. Inocorrência. Prévia designação de promotor de justiça com o expresso consentimento do promotor titular, conforme dispõem os artigos 10, inc. IX, alínea 'f', e 24 da Lei nº 8.625/93. Ordem denegada. O postulado do Promotor Natural "consagra uma garantia de ordem jurídica, destinada tanto a proteger o membro do Ministério Público, na medida em que lhe assegura o exercício pleno e independente do seu ofício, quanto a tutelar a própria coletividade, a quem se reconhece o direito de ver atuando, em quaisquer causas, apenas o Promotor cuja intervenção se justifique a partir de critérios abstratos e pré-determinados, estabelecidos em lei*" (HC 102.147/GO, rel. min. Celso de Mello, DJe nº 22 de 02.02.2011).
> "*No caso, a designação prévia e motivada de um promotor para atuar na sessão de julgamento do Tribunal do Júri da Comarca de Santa Izabel do Pará se deu em virtude de justificada solicitação do promotor titular daquela localidade, tudo em estrita observância aos artigos 10, inc. IX, alínea "f", parte final, e 24, ambos da Lei nº 8.625/93. Ademais, o promotor designado já havia atuado no feito quando do exercício de suas*

---

18 HC 67.759, Rel. Min. Celso de Mello, j. 6-8-1992, P, DJ de 1º-7-1993.

*atribuições na Promotoria de Justiça da referida comarca. Ordem denegada". (*HC 103.038*, Relator(a): Min. JOAQUIM BARBOSA, Segunda Turma, julgado em 11/10/2011).*

E a matéria retorna sempre ao cenário nacional, como se percebe da nota emanada em 12 de junho de 2021, pelo Conselho Nacional de Procuradores Ferais de Justiça, CNPG, que assim dispôs:

> *"O Conselho Nacional dos Procuradores-Gerais do Ministério Público dos Estados e da União (CNPG) manifesta-se publicamente em defesa dos princípios do promotor natural e da independência funcional, opondo-se, por consequência, a quaisquer compreensões e/ou movimentações que possam fragilizar tais postulados, tão fundamentais à estrutura da instituição Ministério Público, ao sistema acusatório e ao sistema de freios e contrapesos.A matriz constitucional do princípio do promotor natural consagra uma garantia de ordem jurídica, que visa precipuamente a salvaguardar os membros do Ministério Público e o exercício pleno e independente de seu munus, assegurando-lhes atuação a partir de critérios impessoais, abstratos e isentos. Tal princípio norteia a cláusula constitucional da independência funcional, que respalda qualquer membro do Parquet a formar sua convicção sem ingerências externas de qualquer natureza. Notadamente quanto ao princípio do promotor natural, não se podem tolerar quaisquer soluções que visem a desnaturá-lo ou que venham a reavivar, de qualquer modo, a combatida e odiosa figura do acusador de exceção. Nesse cenário, não é possível consentir que as garantias decorrentes dos precitados princípios sejam contornadas ou colocadas em xeque, sob pena de serem desrespeitados postulados tão valorosos e caros ao Ministério Público, instituição que deve ser defendida, preservada e fortalecida, especialmente em decorrência do caráter permanente do exercício de suas funções constitucionais, dentre as quais a defesa da ordem jurídica e do regime democrático."*

3. Autonomia funcional, administrativa e orçamentária (Art. 127 § 2º a 6º da CF)

Para exercer as relevantes funções que lhe foram outorgadas pela Constituição Federal, foram concedidas ao Ministério Público as denominadas garantias institucionais, vale dizer, autonomia funcional, administrativa e orçamentária. Com efeito, para a defesa impessoal da ordem jurídica e democrática, dos direitos conferidos à sociedade e dos direitos fundamentais da cidadania, a Instituição tem que ter plena autonomia e suporte administrativo nas atividades meio para bem exercer as suas funções constitucionais. O artigo 127 § 2º a 6º estabelecem tais garantias como abaixo veremos.

3.1. Autonomia Funcional e Administrativa

A autonomia funcional e administrativa permite ao Ministério Público a iniciativa para propor ao poder legislativo projeto de lei sobre a criação e extinção de seus cargos e serviços auxiliares bem como se organizar internamente com ampla liberdade. Com isso, livra-se o Ministério Público da intromissão de outros órgãos que não podem se imiscuir em sua organização interna e divisão de serviços. A autonomia administrativa permite também a prática de atos de gestão interna visando suprir suas necessidades, bem como se estruturar administrativa e organizacionalmente, com rapidez, para melhor enfrentar os desafios institucionais. Neste sentido, já decidiu o STF:

> "A alta relevância jurídico-constitucional do Ministério Público – qualificada pela outorga, em seu favor, da prerrogativa da autonomia administrativa, financeira e orçamentária – mostra-se tão expressiva, que essa instituição, embora sujeita à fiscalização externa do Poder Legislativo, com o auxílio do respectivo tribunal de contas, dispõe de uma esfera própria de atuação administrativa, livre da ingerência de órgãos do Poder Executivo, aos quais falece, por isso mesmo, competência para sustar ato do procurador-geral de justiça praticado com apoio na autonomia conferida ao Parquet. A outorga constitucional de autonomia, ao Ministério Público, traduz um natural fator de limitação dos poderes dos demais órgãos do Estado, notadamente daqueles que se situam no âmbito institucional do Poder Executivo. A dimensão financeira dessa autonomia constitucional – considerada a instrumentalidade de que se reveste – responde à necessidade de assegurar-se ao Ministério Público a plena realização dos fins eminentes para os quais foi ele concebido, instituído e organizado. (...) Sem que disponha de capacidade para livremente gerir e aplicar os recursos orçamentários vinculados ao custeio e à execução de suas atividades, o Ministério Público nada poderá realizar, frustrando-se, desse modo, de maneira indevida, os elevados objetivos que refletem a destinação constitucional dessa importantíssima instituição da República, incumbida de defender a ordem jurídica, de proteger o regime democrático e de velar pelos interesses sociais e individuais indisponíveis. O Ministério Público – consideradas as prerrogativas constitucionais que lhe acentuam as múltiplas dimensões em que se projeta a sua autonomia – dispõe de competência para praticar atos próprios de gestão, cabendo-lhe, por isso mesmo, sem prejuízo da fiscalização exter-

na, a cargo do Poder Legislativo, com o auxílio do tribunal de contas, e, também, do controle jurisdicional, adotar as medidas que reputar necessárias ao pleno e fiel desempenho da alta missão que lhe foi outorgada pela Lei Fundamental da República, sem que se permita ao Poder Executivo, a pretexto de exercer o controle interno, interferir, de modo indevido, na própria intimidade dessa instituição, seja pela arbitrária oposição de entraves burocráticos, seja pela formulação de exigências descabidas, seja, ainda, pelo abusivo retardamento de providências administrativas indispensáveis, frustrando lhe, assim, injustamente, a realização de compromissos essenciais e necessários à preservação dos valores cuja defesa lhe foi confiada". (ADI 2.513 MC, rel. min. Celso de Mello, j. 3-4-2002, P, DJE de 15-3-2011).

E, no mesmo sentido, a Corte Suprema é recorrente:

"*O Ministério Público, embora não detenha personalidade jurídica própria, é órgão vocacionado à preservação dos valores constitucionais, dotado de autonomia financeira, administrativa e institucional que lhe conferem a capacidade ativa para a tutela da sociedade e de seus próprios interesses em juízo, sendo descabida a atuação da União em defesa dessa instituição*". (ACO 1.936 AgR, rel. min. Luiz Fux, j. 28-4-2015, 1ª T, DJE de 27-5-2015).

3.2. Autonomia Financeira e Orçamentária

Em razão da autonomia funcional e administrativa, o Ministério Público pode, portanto, propor ao Legislativo seu próprio orçamento, que lhe será repassado em duodécimos mensais, gerindo, portanto, suas despesas de custeio e investimentos; a política remuneratória e os planos de carreira de seus membros e servidores, com total afastamento das regras estabelecidas para os demais serviços e servidores administrativos de quaisquer dos Poderes do Estado. Neste sentido, confira-se a Corte Suprema: "*Na competência reconhecida ao Ministério Público pelo art. 127, § 2º, da CF, para propor ao Poder Legislativo a criação e extinção de cargos e serviços auxiliares, compreende-se a de propor a fixação dos respectivos vencimentos, bem como a sua revisão*". (ADI 63, rel. min. Ilmar Galvão, j. 13-10-1993, P, DJ de 27-5-1994).

Desta forma, em cumprimento aos preceitos dessa autonomia institucional, o artigo 3º da Lei 8.625/93 (LONMP) expressamente delineia tal garantia ao permitir que o Ministério Público pratique seus próprios atos de gestão; institua seus quadros próprios de servidores; elabore suas folhas de pagamento etc., sendo certo que o citado dispositivo legal determina que tais atos administrativos "*obedecidas as formalidades legais, têm eficácia plena e executoriedade imediata, ressalvada a competência constitucional do poder judiciário e do Tribunal de Contas*". Neste sentido, reiterou a Corte seu entendimento já sedimentado: "*O Ministério Público pode deflagrar o processo legislativo de lei concernente à política remuneratória e aos planos de carreira de seus membros e servidores. Ausência de vício de iniciativa ou afronta ao princípio da harmonia entre os Poderes.* " (Art. 2º da CB. ADI 603. Min Eros Grau, j. 17-08-2006c, p, DJ de 6-10-2006).

A autonomia orçamentária concretiza-se, como já dito, na sua capacidade de *elaborar* proposta orçamentaria singular, desde que esteja dentro dos limites previstos na lei de diretrizes orçamentaria. É intuitivo que o livre gerenciamento dos recursos orçamentários é essencial para a realização das atribuições institucionais do Ministério Público. Assim, apesar de não possuir recursos financeiros próprios, o Ministério Público deverá encaminhar sua proposta orçamentaria anual ao Poder Executivo para subsequente submissão ao Poder Legislativo. A execução orçamentaria estará sempre sujeita ao controle realizado pelo Poder Legislativo com auxílio do Tribunal de Contas (artigo 4º, § 2º da LONMP) e do Conselho Nacional do Ministério Público (artigo 130-A, § 2º da CF). Cumpre destacar que, se inerte o Ministério Público na remessa de sua proposta orçamentária ao Executivo, os valores aprovados na lei orçamentária anterior serão levados em consideração para fins de consolidação da proposta orçamentária anual.

Confira-se em decisão do STF:

> "*O reconhecimento da autonomia financeira em favor do Ministério Público, estabelecido em sede de legislação infraconstitucional, não parece traduzir situação configuradora de ilegitimidade constitucional, na medida em que se revela uma das dimensões da própria autonomia institucional do Parquet. Não obstante a autonomia institucional que foi conferida ao Ministério Público pela Carta Política, permanece na esfera exclusiva do Poder Executivo a competência para instaurar o processo de formação das leis orçamentárias em geral. A Constituição autoriza, apenas, a elaboração, na fase pré-legislativa, de sua proposta orçamentária, dentro dos limites estabelecidos na lei de diretrizes.* (ADI 514 MC, rel. min. Celso de Mello, j. 13-6-1991, P, DJ de 18-3-1994)".

4. A organização constitucional do Ministério Público (Art. 128, *caput*, § 1º a 5º da CF)

A Constituição Federal estabeleceu uma estrutural orgânica dual para o Ministério Público, em seu artigo 128, *caput*, I e II: O Ministério Público da União e os Ministérios Públicos dos Estados. A matéria será detalhada no capítulo III desta obra. No entanto, desde já podemos asseverar que foram delineados o Ministério Público da União, com organização consolidada na LC 75/93 (LOMPU) e chefia do Procurador Geral da República; além dos Ministérios Públicos Estaduais, organizados nacionalmente através da Lei 8.625/935 (LONMP) e em cada Estado pela respectiva Lei Complementar estadual (Art. 128 § 5º da CF).

O Ministério Público da União é constituído por quatro vertentes distintas: o MP Federal; o MP do Trabalho, o MP Militar e MP do Distrito Federal e territórios, todos chefiados pelo Procurador Geral da República, chefe do Ministério Público da União, em caráter orgânico e, cada um deles chefiado, respectivamente, pelo Procurador Geral da República (MPF); Procurador Geral do Trabalho (MPT); Procurador Geral da Justiça Militar (MPM) e Procurador Geral de Justiça (MP/DFT). Nesta perspectiva, asseverando sobre a organização do arcabouço legislativo do MP/DFT, decidiu o STF pela constitucionalidade da LC 75/93 em disciplinar sua estrutura:

> *"(...) MPDFT. É que esse – porque compreendido no MPU (CF, art. 128, d) – se insere, nessa condição, no campo normativo da lei complementar federal que estabelecerá "a organização, as atribuições e o estatuto" de todo o Ministério da União – por iniciativa concorrente do PGR, que lhe chefia o conjunto de ramos (CF, art. 128, § 1º) e do presidente da República (CF, art. 61, § 1º, II, d, primeira parte); simultaneamente, contudo, na parte final dessa alínea d, a Carta Fundamental previu a edição, mediante iniciativa privativa do presidente da República, de "normas gerais para a organização", não só "do Ministério Público dos Estados", mas também do mesmo "MPDFT".* (RE 262.178, *voto do rel. min. Sepúlveda Pertence, j. 3-10-2000, 1ª T, DJ de 24-11-2000)".*

Já o Ministério Público dos Estados se organiza por uma lei federal de caráter nacional, a Lei 8625/93 (LONMP), que estabelece critérios e normas genéricas para todo o Ministério Público Estadual no Brasil, sendo certo que cada Ministério Público local se regerá por Lei Complementar própria, sendo chefiados pelo respectivo Procurador Geral de

Justiça. Os critérios de investidura de cada Procurador Geral, previstos nos § 1º a 4º da CF, serão detalhados, com suas características e discussões pertinentes, no capítulo III da obra.

5. As garantias e vedações constitucionais dos membros do MP (Art. 128 § 5º I e II da CF)

Para o bom exercício, livre e desembaraçado das funções institucionais o constituinte outorgou aos membros do Ministério Público garantias e vedações que serão objeto de análise no capítulo V desta obra. Entretanto, para uma visão inicial, destacamos que as garantias estão especificadas no artigo 128 § 5º, I, CF. São elas a vitaliciedade, a inamovibilidade e a irredutibilidade de subsídio.

Acerca das garantias, imprescindíveis para que os membros do Parquet exerçam suas funções institucionais, já decidiu a Corte Suprema:

> "Os membros do Ministério Público Federal possuem garantias constitucionalmente previstas, dentre elas a irredutibilidade de subsídio (artigo 128, I, c) e a vitaliciedade, só sendo possível a perda do cargo em virtude de sentença judicial transitada em julgado (artigo 128, I, a), contudo, não se pode interpretar essas garantias isoladamente, conjugando-as às demais normas constitucionalmente fixadas, dentre elas o princípio da moralidade. Assim, não é inconstitucional o disposto no artigo 208, parágrafo único, da LC 75/1993, ao prever a perda dos vencimentos e demais vantagens do cargo em razão da propositura de ação civil para a perda do cargo, após regular processo administrativo". (MS 30.493, rel. p/ o ac. min. Edson Fachin, j. 16-6-2020, P, DJE de 21-9-2020).

Discorrendo sobre a vitaliciedade, por exemplo, o STF examinou a possibilidade de o CNMP impor administrativamente ao membro vitalício a perda do cargo, prestigiando a garantia constitucional e exigindo a decisão judicial para a eficácia da decisão administrativa:

> "Conselho Nacional do Ministério Público. Órgão constitucional de perfil estritamente administrativo. Consequente impossibilidade jurídica de impor aos integrantes do Ministério Público da União e dos estados-membros, que gozam do predicamento constitucional da vitaliciedade (CF, art. 128, § 5º, inciso I, a), a sanção de perda do cargo. A vitaliciedade como garantia de independência funcional assegurada ao membro do Ministério Público". (MS 31.523 AgR, rel. min. Celso de Mello, j. 3-10-2020, 2ª T, DJE de 8-10-2020).

No mesmo sentido: *"A competência do Conselho Nacional do Ministério Público para a aplicação de sanções disciplinares, inclusive a penalidade de demissão, está prevista pelo artigo 130-A, § 2º, inciso III da Constituição da República, ficando a eficácia dessa sanção submetida ao ajuizamento de ação cível para a perda do cargo pela Procuradoria-Geral da República"*. (MS 30.493, rel. p/ o ac. min. Edson Fachin, j. 16-6-2020, P, DJE de 21-9-2020).

Quanto às vedações, o constituinte optou por retirar do membro do Ministério Público, assim como dos magistrados, atividades que possam fazê-lo afastar-se dos preceitos institucionais, sendo-lhes vedado, pelo artigo 128, § 5º, II: a) receber a qualquer título e sobre qualquer pretexto honorários, percentagens ou custas processuais; b) exercer advocacia; c) participar de sociedade comercial, na forma da lei; d) exercer, ainda que em disponibilidade, qualquer outra função pública, salvo uma de magistério; e) exercer atividade político partidária; f) receber, a qualquer título ou pretexto, auxílios ou contribuições de pessoas físicas, entidades públicas ou privadas, ressalvadas as exceções previstas em lei.

Vale a pena destacar que também se aplicam aos membros do Ministério Público as vedações constantes para os membros da Magistratura, elencadas no artigo 95, parágrafo único, V, CF. Acerca das vedações, já se posicionou o STF quanto a proibição de recebimento de honorários e da autodefesa:

> *"Observem a norma do art. 128, § 5º, II, da CF. Revela ser vedado a membro do Ministério Público receber, a qualquer título e sob qualquer pretexto, honorários, percentagens ou custas processuais. Em momento algum, o dispositivo prevê o direito de a Fazenda Pública ver recolhidos aos respectivos cofres os honorários advocatícios devidos pela parte vencida em ação civil pública julgada procedente"*. (RE 428.324, voto do rel. min. Marco Aurélio, j. 15-9-2009, 1ª T, DJE de 6-11-2009).

Examinando a questão do impedimento à advocacia, asseverou a Corte Suprema: *"Nas ações penais originárias, a defesa preliminar (Lei 8.038/1990, art. 4º) é atividade privativa dos advogados. Os membros do Ministério Público estão impedidos de exercer advocacia, mesmo em causa própria. São atividades incompatíveis (Lei 8.906/1994, art. 28)"*. (HC 76.671, rel. min. Néri da Silveira, j. 9-6-1998, 2ª T, DJ de 10-8-2000).

6. Funções Institucionais do Ministério Público (Art. 129 da CF)

As funções institucionais do Ministério Público estão previstas no artigo 129 da CF, sendo examinadas mais detalhadamente, sob às óticas da atuação penal, cível e de tutela coletiva, respectivamente, nos capítulos VII, VIII e IX deste livro.

A seguir, breves considerações sobre algumas das principais funções, com decisões do STF colacionadas, para o exame inicial do leitor.

I – Promover, privativamente, a ação penal pública, na forma da lei;

Sem sombra de dúvida, a persecução penal é uma das mais importantes atribuições ministeriais, confundindo-se com a própria essência do Ministério Público. A Carta Magna, ao deferir privativamente ao Parquet o monopólio da persecução penal, baniu de nosso ordenamento os procedimentos penais *ex officio*, revogando o artigo 26 do CPP e todas as leis especiais que permitiam a instauração da ação penal pública, sem a apresentação da denúncia pelo Parquet ou queixa, nas hipóteses legais. A ação penal, em regra, é de iniciativa pública incondicionada, cabendo ao Ministério Público promovê-la, independentemente da manifestação da vontade de quem quer que seja. Há casos, expressamente previstos em lei (CPP, art. 24), em que a iniciativa do Ministério Público dependerá da representação do ofendido, ou da requisição do Ministro da Justiça.

Acerca do tema, deve-se ressaltar que a representação não exige fórmulas ou termos sacramentais, bastando assim a manifestação da vítima ou de seu representante legal no sentido de que o processo penal seja instaurado, não havendo, vale lembrar, qualquer vinculação entre tal manifestação volitiva e a efetiva atuação do Parquet. Nesse sentido, cabe ainda ressaltar que a amplitude da representação não vincula também o representante do Ministério Público, que *"pode agir contra comparte ou participante que veio a ser conhecido após a representação daquela peça pelo ofendido"* (RTJ 79/406).

Questão interessante foi sumulada pelo STF acerca da natureza da ação penal nas hipóteses de ofensa *propter officium*, contra honra de servidor público. O regime legal (CP, art. 145, parágrafo único) denotava a natureza de ação penal condicionada à representação, mas a Corte, ao editar o Verbete nº 714 de sua Súmula, disciplinou a matéria de forma diversa, dando legitimidade alternativa, tanto para o Parquet quanto para o servidor público atingido em sua honra.

Há ainda a hipótese de a ação penal ser promovida pelo próprio ofendido ou por quem tenha qualidade para representá-lo. A ação penal de iniciativa privada "é uma espécie de substituição processual, em que se defende interesse alheio em nome próprio".

Ressalve-se que, mesmo no caso de a ação penal ser de iniciativa privada, é necessária a intervenção do Ministério Público em todos os atos processuais sob pena de nulidade processual, inclusive na fase conciliatória, conforme entendimento da Assessoria de Assuntos Institucionais consolidado no Enunciado nº 08/2009:

> "Intervenção do Ministério Público. Processo Penal. O Ministério Público deve intervir em todos os atos do processo deflagrado pelo exercício da ação penal de iniciativa privada, inclusive na fase conciliatória ínsita aos crimes contra a honra, sob pena de nulidade processual, a teor dos arts. 45 e 520, ambos do Código de Processo Penal. Ref.: Procedimento Administrativo MP nº 2007.00126967, de 12.12.2007".

Finalmente, deve-se abordar a previsão do artigo 5º, LIX, da Constituição da República, que trata da ação penal privada subsidiária da pública, cabível somente na hipótese de inércia do membro do Ministério Público. Tal inércia somente se caracteriza no prazo legal (CPP art. 46), se o Ministério Público deixar de tomar uma das seguintes providências: oferecer a denúncia, requerer o arquivamento do inquérito policial ou requisitar diligências. Note-se que não habilita a queixa-crime subsidiária, por não caracterizar inércia do Parquet, a não inclusão de todos os participantes do evento na denúncia (RT 514/383). Mesmo que instaurada a ação penal subsidiária da pública, pode o Parquet aceitá-la ou aditá-la para acrescentar circunstâncias não expressas, corrigir imperfeições ou ainda repudiá-la, por inépcia da inicial, oferecendo assim denúncia substitutiva. "*Pronunciando-se pelo recebimento da queixa ou aditando-a, o representante do Ministério Público passa a ser assistente litisconsorcial, pela qualidade de titular do direito material (jus puniendi)*".

Outra questão relevante versa sobre a figura do assistente do Ministério Público na relação processual (CPP, art. 268). Após o advento da Carta Magna, houve controvérsia acerca da manutenção da figura da assistência, em face da dicção do artigo 129, I, da Constituição. Entretanto, o STF já decidiu acerca do assunto, admitindo a figura do assistente, na forma preconizada na legislação processual, mas não reconhecendo a este a possibilidade de aditar a peça acusatória; ou recorrer para alterar a capitulação do fato, requerida pelo Ministério Público e confirmada em sentença de pronúncia. Também descabe a intervenção do assistente de acusação no processo de habeas corpus, já que neste feito, o Ministério Público não desempenha a função de acusador e sim de fiscal da lei (STJ – RT 666/352). Acerca do assistente, já decidiu a Corte Suprema que possui legitimidade para recorrer da decisão que absolve o réu nos casos em que o Ministério Público não interpõe recurso:

> "Aplicação da Súmula 210/STF: O assistente do Ministério Público pode recorrer, inclusive extraordinariamente, na ação penal, nos casos dos arts. 584, § 1º, e 598 do CPP". A manifestação do promotor de justiça, em alegações finais, pela absolvição da paciente e, em seu parecer, pelo não conhecimento do recurso não altera nem anula o direito da assistente de acusação recorrer da sentença absolutória. (HC 102.085, rel. min. Cármen Lúcia, j. 10-6-2010, P, DJE de 27-8-2010).

Abaixo, algumas decisões do STF acerca desta função institucional do Ministério Público:

a) "Possibilidade de investigação pelo Ministério Público. Delitos praticados por policiais. (...) A presente impetração visa ao trancamento de ação penal movida em face dos pacientes, sob a alegação de falta de justa causa e de ilicitude da denúncia por estar amparada em depoimentos colhidos pelo Ministério Público. (...) É perfeitamente possível que o órgão do Ministério Público promova a colheita de determinados elementos de prova que demonstrem a existência da autoria e da materialidade de determinado delito. Tal conclusão não significa retirar da polícia judiciária as atribuições previstas constitucionalmente, mas apenas harmonizar as normas constitucionais (arts. 129 e 144) de modo a compatibilizá-las para permitir não apenas a correta e regular apuração dos fatos supostamente delituosos, mas também a formação da opinio delicti. O art. 129, I, da CF atribui ao Parquet a privatividade na promoção da ação penal pública. Do seu turno, o CPP estabelece que o inquérito policial é dispensável, já que o Ministério Público pode embasar seu pedido em peças de informação que concretizem justa causa para a denúncia. Ora, é princípio basilar da hermenêutica constitucional o dos "poderes implícitos" segundo o qual, quando a CF concede os fins, dá os meios. Se a atividade-fim – promoção da ação penal pública – foi outorgada ao Parquet em foro de privatividade, não se concebe como não lhe oportunizar a colheita de prova para tanto, já que o CPP autoriza que "peças de informação" embasem a denúncia. Cabe ressaltar que, no presente caso, os *delitos descritos na denúncia teriam sido praticados por policiais, o que, também, justifica a colheita dos depoimentos das vítimas pelo Ministério Público. [**HC 91.661**, rel. min. Ellen Gracie, j. 10-3-2009, 2ª T, DJE de 3-4-2009.] HC 93.930, rel. min. Gilmar Mendes, j. 7-12-2010, 2ª T, DJE de 3-2-2011".*

b) *"Capitulação do fato. Autoridade policial. Tipificação provisória. Ministério Público. Atribuições constitucionais. Ofensa ao art. 129, I, da CF/1988. Inexistência. A definição da competência para julgamento do crime, com base na tipificação provisória conferida ao fato pela autoridade policial, não enseja supressão das atribuições funcionais do Parquet. Fica resguardada a competência do Ministério Público de dar ao fato a capitulação que achar de direito quando ofertar a denúncia. Se a denúncia contemplar crimes diversos do relatado pela autoridade policial, capazes de modificar a competência para o julgamento do processo, poderá o Ministério Público requerer sejam os autos remetidos ao juízo competente. A competência fixada com base na tipificação realizada pela autoridade policial não ofende o art. 129, I, da CF. [**RE 497.170**, rel. min. Ricardo Lewandowski, j. 13-5-2008, 1ª T, DJE de 6-6-2008]".*

c) *"A jurisprudência do STF assevera que o pronunciamento de arquivamento, em regra, deve ser acolhido sem que se questione ou se entre no mérito da avaliação deduzida pelo titular da ação penal. Precedentes (...). Esses julgados ressalvam, contudo, duas hipóteses em que a determinação judicial do arquivamento possa gerar coisa julgada material, a saber: prescrição da pretensão punitiva e atipicidade da conduta. [**Inq. 2.341 QO**, rel. min. Gilmar Mendes, j. 28-6-2007, P, DJ de 17-8-2007.] **Pet 3.927**, rel. min. Gilmar Mendes, j. 12-6-2008, P, DJE de 17-10-2008"*

d) *Arquivado o inquérito policial, por despacho do juiz, a requerimento do promotor de justiça, não pode a ação penal ser iniciada, sem novas provas. [**Súmula 524**].*

e) *"Transação penal homologada em audiência realizada sem a presença do Ministério Público. Nulidade. Violação do art. 129, I, da CF. É da jurisprudência do STF – que a fundamentação do leading case da Súmula 696 evidência: HC 75.343, 12-11-1997, Pertence, RTJ 177/1293 – que a imprescindibilidade do assentimento do Ministério Público, quer à suspensão condicional do processo, quer à transação penal, está conectada estreitamente à titularidade da ação penal pública, que a Constituição lhe confiou privativamente (CF, art. 129, I). Daí que a transação penal – bem como a suspensão condicional do* *processo - pressupõe o acordo entre as partes, cuja iniciativa da proposta, na ação penal pública, é do Ministério Público. [**RE 468.161**, rel. min. Sepúlveda Pertence, j. 14-3-2006, 1ª T, DJ de 31-3-2006.] **HC 129.346**, rel. min. Dias Toffoli, j. 5-4-2016, 2ª T, DJE de 11-5-2016"*

f) *"Há de se distinguir no processo penal duas formas de atuação do Ministério Público. A primeira como dominus litis e outra como custos legis. O promotor de justiça agiu como titular da ação penal ao oferecer denúncia e contrarrazões à apelação aviada. Já no Tribunal de Justiça do Estado de Minas Gerais e no STJ atuaram o procurador de justiça e o subprocurador-geral da República como fiscais da lei. Não há contraditório a ser assegurado após a manifestação ministerial, pois não houve ato de parte, e sim do fiscal da lei. Não havendo contraditório, não há quebra de isonomia quanto aos prazos. [**HC 81.436**, voto do rel. min. Néri da Silveira, j. 11-12-2001, 2ª T, DJ de 22-2-2002. **RHC 107.584**, rel. min. Luiz Fux, j. 14-6-2011, 1ª T, DJE de 28-9-2011".*

g) *"Decisão judicial de rejeição de denúncia, impronúncia de réu, de absolvição sumária ou de trancamento de ação penal por falta de justa causa não viola a cláusula constitucional de monopólio do poder de iniciativa do Ministério Público em matéria de persecução penal e tampouco transgride o postulado do juiz natural nos procedimentos penais inerentes ao tribunal do júri.[**RE 593.443**, rel. p/ o ac. min. Ricardo Lewandowski, j. 6-6-2013, P, DJE de 22-5-2014, **Tema 154**]".*

h) *"Correição parcial (CPPM, art. 498): compatibilidade com o art. 129, I, CF, que outorgou legitimação privativa ao Ministério Público para a ação penal pública (**HC 68.739**, 1º-10-1991, Pertence, RTJ 138/524. **HC 78.309**, rel. min. Sepúlveda Pertence, j. 2-2-1999, 1ª T, DJ de 26-3-1999. **HC 109.047**, rel. min. Cármen Lúcia, j. 12-11-2013, 2ª T, DJE de 20-11-2013".*

i) *"Ação penal pública: titularidade privativa do Ministério Público (CF, art. 129, I): compatibilidade com o art. 598 do CPP, que legitima o ofendido ou seu sucessor (CPP, art. 31) para apelar, quando não o tenha feito o Ministério Público. O direito de recorrer, que nasce no processo - embora condicionado ao exercício e instrumentalmente conexo ao direito de ação, que preexiste ao processo - a ele não se pode reduzir, sem abstração das diferenças substanciais que os distinguem. Em si mesma, a titularidade privativa da ação penal pública, deferida pela Constituição ao Ministério Público, veda que o poder de iniciativa do processo de ação penal pública se configura a ou-*

trem, mas nada antecipa sobre a outorga ou não de outros direitos e poderes processuais a terceiros no desenvolvimento da consequente relação processual. Ao contrário, a legitimidade questionada para a apelação supletiva, nos quadros do direito processual vigente, se harmoniza, na Constituição, não apenas com a garantia da ação privada subsidiária, na hipótese de inércia do Ministério Público (CF, art. 5°, LIX), mas também, e principalmente, com a do contraditório e da ampla defesa e a do devido processo legal, dadas as repercussões que, uma vez proposta a ação penal pública, a sentença absolutória poderá acarretar, secundum eventum litis, para interesses próprios do ofendido ou de seus sucessores (CPP, arts. 65 e 66; CC, art. 160). **HC 68.413**, rel. min. Sepúlveda Pertence, j. 22-5-1991, P, DJ de 18-10-1991".

j) "O Ministério Público, nas ações penais públicas condicionadas, não está vinculado à qualificação jurídica dos fatos constantes da representação ou da requisição de que lhe haja sido dirigida. A vinculação do Ministério Público à definição jurídica que o representante ou requisitante tenha dado aos fatos é nenhuma. A formação da opinio delicti compete, exclusivamente, ao Ministério Público, em cujas funções institucionais se insere, por consciente opção do legislador constituinte, o próprio monopólio da ação penal pública (CF, art. 129, I). Dessa posição de autonomia jurídica do Ministério Público, resulta a possibilidade, plena, de, até mesmo, não oferecer a própria denúncia. **HC 68.242**, rel. min. Celso de Mello, j. 6-11-1990, 1ª T, DJ de 15-3-1991".

k) "O fato de o promotor de justiça que ofereceu a denúncia contra os pacientes ter acompanhado a lavratura do auto de prisão em flagrante e demais atos processuais não induz a qualquer ilegalidade ou nulidade do inquérito e da consequente ação penal promovida, o que, aliás, é perfeitamente justificável em razão do que disposto no art. 129, VII, da CF. **HC 89.746**, rel. min. Cármen Lúcia, j. 12-12-2006, 1ª T, DJ de 9-2-2007".

l) "Ministério Público: privatividade da ação penal pública (CF, art. 129, I): incompatibilidade com os procedimentos especiais por crime de deserção, no ponto em que prescindem da denúncia (CPPM, art. 451 e seguintes): precedente **HC 67.931**. **HC 68.204**, rel. min. Sepúlveda Pertence, j. 30-10-1990, 1ª T, DJ de 23-11-1990]", e

m) Resolução 23.396/2013 do TSE. Instituição de controle jurisdicional genérico e prévio à instauração de inquéritos policiais. Sistema acusatório e papel institucional do Ministério Público. (...) Forte plausi-

*bilidade na alegação de inconstitucionalidade do art. 8º da Resolução 23.396/2013. Ao condicionar a instauração de inquérito policial eleitoral a uma autorização do Poder Judiciário, a resolução questionada institui modalidade de controle judicial prévio sobre a condução das investigações, em aparente violação ao núcleo essencial do princípio acusatório. **ADI 5.104 MC**, rel. min. Roberto Barroso, j. 21-5-2014, P, DJE de 30-10-2014".*

II – Zelar pelo efetivo respeito dos Poderes Públicos e dos serviços de relevância pública aos direitos assegurados nesta Constituição, promovendo as medidas necessárias a sua garantia;

Outra atribuição institucional relevante conferida ao Ministério Público pela nova ordem constitucional foi a função de *ombudsman*. De fato, a disposição do art. 129, inciso II, da Constituição, de maneira inédita (a ação civil pública foi idealizada ainda sob a ordem jurídico-constitucional anterior), estatuiu como função do Ministério Público "zelar pelo efetivo respeito dos Poderes Públicos e dos serviços de relevância pública aos direitos assegurados nesta Constituição, promovendo as medidas necessárias a sua garantia". Essa atividade de controle dos atos do poder público abriu um grande e importante campo de atuação institucional, na esteira de conferir mecanismos hábeis a dotar o Parquet para promover os valores sociais constitucionais. A função de "ombudsman" tem origem remota na Constituição sueca de 1809, que criou a figura do *justitie ombudsman*, expressão traduzida para o vernáculo como "comissário de justiça", com a atribuição de supervisionar a observância dos atos normativos pelos juízes e servidores públicos. Sua estrutura foi abraçada também pelas Constituições espanhola, de 1978 (que instituiu "*el defensor del pueblo*", no art. 54) e portuguesa, de 1976, que acolheu o "Provedor de Justiça" no art. 24, mantido, aliás, no art. 23, após a revisão de 1982. Na Assembleia Nacional Constituinte, verificando-se que o Ministério Público já estava estruturado em carreira e existia em todo território nacional, foi-lhe deferida tal função, que consiste no controle dos demais controles (parlamentar ou político, administrativo e judiciário), atinente aos três Poderes, sobretudo ao Poder Executivo (Administração Pública). Objetiva, em síntese, remediar lacunas e omissões, bem como assegurar que os Poderes respeitem as regras postas e não se imiscuam nos direitos e liberdades públicas dos cidadãos.

De fato, as funções executiva, legislativa e judiciária, atribuídas aos três Poderes Constituídos, realizam controles específicos (controle administrativo, controle político e controle judiciário), mas apresentam entre si separação excessivamente rígida e insuficiências. O controle parlamentar, por sua natureza política, deixa de penetrar em várias zonas cinzentas e em situações concretas de omissividade ou negligência dos agentes públicos. O controle jurisdicional é também insuficiente, por sua natureza casual e individualizada, porquanto depende de provocação da parte interessada. O controle administrativo interno, por sua vez, exatamente por remanescer ao alvedrio de autoridades públicas da Administração ativa, é frequentemente menosprezado, quando não solapado. Deve-se fazer distinção entre a figura do ombudsman com a das Ouvidorias, órgãos dependentes de alguma entidade da Administração Direta ou Indireta. Como bem salienta Márcio Souza Guimarães, as Ouvidorias:

> *"funcionam apenas como um canal de comunicação dos administrados com os seus administradores com o papel de ouvir, podendo-se utilizar uma metáfora com o corpo humano, seguindo o ditado popular: fulano só ouve o que quer. Seja como Secretaria de Governo, seja como órgão, a denúncia ou reclamação é repassada ao destinatário, que o cidadão nunca teria acesso direto, torcendo-se para que não se façam ouvidos de mercador. É certo que as funções do ouvidor e do ombudsman possuem alguns pontos de afinidade. Entretanto, somente o verdadeiro ombudsman, em sua clássica definição de representante da sociedade, tem a independência necessária para atuar com presteza e eficiência, enquanto a ouvidoria "se torna um mero anotador de reclamações".*

A seguir, decisões do STF nesse sentido:

a) *"Constitucionalmente qualificada como direito fundamental de dupla face (direito social e individual indisponível), a saúde é tema que se insere no âmbito de legitimação do Ministério Público para a propositura de ação em sua defesa.* **AC 2.836 MC-QO**, *rel. min. Ayres Britto, j. 27-3-2012, 2ª T, DJE de 26-6-2012.* **AI 759.543** *AgR, rel. min. Celso de Mello, j. 17-12-2013, 2ª T, DJE de 12-2-2014".*

b) *"O Ministério Público é parte legítima para ingressar em juízo com ação civil pública visando a compelir o Estado a fornecer medicamento indispensável à saúde de pessoa individualizada.* **RE 407.902**, *rel. min. Marco Aurélio, j. 26-5-2009, 1ª T, DJE de 28-8-2009.* **RE 648.410 AgR**, *rel. min. Cármen Lúcia, j. 14-2-2012, 1ª T, DJE de 14-3-2012".*

c) *"O Ministério Público possui legitimidade para ajuizar ação civil pública com objetivo de compelir entes federados a entregarem medicamentos a portadores de certa doença. **RE 605.533,** rel. min. Marco Aurélio, j. 15-8-2018, P, DJE de 12-2-2020". e*

d) *"A CF confere relevo ao Ministério Público como instituição permanente, essencial à função jurisdicional do Estado, incumbindo-lhe a defesa da ordem jurídica, do regime democrático e dos interesses sociais e individuais indisponíveis (CF, art. 127). (...) Cuidando-se de tema ligado à educação, amparada constitucionalmente como dever do Estado e obrigação de todos (CF, art. 205), está o Ministério Público investido da capacidade postulatória, patente a legitimidade ad causam, quando o bem que se busca resguardar se insere na órbita dos interesses coletivos, em segmento de extrema delicadeza e de conteúdo social tal que, acima de tudo, recomenda-se o abrigo estatal.* **RE 163.231**, *rel. min. Maurício Corrêa, j. 26-2-1997, P, DJ de 29-6-2001".*

III – Promover o inquérito civil e a ação civil pública, para a proteção do patrimônio público e social, do meio ambiente e de outros interesses difusos e coletivos;

A atuação do Ministério Público na área da Tutela Coletiva de Direitos será examinada, com maior ênfase, no capítulo IX da obra, mas algumas decisões do STF acerca do tema não podem passar despercebidas ao leitor neste momento:

a) *"O Ministério Público tem legitimidade para promover ação civil pública cujo fundamento seja a ilegalidade de reajuste de mensalidade escolares".* **Súmula 643**.

b) *"Ação civil pública para proteção do patrimônio público. art. 129, III, da CF. Legitimação extraordinária conferida ao órgão pelo dispositivo constitucional em referência, hipótese em que age como substituto processual de toda a coletividade e, consequentemente, na defesa de autêntico interesse difuso, habilitação que, de resto, não impede a iniciativa do próprio ente público na defesa de seu patrimônio, caso em que o Ministério Público intervirá como fiscal da lei, pena de nulidade da ação (art. 17, § 4º, da Lei 8.429/1992).***RE 208.790**, *rel. min. Ilmar Galvão, j. 27-9-2000, P, DJ de 15-12-2000.* **RE 225.777**, *rel. p/ o ac. min. Dias Toffoli, j. 24-2-2011, P, DJE de 29-8-2011".*

c) *"O Ministério Público tem legitimidade para a propositura de ação civil pública em defesa de direitos sociais relacionados ao FGTS.* **RE**

643.978, rel. min. Alexandre de Moraes, j. 9-10-2019, P, DJE de 25-10-2019, **Tema 850**".

d) "O Ministério Público tem legitimidade para ajuizar Ação Civil Pública que vise anular ato administrativo de aposentadoria que importe em lesão patrimônio público. **RE 409.356**, rel. min. Luiz Fux, j. 25-10-2018, P, DJE de 29-7-2020, **Tema 561**".

e) "Legitimidade para a causa. Ativa. Caracterização. Ministério Público. Ação civil pública. Demanda sobre contratos de financiamento firmados no âmbito do Sistema Financeiro da Habitação (SFH). Tutela de direitos ou interesses individuais homogêneos. Matéria de alto relevo social. Pertinência ao perfil institucional do Ministério Público. Inteligência dos arts. 127 e 129, III e IX, da CF. Precedentes. O Ministério Público tem legitimação para ação civil pública em tutela de interesses individuais homogêneos dotados de alto relevo social, como os de mutuários em contratos de financiamento pelo SFH. **RE 470.135 AgR-ED**, rel. min. Cezar Peluso, j. 22-5-2007, 2ª T, DJ de 29-6-2007. **AI 637.853 AgR**, rel. min. Joaquim Barbosa, j. 28-8-2012, 2ª T, DJE de 17-9-2012".

f) "O Ministério Público é parte legítima na propositura de ação civil pública para questionar relação de consumo resultante de ajuste a envolver cartão de crédito. **RE 441.318**, rel. min. Marco Aurélio, j. 25-10-2005, 1ª T, DJ de 24-2-2006".

g) "O Ministério Público tem legitimidade ativa para propor ação civil pública com o objetivo de evitar lesão ao patrimônio público decorrente de contratação de serviço hospitalar privado sem procedimento licitatório. **RE 244.217 AgR**, rel. min. Eros Grau, j. 25-10-2005, 1ª T, DJ de 25-11-2005. **RE 262.134 AgR**, rel. min. Celso de Mello, j. 12-12-2006, 2ª T, DJ de 2-2-2007. **AI 383.919 AgR**, rel. min. Sepúlveda Pertence, j. 19-2-2003, 1ª T, DJ de 11-4-2003".

h) "O Ministério Público é parte legítima para propor ação civil pública voltada a infirmar preço de passagem em transporte coletivo. **RE 379.495**, rel. min. Marco Aurélio, j. 11-10-2005, 1ª T, DJ de 20-4-2006. **RE 228.177**, rel. min. Gilmar Mendes, j. 17-11-2009, 2ª T, DJE de 5-3-2010".

i) "A questão constitucional discutida nos autos é a possibilidade de execução das decisões de condenação patrimonial proferidas pelos tribunais de contas por iniciativa do Ministério Público, atuante ou não junto às cortes de contas, seja federal, seja estadual. (...) a jurisprudência pacificada do STF firmou-se no sentido de que a referida ação de execução pode ser proposta tão somente pelo ente público be-

*neficiário da condenação imposta pelos tribunais de contas. (...) Por conseguinte, é ausente a legitimidade ativa do Parquet. **ARE 823.347 RG**, voto do rel. min. Gilmar Mendes, j. 2-10-2014, P, DJE de 28-10-2014, **Tema 768**".*

j) *"Ilegitimidade ativa ad causam do Ministério Público para, em ação civil pública, deduzir pretensão relativa à matéria tributária. Reafirmação da jurisprudência da Corte. **ARE 694.294 RG,** rel. min. Luiz Fux, j. 25-4-2013, P, DJE de 17-5-2013, **Tema 645**".*

k) *"(...) o Ministério Público possui legitimidade ativa para ajuizar ação civil pública que tenha por objeto a condenação de agente público ao ressarcimento de prejuízos causados ao erário. **RE 629.840 AgR**, rel. min. Marco Aurélio, j. 4-8-2015, 1ª T, DJE de 28-8-2015".*

l) *"Esta Corte (...) reconheceu a legitimidade do Ministério Público para ajuizar ação civil pública em defesa de menores. **AI 698.478**, rel. min. Joaquim Barbosa, j. 18-5-2012, dec. monocrática, DJE de 28-5-2012]".*

m) *"Concurso. Isenção de taxa de inscrição de candidatos carentes. Ação civil pública. Legitimidade ativa ad causam do MPF. (...) A legitimação do Ministério Público para o ajuizamento de ação civil pública não se restringe à defesa dos direitos difusos e coletivos, mas também abarca a defesa dos direitos individuais homogêneos, máxime quando presente o interesse social. **AI 737.104 AgR**, rel. min. Luiz Fux, j. 25-10-2011, 1ª T, DJE de 17-11-2011. **RE 607.949 AgR**, rel. min. Cármen Lúcia, j. 8-4-2014, 2ª T, DJE de 15-5-2014".*

n) *"Esta Corte fixou orientação no sentido de que o Ministério Público é parte legítima para questionar, em sede de ação civil pública, a validade de benefício fiscal concedido pelo Estado a determinada empresa. **RE 586.705 AgR**, rel. min. Ricardo Lewandowski, j. 23-8-2011, 2ª T, DJE de 8-9-2011. Vide **RE 576.155**, rel. min. Ricardo Lewandowski, j. 12-8-2010, P, DJE de 1º-2-2011, **Tema 56**".*

o) *"Se, contudo, o ajuizamento da ação civil pública visar, não à apreciação da validade constitucional de lei em tese, mas objetivar o julgamento de uma específica e concreta relação jurídica, aí, então, tornar-se-á lícito promover, incidenter tantum, o controle difuso de constitucionalidade de qualquer ato emanado do poder público. (...) É por essa razão que o magistério jurisprudencial dos tribunais – inclusive o do STF (Rcl. 554/MG, rel. min. Maurício Corrêa – Rcl. 611/PE, rel. min. Sydney Sanches, v.g.) – tem reconhecido a legitimidade da utilização da ação civil pública como instrumento idôneo de fiscalização incidental de constitucionalidade, desde que, nesse pro-*

cesso coletivo, a controvérsia constitucional, longe de identificar-se como objeto único da demanda, qualifique-se como simples questão prejudicial, indispensável à resolução do litígio principal (...). [RE 411.156, rel. min. Celso de Mello, j. 19-11-2009, dec. monocrática, DJE de 3-12-2009]".

p) "Mesmo, porém, que se reconheça legítima a possibilidade de o Ministério Público sujeitar-se, excepcionalmente, em sede de ação civil pública, aos ônus da sucumbência, o que me parece extremamente razoável em face dos parâmetros éticos que regem a atividade dos sujeitos processuais e que repelem a figura do improbus litigator (...), ainda assim impor-se-á a necessária demonstração de que o representante do Parquet, procedendo de maneira abusiva, agiu com "comprovada má-fé" (...). [RE 233.585, rel. min. Celso de Mello, j. 9-9-2009, dec. monocrática, DJE de 28-9-2009]".

q) "Ministério Público. Oferecimento de denúncia com base em inquérito civil público. Viabilidade. Recurso desprovido. Denúncia oferecida com base em elementos colhidos no bojo de inquérito civil público destinado à apuração de danos ao meio ambiente. Viabilidade. O Ministério Público pode oferecer denúncia independentemente de investigação policial, desde que possua os elementos mínimos de convicção quanto à materialidade e aos indícios de autoria, como no caso (art. 46, § 1º, do CPP). [RE 464.893, rel. min. Joaquim Barbosa, j. 20-5-2008, 2ª T, DJE de 1º-8-2008]".

IV – Promover a ação de inconstitucionalidade ou representação para fins de intervenção da União e dos Estados, nos casos previstos nesta Constituição

A provocação do controle concentrado de constitucionalidade foi outra função relevante outorgada ao MP. A Constituição é o documento normativo do Estado e da Sociedade. É para ela que deve voltar-se o legislador por ocasião da elaboração das leis. Na opinião de Clèmerson Merlin Clève:

"A compreensão da Constituição como Lei Fundamental implica não apenas o reconhecimento de sua supremacia na ordem jurídica, mas, igualmente, a existência de mecanismos suficientes para garantir juridicamente (eis um ponto importante) apontada qualidade. A supremacia, diga-se logo, não exige apenas a compatibilidade formal do direito infraconstitucional com os comandos maiores definidores do modo de produção das normas jurídicas, mas também a observância de sua dimensão material".

O controle de constitucionalidade das leis é um dos mais importantes instrumentos de garantia do Estado Democrático de Direito. O constituinte, ao estabelecer regras para a verificação da compatibilidade das leis com a Constituição da República, refletiu sua preocupação em limitar a si mesmo como legislador ordinário. No Brasil, o sistema de jurisdição constitucional é ímpar, se comparado ao restante do mundo, pois além de um controle difuso e concreto, que pode ser realizado por qualquer juiz e suscitado por qualquer parte, existe o sistema de controle concentrado e abstrato, onde somente o Supremo Tribunal Federal tem atribuição para exercê-lo, impulsionado pelas ações propostas por legitimados constitucionalmente definidos. Vamos nos ater, neste tópico, ao sistema concentrado e abstrato e sua relação com o Ministério Público. Os instrumentos que possibilitam a jurisdição constitucional foram expressamente previstos na Constituição da República. No que concerne à Ação Direta de Inconstitucionalidade (ADIN), é legitimado ativo o chefe do Ministério Público da União, para arguir a inconstitucionalidade de lei ou ato normativo federal ou estadual perante a Constituição da República. Vale dizer que o Procurador-Geral da República é legitimado universal, segundo a classificação doutrinária, baseada na pertinência temática entre a norma impugnada e a qualidade institucional do legitimado. Além disso, o legislador constituinte fez questão de ressaltar, através do § 1º do artigo 103, que o Procurador-Geral da República deve ser ouvido previamente nas ações de inconstitucionalidade. Dessa forma, exerce função de órgão agente, quando propõe a Ação Direta de Inconstitucionalidade (CF, art. 103, VI) e de órgão interveniente, como *custos legis*, quando a ação é iniciada por outro legitimado (CF, art. 103, § 1º). Cumpre, então, seu papel de defensor da ordem jurídica, quer atuando, quer fiscalizando. Ressalve-se que o Procurador-Geral da República não é obrigado a propor a mencionada ação em todas as hipóteses em que for instado, mediante representações de entidades ou pessoas não legitimadas para o *writ*. Em decorrência de sua independência funcional, caso não encontre razões para movimentar o aparato jurisdicional, não o fará.

É pertinente lembrar que a CONAMP (Associação Nacional dos Membros do Ministério Público) também pode provocar o controle concentrado de constitucionalidade. Vencida resistência inicial do STF quanto à sua legitimidade, na qualidade de "entidade de classe de âmbito nacional" (CF, art. 103, IX, segunda parte), a Corte, por unanimidade, reformulou seu entendimento na ADIN 2874, conduzida pelo voto do ministro Marco Aurélio, que, ao reconhecer similitude estatutária entre a CONAMP e a AMB (Associação dos Magistrados do Brasil), consagrou importante instrumento para defesa do Estado Democrático de Direito pelos membros do Ministério Público.

No que tange à Ação Declaratória de Constitucionalidade, cabe ressaltar a alteração produzida pela Reforma do Judiciário (EC nº 45/2004) que, alterando o *caput* do art. 103 e revogando o § 4º do mesmo dispositivo, acabou por igualar o rol de legitimados ativos desta ação aos legitimados da ADIN. As hipóteses de cabimento, no entanto, continuam restritas à lei ou ato normativo federal (CF, art. 102, I, "a", segunda parte). Também é legitimado ativo o Procurador-Geral da República, cabendo ao Chefe do Ministério Público da União as mesmas funções a ele atribuídas por ocasião da ADIN.

Quanto à Ação de Inconstitucionalidade por Omissão, disciplinada no § 2º, do artigo 103, da Lei Maior, captou para si os mesmos legitimados ativos da Ação Direta de Inconstitucionalidade, estando o Procurador-Geral da República aí incluído. Finalmente, o artigo 102, § 1º, da Constituição da República, ao prever a Arguição de Descumprimento de Preceito Fundamental, o fez em linhas gerais, sendo que a Lei 9.882/89 dispôs sobre o instrumento. O referido diploma legal é expresso ao conceder legitimidade ativa aos mesmos legitimados para a Ação Direta de Inconstitucionalidade em seu artigo 2º, § 1º ("Art. 2º Podem propor a arguição de descumprimento de preceito fundamental: I. os legitimados para a ação direta de inconstitucionalidade;").

Cabe lembrar que a jurisdição constitucional concentrada e abstrata também encontra respaldo no âmbito estadual, de acordo com o que preleciona o § 1º, do artigo 125, da Constituição da República. Neste sentido, pode a Constituição Estadual, em observância ao princípio da simetria, conferir ao Procurador-Geral de Justiça a legitimidade ativa para a representação de inconstitucionalidade de leis ou atos normativos estaduais ou municipais em face da Carta Estadual.

Questão acerca do tema está em análise pelo STF na ADIN 5.693, que questiona a Constituição do Estado do Ceará por ter excluído a legitimidade do procurador-geral de Justiça para propor ações de controle concentrado em face de leis municipais. O autor da ação é o Procurador-Geral da República e ele afirma que a Constituição do Ceará autorizou o controle de constitucionalidade das leis municipais a prefeitos, às Mesas das Câmaras Municipais, a entidades de classe ou organização sindical e a partidos políticos com representação na Câmara Municipal. Para o PGR, a exclusão do procurador-geral de Justiça "fragiliza a supremacia da Constituição cearense em relação às leis municipais e o papel constitucional do Ministério Público como defensor da ordem jurídica". O PGR reconhece que o STF já se posicionou sobre a não exigência de simetria entre as constituições estaduais e a federal quanto aos legitimados ativos para o controle abstrato de constitucionalidade. Contudo, essa autonomia concedida ao legislativo estadual não permitiria a exclusão de autoridades centrais ao sistema de controle de constitucionalidade, como é o caso do procurador-geral de Justiça (chefe do Ministério Público local). A ADIN 5.693 está sob a relatoria da ministra Rosa Weber. O parecer da PGR foi pelo conhecimento da ação e procedência do pedido cautelar de suspensão da eficácia dos dispositivos atacados na Constituição Estadual.

V – Defender judicialmente os direitos e interesses das populações indígenas

A Carta Magna legitimou o Ministério Público para a defesa em juízo das populações indígenas que, segundo dados oficiais, totalizam mais de oitocentas mil pessoas. Além da legitimidade ativa para tal tutela, deferiu o constituinte ao Parquet, no artigo 232 da Carta da República, a função de custos legis nos processos em que os interesses dos silvícolas estejam em questão. No que concerne a esta última função, deve-se ressaltar que a mens legis foi no sentido de proteger os interesses dos silvícolas, enquanto não integrados à sociedade nacional. Já em relação à defesa dos interesses dos indígenas, tal função institucional, em regra, é reservada ao Ministério Público Federal, pois compete à Justiça Federal conhecer os conflitos oriundos dos direitos e interesses indígenas (CF, art. 109, XI). Assim, numa postulação coletiva referente a direitos de uma comunidade indígena, competentes serão, em regra, a Justiça Federal e o Ministério Público Federal para conhecer da questão. Também será do Parquet federal a legitimidade para deflagrar ação penal por crimes cometidos por ou contra silvícolas. Nesse sentido, já decidiu a Corte Suprema a respeito da competência da Justiça Federal para julgar tais fatos:

> "*Crimes contra Silvícolas. A Turma deu provimento a recurso extraordinário interposto pelo Ministério Público Federal para, reformando acórdão do TRF da 1ª Região, afirmar a competência da Justiça Federal para julgar crimes de abuso de autoridade e de lesões corporais praticados por policiais militares contra silvícola, no interior de reserva indígena. Considerou-se que o caso se enquadra no artigo 109, IV e XI, da CF ("Aos juízes federais compete processar e julgar... IV. os crimes políticos e as infrações penais praticadas em detrimento de bens, serviços ou interesse da União ou de suas entidades autárquicas ou empresas públicas, excluídas as contravenções e ressalvada a competência da Justiça Militar e da Justiça Eleitoral; (...) XI. a disputa sobre direitos indígenas"), porquanto configurado o atentado ao serviço da União de proteção ao índio, sendo os delitos cometidos por policiais que, em princípio, deveriam prestar assistência à comunidade indígena. Determinou-se a remessa dos autos à Seção Judiciária do Estado de Roraima. Precedente citado: RECr. 192.473/RR (DJU de 29.08.1997)". (RECr. 206.608/RR, Rel. Min. Néri da Silveira, 11.05.1999).*

Tal posicionamento da Corte Suprema foi reiterado no julgamento do RE 270.379/MS, sendo relator o Ministro Maurício Corrêa, noticiado no Informativo STF 224.

Entretanto, há posicionamento diverso do próprio STF, ao decidir hipótese de crime praticado por índio contra índia, entendendo ser competente a Justiça Estadual para conhecer da questão:

> "*Os crimes cometidos por silvícolas ou contra silvícolas, não configurando disputa sobre direitos indígenas e nem, tampouco, infrações praticadas em detrimento de bens e interesses da União ou de suas autarquias e empresas públicas, não se inserem na competência privativa da Justiça Federal*" (RE 263.010/MS, Rel. Min. Ilmar Galvão, 15.06.2000).

Parece-nos que o entendimento da Corte é de reservar à Justiça Federal apenas as questões relativas aos interesses indígenas vistos de forma global, permitindo que as hipóteses isoladas e individuais, em que os indígenas estejam na relação processual, sejam conhecidas pela Justiça Estadual, e, por conseguinte, pelo Parquet estadual. Neste sentido, a LC 75/93 criou as câmaras de coordenação e revisão, entre elas a 6ª Câmara de Coordenação e Revisão dos Direitos das Comunidades Indígenas e Minorias (6CCR). A 6ª CCR trata especificamente de temas relacionados a grupos que tem em comum o modo de vida tradicional de comunidades conhecidas como indígenas, quilombolas, comunidades extrativistas, comunidades ribeirinhas e ciganos. O objetivo dos procuradores que atuam nessa Câmara é assegurar a pluralidade do Estado Brasileiro no quesito etnia e cultura. A 6ª CCR lançou em fevereiro de 2019 o Manual de Jurisprudência dos Direitos Indígenas com 26 temas discutidos a partir de casos concretos com a compilação das principais decisões dos tribunais nacional e internacionais. O Manual discute temas como o arrendamento de terras indígenas, o direito à saúde indígena, a desintrusão da terra, o direito à permanência na terra durante a demarcação, a tese do marco temporal e as condicionantes do caso Raposa Serra do Sol, entre outros.

VI - Expedir notificações nos procedimentos administrativos de sua competência, requisitando informações e documentos para instruí-los, na forma da lei complementar respectiva

O Ministério Público recebeu inúmeras funções institucionais mas também recebeu mecanismos e instrumentos para bem exercê-las. Um destes foi o procedimento administrativo do Parquet para apuração e acompanhamento de suas atribuições constitucionais, em casos de tutela individual ou coletiva e, ainda, de caráter criminal. A matéria será melhor examinada nos capítulos VII, VIII e IX desta obra, mas, *ab initio*, devemos ressaltar que o CNMP regulamentou, através da Resolução CNMP nº 174/2017, no âmbito do Ministério Público Brasileiro, a instauração e tramitação da notícia de fato e do procedimento administrativo, para apurar fatos de natureza não penal de suas atribuições, complementada, no MPRJ, pela Res. GPGJ 2.227/2018. Já a Resolução CNMP nº 181/2017, dispõe sobre a instauração e tramitação do procedimento investigatório criminal a cargo do Parquet. No MPRJ a matéria é disciplinada pela Res. GPGJ 1.678/2011. Como já decidiu o STF, examinando esta função institucional:

> a) *O Ministério Público dispõe de competência para promover, por autoridade própria, e por prazo razoável, investigações de natureza penal, desde que respeitados os direitos e garantias que assistem a qualquer indiciado ou a qualquer pessoa sob investigação do Estado, observadas, sempre, por seus agentes, as hipóteses de reserva constitucional de jurisdição e, também, as prerrogativas profissionais de que se acham investidos, em nosso país, os advogados (Lei 8.906/1994, art. 7º, notadamente os incisos I, II, III, XI, XIII, XIV e XIX), sem prejuízo da possibilidade – sempre presente no Estado Democrático*

de Direito – do permanente controle jurisdicional dos atos, necessariamente documentados (Súmula Vinculante 14), praticados pelos membros dessa instituição. [RE 593.727, rel. p/ o ac. min. Gilmar Mendes, j. 14-5-2015, P, DJE de 8-9-2015, Tema 184].

b) *"A instauração de inquérito policial não é imprescindível à propositura da ação penal pública, podendo o Ministério Público valer-se de outros elementos de prova para formar sua convicção. Não há impedimento para que o agente do Ministério Público efetue a colheita de determinados depoimentos, quando, tendo conhecimento fático do indício de autoria e da materialidade do crime, tiver notícia, diretamente, de algum fato que merecesse ser elucidado. [Inq. 1.957, rel. min. Carlos Velloso, j. 11-5-2005, P, DJ de 11-11-2005.]=HC 83.463, rel. min. Carlos Velloso, j. 16-3-2004, 1ª T, DJ de 4-6-2004.*

c) *O poder de investigar compõe, em sede penal, o complexo de funções institucionais do Ministério Público, que dispõe, na condição de dominus litis e, também, como expressão de sua competência para exercer o controle externo da atividade policial, da atribuição de fazer instaurar, ainda que em caráter subsidiário, mas por autoridade própria e sob sua direção, procedimentos de investigação penal destinados a viabilizar a obtenção de dados informativos, de subsídios probatórios e de elementos de convicção que lhe permitam formar a opinio delicti, em ordem a propiciar eventual ajuizamento da ação penal de iniciativa pública. [HC 89.837, rel. min. Celso de Mello, j. 20-10-2009, 2ª T, DJE de 20-11-2009.]= RHC 118.636 AgR, rel. min. Celso de Mello, j. 26-8-2014, 2ª T, DJE de 10-9-2014".*

d) *"As questões de suposta violação ao devido processo legal, ao princípio da legalidade, ao direito de intimidade e privacidade e ao princípio da presunção de inocência têm natureza infraconstitucional e, em razão disso, revelam-se insuscetíveis de conhecimento em sede de recurso extraordinário. (...) Remanesce a questão afeta à possibilidade de o Ministério Público promover procedimento administrativo de cunho investigatório e o possível malferimento da norma contida no art. 144, § 1º, I e IV, da CF. No caso concreto, tal debate se mostra irrelevante, eis que houve instauração de inquérito policial para apurar fatos relacionados às movimentações de significativas somas pecuniárias em contas bancárias, sendo que o Ministério Público requereu, a título de tutela cautelar inominada, a concessão de provimento jurisdicional que afastasse o sigilo dos dados bancários e fiscais do recorrente. Tal requerimento foi feito junto ao juízo competente e, portanto, não se tratou de medida adotada pelo Ministério Público sem qualquer provimento jurisdicional. Contudo, ainda que se tratasse da temática dos poderes investigatórios do Ministério Público, melhor sorte não assistiria ao recorrente. A denúncia pode ser fundamentada em peças de informação obtidas pelo órgão do MPF sem a necessidade do prévio inquérito policial, como já previa o CPP. Não há óbice a que o Ministério Público requisite esclarecimentos ou diligencie diretamente a obtenção da prova de modo a formar seu convencimento a respeito de determinado fato, aperfeiçoando a persecução penal, mormente em casos graves como o presente que envolvem altas somas em dinheiro movimentadas em contas bancárias. [RE 535.478, rel. min. Ellen Gracie, j. 28-10-2008, 2ª T, DJE de 21-11-2008].*

VII – exercer o controle externo da atividade policial, na forma da lei complementar mencionada no artigo anterior

Função ministerial geradora de controvérsias é o controle externo da atividade policial. Embora tenha previsão constitucional (art. 129, VII), a norma, na conhecida classificação adotada por José Afonso da Silva (1998), possui eficácia limitada, pois condiciona sua aplicabilidade à edição de lei complementar. A Lei Complementar 75/93 (LOMPU), em seu artigo 9º, veio disciplinar a matéria, valendo lembrar sua incidência imediata em relação a todos os Ministérios Públicos Estaduais, por força da aplicação subsidiária de suas normas, prevista no artigo 80 da LONMP. O controle externo permite ao Ministério Público buscar um trabalho policial dedicado e bem conduzido, para que sejam fornecidos subsídios capazes de gerar a justa causa necessária para o desencadeamento da ação penal pública. É oportuno asseverar que tal controle possui índole técnica e tem por objetivo apurar omissões, eventuais desvios de conduta das autoridades policiais; seus agentes e abuso de poder. Deve-se, entretanto, ter em mente que tão importante função ministerial não se coaduna com subordinação ou hierarquia. Os integrantes das forças policiais descritas no artigo 144 da CF não estão sujeitos ao poder disciplinar dos membros do Ministério Público. Estão, sim, sujeitos à sua efetiva fiscalização na atividade-fim, consequência natural do comando constitucional. Em suma, o controle externo da atividade policial pelo Ministério Público tem como objetivo a constatação da regularidade e adequação de procedimentos empregados na realização da atividade de polícia administrativa e judiciária, bem como a integração das funções do Ministério Público e da Polícia, voltada para a persecução penal e o interesse público, devendo o Parquet atentar, nesta atividade, para a prevenção da criminalidade, a finalidade, a celeridade, o aperfeiçoamento e a indisponibilidade da persecução penal; a prevenção ou a correção de irregularidades, ilegalidades ou abuso de poder relacionados com a atividade de investigação criminal; e buscar superar as falhas na produção da prova, inclusive técnica, para fins de investigação criminal.

O membro do Ministério Público, para o exercício do controle externo, possui prerrogativas funcionais, das quais se destacam aquelas previstas nos incisos VIII e IX, do artigo 41, da Lei 8.625/93: "Art. 41. Constituem prerrogativas dos membros do Ministério Público, no exercício de sua função, além de outras previstas na Lei Orgânica: (...) VIII. examinar, em qualquer repartição policial, autos de flagrante ou inquérito, findos ou em andamento, ainda que conclusos a autoridade, podendo copiar peças e tomar apontamentos; (...) IX. ter acesso ao indiciado preso, a qualquer momento, mesmo quando decretada a sua incomunicabilidade".

Em maio de 2007 o Conselho Nacional do Ministério Público editou a Resolução nº 20, regulamentando o art. 9º da Lei Complementar nº 75/93 e o art. 80 da Lei nº 8.625/93, disciplinando, no âmbito do Ministério Público, o controle externo da atividade policial. A resolução disciplina em seu artigo 1º os sujeitos passivos dessa atividade fiscalizadora do Ministério Público. São eles não só os organismos policiais relacionados no artigo 144 da CF (polícia federal, polícia rodoviária federal, polícia ferroviária federal, polícia penal, polícia civil, polícia militar e corpo de bombeiros militares), bem como as polícias legislativas ou qualquer outro órgão ou instituição, civil ou militar, à qual seja atribuída parcela de poder de polícia, relacionada com a segurança pública e persecução criminal.

Duas são as formas de se exercer o controle em estudo: através do controle difuso (por todos os membros do Ministério Público com atribuição criminal, quando do exame dos procedimentos que lhes forem atribuídos) ou através do controle concentrado (membros com atribuições específicas para o controle externo da atividade policial, conforme disciplinado no âmbito de cada instituição).Os órgãos do Ministério Público, no exercício das funções de controle externo da atividade policial têm livre acesso aos estabelecimentos prisionais, aos documentos relativos à atividade-fim policial, bem como aos presos, a qualquer momento. No exercício de suas atribuições rotineiras na fiscalização da atividade policial, incumbe ao membro do Ministério Público; a) havendo fundada necessidade e conveniência, instaurar procedimento investigatório referente a ilícito penal que tenha ocorrido no exercício da atividade policial; b) instaurar procedimento administrativo visando sanar as deficiências ou irregularidades detectadas no exercício do controle externo da atividade policial; c) apurar as responsabilidades decorrentes do descumprimento injustificado das requisições que tenha feito; d) encaminhar cópias dos documentos ou peças de que dispõe ao órgão da instituição com atribuição para a instauração de inquérito civil público ou ajuizamento de ação civil por improbidade administrativa.

Em 2010 o TJRJ julgou improcedente a ADIN 003471384.-20009.8.19.0000 proposta pela Associação dos Delegados de Polícia do Estado (ADEPOL) que buscava limitar a atuação dos Promotores de Justiça no controle externo da Polícia, questionando a legalidade do artigo 36 da Lei Complementar Estadual 106/03 e da Resolução GPGJ 1.524/09, que disciplina a matéria no âmbito do MPRJ. A decisão foi unânime e se baseou em precedentes do STF sobre o tema. Confira-se o entendimento da Corte:

> a) "A CF de 1988, ao regrar as competências do Ministério Público, o fez sob a técnica do reforço normativo. Isso porque o controle externo da atividade policial engloba a atuação supridora e complementar do órgão ministerial no campo da investigação criminal. Controle naquilo que a polícia tem de mais específico: a investigação, que deve ser de qualidade. Nem insuficiente, nem inexistente, seja por comodidade, seja por cumplicidade. Cuida-se de controle técnico ou operacional, e não administrativo-disciplinar". [HC 97.969, rel. min. Ayres Britto, j. 1º-2-2011, 2ª T, DJE de 23-5-2011].
>
> b) "Legitimidade do órgão ministerial público para promover as medidas necessárias à efetivação de todos os direitos assegurados pela Constituição, inclusive o controle externo da atividade policial (incisos II e VII do art. 129 da CF/1988). Tanto que a Constituição da República habilitou o Ministério Público a sair em defesa da ordem jurídica. Pelo que é da sua natureza mesma investigar fatos, documentos e pessoas. Noutros termos: não se tolera, sob a Magna Carta de 1988, condicionar ao exclusivo impulso da polícia a propositura das ações penais públicas incondicionadas; como se o Ministério Público fosse um órgão passivo, inerte, à espera de provocação de terceiros". [HC 97.969, rel. min. Ayres Britto, j. 1º-2-2011, 2ª T, DJE de 23-5-2011.

VIII – requisitar diligências investigatórias e a instauração de inquérito policial, indicados os fundamentos jurídicos de suas manifestações processuais

O dispositivo em comento é corolário do controle externo da atividade policial e do monopólio da ação penal pública. Se o destinatário da atividade da polícia judiciária é o Ministério Público, como titular da ação penal, é intuitivo que, sempre que entender necessário, poderá requisitar as diligências investigatórias pertinentes à Autoridade policial e também a instauração do competente inquérito policial. Decisão do STF ilustra a questão, no âmbito da Justiça Eleitoral:

> *"Resolução 23.396/2013 do TSE. Instituição de controle jurisdicional genérico e prévio à instauração de inquéritos policiais. Sistema acusatório e papel institucional do Ministério Público. (...) Forte plausibilidade na alegação de inconstitucionalidade do art. 8º da Resolução 23.396/2013. Ao condicionar a instauração de inquérito policial eleitoral a uma autorização do Poder Judiciário, a resolução questionada institui modalidade de controle judicial prévio sobre a condução das investigações, em aparente violação ao núcleo essencial do princípio acusatório. (ADI 5.104 MC, rel. min. Roberto Barroso, j. 21-5-2014, P, DJE de 30-10-2014)".*

IX – Exercer outras funções que lhe forem conferidas, desde que compatíveis com sua finalidade, sendo-lhe vedada a representação judicial e a consultoria jurídica de entidades públicas

O rol de atribuições conferidas ao Ministério Público pelo art. 129 da CF não constitui regra exaustiva. O inciso IX do mesmo artigo permite ao Ministério Público *"exercer outras funções que lhe forem conferidas, desde que compatíveis com sua finalidade, sendo-lhe vedada a representação judicial e a consultoria jurídica de entidades públicas"*. Algumas decisões do STF sobre o tema:

> a) *"O art. 51 do Ato das Disposições Transitórias da Constituição do Estado do Rio de Janeiro não confere competência ao Ministério Público fluminense, mas apenas cria o Conselho Estadual de Defesa da Criança e do Adolescente, garantindo a possibilidade de participação do Ministério Público. Possibilidade que se reputa constitucional porque, entre os direitos constitucionais sob a vigilância tutelar do Ministério Público, sobreleva a defesa da criança e do adolescente. Participação que se dá, porém, apenas na condição de membro convidado e sem direito a voto. (...) Ação que se julga parcialmente pro-*

cedente para: conferir interpretação conforme à Constituição ao parágrafo único do art. 51 do ADCT da Constituição do Estado do Rio de Janeiro a fim de assentar que a participação do Ministério Público no Conselho Estadual de Defesa da Criança e do Adolescente deve se dar na condição de membro convidado sem direito a voto (...). [ADI 3.463, rel. min. Ayres Britto, j. 27-10-2011, P, DJE de 6-6-2012]".

b) "A participação em Conselhos da Administração Pública – órgãos com atribuição legal para se manifestar, em caráter deliberativo ou consultivo, sobre a formulação de políticas públicas de interesse social – é compatível com as atribuições previstas pela Constituição Federal e pela Lei 8.625/1993 para o Ministério Público, desde que: (a) a representação do Ministério Público seja exercida por membro nato, indicado pelo Procurador-Geral de Justiça; (b) a participação desse membro ocorra a título de exercício das atribuições institucionais do Ministério Público; e (c) vedada a percepção de remuneração adicional. [ADI 3.161, rel. p/ o ac. min. Alexandre de Moraes, j. 13-10-2020, P, DJE de 17-12-2020]".

c) "....a previsão, na Constituição Estadual como em outro ato normativo, de atribuição ao Ministério Público para participar em bancas de concursos (como condição de validade) externos ao próprio Ministério Público não pode ser tida como compatível com sua finalidade. Por um lado, ela impõe ao órgão um pesado ônus de caráter marcadamente burocrático, apto a prejudicar sua dedicação às funções constitucionalmente previstas; por outro, não deixa de contrariar a vedação de atuação como 'consultoria jurídica', visto que a única forma pela qual um membro do Ministério Público pode contribuir para a realização de concursos para cargos de carreiras não jurídicas seria zelando por sua regularidade formal. [ADI 3.841, voto do rel. min. Gilmar Mendes, j. 16-6-2020, P, DJE de 6-7-2020]".

d) "A atribuição conferida ao MPT, no art. 83, IV, da LC 75/1993 – propor as ações coletivas para a declaração de nulidade de cláusula de contrato, acordo coletivo ou convenção coletiva que viole as liberdades individuais ou coletivas ou os direitos individuais indisponíveis dos trabalhadores – compatibiliza-se com o que dispõe a CF no art. 128, § 5º, e art. 129, IX. [ADI 1.852, rel. min. Carlos Velloso, j. 21-8-2002, P, DJ de 21-11-2003]".

§ 1º A legitimação do Ministério Público para as ações civis previstas neste artigo não impede a de terceiros, nas mesmas hipóteses, segundo o disposto nesta Constituição e na lei

O dispositivo em exame veio ratificar o que já previsto na Lei de Ação Civil Pública (7.347/85), no Código de Defesa do Consumidor (Lei 8.078/90) e nas normas do controle de constitucionalidade (Leis 9.868/99 e 9.882/99). A legitimidade Constitucional do Ministério Público para o manejo da Ação Civil Pública, Ação Civil Coletiva e para o controle de constitucionalidade não é exaustiva, sendo ele um dos legitimados adequados.

§ 2º As funções do Ministério Público só podem ser exercidas por integrantes da carreira, que deverão residir na comarca da respectiva lotação, salvo autorização do chefe da instituição. (Redação da EC 45/2004)

Este dispositivo visa extirpar do ordenamento jurídico a figura do Promotor "*ad hoc*", que havia antes da Carta Magna, designado pelo magistrado para um determinado ato processual. Objetiva também fixar o membro do Ministério Público no local onde exerce suas atribuições, com o intuito de aproximá-lo da sociedade, que lhe outorgou verdadeiro mandato constitucional. Confira-se julgado correlato do STF acerca do assunto:

a) "*Provimento 6/2000 da Corregedoria Geral de Justiça do Estado de Santa Catarina. Faculdade de nomeação, pelo juiz da comarca, de bacharel em direito alheio aos quadros do Ministério Público, para funcionar como órgão acusatório penal. Impossibilidade. Ofende o princípio do promotor natural e a exclusividade da promoção da ação penal pública pelo Ministério Público a designação de particular como promotor ad hoc. [ADI 2.958, rel. min. Gilmar Mendes, j. 27-9-2019, P, DJE de 16-10-2019]*".

b) "*Ministério Público Federal. Auxílio-moradia. Localidades com condições de moradia particularmente difíceis ou onerosas. Art. 227, VIII, da LC 75/1983. Limitação temporal imposta pelo Procurador-Geral da República. Legitimidade da atuação. Razoabilidade. [MS 26.415, rel. p/ o ac. min. Gilmar Mendes, j. 17-3-2020, 2ª T, DJE de 29-7-2020]*".

c) "*Conquanto a LC 102/2004, ao alterar a Lei Orgânica do Ministério Público do Estado do Paraná, tenha suprimido a exigência de os procuradores de justiça residirem na sede da procuradoria-geral de justiça, não se afigura que tal supressão possa conduzir ao juízo de inconstitucionalidade do diploma legal sob censura, porquanto a referida exigência já se faz presente no âmago da CF de 1988. [ADI 3.220 MC, rel. min. Ayres Britto, j. 10-3-2005, P, DJ de 6-5-2005]*".

§ 3º O ingresso na carreira do Ministério Público far-se-á mediante concurso público de provas e títulos, assegurada a participação da Ordem dos Advogados do Brasil em sua realização, exigindo-se do bacharel em direito, no mínimo, três anos de atividade jurídica e observando-se, nas nomeações, a ordem de classificação. (Redação da EC 45/2004)

Como dito acima, para o exercício das funções institucionais indispensável o concurso para ingresso na carreira, sendo certo que a EC 45/2004 passou a exigir, no mínimo, do candidato três anos de atividades jurídicas. A seguir, decisões do STF acerca do tema:

a) *"Concurso público. Prática forense. 129, § 3º da Constituição da República. Atividade jurídica. Inexistência de hierarquia entre saberes práticos e teóricos. Possibilidade de comprovação do triênio constitucional com cursos de pós-graduação. (...) O sintagma "atividade jurídica", constante do art. 129, § 3º, da Constituição da República, não estabelece hierarquia entre as formas prática e teórica de aquisição de conhecimento, exigindo apenas atividade que suceda o curso de direito e o pressuponha como condição de possibilidade. Em sua função regulamentadora, o Conselho Nacional do Ministério Público está autorizado a densificar o comando constitucional de exigência de atividade jurídica com cursos de pós-graduação. [ADI 4.219, rel. p/ o ac. min. Edson Fachin, j. 5-8-2020, P, DJE de 29-9-2020]"*.

b) *"Constitucional. Ação direta de inconstitucionalidade. Art. 7º, caput e parágrafo único, da Resolução 35/2002, com a redação dada pelo art. 1º da Resolução 55/2004, do Conselho Superior do MPDFT. A norma impugnada veio atender ao objetivo da EC 45/2004 de recrutar, com mais rígidos critérios de seletividade técnico-profissional, os pretendentes à carreira ministerial pública. Os três anos de atividade jurídica contam-se da data da conclusão do curso de Direito e o fraseado "atividade jurídica" é significante de atividade para cujo desempenho se faz imprescindível a conclusão de curso de bacharelado em Direito. O momento da comprovação desses requisitos deve ocorrer na data da inscrição no concurso, de molde a promover maior segurança jurídica tanto da sociedade quanto dos candidatos. Ação improcedente. [ADI 3.460, rel. min. Ayres Britto, j. 31-8-2006, P, DJ de 15-6-2007.]= MS 27.608, rel. min. Cármen Lúcia, j. 15-10-2009, P, DJE de 21-5-2010 Vide RE 655.265, rel. p/ o ac. min. Edson Fachin, j. 13-4-2016, P, DJE de 5-8-2016, Tema 509!.*

c) "Comprovação *de atividade jurídica para o concurso do MPF. Peculiaridades do caso. A interpretação do art. 129, § 3º, da Constituição foi claramente estabelecida pela Suprema Corte no julgamento da ADI 3.460, rel. min. Carlos Britto (DJ de 15-6-2007), de acordo com o qual (i) os três anos de atividade jurídica pressupõem a conclusão do curso de bacharelado em Direito e (ii) a comprovação desse requisito deve ocorrer na data da inscrição no concurso e não em momento posterior. O ato coator tomou como termo inicial da atividade jurídica do impetrante a sua inscrição na OAB, o que é correto, porque, na hipótese, o impetrante pretendeu comprovar a sua experiência com peças processuais por ele firmadas como advogado. Faltaram-lhe, consequentemente, 45 dias para que perfizesse os necessários três anos de advocacia, muito embora fosse bacharel em Direito há mais tempo. O caso é peculiar, considerando que o período de 45 dias faltante corresponde ao prazo razoável para a expedição da carteira de advogado após o seu requerimento, de tal sorte que, aprovado no exame de ordem em dezembro de 2003, deve ser tido como preenchido o requisito exigido pelo § 3º do art. 129 da CF. [MS 26.681, rel. min. Menezes Direito, j. 26-11-2008, P, DJE de 17-4-2009.] MS 27.604, rel. min. Ayres Britto, j. 6-10-2010, P, DJE de 9-2-2011. Vide ADI 3.460, rel. min. Ayres Britto, j. 31-8-2006, P, DJ de 15-6-2007".*

d) "*Servidor público. Concurso público. Cargo público. MPF. Requisito de tempo de atividade jurídica na condição de bacharel em Direito. Contagem da data de conclusão do curso, não da colação de grau. Cômputo do tempo de curso de pós-graduação na área jurídica. Aplicação do art. 1º, parágrafo único, da Resolução 4/2006 do CNMP. Escola da Magistratura do RJ. Direito líquido e certo reconhecido. Liminar confirmada. Concessão de mandado de segurança. Precedente. Inteligência do art. 129, § 3º, da CF. Os três anos de atividade jurídica exigidos ao candidato para inscrição definitiva em concurso de ingresso na carreira do Ministério Público contam-se da data de conclusão do curso de Direito, não da colação de grau, e incluem tempo de curso de pós-graduação na área jurídica. [MS 26.682, rel. min. Cezar Peluso, j. 15-5-2008, P, DJE de 27-6-2008]".*

e) "*Prevê o artigo 67 da LONMP que 'a reversão dar-se-á na entrância em que se aposentou o membro do Ministério Público, em vaga a ser provida pelo critério de merecimento, observados os requisitos legais'. A reversão é forma de provimento derivado por reingresso, que pressupõe a prévia aprovação em concurso público com posterior aposentadoria: é especificamente voltada ao servidor inativo. A LONMP previu um singular instituto administrativo de provimento de car-*

go público com observância dos requisitos legais. Permanece a sua natureza de ato vinculado. Ausência de inconstitucionalidade. [ADI 2.611, rel. min. Rosa Weber, j. 7-12-2020, P, DJE de 18-1-2021]".

§ 4º Aplica-se ao Ministério Público, no que couber, o disposto no art. 93. (Redação da EC 45/2004)

Como Instituições semelhantes, a investidura, garantias, prerrogativas e autonomias do Ministério Público e do Poder Judiciário convergem, razão pela qual o comando constitucional acima veio a torná-las mais próximas. Confira-se decisão do STF acerca do tema:

"Magistratura e Ministério Público. Simetria constitucional entre carreiras. Ajuda de custo para fins de moradia. Art. 65, II, da LOMAN (LC nº 35/79). Art. 227, VII, da Lei Complementar nº 75/1993 e art. 50, II, da Lei nº 8.625/1993. Extensão aos membros do MP. Necessidade de garantia de um padrão simétrico entre as carreiras de Estado. Modificações no contexto fático-jurídico. Novo cenário orçamentário. Promulgação de leis que garantem a recomposição parcial da inflação de 16,38% nos subsídios dos membros do STF e do Procurador-geral da República. Lei nº 13.752/2018 e Lei nº 13.753/2018. Nova medida adotada em circunstância de gravíssima crise financeira. Impacto orçamentário. Consequencialismo. Lei nº 13.655/2018. Efeito prático das decisões desta Suprema Corte. Economicidade. Isonomia. Impossibilidade prática do cenário atual que legitime o pagamento de auxílio-moradia simultaneamente à parcial recomposição inflacionária do subsídio. Alcance do decisum: magistratura, Ministério Público, Defensoria Pública, Tribunais de Contas, Procuradorias e qualquer carreira jurídica que receba o auxílio-moradia com fundamento: I) no princípio constitucional da simetria com a magistratura; II) nas liminares deferidas nesta ação e nas que lhe são correlatas, ou III) com amparo em atos normativos locais (leis, resoluções ou de qualquer outra espécie). Revogação da tutela antecipada com efeitos prospectivos (ex nunc).(AO 1.773, rel. min. Luiz Fux, j. 26-11-2018, dec. monocrática, DJE de 28-11-2018".)

§ 5º A distribuição de processos no Ministério Público será imediata. (Incluído pela EC 45/2004)

Visando dar celeridade processual aos feitos que tramitem no âmbito do Ministério Público – em consonância com a inserção no texto constitucional da norma do artigo 5º, LXXXVIII, que considera direito fundamental a razoável duração do processo – o constituinte instituiu a obrigatoriedade da distribuição imediata dos processos no Ministério Público, assim como já fizera ao introduzir igual comando à Magistratura, no artigo 93, XV, da Carta. Ficam, portanto, vedadas as "limitações administrativas" à regular distribuição dos feitos, que devem ser imediatamente submetidos ao exame e providências do membro do Ministério Público, no exercício de suas atribuições.

Art. 130. Aos membros do Ministério Público junto aos Tribunais de Contas aplicam-se as disposições desta seção pertinentes a direitos, vedações e forma de investidura.

O Ministério Público junto ao Tribunal de Contas será examinado com maior atenção no capítulo III desta obra. Mas, por ora, confiram-se decisões do STF sobre o tema:

a) *"O art. 73, § 2º, I, da CF prevê a existência de um Ministério Público junto ao TCU, estendendo, no art. 130 da mesma Carta, aos membros daquele órgão os direitos, vedações e a forma de investidura atinentes ao Parquet comum. Dispositivo impugnado que contraria o disposto nos arts. 37, II; 129, § 3º; e 130 da CF, que configuram "cláusula de garantia" para a atuação independente do Parquet especial junto aos tribunais de contas. Trata-se de modelo jurídico heterônomo estabelecido pela própria Carta Federal que possui estrutura própria de maneira a assegurar a mais ampla autonomia a seus integrantes. Inadmissibilidade de transmigração para o Ministério Público especial de membros de outras carreiras. [ADI 328, rel. min. Ricardo Lewandowski, j. 2-2-2009, P, DJE de 6-3-2009]".*

b) *"Está assente na jurisprudência deste STF que o Ministério Público junto ao Tribunal de Contas possui fisionomia institucional própria, que não se confunde com a do Ministério Público comum, sejam os dos Estados, seja o da União, o que impede a atuação, ainda que transitória, de procuradores de justiça nos Tribunais de Contas (...). Escorreita a decisão do CNMP que determinou o imediato retorno de dois procuradores de justiça, que oficiavam perante o Tribunal de Contas do Estado do Rio Grande do Sul, às suas funções próprias no Ministério Público estadual, não sendo oponíveis os princípios da segurança jurídica e da eficiência, a legislação estadual ou as ditas prerrogativas do procurador-geral de justiça ao modelo institucional definido na própria Constituição. [MS 27.339, rel. min. Menezes Direito, j. 2-2-2009, P, DJE de 6-3-2009.] ADI 3.307, rel. min. Cármen Lúcia, j. 2-2-2009, P, DJE de 29-5-2009".*

c) *"A cláusula de garantia inscrita no art. 130 da Constituição – que não outorgou ao Ministério Público especial as mesmas prerrogativas e atributos de autonomia conferidos ao Ministério Público comum –*

não se reveste de conteúdo orgânico-institucional. Acha-se vocacionada, no âmbito de sua destinação tutelar, a proteger, unicamente, os membros do Ministério Público especial no relevante desempenho de suas funções perante os tribunais de contas. Esse preceito da Lei Fundamental da República – que se projeta em uma dimensão de caráter estritamente subjetivo e pessoal – submete os integrantes do Ministério Público especial junto aos tribunais de contas ao mesmo estatuto jurídico que rege, em tema de direitos, vedações e forma de investidura no cargo, os membros do Ministério Público comum. O Ministério Público especial junto aos tribunais de contas estaduais não dispõe de fisionomia institucional própria e, não obstante as expressivas garantias de ordem subjetiva concedidas aos seus procuradores pela própria Constituição da República (art. 130), encontra-se consolidado na "intimidade estrutural" dessas Cortes de Contas (RTJ 176/540-541), que se acham investidas – até mesmo em função do poder de autogoverno que lhes confere a Carta Política (CF, art. 75) – da prerrogativa de fazer instaurar, quanto ao Ministério Público especial, o processo legislativo concernente à sua organização. [ADI 2.378, rel. min. Maurício Corrêa, j. 19-5-2004, P, DJ de 6-9-2007]".

d) *"Segundo precedente do STF (ADI 789/DF), os procuradores das cortes de contas são ligados administrativamente a elas, sem qualquer vínculo com o Ministério Público comum. Além de violar os arts. 73, § 2º, I, e 130, da CF, a conversão automática dos cargos de procurador do tribunal de contas dos Municípios para os de procurador de justiça – cuja investidura depende de prévia aprovação em concurso público de provas e títulos – ofende também o art. 37, II, do Texto Magno. [ADI 3.315, rel. min. Ricardo Lewandowski, j. 6-3-2008, P, DJE de 11-4-2008]".*

e) *"Cumpre observar, na chefia do Ministério Público especial junto ao Tribunal de Contas do Estado de Santa Catarina, a composição do órgão, conforme decidido na ADI 328 (...). A cadeira reservada ao Ministério Público, no Tribunal de Contas, há de ser preenchida por integrante da categoria especial (...). [Rcl. 14.282 AgR-ED, rel. min. Marco Aurélio, j. 28-8-2014, P, DJE de 1º-10-2014]".*

Art. 130-A. O Conselho Nacional do Ministério Público compõe-se de quatorze membros nomeados pelo Presidente da República, depois de aprovada a escolha pela maioria absoluta do Senado Federal, para um mandato de dois anos, admitida uma recondução, sendo: (Incluído pela EC 45/2004)

II – O Ministério Público na Constituição de 1988

O CNMP será objeto de exame no Capítulo X da obra. Desde já apresentamos algumas decisões do STF acerca do tema:

a) *"Os membros do Ministério Público integram um só órgão sob a direção única de um só Procurador-Geral, ressalvando-se, porém, que só existem unidade e indivisibilidade dentro de cada Ministério Público, inexistindo qualquer relação de hierarquia entre o Ministério Público Federal e os dos Estados, entre o de um Estado e o de outro, ou entre os diversos ramos do Ministério Público da União. EC 45/2004 e interpretação sistemática da Constituição Federal. A solução de conflitos de atribuições entre ramos diversos dos Ministérios Públicos pelo CNMP, nos termos do artigo 130-A, § 2º, e incisos I e II, da Constituição Federal e no exercício do controle da atuação administrativa do Parquet, é a mais adequada, pois reforça o mandamento constitucional que lhe atribuiu o controle da legalidade das ações administrativas dos membros e órgãos dos diversos ramos ministeriais, sem ingressar ou ferir a independência funcional. [Pet. 4.891, rel. p/ o ac. min. Alexandre de Moraes, j. 16-6-2020, P, DJE de 6-8-2020]".*

b) *"O Conselho Nacional do Ministério Público (CNMP) possui capacidade para a expedição de atos normativos autônomos (CF, art. 130-A, § 2º, I), desde que o conteúdo disciplinado na norma editada se insira no seu âmbito de atribuições constitucionais. [ADI 5.454, rel. min. Alexandre de Moraes, j. 15-4-2020, P, DJE de 20-5-2020]".*

c) *"EC 45/2004 e interpretação sistemática da Constituição Federal. A solução de conflitos de atribuições entre ramos diversos dos Ministérios Públicos pelo CNMP, nos termos do artigo 130-A, § 2º, e incisos I e II, da Constituição Federal e no exercício do controle da atuação administrativa do Parquet, é a mais adequada, pois reforça o mandamento constitucional que lhe atribuiu o controle da legalidade das ações administrativas dos membros e órgãos dos diversos ramos ministeriais, sem ingressar ou ferir a independência funcional. [ACO 843, redator do acórdão min. Alexandre de Moraes, j. 8-6-2020, P, DJE de 4-11-2020]".*

d) *"A competência do Conselho Nacional do Ministério Público para a aplicação de sanções disciplinares, inclusive a penalidade de demissão, está prevista pelo artigo 130-A, § 2º, inciso III da Constituição da República, ficando a eficácia dessa sanção submetida ao ajuizamento de ação cível para a perda do cargo pela Procuradoria-Geral da República. [MS 30.493, rel. p/ o ac. min. Edson Fachin, j. 16-6-2020, P, DJE de 21-9-2020]".*

e) *"Interceptação telefônica. Resolução editada pelo CNMP no exercício de sua competência constitucional, em caráter geral e abstrato, não constitui ato normativo secundário. (...) Breves considerações sobre interceptações telefônicas: fundamentação das decisões, prorrogações e transcrições. O ato impugnado insere-se na competência do CNMP de disciplinar os deveres funcionais dos membros do Ministério Público, entre os quais o dever de sigilo, e de zelar pela observância dos princípios previstos no art. 37 da Constituição, aí incluído o princípio da eficiência. Ausência de violação à reserva de lei formal ou à autonomia funcional dos membros do Parquet. [ADI 4.263, rel. min. Roberto Barroso, j. 25-4-2018, P, DJE de 28-10-2020]".*

f) *"Mandado de segurança. Representação para preservação da autonomia do Ministério Público. Competência do CNMP estabelecida no art. 130-A, I, § 2º, da Constituição da República. Segurança denegada. A independência funcional garantida ao impetrante pelo art. 127, § 1º, da Constituição da República não é irrestrita, pois o membro do Ministério Público deve respeito à Constituição da República e às leis. Compete ao CNMP zelar pela autonomia funcional do Ministério Público, conforme dispõe o inc. I do § 2º do art. 130-A da Constituição da República. [MS 28.408, rel. min. Cármen Lúcia, j. 18-3-2014, 2ª T, DJE de 13-6-2014]".*

g) *"Resolução 27/2008 do Conselho Nacional do Ministério Público (CNMP). Exercício legítimo de suas atribuições constitucionais. Vedação ao exercício da advocacia por parte dos servidores do Ministério Público dos Estados e da União. (...) A Resolução 27/2008 do CNMP tem por objetivo assegurar a observância dos princípios constitucionais da isonomia, da moralidade e da eficiência no Ministério Público, estando, portanto, abrangida pelo escopo de atuação do CNMP (CF, art. 130-A, § 2º, II). [ADI 5.454, rel. min. Alexandre de Moraes, j. 15-4-2020, P, DJE de 20-5-2020]".*

h) *"O CNMP não ostenta competência para efetuar controle de constitucionalidade de lei, posto consabido tratar-se de órgão de natureza administrativa, cuja atribuição adstringe-se ao controle da legitimidade dos atos administrativos praticados por membros ou órgãos do Ministério Público federal e estadual (...). [MS 27.744, rel. min. Luiz Fux, j. 6-5-2014, 1ª T, DJE de 8-6-2015]".*

i) *"CNMP. Anulação de ato do Conselho Superior do Ministério Público do Estado do Espírito Santo em termo de ajustamento de conduta. Atividade-fim do Ministério Público estadual. Interferência na autonomia administrativa e na independência funcional do Conselho*

Superior do Ministério Público no Espírito Santo. Mandado de segurança concedido. [MS 28.028, rel. min. Cármen Lúcia, j. 30-10-2012, 2ª T, DJE de 7-6-2013]".

j) *"O constituinte, ao erigir o CNMP como órgão de controle externo do Ministério Público, atribuiu-lhe, expressamente, competência revisional ampla, de sorte que não há vinculação à aplicação da penalidade ou à gradação da sanção imputada pelo órgão correcional local (CRFB/1988, art. 130-A, § 2º, IV). [MS 34.712 AgR, rel. min. Luiz Fux, j. 6-10-2017, 1ª T, DJE de 25-10-2017]".*

k) *"Pedido de revisão de arquivamento de inquérito administrativo. Decisão monocrática que deferiu a antecipação da tutela revisional, determinando a instauração, inaudita altera parte, de processo administrativo disciplinar na origem em desfavor de membro do Parquet. Impossibilidade. Decisão equivalente ao provimento monocrático do pedido de revisão de processo disciplinar. Previsão específica de competência do Plenário do Conselho. Art. 115 do Regimento Interno do CNMP. Inobservância do princípio da colegialidade. Violação do devido processo legal e da garantia de ampla defesa e de contraditório em relação ao acusado. [MS 30.864 AgR, rel. min. Dias Toffoli, j. 16-12-2016, 2ª T, DJE de 20-2-2017]".*

l) *"A competência revisora conferida ao CNMP limita-se aos processos disciplinares instaurados contra os membros do Ministério Público da União ou dos Estados (inciso IV do § 2º do art. 130-A da Constituição da República), não sendo possível a revisão de processo disciplinar contra servidores. Somente com o esgotamento da atuação correicional do Ministério Público paulista, o ex-servidor apresentou, no CNMP, reclamação contra a pena de demissão aplicada. A Constituição da República resguardou o CNMP da possibilidade de se tornar instância revisora dos processos administrativos disciplinares instaurados nos órgãos correicionais competentes contra servidores auxiliares do Ministério Público em situações que não digam respeito à atividade-fim da própria instituição. [MS 28.827, rel. min. Cármen Lúcia, j. 28-8-2012, 1ª T, DJE de 9-10-2012]".*

7. O MP e os Instrumentos de controle da Administração Pública

O controle do Estado democrático de Direito se dá, em regra, de duas formas: o controle político e o administrativo. O político *"tem por base a necessidade de equilíbrio entre os Poderes estruturais da República"*[19] e o administrativo *"pretende alvejar os órgãos incumbidos de exercer*

___
19 CARVALHO FILHO, José dos Santos. Manual de Direito Administrativo.

uma das funções do Estado – a função administrativa"[20]. Como exemplo de controle político há o veto do Executivo aos projetos oriundos do Legislativo (art. 66, § 1º, CF) e a nomeação pelo Executivo dos integrantes do STF e STJ (art. 101, parágrafo único; art. 104, parágrafo único; art. 107, CF). E como exemplo de controle administrativo, há a fiscalização financeira das pessoas da Administração Direta e Indireta e a verificação da legalidade dos atos administrativos. Sobre o controle específico da Administração Pública, Carvalho Filho assevera: "*o conjunto de mecanismos jurídicos e administrativos por meio dos quais se exerce o poder de fiscalização e de revisão da atividade administrativa em qualquer das esferas de Poder*".[21] De forma mais breve, a Administração Pública sofre tanto controle interno quanto externo. O interno (ou autocontrole) se resume ao dever da Administração anular seus próprios atos eivados de ilegalidade. No âmbito externo, há o realizado pelo Poder Legislativo e o do Poder Judiciário. Para este trabalho, apenas será explorado o controle judicial. Ali deve-se examinar a legalidade e a constitucionalidade de atos e de leis por meio do ajuizamento de ações perante os órgãos competentes. A Constituição Federal previu diversos remédios constitucionais e para qualquer um deles elegeu legitimados para a sua proposição. Neste aspecto, observa-se o relevante papel exercido pelo Ministério Público no controle dos atos da Administração Pública.

A ação popular visa anular ou invalidar ato ou contrato administrativo que ameace ou viole o patrimônio público, histórico ou cultural, a moralidade administrativa ou o meio ambiente. O legitimado ativo é o cidadão brasileiro. Contudo, a Lei 4.717/65 (Lei da Ação Popular) atribuiu ao Ministério Público diversas funções, obrigatórias e facultativas. Dentre as obrigatórias, estão: (1) acompanhar a ação, produzir de prova e promover a responsabilidade, civil ou criminal, dos que nela incidirem (art. 6, § 4º); (2) providenciar para que as requisições de documentos e informações previstas no art. 7º, I, "b" sejam atendidas dentro dos prazos fixados pelo juiz (art. 7º, § 1º); (3) promover a execução da sentença condenatória quando o autor não o fizer (art. 16). Dentre as facultati-

---
32ª ed. São Paulo: Atlas, 2018, p. 999.
20 CARVALHO FILHO, José dos Santos. Manual de Direito Administrativo. 32ª ed. São Paulo: Atlas, 2018, p. 1000.
21 CARVALHO FILHO, José dos Santos. Manual de Direito Administrativo. 32ª ed. São Paulo: Atlas, 2018, p. 1001.

vas[22]: (1) dar continuidade ao processo em caso de desistência ou de absolvição de instância (art. 9º); (2) recorrer de decisões contrárias ao autor (art. 19, § 2º). Importante destacar que o Ministério Público está vedado, pelo artigo 6º, § 4º a assumir a defesa do ato impugnado ou de seus autores. E que apesar de haver a possibilidade de assumir o papel de autor da ação, como exposto anteriormente, sua função nesta ação é de fiscal da lei, podendo opinar pela procedência ou não da ação.

Já o Habeas Corpus protege o direito líquido e certo de locomoção contra atos ilegais. O Ministério Público pode atuais como impetrante, fiscal da lei ou até como autoridade coatora. A possibilidade de o promotor impetrar recurso está disposta no art. 564, *caput* do CPP e, conforme entendimento do STF, só poderá apresentar recurso em favor do réu[23]. Quanto a sua atuação como fiscal da lei, essa só é prevista nos processos que tramitem nos tribunais e não junto aos juízes. E em caso de promotor de justiça apontado como autoridade coatora, a competência de análise é do juiz de direito de primeiro grau no qual atua o Parquet.[24]

Sobre o Habeas Data, ele é usado exclusivamente para retificar, complementar ou conhecer dados pessoais. Por se tratar de ação especial análoga ao mandado de segurança, todo o seu procedimento se encontra na Lei do Mandado de Segurança. Por isso, assim como exposto acima, sua oitiva é imprescindível sob pena de nulidade.

---

22   Essas funções foram denominadas facultativas porque em ambos os casos se dá a possibilidade de atuação de qualquer outro cidadão e também a um representante do Ministério Público.

23   "A legitimação do Ministério Público para impetrar habeas corpus, garantida pelo art. 654, *caput*, do CPP, somente pode ser exercida de acordo com a destinação própria daquele instrumento processual, qual seja, a de tutelar a liberdade de locomoção ilicitamente coarctada ou ameaçada. Vale dizer: o Ministério Público somente pode impetrar habeas corpus em favor do réu, nunca para satisfazer os interesses, ainda que legítimos, da acusação" (HC 22.216/RS, Rel. Min. FELIX FISCHER, Quinta Turma, DJ 10/3/03).

24   "Atos praticados por Promotor de Justiça, no exercício de sua função, caso tidos por ameaça de violência ou coação à liberdade de alguém, sob alegação de ilegalidade ou abuso de poder, desafiam análise do Juiz de Direito de primeiro grau competente, de regra aquele diante do qual atua o Parquet, restando, portanto, descabida a impetração de habeas corpus diretamente a grau de jurisdição superior". (TJ-SC – HC: 40001473920188249004 Sombrio 2000147-39.2018.8.24.9004, Relator: Edir Josias Silveira Beck, j. 21/08/2018, 4ª Turma de Recursos)

O mandado de injunção visa defender a efetividade dos direitos fundamentais previstos na Constituição e dependentes de regulamentação. Tratando-se o mandado de injunção individual, o Ministério Público atua como fiscal da lei, com base no art. 7º da Lei 13.300/2016. Já no mandando de injunção coletivo, o Ministério Público pode atuar como legitimado ativo "quando a tutela requerida for especialmente relevante para a defesa da ordem jurídica, do regime democrático ou dos interesses sociais ou individuais indisponíveis" (art. 12, I da Lei 13.300/2016).

A ação civil pública será mais explorada no capítulo IX, mas, para não deixar de mencionar, sua finalidade é a defesa dos direitos difusos, coletivos e individuais homogêneos, comportando ação repressiva e omissiva. O Ministério Público se apresenta como legitimado ativo e provavelmente é por meio dessas ações que sua atuação é mais conhecida pela sociedade.

Por último, a ação de improbidade administrativa busca o reconhecimento judicial de condutas de administradores públicos e terceiros como ímprobas e a consequente aplicação das sanções legais cabíveis. Uma vez recebida a notícia de fato que pode ser caracterizado como ímprobo, cabe ao Ministério Público: (i) promover de imediato o arquivamento da notícia, (ii) dar início ao procedimento preparatório de investigação preliminar, (iii) dar início ao procedimento preparatório de investigação preliminar (caso entenda possuir suporte probatório suficiente) ou (iv) instaurar o inquérito civil com o intuito de colher elementos probatórios suficientes.

8. MP e o controle das omissões administrativas e a efetividade de políticas públicas

O administrador público possui um dever de agir irrenunciável que se deriva da indisponibilidade do interesse público. Esse exercício obrigatório de atuar está limitado legalmente para que se evite abusos por parte do administrador. Tão importante quanto não cometer excessos é saber agir no momento oportuno, quando a lei assim determinar. Atuações tardias podem ser extremamente danosas para o bem a ser protegido e acabar configurando uma situação de silêncio administrativo. Neste sentido, Celso Antônio Bandeira de Mello define o silêncio administrativo: *"Na verdade, o silencio não é ato jurídico. Por isso, evidentemente, não pode ser ato administrativo. Este é uma declaração jurídica. Quem se absteve de declarar, pois, silenciou, não declarou nada e por isto não praticou ato administrativo algum. Tal omissão é um 'fato jurídico' e, in casu, um 'fato jurídico administrativo'. Nada importa que a lei haja atribuído determinado efeito ao silêncio: o de conceder ou negar. Este efeito resultará do fato da omissão, como imputação legal, e não de algum presumido ato, razão por que é de rejeitar a posição dos que consideram ter aí existido um 'ato tácito'."*[25]

Já as omissões específicas, nas palavras de Carvalho Filho são "... *ilegais, ou seja, aquelas que estiverem ocorrendo mesmo diante de expressa previsão legal no sentido do facere administrativo em prazo determinado, ou ainda quando, mesmo sem prazo fixado, a Administração permanece omissa em período superior ao aceitável dentro de padrões normais de tolerância ou razoabilidade".*[26]

Nesse tipo de omissão é possível identificar o agente omisso porque ele tinha o dever de realizar ou não realizar a conduta em questão. A responsabilidade é objetiva e o Estado tem o dever de ressarcir os danos causados a não ser que consiga provar que o evento lesivo foi provocado pela vítima, por terceiro, caso fortuito ou força maior. Importante ressaltar que é comum o poder público justificar as suas omissões com base na reserva do possível, mas o STF já se posicionou no sentido de que há um mínimo existencial constitucionalmente previsto e que deve ser assegurado pelo Poder Público:

> *"A cláusula da reserva do possível – que não pode ser invocada, pelo Poder Público, com o propósito de fraudar, de frustrar e de inviabilizar a implementação de políticas públicas definidas na própria Constituição – encontra insuperável limitação na garantia constitucional do mínimo existencial, que representa, no contexto de nosso ordenamento positivo, emanação direta do postulado da essencial dignidade da pessoa humana".*[27]

O administrado que for prejudicado pela omissão administrativa tem direito subjetivo de buscar as vias judiciais/administrativas para obter a reparação dos danos causados. Dentre as formas judiciais há a Reclamação (art. 103-A, § 2º da CF) e o Mandado de Segurança (art. 5,

---

25 Mello, Celso Antônio de. Curso de direito administrativo. 32ª ed. São Paulo: Malheiros, 2015.
26 CARVALHO FILHO, José dos Santos. Manual de Direito Administrativo. 32ª ed. São Paulo: Atlas, 2018, p. 49.
27 ARE 639.337 AgR, Relator(a): Min. CELSO DE MELLO, Segunda Turma, julgado em 23/08/2011.

LXIX, CF). Contudo, uma das formas mais conhecidas para combater a omissão administrativa e buscar a efetividade das políticas públicas é por meio da Ação Civil Pública. O Ministério Público, um dos legitimados ativos para a proposição da ação civil pública, pode formular pedidos para que sejam disponibilizados remédios para tratar doenças específicas, construção de postos de atendimento médico e de rampas para deficientes físicos, duplicação de rodovias e realização de políticas mínimas de segurança pública, como já visto acima, inclusive com decisões do STF.

9. O MP e a Lei de Responsabilidade Fiscal

A Constituição da República de 1988 tratou de estabelecer, em seu capítulo sobre finanças públicas, uma série de normas disciplinadoras da dívida pública, dos financiamentos e dos orçamentos, com intuito de moralizar e corrigir a desorganização financeira. Neste cenário, foi editada a Lei Complementar nº 101/2000, a Lei de Responsabilidade Fiscal, parte integrante de um conjunto de medidas que compunham o denominado Plano Governamental de Estabilização Fiscal, estabelecendo normas de finanças públicas voltadas para a responsabilidade na gestão fiscal.

O objetivo da Lei de Responsabilidade Fiscal é estabelecer um regime de gestão fiscal responsável, operacionalizado através de normas a serem observadas em todas as esferas da administração (U, E, DF e M, além das respectivas administrações direta e indireta). A LRF se sustenta basicamente no planejamento – Plano Plurianual – PPA, a Lei de Diretrizes Orçamentárias – LDO e a Lei Orçamentária – LOA –, na transparência, no sistema de controle de referidas normas e na responsabilidade – institucional e pessoal. O controle e o acompanhamento da gestão fiscal serão implementados com a adoção de um Conselho de Gestão Fiscal, constituído por representantes de todos os poderes e esferas governamentais, pelo Ministério Público e por entidades representativas da sociedade.

Assim, legitimado está o Ministério Público, com fundamento nos artigos 127 e 129, incisos II, III e IX, todos da Constituição, para promover a fiscalização dos Poderes Públicos quanto à observância estrita das normas moralizadoras da Lei de Responsabilidade Fiscal, podendo, para tanto, promover todas as ações cabíveis para a responsabilização institucional e pessoal em caso de desrespeito a este diploma legal. No que tange às sanções previstas na LRF, podem ser elas de cunho institucional (como, por exemplo, o artigo 11, parágrafo único – que proíbe o recebimento de transferências voluntárias por parte dos Estados e municípios que deixarem de prever e arrecadar seus impostos – e o parágrafo único do art. 22 – que estabelece sanções para o governo se a despesa total com pessoal exceder a 95% do limite, como é o caso das vedações de criação de cargo, emprego ou função e de alteração de estrutura de carreira que implique aumento de despesa), ou pessoal (de acordo com o Código Penal, a Lei nº 1.079/50, o DL nº 201/67 e Lei nº 8.429/92, dentre outras leis pertinentes, conforme dispõe o artigo 73 da LRF).

9.1. O Artigo 9º, § 3º, da LRF

Por fim, uma análise há de ser feita a respeito do Artigo 9º e § 3º da LRF, por se tratar de norma que diz respeito ao Ministério Público: "Art. 9º Se verificado, ao final de um bimestre, que a realização da receita poderá não comportar o cumprimento das metas de resultado primário ou nominal estabelecidas no Anexo de Metas Fiscais, os Poderes e o Ministério Público promoverão, por ato próprio e nos montantes necessários, nos 30 (trinta) dias subsequentes, limitação de empenho e movimentação financeira, segundo os critérios fixados pela lei de diretrizes orçamentárias.(...) § 3º. No caso de os Poderes Legislativo e Judiciário e o Ministério Público não promoverem a limitação no prazo estabelecido no *caput*, é o Poder Executivo autorizado a limitar os valores financeiros segundo os critérios fixados pela lei de diretrizes orçamentárias". (grifos nossos)

Colocada a questão nestes termos pelo legislador e, em face da autonomia financeira do Ministério Público, já estudada nesta obra, entendemos ser inconstitucional o § 3º do artigo 9º da LRF, tendo em vista não ser legítima a intervenção do Poder Executivo no controle financeiro de referida Instituição. Igual entendimento tem Emerson Garcia: "*Afirmar que o Ministério Público é dotado de autonomia financeira, mas ressaltar que sua proposta orçamentária deveria ser 'aprovada' pelo Executivo é o mesmo que distribuir alimentos à população e afirmar que não pode comê-los*".[28] Caberá, a nosso ver, ao próprio Ministério Público, e não ao Poder Executivo, limitar os valores financeiros, adequando-os à

---

28 GARCIA, Emerson. Ministério Público: organização, atribuições e regime jurídico. 5ª ed. São Paulo: Saraiva, 2015, p. 206.

Lei em estudo, sob pena de responsabilidade da Instituição. Com esta interpretação, preserva-se a autonomia financeira do Ministério Público, sem deixá-lo à margem da Lei de Responsabilidade Fiscal.

Neste sentido, em 24/06/2020, o Supremo Tribunal Federal concluiu a análise da Adin 2238-35, declarando:

> "... por maioria, procedente o pedido para declarar a inconstitucionalidade do art. 9º, § 3º, da Lei de Responsabilidade Fiscal, nos termos do voto do Relator, Ministro Alexandre de Moraes, vencidos os Ministros DIAS TOFFOLI (Presidente), EDSON FACHIN, ROBERTO BARROSO, GILMAR MENDES e MARCO AURELIO que a julgavam parcialmente procedente para fixar interpretação conforme, no sentido de que a limitação dos valores financeiros pelo Executivo, prevista no § 3º do art. 9º, dar-se-á no limite do orçamento realizado no ente federativo respectivo e observada a exigência de desconto linear e uniforme da Receita Corrente Líquida prevista na Lei Orçamentária, com a possibilidade de arresto nas contas do ente federativo respectivo no caso de desrespeito à regra do art. 168 da Constituição Federal (repasse até o dia 20 de cada mês.[29]

A Corte, portanto, considerou ser ilegítima a ingerência outorgada ao Poder Executivo no âmbito financeiro do Ministério Público, entendendo o Tribunal que somente o Parquet pode contingenciar as dotações orçamentárias que tenha recebido, e não o Poder Executivo.

10. Atuação Resolutiva do Ministério Público

Em 2017 foi editada a Recomendação CNMP nº 54 que estabeleceu "sem prejuízo da respectiva autonomia administrativa, cada ramo do Ministério Público adotará medidas normativas e administrativas destinadas a estimular a atuação resolutiva dos respectivos membros e a cultura institucional orientada para a entrega à sociedade de resultados socialmente relevantes"[30]. Entende-se por atuação resolutiva:

> "aquela por meio da qual o membro, no âmbito de suas atribuições, contribui decisivamente para prevenir ou solucionar, de modo efetivo, o conflito, problema ou a controvérsia envolvendo a concretização de direitos ou interesses para cuja defesa e proteção é legitimado o Ministério Público, bem como para prevenir, inibir ou reparar adequadamente a lesão ou ameaça a esses direitos ou interesses e efetivar as sanções aplicadas judicialmente em face dos correspondentes ilícitos, assegurando-lhes a

---

29 ADIn 2238-35, rel. Min. Alexandre de Moraes.
30 Art. 1º, *caput* da Recomendação CNMP nº 54/2017.

máxima efetividade possível por meio do uso regular dos instrumentos jurídicos que lhe são disponibilizados para a resolução extrajudicial ou judicial dessas situações".[31]

Posteriormente, em junho de 2018, foi publicada a Recomendação de Caráter Geral CNMP-CN nº 2 que estabeleceu parâmetros para a avaliação da resolutividade e da qualidade da atuação dos membros e das unidades do Ministério Público pelas Corregedorias-Gerais. A atuação resolutiva da instituição está relacionada a uma postura mais proativa e voltada para a realização das suas funções constitucionais antecipando-se aos fatos. O Ministério Público, no passado, se restringia a reagir a fatos sociais, aguardando que esses fatos se tornassem conflituosos e levados ao Judiciário para, então, agir. Esse perfil de atuação fica bem claro no antigo art. 1º da LC 40/81 que afirma ser o Ministério Público "**responsável perante o Judiciário**, pela defesa da ordem jurídica e dos intereses indisponíveis da sociedade". Não há qualquer dúvida que o Ministério Público é indispensável ao Judiciário, mas não é possível esquecer das outras funções, tão ou mais importantes, desenvolvidas extrajudicialmente. Essa atuação extrajudicial é fundamentada nos arts. 127 e 129 da CF que acrescentam às funções ministeriais a instauração de inquérito civil, fiscalização de fundações, celebração de Termos de Ajustamento de Condutas, recomendações e promoção de audiências públicas, por exemplo. Estudo realizado por Marcelo Pedroso Goulart, Promotor de Justiça no Estado de São Paulo e Membro Colaborador da Corregedoria Nacional do Ministério Público foi objeto de exposição no 8º Congresso Brasileiro de Gestão do Ministério Público Conselho Nacional do Ministério Público Brasília, em 3 de agosto de 2017. Para o autor, o Promotor resolutivo se oporia ao demandista, que busca no Judiciário a solução dos problemas. O novo paradigma deveria voltar o membro do Parquet ao contato permanente com os produtores do conhecimento (comunidade científica); a realização periódica de audiências públicas (escuta das demandas sociais); visitas periódicas aos espaços de intervenção (constatação direta da realidade) e ao monitoramento e avaliação das políticas públicas, programas e serviços prestados pelo Poder Público (pelas equipes técnicas próprias e/ou em cooperação com as agências de produção de pesquisas, análises e estatísticas socioeconômicas). Enfim, o estabelecimento da política institucional

---

31 Art. 1º, § 1º da Resolução CNMP nº 54/2017.

mediante a elaboração de planos e programas de atuação (eleição de prioridades e definição de objetivos e metas).[32]

11. O membro do Ministério Público enquanto agente público e agente político

A Constituição Brasileira de 1988 retirou o verbete "funcionário público" e passou a denominar a pessoa natural prestadora de função pública como agente público. A Lei de Improbidade Administrativa (Lei 8.429/92) considera agente público "todo aquele que exerce, ainda que transitoriamente ou sem remuneração, por eleição, nomeação, designação, contratação ou qualquer outra forma de investidura ou vínculo, mandato, cargo, emprego ou função nas entidades mencionadas no artigo anterior".

Dessa forma, agente público é um gênero com duas espécies: servidor público e empregado público. Enquanto o servidor público possui uma relação funcional com o Estado, os empregados públicos estão sob o regime celetista.[33]

Os agentes públicos também podem ser divididos em cinco categorias: agentes políticos, agentes administrativos, agentes honoríficos, agentes delegados e agentes credenciados. Pelo exposto acima não há dúvidas de que os membros do Ministério Público são agentes públicos. Contudo, há uma questão controvertida na doutrina sobre a natureza jurídica de seus membros. Eles seriam agentes políticos ou meros agentes públicos? A categoria de agente político, segundo Hely Lopes Meirelles,[34] é representada pelos:

> "componentes do governo nos seus primeiros escalões investidos em cargos, funções, mandatos ou comissões, por nomeação, eleição, designação ou delegação para o exercício de atribuições constitucionais. Esses agentes atuam com plena liberdade funcional desempenhando suas atribuições com prerrogativas e responsabilidades próprias estabelecidas na Constituição e leis especiais... Exercem funções governamentais, judiciais e quase judiciais, elaborando normas, conduzindo os negócios

---
32 https://cnmp.mp.br/portal/images/Congresso/8congresso/Marcelo_01.pdf
33 SILVA, José Afonso da. **Comentário Contextual à Constituição**. 5ª ed. Malheiros, 2008, p. 351.
34 MEIRELLES, Hely Lopes. **Direito Administrativo Brasileiro**, 41ª ed., Malheiros Editores, 2015, pp. 78 e ss.

públicos, decidindo e atuando com independência nos assuntos de sua competência... Os agentes políticos têm plena liberdade funcional, equiparável à independência dos juízes nos seus julgamentos e, para tanto, ficam a salvo de responsabilização civil por seus eventuais erros de atuação, a menos que tenham agido com culpa grosseira, má fé ou abuso de poder... Nesta categoria encontram-se os chefes de Executivo e seus auxiliares imediatos, os membros das corporações legislativas, os membros do Poder Judiciário e os membros do Ministério Público".

José dos Santos Carvalho Filho[35] discorda de tal classificação. Para ele, a categoria de agente político é restrita ao chefe do Executivo, seus auxiliares e os membros do Poder Legislativo, excluindo, expressamente, os magistrados, membros do Parquet e dos Tribunais de Contas. Agentes políticos seriam somente aqueles que efetivamente exercem função política, de governo e administração, isto é, de fixação das estratégias de ação para os destinos do País. Apesar das relevantes funções outorgadas aos demais agentes já referidos, sua vinculação ao Estado tem caráter profissional, não resultante de processo eletivo, mas de concurso público ou de nomeação, sendo sua fisionomia jurídica bastante diferenciada dos agentes políticos. Finalmente, entende que tais agentes devem ser caracterizados como servidores especiais, dentro da categoria genérica de servidores públicos.

Ousando discordar do doutrinador, filio-me à corrente do administrativista paulista, juntamente com Mazzilli,[36] tendo em vista a natureza das funções desenvolvidas pelo Ministério Público, suas prerrogativas, deveres e vedações, bem como suas características peculiares. Tais atributos fazem dos membros da Instituição verdadeiros agentes políticos na sua essência, não podendo ser enquadrados na categoria dos servidores públicos. Nesse sentido foi a opção do constituinte reformador na EC nº 19/98, ao identificar os agentes políticos do Estado passíveis de receberem subsídios, elencando os membros do Ministério Público em tal rol (arts. 37, XI; 39, § 4º, e 128, § 5º, I, "c").

---

35 CARVALHO FILHO, José dos Santos. **Manual de Direito Administrativo.** 18ª ed., rev. e atual., Rio de Janeiro, Lumen Juris, 2007, pp. 526. No mesmo sentido do autor, posicionam-se Maria Sylvia di Pietro e Celso Antonio Bandeira de Mello.

36 MAZZILLI, Hugo Nigro. **Regime Jurídico do Ministério Público.** 6ª ed. São Paulo: Saraiva, 2007, p. 570.

12. Jurisprudência sobre o Tema

12.1. Informativos STF

Informativo nº 921
Ação civil pública: lesão ao patrimônio público e legitimidade do Ministério Público

O Ministério Público tem legitimidade para ajuizar ação civil pública (ACP) que vise anular ato administrativo de aposentadoria que importe em lesão ao patrimônio público. O Plenário, com base nessa orientação, negou provimento ao recurso extraordinário (Tema 561 da repercussão geral) no qual se discutia a legitimidade do Ministério Público para o ajuizamento de ACP para, com fundamento na proteção do patrimônio público, questionar ato administrativo que transfere para a reserva servidor militar, com vantagens e gratificações que, além de ultrapassarem o teto constitucional, são inconstitucionais. De acordo com o Colegiado, o Ministério Público ostenta legitimidade para a tutela coletiva destinada à proteção do patrimônio público. Múltiplos dispositivos da Constituição Federal (CF) evidenciam a elevada importância que o Poder Constituinte conferiu à atuação do parquet no âmbito das ações coletivas (CF, arts. 127, *caput*, e 129, II, III e IX (1)). A tutela coletiva exercida pelo Ministério Público se submete apenas a restrições excepcionais, como a norma que lhe veda o exercício da representação judicial e da consultoria jurídica de entidades públicas (CF, art. 129, IX). A Constituição reserva ao parquet ampla atribuição no campo da tutela do patrimônio público, interesse de cunho inegavelmente transindividual, preservada, entretanto, a atuação do próprio ente público prejudicado (CF, art. 129, § 1º (2)). Ao ajuizar ação coletiva para a tutela do erário, o Ministério Público não age como representante da entidade pública, e sim como substituto processual de uma coletividade indeterminada, é dizer, a sociedade como um todo, titular do direito à boa administração do patrimônio público, da mesma forma que qualquer cidadão poderia fazê-lo por meio de ação popular (CF, art. 5º, LXXIII (3)). O combate em juízo à dilapidação ilegal do erário configura atividade de defesa da ordem jurídica, dos interesses sociais e do patrimônio público, funções institucionais atribuídas ao Ministério Público pela Constituição. Entendimento contrário não apenas afronta a textual previsão da Carta Magna, mas também fragiliza o sistema de controle da Administração

Pública, visto que a persecução de atos atentatórios à probidade e à moralidade administrativas recairia no próprio ente público no bojo do qual a lesão tiver ocorrido. (1) CF/1988: "Art. 127. O Ministério Público é instituição permanente, essencial à função jurisdicional do Estado, incumbindo-lhe a defesa da ordem jurídica, do regime democrático e dos interesses sociais e individuais indisponíveis. (...) Art. 129. São funções institucionais do Ministério Público: (...) II – zelar pelo efetivo respeito dos Poderes Públicos e dos serviços de relevância pública aos direitos assegurados nesta Constituição, promovendo as medidas necessárias a sua garantia; III – promover o inquérito civil e a ação civil pública, para a proteção do patrimônio público e social, do meio ambiente e de outros interesses difusos e coletivos; (...) IX – exercer outras funções que lhe forem conferidas, desde que compatíveis com sua finalidade, sendo-lhe vedada a representação judicial e a consultoria jurídica de entidades públicas." (2) CF/1988: "Art. 129. (...) § 1º A legitimação do Ministério Público para as ações civis previstas neste artigo não impede a de terceiros, nas mesmas hipóteses, segundo o disposto nesta Constituição e na lei". (3) CF/1988: "Art. 5º (...) LXXIII – qualquer cidadão é parte legítima para propor ação popular que vise a anular ato lesivo ao patrimônio público ou de entidade de que o Estado participe, à moralidade administrativa, ao meio ambiente e ao patrimônio histórico e cultural, ficando o autor, salvo comprovada má-fé, isento de custas judiciais e do ônus da sucumbência;" RE 409.356/RO, rel. Min. Luiz Fux, julgamento em 25.10.2018

Informativo nº 880
Princípio do promotor natural e substituição de órgão acusador ao longo processo
A Primeira Turma, por maioria, indeferiu a ordem em "habeas corpus" no qual se pugnava a nulidade absoluta da ação penal, em face de violação ao princípio do promotor natural. No caso, a denúncia se deu por promotor que não o atuante em face do Tribunal do Júri, exclusivo para essa finalidade. O paciente foi denunciado como incurso nas penas dos arts. 121, *caput*, do Código Penal (CP) e 12 da Lei 6.378/1976, por haver ministrado medicamentos em desacordo com a regulamentação legal, tendo a vítima falecido. A Turma reconheceu não haver ferimento ao princípio do promotor natural. No caso concreto, *"a priori"*, houve o entendimento de que seria crime não doloso contra a vida, fazen-

do os autos remetidos ao promotor natural competente. Não obstante, durante toda a instrução se comprovou que, na verdade, tratava-se de crime doloso. Com isso, o promotor que estava no exercício ofereceu a denúncia e remeteu a ação imediatamente ao promotor do Júri, que poderia, a qualquer momento, não a ratificar. O colegiado entendeu, dessa maneira, configurada ratificação implícita. Outrossim, asseverou estar-se diante de substituição, consubstanciada nos princípios constitucionais do Ministério Público (MP) da unidade e da indivisibilidade, e não da designação de um acusador de exceção. Vencido o ministro Marco Aurélio, por considerar violado o princípio do promotor natural. HC 114.093/PR, rel. orig. Min. Marco Aurélio, red. p/ o ac. Min. Alexandre de Moraes, julgamento em 3.10.2017.

Informativo nº 722
Poder de investigação do Ministério Público – 1

A 2ª Turma iniciou julgamento de recurso ordinário em habeas corpus em que se discute a nulidade das provas colhidas em inquérito presidido pelo Ministério Público. Além disso, a impetração alega: a) inépcia da denúncia, bem como ausência de elementos aptos a embasar o seu oferecimento; b) ofensa ao princípio do promotor natural; c) violação ao princípio da identidade física do juiz; d) possibilidade de suspensão condicional do processo antes do recebimento da denúncia; e) ausência de provas para a condenação; f) possibilidade de aplicação da atenuante prevista no art. 65, III, b, do CP; e g) incompatibilidade entre a causa de aumento da pena do art. 121, § 4º, do CP e o homicídio culposo, sob pena de bis in idem. No caso, as investigações que antecederam o oferecimento da denúncia por homicídio culposo foram realizadas pela Curadoria da Saúde do Ministério Público. Segundo os autos, a filha da vítima noticiara ao parquet a ocorrência de possível homicídio culposo por imperícia de médico que operara seu pai, bem como cobrança indevida pelo auxílio de enfermeira durante sessão de hemodiálise. RHC 97.926/GO, rel. Min. Gilmar Mendes, 1º.10.2013.

Poder de investigação do Ministério Público – 2

O Ministro Gilmar Mendes, relator, negou provimento ao recurso. Entendeu que ao Ministério Público não seria vedado proceder a diligências investigatórias, consoante interpretação sistêmica da Constituição (art. 129), do CPP (art. 5º) e da Lei Complementar 75/93 (art. 8º). Afirmou que a jurisprudência do STF acentuara reiteradamente ser dispensável, ao oferecimento da denúncia, a prévia instauração de inquérito policial, desde que evidente a materialidade do fato delituoso e presentes indícios de autoria. Considerou que a colheita de elementos de prova se afiguraria indissociável às funções do Ministério Público, tendo em vista o poder-dever a ele conferido na defesa da ordem jurídica, do regime democrático e dos interesses sociais e individuais indisponíveis (CF, art. 127). Frisou que seria ínsito ao sistema dialético de processo, concebido para o estado democrático de direito, a faculdade de a parte colher, por si própria, elementos de provas hábeis para defesa de seus interesses. Da mesma forma, não poderia ser diferente com relação ao parquet, que teria o poder-dever da defesa da ordem jurídica. Advertiu que a atividade investigatória não seria exclusiva da polícia judiciária. O próprio constituinte originário, ao delimitar o poder investigatório das comissões parlamentares de inquérito (CF, art. 58, § 3º), encampara esse entendimento. Raciocínio diverso — exclusividade das investigações efetuadas por organismos policiais — levaria à conclusão de que também outras instituições, e não somente o Ministério Público, estariam impossibilitadas de exercer atos investigatórios, o que seria de todo inconcebível. Por outro lado, o próprio CPP, em seu art. 4º, parágrafo único, disporia que a apuração das infrações penais e sua autoria não excluiria a competência de autoridades administrativas a quem por lei fosse cometida a mesma função. RHC 97.926/GO, rel. Min. Gilmar Mendes, 1º.10.2013.

Poder de investigação do Ministério Público – 3

Prosseguindo, o Ministro Gilmar Mendes reafirmou que seria legítimo o exercício do poder de investigar por parte do Ministério Público, mas essa atuação não poderia ser exercida de forma ampla e irrestrita, sem qualquer controle, sob pena de agredir, inevitavelmente, direitos fundamentais. Mencionou que a atividade de investigação, seja ela exercida pela polícia ou pelo Ministério Público, mereceria, pela sua própria natureza, vigilância e controle. Aduziu que a atuação do Parquet deveria ser, necessariamente, subsidiária, a ocorrer, apenas, quando não fosse possível ou recomendável efetivar-se pela própria polícia. Exemplificou situações em que possível a atuação do órgão ministerial: lesão ao patrimônio público, excessos cometidos pelos próprios agentes e organismos policiais (v.g. tortura, abuso de poder, violências arbitrárias, concussão, corrupção), intencional omissão da polícia na apuração de determinados delitos ou deliberado intuito da própria corporação policial de frustrar a investigação, em virtude da qualidade da vítima ou da condição do suspeito. Sublinhou que se deveria: a) observar a pertinência do sujeito investigado com a base territorial e com a natureza do fato investigado; b) formalizar o ato investigativo, delimitando objeto e razões que o fundamentem; c) comunicar de maneira imediata e formal ao Procurador-Chefe ou Procurador-Geral; d) autuar, numerar e controlar a distribuição; e) dar publicidade a todos os atos, salvo sigilo decretado de forma fundamentada; f) juntar e formalizar todos os atos e fatos processuais, em ordem cronológica, principalmente diligências, provas coligidas, oitivas; g) garantir o pleno conhecimento dos atos de investigação à parte e ao seu advogado, consoante o Enunciado 14 da Súmula Vinculante do STF; h) observar os princípios e regras que orientam o inquérito e os procedimentos administrativos sancionatórios; i) respeitar a ampla defesa e o contraditório, este ainda que de forma diferida; e j) observar prazo para conclusão e controle judicial no arquivamento. RHC 97.926/GO, rel. Min. Gilmar Mendes, 1º.10.2013.

Poder de investigação do Ministério Público – 4

O Ministro Gilmar Mendes consignou, ainda, que, na situação dos autos, o Ministério Público estadual buscara apurar a ocorrência de erro médico em hospital de rede pública, bem como a cobrança ilegal de procedimentos que deveriam ser gratuitos. Em razão disso, o procedimento do parquet encontraria amparo no art. 129, II, da CF ("São funções institucionais do Ministério Público: ... II – zelar pelo efetivo respeito dos Poderes Públicos e dos serviços de relevância pública aos direitos assegurados nesta Constituição, promovendo as medidas necessárias a sua garantia"). Asseverou que seria inegável a necessidade de atuação do Ministério Público, pois os fatos levados a seu conhecimento sinalizariam ofensa à política pública de saúde. Reputou, assim, legítima a sua atuação. Assinalou a improcedência das assertivas relativas à falta de elementos lícitos a embasarem o oferecimento e o recebimento da denúncia, bem como a alegação atinente à inépcia da denúncia. Apontou que o entendimento do STF seria no sentido de que o trancamento de ação penal, por falta de justa causa, seria medida excepcional, especialmente na via estreita do habeas corpus. Dessa forma, se não comprovada, de plano, a atipicidade da conduta, a incidência de causa de extinção da punibilidade ou a ausência de indícios de autoria e materialidade, impor-se-ia a continuidade da persecução criminal. Na espécie, destacou que a peça inicial estaria em consonância com a jurisprudência desta Corte e com os requisitos do art. 41 do CPP, pois se consubstanciaria em contundente conjunto probatório, com a conduta do agente devidamente individualizada. Não haveria, portanto, constrangimento ilegal a ser corrigido. RHC 97.926/GO, rel. Min. Gilmar Mendes, 1º.10.2013.

Poder de investigação do Ministério Público – 5

O Ministro Gilmar Mendes ressaltou que inexistiria, também, ofensa ao princípio do promotor natural, porquanto a distribuição da ação penal se dera em cumprimento à Lei Orgânica do Ministério Público do Estado de Goiás (Lei Complementar Estadual 25/98), que permite a criação de promotorias especializadas. Destarte, não estaria configurada a desobediência à regra de atuação do promotor e, portanto, inviável a anulação da atuação da Procuradoria de Curadoria da Saúde do Estado de Goiás no caso. No que tange à alegação de nulidade por afronta ao princípio da identidade física do juiz, apontou que não teria sido demonstrado o prejuízo. Quanto à ausência de análise da suspensão condicional do processo, antes do recebimento da denúncia, afirmou que seria inviável a concessão do pedido, nos termos do art. 89 da Lei 9.099/95, uma vez que o recebimento da denúncia seria condição para a proposta de suspensão condicional do processo. No que diz respeito à inexistência de prova para condenação por homicídio culposo, enfatizou que a jurisprudência do STF seria pacífica em não admitir o habeas corpus como sucedâneo de revisão criminal e, tampouco, permitir o revolvimento aprofundado de conjunto fático-probatório. Além disso, ponderou que não mereceria ser acolhido o requerimento para incidência da atenuante prevista no art. 65, III, b, do CP, haja vista que, neste recurso ordinário, a defesa restringira-se a simplesmente invocar a regra normativa, sem fundamentar a aplicação da atenuante. Por último, no que se refere à incompatibilidade entre a causa de aumento de pena (CP, art. 121, § 4º) e o homicídio culposo caracterizado pela negligência, sob pena de bis in idem, observou que nem a sentença condenatória nem o acórdão confirmatório da sentença imputaram ao paciente esta causa de aumento de pena. Após o voto do Ministro Gilmar Mendes, pediu vista o Ministro Ricardo Lewandowski. RHC 97.926/GO, rel. Min. Gilmar Mendes, 1º.10.2013.

Informativo nº 452
Furto praticado por indígena e competência
Em conclusão de julgamento, a Turma, por maioria, deu parcial provimento a recurso ordinário em habeas corpus interposto pelo Ministério Público Federal para que, mantida a competência da Justiça Estadual, seja revogada a prisão preventiva decretada contra índios denunciados pela suposta prática de furto qualificado de duas reses de gado (CP, art. 157, § 2º, I e II) — v. Informativo 395. Preliminarmente, afastou-se a tese de impossibilidade de conhecimento do recurso, em face da supressão de instância, ao fundamento de se estar diante de matéria de ordem pública. No mérito, tendo em conta precedentes do STF no sentido do deslocamento da competência para a Justiça Federal somente quando o processo versar sobre questões diretamente ligadas à cultura indígena, aos direitos sobre suas terras ou a interesses da União, entendeu-se que, no caso, inexistiria violação a bem jurídico penal que demandasse a incidência da Justiça Federal, haja vista cuidar-se de ofensa a bens semoventes de propriedade particular. RHC 85.737/PE, rel. Min. Joaquim Barbosa, 12.12.2006.

No tocante ao pedido de revogação da custódia cautelar, ressaltou-se que a questão sobre maus antecedentes não se encontra pacificada na Corte e que a possibilidade de se aguardar, em liberdade, o julgamento de apelação está sendo discutida pelo Plenário (Rcl. 2.391/PR, v. Informativo 334). Não obstante, considerou-se que a mera existência de inquéritos ou ações penais em andamento não poderia ser reputada como caracterizadora de maus antecedentes, de modo a embasar o decreto de prisão preventiva dos pacientes, sob pena de se violar o princípio constitucional da não-culpabilidade (CF, art. 5º, LVII). Vencido, em parte, o Min. Joaquim Barbosa, relator, que, ressaltando que o delito fora praticado em meio à disputa de terras indígenas, dava integral provimento ao recurso para declarar a incompetência da Justiça Estadual, determinando a remessa dos autos à Justiça Federal, assim como para revogar a prisão preventiva, já que decretada por autoridade absolutamente incompetente, além de não preencher os requisitos legais. Precedentes citados: RE 419.528/PR (j. em 3.8.2006); HC 81.827/MT (DJU de 23.8.2002); RE 263.010/MS (DJU de 10.11.2000). RHC 85.737/PE, rel. Min. Joaquim Barbosa, 12.12.2006.

Princípio do Promotor natural e ratificação implícita

A Turma, por maioria, indeferiu habeas corpus em que se pretendia a nulidade de processo penal instaurado contra denunciado, com terceiro, pela prática dos crimes de homicídio culposo e lesão corporal culposa, em virtude de acidente aéreo envolvendo aeronave que se encontrava sob a responsabilidade de ambos, na qualidade de piloto e copiloto. Alegava-se, na espécie, ofensa ao art. 108, § 1º, do CPP (*"Art. 108. A exceção de incompetência do juízo poderá ser oposta... no prazo da defesa. § 1º Se, ouvido o Ministério Público, for aceita a declinatória, o feito será remetido ao juízo competente, onde, ratificados os atos anteriores, o processo prosseguirá"*.), pela ausência de ratificação da denúncia oferecida por representante do Ministério Público Federal de seção judiciária cujo foro seria incompetente para a causa penal, bem como violação aos princípios da ampla defesa e do devido processo legal, uma vez que não se admite ratificação implícita da inicial acusatória. No caso, segundo a impetração, o acidente ocorrera no Estado de Mato Grosso, sendo as vítimas hospitalizadas em São Paulo, o que ensejara, em face da inércia do Ministério Público Federal daquele Estado, o oferecimento da denúncia pelo Parquet em São Paulo, cujo juízo federal, em razão da territorialidade, declinara da competência para a Justiça Federal de Cuiabá/MT, onde o processo fora distribuído e a denúncia recebida, sem que o representante do Ministério Público Federal oficiante neste juízo a tivesse ratificado. Considerou-se dispensável cogitar de ratificação tácita ou implícita, não obstante o juiz sentenciante haver inferido a ocorrência de "ratificação tácita" da peça ministerial em decorrência do fato de o membro do Ministério Público Federal de Cuiabá haver oficiado no feito até a condenação do paciente. No ponto, asseverou-se que a ratificação é ato do juízo competente, que pode, ou não, aproveitar atos instrutórios praticados perante o incompetente e que o ato processual de oferecimento da denúncia, em foro incompetente, por um representante, prescinde, para ser válido e eficaz, de ratificação de outro do mesmo grau funcional e do mesmo Ministério Público, lotado em foro diverso e competente, porquanto em nome da instituição, que é una e indivisível. Vencido o Min. Marco Aurélio que, tendo em conta o princípio do promotor natural, deferia o *writ* por entender que, cessada a competência do juízo na origem, não prevalece o ato apresentado pelo acusador atuante naquele juízo. HC 85.137/MT, rel. Min. Cezar Peluso, 13.9.2005.

Informativo nº 395

Informativo nº 358
Nomeação de Promotor ad hoc – 1
Por aparente ofensa ao § 2º do art. 129 da CF/88, o Tribunal deferiu o pedido de medida cautelar em ação direta ajuizada pelo Procurador-Geral da República, para suspender, com efeitos *ex nunc*, até julgamento final da ação, a eficácia do Provimento 6/2000, da Corregedoria-Geral da Justiça do Estado de Santa Catarina, que orienta os juízes, nos processos e procedimentos que exijam urgência, a nomearem promotor de justiça *ad hoc* dentre bacharéis em direito, até que seja regularizada a situação ("As funções de Ministério Público só podem ser exercidas por integrantes da carreira, que deverão residir na comarca da respectiva lotação".). Precedente citado: ADI 1.748-MC-RJ (DJU de 8.9.2000). ADI 2.958-MC-SC, rel. Min. Cezar Peluso, 28.8.2003.

Nomeação de Promotor ad hoc – 2
Julgado procedente o pedido formulado em ação direta ajuizada pela Associação Nacional dos Membros do Ministério Público – CONAMP, para declarar a inconstitucionalidade da alínea e do art. 196 da Consolidação dos Atos Normativos da Corregedoria-Geral de Justiça do Estado de Goiás, que autorizava, no procedimento penal, a nomeação de promotor *ad hoc* nas hipóteses de movimento de paralisação de classe; de inexistência de representante na comarca ou de ausência reiterada de membro do Ministério Público aos atos processuais designados. O Tribunal, reconhecendo preliminarmente a legitimidade ativa da CONAMP para a propositura da ação, entendeu caracterizada na espécie a ofensa ao § 2º do art. 127 da CF, que assegura autonomia funcional e administrativa ao Ministério Público, e ao § 2º do art. 129, também da Constituição, que dispõe que as funções do Ministério Público só podem ser exercidas pelos próprios órgãos integrantes da carreira. Precedente citado: ADI 1.748-MC-RJ (DJU de 8.9.2000). ADI 2.874-GO, rel. Min. Marco Aurélio, 28.8.2003.

12.2. Informativos STJ

Informativo nº 649

Art. 40 do CPP. Remessa de cópias e documentos. desnecessidade. Ministério Público. custos legis. acesso aos autos.

É desnecessária a remessa de cópias dos autos ao Órgão Ministerial prevista no art. 40 do CPP, que, atuando como *custos legis*, já tenha acesso aos autos. O acórdão embargado, da Sexta Turma, ao interpretar o art. 40 do CPP, fixou o entendimento de que revela-se desnecessária a remessa de cópias dos autos ao Órgão Ministerial, que, atuando como *custos legis*, já teve conhecimento do crime. Já o acórdão paradigma, da Quinta Turma, fixou o entendimento de que a remessa de peças necessárias à aferição de eventual delito ao Ministério Público, ou à autoridade policial, é obrigação do magistrado, não sendo, portanto, ônus do Órgão Ministerial, por se tratar de ato de ofício, imposto pela lei. Deve prevalecer a jurisprudência da Sexta Turma. Na hipótese em que o Ministério Público tem vista dos autos, a remessa de cópias e documentos ao Órgão Ministerial não se mostra necessária. O Parquet, na oportunidade em que recebe os autos, pode tirar cópia dos documentos que bem entender, sendo completamente esvaziado o sentido de remeter-se cópias e documentos. Com o advento da Lei nº 11.419/2006, que introduziu ao ordenamento jurídico brasileiro a informatização do processo judicial, o Poder Judiciário efetua a prestação jurisdicional através de processos eletrônicos, cujo sistema exige, para sua utilização, a certificação digital de advogados, magistrados, membros do Ministério Público, servidores ou partes, permitindo acesso aos autos a partir de um computador interligado à internet. Logo, a melhor exegese do dispositivo, à luz dos princípios da adequação e da razoabilidade, deve ser no sentido da desnecessidade de remessa de cópias do processo ao Órgão Ministerial, uma vez verificada pelo magistrado a existência de crime de ação pública, desde que o Parquet tenha acesso direto aos autos. EREsp 1.338.699-RS, Rel. Min. Ribeiro Dantas, Terceira Seção, por unanimidade, julgado em 22/05/2019, DJe 27/05/2019.

Informativo nº 592
O reconhecimento da ilegitimidade ativa do Ministério Público para, na qualidade de substituto processual de menores carentes, propor ação civil pública *ex delicto*, sem a anterior intimação da Defensoria Pública para tomar ciência da ação e, sendo o caso, assumir o polo ativo da demanda, configura violação ao art. 68 do CPP.

A controvérsia dos autos restringiu-se à legitimidade do Ministério Público para, na qualidade de substituto processual, ajuizar ação civil reparatória de danos advindos de conduta criminosa (ação civil *ex delicto*), nos termos do art. 68 do CPP, em favor de pessoas carentes. Perfilhando a orientação traçada pelo Excelso Pretório, que consagrou a tese da inconstitucionalidade progressiva do art. 68 do CPP, a jurisprudência desta Corte consolidou-se no sentido de que o Ministério Público somente tem legitimidade para propor ação civil *ex delicto* em favor de pessoas pobres nas hipóteses em que a Defensoria Pública não estiver organizada no respectivo ente da Federação. No caso dos autos, as instâncias ordinárias asseveraram expressamente que, no momento da propositura da ação, a Defensoria Pública já havia sido instituída e organizada no respectivo Estado. Assim, considerando que o art. 68 do CPP teve reconhecida pelo STF sua inconstitucionalidade progressiva, na medida em que a Defensoria Pública fosse devidamente instalada em todo o País, é forçoso concluir que o reconhecimento da ilegitimidade ativa do d. Parquet, sem a anterior intimação da Defensoria Pública para tomar ciência da ação e, sendo o caso, assumir o polo ativo da ação civil *ex delicto*, configura violação do art. 68 do CPP. REsp 888.081-MG, Rel. Min. Raul Araújo, por unanimidade, julgado em 15/9/2016, DJe 18/10/2016.

Informativo n° 590
O Ministério Público, no exercício do controle externo da atividade policial, pode ter acesso a ordens de missão policial.
Inicialmente, cabe destacar que a ordem de missão policial (OMP) é um documento de natureza policial e obrigatório em qualquer missão de policiais federais e tem por objetivo, entre outros, legitimar as ações dos integrantes da Polícia Federal em caráter oficial. As denominadas OMPs, ainda que relacionadas à atividade de investigação policial, representam direta intervenção no cotidiano dos cidadãos, a qual deve estar sujeita ao controle de eventuais abusos ou irregularidades praticadas por seus agentes, ainda que realizadas em momento posterior, respeitada a necessidade de eventual sigilo ou urgência da missão. Por outro lado, a realização de qualquer investigação policial, ainda que fora do âmbito do inquérito policial, em regra, deve estar sujeita ao controle do Ministério Público. O Conselho Nacional do Ministério Público, com o objetivo de disciplinar o controle externo da atividade policial, editou a Resolução n° 20/2007, da qual destaca-se os seguintes trechos: "Art. 2° – O controle externo da atividade policial pelo Ministério Público tem como objetivo manter a regularidade e a adequação dos procedimentos

empregados na execução da atividade policial, bem como a integração das funções do Ministério Público e das Polícias voltada para a persecução penal e o interesse público, atentando, especialmente, para: [...] V – a prevenção ou a correção de irregularidades, ilegalidades ou de abuso de poder relacionados à atividade de investigação criminal; [...] Art. 5º – Aos órgãos do Ministério Público, no exercício das funções de controle externo da atividade policial caberá: [...] II – ter acesso a quaisquer documentos, informatizados ou não, relativos à atividade-fim policial civil e militar, incluindo as de polícia técnica desempenhadas por outros órgãos [...]". Portanto, é manifesto que a pasta com OMPs deve estar compreendida no conceito de atividade-fim e, consequentemente, sujeita ao controle externo do Ministério Público, nos exatos termos previstos na CF e regulados na LC nº 73/1993, o que impõe à Polícia Federal o fornecimento ao MPF de todos os documentos relativos às ordens de missão policial. Ressalve-se que, no que se refere às OMPs lançadas em face de atuação como polícia investigativa, decorrente de cooperação internacional exclusiva da Polícia Federal, e sobre a qual haja acordo de sigilo, o acesso do Ministério Público não será vedado, mas realizado a posteriori. REsp 1.365.910-RS, Rel. Min. Humberto Martins, Rel. para acórdão Min. Mauro Campbell Marques, julgado em 5/4/2016, DJe 28/9/2016.

Informativo nº 587
O controle externo da atividade policial exercido pelo Ministério Público Federal não lhe garante o acesso irrestrito a todos os relatórios de inteligência produzidos pela Diretoria de Inteligência do Departamento de Polícia Federal, mas somente aos de natureza persecutório-penal.

De fato, entre as funções institucionais enumeradas na Carta da República, conferiu-se ao Ministério Público o controle externo da atividade policial (art. 129, VII). Ao regulamentar esse preceito constitucional, a LC nº 75/1993 assim dispõe: "Art. 9º O Ministério Público da União exercerá o controle externo da atividade policial por meio de medidas judiciais e extrajudiciais podendo: [...] II – ter acesso a quaisquer documentos relativos à atividade-fim policial". Por sua vez, a atividade de inteligência está disciplinada pela Lei nº 9.883/1999, que instituiu o Sistema Brasileiro de Inteligência (SISBIN) e criou a Agência Brasileira de Inteligência (ABIN). Ademais, o § 2º do art. 1º desse diploma considera serviço de inteligência aquele que "objetiva a obtenção, análise e disseminação de conhecimentos dentro e fora do território nacional sobre fatos e situações de imediata ou potencial influência sobre o processo decisório e a ação governamental e sobre a salvaguarda e a segurança da sociedade e do Estado". Por seu turno, o Decreto nº 4.376/2002, em seu art. 4º, elenca os órgãos que compõem o SISBIN, destacando-se, entre eles, a Diretoria de Inteligência Policial do Departamento de Polícia Federal. Nesse contexto, quanto ao controle das atividades de inteligência, o art. 6º da Lei nº 9.883/1999 dispõe que "O controle e fiscalização externos da atividade de inteligência serão exercidos pelo Poder Legislativo na forma a ser estabelecida em ato do Congresso Nacional". Assim, se o controle externo da atividade policial exercido pelo Parquet deve circunscrever-se à atividade de polícia judiciária, conforme a dicção do art. 9º da LC nº 75/1993, somente cabe ao órgão ministerial acesso aos relatórios de inteligência emitidos pela Polícia Federal de natureza persecutório-penal, ou seja, que guardem relação com a atividade de investigação criminal. Desse modo, o poder fiscalizador atribuído ao Ministério Público não lhe confere o acesso irrestrito a todos os relatórios de inteligência produzidos pelo Departamento de Polícia Federal. REsp 1.439.193-RJ, Rel. Min. Gurgel de Faria, julgado em 14/6/2016, DJe 9/8/2016.

Informativo nº 556
O Ministério Público Estadual tem legitimidade para atuar diretamente como parte em recurso submetido a julgamento perante o STJ.
O texto do § 1º do art. 47 da LC 75/1993 é expresso no sentido de que as funções do Ministério Público Federal perante os Tribunais Superiores da União somente podem ser exercidas por titular do cargo de Subprocurador-Geral da República. A par disso, deve-se perquirir quais as funções que um Subprocurador-Geral da República exerce perante o STJ. É evidente que o Ministério Público, tanto aquele organizado pela União quanto aquele estruturado pelos Estados, pode ser parte e *custos legis*, seja no âmbito cível ou criminal. Nesse passo, tendo a ação (cível ou penal) sido proposta pelo Ministério Público Estadual perante o primeiro grau de jurisdição, e tendo o processo sido alçado ao STJ por meio de recurso, é possível que esse se valha dos instrumentos recursais necessários na defesa de seus interesses constitucionais. Nessas circunstâncias, o Ministério Público Federal exerce apenas uma de suas funções, qual seja: a de *custos legis*. Isto é, sendo o recurso do Ministé-

rio Público Estadual, o Ministério Público Federal, à vista do ordenamento jurídico, pode opinar pelo provimento ou pelo desprovimento da irresignação. Assim, cindido em um processo o exercício das funções do Ministério Público (o Ministério Público Estadual sendo o autor da ação, e o Ministério Público Federal opinando acerca do recurso interposto nos respectivos autos), não há razão legal, nem qualquer outra ditada pelo interesse público, que autorize restringir a atuação do Ministério Público Estadual enquanto parte recursal, realizando sustentações orais, interpondo agravos regimentais contra decisões etc. Caso contrário, seria permitido a qualquer outro autor ter o referido direito e retirar-se-ia do Ministério Público Estadual, por exemplo, o direito de perseguir a procedência de ações penais e de ações de improbidade administrativa imprescindíveis à ordem social. EREsp 1.327.573-RJ, Rel. originário e voto vencedor Min. Ari Pargendler, Rel. para acórdão Min. Nancy Andrighi, julgado em 17/12/2014, DJe 27/2/2015.

Informativo nº 321
Não-configuração. Violação. Princípio. Promotor Natural
Cuida-se de recurso interposto pelo Ministério Público estadual contra acórdão do TJ que não conheceu dos embargos opostos pelo Parquet, ao argumento de violação do princípio do promotor natural. O recurso integrativo oposto pelo MP não foi conhecido ao fundamento de ilegitimidade postulatória. Isso posto, a Turma deu provimento ao recurso ao argumento de que a ofensa ao princípio do promotor natural verifica-se de exceção, lesionando o exercício pleno e independente das atribuições do Ministério Público, o que não ocorre nos autos. A atuação ministerial pautada pela própria organização interna, com atribuições previamente definidas na Lei Orgânica do Ministério Público estadual, não configura violação do princípio do promotor natural. Precedentes citados: REsp 632.945-RS, DJ 23/8/2004, e RHC 17.231-PE, DJ 10/10/2005. REsp 904.422-SC, Rel. Min. Felix Fischer, julgado em 22/5/2007.

Informativo nº 291
Competência. Medida cautelar. Ação de improbidade. Membro. Tribunal de Contas estadual
Trata-se de medida cautelar ajuizada pelo Ministério Público Federal em ação de improbidade administrativa em trâmite neste Superior Tribunal contra membro de Tribunal de Contas dos municípios goianos.

Ao prosseguir o julgamento, a Corte Especial decidiu remeter ao juízo de origem a presente medida cautelar e a ação principal de improbidade administrativa, uma vez que o STF declarou a inconstitucionalidade dos §§ 1º e 2º do art. 84 do CPP, com a redação dada pela Lei nº 10.628/2002. Assim, não há que se falar da prerrogativa de foro instituída pela referida legislação. A jurisprudência anterior deste Superior Tribunal fica restabelecida, no sentido de que não compete a este Tribunal processar e julgar a ação de improbidade administrativa fundada na Lei nº 8.429/1992, mesmo que o réu tenha prerrogativa de foro para as ações penais. Precedentes citados do STF: ADIn 2.797-DF, DJ 26/9/2005, e ADIn 2.806-RS, DJ 27/6/2005. AgRg na MC 7.476-GO, Rel. Min. Laurita Vaz, julgado em 1º/8/2006.

13. Questões de concursos

1)MPRJ – XXXI concurso – 2010

Prova específica Princípios Institucionais do Ministério Público. 1ª questão

O Princípio do Promotor Natural é admitido no ordenamento jurídico brasileiro? Há amparo constitucional e/ou legislativo do princípio? Há mitigação a esse princípio? Indique os dispositivos legais eventualmente aplicáveis.

2)MPRJ – XXXV concurso – 2018

Prova Escrita Preliminar. 20ª questão

Em ação objetivando o fornecimento de medicamentos essenciais à vida de indivíduo maior e capaz, por ele ajuizada em face do Município e do Estado do Rio de Janeiro, o juiz deixa de intimar o Ministério Público a intervir no feito com fundamento no artigo 178, parágrafo único, do Código de Processo Civil, e com amparo na eficiente representação dos entes públicos nos autos. Lastreia-se, ainda, no fato de a demanda versar sobre direito individual. Avalie a decisão judicial e seus fundamentos. Resposta objetivamente fundamentada.

III A Estrutura Legislativa e Organizacional do Ministério Público

1. A Legislação do Ministério Público

Como demonstrado anteriormente, a Constituição modificou radicalmente a posição do Ministério Público no Estado Brasileiro, assegurando-lhe, tal como ocorre com o Poder Judiciário, um caráter nacional, posicionando-o, outrossim, fora dos três Poderes Políticos tradicionais.

A Instituição é dividida, pelo artigo 128 da Carta Maior, em duas grandes vertentes: o Ministério Público da União, que se encontra disciplinado na LC nº 75/93 e que abrange o Ministério Público Federal; o Ministério Público do Trabalho; o Ministério Público Militar; e o Ministério Público do Distrito Federal e Territórios. A outra vertente configura o Ministério Público dos Estados, regidos por uma Lei Orgânica de cunho nacional (Lei nº 8.625/93 – LONMP), que estabelece parâmetros, balizas e preceitos a serem obrigatoriamente obedecidos pelos diversos Ministérios Públicos locais, respeitada, é claro, a autonomia decorrente do pacto federativo. Cabe ressaltar que o STF já reconheceu a existência de um Ministério Público Nacional (MS 26.690-DF, Pleno, Rel. Min Eros Grau, 19/12/2008, RTJ 209/594), em consequência do perfil constitucional da Instituição e do princípio da Unidade: "*O Ministério Público nacional é uno (Art.128, I e II da Constituição do Brasil), compondo-se do Ministério Público da União e dos Ministérios Públicos dos Estados*". Cada Ministério Público Estadual possui ainda uma Lei Orgânica própria, consubstanciada formalmente em Lei Complementar Estadual, cuja iniciativa é facultada aos respectivos Procuradores-Gerais de Justiça (CF art. 128, § 5º). O Estado do Rio de Janeiro é regido pela Lei Complementar nº 106 de 2003.[1]

---

1 STF: "*Extrai-se da interpretação do art. 128, § 5º, da Constituição, que cabe ao chefe de cada Ministério Público a iniciativa de lei complementar estadual que disponha sobre organização, atribuições e estatuto de cada instituição individualmente considera-*

1.1. Competência para legislar sobre o Ministério Público

O Ministério Público possui iniciativa legislativa, prevista no artigo 128, § 5º, da Constituição Federal, autorizando o respectivo Procurador-Geral a deflagrar o processo, visando estabelecer a organização, as atribuições e o estatuto, tanto do Ministério Público da União quanto dos Ministérios Públicos nos Estados. Trata-se da chamada autonomia legislativa, decorrente da autonomia funcional e administrativa, preconizada no artigo 128 § 2 da CF, já vista no capítulo anterior, mas que será aprofundada mais adiante.

No que concerne às normas gerais para dispor acerca do Ministério Público dos Estados, deve-se atentar para o disposto no artigo 61, § 1º, II, "*d*", da Carta Magna, que estabelece ser privativa do Presidente da República a iniciativa para dispor acerca da "*organização do Ministério Público e da Defensoria Pública da União, bem como normas gerais para a organização do Ministério Público e da Defensoria Pública dos Estados, do Distrito Federal e dos Territórios*".

O aparente conflito de normas deve ser interpretado no sentido de que a competência para dispor sobre normas gerais de organização do Ministério Público nos Estados é do Presidente da República, a teor do segundo dispositivo. Já as leis complementares da União e dos Estados tratarão da organização, atribuições e estatuto de cada Ministério Público, sempre respeitando as normas fixadas na lei federal.

Com efeito, foi editada a Lei nº 8.625/93 (LONMP), de iniciativa do Chefe do Executivo, que estabelece regras gerais para os Ministérios Públicos dos Estados. Já no que concerne às normas gerais para a organização do Ministério Público da União, a competência para iniciativa legislativa é concorrente, em face da dicção do artigo 128, § 5º, da Carta Magna, como já decidiu o STF, em acórdão da lavra do Ministro Sepúlveda Pertence: "*Testemunho eloquente desse esforço de composição entre o futuro projetado e o passado renitente é a esdrúxula concorrência de iniciativas entre o Procurador-Geral e o Presidente da República para a Lei Complementar do Ministério Público da União*".[2]

da, desde que observados os regramentos gerais definidos pela Lei Orgânica Nacional do Ministério Público. Na esfera estadual coexistem dois regimes de organização: (i) o da Lei Orgânica Nacional (Lei nº 8.625/1993), que fixa as normas gerais; e (ii) o da Lei Orgânica do Estado, que delimita, em lei complementar de iniciativa do Procurador-Geral de Justiça, a organização, atribuições e estatuto de cada Ministério Público. (**ADI 4.142**, rel. min. Roberto Barroso, j. 20-12-2019, P, DJE de 26-2-2020)".

2 RTJ 147/126. No mesmo sentido, confira-se o RE 262.178/DF – Informativo STF

III – A Estrutura Legislativa e Organizacional do Ministério Público

Na esfera estadual, quanto à possibilidade de iniciativa concorrente entre Governador do Estado e Procurador-Geral de Justiça para a respectiva Lei Orgânica, há controvérsia na doutrina. Entende o Professor Pedro Roberto Decomain,[3] ao comentar o inciso IV, do artigo 10, da LONMP, que tal iniciativa é exclusiva do Procurador-Geral, sendo inconstitucional, por insanável vício formal subjetivo, qualquer mensagem de autoria do Governador do Estado acerca do Parquet estadual. Com a devida vênia, entendemos que esta não é a melhor posição. De fato, o artigo 128, § 5º não estabelece iniciativa privativa dos procuradores-gerais para projetos relativos à organização, às atribuições e ao Estatuto do Ministério Público. A expressão utilizada – ao contrário – faculta o poder de iniciativa a estas autoridades, sem prejuízo, portanto, daquele previsto no artigo 61, § 1º, II, "d". Assim, entendemos deva ser aplicado o mesmo raciocínio já chancelado pelo STF, pela simetria que deve ser mantida entre Estados-Membros e União, outorgando-se poder de iniciativa concorrente ao Governador do Estado e ao Procurador-Geral de Justiça.[4]

Hugo Nigro Mazzilli[5] possui o mesmo entendimento:

> *"Na União, haverá ainda uma lei complementar, cuja iniciativa é facultada ao procurador-geral da República (e, por tanto, é de iniciativa concorrente do presidente da República) que estabelecerá a organização, as atribuições e o estatuto do Ministério Público da União (artigo 128, § 5º). Nos estados, haverá leis complementares, de iniciativa facultada aos seus procuradores-gerais (e, igualmente, de iniciativa concorrente dos governadores), que farão o mesmo com os Ministérios Públicos locais (ainda o artigo 128, § 5º)".*

1.1.1. Os projetos da Assembléia Legislativa e os vícios de iniciativa

Sobre o tema, é importante destacar caso concreto ocorrido no Rio de Janeiro, onde foi apresentado o projeto de lei nº 1734/2008, oriundo

---

205.
3 DECOMAIN, Paulo Roberto. *Comentários à Lei Orgânica Nacional do Ministério Público*. Editora Obra Jurídica, 1996, p. 51. No mesmo sentido, MORAES, *op. cit.*, 2002a, p. 1.537.
4 STF: " *A atribuição, exclusivamente ao chefe do Poder Executivo estadual, da iniciativa do projeto de Lei Orgânica do Ministério Público, por sua vez, configura violação ao art. 128, § 5º, da CF, que faculta tal prerrogativa aos procuradores-gerais de Justiça. (ADI 852, rel. min. Ilmar Galvão, j. 29-8-2002, P, DJ de 18-10-2002).*
5 MAZZILLI, Hugo Nigro. *O Ministério Público na Constituição de 1988*. São Paulo: Saraiva, 1989, p. 73-75.

da Assembleia Legislativa, que tornou obrigatória a apresentação, no ato da posse e durante o vínculo funcional, a declaração de bens e rendas de agentes de diversas categorias funcionais do Estado (inclusive magistrados e membros do Ministério Público), ao Poder Legislativo, sob pena de aplicação de falta grave disciplinar ou outras sanções. Não obstante o veto (derrubado) do Chefe do Poder Executivo, a ALERJ editou a Lei nº 5.388/2009, inovando o ordenamento jurídico estadual e introduzindo a obrigatoriedade referida, entre outros, aos membros do MP. A norma, no entanto, foi declarada inconstitucional pela Corte Suprema na ADI nº 4203.[6] De fato, a matéria foi julgada pelo Tribunal Pleno em 03.11.2014, de forma unânime, entendendo-se pela procedência parcial do pedido. Foram declarados inconstitucionais diversos dispositivos da lei estadual e definida interpretação conforme à Constituição para que a obrigação ali contida só se dirija "*aos administradores ou responsáveis por bens e valores públicos ligados ao Poder Legislativo*".

No mesmo sentido, em caso semelhante, a Corte decidiu pela invasão da iniciativa legislativa do Procurador Geral de Justiça pelo Poder Legislativo do Amapá. O Ministro Luiz Fux asseverou:

> O *Ministério Público é o titular da iniciativa de projeto de lei que organiza, institui atribuições e estabelece a estrutura da carreira, dispondo também sobre a forma de eleição, de composição da lista tríplice e de escolha do Procurador-Geral de Justiça, na forma do artigo 128, §§ 3º e 5º, da Constituição Federal, observados os limites traçados pelo texto constitucional e pela legislação orgânica nacional (Lei 8.625/1993). A Emenda Constitucional 48/2014 à Constituição do Estado do Amapá revela-se formalmente inconstitucional: (i) por tratar de matéria relativa à alteração do estatuto jurídico da carreira do Ministério Público Estadual, porquanto o Poder Legislativo não ostenta essa competência, violando diretamente o artigo 128, §§ 3º e 5º, do texto constitucional; e (ii) ao consagrar a iniciativa eivada de incompetência, a Constituição Estadual viola a Constituição Federal, que reclama lei complementar de iniciativa do Procurador-Geral para disciplinar o tema. A lei orgânica do Ministério Público é a via legislativa apta a definir os membros da carreira elegíveis para o cargo de Procurador-Geral de Justiça. Consecta-*

---

6 **ADI 4203**. Relator Dias Toffoli, julgada em 30/11/2014: "Não restam dúvidas acerca do vício de iniciativa da lei impugnada. De um modo geral, a Corte tem apontado o vício de iniciativa de normas de origem parlamentar que imponham obrigações aos servidores públicos, haja vista a competência outorgada ao chefe do Poder Executivo (art. 61, § 1º, II, da CF) e a autonomia do Poder Judiciário (art. 93 da CF) e do Ministério Público (arts. 127, § 2º, e 128, § 5º, da CF) para tratar do regime jurídico dos seus membros e servidores".

riamente, a emenda constitucional de iniciativa parlamentar, ao dispor sobre a data para a realização da eleição, para a formação de lista tríplice para o cargo de Procurador-Geral de Justiça, viola as disposições do artigo 128, § 3º e 5º, da Constituição Federal, que exige lei complementar estadual de iniciativa daquela autoridade.[ADI 5.171, rel. min. Luiz Fux, j. 30-8-2019, P, *DJE* de 10-12-2019.]

1.1.2. Possibilidade de emendas parlamentares aos projetos de lei de iniciativa do Ministério Público

Outra questão interessante sobre o tema versa sobre a possibilidade de projeto de lei oriundo do Ministério Público, de iniciativa do respectivo Procurador-Geral, em tramitação regular junto ao Poder Legislativo (seja a Assembleia Legislativa do Estado, seja o Congresso Nacional no caso da Lei orgânica do Ministério Público da União), sofrer emendas parlamentares.

Tudo parece exaurir-se no reincidente debate acerca do poder de emenda parlamentar a projetos de lei em matéria de iniciativa privativa, em que o Supremo Tribunal Federal é chamado a intervir com certa regularidade. São hipóteses correntes de emendas parlamentares que, pelo abuso, acabam por usurpar o poder de iniciativa privativo. Afirmada e reafirmada orientação jurisprudencial da Corte aponta para o patente descompasso do comportamento adotado na hipótese com o poder de iniciativa arregimentado na Constituição da República.

Três modelos se apresentariam para a solução da questão. Há o que veda, peremptoriamente qualquer espécie de participação do Legislativo em projetos apresentados pelas autoridades com poder de iniciativa. Há uma posição intermediária que a admite, dentro de certos limites. Por fim, chega-se à orientação de máxima liberdade do legislador. O melhor posicionamento, porém, está com aqueles que defendem a posição intermediária.

Em regra, é possível que um dispositivo seja alterado, suprimido ou incluído por um parlamentar. Ocorre que, para que estas emendas sejam regularmente propostas é necessário que haja compatibilidade entre a emenda e a matéria versada no projeto de lei. Não é possível inovar. O que é permitido aos parlamentares é realizar melhor adequação da norma, de forma a conferir-lhe maior clareza e acertamento para com as funções constitucionalmente asseguradas ao Ministério Público.

É preciso que haja, portanto, pertinência temática.[7]

José Adércio Leite Sampaio expõe que *"De acordo com a posição atual (do Supremo Tribunal Federal), as restrições ao poder de emenda aos projetos de lei de iniciativa exclusiva ficam reduzidas à proibição de aumento de despesa e à hipótese de impertinência temática da emenda ao tema do projeto"*.[8]

O posicionamento do doutrinador é eco da jurisprudência do Supremo Tribunal Federal, que se põe a anunciar o modelo intermediário (portanto, de interferência com limitações) acerca da ação dos parlamentares sobre projetos que versem matéria reservada à iniciativa de determinadas autoridades:

"... As normas constitucionais de processo legislativo não impossibilitam, em regra, a modificação, por meio de emendas parlamentares, dos projetos de lei enviados pelo Chefe do Poder Executivo no exercício de sua ini-

---

[7] Não foi o que aparentemente ocorreu no Estado de Minas Gerais, questão inclusive objeto de uma ação direta de inconstitucionalidade (ADI 3946, distribuída para o Min. Marco Aurélio). O Procurador-Geral de Justiça daquele Estado encaminhou projeto de lei à Assembleia Legislativa mineira objetivando alterar a Lei Orgânica Institucional nº 34/99 no que dizia respeito ao regime de certas promotorias (basicamente adequações de estrutura em vista de demandas localizadas) e a instituição de determinada gratificação (por cumulação de atribuições). Ocorre que, durante o curso do processo legislativo, mais especificamente na fase de deliberação em Plenário, o projeto de lei foi exposto a 70 (setenta) emendas parlamentares. Retornando à Comissão de Fiscalização Financeira e Orçamentária para avaliação das inúmeras emendas, o conteúdo do projeto foi inteiramente revolvido na forma de um Substitutivo, que afinal foi aprovado e transformado em lei complementar. As emendas surgidas na tramitação do processo legislativo agarram-se a pontos centrais da organização do Ministério Público Estadual: lidam com atribuições de membros, tarefas de órgãos (Conselho Superior e Corregedoria); dão nova disposição aos papéis do Procurador-Geral de Justiça; expandem hipóteses de perda do cargo por membro do Ministério Público e de vedações de sua atuação; impõem ao Parquet o pagamento de despesas processuais em causas em que for vencido, por conta de suas dotações orçamentárias; promovem obrigatória alternância no exercício de promotorias cíveis e especializadas, com limitação temporal após a qual o membro deveria deixar sua lotação, dentre muitas outras inovações. Noutras palavras, ante a plena e patente falta de conexão lógica ou de contexto, as inovações implantadas no processo legislativo acima detalhado, afora a violação à regra de reserva de iniciativa, bem delineada no art. 128, II, § 5º, da Constituição Federal, ofende a essência institucional do Ministério Público, no que lhe é dado pelos §§ 1º e 2º do art. 127. O Tribunal, à unanimidade e nos termos do voto do Relator, deferiu a medida cautelar e suspendeu a eficácia da norma, nos termos do voto do relator, em 12.09.2007. Matéria aguardando julgamento de mérito. Consulta ao sítio eletrônico do STF em 19.07.2021.

[8] SAMPAIO, José Adércio Leite. *A Constituição reinventada pela jurisdição constitucional.* Belo Horizonte: Del Rey, 2002, p. 489.

III – A Estrutura Legislativa e Organizacional do Ministério Público

ciativa privativa. Essa atribuição do Poder Legislativo brasileiro esbarra, porém em duas limitações: a) a impossibilidade de o parlamento veicular matérias diferentes das versadas no projeto de lei, de modo a desfigurá--lo; e b) a impossibilidade de as emendas parlamentares aos projetos de lei de iniciativa do Presidente da República, ressalvado o disposto nos §§ 3º e 4º do art. 166, implicarem aumento de despesa pública (inciso I do art. 63 da CF)..."[9]

Esse entendimento é pacífico na Suprema Corte. Confira-se:

"Ação direta de inconstitucionalidade. medida cautelar. lei complementar estadual. iniciativa do ministério público estadual. emenda parlamentar. aumento de despesa. inconstitucionalidade formal. fumus boni iuris e periculum in mora. cautelar deferida. A jurisprudência desta Corte firmou-se no sentido de que gera inconstitucionalidade formal a emenda parlamentar a projeto de lei de iniciativa do Ministério Público estadual que importa aumento de despesa."[10] No mesmo sentido: "A atuação dos integrantes da assembleia legislativa dos Estados-membros acha-se submetida, no processo de formação das leis, à limitação imposta pelo art. 63 da Constituição, que veda – ressalvadas as proposições de natureza orçamentária – o oferecimento de emendas parlamentares de que resulte o aumento da despesa prevista nos projetos sujeitos ao exclusivo poder de iniciativa do governador do Estado ou referentes à organização administrativa dos Poderes Legislativo e Judiciário locais, bem assim do Ministério Público estadual. (...) Revela-se plenamente legítimo, desse modo, o exercício do poder de emenda pelos parlamentares, mesmo quando se tratar de projetos de lei sujeitos à reserva de iniciativa de outros órgãos e Poderes do Estado, incidindo, no entanto, sobre essa prerrogativa parlamentar – que é inerente à atividade legislativa –, as restrições decorrentes do próprio texto constitucional (CF, art. 63, I e II), bem assim aquela fundada na exigência de que as emendas de iniciativa parlamentar sempre guardem relação de pertinência ("afinidade lógica") com o objeto da proposição legislativa".[11]

1.1.3. A retirada do PGJ como legitimado para iniciativa de leis sobre o Parquet no âmbito da Constituição Estadual – Impossibilidade

Outra importante questão versa sobre a possibilidade de a Constituição Estadual ou de a própria Lei Orgânica do Ministério Público retirar do Procurador-Geral a iniciativa legislativa de editar normas sobzre

---
9 ADI 3114, Min. Carlos Britto, DJ de 7/4/2006.
10 ADI 4.075 MC, rel. min. Joaquim Barbosa, j. 4-6-2008, P, DJE de 20-6-2008.
11 ADI 2.681 MC, rel. min. Celso de Mello, j. 11-9-2002, P, DJE de 25-10-2013

o Parquet. O Supremo Tribunal Federal já teve a oportunidade de se manifestar sobre o tema fixando o entendimento de que tais restrições seriam inconstitucionais. Desta forma:

> "Ação Direta de Inconstitucionalidade. Art. 16, caput e seu § 1º do Ato das Disposições Constitucionais Transitórias Roraimense. Nomeação do Procurador-Geral de Justiça. Iniciativa legislativa para elaboração da Lei Orgânica do Ministério Público Estadual. Tendo a norma do caput do Art. 16 do ADCT de Roraima eficácia limitada no tempo, dirigida que era a regular a nomeação do Procurador-Geral de Justiça até que os membros do Parquet do Estado atingissem a vitaliciedade, resta caracterizada a perda de objeto do feito nesse ponto específico ante a nomeação, para o cargo em questão, de Procurador no gozo de tal garantia. Precedente. A atribuição, exclusivamente ao Chefe do Poder Executivo estadual, da iniciativa do projeto de Lei Orgânica do Ministério Público, por sua vez, configura violação ao art. 128, § 5º, da Constituição Federal, que faculta tal prerrogativa aos Procuradores-Gerais de Justiça. Ação julgada procedente para declarar a inconstitucionalidade do § 1º do referido Art. 16 do ADCT da Constituição do Estado de Roraima, estando prejudicada quanto ao mais".[12]

1.2. As leis orgânicas do Ministério Público

Dentro do arcabouço jurídico preconizado pela Carta da República para a organização do Ministério Público, infere-se a existência de dois diplomas jurídicos de índole federal, um para a organização do Ministério Público da União (art. 61, § 1º, II, "d", primeira parte c/c arts. 48, IX; 128, § 5º) e outro, para a organização, a nível nacional, dos Ministérios Públicos dos Estados (art. 61, § 1º, II, "d", segunda parte). Deve-se destacar, por oportuno, que cada Estado-Membro possui ainda a competência legislativa para editar a Lei Orgânica do respectivo Parquet estadual (art. 128, § 5º), com detalhes e minúcias características da autonomia reservada a estes entes da Federação.

1.2.1. A Lei Orgânica Nacional do Ministério Público (Lei Federal nº 8.625/93 – LONMP)

Nessa esteira de raciocínio, foi editada, em 12 de fevereiro de 1993, a Lei Orgânica Nacional do Ministério Público, que disciplina a Instituição a nível nacional. Fruto da evolução de um conceito maior de

---

[12] ADI 852 – RR, Rel. Min. Ilmar Galvão, Tribunal Pleno, julgamento em 29/08/2002, DJ em 18/10/2002.

Ministério Público que havia deflagrado, no passado, a Emenda Constitucional 7/77 e posteriormente, a própria LC 40/81 (1ª Lei Orgânica Nacional do Ministério Público), este diploma tem por objetivo estabelecer normas gerais e princípios que devem ser seguidos por todos os Ministérios Públicos Estaduais.

Assim, por exemplo, fixou a nova Lei Orgânica que o Corregedor-Geral do Ministério Público seja eleito pelo Colégio de Procuradores de Justiça (art. 12, V, c/c art. 16) e não mais por livre escolha do Procurador-Geral. Ora, fixada tal regra geral, é vedado a qualquer Ministério Público estadual dispor, em sua Lei Orgânica, de modo diferente. A Lei Orgânica Nacional determina ainda a estrutura dos Órgãos da Administração Superior do Ministério Público, fixando-lhes a competência e os mecanismos de controle interno da Instituição, além das atribuições dos seus membros e dispositivos acerca da autonomia do Parquet. Frise-se que a LONMP, apesar de conter normas genéricas, mas de repetição obrigatória, pode e deve ter dispositivos minudenciados e específicos de cada Ministério Público local. Afinal de contas estamos em um Estado Federal e a autonomia dos Estados deve ser preservada. No entanto, não pode a Lei local inovar, criar preceito que não exista ou seja vedado pela Lei Nacional. Neste sentido, o Supremo Tribunal Federal já se pronunciou pela inconstitucionalidade de lei estadual que disciplinava de maneira distinta matéria regulada pela LONMP[13]:

> *"Ação direta de inconstitucionalidade. extensão do auxílio-moradia aos membros inativos do ministério público estadual. inconstitucionalidade formal. a lei 8.625/1993 – lei orgânica nacional do Ministério Público (LONMP) –, ao traçar as normas gerais sobre a remuneração no âmbito do Ministério Público, não prevê o pagamento de auxílio-moradia para membros aposentados do Parquet. Como a LONMP regula de modo geral as normas referentes aos membros do Ministério Público e não estende o auxílio-moradia aos membros aposentados, conclui-se que o dispositivo em análise viola o artigo 127, § 2º, da Carta Magna, pois regula matéria própria da Lei Orgânica Nacional do Ministério Público e em desacordo com esta".[14]*

---

13 Além da ADIN 3783, semelhante entendimento pode ser observado nos seguintes processos: ADI 1.245, ADI 2.084, ADI 2.396, ADI 2.667, ADI 5.163 e Medida Cautelar na ADI 5.700.
14 ADI 3783, Relator(a): Min. GILMAR MENDES, Tribunal Pleno, julgado em 17/03/2011.

Outra questão interessante foi examinada pelo STF, acerca da reprodução de dispositivos da CF e da LONMP nas Leis Complementares Estaduais de cada Ministério Público, no que concerne a capacidade eleitoral passiva do PGJ:

> "*Quando a Constituição de 1988 e a Lei Orgânica Nacional do Ministério Público preveem que os Ministérios Públicos dos estados formarão lista tríplice dentre integrantes da carreira, na forma da lei respectiva, para escolha de seu Procurador-Geral, conferem a lei estadual tão somente a disciplina relativa à materialização dessa escolha. São, portanto, materialmente inconstitucionais as normas estaduais que restrinjam a capacidade eleitoral passiva de membros do Ministério Público para concorrerem à chefia de Ministério Público estadual*". [ADI 6.294, rel. min. Dias Toffoli, j. 27-10-2020, P, *DJE* de 18-12-2020].

Da mesma forma, a Corte desautorizou emenda constitucional de Rondônia, que alterava substancialmente Art. 99 da Constituição Estadual e o processo de escolha do Procurador-Geral de Justiça:

> "*Restrição aos membros vitalícios. Possibilidade de escolha em um único turno e sem formação de lista tríplice. (...) Na norma editada pelo poder constituinte reformador estadual se alterou o processo de escolha do Procurador-Geral de Justiça, em discordância com o § 3º do art. 128 da Constituição da República e com as normas gerais estabelecidas na Lei Orgânica Nacional do Ministério Público 8.625/1993. Ação direta de inconstitucionalidade conhecida e julgada procedente para declarar inconstitucionais as expressões 'vitalícios', 'em único turno' e 'que gozem de vitaliciedade', previstas no art. 99 da Constituição de Rondônia, alterado pela Emenda Constitucional estadual 80, de 22.8.2012, e conferir interpretação conforme à referida norma para se ler: 'a nomeação do Procurador-Geral de Justiça deve ser feita pelo Governador do Estado, com base em lista tríplice encaminhada com o nome de integrantes da carreira', nos termos do § 3º do art. 128 da Constituição da República*". [ADI 5.653, rel. min. Cármen Lúcia, j. 13-9-2019, P, *DJE* de 27-9-2019].

Ressalte-se, por oportuno, que o artigo 80 da LONMP autoriza a aplicação subsidiária, aos Ministérios Públicos Estaduais, das normas previstas na Lei Orgânica do Ministério Público da União (LC 75/93), numa clara demonstração, por parte do legislador, da existência de um pensamento institucional monolítico a nível nacional acerca do Parquet.

1.2.2. A Lei Orgânica do Ministério Público da União (Lei Complementar Federal nº 75/93 – LOMPU)

A Lei Complementar Federal 75/93 disciplinou a estrutura preconizada pela Constituição para o Ministério Público da União. Fruto do ideal constituinte, agrupou em um único diploma legislativo as quatro carreiras que integram aquele ramo do Parquet. Assim, estão disciplinados naquele diploma legislativo a estrutura, respectivamente, do Ministério Público Federal (arts. 37-82), do Ministério Público do Trabalho (arts. 83-115), do Ministério Público Militar (arts. 116-148) e do Ministério Público do Distrito federal e Territórios (arts. 149-181). Disciplinou também a LC 75/93, em seus artigos 3º, 9º e 10, o controle externo da atividade policial, na forma preconizada no artigo 129, VII, da Carta Magna, valendo lembrar que a matéria pode ser invocada a nível estadual em virtude da aplicação subsidiária do Estatuto do Ministério Público da União aos Parquets locais, por força do disposto no artigo 80 da LONMP.

1.2.3. A Lei Orgânica do Ministério Público do Estado do Rio de Janeiro (Lei Complementar Estadual nº 106/2003 – LOMPRJ)

No segundo semestre de 2002, por iniciativa do então Procurador-Geral de Justiça, Doutor José Muiños Piñeiro Filho, foi instituída comissão[15] destinada a apresentar anteprojeto de Lei Orgânica do Parquet fluminense, tendo em vista a inadequação da norma então em vigor (LC nº 28/82 e suas alterações pontuais) aos ditames constitucionais e infraconstitucionais. Após auscultar toda a classe, examinar cerca de trezentas sugestões trazidas pelos membros da Instituição e submeter o trabalho resultante ao Órgão Especial do Colégio de Procuradores de Justiça, a tarefa foi concluída, sendo encaminhado à ALERJ o projeto de Lei Complementar 29/2002[16] (mensagem PGJ 5/2002), que veio a transformar-se na nova Lei Orgânica do Parquet fluminense.

---
15 A comissão, instituída pelo Ato GPGJ 1.022, de 26.08.2002, foi presidida pelo então decano e posteriormente Procurador-Geral da Instituição, doutor Antonio Vicente da Costa Júnior; coordenada pelo autor e integrada por membros de todas as classe da carreira, a saber: Ertulei Laureano Matos, Maria Cristina Menezes de Azevedo, Maurício Assayag, Fernando Fernandy Fernandes, Denise Soares Lopes, José dos Santos Carvalho Filho e Paulo Cezar Pinheiro Carneiro, Procuradores de Justiça; Marcos André Chut e Emerson Garcia, Promotores de Justiça e Horácio Afonso de Figueiredo da Fonseca, Promotor de Justiça substituto.
16 Publicado no DORJ em 25.11.2002.

O instrumento trouxe inovações que serão examinadas no momento propício, dentre outras: a) A inclusão do Colégio de Procuradores de Justiça como Órgão de Execução do Ministério Público (art. 6º, II); b) A inclusão dos CRAAIS como Órgãos Auxiliares (art. 7º, II); c) A possibilidade do voto postal para PGJ, sendo vedado o voto por procuração ou portador (art. 8º, § 3º); d) A fixação de critérios de inelegibilidade para o Procurador-Geral de Justiça (art. 9º); e) A obrigatoriedade de submeter ao Órgão Especial e obter sua aprovação para todos os projetos de lei do Ministério Público e não somente aqueles que digam respeito a criação de cargos ou orçamento. A análise pontual dos dispositivos relevantes da nova Lei Orgânica Fluminense será realizada no decorrer deste estudo.

2. O Ministério Público da União

O Ministério Público da União é chefiado pelo Procurador-Geral da República, escolhido livremente pelo Presidente da República, dentre os integrantes da carreira maiores de 35 anos, com a chancela do Senado Federal, para mandato de dois anos, admitida sua recondução ao cargo, respeitado o mesmo processo (CF, art. 128, § 1º). Diferentemente dos Procuradores-Gerais de Justiça, que somente podem ser reconduzidos uma única vez à chefia institucional, o chefe do Ministério Público da União pode ser reinvestido indeterminadamente em suas funções, obedecido o critério constitucional.[17]

Ressalve-se que o Procurador-Geral da República pode ser integrante de qualquer uma das quatro carreiras que integram o Ministério Público da União, não podendo, entretanto, ser membro aposentado da Instituição, já que nesta condição não ocupará mais cargo e, portanto, não mais integrará a carreira do MPU.

A destituição do Procurador-Geral da República, no exercício de sua investidura *pro tempore*, dar-se-á apenas por iniciativa do Presidente da República, mediante autorização do Senado Federal, por maioria absoluta de seus membros (CF art. 128, § 2º).

---

17 "A escolha do PGR deve ser aprovada pelo Senado (CF, art. 128, § 1º). A nomeação do procurador-geral de justiça dos Estados não está sujeita à aprovação da assembleia legislativa. Compete ao governador nomeá-lo dentre lista tríplice composta de integrantes da carreira (CF, art. 128, § 3º). Não aplicação do princípio da simetria. ADI 452, rel. min. Maurício Corrêa, j. 28-8-2002, P, DJ de 31-10-2002. ADI 3.727, rel. min. Ayres Britto, j. 12-5-2010, P, DJE de 11-6-2010"

III – A Estrutura Legislativa e Organizacional do Ministério Público

No exercício de suas funções inerentes à chefia do MPU, o Procurador-Geral da República é auxiliado por um Vice-Procurador-Geral da República, por ele designado na forma do artigo 27 da LC nº 75/93 e pelo Conselho de Assessoramento Superior do Ministério Público da União, órgão consultivo por ele presidido e constituído pelos chefes do Ministério Público do Trabalho, Militar e do Distrito Federal e Territórios.

Dentre outras funções, compete ao Procurador-Geral da República nomear e dar posse ao Procurador-Geral do Trabalho, ao Procurador-Geral da Justiça Militar e dar posse ao Procurador-Geral de Justiça do Distrito Federal e Territórios (LC nº 75/93, art. 26, IV), que é nomeado pelo Presidente da República (LC nº 75/93 art. 156).[18]

Cabe ainda ao Procurador-Geral da República indicar dois membros para compor o Conselho Nacional de Justiça: a) um membro do Ministério Público Estadual, dentre os nomes indicados pelo órgão competente de cada instituição estadual; e, b) um membro do Ministério Público da União (Artigo 103-B, X e XI, da CF). Da mesma forma, caberá ao Procurador-Geral da República escolher os quatro membros do Ministério Público da União que integrarão, juntamente com o próprio, o Conselho Nacional do Ministério Público, na forma preconizada na Lei nº 11.372/2006.

A ramificação do Ministério Público serve unicamente ao propósito de dividir atribuições para garantir uma atuação mais eficiente já que a instituição acumula diversas missões constitucionais importantes. Contudo, não há qualquer hierarquia entre os ramos do Ministério Público. Esse entendimento é pacífico no STF desde o julgamento do RE 593.727/MG em 2015. A ausência de hierarquia é o fator determinante para que haja isonomia e unidade entre todos os Ministérios Públicos da União.

2.1. O Ministério Público Federal

O Ministério Público Federal compreende o ramo do Ministério Público da União que atua perante o Supremo Tribunal Federal, o Superior Tribunal de Justiça, os Tribunais Regionais Federais e Juízes Federais e os Tribunais Eleitorais (LC nº 75/93, art. 37, I).[19]

---

18 MPU: nulidade da nomeação, em comissão, pelo presidente da República, de procurador-geral da Justiça do Trabalho..., é impossível receber o art. 64 da Lei 1.341/1951, que lhe outorgava o poder de livre nomeação e demissão do titular do cargo". STJ MS 21.239, rel. min. Sepúlveda Pertence, j. 5-6-1991, P, DJ de 23-4-1993.

19 Quanto à atuação na área eleitoral, confira-se o Capítulo 4 deste Título.

É chefiado pelo Procurador-Geral da República (LC nº 75/93, art. 45), investido em tais funções na forma acima descrita e que acumula a chefia da Instituição com a direção superior do Ministério Público da União bem como exerce ainda a função de Procurador-Geral Eleitoral.

Incumbe ao Procurador-Geral da República exercer as funções do Ministério Público junto ao Supremo Tribunal Federal, manifestando-se previamente em todos os processos de sua competência (Art. 103 § 1º da CF).

A carreira do Ministério Público Federal possui três classes, que compreendem os cargos de Procurador da República (oficiam perante as Varas Federais); Procuradores Regionais da República (oficiam perante os TRFs) e os Subprocuradores-Gerais da República atuando perante o STF, o STJ e o TSE (LC nº 75/93, art. 66). Certo é que no STF e no TSE os subprocuradores-gerais atuam por delegação do PGR. No STJ, a atuação delegada só ocorre perante a Corte Especial, que julga governadores e autoridades com foro por prerrogativa de função naquele órgão fracionário. Perante as Turmas e Seções do STJ oficiam Subprocuradores Gerias da República, titulares dos respectivos ofícios (Procuradores naturais).

Os Procuradores da República são lotados em ofícios, nas Procuradorias da República sediadas nos Estados e no Distrito Federal. Já os Procuradores Regionais da República são lotados nas Procuradorias Regionais da República, sediadas nas cidades onde há Tribunais Regionais Federais (Rio de Janeiro, São Paulo, Recife, Porto Alegre e Brasília).

2.1.1. O Procurador-Geral da República e sua atribuição perante o STF e o STJ

A Lei Complementar nº 75/93, em seu artigo 46, incumbiu ao Procurador-Geral da República o exercício das funções do Ministério Público perante o STF, manifestando-se previamente em todos os processos de sua competência. Trata-se de dispositivo similar ao encontrado no artigo 103, § 1º, do texto constitucional e procura reservar, exclusivamente ao PGR, a atribuição para oficiar perante a Corte Suprema. Ocorre que o artigo 48, incisos I, II, da LC75/93 também confere ao Procurador-Geral da República a função de propor, perante o STJ, a representação para intervenção federal nos Estados e no Distrito Federal no caso de recusa à execução de lei federal e, ainda, ajuizar ação penal nos casos previstos no art. 105, I, "a", da Constituição Federal. Esta última atribuição, como visto acima, pode ser delegada a Subprocurador-Geral da República.

Em 2003, o Procurador-Geral da República ajuizou Ação Direta de Inconstitucionalidade (ADI 2.913) contra o art. 48, inciso II e parágrafo único, da LC 75/93, por entender que tal dispositivo inovou situação jurídica não contemplada pela Constituição. Alegou que a atribuição para deflagrar ação penal originária no STJ deveria ser, por força da Constituição, dos Subprocuradores-Gerais da República ali lotados, em respeito ao primado do Promotor Natural.

O relator, Min. Carlos Velloso, votou pela improcedência do pedido, já que a norma impugnada encontra-se fundamentada no art. 128, § 5º, da CF, que permite a Lei Complementar ali mencionada (no caso, a LC 75/93) fixar atribuições no âmbito de cada Ministério Público, o que efetivamente fizera o dispositivo legal mencionado. Acompanharam o relator os Ministros Sepúlveda Pertence, Carmen Lúcia e Eros Grau. Já para o Min. Marco Aurélio, a ação deveria ser julgada procedente, tendo em vista que a única hipótese em que o PGR pode participar diretamente *"em instância diversa ao Supremo"* é a prevista no parágrafo 5º do art. 109, da CF, sendo seguido pelo Min. Carlos Ayres Britto. O julgamento foi concluído em 20.5.09, nos termos do voto do Relator.[20]

Como já asseverado, o Presidente da República tem liberdade para escolher o Procurador Geral da República, na forma preconizada no Art. 128 § 1º da CF. Até 2001, o Presidente da República utilizava este critério, nomeando livremente o PGR dentre os membros da carreira. A partir de então, adotou-se critério diverso, atendendo pleito da Associação Nacional dos Procuradores da República (ANPR). Instituiu-se uma eleição interna, com as mesmas características da eleição para Procurador Geral de Justiça (Art. 128 § 3º da CF), visando a formação de lista tríplice. Embora não seja vinculante, não tendo base constitucional, de 2003 a 2017 o Presidente da República sempre escolheu o procurador mais votado nessa lista. Após a escolha, o nome é encaminhado para aprovação da maioria absoluta do Senado e, então, nomeado e empossado. O intuito da lista tríplice é tornar mais democrática a decisão da escolha do cargo de procurador-geral. Ocorre que, por não haver comando constitucional sobre o tema, a eleição pode ser realizada, mas o Chefe do Poder executivo não é obrigado a acatar o resultado. Frise-se,

---

20 ADI 2913. Relator Min. Carlos Velloso.

por oportuno que, pelo texto da CF até mesmo membros das demais carreiras que integram o Ministério Público da União (MP do Trabalho; MP Militar e MP/DFT) podem ser escolhidos, sem existir qualquer obrigatoriedade de que a escolha recaia sobre integrante do Ministério Público Federal.

2.1.2. A atuação do Ministério Público Federal no STF e no STJ

Por muitos anos entendia-se que somente o Ministério Público Federal poderia atuar diretamente no STJ e no STF. Dessa forma, o Ministério Público Estadual, por meio do respectivo PGJ, não poderia propor reclamação; impetrar mandado de segurança; interpor agravo regimental; fazer sustentação oral, dentre outros, nas Cortes Superiores. Quaisquer desses atos demandava a participação do PGR. A atuação do MPE se restringia à possibilidade de interposição de Recurso Extraordinário e Recurso Especial e depois de interposto o recurso, a atribuição para oficiar junto ao STF e STJ era do PGR ou de Subprocuradores Gerais da República. No STJ, a atribuição do PGR se circunscreve, como já asseverado, aos processos criminais originários das autoridades que detém foro por prerrogativa de função naquela corte. Os demais processos são da atribuição de Subprocuradores Gerais da República que oficiam perante os órgãos fracionários (Turmas e Seções).

Esse entendimento se baseava no argumento de que o Ministério Público era uma instituição uma e que caberia ao seu chefe, o PGR, a tarefa de representá-la nas Cortes Superiores. Dispositivo da LONMP, estipulando a matéria de forma diversa, foi inclusive vetado expressamente quando da sanção daquele Diploma legal (Artigo 29, IV, da LONMP, que dava ao Procurador-Geral de Justiça atribuição para sustentar, no STF e STJ, matéria de interesse do respectivo Parquet estadual).[21]

---

21 Assim vinha disposto o Artigo 29, IV do projeto de lei que deu origem à LONMP: "*Artigo 29 – Além das atribuições previstas na Constituição Federal e Estadual, na Lei Orgânica e em outras leis, compete ao Procurador-Geral de Justiça: IV – ocupar a tribuna nas sessões do Supremo Tribunal Federal e do Superior Tribunal de Justiça para formular requerimentos, produzir sustentação oral ou responder às perguntas que lhe forem feitas pelos Ministros, nos casos de recursos interpostos ou de interesse específico do Ministério Público local*". Razões de veto: *Consoante estatui o § 1º do art. 103 da Constituição Federal, perante o Supremo Tribunal Federal o Ministério Público é representado,* **única e exclusivamente**, *pelo Procurador-Geral da República, quer como* **custos legis**, *quer como parte. No Superior Tribunal de Justiça, a representação do Ministério Público é feita pelo Procurador-Geral da República (CF, art. 36, IV) e pelo Ministério Público Federal. O compromisso essencial do Ministério*

Em 2011, o STF deu o primeiro passo no sentido de modificar tal posição ao reconhecer a legitimidade ativa autônoma do MPE para propor reclamação em seu tribunal[22]. Posteriormente, consolidou esse novo parâmetro em precedente emblemático:

"Repercussão geral. (...) Possibilidade de o Ministério Público de estado--membro promover sustentação oral no Supremo. O Procurador-Geral da República não dispõe de poder de ingerência na esfera orgânica do Parquet estadual, pois lhe incumbe, unicamente, por expressa definição constitucional (art. 128, § 1º), a Chefia do Ministério Público da União. O Ministério Público de estado-membro não está vinculado, nem subordinado, no plano processual, administrativo e/ou institucional, à Chefia do Ministério Público da União, o que lhe confere ampla possibilidade de postular, autonomamente, perante o Supremo Tribunal Federal, em recursos e processos nos quais o próprio Ministério Público estadual seja um dos sujeitos da relação processual. Questão de ordem resolvida no sentido de assegurar ao Ministério Público estadual a prerrogativa de sustentar suas razões da tribuna. Maioria".[23]

Em seguida, o STJ uniformizou seu entendimento no mesmo sentido: *"O Ministério Público Estadual tem legitimidade para atuar diretamente como parte em recurso submetido a julgamento perante o STJ. (...) Assim, cindido em um processo o exercício das funções do Ministério Público (o Ministério Público Estadual sendo o autor da ação, e o Ministério Público Federal opinando acerca do recurso interposto nos respectivos autos), não há razão legal, nem qualquer outra ditada pelo interesse público, que autorize restringir a atuação do Ministério Público Estadual*

Público, seja o da União, seja o dos Estados, como instituição permanente, está "na defesa da ordem jurídica, do regime democrático e dos interesses sociais e individuais indisponíveis" (CF, art. 127, caput). A referida identidade de atribuições está a excluir a atuação simultânea, perante o mesmo órgão judiciário, de membros pertencentes a ramos diversos do Ministério Público. Aliás, o princípio da unidade do Ministério Público inscrito na Constituição Federal (art. 127, § 1º) como princípio institucional, também é obstáculo ao mencionado tipo de atuação. Do sistema traçado pela Constituição Federal, obediente à forma federativa de Estado, ressai com clareza a área de atuação definida com exclusividade a cada um dos ramos do Ministério Público. Assim, compete ao Ministério Público Estadual exercer suas funções institucionais perante os órgãos, judiciários ou não do respectivo Estado, enquanto que no plano federal tais funções são exercidas pelos diversos ramos do Ministério Público da União. Inconstitucional por conseguinte".

22 Rcl. 7.358/SP, rel. Min. Ellen Gracie, julgado em 24/2/2011
23 RE 593.727, Relator(a): Min. CEZAR PELUSO, Relator(a) p/ Acórdão: Min. GILMAR MENDES, Tribunal Pleno, julgado em 14/05/2015

enquanto parte recursal, realizando sustentações orais, interpondo agravos regimentais contra decisões etc."[24]

Atualmente, portanto, o MP Estadual possui legitimidade ativa para atuar no STJ e no STF de forma autônoma, por meio do seu PGJ ou por alguém por ele designado (Procurador ou Promotor de Justiça). Os argumentos que sustentam esse novo entendimento são: a inexistência de hierarquia entre MPU e MPE; o princípio federativo que impede uma diferença de tratamento que mitigue a autonomia funcional do MP Estadual; a possibilidade de interesses do MP Estadual serem conflitantes com o MPU e o princípio da paridade de armas. É importante destacar que o MPF continua oficiando como *custos legis* no STJ e no STF.

Em 2017, no RE 985.392/RS, com repercussão geral reconhecida, foi fixada a seguinte tese, de número 946: *"Os ministérios públicos dos estados e do Distrito Federal têm legitimidade para propor e atuar em recursos e meios de impugnação de decisões judiciais em tramite no STF e no STJ, oriundos de processos de sua atribuição, sem prejuízo da atuação do Ministério Público Federal".* Para o Ministro Gilmar Mendes, não há razão para negar legitimidade ao MP estadual frente ao STF e STJ, já que *"ambos são Tribunais nacionais que julgam causas com origens em feitos de interesses dos Ministérios Públicos estaduais (...). Tudo isso sem prejuízo da atuação da Procuradoria da República perante os Tribunais Superiores".* Para o Ministro, tirar a legitimidade processual do MP estadual nas Instâncias Superiores e exigir a atuação do Procurador Geral da República é criar uma obrigação vinculada, uma vez que a demanda jurídica nos estados pode ser contrária ao entendimento do PGR.

2.1.3. Retratação da manifestação de arquivamento pelo Procurador-Geral em hipótese de atribuição originária

Uma questão contemporânea versa sobre a possibilidade de o Procurador-Geral da República se retratar em relação à manifestação de arquivamento em inquérito de competência originária do STJ. O Supremo Tribunal Federal já se manifestou sobre o tema, fixando o entendimento de que a manifestação de arquivamento é irretratável, salvo a ocorrência de novas provas:

> *"Denúncia contra senador da república e outros agentes. Pedido de arquivamento do inquérito pelo então procurador-geral da república. Pos-*

---
[24] EREsp 1.327.573-RJ, Rel. originário e voto vencedor Min. Ari Pargendler, Rel. para acórdão Min. Nancy Andrighi, julgado em 17/12/2014, DJe 27/2/2015

terior oferecimento da denúncia por seu sucessor. Retratação tácita. Ausência de novas provas. Impossibilidade. À luz de copiosa jurisprudência do supremo tribunal federal, no caso de inquérito para apuração de conduta típica em que a competência originária seja da corte, o pedido de arquivamento pelo procurador-geral da república não pode ser recusado. na hipótese dos autos, o procurador-geral da república requerera, inicialmente, o arquivamento dos autos, tendo seu sucessor oferecido a respectiva denúncia sem que houvesse surgido novas provas. na organização do ministério público, vicissitudes e desavenças internas, manifestadas por divergências entre os sucessivos ocupantes de sua chefia, não podem afetar a unicidade da instituição. a promoção primeira de arquivamento pelo parquet deve ser acolhida, por força do entendimento jurisprudencial pacificado pelo supremo tribunal federal, e não há possibilidade de retratação, seja tácita ou expressa, com o oferecimento da denúncia, em especial por ausência de provas novas. inquérito arquivado, em relação ao senador da república, e determinada a remessa dos autos ao juízo de origem, quanto aos demais denunciados".[25]

2.1.4. Sociedade de Economia Mista: a atuação do Ministério Público Federal

Questão tormentosa versa sobre qual ramo do Ministério Público deve atuar nas causas que envolvam sociedades de economia mista federal. O entendimento predominante é o da atuação preponderante do Ministério Público Estadual, salvo hipóteses de interesse manifesto da União no caso concreto, na forma prevista no 109, I, da Constituição: "Aos juízes federais compete processar e julgar: I – as causas em que a União, entidade autárquica ou empresa pública federal forem interessadas na condição de autoras, rés, assistentes ou oponentes, exceto as de falência, as de acidente de trabalho e as sujeitas à Justiça Federal e à Justiça do Trabalho;"

Assim também os enunciados nº 517 e 556 da Súmula do Supremo Tribunal Federal: Súm. 517 – As sociedades de economia mista só tem foro na Justiça Federal quando a União intervém como assistente ou oponente. Súm. 556 – É competente a Justiça comum para julgar as causas em que é parte sociedade de economia mista.

---

[25] Inq. 2028 / BA, Rel. p/ Acórdão, Min. JOAQUIM BARBOSA, Tribunal Pleno, julgamento em 28/04/2004, DJ em 16/12/2005. Decisão mais recente no mesmo sentido foi proferida no HC 94.869/DF, rel. Ricardo Lewandowski, 11.2.2010.

Como exposto pelo ministro Celso de Mello na ACO 2025 e na ACO 987, "*a presença de sociedade de economia mista em procedimento investigatório não acarreta, por si só, na presunção de violação de interesse, econômico ou jurídico, da União*". O que ocorre é que, ao analisar o caso concreto, o MPF afere a presença de interesse federal ou não. Caso se trate de interesse lesivo da União, o Ministério Público Federal vai se manifestar nesse sentido e a competência para análise da matéria será da Justiça Federal. Demonstrado o interesse da União, a matéria, em regra, passa a ser atribuição do Ministério Público Federal. Assim não ocorrendo, a atribuição é do Ministério Público Estadual.

Como exemplo dessa situação, vale mencionar a ACO 971 em que o ministro Joaquim Barbosa reconheceu a competência do Ministério Público Estadual em investigação que se apurava lesão ao patrimônio da sociedade de economia mista de capital da União. O ministro foi incisivo ao dizer que o capital ser da União não importaria no automático reconhecimento de um interesse federal. Em suas palavras, "*para que tal interesse seja reconhecido, este há de ser manifestado expressamente*"[26]. Diversas Ações Cíveis Originárias (ACOs) já foram levadas ao Supremo Tribunal Federal sobre esse tema. Dentre elas pode-se citar ACO 1.673, ACO 1.117, ACO 1.676, ACO 1.045, ACO 987, ACO 971, ACO 979, ACO 1.038 e ACO 1.089, dentre outras. Todas mantiveram o entendimento exposto acima.

2.1.5. FUNDEB – Fundo de Manutenção e Desenvolvimento da Educação Básica e de Valorização dos Profissionais da Educação

O FUNDEF – Fundo de Manutenção e Desenvolvimento do Ensino Fundamental e da Valorização do Magistério – foi criado em 1996 pela Lei nº 9.424/96 para atender o ensino fundamental. Em 2006 foi substituído pelo FUNDEB – Fundo de Manutenção e Desenvolvimento da Educação Básica e de Valorização dos Profissionais da Educação –, regulado pela Lei nº 11.494/2007 que passou a utilizar os recursos federais para toda a educação básica, educação infantil, ensino fundamental, ensino médio e educação de jovens e adultos.

Trata-se de recursos aplicados para a manutenção e desenvolvimento do ensino fundamental público e na valoração do magistério, sendo distribuídos no âmbito de cada Estado e no Distrito Federal, na proporção do número de alunos matriculados anualmente nas escolas

---
26 STF, ACO 971, Relator: Min. Joaquim Barbosa, DJ: 25.09.2008.

cadastradas. O valor mínimo anual por aluno é fixado por ato do Presidente da República, com base em dados obtidos no censo anual educacional realizado pelo Ministério da Educação. Em seu artigo 3º e parágrafo, dispõe a Lei 11.494/2007 que o Fundo contábil será composto por recursos provenientes do Imposto sobre Circulação de Mercadorias e Serviços – ICMS; do Fundo de Participação dos Estados – FPE; do Fundo de Participação dos Municípios – FPM; do Imposto sobre Produtos Industrializados – IPI; do Imposto sobre renda e proventos de qualquer natureza – IR; e de recursos transferidos, em moeda, pela União aos Estados, Distrito Federal e Municípios, a título de compensação financeira pela perda de receitas decorrentes de exportações, nos termos da Lei Complementar nº 87/96.

É preciso anotar, no entanto, que nem todos os Estados da Federação conseguem, exclusivamente e sem repasses da União, arrecadar os valores necessários para garantir a contento o ensino fundamental, casos em que recebem aportes federais para a complementação dos seus fundos. A União só complementará os recursos do FUNDEB quando, em cada Estado e no Distrito Federal, o respectivo valor por aluno não alcançar o mínimo definido nacionalmente através do decreto do Presidente da República acima referido. Trata-se de uma atuação suplementar da União, conforme se pode observar nas palavras do Min. Gilmar Mendes: *"A União somente complementará os recursos destinados ao FUNDEF, no âmbito de cada Estado ou Distrito Federal, caso o percentual destes recursos não alcance o mínimo anual. Quanto ao procedimento de tal cálculo, encontra claro suporte no art. 6º, § 1º, da Lei 9.424/96".*[27]

Questão relevante versa sobre a atribuição para fiscalização das verbas que compõem o fundo. Esta questão sempre foi controvertida e recebeu do Supremo Tribunal Federal uma interpretação que vem causando ainda mais discussões.

O Ministério Público do Estado do Rio de Janeiro, por exemplo, vinha oficiando regularmente na fiscalização das verbas que compunham o FUNDEB, fundamentado na inexistência de aportes federais para composição do fundo no Estado. Havia uma atuação dúplice, cada qual voltada a uma específica finalidade, cabendo às Promotorias de Infância e Juventude atuar visando à correta aplicação das verbas no ensino fundamental, pugnando inclusive pela recomposição dos valores nos

---

27 ACC 658/PE, Min. Gilmar Mendes, DJ 14.02.2003.

orçamentos dos anos seguintes e à Promotoria de Defesa da Cidadania competia instaurar o inquérito civil e ajuizar a respectiva ação civil pública de improbidade, para a aplicação das sanções civis previstas no art. 12 da Lei 8.429/92.

Esse também era o entendimento firmado pela 5ª Câmara de Coordenação e Revisão do Ministério Público Federal:[28]

> "Defesa do patrimônio público. representação relacionada a dilapidação do fundef. atribuições do ministério público estadual na ausência de destinação de recursos da união.1 – Inexistindo recursos repassados pela União Federal as medidas a serem adotadas pelo Ministério Público, tanto na área cível quanto na criminal, serão da apreciação da Justiça Estadual. 2 – Voto pelo encaminhamento de cópia deste processo aos Senhores Promotores de Justiça nas localidades indicadas, com ciência do Representante. 3 – Voto ainda pela remessa destes autos à PR-DF para analisar a questão relacionada ao Ministério da Educação, instaurando-se o procedimento correspondente".

Da mesma forma ocorria no Estado de São Paulo, onde o Ministério Público Estadual instaurou procedimento para a investigação de suposto desvio e emprego irregular de verbas do FUNDEF na municipalidade de Mirassol – SP. Fundamentado na Súmula nº 208 do Superior Tribunal de Justiça,[29] o Parquet Estadual remeteu os autos ao Ministério Público Federal, que suscitou conflito negativo de atribuições junto ao Supremo Tribunal Federal. Aduziu o Ministério Público Federal que somente haveria interesse da União quando os recursos do Fundo fossem complementados com verbas oriundas da União, sendo certo que o Estado de São Paulo não recebe verbas federais a título de complementação do FUNDEF.

O Ministro Ricardo Lewandowski, relator da matéria (Ação Cível Originária nº 911) assim decidiu a respeito do tema: *"Parece-me, portanto, na esteira do preconizado pelo parecer do Procurador-Geral, que há competência fiscalizatória concorrente entre os entes, os Estados e a União e, nesse caso, é prevalente a competência federal para conhecer e julgar a ação penal respectiva, nos termos do Artigo 78, IV, do Código de Processo Penal".*

---

28 Procedimento nº 1.00.000.000528/2000-31, Relatora Dra. Gilda Carvalho.
29 Enunciado nº 208 da Súmula do Superior Tribunal de Justiça: *"Compete à Justiça Federal processar e julgar Prefeito Municipal por desvio de verba sujeita a prestação de contas perante órgão federal".*

Esta decisão merece análise mais detalhada. O FUNDEB, conforme já visto, é composto por variadas verbas, como recursos provenientes do IPI, IR, ITR e recursos decorrentes da desoneração das exportações, como forma de compensação financeira. Receitas de competência da União, conforme pode-se observar pela leitura do Art. 153 da CF. Percebe-se, portanto, que já inicialmente o Fundo é composto por verbas repassadas pela União para os Estados e Municípios, em respeito à repartição de competência determinada pela Constituição Federal nos artigos 157 e seguintes. Entendido isto, há que se fazer uma diferença. O Fundo já possui verbas federais desde a sua composição original, que serão adicionadas a outras, de origem estadual e municipal. Se as verbas federal, estadual e municipal que compõem o fundo não forem suficientes para o ensino fundamental naquele ano, mais uma vez a União é chamada a complementar o montante. São duas fases diferentes. Verbas da União que, repassadas inicialmente aos Estados e Municípios, compõem o fundo e, na insuficiência monetária deste, novo aporte da União, com verbas para complementá-lo.

A ausência deste segundo aporte servia de fundamento para que em Estados como o Rio de Janeiro e São Paulo, onde não havia necessidade de complementação federal, fiscalizasse o fundo o Ministério Público Estadual. Eis a singularidade da decisão exarada pelo Min. Ricardo Lewandowski, ao entender que, ainda que a União não seja chamada a complementar o Fundo, já existe verba federal em sua composição desde o início. Ressalta ainda o relator, por conseguinte, que a fiscalização da aplicação dos recursos federais é atribuição do Tribunal de Contas da União, conforme previsto no Artigo 41, IV, da Lei Orgânica do órgão – Lei nº 8.443/92 –, embasado que está no art. 71, IV, da Constituição Federal: *"Compete ao Tribunal de Contas da União fiscalizar, na forma estabelecida no regimento interno, a aplicação de quaisquer recursos repassados pela União mediante convênio, acordo, ajuste ou outros instrumentos congêneres, a Estado, ao Distrito Federal ou ao Município"*.[30]

Desta forma, sendo a fiscalização realizada pelo Tribunal de Contas da União, entendeu o Supremo Tribunal Federal competir ao Ministério Público Federal apreciar as questões decorrentes da má administração da verba.

---

30 O Regimento Interno do Tribunal de Contas da União dispõe no Artigo 6º, VII, que a jurisdição do Tribunal abrange *"os responsáveis pela aplicação de quaisquer recursos repassados pela União, mediante convênio, acordo, ajuste ou outros instrumentos congêneres, a Estado, ao Distrito Federal ou ao Município"*.

Não obstante tal entendimento, o Procurador-Geral da República, em 12.11.2008, instaurou perante o STF novo conflito de atribuições entre o Ministério Público Federal e o Ministério Público do Estado de São Paulo, nos autos de procedimento instaurado pelo MPSP, que apurava supostas irregularidades na aplicação de recursos do FUNDEB destinados ao município de São Bernardo do Campo (SP). O MP Estadual, por entender que a atribuição fiscalizatória dessas verbas seria do MP Federal, encaminhou os autos à Procuradoria da República, que suscitou conflito negativo de atribuição, considerando caber ao Ministério Público Estadual investigar irregularidades na aplicação do Fundef quando não houver complementação do fundo com recursos federais. Já o Ministério Público Estadual sustenta a tese que há competência fiscalizatória concorrente entre os estados e a União e que, por essa razão, no caso deve prevalecer a competência federal para conhecer e julgar ação penal. De acordo com a orientação do PGR, ações e procedimentos relacionados ao FUNDEB, no âmbito criminal, são de atribuição do Ministério Público Federal, "independentemente de complementação, ou não, com recursos federais". Em matéria cível, contudo, a atribuição de cada um dependerá da presença ou não de algum ente federal, pois nesse caso, a competência é *ratione personae*". Ressalta que, no caso, há possibilidade de ter havido desvio de recursos, o que configuraria delito, em tese, praticado pelo prefeito de São Bernardo do Campo (SP) e, ao mesmo tempo, ato de improbidade administrativa. Para a PGR, a hipótese é de atribuição tanto do Ministério Público estadual em matéria cível, a fim de investigar a improbidade administrativa, quanto do Ministério Público Federal para atuar em matéria penal com a apuração do delito.[31]

Essa orientação do PGR passou a ser o entendimento das Cortes Superiores. O STJ editou a súmula 208 que versa: "Compete à Justiça Federal processar e julgar prefeito municipal por desvio de verba sujeita à prestação de contas perante órgão federal". O STF mantém esse entendimento como indicado no julgado abaixo[32]:

> "Conflito negativo de atribuições. caracterização. ausência de decisões do poder judiciário. competência do stf. art. 102, i, f, cf. fundef. composição. atribuição em razão da matéria. art. 109, i e iv, cf. 1. Conflito

---
31 ACO 1285. Relator Min. Menezes Direito.
32 ACO 1.159/SP, Rel. Min. Ellen Gracie, Red. para o acórdão Min. Luiz Fux, DJe de 7.3.2012

negativo de atribuições entre órgãos de atuação do Ministério Público Federal e do Ministério Público Estadual a respeito dos fatos constantes de procedimento administrativo. 2. O art. 102, I, f, da Constituição da República recomenda que o presente conflito de atribuição entre os membros do Ministério Público Federal e do Estado de São Paulo subsuma-se à competência do Supremo Tribunal Federal. 3. A sistemática de formação do FUNDEF impõe, para definição de atribuições entre o Ministério Público Federal e o Ministério Público Estadual, adequada delimitação da natureza cível ou criminal da matéria envolvida. 4. A competência penal, uma vez presente o interesse da União, justifica a competência da Justiça Federal (art. 109, IV, CF/88) não se restringindo ao aspecto econômico, podendo justificá-la questões de ordem moral. **In casu, assume peculiar relevância o papel da União na manutenção e na fiscalização dos recursos do FUNDEF, por isso o seu interesse moral (político-social) em assegurar sua adequada destinação, o que atrai a competência da Justiça Federal, em caráter excepcional, para julgar os crimes praticados em detrimento dessas verbas e a atribuição do Ministério Público Federal para investigar os fatos e propor ação penal. 5. A competência da Justiça Federal na esfera cível somente se verifica quando a União tiver legítimo interesse para atuar como autora, ré, assistente ou oponente, conforme disposto no art. 109, inciso I, da Constituição. A princípio, a União não teria legítimo interesse processual, pois, além de não lhe pertencerem os recursos desviados (diante da ausência de repasse de recursos federais a título de complementação), tampouco o ato de improbidade seria imputável a agente público federal.** 6. Conflito de atribuições conhecido, com declaração de atribuição ao órgão de atuação do Ministério Público Federal para averiguar eventual ocorrência de ilícito penal e a atribuição do Ministério Público do Estado de São Paulo para apurar hipótese de improbidade administrativa, sem prejuízo de posterior deslocamento de competência à Justiça Federal, caso haja intervenção da União ou diante do reconhecimento ulterior de lesão ao patrimônio nacional nessa última hipótese". (destaque nosso)

2.2. O Ministério Público do Trabalho

O Ministério Público do Trabalho é o ramo do Ministério Público da União que atua perante a Justiça do Trabalho competindo-lhe, entre outras funções institucionais, a promoção da ação civil pública para a defesa de interesses coletivos dos trabalhadores, quando desrespeitados direitos sociais constitucionalmente garantidos. Também compete à Instituição a promoção das demandas que lhe sejam atribuídas pela Carta Federal e pelas leis trabalhistas, podendo inclusive propor ações para a declaração de nulidade de cláusulas de contrato, acordo coletivo ou convenção coletiva, que violem liberdades individuais ou coletivas ou ainda direitos individuais indisponíveis dos trabalhadores. Deve também oficiar em qualquer fase do processo trabalhista, por iniciativa própria, do Juiz ou das partes.[33]

O Ministério Público do Trabalho tem por chefe o Procurador-Geral do Trabalho, nomeado pelo Procurador-Geral da República, dentre integrantes da Instituição com mais de trinta e cinco anos de idade e cinco na carreira e que integrem lista tríplice escolhida mediante votação plurinominal por toda a classe. A investidura se dá por dois anos, admitida uma recondução, por igual período, respeitado o mesmo procedimento. A exoneração, antes do término do mandato, dar-se-á por ato do Procurador-Geral da República, mediante solicitação do Conselho Superior do Ministério Público do Trabalho. O Procurador-Geral do Trabalho tem assento perante o plenário do Tribunal Superior do Trabalho, propondo as ações cabíveis e manifestando-se nos processos de sua competência (LC 75/93, art. 90). O Procurador-Geral do Trabalho é substituído, em suas faltas e impedimentos, pelo Vice-Procurador-Geral do Trabalho, por ele designado dentre os Subprocuradores-Gerais do Trabalho (LC 75/93, art. 89).

A carreira do Ministério Público do Trabalho é constituída de três classes: os Procuradores do Trabalho, os Procuradores Regionais do Trabalho e os Subprocuradores-Gerais do Trabalho. Os procuradores do trabalho e procuradores regionais do trabalho atuam perante os TRTs, os primeiros, especialmente, nos litígios trabalhistas que envolvam interesses de menores e incapazes (LC 75/93, arts. 110-112). Os Subprocuradores-Gerais do trabalho oficiam perante o TST e na Câmara de Coordenação e Revisão, órgão de coordenação e integração do exercício funcional da Instituição.

Com a Reforma do Judiciário promovida pela Emenda Constitucional nº 45, de 2004, a Justiça do Trabalho sofreu profundas alterações, especialmente com a nova redação do artigo 114, e seus incisos I, IV e IX, da CF.[34] Ressalve-se que tais alterações não permitiram ao Minis-

---

33 Para o rol das funções institucionais do Ministério Público do Trabalho, confira-se o art. 83 da LC nº 75/93.
34 "Art. 114. (...)

tério Público do Trabalho ou à Justiça do Trabalho atuarem também em feitos criminais. Acerca do tema, o Procurador-Geral da República ajuizou Ação Direta de Inconstitucionalidade (ADI 3.684) contra os dispositivos supramencionados. Em fevereiro de 2007 a questão restou liminarmente resolvida, tendo o Supremo Tribunal Federal conferido interpretação conforme aos dispositivos, com efeitos *ex tunc*, declarando que no âmbito da Justiça do Trabalho não está incluída competência para processar e julgar ações penais.

Em julho de 2017 foi aprovada a "Reforma Trabalhista" por meio da promulgação da Lei nº 13.467 que alterou dispositivos da Consolidação das Leis do Trabalho (CLT). Antes mesmo de sua promulgação, o Ministério Público do Trabalho afirmava que alguns pontos sugeridos na tal reforma, como a mudança na jornada de trabalho e a terceirização, iriam desequilibrar a relação entre empregados e empregadores. O MPT chegou a apresentar um estudo apontando várias irregularidades nos projetos de lei que tramitavam no Congresso Nacional sobre o assunto.

Ressalte-se que o Ministério Público do Trabalho não poderá atuar perante o STF, pois a Corte entendeu acerca de sua estrita vinculação ao MPU e ao PGR, tendo decidido da seguinte forma[35]:

"O exercício das funções do Ministério Público junto ao Supremo Tribunal Federal cabe privativamente ao Procurador-Geral da República, nos termos do art. 103, § 1º, da CF e do art. 46 da LC 75/93 (Estatuto do Ministério Público da União). Essa a orientação do Plenário que, em conclusão de julgamento, por maioria, desproveu agravo regimental em agravo regimental em reclamação, interposto pelo Ministério Público do Trabalho. Na espécie, o Min. Eros Grau reportara-se ao que decidido na Rcl. 4.801 AgR/MT (DJe de 27.3.2009) e negara seguimento ao primeiro agravo regimental interposto, pelo parquet, de decisão da qual então relator. Nesta, julgara procedente pedido formulado em reclamação ao fundamento de que o trâmite de litígio entre servidores temporários e a Administração Pública perante a justiça do trabalho afrontaria o que decidido pelo STF no julgamento da ADI 3.395 MC/DF (DJU de 10.11.2006). Alegava-se que interpretação literal do art. 159 do RISTF,

---

I – as ações oriundas da relação de trabalho, abrangidos os entes de direito público externo e da administração pública direta e indireta da União, dos Estados, do Distrito Federal e dos Municípios; ... IV – os mandados de segurança, habeas corpus e habeas data, quando o ato questionado envolver matéria sujeita à sua jurisdição; ... IX – outras controvérsias decorrentes da relação de trabalho, na forma da lei".

35 Rcl 6239 AgR-AgR/RO, rel. orig. Min. Luiz Fux, red. p/ o acórdão Min. Rosa Weber, 23.5.2012. (Rcl-6239)

permitiria concluir que a legitimidade do Procurador-Geral da República não excluiria a de qualquer outro interessado, nem mesmo a do MPT, porque o dispositivo não apresentaria qualquer exceção à regra — v. Informativo 585. Esclareceu-se que a presente reclamação fora ajuizada por servidores municipais e que o MPT interviera na condição de interessado, haja vista que, na origem, apresentara ação civil pública perante aquela justiça especializada. Assentou-se a ilegitimidade ativa do MPT para, em sede originária, atuar nesta Corte, uma vez que integraria estrutura orgânica do Ministério Público da União, cuja atuação funcional competiria, em face da própria unidade institucional, ao seu chefe, qual seja, o Procurador-Geral da República".

2.2.1. A contratação de trabalhadores cooperados e a atribuição ministerial

Há outra questão importante no que se refere à atribuição do Ministério Público do Trabalho. Trata-se da violação do princípio constitucional da acessibilidade aos cargos públicos mediante concurso público previsto no artigo 37, II, da CF. São hipóteses em que a Administração Pública contrata servidores diretamente por meio de cooperativas, contratos temporários ou terceirizados que desrespeitam os direitos trabalhistas e violam flagrantemente a probidade administrativa. Na busca de melhores condições de exercício da profissão é lícito que profissionais se reúnam em cooperativas de trabalho e produção, o que inclusive deve ser incentivado no cenário de desemprego e exigência de maior qualificação presentes na atualidade. A cooperativa propriamente dita é aquela em que os cooperados trabalham e a entidade detém os meios de produção, ocasionando a socialização da propriedade numa forma avançada de autogestão. A própria Consolidação das Leis Trabalhistas dispõe acerca da não existência de vínculo de emprego entre os membros da cooperativa e também entre estes e os tomadores de serviço.[36]

Ocorre que a contratação desses trabalhadores cooperativados pelo Poder Público não é lícita quando os serviços prestados por eles forem desenvolvidos mediante subordinação, pessoalidade e habitualidade. São casos de cooperativas de enfermeiros, médicos, engenheiros, dentre outros profissionais, de forma vinculada à Administração Pública, prestando serviços diários em Hospitais, por exemplo, com flagrante subordinação. O que há, nestes casos, é uma burla ao concurso público e aos direitos sociais previstos no art. 7º da CF.

---
36 Artigo 442 da CLT.

2.2.2 Atuação na tutela coletiva – irregularidade contratual em face de apenas um trabalhador. Legitimidade do MPT

Questão interessante foi apreciada pelo TST no RR 2713-60.2011.-5.02.0040. O MPT ajuizou ACP visando sanar irregularidades em determinada empresa no que concerne à prorrogação excessiva da jornada de trabalho. No curso da demanda, aferiu-se que apenas uma única empregada estaria sofrendo a infração, razão pela qual o TRT da 2ª Região (SP) não reconheceu a legitimidade do Parquet. Fundamentou o Tribunal, reformando decisão da primeira instância, que a lesão seria individual, o que permitiria o ajuizamento de ação individual pela reclamante, inviabilizando a tutela do MPT. Ao examinar o recurso do MPT ao TST, a Ministra Maria Helena Mallmann observou que a pretensão do MPT não é de reparação de lesões individuais, mas sim de tutela de interesses metaindividuais, para o qual está plenamente legitimado. Ressaltou também a potencialidade do risco para todos os empregados da empresa, reformou o acórdão e determinou o prosseguimento do julgamento do mérito no TRT paulista.

2.2.3. O MPT e os escritórios de advocacia. Relação empregatícia de advogados associados

Outra vertente de atuação do MPT envolve a questão de bancas de advocacia que admitem advogados associados, acobertando, em tese, segundo o MPT, verdadeira relação empregatícia. O TRT-6 (PE) julgou a questão em ACP promovida pelo MPT em face de escritório que estaria fraudando relações de trabalho ao colocar profissionais como associados no contrato social. A primeira instância condenou a banca a fazer a devida anotação na CTPS dos advogados além de pagar indenização por danos coletivos. Ao prover recurso manejado pelo escritório, reconhecendo a ilegitimidade do Ministério Público para a matéria, a 1ª Turma do TRT-6 explicitou ser o direito postulado na ação individual, possuindo titulares determinados e objeto divisível. Entendeu a corte que, no caso analisado, as questões individuais prevalecem sobre as comuns, o que tornaria inadequado o manejo da ação civil pública pelo Ministério Público do Trabalho.

> *"Quando o caso envolve questões nitidamente individuais, que dependem do exame de cada uma das hipóteses concretas, com ausência de possíveis questões comuns, ou mesmo quando as questões particulares*

prevalecem sobre as comuns, na realidade, não se observa a presença de direito individual homogêneo", explicou o relator. "*Esse é o caso do processo analisado, uma vez que para se constatar a fraude apontada é preciso analisar a situação de cada advogado, uma a uma, de maneira individual... No entanto, no caso em apreço, a conclusão a que chegou o parquet trabalhista, corroborada pelo juízo do primeiro grau, resultou de entrevistas por amostragem, com uma pequena quantidade de advogados, considerando a universalidade de todos que compõem o quadro societário do réu*", reformando a sentença e afastando a condenação do primeiro grau, devido a ilegitimidade do MPT (Proc. 0000318-06.2013.5.06.0011).

A matéria é controvertida no âmbito dos TRTs, mas o TST, em questão semelhante (Processo 1754-95.2011.5.06.002), decidiu por unanimidade que a entidade tem legitimidade para atuar. O debate técnico envolvido é se o MPT pode interferir no tema por meio de ação civil pública, já que o direito em litígio seria individual. Entendo, com a devida vênia aos que pensam em contrário, que o MPT possui legitimidade adequada por não se tratar, na hipótese, de mero interesse individual disponível, mas direito difuso, coletivo ou individual (homogêneo ou não) indisponível, conforme o caso concreto. A tutela de tais direitos é decorrente do comando constitucional previsto no Artigo 127, *caput* c/c 129, III. E a LC 75/93, em seu artigo 83, III conferiu ao Ministério Público do trabalho a atribuição para propor ACP perante a Justiça do Trabalho, atribuição incontroversa na área de meio ambiente e segurança do trabalho, por exemplo (REsp 240.343/SP-Min. Aldir Passarinho Jr; RESp 697.132-Min. Fernando Gonçalves). Acredito que o STF terá que se manifestar sobre tal tema, face a relevância de eventual lesão a direito social, mesmo que em caráter individual, que possui natureza de interesse indisponível. Ressalvo que em questão semelhante a Corte já decidiu:

> "*A atribuição conferida ao MPT, no art. 83, IV, da LC 75/1993 – propor as ações coletivas para a declaração de nulidade de cláusula de contrato, acordo coletivo ou convenção coletiva que viole as liberdades individuais ou coletivas ou os direitos individuais indisponíveis dos trabalhadores – compatibiliza-se com o que dispõe a CF no art. 128, § 5º, e art. 129, IX. [ADI 1.852, rel. min. Carlos Velloso, j. 21-8-2002, P, DJ de 21-11-2003]*".

2.3. O Ministério Público Militar

III – A Estrutura Legislativa e Organizacional do Ministério Público

O Ministério Público Militar é o ramo do Ministério Público da União que oficia perante os órgãos da Justiça Militar da União, compostos por circunscrições de Justiça Militar (primeira instância) e o Superior Tribunal Militar.

O chefe da Instituição é o Procurador-Geral da Justiça Militar, nomeado pelo Procurador-Geral da República, dentre integrantes da Instituição, com mais de trinta e cinco anos de idade e cinco na carreira, que integrem lista tríplice escolhida mediante votação plurinominal por toda a classe. A investidura se dá por dois anos, admitida uma recondução, por igual período, respeitado o mesmo procedimento. A exoneração, antes do término do mandato, dar-se-á por ato do Procurador-Geral da República, mediante solicitação do Conselho Superior do Ministério Público Militar. O Procurador-Geral da Justiça Militar tem assento perante o Superior Tribunal Militar, propondo as ações cabíveis e manifestando-se nos processos de sua competência (LC 75/93, arts. 120, 121, 123). O Procurador-Geral da Justiça Militar é substituído, em suas faltas e impedimentos, pelo Vice-Procurador-Geral da Justiça Militar, por ele designado dentre os Subprocuradores-Gerais da Justiça Militar (LC 75/93, art. 122).

A carreira do Ministério Público Militar é constituída de três classes: os Promotores de Justiça Militar, os Procuradores da Justiça Militar e os Subprocuradores-Gerais da Justiça Militar. Os Promotores e os Procuradores da Justiça Militar atuam perante a primeira instância, lotados em ofícios nas Procuradorias da Justiça Militar espalhadas por todo o território nacional (LC 75/93, arts. 144; 146). Os Subprocuradores-Gerais da Justiça Militar oficiam perante o STM e junto à Câmara de Coordenação e Revisão, órgão de coordenação e integração do exercício funcional da Instituição (LC 75/93, art. 140).

Convém ressaltar que, no Rio de Janeiro, consoante facultado pelo artigo 125, § 3º, da Carta Magna, há Justiça Militar estadual de primeira instância, constituída por Conselhos de Justiça Militar (CERJ, art. 166), competente para processar e julgar policiais militares e integrantes do Corpo de Bombeiros Militar, nos crimes militares definidos em lei. Os membros do Ministério Público que atuam perante a Justiça Militar Estadual não pertencem ao Ministério Público Militar e sim ao Ministério Público estadual. Conforme já asseverado pelo STJ:

"A Constituição Federal de 1988, ao organizar a atuação do Ministério Público, somente previu a existência do Ministério Público Militar no âmbito federal (art. 128, I, "c" da CF), com atuação perante o Poder Judiciário da União, não havendo falar em atuação deste órgão no âmbito estadual. De fato, a titularidade da ação penal pública perante a Justiça estadual, seja ela comum ou militar, pertence ao Ministério Público estadual (art. 128, II da CF – HC 594.310/MG, Rel. Min Laurita Vaz, 04/05/2021)".

2.3.1. O MP Militar e o Inquérito Civil (Art. 129, III da CF)

Finalmente, cabe ressaltar questão interessante acerca da atribuição do Ministério Público Militar. Apesar de ter atribuição processual exclusivamente penal, atuando perante a Justiça Militar da União, na persecução dos crimes militares definidos em lei (Art. 124 da CF c/c Art. 9º do CPM); não lhe é vedado instaurar inquérito civil, "*de ofício ou mediante representação ou notícia de ocorrência de lesão, objetivando a proteção, prevenção e reparação de dano ao patrimônio, ao meio ambiente, aos bens e direitos de valor histórico e cultural, a proteção dos interesses individuais indisponíveis, difusos e coletivos, e a proteção dos direitos constitucionais, no âmbito da jurisdição administrativa militar*".[37] Com efeito, a Constituição Federal, ao constitucionalizar o Inquérito Civil no Artigo 129, deu ao Ministério Público, como um todo, a legitimidade para utilizá-lo como instrumento de investigação. É óbvio que o MPM não poderá deflagrar ACP perante a Justiça Militar da União, que não tem competência constitucional para a matéria (Art. 124 da CF). Mas nada impede que instaure IC, por exemplo, para apurar eventual ato de improbidade no âmbito de uma organização militar da União ou de Estado e, ao concluir pela existência de indícios de ato ímprobo, remeta os autos ao Ministério Público Federal ou ao Promotor de Justiça com atribuição (Ministério Público Estadual) para a formação de *opinio*. O Inquérito civil é instrumento de índole constitucional concebido para instrumentalizar a atuação de todo o Ministério Público brasileiro, não sendo lícito excluir a atribuição do MP Militar de seu manejo.

2.4. O Ministério Público do Distrito Federal e Territórios

O Ministério Público do Distrito Federal e Territórios é o ramo do Ministério Público da União que oficia perante o Tribunal de Justiça e

---
[37] Enunciado nº 07 aprovado no I Encontro Institucional MPRJ/MPU. "Em busca da Unidade". Sala Institucional. 27/08/2010

III – A Estrutura Legislativa e Organizacional do Ministério Público

Juízes do Distrito Federal e Territórios. O chefe da Instituição é o Procurador-Geral de Justiça, que é nomeado pelo Presidente da República (LC 75/93, art. 156) e empossado pelo Procurador-Geral da República (LC 75/93, art. 26, IV), dentre integrantes da Instituição, com mais de cinco anos na carreira, que integrem lista tríplice escolhida mediante votação plurinominal por toda a classe. A investidura se dá por dois anos, admitida uma recondução, por igual período, respeitado o mesmo procedimento. A exoneração, antes do término do mandato, dar-se-á por deliberação da maioria absoluta do Senado Federal, mediante representação do Presidente da República (LC 75/93, art. 156, § 2º). O Procurador-Geral de Justiça tem assento perante o Plenário do Tribunal de Justiça do Distrito Federal e Territórios, propondo as ações cabíveis e manifestando-se nos processos de sua competência (LC 75/93, art. 158). É substituído, em suas faltas e impedimentos, pelo Vice-Procurador-Geral da Justiça, por ele designado dentre os Procuradores de Justiça (LC 75/93, art. 157).

A carreira do Ministério Público do Distrito Federal e Territórios é constituída de três classes: os Promotores de Justiça Adjuntos, os Promotores de Justiça e os Procuradores de Justiça. Os dois primeiros atuam perante a primeira instância, lotados em ofícios nas Promotorias de Justiça (LC 75/93, arts. 178; 179). Já os Procuradores de Justiça oficiam perante o Tribunal de Justiça e nas Câmaras de Coordenação e Revisão, órgãos setoriais de coordenação e integração do exercício funcional da Instituição (LC 75/93, arts. 167; 175).

2.4.1. O foro por prerrogativa de função dos membros do MPDFT

Há uma particularidade que deve ser ressaltada no que diz respeito ao foro por prerrogativa de função dos membros do Ministério Público do Distrito Federal e Territórios. Os Promotores de Justiça têm foro por prerrogativa de função no Tribunal Regional Federal de sua região (Art. 108, I, "a", da CF) e os Procuradores de Justiça no Superior Tribunal de Justiça (Art. 105, I, "a", da CF). O foro por prerrogativa destes integrantes da Instituição não é o Tribunal de Justiça do Distrito Federal, como poderia parecer da leitura do artigo 96, III, da CF.

Caso um habeas corpus ou um mandado de segurança seja impetrado contra estes membros, igual será o foro por prerrogativa tendo em vista que, em tese, o que irá se avaliar é a conduta deste representante do Ministério Público e aferir eventual prática de crime pelos mesmos.

2.4.2. A atuação dos membros do MPDFT perante os Tribunais Superiores

Questão recorrente acerca da organização do Ministério Público, tanto estadual quanto do Distrito Federal e Territórios, versa sobre a legitimidade de seus membros em oficiar perante os Tribunais superiores. A matéria, no passado, era retratada no informativo 205 do STF (RE 262.178/DF), ratificado pelo STJ no EREsp 216.721, com o seguinte teor:

> "MP. Segundo grau. Atuação. STJ. Os membros do Ministério Público de segundo grau, tanto federal quanto estadual, não têm legitimidade para atuar em Tribunais Superiores, ou seja, não têm legitimidade para recorrer dos julgamentos destes Sodalícios, ressalvada a hipótese de habeas corpus. Recorrer para um Tribunal Superior contra decisão de segunda instância é diferente de recorrer ou atuar nesse mesmo Tribunal. EREsp. 216.721/SP, Rel. Min. Felix Fischer, julgado em 13.09.2000 (Informativo 70)".

Contudo, esse entendimento foi alterado e, em junho de 2017, o STF confirmou seu novo posicionamento, fixando, em repercussão geral, a tese nº 946, com o seguinte teor: *"Os Ministérios Públicos dos Estados e do Distrito Federal têm legitimidade para propor e atuar em recursos e meios de impugnação de decisões judiciais em trâmite no STF e no STJ, oriundos de processos de sua atribuição, sem prejuízo da atuação do Ministério Público Federal".* [38]

2.4.3. A inconstitucionalidade do artigo 66, § 1º, do Código Civil

Outra questão interessante acerca da atribuição do MPDFT surgiu com a elaboração do Código Civil em 2002. Restou previsto no artigo 66, parágrafo 1º, daquele diploma, que caberia ao Ministério Público Federal velar pelas fundações situadas no Distrito Federal ou em Território, subtraindo tal atribuição do MPDFT. Tal dispositivo foi objeto de ação direta de inconstitucionalidade[39] ajuizada pela Associação Nacional dos Membros do Ministério Público (CONAMP). Alegou a impetrante que a norma incidiria em inconstitucionalidade formal (tendo em vista que as atribuições do Ministério Público não poderiam ser alteradas por lei ordinária, como a Lei 10.406/2002, que instituiu o Código Civil, mas

---

38 RE 985.392 RG, rel. min. Gilmar Mendes, j. 26-5-2017, P, *DJE* de 10-11-2017, Tema 946.
39 ADI 2.794.

somente por lei complementar, em respeito ao art. 128, § 5º, da CF) e inconstitucionalidade material (à luz do art. 128, I, "d", da CF, que trata o MPDFT como ramo diversificado do Ministério Público da União, devendo as atribuições do primeiro necessariamente corresponderem ao âmbito da competência da Justiça do Distrito Federal e Territórios).

O argumento da inconstitucionalidade formal não prosperou. Conforme disposto no artigo 129, IX, da CF, existem outras funções institucionais do Ministério Público não descritas no corpo da Constituição, que podem ser a ele atribuídas, desde que compatíveis com sua finalidade. Portanto, lei ordinária pode estabelecer outras atribuições ao Parquet como já o fez, por exemplo, o Estatuto do Idoso, o Estatuto do Torcedor, o Código de Defesa do Consumidor, dentre tantos outros, desde que haja compatibilidade com as funções constitucionalmente conferidas ao Ministério Público. Neste sentido, se manifestou a Consultoria da União, nas informações do Presidente da República:

> "De fato, a Lei Complementar 75, de 20 de maio de 1993 – exigida pela Constituição Federal –, estabelece atribuições para o Ministério Público. Todavia, não é razoável supor que apenas a Lei Complementar (e esta Lei Complementar específica) possa outorgar atribuições ao Ministério Público. A legislação processual brasileira, tradicionalmente, tem outorgado atribuições ao Ministério Público, para permitir o bom funcionamento do sistema. Não seria possível, e nem mesmo desejável, que as atribuições fossem restritas a uma Lei Complementar. Isso tolheria sobremaneira a atuação do Ministério Público nos mais diferentes níveis".[40]

A inconstitucionalidade, de fato, era material, porque outorgava ao Ministério Público Federal atribuição para velar por toda e qualquer fundação que funcionasse no Distrito Federal. Ocorre que, malgrado compreendido administrativamente no âmbito do Ministério Público da União, a Constituição reservou ao MPDFT âmbito funcional coextensivo ao do Ministério Público dos Estados, ou seja, coincidente a esfera material e territorial da competência da Justiça dos Estados-Membros. Decidiu a Corte:

> "Mas, como pretendo ter demonstrado – não obstante a Constituição tenha reservado à União organizá-lo e mantê-lo – é do sistema da Constituição mesma que se infere a identidade substancial da esfera de atribuições do Ministério Público do Distrito Federal, àquelas confiadas ao MP dos Estados, que, à semelhança do que ocorre com o Poder Judiciário, se

---
40 Citação contida no voto do Ministro Sepúlveda Pertence na ADI 2.794-DF.

apura por exclusão das correspondentes ao Ministério Público Federal, ao do Trabalho e ao Militar".[41]

Desta forma, em dezembro de 2006, o Supremo Tribunal Federal, por unanimidade, declarou a inconstitucionalidade do dispositivo, sem prejuízo da atribuição do Ministério Público Federal pela veladura pelas fundações federais de direito público, funcionando estas ou não no Distrito Federal ou em eventuais Territórios.

3. O Ministério Público Estadual

Como já asseverado nesta obra, uma das grandes vertentes do Ministério Público brasileiro é o Ministério Público dos Estados, regidos, cada qual, por duas ordens jurídicas: a primeira correspondente à Lei Orgânica Nacional (Lei 8.625/93 – LONMP), que estabelece parâmetros, balizas e preceitos que devem ser obrigatoriamente obedecidos pelos diversos Ministérios Públicos locais, respeitada, é claro, a autonomia estadual em decorrência do pacto federativo. A segunda, específica para cada Ministério Público estadual, consubstanciada em Lei Complementar Estadual, cuja iniciativa é facultada aos respectivos Procuradores-Gerais de Justiça (CF, art. 128, § 5º). A Lei Orgânica Nacional do Ministério Público tem por objetivo estabelecer normas gerais e princípios que devem ser seguidos por todos os Ministérios Públicos Estaduais, sendo vedado a qualquer Ministério Público estadual dispor, em sua Lei Orgânica, de modo diferente. Determina ainda a estrutura dos Órgãos da Administração Superior do Ministério Público, fixando-lhes a competência e os mecanismos de controle interno da Instituição, além das atribuições dos seus membros e dispositivos acerca da autonomia do Parquet. Ressalte-se, por oportuno, que o artigo 80 da LONMP autoriza a aplicação subsidiária, aos Ministérios Públicos Estaduais, das normas previstas na Lei Orgânica do Ministério Público da União (LC nº 75/93).

As questões relevantes acerca do Ministério Público estadual serão abordadas, pontualmente, por ocasião do desenvolvimento deste trabalho.

3.1. Atribuição do Ministério Público Estadual e competência da Justiça Federal

Embora o Ministério Público Estadual atue, em regra, dentro do limite da competência do seu respectivo estado-membro, eventualmente o Parquet Estadual poderá oficiar em outros ramos da Justiça. Isto

---
41 Voto do Ministro Sepúlveda Pertence na ADI 2.794-DF.

ocorre com frequência na área da tutela coletiva, e em nada viola o princípio federativo. Com efeito, não raro ocorre atuação perante a Justiça Federal em casos de litisconsórcio com o Ministério Público Federal na defesa de interesses difusos. Atualmente o STF[42] e o STJ[43] possuem decisões no sentido de que a presença do MPF no polo ativo da demanda é suficiente para determinar a competência da Justiça Federal, cabendo ao magistrado analisar se aquele caso é, efetivamente, de atribuição do MPF, ou seja, se há interesse federal na demanda[44].

Mas o litisconsórcio é juridicamente possível e não afeta a Unidade Institucional, consoante Enunciado nº 04 da Sala Institucional do Encontro Institucional MPRJ/MPU, "Em busca da Unidade", realizado no Rio de Janeiro, em agosto de 2010.[45]

E mais, em 2017, o STF reconheceu legitimidade ativa do Ministério Público do Rio de Janeiro para atuar perante a Justiça Federal sem a participação do MPF. Essa decisão foi proferida pelo ministro Luiz Roberto Barroso no RE 609.818: *"Deve-se considerar que, ao lado do interesse da União em proteger um bem de sua propriedade, existe um interesse maior de proteger o meio ambiente, que é bem de toda a coletividade. Nessa linha, diante da inércia do Ministério Público Federal e da imprescindibilidade de o bem ser protegido, não deve ser imposta barreira para a proposição de ação civil por parte do Ministério Público Estadual".*[46] Esse entendimento é compartilhado por Motauri Ciocchetti de Souza: "Em consequência, se o MP Estadual pode ingressar com ação civil pública perante a Justiça Federal em litisconsórcio com o MP Federal, por

---

42 STF – 2ª T. – AgRg no RE 822.816/DF – j. 8/3/2016 – rel. min. Teori Zavascki
43 STJ – 1ª Seção – CC 144.922/MG – j. 22/6/2016 – rel. min. Diva Malerbi; STJ – 2ª T. – REsp 1.479.316/SE – j. 20/8/2015 – rel. min. Humberto Martins; STJ – 2ª T. – REsp 1.057.878/RS – j. 26/5/2009 – rel. min. Herman Benjamin; STJ – 2ª T. – AgRg no REsp 1.118.859/PR – j. 2/12/2010 – rel. min. Humberto Martins; STJ – 2ª T. – REsp 1.406.139/CE – j. 5/8/2014 – rel. min. Herman Benjamin; STJ – 2ª T. – AgRg no REsp 1.373.302/CE – j. 11/6/2013 – rel. min. Humberto Martins; STJ – 1ª Seção – CC 78.058/RJ – j. 24/11/2010 – rel. min. Herman Benjamin; STJ – 2ª T. – AgRg no REsp 1.192.569/RJ – j. 19/10/2010 – rel. min. Humberto Martins
44 STF – 2ª T. – AgRg no RE 822.816/DF – j. 8/3/2016 – rel. min. Teori Zavascki; STJ – 2ª T. – REsp 1.057.878/RS – j. 26/5/2009 – rel. min. Herman Benjamin
45 Enunciado 04. Formação de Litisconsórcio entre Ministérios Públicos. A formação de litisconsórcio facultativo entre os Ministérios Públicos da União, do DF e dos Estados é juridicamente possível, sem que isso importe violação do princípio da Unidade do Parquet.
46 Disponível em: < http://www.mprj.mp.br/home/-/detalhe-noticia/visualizar/51502> Acesso em 09 de julho de 2019.

certo também poderá fazê-lo isoladamente, em virtude da natureza da legitimação e do conceito de litisconsórcio".[47]

Retornaremos ao tema do litisconsórcio entre Ministérios Públicos com mais profundidade no capítulo VIII da obra, quando analisarmos a atribuição do Parquet na área da tutela coletiva. Finalmente, o Ministério Público Estadual também poderá atuar perante a Justiça Federal quando as prerrogativas dos seus membros, em tese, hajam sido ameaçadas e/ou lesadas por atos imputáveis a autoridades sujeitas à jurisdição dos Tribunais Regionais Federais.[48]

3.2. Ministério Público Estadual e Tribunais Superiores

Como disposto no item 2.1.2 desse capítulo, prevalece o entendimento de que o Ministério Público Estadual possui legitimidade para atuar no STJ e no STF de forma autônoma por meio do seu Procurador Geral de Justiça ou alguém por ele designado (Promotor ou Procurador de Justiça). Os principais argumentos que fundamentam esse novo entendimento são: i) a inexistência de hierarquia entre o Ministério Público da União e o Ministério Público Estadual. Como não há qualquer subordinação entre esses dois ramos, não faria sentido permitir que o MPF atuasse nos Tribunais Superiores e esse poder fosse negado ao MPE; ii) a segregação violaria o princípio federativo já que essa restrição mitigaria a autonomia funcional do MPE; iii) impedir a atuação desse ramo do MP tolheria a autonomia e liberdade de atuação do Parquet estadual. Embora o MP seja uno, a unidade institucional não existe entre o MPU e os MPEs. Dessa forma, quando há a necessidade de atuação do MPE em processos tramitando no STF e no STJ, a participação do PGJ não supre eventual intervenção por parte do PGR. O MPF continua participando como *custos legis* no STF e no STJ (inclusive nos processos em que o MPF for parte; iv) há casos em que, devido a interesses conflitantes entre esses dois ramos do MP, poderia ocorrer do MPE levar uma pretensão ao STF ou STJ com a qual o MPF não concordasse. Caso só o PGR pudesse defender esse caso perante as Cortes Superiores, o caso careceria de representação. v) por último, tornar o MPE dependente do MPF violaria o princípio da paridade de armas. Neste sentido:

---

47 SOUZA, Motauri Ciocchetti. Ação civil pública e inquérito civil. São Paulo: Saraiva, 2008, p. 72.
48 Enunciado 05 da Sala Institucional do Encontro Institucional MPRJ/MPU, "Em busca da Unidade", realizado no Rio de Janeiro, em Agosto de 2010.

III – A Estrutura Legislativa e Organizacional do Ministério Público

"*O reconhecimento de legitimidade plena do Parquet Estadual não gera nenhum dano aos interesses envolvidos, pelo contrário, apenas reforça a defesa dos direitos coletivos, especialmente nos casos que envolvem a Lei de Improbidade Administrativa. Falta agora aos Ministérios Públicos dos Estados aperfeiçoarem seus mecanismos de acompanhamento dos casos nos tribunais superiores, garantindo uma atuação mais eficaz na defesa da sociedade*".[49]

3.3. MP estadual e irregularidades em Universidades privadas

Interessante questão foi decidida pelo Ministro Marco Aurélio, do STF, na PET 5.578, acerca de atribuições do MP estadual em face do MPF. O MPF havia instaurado procedimento para apurar irregularidades na cobrança de taxas de serviços de secretaria em estabelecimento de ensino superior. Ocorre que, após a instrução dos autos, o órgão concluiu pela falta de interesse federal, já que a instituição seria de ensino superior privada, declinando de sua atribuição em favor do MP de São Paulo. O MP estadual discordou assinalando que as instituições privadas de ensino superior integrariam o sistema federal de ensino, nos moldes da lei 9.394/96, o que atrairia a competência da Justiça Federal. O Ministro Marco Aurélio discordou fixando a atribuição do MPSP, pois "*apesar de tais instituições de ensino estarem compreendidas no sistema federal de educação, inexiste prestação de serviço ou emprego de recurso federal no caso em exame, o que direciona à competência da Justiça Estadual para processar e julgar eventual ação civil pública*".

Assim, a Corte Suprema reconheceu a atribuição do MP estadual para dar continuidade a investigação.

4. O Ministério Público Eleitoral

4.1. A estrutura do Ministério Público Eleitoral

O Ministério Público Eleitoral não é uma instituição dotada de autonomia administrativa, financeira e orçamentária, não constituindo ramo autônomo do Ministério Público, com as prerrogativas previstas no artigo 127 da Carta Magna. Trata-se, na verdade, de uma função

---

49 ASSAD, Alessandro Tramujas. A legitimidade dos Ministérios Públicos Estaduais para atuar como parte perante o Supremo Tribunal Federal e o Superior Tribunal de Justiça e os reflexos nas ações civis de improbidade administrativa. In: MARQUES, Mauro Campbell (Coord.). Improbidade Administrativa: temas atuais e controvertidos. Rio de Janeiro: Forense, 2017, p.16.

institucional afeta ao Ministério Público Federal, nos precisos termos do artigo 72 da LC 75/93. Como consequência do sistema democrático, o Ministério Público tem legitimidade para intervir no processo eleitoral, para garantir que esse sistema funcione de forma justa e legal. A intervenção ocorre em todas as fases do processo: inscrição dos eleitores, convenções partidárias, registro de candidaturas, campanhas, propaganda eleitoral, votação, diplomação dos eleitos.

O chefe do Ministério Público Eleitoral é o Procurador-Geral da República, que nestas funções recebe a denominação de Procurador--Geral Eleitoral (LC 75/93 art. 73), competindo-lhe exercer as funções do Ministério Público Eleitoral junto ao Tribunal Superior Eleitoral, podendo para tanto designar um Vice-Procurador-Geral Eleitoral, escolhido dentre os Subprocuradores-Gerais da República, além de membros do Ministério Público Federal, para oficiarem naquela corte, sob sua aprovação (LC 75/93, arts. 73, parágrafo único; 74, parágrafo único).

Em cada Estado da Federação e no Distrito Federal há um Procurador-Regional Eleitoral, designado pelo Procurador-Geral Eleitoral dentre os Procuradores Regionais da República, onde houver, ou Procuradores da República já vitaliciados, para exercerem as funções do Ministério Público Eleitoral perante os respectivos Tribunais Regionais Federais (LC 75/93, art. 76). Tal investidura se dá por tempo determinado, somente podendo o Procurador-Regional ser destituído por iniciativa do Procurador-Geral, anuindo a maioria absoluta do Conselho Superior do Ministério Público Federal.

Compete ao Procurador-Regional Eleitoral, além de exercer as funções do Ministério Público Eleitoral junto ao respectivo TRE, dirigir, no Estado, as atividades do setor, regra que, como veremos, vem sofrendo dissídios doutrinários e jurisprudenciais. Assim, se houver um conflito de atribuições entre dois membros de Ministério Público Eleitoral a ele vinculados, competirá ao chefe local do Parquet eleitoral dirimir eventual conflito de atribuições entre estes (LC 75/93, art. 75, III, c/c art. 77). Quando o conflito de atribuições se estabelecer entre dois promotores eleitorais de Ministérios Públicos diversos, a atribuição para dirimi-lo é do Procurador-Geral Eleitoral, por força do artigo 75, III, da LC 75/93.

As funções eleitorais junto aos Juízes e Juntas Eleitorais são exercidas pelo Ministério Público Estadual, através dos Promotores de Justiça, que são denominados Promotores Eleitorais (LC 75/93, art. 78).

4.2 O foro por prerrogativa de função dos Promotores de Justiça em atuação eleitoral

Quando um Promotor de Justiça for designado para exercer funções eleitorais, deve-se analisar a questão do foro especial. Se cometer crime eleitoral, será julgado no TRE local, por força da aplicação do artigo 96, III, da CF. Se, entretanto, for vítima de infração comum, praticada em detrimento de suas funções eleitorais (por exemplo, Promotor de Justiça que sofre delito de injúria em pleno exercício de suas funções eleitorais) a competência para o julgamento de seu infrator será da Justiça Federal, tendo em vista que estará presente no caso o interesse da União (Art. 109, IV, da CF).

4.3. O critério de investidura dos Promotores de Justiça para a atribuição eleitoral

O artigo 79 da LC 75/93 determina que: "O Promotor Eleitoral será o membro do Ministério Público local que oficie junto ao Juízo incumbido do serviço eleitoral de cada zona", numa clara demonstração de que o legislador quis respeitar o Princípio do Promotor Natural e tornar o processo de escolha objetivo, transparente e impessoal.[50]

Havia grande divergência na doutrina acerca da competência para designar promotores de justiça em matéria eleitoral. Tanto a Lei Complementar 75/93 quanto a Lei Orgânica dos Ministérios Públicos Estaduais – Lei 8.625/93, regulam o tema de forma distinta, uma fixando a

---

50 Ocorre que, no Estado do Rio de Janeiro, não há Juízo (órgão de prestação jurisdicional) incumbido do serviço eleitoral, mas sim Juiz (magistrado) investido em tais funções, vale dizer, não se vincula um determinado juízo de Direito a uma determinada zona eleitoral (por exemplo, o Juízo da 1ª Vara Criminal seria vinculado à 1ª Zona Eleitoral) mas um determinado Juiz de Direito é investido nas funções eleitorais, por determinado prazo. A interpretação literal do dispositivo em exame poderia criar uma distorção de ordem constitucional, subordinando a investidura eleitoral do promotor à investidura do magistrado. Com efeito, eventual remoção de magistrado investido em funções eleitorais de um Juízo para outro, acarretaria o imediato e abrupto afastamento do promotor investido das funções eleitorais do exercício de suas funções, transferindo-se a investidura para o colega que oficiasse perante o Juízo de destino do magistrado (por exemplo, o Juiz da 2ª Vara Criminal, investido de funções eleitorais perante a 4ª Zona Eleitoral remove-se para a 4ª Vara de Família. Automaticamente o Promotor Eleitoral deixaria de ser aquele que oficiasse junto à 2ª Vara Criminal e passaria a ser aquele em exercício perante a 4ª Vara de Família). Esta interpretação permitiria que o magistrado – e não o Ministério Público – investisse e removesse, a seu talante, o membro do Ministério Público de suas funções eleitorais.

competência do Procurador Regional Eleitoral e outra fixando a competência do Procurador-Geral de Justiça para designações em matéria eleitoral. Instaurou-se dissídio entre as Instituições, ainda mais após um precedente do Tribunal de Contas da União[51] que se negou a reconhecer a validade das designações que vinham sendo realizadas pelo Procurador-Geral de Justiça no Estado do Rio de Janeiro. Emerson Garcia[52] e Joel José Cândido[53] sustentavam a impossibilidade de qualquer ingerência do Ministério Público Federal em detrimento do Ministério Público Estadual. Tendo a CONAMP, Associação Nacional dos Membros do MP, asseverado: "*Os Ministérios Públicos Estaduais viram-se impossibilitados de realizar a administração de seu quadro de pessoal, que acabou ficando à mercê de um agente estranho, não inserido na hierarquia administrativa e sem o conhecimento necessário da realidade funcional que afetará com suas decisões.*"[54]

A tese da CONAMP, veiculada na Adin 3.802, dizia respeito à inconstitucionalidade formal subjetiva do artigo 79, parágrafo único, da LC 75/93, por patente violação ao artigo 61, § 1º, da CF. Conforme já estudado, a iniciativa legislativa para editar leis sobre o Ministério Público Estadual é do Presidente da República (Lei geral) e, concorrentemente, do Procurador-Geral de Justiça e do Governador do Estado (Lei local). Já para legislar sobre o Ministério Público da União, possuem iniciativa legislativa concorrente o Presidente da República e o Procurador-Geral da República. Ocorre que a LC 75/93, que organiza o Ministério Público da União é lei de iniciativa do Procurador-Geral da República, que, ressalte-se mais uma vez, não detém tal poder para legislar sobre o Parquet Estadual. Portanto, sofreria de vício formal subjetivo o artigo 79, parágrafo único, que diz ser atribuição do Procurador Regional Eleitoral (membro do Ministério Público Federal) a designação dos Promotores de Justiça (Ministério Público Estadual) para exercer as funções eleitorais. Haveria também vício material já que tal vinculação traria ofensa

---

51 Representação 007.624/2000, j. em 20 de março de 2002.
52 GARCIA, Emerson. *Ministério Público – Organização, Atribuições e Regime Jurídico*. 2ª ed. Rio de Janeiro: Lumen Juris, 2005, p. 191.
53 CÂNDIDO, Joel José. *Direito Eleitoral Brasileiro*. 7ª edição. São Paulo: Editora Edipro, 1998, pp. 58-61.
54 Conforme representação apresentada pelo Procurador-Geral de Justiça do Estado do Rio de Janeiro a Associação Nacional dos Membros do Ministério Público – CONAMP –, documento que deu origem à Ação Direta de Inconstitucionalidade nº 3.802.

à autonomia constitucional dos Ministérios Públicos estaduais. Ocorre que a matéria foi julgada em 2016, tendo o STF, por maioria julgado o pleito da CONAMP improcedente. Confira-se a ementa:

> *Ação direta de inconstitucionalidade. Ministério Público Eleitoral. Artigo 79, § e parágrafo único, da Lei Complementar nº 75/93. Vício formal. Iniciativa legislativa. Vício material. Ofensa à autonomia administrativa dos ministérios públicos estaduais. Não ocorrência. Improcedência da ação.1. Detém o Procurador-Geral da República, de acordo com o art. 128, § 5º, da Constituição Federal, a prerrogativa, ao lado daquela já atribuída ao chefe do Poder Executivo (art. 61, § 1º, II, d, CF), de iniciativa dos projetos legislativos que versem sobre a organização e as atribuições do Ministério Público Eleitoral, do qual é chefe, atuando como seu procurador-geral. Tratando-se de atribuição do Ministério Público Federal (arts. 72 e 78), nada mais natural que as regras de designação dos membros do Ministério Público para desempenhar as funções junto à Justiça Eleitoral sejam disciplinadas na legislação que dispõe, exatamente, sobre a organização, as atribuições e o estatuto do Ministério Público da União, no caso a Lei Complementar nº 75, de 20 de maio de 1993. 2. O fato de o promotor eleitoral (membro do ministério público estadual) ser designado pelo procurador regional eleitoral (membro do MPF) não viola a autonomia administrativa do ministério público estadual. Apesar de haver a participação do ministério público dos estados na composição do Ministério Público Eleitoral – cumulando o membro da instituição as duas funções –, ambas não se confundem, haja vista possuírem conjuntos diversos de atribuições, cada qual na esfera delimitada pela Constituição Federal e pelos demais atos normativos de regência. A subordinação hierárquico-administrativa – não funcional – do promotor eleitoral é estabelecida em relação ao procurador regional eleitoral, e não em relação ao procurador-geral de justiça. Ante tal fato, nada mais lógico que o ato formal de designação" do promotor eleitoral seja feito pelo superior na função eleitoral, e não pelo superior nas funções comuns. 3. A designação do promotor eleitoral é ato de natureza complexa, resultando da conjugação de vontades tanto do procurador-geral de justiça – que indicará o membro do ministério público estadual – quanto do procurador regional eleitoral – a quem competirá o ato formal de designação. O art. 79, **caput** e parágrafo único, da Lei Complementar nº 75/93 não tem o condão de ofender a autonomia do ministério público estadual, já que não incide sobre a esfera de atribuições do **Parquet** local, mas sobre ramo diverso da instituição – o Ministério Público Eleitoral, não interferindo, portanto, nas atribuições ou na organização do ministério público estadual. 4. Ação julgada improcedente (Plenário -Rel. Min Dias Toffoli)".*

Pondo fim a controvérsia, o CNMP regulamentou a matéria através da Resolução nº 30, de 19 de maio de 2008, alterada pelas Resoluções 90/2012 e 187/ 2017, estabelecendo que a designação dos Promotores de Justiça do Ministério Público Estadual será feita pelo Procurador Regional Eleitoral com base em indicação do Procurador-Geral de Justiça do Estado. O membro a ser indicado pelo PGJ para exercer a função eleitoral deverá estar lotado em localidade integrante de zona eleitoral. Tal designação deverá ser feita pelo prazo ininterrupto de dois anos, incluindo os períodos de férias, licenças e afastamentos. Poderá ocorrer a recondução, desde que exista apenas um membro na circunscrição da zona eleitoral. A resolução prevê ainda algumas restrições que deverão ser observadas pelo PGJ ao fazer a indicação, de forma que não poderão ser escolhidos aqueles membros que: a) estiverem lotados em localidade não abrangida pela zona eleitoral perante a qual devam oficiar (salvo em caso de ausência, impedimento ou recusa justificada, e quando ali não existir outro membro desimpedido); b) que se encontrarem afastados do exercício do ofício do qual são titulares, inclusive quando estiverem exercendo cargo ou função de confiança na administração superior da Instituição; c) que estiverem respondendo a processo administrativo disciplinar por atraso injustificado no serviço.

No Rio de Janeiro, os critérios de indicação e designação de promotores eleitorais estão disciplinados na Resolução Conjunta GPGJ/PRE 17, de 1º outubro de 2020.As funções eleitorais exercidas pelo MPRJ perante os Juízos e Juntas Eleitorais são privativas dos Promotores de Justiça e dos Promotores de Justiça Substitutos, sendo exercidas por 165 (cento e sessenta e cinco) Promotorias Eleitorais, 49 (quarenta e nove) na Capital e 116 (cento e dezesseis) no interior do Estado. Cada Promotoria Eleitoral funcionará perante a Zona Eleitoral de numeração correspondente. Os Promotores Eleitorais serão designados pelo Procurador Regional Eleitoral, a partir de indicação do Procurador-Geral de Justiça, para ter exercício pelo período de 02 (dois) anos, por meio de Portarias a serem publicadas nos respectivos órgãos, segundo critérios ali estabelecidos. Aspecto relevante versa sobre alguns impedimentos. Da homologação da respectiva convenção partidária até a data de diplomação dos eleitos, nos feitos decorrentes do processo eleitoral, não poderá atuar como Promotor de Justiça o cônjuge ou o parente consanguíneo ou afim, até o segundo grau, de candidato a cargo eletivo registrado na circunscrição. Esta vedação não ocorrerá relativamente às eleições estaduais e gerais, no caso de candidato que concorra aos cargos eletivos em outro Estado da Federação, e, quanto às eleições municipais, no caso de candidato que venha a concorrer a cargo eletivo em Município diverso daquele que atua o Promotor Eleitoral. Finalmente, ressalte-se que é vedada a fruição de férias ou licença voluntária pelo Promotor Eleitoral no período de 90 (noventa) dias antes do pleito até 15 (quinze) dias após a diplomação dos eleitos, salvo em situações excepcionais autorizadas pelo Procurador-Geral de Justiça e pelo Procurador Regional Eleitoral, na forma do § 2º do art. 5º da Resolução CNMP nº 30/2008.

4.4 O Arquivamento do Inquérito Policial por crime eleitoral

Questão interessante e controvertida versa sobre o arquivamento do Inquérito Policial que investiga crime eleitoral, de atribuição do Promotor Eleitoral. Como no artigo 28 do CPP, a matéria, no foro eleitoral, possui procedimento semelhante. Consoante o art. 357, § 1º, do Código Eleitoral (Lei 4.737/1965), se o órgão do Ministério Público requerer o arquivamento da comunicação, o juiz, no caso de considerar improcedentes as razões invocadas, fará a remessa da comunicação ao Procurador Regional Eleitoral no Estado, e este oferecerá a denúncia, designará outro promotor eleitoral para oferecê-la, ou insistirá no pedido de arquivamento, que se torna impositivo para o juiz. Este procedimento, segundo o Ministério Público Federal foi derrogado pelo art. 62, IV, da LC 75/1993. Nos crimes eleitorais, a remessa passou a ser, não ao PRE nas capitais de cada Estado, mas à 2ª Câmara de Coordenação e Revisão (2ª CCR), órgão colegiado do MPF, em Brasília. Neste sentido, em 09/06/2009, foi editado o Enunciado nº 29 da 2ª CCR, que assentou a atribuição do colegiado: *"Compete à 2ª Câmara de Coordenação e Revisão do Ministério Público Federal manifestar-se nas hipóteses em que o Juiz Eleitoral considerar improcedentes as razões invocadas pelo Promotor Eleitoral ao requerer o arquivamento de inquérito policial ou de peças de informação, derrogado o art. 357, § 1º do Código Eleitoral pelo art. 62, inc. IV da Lei Complementar nº 75/93".*

Neste sentido, recentemente no Rio de Janeiro, inquérito policial eleitoral de parlamentar acusado de falsidade ideológica na declaração de bens à Justiça Eleitoral, teve decisão de arquivamento do Promotor Eleitoral rejeitada pelo Juiz Eleitoral respectivo, sendo os autos remetidos à 2ª Câmara de Controle e Revisão, que rejeitou a manifestação e remeteu o feito a promotor eleitoral desimpedido. Os procuradores da 2ª Câmara que avaliaram a questão entenderam pela necessidade de continuação das diligências investigatórias, a fim de verificar a eventual omissão de outros bens. *"Esses casos em que não apresenta todos os bens, é para não mostrar todo o seu patrimônio. Meu voto é pelo prosseguimento da persecução penal"*, afirmou o Procurador relator do caso.[55]

No entanto, a matéria não é pacífica. Sem entrar no mérito da vigência ou não atualmente da redação original do Art. 28 do CPP no ordenamento jurídico (alterada pelo Pacote Anti Crime, mas com eficácia suspensa desde 22/01/2020 em medida cautelar na **ADI 6.305/DF**, apensa à ADI 6.298/DF), há dissenso doutrinário acerca da autoridade revisora do arquivamento. Em artigo publicado na Escola Superior do MPU[56], Patrick Salgado Martins, então Procurador Regional Eleitoral em Minas Gerais, criticava tal interpretação da 2ª CCR. Para o autor, a função do Ministério Público Eleitoral:

> *"... é expressão dos princípios da unidade e da cooperação do Ministério Público em razão de sua estrutura híbrida e natureza nacional. O Código Eleitoral não foi derrogado pelo Estatuto do MPU, pois cabe ao procurador regional eleitoral a competência para decidir sobre a negativa judicial dos arquivamentos de investigações criminais propostos ao Ministério Público Estadual pelos promotores eleitorais, dadas a especialidade da matéria eleitoral e a simetria do Ministério Público Eleitoral, em 1ª e 2ª instâncias. A natureza federal da função eleitoral não submete os promotores eleitorais ao Estatuto do MPU nem os procuradores regionais eleitorais ao Estatuto do MP Estadual".*

No mesmo sentido, Marcos Ramayana, citado no artigo:

> *"É preciso insistir que o sistema de atribuições do Ministério Público Eleitoral não é exatamente similar ao do Ministério Público Federal, considerando que no primeiro grau de jurisdição perante os juízes eleitorais das zonas eleitorais atuam os Promotores Eleitorais (Ministério Público Estadual) e nos Tribunais Regionais Eleitorais e Tribunal Superior Eleitoral, o Ministério Público Federal. Dessa forma, mais correta deve ser a exegese da manutenção da regra eleitoral específica incumbindo ao procurador regional eleitoral, exclusivamente, deliberar sobre a manutenção ou não do arquivamento sobre a investigação por crime eleitoral".*

---

55 Jornal Folha de São Paulo Por *Folhapress* 17/08/20 às 15H45 atualizado em 17/08/20 às 16H12

56 Boletim Científico ESMPU, Brasília, a. 15 – n. 48, p. 193-211 – jul./dez. 2016

Comungo desse entendimento. A meu ver, não houve derrogação do Código Eleitoral pela LC 75/93. Penso que as duas normas podem coexistir, dadas a especialidade da matéria eleitoral e a natureza híbrida do Ministério Público Eleitoral, com atuação em 1ª instância do MPE e em segunda instância do MPF. Compartilho da interpretação de uma coexistência harmônica entre o art. 357, § 1º, do Código Eleitoral, com aplicação restrita aos crimes eleitorais, e o art. 62, inciso IV, da Lei Complementar nº 75/1993, cuja competência se refere aos demais crimes federais, distribuída entre as Câmaras de Coordenação e Revisão, conforme sua competência especializada (ambiental, combate à corrupção, controle externo da atividade policial e residual). Penso que dessa maneira, fica prestigiada a figura do Procurador Regional Eleitoral, coordenando a função eleitoral no Estado, uniformizando a interpretação da norma penal eleitoral em âmbito estadual, além de prestigiar sua atuação junto ao respectivo TRE.

Parece ser esta a solução mais adequada para a matéria, tanto que no MPRJ, ao disciplinar o Procedimento Preparatório Eleitoral, estabelecido para a investigação das infrações eleitorais de natureza não criminal, através da Resolução GPGJ 2.331, de 5/03/2020, o arquivamento do procedimento, determinado pelo Promotor eleitoral, não é remetido para nenhuma Câmara de Coordenação e Revisão do MPF mas sim ao Procurador Regional Eleitoral, como determinado nos arts. 7º § 1º e 8º, ambos do referido ato normativo, com a redação que lhes foi dada pela Resolução GPGJ 2.350/2020, que alterou a redação original.

Ressalvo que o TSE já se manifestou sobre o tema, num âmbito mais restrito, decidindo pela competência da 2ª CCR, mas quando analisava a revisão dos arquivamentos promovidos pelos procuradores regionais eleitorais perante os tribunais regionais eleitorais. Decidiu a corte, naquela hipótese, que *"compete às Câmaras de Coordenação e Revisão manifestar-se sobre o arquivamento de inquérito policial, objeto de pedido do Procurador Regional Eleitoral e rejeitado pelo TRE"* (REspe nº 25.030/MG, rel. min. Antonio Cezar Peluso).

4.5. A intimação pessoal dos membros do Ministério Público e o exercício de funções eleitorais

A intimação pessoal dos membros do Ministério Público, conforme será melhor estudado no decorrer desta obra, é uma prerrogativa institucional prevista no artigo 41, IV, da LONMP – Lei 8.625/93, bem como nas mais diversas Leis Orgânicas que regem os Ministérios Públicos Estaduais, inerente ao exercício de suas funções, de caráter irrenunciável, sendo dever do membro da Instituição velar pela sua efetiva observância. *"Art. 41. Constituem prerrogativas dos membros do Ministério Público, no exercício de sua função, além de outras previstas na Lei Orgânica:(...) IV. receber intimação pessoal em qualquer processo e grau de jurisdição, através da entre dos autos com vista".*

Há uma questão, entretanto, de caráter institucional, com dissenso doutrinário e jurisprudencial. Trata-se da intimação do membro do Ministério Público em exercício de funções eleitorais, no que concerne aos processos que envolvam registro de candidatura (Artigo 3º e seguintes da LC 64/90). A questão se coloca controversa devido ao disposto no artigo 16 da Lei Complementar 64/90, que assevera serem os prazos previstos no art. 3º e seguintes da lei (processos que envolvam registro de candidatura), peremptórios e contínuos, correndo em cartório, não havendo qualquer exceção para o Ministério Público. Alega-se, para conferir eficácia à norma que, sendo a LC 64/90 norma especial em relação à Lei Orgânica do Ministério Público, não está prevista para o Parquet qualquer tipo de prerrogativa.[57] O entendimento ministerial sempre foi contrário, no sentido de que a Lei Complementar 75/93 e a Lei 8.625/93, que tratam da intimação pessoal do Ministério Público, por serem posteriores e especiais em relação à LC 64/90, fazem com que o artigo 16 desta última não se aplique ao Parquet, mas somente aos demais interessados no processo. O posicionamento se fundamenta no fato de ser indispensável a presença do Ministério Público em todos os procedimentos eleitorais, por força do artigo 127, *caput*, da CF c/c artigos 176, 178, I e 180 do CPC, sendo o Ministério Público reconhecidamente o guardião maior do regime democrático.[58] Neste sentido, de

---

57 REsp. 13.743, 02.10.1996/RJTSE, v. 8 nº 3, p. 192.
58 O Ministério Público fluminense, já se posicionou a respeito, em publicação do Centro de Apoio Operacional das Promotorias eleitorais para eleições municipais: "Em não havendo entendimento diverso do Juízo Eleitoral, tal posição do TSE torna aconselhável que o Promotor Eleitoral compareça e acompanhe a fase de registro no Cartório. É relevante ressaltar, no entanto, que a LC 75/93 é posterior à LC 64/90, sendo certo que estabelece norma específica com relação à intimação dos membros do Ministério Público, logo, derrogou a norma genérica prevista no art. 16 da LC 64/90, a qual somente seria passível de aplicação aos demais interessados. E ainda, não é demais lembrar que o art. 16 da LC 64/90 sequer faz referência ao Ministério Público, o que reforça a assertiva de que não poderia ser desconsiderada a prerrogativa prevista na norma especial. Como se vê, o TSE também firmou

caráter institucional, o Professor Antônio Carlos Martins Soares,[59] para quem:

> *"Presentemente, nos processos de registro de candidatura, prevalece o entendimento da dispensa de intimação até mesmo para o órgão do Ministério Público eleitoral, sob o argumento de que a norma especial da LC nº 64/90 prevaleceria sobre a norma geral contida na Lei Orgânica do Ministério Público, que impõe a intimação. <u>A preocupação com a celeridade no processo de registro de candidaturas</u> levou o legislador complementar, ocorrendo descumprimento do prazo legal na prolação da sentença, até mesmo à responsabilização funcional do juiz pelo retardamento imotivado (artigo 9º, parágrafo único, da LC 64/90). <u>Esta e não aquela parece-nos a razão preponderante a justificar a exceção à regra especial que inspira a obrigatoriedade da intimação pessoal do órgão ministerial em todos os feitos que oficiar".</u>* (grifo nosso)

Sem embargo do entendimento ministerial, o Tribunal Superior Eleitoral, fixou jurisprudência no sentido da prescindibilidade da intimação pessoal, por intermédio da entrega dos autos do processo com vista ao membro do Ministério Público Eleitoral, nos procedimentos disciplinados pela Lei Complementar 64/90, através da **SÚMULA TSE Nº 49:** " *– O prazo de cinco dias, previsto no art. 3º da LC nº 64/1990, para o Ministério Público impugnar o registro inicia-se com a publicação do edital, caso em que é excepcionada a regra que determina a sua intimação pessoal".*

Em suma, para o TSE, publicado o edital contendo a relação dos candidatos cujos registros foram requeridos à Justiça Eleitoral, começa a correr o prazo de 05 dias para a impugnação prevista no artigo 3º da Lei 64/90.

4.6. Algumas atribuições ministeriais

A participação do Ministério Público estadual no exercício das funções de Ministério Público Eleitoral (Promotores Eleitorais) destina-

---

parâmetros diversos para a identificação da norma geral e da norma especial, o que deve ser revisto. Em outro passo, o TSE confirmou a anulação de processo por não ter sido o Ministério Público 'devidamente intimado' para acompanhar impugnação ao registro de candidato, tendo fundamentado o *decisum* no disposto nos art. 246, parágrafo único, do CPC e art. 127 da CF (REsp. 13.121, julgado em 23.09.1996, Rel. Min. Nílson Naves, RJTSE, v. 8, nº 2, pp. 325-327); posição esta que entendemos ser correta, eis que consentânea com o espírito e a letra da lei".

59 SOARES, Antônio Carlos Martins. *Direito Eleitoral – questões controvertidas.* Rio de Janeiro: Editora Lumen Juris, 2006, p. 31.

-se à defesa da ordem jurídica e à proteção do interesse público, promovendo a apuração da responsabilidade penal dos infratores e exercendo a tutela do Regime Democrático, consoante disciplinado no artigo 127 da Carta Magna. O fundamento infraconstitucional da participação do Ministério Público e de sua intervenção em todas as fases do processo eleitoral repousa, entre outros diplomas, no Código Eleitoral, na Lei das Inelegibilidades (LC 64/90), na Lei dos Partidos Políticos (Lei 9.096/95), no Código de Processo Civil (art. 178, I) além de na LC 75/93 (LOMPU) e na Lei 8.625/93 (LONMP).

As atividades desenvolvidas pelo Ministério Público Eleitoral verificam-se, de forma obrigatória e indispensável,[60] desde o alistamento até o ato de diplomação.

A atuação do Ministério Público na apuração de crimes eleitorais e no processo penal eleitoral é de vital importância, já que cabe ao Ministério Público a legitimidade para propor a ação penal, independentemente de representação, pois todas as ações desta natureza são públicas incondicionadas, consoante dispõe o artigo 355 do Código Eleitoral (Lei 4.737/65).[61]

Admite-se, contudo, a ação penal privada subsidiária da pública, na hipótese de inércia do Ministério Público, por força do ordenamento constitucional, bem como do artigo 364 do Código Eleitoral, que determina a aplicação subsidiária ou supletiva do Código de Processo Penal.

Ressalte-se que na hipótese de o Ministério Público não oferecer a denúncia no prazo legal, não requerer o arquivamento do inquérito policial ou não requerer a realização de outras diligências, a autoridade judiciária deverá representar ao Procurador Regional que, então, designará outro Promotor de Justiça para, no mesmo prazo, oferecer a denúncia (CE, art. 357, §§ 3º e 4º).

O processo das infrações penais eleitorais é semelhante ao processo penal comum.

---

60 Como podemos verificar, dentre outros no art. 94, §§ 1º e 2º, da Lei 9.504/97, que estabeleceu normas permanentes para as eleições, *in verbis*: "*Art. 94. Os feitos eleitorais, no período entre o registro das candidaturas até 5 (cinco) dias após a realização do 2º Turno das eleições terão prioridade para participação do Ministério Público e dos Juízes de todas as Justiças e instâncias, ressalvado os processos de habeas corpus e mandado de segurança. § 1º É defeso às autoridades mencionadas neste artigo deixar de cumprir qualquer prazo desta lei, em razão do exercício das funções regulares. § 2º O descumprimento do disposto neste artigo constitui crime de responsabilidade e será objeto de anotação funcional para efeito de promoção na carreira*".

61 Mesmo os crimes previstos nos arts. 324, 325 e 326 do Código Eleitoral (calúnia, difamação e injúria) são de ação penal pública incondicionada.

III – A Estrutura Legislativa e Organizacional do Ministério Público

O Ministério Público, ao tomar conhecimento de uma infração penal eleitoral, oferecerá a denúncia ou, se houver necessidade, determinará as diligências necessárias à autoridade policial.[62]

A atuação do Ministério Público Eleitoral, entretanto, não se restringe à esfera penal. A ele compete participar dos procedimentos eleitorais, bem como da organização administrativa e cartorária, devendo o Parquet estar presente nas correições ordinárias e extraordinárias, compulsando autos, livros de registro e de distribuição, de lavratura de atos e termos judiciais, participando da instalação de zonas eleitorais e controle do expediente relativo aos partidos políticos.

4.6.1. Ação de impugnação ao registro

Cabe também ao Ministério Público, bem como a qualquer candidato, partido ou coligação o ajuizamento da ação de impugnação ao registro de candidato, sendo certo que a impugnação por parte destes não afasta a ação do Ministério Público, nos termos do artigo 3º e seu § 1º da LC 64/90.

Tal ação tem seu rito disciplinado no referido diploma legal, devendo o Ministério Público ser intimado para acompanhar o feito, por força do artigo 127, da CF e artigo 178, I, do CPC.

No que tange à legitimidade recursal, o Ministério Público não a perde caso não seja autor na ação, diversamente do que ocorre no caso dos demais legitimados. Isto porque o Ministério Público zela pela democracia e em não sendo autor da ação atuará como órgão interveniente, tendo assim, legitimidade e interesse para eventual recurso.

4.6.2. Investigação judicial eleitoral

Preliminarmente, vale destacar a atuação do Ministério Público no caso de abuso de poder político ou econômico, caracterizados na legislação pertinente.

Tais condutas acarretam severas consequências no pleito eleitoral, sendo certo que algumas delas tipificam atos de improbidade administrativa, caso em que a atuação se dá no juízo comum, devendo o Promotor Eleitoral, além de tomar as providências cabíveis no juízo especial, encaminhar as peças de informação para o órgão com atribuição.

No âmbito eleitoral, objetivando a apuração e a inibição do uso indevido, desvio, abuso do poder econômico ou do poder de autorida-

---

62 O inquérito tramitará no âmbito da Polícia Federal.

de, bem como a utilização de veículos ou meios de comunicação social em favor de candidato ou partido político, temos a investigação judicial eleitoral, disciplinada nos arts. 19 e seguintes da LC 64/90.

Não obstante a nomenclatura, a investigação não tem natureza inquisitorial ou administrativa, trata-se de verdadeira ação e pode acarretar tanto a cassação do registro e a declaração de inelegibilidade, como elemento probatório para recurso contra a diplomação ou ajuizamento de ação de impugnação de mandato.

O Ministério Público, por obviedade, tem legitimidade para deflagrar a investigação judicial eleitoral, sendo certo que qualquer candidato, partido ou coligação também podem representar pela investigação.

A investigação judicial eleitoral tem seu rito previsto no artigo 22 da LC 64/90, sendo indispensável a intimação do Parquet, em todos os seus atos e termos.

4.6.3. Ação de impugnação de mandato eletivo

Instrumento para a invalidação do diploma do candidato que tenha praticado abuso do poder econômico, corrupção ou fraude durante o procedimento eletivo, de acordo com o Texto Constitucional (CF, art. 14, § 10). Embora a Carta Magna não tenha feito referência ao abuso de poder político, tais condutas podem, eventualmente, adequar-se aos atos de corrupção ou fraude.

Os atos que fundamentam esta ação são apenas os supervenientes ao registro. O prazo para a sua proposição é de 15 dias contados da diplomação (art. 14, § 10 da CF)[63] e é uma ação que necessita de provas pré-constituídas para garantir que exista um suporte probatório forte a respeito do alegado.

A legitimidade ativa para essa ação está disposta no art. 3º da LC 64/90: candidato, partido político, coligação ou Ministério Público. A impugnação, por parte do candidato, partido político ou coligação, não impede a ação do Ministério Público no mesmo sentido.

---

63 Não se aplica o prazo de 5 dias disposto no art. 3º da LC 64/90 como se pode observar nesse julgado: "AÇÃO DE IMPUGNAÇÃO DE MANDATO ELETIVO. PRELIMINAR. INTEMPESTIVIDADE. DIES AD QUEM. RECESSO FORENSE. PRORROGAÇÃO. DECADÊNCIA DO DIREITO. EXTINÇÃO. 1. O autor, na ação de impugnação de mandato eletivo, possui 15 dias para propositura em juízo, cujo prazo se inicia com a diplomação do candidato impugnado e corre sem interrupção, por tratar-se de prazo decadencial. [...]" (Petição nº 538, Acórdão nº 4.523 de 25/07/2011, Relator(a) Leila Cristina Garbin Arlanch, Publicação: DJE – Diário de Justiça Eletrônico do TRE-DF, Volume 12;00, Tomo 143, Data 28/07/2011, Página 04)

Representante do Ministério Público que, nos quatro anos anteriores, tenha disputado cargo eletivo, integrado diretório de partido ou exercido atividade político-partidária não poderá impugnar registro de candidato.

4.6.4. Aspectos criminais da legislação eleitoral

Os crimes relacionados à matéria eleitoral estão previstos em diversos diplomas legais.

No Código Eleitoral (Lei 4.737/65) tais condutas encontram-se disciplinadas a partir do artigo 289, prevendo, inclusive, delitos cometidos por meio da imprensa, do rádio e da televisão.

A Lei 9.504/97 também prevê crimes eleitorais, sendo os mesmos de ação penal pública incondicionada e, portanto, com titularidade exclusiva do Ministério Público.

A LC 64/90, por sua vez, prevê a inelegibilidade do cidadão que for condenado por prática de crime eleitoral.

5. O Ministério Público Junto ao Tribunal de Contas

A Carta Magna de 1988 previu, em seus artigos 73, § 2º, I, e 130, a existência de um Ministério Público junto ao Tribunal de Contas, gerando controvérsias acerca da natureza e autonomia dessa Instituição.

Com efeito, antes mesmo da nova ordem constitucional, já havia, em inúmeras Cortes Estaduais de Controle, um grupo de servidores vinculados a tais órgãos do Poder Legislativo, com a função de fiscalizar o correto julgamento das contas públicas. Estes servidores eram intitulados procuradores e denominados integrantes do Ministério Público Especial, instituição que não tinha qualquer ingerência ou similitude com o Ministério Público.

5.1. A natureza institucional do Ministério Público junto aos Tribunais de Contas

A questão do posicionamento constitucional do Ministério Público junto aos Tribunais de Contas gerou controvérsias na interpretação. Estaria ele vinculado ao Ministério Público como um ramo especializado, tanto a nível da União (MP junto ao TCU) quanto dos Estados (MP junto aos TCEs)? Teria autonomia institucional, sendo portanto independente? Ou faria parte da estrutura da respectiva Corte de Contas? A questão doutrinária atingiu seu ápice quando foi editada a nova Lei

Orgânica do Tribunal de Contas da União (Lei 8.443/92), eis que, no Capítulo VI (arts. 80-84), expressamente o legislador adotou a última corrente, vinculando o Ministério Público junto ao Tribunal de Contas da União à própria Corte, prevendo, entretanto, a aplicação dos Princípios Institucionais do Parquet (unidade, indivisibilidade e independência funcional) à Instituição.

Inconformado, o então Procurador-Geral da República ajuizou Ação Direta de Inconstitucionalidade[64] contra os respectivos dispositivos, argumentando que não tinha sentido norma infraconstitucional criar, a nível da União, outro ramo do Ministério Público diverso daquele previsto no artigo 128 da Carta Magna. O STF, entretanto, entendeu que:

> *O Ministério Público que atua perante o TCU qualifica-se como órgão de extração constitucional, eis que sua existência jurídica resulta de expressa previsão normativa constante da Carta Política... O Ministério Público junto ao TCU não dispõe de fisionomia institucional própria e, não obstante as expressivas garantias de ordem subjetiva concedidas aos seus Procuradores pela própria Constituição (art. 130), encontra-se consolidado na intimidade estrutural dessa Corte de Contas, que se acha investida – até mesmo em função do poder de autogoverno que lhe confere a Carta Política (art. 73, caput, in fine) – da prerrogativa de fazer instaurar o processo legislativo concernente à sua organização, à sua estruturação interna, à definição de seu quadro de pessoal e à criação dos cargos respectivos.*

Assim, entendeu o STF que o Ministério Público junto ao Tribunal de Contas não faz parte da estrutura, nem do MPU nem dos Ministérios Públicos Estaduais, sendo ligado à respectiva Corte de Contas, tão-somente possuindo seus membros as mesmas garantias e prerrogativas dos integrantes do Parquet.

Na esteira deste raciocínio, na ADIn 1545-1/SE o plenário do STF suspendeu liminarmente artigos da Lei Orgânica do Ministério Público de Sergipe, que traziam para o âmbito do Ministério Público estadual, o Ministério Público junto ao Tribunal de Contas daquele Estado da Federação. Outras decisões neste sentido encontram-se elencadas no item 5.5, *infra*, que pela sua relevância foram transcritas neste Capítulo. Este é o entendimento predominante da Corte Suprema acerca do assunto.

---

64 ADIN 798-1/DF, Rel. Min. Celso de Mello, dez. 94.

Da mesma forma, no Estado do Rio de Janeiro, foi ajuizada a ADIN 2.884-7/RJ, que questionava a constitucionalidade dos dispositivos da Constituição Estadual, da LC 62/90 e 106/2003, no que concerne a absorção do Ministério Público junto ao TCE/RJ pelo Parquet fluminense. A Corte Suprema, em julgamento realizado em 02.12.2004, reiterou seus posicionamentos anteriores acerca da matéria, decidindo que, perante o Tribunal de Contas do Estado do Rio de Janeiro oficia o Ministério Público Especial, com atuação exclusiva junto àquela Corte.[65]

---

65 "EMENTA: AÇÃO DIRETA DE INCONSTITUCIONALIDADE – A QUESTÃO PERTINENTE AO MINISTÉRIO PÚBLICO ESPECIAL JUNTO AO TRIBUNAL DE CONTAS ESTADUAL: UMA REALIDADE INSTITUCIONAL QUE NÃO PODE SER DESCONHECIDA – CONSEQUENTE IMPOSSIBILIDADE CONSTITUCIONAL DE O MINISTÉRIO PÚBLICO ESPECIAL SER SUBSTITUÍDO, NESSA CONDIÇÃO, PELO MINISTÉRIO PÚBLICO COMUM DO ESTADO-MEMBRO – AÇÃO DIRETA JULGADA PARCIALMENTE PROCEDENTE. OS ESTADOS-MEMBROS, NA ORGANIZAÇÃO E COMPOSIÇÃO DOS RESPECTIVOS TRIBUNAIS DE CONTAS, DEVEM OBSERVAR O MODELO NORMATIVO INSCRITO NO ART. 75 DA CONSTITUIÇÃO DA REPÚBLICA. – Os Tribunais de Contas estaduais deverão ter quatro Conselheiros eleitos pela Assembleia Legislativa e três outros nomeados pelo Chefe do Poder Executivo do Estado-membro. Dentre os três Conselheiros nomeados pelo Chefe do Poder Executivo estadual, apenas um será de livre nomeação do Governador do Estado. Os outros dois deverão ser nomeados pelo Chefe do Poder Executivo local, necessariamente, dentre ocupantes de cargos de Auditor do Tribunal de Contas (um) e de membro do Ministério Público junto à Corte de Contas local (um). Súmula 653/STF. – Uma das nomeações para os Tribunais de Contas estaduais, de competência privativa do Governador do Estado, acha-se constitucionalmente vinculada a membro do Ministério Público especial, com atuação perante as próprias Cortes de Contas. O MINISTÉRIO PÚBLICO ESPECIAL JUNTO AOS TRIBUNAIS DE CONTAS NÃO SE CONFUNDE COM OS DEMAIS RAMOS DO MINISTÉRIO PÚBLICO COMUM DA UNIÃO E DOS ESTADOS-MEMBROS. – O Ministério Público especial junto aos Tribunais de Contas – que configura uma indiscutível realidade constitucional – qualifica-se como órgão estatal dotado de identidade e de fisionomia próprias que o tornam inconfundível e inassimilável à instituição do Ministério Público comum da União e dos Estados-membros. – Não se reveste de legitimidade constitucional a participação do Ministério Público comum perante os Tribunais de Contas dos Estados, pois essa participação e atuação acham-se constitucionalmente reservadas aos membros integrantes do Ministério Público especial, a que se refere a própria Lei Fundamental da República (art. 130). – O preceito consubstanciado no art. 130 da Constituição reflete uma solução de compromisso adotada pelo legislador constituinte brasileiro, que preferiu não outorgar, ao Ministério Público comum, as funções de atuação perante os Tribunais de Contas, optando, ao contrário, por atribuir esse relevante encargo a agentes estatais qualificados, deferindo-lhes um "status" jurídico especial e ensejando-lhes, com o reconhecimento das já mencionadas garantias de ordem subjetiva, a possibilidade de atuação funcional exclusiva e independente perante as Cortes de Contas. A QUESTÃO DA EFICÁCIA REPRISTINATÓRIA DA DECLARAÇÃO DE INCONSTITUCIONALI-

Restou assentado, portanto, que o Ministério Público, junto ao Tribunal de Corte de Contas, faz parte da estrutura da respectiva Corte de Contas, não sendo instituição autônoma porque não prevista no art. 128 da Constituição Federal. Não possui o órgão iniciativa legislativa, nem tampouco autonomia administrativa ou orçamentária. É órgão vinculado administrativamente ao Tribunal de Contas. Seus membros, ao contrário, gozam das prerrogativas, direitos e garantias dos membros do Ministério Público (Art. 130 da CF). Situação inusitada.

Finalmente, em 20 de agosto de 2007, o Conselho Nacional do Ministério Público editou a Resolução nº 22, estabelecendo prazos para que os membros dos Ministérios Públicos Estaduais retornassem às suas instituições. Restaram estipulados prazos diferenciados conforme o caso: o retorno ocorreu em seis meses nos Estados onde já exista quadro próprio do Ministério Público de Contas; um ano para Estados onde havia quadro próprio, mas ainda não tinha sido realizado concurso público; e um ano e meio nos Estados em que a carreira para Minis-

DADE "IN ABSTRACTO". – A declaração final de inconstitucionalidade, quando proferida em sede de fiscalização normativa abstrata, importa – considerado o efeito repristinatório que lhe é inerente – em restauração das normas estatais anteriormente revogadas pelo diploma normativo objeto do juízo de inconstitucionalidade, eis que o ato inconstitucional, por juridicamente inválido (RTJ 146/461-462), não se reveste de qualquer carga de eficácia derrogatória. Doutrina. Precedentes (STF)".

Com efeito o Tribunal julgou procedente, em parte, a ação para declarar a inconstitucionalidade do artigo 1º; do artigo 3º e seu parágrafo único; do artigo 4º; da expressão "dentre os Procuradores em exercício junto ao Tribunal de Contas", constante do parágrafo único do artigo 5º; do inciso I do parágrafo único do artigo 5º; e do artigo 6º, todos da Lei Complementar 62/90, do Estado do Rio de Janeiro, bem assim da expressão "e a lista de que trata o art. 128, § 2º, II, da Constituição do Estado", constante do inciso V do caput do artigo 9º; da alínea "b" do inciso III do artigo 39; e da expressão "e ao Tribunal de Contas do Estado", constante do caput do artigo 42, todos da Lei Complementar 106/2003, do Estado do Rio de Janeiro. No que se refere ao artigo 128, § 2º, II, da Constituição do Estado do Rio de Janeiro, na redação dada pela Emenda Constitucional estadual 13/2000, e ao artigo 18 do Ato das Disposições Constitucionais Transitórias do Estado do Rio de Janeiro, na redação dada pela Emenda Constitucional estadual 25/2002, o Tribunal deu interpretação conforme à Constituição, para, sem redução de texto, restringir-lhe a exegese, em ordem a que, afastada qualquer outra possibilidade interpretativa, seja fixado o entendimento de que o Ministério Público referido em tais normas é o Ministério Público especial com atuação exclusiva junto ao Tribunal de Contas do Estado do Rio de Janeiro. A matéria, portanto, já foi decidida pela Corte, tendo sido editada, no âmbito do TCE/RJ, a Deliberação 227/2005, que agora disciplina aquele Ministério Público de contas, até que a Corte remeta à ALERJ projeto de sua iniciativa, deliberando sobre a Lei Orgânica do MPTCE, que terá caráter de lei complementar, face ao disposto no artigo 118, parágrafo único, V, da CERJ.

tério Público junto ao Tribunal de Contas ainda não tinha sido criada por lei. Os prazos começaram a ser contados a partir da publicação da resolução.

E a Corte Suprema vem mantendo posicionamento monolítico sobre o tema, como comprova decisão recente do Pleno na ADI 328-SC.[66] Mais uma vez ficou assentado que *"os integrantes do Parquet especial que oficiam junto aos Tribunais de Contas integram carreira exclusiva"* e que é inadmissível a *transmigração* de membros de outras carreiras para o Ministério Público especial. Na hipótese, questionava-se a constitucionalidade do art. 102, § único da Constituição Estadual de Santa Catarina, que estabelecia que o Ministério Público junto ao Tribunal de Contas deveria ser exercido por Procuradores da Fazenda. Confira-se:

> " AÇÃO DIRETA DE INCONSTITUCIONALIDADE. CONSTITUIÇÃO DO ESTADO DE SANTA CATARINA. DISPOSITIVO SEGUNDO O QUAL OS PROCURADORES DA FAZENDA JUNTO AO TRIBUNAL DE CONTAS EXERCERÃO AS FUNÇÕES DO MINISTÉRIO PÚBLICO. INADMISSIBILIDADE. PARQUET ESPECIAL CUJOS MEMBROS INTEGRAM CARREIRA AUTÔNOMA. INCONSTITUCIONALIDADE RECONHECIDA. I. O art. 73, § 2º, I, da Constituição Federal, prevê a existência de um Ministério Público junto ao Tribunal de Contas da União, estendendo, no art. 130 da mesma Carta, aos membros daquele órgão os direitos, vedações e a forma de investidura atinentes ao Parquet comum. II. Dispositivo impugnado que contraria o disposto nos arts. 37, II, e 129, § 3º, e 130 da Constituição Federal, que configuram "clausula de garantia" para a atuação independente do Parquet especial junto aos Tribunais de Contas. III. Trata-se de modelo jurídico heterônomo estabelecido pela própria Carta Federal que possui estrutura própria de maneira a assegurar a mais ampla autonomia a seus integrantes. IV – Inadmissibilidade de transmigração para o Ministério Público especial de membros de outras carreiras. V. Ação julgada procedente".

Como destacou o Conselho Nacional do Ministério Público em 2013 na Consulta 0.00.000.000843/2013-39, *"a já reconhecida autonomia funcional dos membros do MPC, em sucessivos precedentes do Supremo Tribunal Federal deve ser acompanhada da gradual aquisição da autonomia administrativa e financeira das unidades, de forma a ter garantido o pleno e independente exercício de sua missão constitucional"*.

---
66 ADI 328-SC. Relator Min. Ricardo Lewandowski. Julgamento pelo Pleno em 02.02.09. Noticiado no Info 534.

Nasceu em 2010, com início de vigência em março de 2012, o Ministério Público de Contas do Estado de São Paulo por meio da LC Estadual nº 1.110/2010. São 9 membros perante o TCE exercendo o controle externo de 644 municípios. Assim como os outros ramos do MP, esses agentes denunciam irregularidades e ilegalidades e atuam como órgão interveniente no exercício da função de *custos legis*, podendo postular, por exemplo, que as contas de determinado gestor sejam julgadas regulares (ou não). O Tribunal de Contas pode realizar, por conta própria, inspeções e auditorias de natureza contábil, financeira, orçamentária, operacional e patrimonial. Nesse âmbito de atuação, o Ministério Público exerce o contraponto técnico dentro da filosofia dos pesos e contrapesos. Como essa atuação ministerial se restringe ao campo extrajudicial, é comum o estreito contato desses membros com os demais ramos do Ministério Público com o objetivo de fatos apurados pelo Tribunal de Contas que configure crimes ou atos de improbidade administrativa sejam devidamente levados ao tribunal. Esse intercâmbio de informações foi questionado e o STJ confirmou a legitimidade e importância dessa comunicação:

> "I – Embora o Ministério Público perante Tribunal de Contas não possua autonomia administrativa e financeira, são asseguradas, aos seus membros, as mesmas garantias e prerrogativas dos membros do Ministério Público, tais como requisição de documentos, informações e diligências, sem qualquer submissão à Corte de Contas. II – Assim, aos membros do Ministério Público perante as Cortes de Contas, individualmente, é conferida a prerrogativa de independência de atuação perante os poderes do Estado, a começar pela Corte junto à qual oficiam (ADI nº 160/ TO, Tribunal Pleno, Rel. Min. Octavio Gallotti, DJ de 20/11/1998). III – Dessarte, não há que se falar em ilicitude de provas decorrente da troca de informações entre Ministério Público Federal e Ministério Público de Contas, uma vez que a característica extrajudicial da atuação do Ministério Público de Contas não o desnatura, mas tão somente o identifica como órgão extremamente especializado no cumprimento de seu mister constitucional. Recurso ordinário desprovido".[67]

5.2. A composição dos Tribunais de Contas dos Estados e a participação do Ministério Público

Quanto à composição dos Tribunais de Contas Estaduais, o STF tem firme jurisprudência, já sumulada no verbete 653,[68] quanto à não-

---
67 STJ, 5ª Turma, RHC 35.556 / RS, Rel. Min. Felix Fischer, j. 18.11.2014
68 "No Tribunal de Contas Estadual, composto por sete conselheiros, quatro devem

-aplicabilidade do modelo federal previsto no artigo 73, § 2°, da CF às Corte de Contas Estaduais. Com efeito, tendo em vista a determinação constitucional da composição de sete conselheiros para as Cortes locais, está inviabilizada a simetria, já que no âmbito federal a composição é de nove integrantes. Contudo, há simetria com o modelo federal quanto se trata da indicação dos Conselheiros, como se observa pelo julgado abaixo:

> *"Ação Direta de Inconstitucionalidade. Artigo 307, § 3°, da Constituição do Estado do Pará, acrescido pela Emenda Constitucional 40, de 19/12/2007. Indicação de Conselheiros do Tribunal de Contas do Estado e dos Municípios. Dispositivo que autoriza a livre escolha pelo Governador na hipótese de inexistência de Auditores ou membros do Ministério Público Especial aptos à nomeação. Ofensa aos artigos 73, § 2°, e 75, caput, da Constituição Federal. Liminar deferida. I – O modelo federal de organização, composição e fiscalização dos Tribunais de Contas, fixado pela Constituição, é de observância compulsória pelos Estados, nos termos do caput art. 75 da Carta da República. Precedentes. II – Estabelecido no artigo 73, § 2°, da Carta Maior o modelo federal de proporção na escolha dos indicados às vagas para o Tribunal de Contas da União, ao Governador do Estado, em harmonia com o disposto no artigo 75, compete indicar três Conselheiros e à Assembleia Legislativa os outros quatro, uma vez que o parágrafo único do mencionado artigo fixa em sete o número de Conselheiros das Cortes de Contas estaduais. III – Em observância à simetria prescrita no caput do art. 75 da Carta Maior, entre os três indicados pelo Chefe do Poder Executivo estadual, dois, necessariamente e de forma alternada, devem integrar a carreira de Auditor do Tribunal de Contas ou ser membro do Ministério Público junto ao Tribunal. Súmula 653 do Supremo Tribunal Federal. IV – Medida cautelar deferida".*[69]

Deve-se ressaltar que no RMS 35.406, o STJ, através da 2ª Turma, o Ministro Herman Benjamin permitiu a membro do MP junto ao Tribunal de Contas do DF concorrer a vaga de Conselheiro do Tribunal, mesmo sem ter os 10 anos de carreira previstos no artigo 94, CF (quinto constitucional). Ressaltou o Ministro: *"os Tribunais de Conta não integram o Poder Judiciário, razão pela qual as normas aplicáveis a este não*

---

ser escolhidos pela Assembleia Legislativa e três pelo Chefe do Poder Executivo Estadual, cabendo a este indicar um dentre Auditores e outro dentre membros do Ministério Público, e um terceiro à sua livre escolha".

69 ADI 4.416 MC, rel. min. Ricardo Lewandowski, P, j. 6-10-2010, DJE 207 de 28-10-2010.

podem ser aplicadas aqueles, salvo expressa previsão constitucional. Por essa razão, não procede a pretensão da impetrante de adoção no preenchimento dos cargos das Cortes de Contas das normas estabelecidas para o chamado quinto constitucional dos Tribunais". O Ministro diferenciou a hipótese ressalvando que, para ser conselheiro efetivo de um Tribunal de Contas, o postulante deve ter mais de 10 anos de experiência em função que exija notórios conhecimentos técnicos, contábeis, econômicos, jurídicos e de administração pública, não necessariamente no exercício de funções no Ministério Publico de Contas.

5.3. MP de Contas e Tribunal de Contas Municipal

O artigo 31, § 4º, da Constituição Federal dispõe que *"é vedada a criação de Tribunais, Conselhos ou órgãos de Contas Municipais"*. Ao contrário do que possa evidenciar uma leitura apressada, o dispositivo não impede a criação de órgão estadual, diverso do TCE, para controle das contas municipais. O que é vedado pelo constituinte é a criação, pelos inúmeros municípios brasileiros, de órgãos de contas municipais, vinculados à estrutura do respectivo ente federativo. Portanto, é possível a criação, por Constituição Estadual, de órgão estadual (Conselho ou Tribunal) destinado a este mister, sem prejuízo das atividades do Tribunal de Contas, órgão destinado ao controle das constas estaduais. Não é vedada a criação de órgão de contas estadual encarregado da fiscalização das contas dos municípios. Em regra, o próprio Tribunal de Contas Estadual é encarregado de fiscalizar não só as contas do Estado, mas também de todas as contas dos Municípios que integram aquele ente federativo. Por fim, há que se ressaltar que no Brasil temos o Tribunal de Contas da União, os Tribunais de Contas Estaduais e, em dois municípios brasileiros, ainda há Tribunal de Contas Municipal (Rio de Janeiro e São Paulo), criados na vigência da Constituição de 1967.

Questão interessante versa sobre a existência de um Ministério Público de Contas junto as duas cortes municipais (TCM/RJ e TCM/SP) existentes no Brasil. Havia entendimento que, por não haver Ministério Público Municipal na estrutura constitucional Brasileira, não haveria Ministério Público junto às Cortes de Contas municipais. Entretanto, em 2013, o PGR ajuizou a ADPF 272, de relatoria da Min. Cármen Lúcia, contra alegada omissão da Câmara de Vereadores e do Tribunal de Contas do Município de São Paulo (TCM-SP) em instituir e regulamentar o funcionamento do Ministério Público junto ao Tribunal de

Contas Municipal. Na ação, pede que a Suprema Corte determine ao TCM-SP e à Câmara Municipal paulistana que procedam à adequação da legislação municipal ao modelo estabelecido na Constituição Federal (CF), em seus artigos 73, parágrafo 2º, inciso I; 75 e 130. O PGR informa que não há Ministério Público especial na estrutura do TCM-SP, cujas funções são desempenhadas pela Procuradoria do município. A tese aduzida na ADPF é que existe omissão do legislador municipal em instituir e regulamentar o funcionamento do Ministério Público junto ao Tribunal de Contas Municipal, o que impediria o regular exercício do controle externo atribuído aos Tribunais de Contas pela Constituição, em preceitos fundamentais diretamente relacionados à organização do Estado (artigos 73, parágrafo 2º, inciso I; 75 e 130. Sustenta ser pacífico o entendimento no STF "que *os artigos 73, parágrafo 2º, inciso I, e 75 da CF preveem a existência de um Ministério Público (MP) junto ao TCM, dotado de estrutura própria, a cujos membros estendem-se, por força do artigo 130 da CF, os direitos, vedações e a forma de investidura atinentes ao Ministério Público comum*". Argumenta que, na jurisprudência do Supremo, são diversos os julgados em que não se admitiu o exercício das funções do Ministério Público especial por membros do Ministério público comum ou por integrantes de procuradorias estaduais e municipais. Nesse sentido, citou, entre outras, as decisões nas ADIs 3.307, 3.160, 328, 3.315. "*Constata-se, assim, que somente o Ministério Público especial tem legitimidade para atuar junto aos Tribunais de Contas, estando sua organização e composição sujeitas ao modelo jurídico estabelecido pela CF*", concluiu o procurador, trazendo os julgados do STF no tocante ao MP especial junto ao TCU e TCEs, para o âmbito municipal. A Associação Nacional do Ministério Público de Contas (AMPCON), na qualidade de terceira interessada, ingressou nos autos, frisando que a condição inconstitucional no Município de São Paulo já dura mais de 30 anos e apontou precedentes, em casos semelhantes, em que o STF assentou a necessidade da criação dos MPs de contas nos estados. Já a AGU, entendeu de forma diversa, afirmando que a CF faz referência apenas aos órgãos estaduais, não aos municipais. A seu ver, "*o entendimento pretendido pela PGR parte de uma equiparação equivocada entre o tribunal de contas municipal e o estadual. Este último deve, sem dúvida, observar o modelo federal*".

Com a devida vênia, comungo do entendimento do AGU no julgamento, argumentando que, como não há Ministério Público municipal, as funções destinadas no TCU e nas Cortes estaduais ao MP de Contas devem ser exercidas por órgão interno das Cortes Municipais, mas que não possuem similitude com o Ministério Público.

A matéria foi decidida desta forma, de maneira unânime, em 25/03/2021, confira-se:

> *"Arguição de descumprimento de preceito fundamental por omissão. Organização e regulamentação do ministério público no tribunal de contas do município de são paulo. Arts. 73, 75 e 130 da constituição da república. Inaplicabilidade do princípio da simetria para os tribunais de contas do município. Autonomia municipal. Pacto federativo. Excepcionalidade do tribunal de contas do município de são paulo. Omissão legislativa não reconhecida. Arguição julgada improcedente. 1. O Tribunal de Contas do Município de São Paulo é órgão autônomo e independente, com atuação circunscrita à esfera municipal, composto por servidores municipais, com a função de auxiliar a Câmara Municipal no controle externo da fiscalização financeira e orçamentária do respectivo Município. 2. O preceito veiculado pelo art. 75 da Constituição da República aplica-se, no que couber, à organização, composição e fiscalização dos Tribunais de Contas dos Estados e do Distrito Federal e dos Tribunais e Conselhos de Contas dos Municípios, excetuando-se ao princípio da simetria os Tribunais de Contas do Município. Precedentes. 3. O incremento de novo órgão na esfera da competência municipal, sem que se demonstre real necessidade de sua criação, compromete os gastos públicos de acordo com a Lei de Responsabilidade Fiscal e atenta contra a eficiência da Administração Pública. 4. Arguição de descumprimento de preceito fundamental julgada improcedente por não estar configurada omissão legislativa na criação de Ministério Público especial no Tribunal de Contas do Município de São Paulo".*

5.4. Atos de improbidade administrativa detectados pelo Ministério Público junto ao Tribunal de Contas e a atribuição ministerial para deflagrar a respectiva ação judicial

Quem tem atribuição para processar atos de improbidade administrativa oriunda de fiscalização realizada pelo Tribunal de Contas? A Lei 8.625/93 cuida do assunto em seu artigo 25, VIII, dispondo expressamente que é atribuição do Ministério Público Estadual ingressar em juízo, de ofício, para responsabilizar os gestores do dinheiro público condenados por tribunais de contas e conselhos de contas. A atuação do Ministério Público junto ao Tribunal de Contas é restrita à área de atuação da Corte de Contas. Se, ao julgar as contas do Estado ou de algum município, o Ministério Público junto à Corte de Contas concluir pela irregularidade das mesmas, compete-lhe remeter este material ao Ministério Público Estadual, para que este tome as providências cabíveis, ajuizando ação civil pública para responsabilizar os gestores ímprobos, se for o caso. Nada impede, entretanto, que o Ministério Público Estadual e o Ministério Público de Contas celebrem convênios para atuar conjuntamente na fiscalização extrajudicial e preventiva da aplicação das verbas públicas, podendo, inclusive, firmar Termos de Ajustamentos de Conduta (TACs) com entidades fiscalizadas. Neste sentido, em 26/02/2008, o Ministério Público do Estado do Maranhão e o Ministério Público, junto ao TCE/MA celebraram ato de colaboração.[70]

5.5. MP de Contas e execução de título extrajudicial proveniente de Decisão do TCE

Outra questão bastante interessante versa sobre a legitimidade do MP para propor ação de execução de título extrajudicial oriundo de certidão de débito expedida pelo TCE, que apurou e constatou, em procedimento administrativo, irregularidades na remuneração de vereadores, determinando a restituição ao patrimônio público, pelo Presidente da Câmara Municipal, de valores pagos indevidamente. A controvérsia resultava da aparente antinomia entre o Artigo 129, III, da CF, que assegura ao MP a legitimidade para a defesa do patrimônio público e o Artigo 129, IX, que veda o patrocínio de causas fazendárias, reservando tais funções à Advocacia Pública. No caso concreto, entendeu-se tratar de uma excepcional hipótese de legitimação, pois a decisão do TCE visava resguardar a moralidade pública e a probidade na administração, função constitucional do MP (STJ. REsp 922.702/MG.[71]) Invocando precedentes da Corte (Resp 996.031/MG e Resp 678.969/PB) a Turma deu provimento ao recurso ministerial e afirmou a legitimidade do MP Estadual para a questão, fundamentando-se na LONMP que em seu artigo 25, VIII, assegura ao Parquet a legitimidade para responsabilizar judicialmente gestores de dinheiro público condenados por cortes de contas. Este entendimento foi modificado pelo STF, no ARE 823.347, com repercussão geral, sendo Relator o Min. Gilmar Mendes, em 02/10/2014.

70 Fonte: CCOM-MP/MA, redação de Adriano Rodrigues.
71 Rel. Min. Luiz Fux, 28/04/2009.

Apreciando a questão constitucional, o plenário da Corte estabeleceu novo entendimento, alegando ser a legitimidade para a propositura da ação executiva apenas do ente beneficiário, no caso, a Fazenda Pública Estadual. "O Ministério Público, atuante ou não na Corte de Contas, seja federal ou estadual, é parte ilegítima para a demanda". Nesta esteira, o STJ já se adaptou ao novo posicionamento (Resp 1.464.226-MA, Rel. Min Mauro Campbell Marques, 2/11/2014).

5.6. MP de Contas e atuação judicial fora do âmbito da respectiva Corte de Contas

Finalmente, relevante questão versa sobre a atuação dos membros do Ministério Publico de Contas fora do âmbito das atribuições da Corte. O STF, no RE 1.178.617, analisou a questão em uma hipótese oriunda de Goiás, onde o MP de Contas, junto ao TCE local, impugnou decisão da Corte de Contas junto ao TJ/GO, através de Mandado de Segurança. A corte estadual local entendeu faltar legitimidade para o MP de Contas atuar fora de sua área institucional, denegando a ordem por ilegitimidade ativa. O MP, junto ao TC/GO, recorreu ao STJ e teve provido seu recurso. Ali, o ministro Herman Benjamin afirmou que o entendimento dominante de que o MP especial tem atuação restrita ao Tribunal de Contas *"não exclui a possibilidade de tal Parquet especial atuar fora de tais cortes em defesa de suas prerrogativas institucionais, que é exatamente a hipótese dos autos"*. Com essas razões, a segunda Turma do STJ afastou a ilegitimidade ativa do MP de Contas/GO determinando o prosseguimento do julgamento de mérito do Mandado de segurança. Decidiu a Corte: *"(...) tanto a doutrina, quanto a jurisprudência pacificamente reconhecem a legitimidade até mesmo de determinados órgãos públicos, entes despersonalizados, e agentes políticos dotados de prerrogativas próprias na impetração de Mandado de Segurança em defesa de sua atuação funcional e atribuições institucionais... não há razão para excluir a legitimação para o Ministério Público de Contas nesse estado"*. No entanto, a matéria chegou ao STF, no RE 1.178.617[72], em repercussão geral, que firmou a tese de que "o Ministério Público de Contas não tem legitimidade para impetrar mandado de segurança em face de acórdão do Tribunal de Contas perante o qual atua" mesmo para defender suas prerrogativas institucionais.[73]

---

72 STF. Plenário virtual. RE 1178617 RG, Rel. Min. Alexandre de Moraes, julgado em 25/04/2019 (repercussão geral)
73 Posição distinta do STJ: RMS 52741-GO, Rel. Min. Herman Benjamin, julgado em 8/8/2017.

5.7. O Ministério Público junto ao Tribunal de Contas – Informativos do STF

Informativo 534
ADI e Ministério Público Especial junto ao Tribunal de Contas – 1
O Tribunal julgou procedente pedido formulado em ação direta ajuizada pelo Procurador-Geral da República para declarar a inconstitucionalidade do parágrafo único do art. 102 da Constituição do Estado de Santa Catarina, que estabelece que o Ministério Público junto ao Tribunal de Contas é exercido pelos Procuradores da Fazenda junto ao Tribunal de Contas. Aplicou-se a orientação fixada pela Corte em diversos precedentes no sentido de que os ministérios públicos que atuam junto aos tribunais de contas constituem órgãos autônomos, organizados em carreiras próprias, aplicando-se, aos seus integrantes, as disposições pertinentes a direitos, vedações e forma de investidura do Parquet comum (CF, artigos 73, § 2º, I; 75 e 130). Precedentes citados: ADI 263/RO (DJU de 22.6.90); ADI 789/DF (DJU de 19.12.94); ADI 1.545/SE (DJU de 24.10.97); ADI 2.068/MG (DJU de 16.5.2003); ADI 2.378/GO (DJU de 6.9.2007); ADI 2.884/RJ (DJU de 20.5.2005) e ADI 3.192/ES (DJU de 18.6.2006). ADI 328/SC, rel. Min. Ricardo Lewandowski, 2.2.2009.

ADI e Ministério Público Especial junto ao Tribunal de Contas – 2
Por vislumbrar afronta aos artigos 75 e 130 da CF, o Tribunal julgou parcialmente procedente pedido formulado em ação direta ajuizada pelo Procurador-Geral da República para declarar a inconstitucionalidade do inciso VIII do art. 106 da Constituição do Estado do Mato Grosso, que estabelece que lei complementar, cuja iniciativa é facultada ao Procurador-Geral de Justiça, disporá sobre o exercício privativo das funções do Ministério Público junto ao Tribunal de Contas, e do inciso III do § 1º do art. 16 da Lei Complementar estadual 27/93, que cria uma Procuradoria de Justiça junto ao Tribunal de Contas. Preliminarmente, julgou-se a ação prejudicada quanto à Lei Complementar estadual 11/91, também impugnada, por perda superveniente de objeto, ante sua revogação pela Lei Complementar estadual 269/2007, que dispôs sobre a organização do Tribunal de Contas daquela unidade federativa. Alguns precedentes citados: ADI 709/PR (DJU de 24.6.94); ADI 520/MT (DJU de 6.6.97); ADI 3.831/DF (DJU de 24.8.2007); ADI 1.445QO/DF (DJU de 29.4.2005); ADI 387/RO (DJU de 9.9.2005); ADI 2.884/RJ

(DJU de 20.5.2005); ADI 3.192/ES (DJU de 18.6.2006); ADI 2.068/MG (DJU de 16.5.2003); ADI 789/DF (DJU de 19.12.94); ADI 3.715 MC/TO (DJU de 25.8.2006). ADI 3.307/MT, rel. Min. Cármen Lúcia, 2.2.2009.

Informativo 659
Ministério Público de Contas estadual e competência legislativa – 1
O Plenário iniciou julgamento de medida cautelar em ação direta de inconstitucionalidade proposta, pela Associação dos Membros de Tribunais de Contas do Brasil – Atricon, contra os artigos 32, I; 33, II e XI; 40, parágrafo único, II; 41; 41-A, § 1º, I; 47-A; 49, parágrafo único; 62, XVI; 77, X, a e m, da Constituição do Estado de Roraima, com a redação conferida pela EC 29/2011, bem como os artigos 47-B, 47-C, 47-D, 47-E e 16, § 3º, do ADCT da referida Constituição estadual, nela incluídos pela referida emenda, e a Lei estadual 840/2012. Os dispositivos impugnados tratam de matérias concernentes ao Ministério Público de Contas do Estado-membro. O Min. Joaquim Barbosa, relator, preliminarmente reconheceu a legitimidade ativa da Atricon para ajuizar o pedido, ao considerá-la entidade de classe de âmbito nacional. Entendeu, ademais, preenchido o requisito da pertinência temática, uma vez que as normas atacadas versariam sobre órgão intimamente afeto à estrutura dos tribunais de contas, de modo que qualquer alteração no modelo constitucional para ele previsto repercutiria diretamente nos interesses das cortes de contas do país. ADI 4.725 MC/DF, rel. Min. Joaquim Barbosa, 21.3.2012.

Ministério Público de Contas estadual e competência legislativa – 2
Quanto ao mérito, deferiu a medida, com efeitos *ex tunc*. Aduziu que a EC 29/2011 possuiria vício de iniciativa, uma vez que sua proposta fora apresentada pelo Governador do Estado de Roraima. Rememorou orientação do STF no sentido de que a iniciativa de leis que tratassem da organização e estrutura internas do tribunal de contas — assim como do Ministério Público especial — seria daquele órgão. Destacou que a Corte teria precedentes no sentido de repudiar a utilização de emendas constitucionais como forma de burlar a regra constitucional da iniciativa reservada. Frisou que a análise dos dispositivos atacados evidenciaria que a EC estadual questionada teria instituído, naquela unidade federativa, um Ministério Público de Contas autônomo, independente e desvinculado da estrutura do tribunal de contas estadual, o que também não se coadunaria com a jurisprudência da Corte sobre o tema. Reputou

que o Ministério Público de Contas teria estatura constitucional, embora destituído de autonomia administrativa, visto que vinculado estruturalmente ao tribunal de contas perante o qual atuasse. Consignou, por fim, a obrigatoriedade da adoção, pelos Estados-membros, do modelo federal de organização do Tribunal de Contas da União e do Ministério Público a ele relacionado, em razão do princípio da simetria. Registrou que o Estado de Roraima, com fundamento na EC 29/2011, editara a Lei estadual 840/2012, a cuidar do aludido Ministério Público especial, que já se encontraria plenamente instalado e no desempenho de suas funções, muitas delas até mesmo alheias à estrutura da Corte Estadual de Contas. Asseverou que esse fato justificaria o deferimento da cautelar com efeitos retroativos, a fim de se evitar a consolidação de situações incompatíveis com o modelo constitucional existente sobre o tema. Após, pediu vista o Min. Ayres Britto. ADI 4.725 MC/DF, rel. Min. Joaquim Barbosa, 21.3.2012.

Composição do TCE paulista – 1

O Plenário, por maioria, assentou, em ação direta ajuizada pelo Procurador-Geral da República, a constitucionalidade do *caput* do art. 7º do ADCT da Constituição do Estado de São Paulo ("Artigo 7º – As quatro primeiras vagas de Conselheiros do Tribunal de Contas do Estado, ocorridas a partir da data da publicação desta Constituição, serão preenchidas na conformidade do disposto no art. 31, § 2º, item 2, desta Constituição. Parágrafo único – Após o preenchimento das vagas, na forma prevista neste artigo, serão obedecidos o critério e a ordem fixados pelo art. 31, §§ 1º e 2º, desta Constituição"). Conferiu-se, ainda, interpretação conforme a Constituição ao parágrafo único do referido preceito, para estabelecer que, após a formação completa do tribunal de contas paulista — com o preenchimento das quatro vagas pela assembleia legislativa —, as outras três vagas da cota do governador deveriam ser ocupadas da seguinte forma: a) as duas primeiras, respectivamente, por auditores e membros do Ministério Público junto ao tribunal de contas; e b) a última, por livre escolha do Chefe do Poder Executivo estadual. Salientou-se, de início, que, à época em que promulgada a Constituição do Estado de São Paulo (1989), a corte de contas da localidade era formada exclusivamente por conselheiros indicados pelo governador. Contudo, de acordo com o novo modelo constitucional, esse órgão deveria ser composto por quatro conselheiros escolhidos pelo Poder

Legislativo e por outros três indicados pelo Chefe do Poder Executivo estadual. ADI 374/DF, rel. Min. Dias Toffoli, 22.3.2012.

Composição do TCE paulista - 2

Desse modo, para a adequação aos ditames exigíveis, impor-se-ia, de um lado, a precedência da assembleia legislativa nas quatro primeiras escolhas e, de outro, a destinação das duas primeiras vagas da cota do Chefe do Executivo aos quadros técnicos de auditores e membros do Parquet junto ao tribunal de contas e a última, de livre apontamento por aquela autoridade. Com o fito de que fosse atendida essa proporcionalidade, o Supremo deferira, em 1990, medida cautelar a fim de suspender a vigência do art. 7º do ADCT paulista, até o julgamento final da presente ação. No mês seguinte, também concedera medida análoga para suspender os efeitos do item 1 do § 2º do art. 31 da Constituição paulista, sendo o mérito julgado em 2005 (ADI 397/SP, DJU de 9.12.2005), quando declarada a inconstitucionalidade dos itens 1 e 3 do § 2º do art. 31 do mencionado diploma ("Art. 31... § 2º - Os Conselheiros do Tribunal serão escolhidos: 1 - dois, pelo Governador de Estado com aprovação da Assembléia Legislativa, alternadamente entre os substitutos de Conselheiros e membros da Procuradoria da Fazenda do Estado junto ao Tribunal, indicados por este, em lista tríplice, segundo critérios de antiguidade e merecimento; ... 3 - o último, uma vez pelo Governador de Estado, e duas vezes pela Assembléia Legislativa, alternada e sucessivamente"). ADI 374/DF, rel. Min. Dias Toffoli, 22.3.2012.

Composição do TCE paulista - 3

Tendo em conta a jurisprudência do STF, bem como o decurso do tempo, considerou-se necessário o exame da atual composição do tribunal de contas em comento. Aludiu-se que: a) a primeira vaga fora preenchida por indicação do governador, antes de 1988; b) as vagas 2, 3, 4, 5 e 7, por conselheiros escolhidos pela assembleia legislativa, respectivamente, em dezembro de 1990, maio de 1991, março de 1993, novembro de 1993 e abril de 1997; e c) a vaga 6, novamente por livre critério do governador, em abril de 1994. Ressaltou-se que, até hoje, não haveria nenhum conselheiro escolhido dentre auditores e membros do Ministério Público de Contas. Asseverou-se, outrossim, que as regras contidas nos artigos 73, § 2º, e 75, ambos da CF, seriam de observância obrigatória pelos Estados-membros, ante o princípio da simetria. Entretanto, destacou-se, por oportuno, que, na ocasião das duas últimas nomeações, não havia sido criado o quadro de auditor do tribunal de contas — surgido em 2005 —, tampouco implementado o Parquet no âmbito da corte de contas paulista — instituído com a Lei 1.110/2010, cujo concurso público para provimento de cargos fora finalizado em fevereiro de 2012. Ocorre que, nesse ínterim, a vaga 4 estaria em aberto, haja vista a aposentadoria do conselheiro que a ocupava. Concluiu-se que essa vaga decorrente da aposentação deveria ser, necessariamente, preenchida por auditor da corte de contas, indicado pelo governador e que a vaga 6 corresponderia à classe de membro do Ministério Público de Contas, a qual deverá ser ocupada por integrante daquela instituição, se em aberto. No ponto, assinalou-se que o atual ocupante da vaga 6 seria membro do Parquet paulista e que, à falta do Ministério Público especial, sua indicação teria ocorrido nessa qualidade. Por fim, afirmou-se que o governador somente poderia indicar conselheiro de sua livre escolha, na hipótese de vagar o cargo ocupado pelo conselheiro nomeado antes do advento da CF/88, assim como a assembleia legislativa, no caso de vacância das vagas 2, 3, 5 e 7. ADI 374/DF, rel. Min. Dias Toffoli, 22.3.2012.

Composição do TCE paulista – 4

Vencidos os Ministros Marco Aurélio e Cármen Lúcia, que reputavam o pleito procedente na sua integralidade. Realçavam que o pronunciamento desta Corte teria sido desrespeitado, visto que as nomeações para o tribunal de contas paulista seguiram, não a Constituição Federal, mas norma transitória que indicava o preenchimento das vagas pela assembleia legislativa, sem a participação do Poder Executivo. O primeiro advertia a respeito dos riscos de se mitigar aquela decisão e placitar-se o que realizado de modo conflitante com aquela manifestação e também com a Constituição. Esta última enfatizava que, embora não amadurecida a jurisprudência do Supremo em 1990, a questão já estaria sumulada desde 2003, com a edição do Verbete 653 ("No Tribunal de Contas estadual, composto por sete conselheiros, quatro devem ser escolhidos pela Assembléia Legislativa e três pelo Chefe do Poder Executivo estadual, cabendo a este indicar um dentre auditores e outro dentre membros do Ministério Público, e um terceiro à sua livre escolha"). Ademais, não entendia razoável supor que o último conselheiro indicado desconhecesse o risco de sua nomeação, diante da liminar concedida. ADI 374/DF, rel. Min. Dias Toffoli, 22.3.2012.

6. Jurisprudência sobre o Tema

6.1. Informativos STF

Informativo nº 940
Prerrogativa de foro e autoridades estaduais

O Plenário, por maioria, julgou procedente pedido formulado em ação direta para declarar a inconstitucionalidade do art. 81, IV, da Constituição do Estado do Maranhão, acrescentado pela Emenda Constitucional 34/2001. O dispositivo impugnado inclui, entre as autoridades com foro criminal originário perante o tribunal de justiça, os procuradores de Estado, os procuradores da assembleia legislativa, os defensores públicos e os delegados de polícia. Prevaleceu o voto do ministro Alexandre de Moraes, redator para o acórdão. Para ele, ao dispor sobre os órgãos do Poder Judiciário, o art. 92 da Constituição Federal (CF) (1) previu como regra que a primeira e a segunda instâncias constituem juízo natural com cognição plena para a questão criminal. Apenas excepcionalmente a CF conferiu prerrogativas de foro para as autoridades federais, estaduais e municipais. No ponto, citou, como exemplo, a competência do Supremo Tribunal Federal (STF) para processar e julgar o presidente da República, o vice-presidente, membros do Congresso Nacional, seus próprios ministros e o procurador-geral da República; a competência do Superior Tribunal de Justiça (STJ) para processar e julgar os desembargadores; e a competência dos tribunais de justiça para processar e julgar os membros do ministério público estadual, os próprios magistrados e os prefeitos municipais. Sublinhou a inviabilidade de se aplicar, nesse caso, o princípio da simetria, uma vez que a CF estabelece prerrogativa de foro nos três níveis: federal, estadual e municipal. Ressaltou que interpretação que conferisse às constituições estaduais a possibilidade de definir foro, considerando o princípio federativo e com esteio no art. 125, § 1º, da CF (2), permitiria aos Estados dispor, livremente, sobre essas prerrogativas, o que seria equivalente a assinar um cheque em branco. Por fim, esclareceu que o vice-governador, os secretários de Estado e o comandante dos militares estaduais, por determinação expressa do art. 28 da CF (3), também possuem prerrogativa de foro, independentemente de a constituição estadual fixá-la ou não. Vencidos, em parte, os ministros Gilmar Mendes e Celso de Mello, que julgaram o pleito procedente apenas para declarar a inconstitucionalidade da expressão "delegados de polícia", incluída no art. 81, IV, da Constituição estadual. Consideraram que a competência dos tribunais de justiça é estabelecida pela constituição estadual (CF, art. 125, § 1º). Portanto, eventualmente, a competência originária do tribunal de justiça pode ser estendida mesmo para autoridades para as quais a Constituição Federal não resguarda paralelo. Ademais, reputaram não violado o art. 22, I, da CF (4), visto que a questão relativa à prerrogativa possui mais natureza constitucional e política do que processual. Quantos aos delegados de polícia, a despeito da relevância de suas atribuições, a jurisprudência do STF impede que seja conferida essa prerrogativa. ADI 2.553/MA, rel. Min. Gilmar Mendes, red. p/ o ac. Min. Alexandre de Moraes, 15.5.2019.

Informativo nº 913
Acordo de leniência e compartilhamento de provas
A Segunda Turma negou provimento a agravo regimental para manter decisão que deferiu o compartilhamento de provas originalmente produzidas a partir de acordo de leniência, para a instrução de inquérito em trâmite no âmbito do Ministério Público estadual. O compartilhamento visa promover a instrução de inquérito civil que investiga possível prática de ato de improbidade e lesão ao erário em razão do recebimento de valores destinados à campanha eleitoral de parlamentar federal. A Turma afirmou que, no acordo de leniência em questão, o Ministério Público Federal (MPF) se compromete a não propor, contra os aderentes, qualquer ação de natureza cível ou penal em relação aos fatos e condutas nele revelados. Todavia, não há óbice ao compartilhamento das provas, desde que o pedido se mostre adequadamente delimitado e justificado, na linha da jurisprudência do Supremo Tribunal Federal (STF) (Pet. 6.8457.463), observadas cautelas especiais quando se tratar de colaboração premiada e acordo de leniência. Dessa forma, é legítimo o compartilhamento com o fim de instrução de inquérito que investiga pessoa a qual não celebrou acordo de leniência, desde que não acarrete eventual prejuízo aos aderentes do instrumento. Inq. 4.420/DF, rel. Min. Gilmar Mendes, julgamento em 21.8.2018.

Informativo nº 671.
Ministério Público e investigação criminal – 2
Em seguida, o Supremo, por votação majoritária, resolveu questão de ordem — suscitada pelo PGR — com o fito de assentar a legitimidade

do Procurador-Geral de Justiça do Estado de Minas Gerais, ora recorrido, para proferir sustentação oral. O Min. Cezar Peluso, relator, anotou que o Plenário já teria reconhecido que o Parquet estadual disporia de legitimação para atuar diretamente nesta Corte nas causas por ele promovidas originariamente. Elucidou que o PGR poderia desempenhar, no Supremo, 2 papéis simultâneos: a) o de fiscal da lei; ou b) o de parte. Assim, quando o MPU, em qualquer dos seus ramos, figurasse como parte do feito, só ao PGR seria dado oficiar perante o STF, porque ele quem encarnaria os interesses confiados pela lei ou pela Constituição a este órgão. Explicou que, nos demais casos, esse Parquet exerceria, evidentemente, a função de fiscal da lei. Nesta última condição, a sua manifestação não poderia preexcluir a das partes, sob pena de ofensa ao princípio do contraditório. Destarte, sugeriu que a Lei Complementar federal 75/93 somente incidisse no âmbito do MPU, sob pena de cassar--se a autonomia dos Ministérios Públicos estaduais, que estariam na dependência, para promover e defender interesse em juízo, da aprovação do Ministério Público Federal. RE 593.727/MG, rel. Min. Cezar Peluso, 21.6.2012.

Ministério Público e investigação criminal – 3

No ponto, o Min. Celso de Mello aduziu que a Constituição teria distinguido a Lei Orgânica do MPU (LC 75/93) — típica lei federal —, da Lei Orgânica Nacional (Lei 8.625/93), que se aplicaria, em matéria de regras gerais e diretrizes, a todos os Ministérios Públicos estaduais. Ademais, sublinhou que a Resolução 469/2011 do STF determinaria a intimação pessoal do Ministério Público do estado-membro nos processos em que este fosse parte. Salientou que não haveria relação de subordinação jurídico-institucional que submetesse o Ministério Público estadual à chefia do MPU. Acresceu que a Constituição teria definido o PGR como chefe do MPU e que, não raras vezes, seriam possíveis situações processuais nas quais se estabelecessem posições antagônicas entre esses 2 órgãos. Além disso, a privação do titular do Parquet estadual para figurar na causa e expor as razões de sua tese consubstanciaria exclusão de um dos sujeitos da relação processual. RE 593.727/MG, rel. Min. Cezar Peluso, 21.6.2012.

Ministério Público e investigação criminal – 4

O Min. Ricardo Lewandowski lembrou a possibilidade de existência de conflito federativo, resolvido pelo Pleno, entre Ministério Público

Federal e local. O Min. Marco Aurélio discorreu que o processo em si não seria corrida de revezamento. Explicitou que, acaso se transportasse a óptica alusiva à concentração para hipótese da Defensoria Pública, como para a seara dos profissionais da advocacia, estar-se-ia a julgar ação penal com roupagem de recurso extraordinário. O Min. Gilmar Mendes sobrelevou que a tese a ser firmada por esta Corte denotaria constructo que a própria práxis demonstrara necessário, uma vez que existiriam órgãos autônomos os quais traduziriam pretensões realmente independentes, de modo que poderia ocorrer eventual cúmulo de argumentos. Relatou que em diversos momentos o MPF, pela voz do PGR, teria se manifestado contrariamente ao recurso aviado pelo Ministério Público estadual. A Min. Cármen Lúcia, em face da Resolução 469/2011, bem assim diante do fato de o Procurador-Geral de Justiça constar em todo o curso do processo como recorrido, acompanhou a orientação majoritária, todavia, ressalvou seu ponto de vista. Vencido o Min. Dias Toffoli, ao entender que a organicidade imporia que apenas um representante atuasse no Supremo Tribunal, ora como parte, ora como fiscal da lei. Se assim não fosse, deveria haver mais 27 assentos neste Tribunal. Versava que somente o PGR poderia aprovar os pareceres oferecidos nas causas em trâmite no STF. RE 593.727/MG, rel. Min. Cezar Peluso, 21.6.2012.

Informativo nº 574
Reabertura de Inquérito: Notícia de Nova Prova – 1

O Tribunal iniciou julgamento de habeas corpus impetrado contra o Procurador-Geral da República, que requerera o desarquivamento de procedimento administrativo e a reabertura de inquérito policial instaurado para apurar a suposta prática de crime de tráfico de influência por parte do paciente, à época Senador da República, acusado de intermediar contrato firmado entre entidade da Administração Indireta estadual e pessoa jurídica de direito privado. Narra o impetrante que o então Procurador-Geral da República, depois de analisar as informações, determinara o arquivamento do procedimento administrativo instaurado, no Ministério Público Federal, para apurar a prática do aludido delito, ao fundamento de não haver prova, ainda que indiciária, de participação do paciente. Alega que esse arquivamento seria irretratável, nos termos da jurisprudência da Corte (Inq. 2.054/DF, DJU de 6.10.2006). Expõe, ainda, que, após Relatório Circunstanciado elaborado por Procuradores da República, o atual Procurador-Geral, ao verificar o surgimento de novas provas, que teriam alterado substancialmente o quadro probatório anterior, desarquivara o procedimento e requerera a reabertura do inquérito policial. Sustenta que a nova prova consistiria na reinquirição de uma antiga testemunha que se limitara a confirmar dado já anteriormente coligido, e que a reabertura do inquérito, sem novas provas, seria ilegal e abusiva. HC 94.869/DF, rel. Ricardo Lewandowski, 11.2.2010.

Reabertura de Inquérito: Notícia de Nova Prova – 2

O Min. Ricardo Lewandowski, relator, denegou a ordem. Inicialmente, indeferiu o pleito do impetrante de que fosse reconhecida, in limine, a prescrição da pretensão punitiva do paciente por força da desclassificação do delito a ele imputado, haja vista que a doutrina pátria seria uníssona ao afirmar que o delito tipificado no art. 332 do CP também poderia ser praticado por funcionário público. Asseverou, em seguida, que a orientação estabelecida no citado precedente não se aplicaria ao caso, porquanto se referiria à impossibilidade de se substituir a decisão de arquivamento por nova denúncia e não à reabertura de inquérito policial, hipótese dos autos. Afirmou que o Enunciado 524 da Súmula do Supremo estabelece que, "arquivado inquérito policial, por despacho do juiz, a requerimento do promotor de justiça, não pode a ação penal ser iniciada, sem novas provas", e que a situação sob exame não seria de oferecimento de denúncia após o desarquivamento de inquérito, mas de reabertura de inquérito. Asseverou que para o desarquivamento de inquérito seria necessária apenas a existência de novas provas, nos termos do art. 18 do CPP ("Depois de ordenado o arquivamento do inquérito pela autoridade judiciária, por falta de base para a denúncia, a autoridade policial poderá proceder a novas pesquisas, se de outras provas tiver notícia"). Para o relator, diante da notícia de novos elementos de convicção por parte do Parquet, seria admissível a reabertura das investigações, a teor da parte final do art. 18 do CPP, mesmo porque o arquivamento de inquérito policial não faria coisa julgada nem acarretaria a preclusão, por se tratar de decisão tomada rebus sic standibus. Registrou que, se, por um lado, para desarquivar o inquérito policial bastaria a notícia de provas novas, por outro lado, o Ministério Público só poderia ofertar a denúncia se produzidas provas novas, nos termos daquele Verbete. Assim, enquanto o art. 18 do CPP regula o desarquivamento de inquérito policial, quando decorrente da carência de provas (falta de base para a denúncia), só permitindo o prosseguimento das investigações se houver notícia de novas provas, a Súmula 524 cria uma condição específica para o desencadeamento da ação penal, caso tenha sido antes arquivado o procedimento, qual seja, a produção de novas provas. HC 94.869/DF, rel. Ricardo Lewandowski, 11.2.2010.

Reabertura de Inquérito: Notícia de Nova Prova – 3

Frisou que o desarquivamento pode ensejar a imediata propositura da ação penal, se as novas provas tornarem dispensável qualquer outra diligência policial, mas que isso não significaria que esses dois momentos — o desarquivamento e a apresentação da demanda — poderiam ser confundidos. Ressaltou que o desarquivamento do inquérito policial constitui tão-só uma decisão administrativa, de natureza persecutória, no sentido de alterar os efeitos do arquivamento, e que, enquanto este tem como conseqüência a cessação das investigações, aquele tem como efeito a retomada das investigações inicialmente paralisadas pela decisão de arquivamento. Resumiu que, sem notícia de prova nova o inquérito policial não pode ser desarquivado, e sem produção de prova nova não pode ser proposta ação penal. Observou que, no caso, o atual Procurador-Geral da República, a partir de Relatório Circunstanciado, elaborado por integrantes do Parquet federal, entendera que teriam surgido novas provas que desmentiriam a versão originalmente apresentada pelo paciente, e que, de uma leitura perfunctória desse Relatório, seria possível constatar que esses Procuradores da República teriam se baseado em elementos extraídos de investigação levada a efeito em outro procedimento administrativo que culminara em ação penal. Salientando, por fim, que provas novas, de acordo com a Corte, são as que produzem alteração no panorama probatório dentro do qual foi concebido e acolhido o pedido de desarquivamento do inquérito, devendo ser substancialmente inovadoras, e não formalmente novas, concluiu que, na espécie, num primeiro exame, não apenas a referida testemunha teria trazido fatos novos, mas também outras provas teriam sido colhidas, como notas fiscais, estando-se diante, portanto, de notícia de provas novas. Após os votos dos Ministros Ellen Gracie e Joaquim Barbosa, que acompanhavam o relator, pediu vista dos autos o Min. Dias Toffoli. HC 94.869/DF, rel. Ricardo Lewandowski, 11.2.2010.

Informativo nº 617
Reclamação e legitimidade de Ministério Público estadual – 3
O Plenário concluiu julgamento de reclamação ajuizada pelo Ministério Público do Estado de São Paulo contra acórdão que provera agravo de execução interposto em favor de condenado preso para restabelecer seu direito à remição dos dias trabalhados, cuja perda fora decretada em razão do cometimento de falta grave. Sustentava o reclamante violação ao Enunciado da Súmula Vinculante 9 ["O disposto no artigo 127 da Lei nº 7.210/1984 (Lei de Execução Penal) foi recebido pela ordem constitucional vigente, e não se lhe aplica o limite temporal previsto no *caput* do artigo 58"] — v. Informativo 580. Inicialmente, por maioria, reconheceu-se a legitimidade ativa autônoma do Ministério Público estadual para propor reclamação perante o STF. O Min. Marco Aurélio considerou que, como o Parquet estadual atuara na 1ª e na 2ª instâncias, ao vislumbrar desrespeito ao citado verbete, seria ele parte legítima na reclamação perante o Supremo. Assinalou que não haveria como se conceber a confusão do Ministério Público quando atuasse como parte e como fiscal da lei. O Min. Celso de Mello assentou que o Ministério Público do Trabalho não disporia dessa legitimidade por uma singularidade, qual seja, a de integrar o Ministério Público da União, cujo chefe é o Procurador-Geral da República. Aduziu que, entretanto, não existiria qualquer relação de dependência entre o Ministério Público da União e o dos Estados-membros. Acentuou que estabelecer uma situação de subalternidade implicaria descaracterizar o próprio modelo federal de Estado, porque se estaria virtualmente, em sede jurisdicional, a transformar, em termos de Ministério Público, o Estado brasileiro em verdadeiro Estado unitário, em que as deliberações emanariam do órgão central do sistema, que seria o Procurador-Geral da República. Acrescentou que, muitas vezes, inclusive, os Ministérios Públicos estaduais poderiam formular representação perante o STF, deduzindo pretensão com a qual não concordasse, eventualmente, a chefia do Ministério Público da União, o que obstaria o acesso do Parquet local no controle do respeito e observância, por exemplo, de súmulas impregnadas de eficácia vinculante. Rcl. 7.358/SP, rel. Min. Ellen Gracie, 24.2.2011.

Reclamação e legitimidade de Ministério Público estadual – 4
O Min. Cezar Peluso, por sua vez, ressaltou que fazer com que o Ministério Público estadual ficasse na dependência do que viesse a en-

tender o Ministério Público Federal seria incompatível, dentre outros princípios, com o da paridade de armas. Disse, ademais, que se estaria retirando do Ministério Público estadual uma legitimidade que seria essencial para o exercício das suas funções, as quais não seriam exercidas pelo Ministério Público Federal. Ponderou, ainda, que a orientação segundo a qual só o Procurador-Geral da República poderia atuar perante o STF estaria disciplinada na Lei Complementar 75/93, em um capítulo que só cuidaria do Ministério Público da União, e que o art. 46 dessa lei, específico desse capítulo, estabeleceria incumbir ao Procurador-Geral da República as funções de *custos legis* e as do Ministério Público Federal perante o STF, mas não as funções de qualquer Ministério Público como parte. O Min. Ayres Britto, ao incorporar em seu voto os mencionados fundamentos, entendeu que a Carta Federal estruturaria o Ministério Público sob a forma de instituição-gênero, dividida em duas espécies: o da União, subdividido em ramos, e o dos Estados, unitariamente concebido. Comunicaria, ou estenderia, a ambas os mesmos traços de permanência, da sua essencialidade em face da função jurisdicional do Estado, assim como da submissão aos princípios da unidade, indivisibilidade e independência, além de autonomia funcional e administrativa (CF, art. 127, *caput* e §§ 1º e 2º). Aduziu que a Lei Maior, também, erigiria toda a ordem jurídica como a primeira das finalidades do Ministério Público e incumbiria a ele defendê-la. Salientou haver um vínculo necessário entre o instituto da reclamação e a defesa da ordem jurídica, a viabilizar o manejo da ação pelo órgão ministerial enquanto instituição-gênero. Assim, observou não haver distinção de qualidade entre o Ministério Público da União e o dos Estados, por serem a eles comuns tanto as finalidades quanto as competências previstas, respectivamente, nos artigos 127 e 129 da CF. Registrou que, aos Ministérios Públicos estaduais, competiria velar pela defesa da competência e pela autoridade das decisões do STF nas respectivas unidades federadas. Vencidos, no ponto, os Ministros Ellen Gracie, relatora, Dias Toffoli, Cármen Lúcia e Joaquim Barbosa, que deferiam a admissão do Procurador-Geral da República como autor da demanda, ao fundamento de que o Parquet estadual não possuiria legitimidade para propor originariamente reclamação no STF. Consideravam, entretanto, que a ilegitimidade fora corrigida pelo Procurador-Geral, que ratificara a petição inicial. Rcl. 7.358/SP, rel. Min. Ellen Gracie, 24.2.2011.

Reclamação e legitimidade de Ministério Público estadual – 5

No mérito, por maioria, julgou-se procedente a reclamação para cassar o acórdão adversado. Esclareceu-se que o julgamento do agravo ocorrera em data posterior à edição da Súmula, o que expressamente reconhecido pela Corte estadual. Reputou-se incorreto o fundamento de que ela não seria vinculante em razão de ser anterior a data da falta grave. Consignou-se, ainda, que a súmula se destinaria à obediência pelos órgãos do Poder Judiciário e, por conseguinte, como a decisão impugnada seria posterior à sua edição, forçosamente, haveria de respeitá-la. O Min. Gilmar Mendes observou que, se a súmula só fosse aplicada a fatos que ocorressem a partir dela, esvaziar-se-ia boa parte de seu efeito útil. Vencidos os Ministros Celso de Mello e Marco Aurélio que a julgavam improcedente, ao fundamento de se tratar de matéria penal e de os fatos configuradores da falta disciplinar terem ocorrido antes da formulação sumular. Rcl. 7.358/SP, rel. Min. Ellen Gracie, 24.2.2011.

Informativo nº 537
Ministério Público do Trabalho e Ilegitimidade de Atuação perante o STF

Incumbe privativamente ao Procurador-Geral da República exercer as funções do Ministério Público junto ao Supremo Tribunal Federal, nos termos do art. 46 da Lei Complementar 75/93. Com base nesse entendimento, o Tribunal, por maioria, não conheceu de agravo regimental interposto pelo Ministério Público do Trabalho contra decisão que não conhecera de idêntico recurso por ele também interposto ante sua ilegitimidade. O primeiro agravo regimental impugnava decisão que deferira medida liminar pleiteada em reclamação para suspender o trâmite de ação civil pública proposta pelo agravante perante juízo de vara do trabalho de Aracaju/SE. Asseverou-se que, não obstante a disposição expressa nos artigos 15 da Lei 8.038/90 e 159 do RISTF no sentido de que qualquer interessado pode impugnar o pedido formulado pelo reclamante, o Ministério Público do Trabalho não tem legitimidade para atuar perante o Supremo. Aduziu-se que o art. 83 da Lei Complementar 75/93 estabelece que o exercício das atribuições do Ministério Público do Trabalho se circunscreve aos órgãos da Justiça do Trabalho. Acrescentou-se que os artigos 90, 107 e 110 dessa lei, ao disporem sobre as atribuições do Procurador-Geral do Trabalho, dos Subprocuradores-Gerais do Trabalho e dos Procuradores Regionais do Trabalho, preveem que eles deverão atuar, respectivamente, junto ao Plenário do Tribunal Superior do Trabalho, a este e nos ofícios na Câmara de Coordenação e Revisão, e aos Tribunais Regionais do Trabalho. Concluiu-se que, tendo sido interposto o agravo regimental contra decisão proferida em reclamação ajuizada nesta Casa, não se trataria de processo sujeito à competência da Justiça do Trabalho, mas do próprio Supremo, razão por que a atuação do Ministério Público do Trabalho nele usurparia a atribuição conferida privativamente ao Procurador-Geral da República. Vencido o Min. Marco Aurélio que conhecia do recurso, salientando que, se há um ato que se diz prejudicial à parte, interposto o agravo, a conclusão sobre a ilegitimidade da parte não conduziria ao não conhecimento desse recurso, sendo necessário conhecer da matéria de fundo até mesmo para se definir se a parte é legítima ou não. Leia o inteiro teor do voto condutor do acórdão na seção "Transcrições" deste Informativo. Rcl. 4.453 AgR-AgR-MC/SE, rel. Min. Ellen Gracie, 4.3.2009.

Informativo nº 515
ADI e Competência do Procurador-Geral da República – 2
(Artigo) O Tribunal retomou julgamento de ação direta na qual se pretende a declaração de inconstitucionalidade do art. 48, II e parágrafo único, da Lei Complementar 75/93 – Lei Orgânica do MPU, que estabelece incumbir ao Procurador-Geral da República a propositura, perante o STJ, da ação penal, nas hipóteses que elenca o art. 105, I, a, da CF, e autoriza a delegação dessa competência ao Subprocurador-Geral da República — v. Informativo 409. O Min. Marco Aurélio, em voto-vista, abriu divergência para julgar procedente o pedido formulado, por considerar, após salientar que o Judiciário e o Ministério Público estão organizados em patamares, existindo elos reveladores da atuação nos diversos órgãos, que os dispositivos impugnados divergem do sistema consagrado na Constituição Federal, do princípio da razoabilidade com o qual guarda pertinência a proporcionalidade. Asseverou que a Constituição prevê a atuação direta do Procurador-Geral da República no Supremo (artigos 36, III; 103, VI, e § 1º). Quanto à ação penal, afirmou que ele atua no Plenário desta Corte, podendo haver, nos processos em geral, tratando-se de jurisdição das Turmas, o credenciamento de Subprocurador. Aduziu que a íntima ligação do Procurador-Geral da República com o Supremo resta demonstrada na competência deste para processar e julgar aquele, originariamente, nas infrações penais comuns

e nos habeas corpus quando seja coator ou paciente (CF, art. 102, I, b e i), sendo do STJ a competência para processar e julgar, originariamente, os membros do Ministério Público da União que oficiem perante tribunais, e os habeas quando qualquer deles seja coator ou paciente (art. 105, I, a e c). Ressaltou que a participação direta do Procurador-Geral da República em instância diversa ao Supremo foi prevista expressamente no art. 109, § 5º, da CF ("Art. 109. ... § 5º Nas hipóteses de grave violação de direitos humanos, o Procurador-Geral da República, com a finalidade de assegurar o cumprimento de obrigações decorrentes de tratados internacionais de direitos humanos dos quais o Brasil seja parte, poderá suscitar, perante o Superior Tribunal de Justiça, em qualquer fase do inquérito ou processo, incidente de deslocamento de competência para a Justiça Federal".), sendo ela a única hipótese contemplada. Após os votos do Min. Carlos Britto, que acompanhava a divergência, e dos Ministros Cármen Lúcia e Eros Grau, acompanhando o relator, no sentido da improcedência do pleito, pediu vista dos autos o Min. Cezar Peluso. ADI 2.913/DF, rel. Min. Carlos Velloso, 14.8.2008.

Informativo nº 479
Organização do ministério público e vício formal

Por vislumbrar aparente ofensa ao § 5º do art. 128 da CF ("*Leis complementares da União e dos Estados, cuja iniciativa é facultada aos respectivos Procuradores-Gerais, estabelecerão a organização, as atribuições e o estatuto de cada Ministério Público, observadas, relativamente a seus membros:...*"), o Tribunal deferiu medida cautelar em ação direta de inconstitucionalidade ajuizada pelo Procurador-Geral da República para suspender, até a decisão final da ação, a eficácia da Lei Complementar 99/2007, do Estado de Minas Gerais, que altera a Lei Complementar 34/94, que dispõe sobre a organização do Ministério Público estadual e dá outras providências. Entendeu-se que a Assembleia Legislativa, em projeto de iniciativa do Procurador-Geral de Justiça do Estado de Minas Gerais, aprovou substitutivo que alterou, na substância, a proposição inicial, tratando, de forma autônoma, sobre temas diversificados. ADI 3.946 MC/MG, rel. Min. Marco Aurélio, 12.9.2007.

Informativo nº 452
Lei 10.406/2002, art. 66, § 1º, e vício material

O Tribunal julgou procedente pedido formulado em ação direta ajuizada pela Associação Nacional dos Membros do Ministério Público – CONAMP para, sem prejuízo da atribuição do Ministério Público Federal da veladura pelas fundações federais de direito público, funcionem, ou não, no Distrito Federal ou nos eventuais Territórios, declarar a inconstitucionalidade do § 1º do art. 66 da Lei 10.406/2002 (novo Código Civil) –, que prevê que o MPF velará pelas fundações que funcionarem no DF ou em Território. Inicialmente, afastou-se a alegação de ofensa ao art. 128, § 5º, da CF, ao fundamento de que tal assertiva é elidida pelo art. 129 da CF que, depois de enumerar uma série de funções institucionais do Ministério Público, admite, em seu inciso IX, que a elas se acresçam a de exercer outras funções que lhe forem conferidas, desde que compatíveis com sua finalidade, vedadas a representação judicial e a consultoria públicas. No ponto, asseverou-se tratar-se de "norma de encerramento" que, ao não exigir explicitamente lei complementar, permite que leis ordinárias aditem novas funções às diretamente outorgadas ao Ministério Público pela CF. Por outro lado, entendeu-se que a norma impugnada discrepa do sistema constitucional de repartição de atribuições de cada corpo do Ministério Público, que corresponde substancialmente à distribuição de competência entre Justiças da União e a dos Estados e do DF, e, no qual, a área reservada ao MPF é coextensiva, *mutatis mutandis*, aquela da jurisdição da Justiça Federal comum e dos órgãos judiciários de superposição – o STF e o STJ. Salientou-se que, malgrado compreendido o MPDFT, no plano administrativo, no MPU, a Constituição a ele reservou âmbito funcional coextensivo ao do Ministério Público dos Estados, isto é, coincidente a esfera material e territorial da competência da Justiça dos Estados-membros, ressaltando o que disposto no art. 128, § 3º, da CF. Assim, não obstante reserve à União organizá-lo e mantê-lo (CF, art. 21, XIII), é do sistema da Constituição que se infere a identidade substancial da esfera de atribuições do MPDFT àquelas confiadas ao MPE, que, à semelhança do que ocorre com o Poder Judiciário, se apura por exclusão das correspondentes ao Ministério Público Federal, ao do Trabalho e ao Militar. Concluiu-se, dessa forma, que o critério eleito para definir a atribuição questionada, qual seja, funcionar a fundação no DF, peca de um lado, na medida em que há fundações de direito público, instituídas pela União – e, portanto, integrantes da Administração Pública Federal e sujeitas, porque autarquias fundacionais, à jurisdição da Justiça Federal ordinária –, mas que não têm sede no DF, e por outro lado, na medida em que a circunstância de serem sediadas ou funcionarem no DF não é bastante nem para incorporá-las à Administração Pública da União – sejam elas fundações de direito privado ou fundações públicas, como as instituídas pelo DF –, nem para submetê-las à Justiça Federal. ADI 2.794/DF, rel. Min. Sepúlveda Pertence, 14.12.2006.

6.2. Informativos STJ

Informativo nº 649
GOVERNADOR. MANDATOS SUCESSIVOS. PRERROGATIVA DE FORO. INTERPRETAÇÃO RESTRITIVA. ART. 105, I, "A", DA CF/1988. CONTEMPORANEIDADE E PERTINÊNCIA TEMÁTICA ENTRE OS FATOS EM APURAÇÃO E O EXERCÍCIO DA FUNÇÃO PÚBLICA. IMPRESCINDIBILIDADE. INCOMPETÊNCIA DO STJ.

O STJ é incompetente para examinar o recebimento de denúncia por crime supostamente praticado durante mandato anterior de governador, ainda que atualmente ocupe referido cargo por força de nova eleição. A Corte Especial, no julgamento do AgRg na Apn 866/DF e da Questão de Ordem na Apn 857/DF, conferiu nova e restritiva interpretação ao art. 105, I, a, da CF/1988, delimitando a competência penal originária desta Corte exclusivamente ao julgamento dos crimes atribuídos aos governadores e aos conselheiros de tribunais de contas que tenham sido cometidos durante o exercício do cargo e relacionados ao desempenho de referidas funções públicas. Cinge-se a controvérsia a averiguar se o STJ se mantém competente para examinar o recebimento da denúncia, na qual são narradas condutas que, apesar de relacionadas às funções institucionais de cargo público que garantiria foro por prerrogativa de função nesta Corte, teriam sido supostamente praticadas durante mandato anterior e já findo do denunciado e apesar de atualmente ocupar, por força de nova eleição, o referido cargo. A recente reinterpretação conduzida por este Tribunal, acompanhando o que fora decidido pelo STF, revelou que o conteúdo normativo da competência penal originária teria de ser restringido a seu núcleo fundamental, a fim de garantir a efetividade do sistema penal e evitar que o instituto se relacione à impunidade. Deduziu-se, assim, que o propósito do foro por prerrogativa de função é a proteção ao legítimo exercício do cargo, no interesse da sociedade. Entender de forma diversa, com a perpetuação de referida garantia, poderia acarretar sua transmutação em um privilégio de natureza pessoal, haja vista passar a estar atrelado, individualmente, à pessoa que ocupa a função pública. Assim, a sucessão de mandatos decorrente da reeleição para um mesmo cargo, ainda que de forma consecutiva, não pode, de fato, ser suficiente para a manutenção do foro por prerrogativa de função. Além disso, o princípio da unidade de legislatura, previsto originariamente na Constituição Federal em relação ao Poder Legislativo e ao processo de elaboração legislativa, também é justificador do isolamento dos mandatos em relação às supervenientes reeleições. O término de um determinado mandato acarreta, por si só, a cessação do foro por prerrogativa de função em relação ao ato praticado nesse intervalo, tendo como consequência o encaminhamento do processo que o apura ao órgão jurisdicional do primeiro grau de jurisdição. Dessa forma, a interpretação que melhor contempla a preservação do princípio republicano e isonômico é a de que o foro por prerrogativa de função deve observar os critérios de concomitância temporal e da pertinência temática entre a prática do fato e o exercício do cargo. QO na APn 874-DF, Rel. Min. Nancy Andrighi, Corte Especial, por maioria, julgado em 15/05/2019, DJe 03/06/2019.

Informativo nº 556
CORTE ESPECIAL
DIREITO PROCESSUAL CIVIL E PROCESSUAL PENAL. LEGITIMIDADE DO MINISTÉRIO PÚBLICO ESTADUAL PARA ATUAR NO ÂMBITO DO STJ.

O Ministério Público Estadual tem legitimidade para atuar diretamente como parte em recurso submetido a julgamento perante o STJ. O texto do § 1º do art. 47 da LC 75/1993 é expresso no sentido de que as funções do Ministério Público Federal perante os Tribunais Superiores da União somente podem ser exercidas por titular do cargo de Subprocurador-Geral da República. A par disso, deve-se perquirir quais as funções que um Subprocurador-Geral da República exerce perante o STJ. É evidente que o Ministério Público, tanto aquele organizado pela União quanto aquele estruturado pelos Estados, pode ser parte e *custos legis*, seja no âmbito cível ou criminal. Nesse passo, tendo a ação (cível ou penal) sido proposta pelo Ministério Público Estadual perante o primeiro grau de jurisdição, e tendo o processo sido alçado ao STJ por meio de recurso, é possível que esse se valha dos instrumentos recursais necessários na defesa de seus interesses constitucionais. Nessas circunstâncias, o Ministério Público Federal exerce apenas uma de suas funções, qual seja: a de *custos legis*. Isto é, sendo o recurso do Ministério Público Estadual, o Ministério Público Federal, à vista do ordenamento jurídico, pode opinar pelo provimento ou pelo desprovimento da irresignação. Assim, cindido em um processo o exercício das funções do Ministério Público (o Ministério Público Estadual sendo o autor da ação, e o Ministério Público Federal opinando acerca do recurso interposto nos respectivos autos), não há razão legal, nem qualquer outra ditada pelo interesse público, que autorize restringir a atuação do Ministério Público Estadual enquanto parte recursal, realizando sustentações orais, interpondo agravos regimentais contra decisões etc. Caso contrário, seria permitido a qualquer outro autor ter o referido direito e retirar-se-ia do Ministério Público Estadual, por exemplo, o direito de perseguir a procedência de ações penais e de ações de improbidade administrativa imprescindíveis à ordem social. EREsp 1.327.573-RJ, Rel. originário e voto vencedor Min. Ari Pargendler, Rel. para acórdão Min. Nancy Andrighi, julgado em 17/12/2014, DJe 27/2/2015.

Informativo nº 552
DIREITO PROCESSUAL CIVIL. LEGITIMIDADE PARA A EXECUÇÃO DE TÍTULO EXECUTIVO EXTRAJUDICIAL PROVENIENTE DE DECISÃO DO TRIBUNAL DE CONTAS.
A execução de título executivo extrajudicial decorrente de condenação patrimonial proferida por tribunal de contas somente pode ser proposta pelo ente público beneficiário da condenação, não possuindo o Ministério Público legitimidade ativa para tanto. De fato, a Primeira Seção do STJ pacificou o entendimento no sentido de que o Ministério Público teria legitimidade, ainda que em caráter excepcional, para promover execução de título executivo extrajudicial decorrente de decisão de tribunal de contas, nas hipóteses de falha do sistema de legitimação ordinária de defesa do erário (REsp 1.119.377-SP, DJe 4/9/2009). Entretanto, o Pleno do STF, em julgamento de recurso submetido ao rito de repercussão geral, estabeleceu que a execução de título executivo extrajudicial decorrente de decisão de condenação patrimonial proferida por tribunal de contas pode ser proposta apenas pelo ente público beneficiário da condenação, bem como expressamente afastou a legitimidade ativa do Ministério Público para a referida execução (ARE 823.347-MA, DJe 28/10/2014). Além disso, a Primeira Turma do STJ também já se

manifestou neste último sentido (REsp 1.194.670-MA, DJe 2/8/2013). Precedentes citados do STF: RE 791.575-MA AgR, Primeira Turma, DJe 27/6/2014; e ARE 791.577-MA AgR, Segunda Turma, DJe 21/8/2014. REsp 1.464.226-MA, Rel. Min. Mauro Campbell Marques, julgado em 20/11/2014.

Informativo nº 387
LEGITIMIDADE. MP.

Discute-se a legitimidade, se do Ministério Público estadual ou do Ministério Público do Trabalho, para propor ação civil pública com objetivo de cumprimento de normas atinentes à segurança e à medicina do trabalho pelas construtoras vencedoras de licitação estadual para contenção de enchentes. A sentença extinguiu a ação com base no art. 267, VI, c/c art. 295, II, ambos do CPC, e o Tribunal *a quo* proveu apelação, reconhecendo a legitimidade do MP estadual. No REsp, o Min. Luis Felipe Salomão, inaugurando a divergência, considerou ser inegável a legitimação do MP estadual para a ação civil pública em exame, além de observar a concorrência de atribuições entre os órgãos do MP, o que eventualmente garantiria a possibilidade de atuação conjunta na defesa do interesse público. Já conforme o voto vista do Min. João Otávio de Noronha, condutor da tese vencedora, a legitimidade para a propositura da ação é do Ministério Público estadual. Aponta que, à época da propositura da ação (1997), a jurisprudência neste Superior Tribunal era no sentido de que compete à Justiça comum o conhecimento e julgamento de ações que envolvem acidente do trabalho, consequentemente, essa Justiça também é competente para julgar a ação civil pública quando destinada a prevenir acidente do trabalho. Outrossim, ressalta que a LC nº 75/1993 atrelou a legitimidade *ad causam* do MP à competência do órgão julgador, ou seja, só atua o Parquet especializado nas ações judiciais que tramitam na Justiça do Trabalho e o Tribunal *a quo* reconheceu a legitimidade do MP estadual. Por outro lado, a tese vencida reconhecia a legitimidade do MP do Trabalho e extinguia o processo (art. 267, VI, do CPC), também com base em precedentes deste Superior Tribunal, empatando a votação. No voto de desempate, a Min. Nancy Andrighi acompanhou a divergência, ou seja, admitiu a legitimidade do MP estadual, mas também defendeu a atuação isolada ou integrada de ambas as instituições do MP, uma vez que reconhecia a legitimidade do MP do Trabalho para proteger os direitos sociais dos trabalhadores (arts. 83, III e 84, II, da LC nº 75/1993), e a legitimidade do MP estadual para atuar na defesa dos interesses difusos e coletivos relacionados com o meio ambiente do trabalho (art. 292, II, da LC estadual nº 734/1993). Isso posto, a Turma, por maioria, não conheceu do recurso. Precedente citado: REsp 493.876-SP, DJ 12/8/2003. REsp 240.343-SP, Rel. originário Min. Aldir Passarinho Junior, Rel. para acórdão Min. João Otávio de Noronha, julgado em 17/3/2009.

Informativo nº 317
MP ESTADUAL. EDCL. HC. STJ

O Ministério Público atua neste Superior Tribunal por intermédio da Procuradoria-Geral da República ou, por delegação, por intermédio dos subprocuradores-gerais da República. Assim, os embargos de declaração opostos em habeas corpus pelo Ministério Público estadual não podem ser apreciados por este Superior Tribunal. Apenas quando o Ministério Público estadual interpuser recurso, ou seja, quando for parte, é que terá, aí sim, legitimidade para atuar neste Superior Tribunal, cabendo ao Ministério Público Federal atuar como *custos legis*. Precedentes citados: EDcl no HC 47.965-MT, DJ 29/5/2006, e AgRg nos EDcl no REsp 668.900-RS, DJ 27/6/2005. EDcl no HC 49.545-RS, Rel. Min. Maria Thereza de Assis Moura, julgados em 17/4/2007.

7. Questão de concursos

MPMG -XLVII CONCURSO – 2007- Prova Específicas

1ª QUESTÃO

Identifique e discorra sobre os instrumentos processuais utilizáveis pelo Ministério Público, preventivos e repressivos/punitivos das práticas de abuso do poder econômico e político ou de autoridade, nas diversas fases do processo eleitoral.

IV Princípios Institucionais

1. Introdução

Consoante Celso Ribeiro Bastos,[1] as Constituições são compostas de normas classificáveis em duas categorias principais: os princípios e as regras. As regras seriam aquelas normas que se aproximam do direito comum, isto é, têm os elementos necessários para investir alguém na qualidade de titular de um direito subjetivo. Já os princípios, apesar de não gerarem direito subjetivo, desempenham função transcendental dentro da Constituição, dando feição de unidade ao Texto Constitucional e determinando-lhe as diretrizes fundamentais.

O § 1º do artigo 127 da Carta Magna fixa os Princípios Institucionais do Ministério Público. Sua observância é cogente e qualquer ato que destoar deles será inválido, eivado de inconstitucionalidade. São três os princípios institucionais elencados no texto da Carta Magna e reproduzidos no artigo 1º, parágrafo único, da Lei 8.625/93 (Lei Orgânica Nacional do Ministério Público); artigo 4º da LC 75/93 (Lei Orgânica do Ministério Público da União): a unidade, a indivisibilidade e a independência funcional. Eles foram inicialmente expostos no capítulo II, de forma genérica, na análise do texto constitucional. Passaremos então a uma análise mais circunstanciada.

2. A Unidade Institucional

A unidade traduz a identidade do Ministério Público como Instituição. Seus membros não devem ser identificados na sua individualidade, mas sim como integrantes de um mesmo organismo, que tem a função de exercer as tarefas constitucionais que lhe foram deferidas pela Carta Magna. Ao atuarem, oficiam em nome da Instituição e a presentam como um todo. Deve existir no ordenamento constitucional brasileiro apenas um Ministério Público, embora com atribuições distribuídas e multifacetadas perante os vários ramos do Poder Judiciário da União e justiças estaduais.

---

[1] BASTOS, Celso Ribeiro. *Dicionário de Direito Constitucional*. São Paulo: Saraiva, 1994, p. 159.

No entender de Manoel Gonçalves Ferreira Filho,[2] "... *na sua estruturação o Ministério Público deve ser uno, ou seja, submetido a um único ponto de comando no que concerne à sua organização administrativa*".

Mazzilli,[3] por sua vez, assevera que a *"unidade significa que os membros do Ministério Público integram um só órgão sob a direção de um só chefe"*.

Para o doutrinador paulista a expressão *"unidade do Ministério Público"* evidencia que cada Ministério Público tem um chefe, que determina e norteia a atuação da Instituição. Afirma ainda que não há unidade entre Ministérios Públicos de Estados distintos, nem tampouco entre o Ministério Público estadual e o Ministério Público da União. Acreditamos que o princípio da unidade repousa na assertiva de que, para cada função institucional deferida ao Ministério Público na Constituição, só exista um único ramo do Ministério Público apto para desempenhá-la. Desta forma, por exemplo, se ocorrer um crime federal, somente o Ministério Público Federal terá legitimidade para deflagrar a ação penal. Caso se trate, entretanto, da proteção a uma relação coletiva, decorrente do pacto laboral, é o Ministério Público do Trabalho que ajuizará eventual ação civil púbica. Nos crimes falimentares, somente o Ministério Público estadual é legitimado a oficiar. Em suma, a unidade repousa no princípio de que apenas um ramo do Parquet possui a atribuição para atuar num determinado caso concreto.

É a unidade institucional que permite que os ramos do Ministério Público troquem entre si documentos sigilosos para instruir um procedimento sem ocorrer no crime de violação de segredo profissional (art. 154 do CP).

2.1. A EC 45/2004 e a "Chefia Nacional do MP" – inexistência

A criação, pela EC 45/2004, do Conselho Nacional do Ministério Público (art. 130-A da CF) não teve o condão, apesar da investidura do Procurador-Geral da República na qualidade de presidente nato do colegiado,[4] de conferir qualquer subordinação dos Ministérios Públicos Estaduais ao MP da União ou ao próprio Conselho. O órgão não possui predicados constitucionais a vulnerar o pacto federativo inserto na Carta Magna, que garante a autonomia dos entes federativos, nem

2 FERREIRA FILHO, Manoel Gonçalves, *Comentários à Constituição Brasileira de 88*. Vol. II. São Paulo: Saraiva, 1992, p. 235.
3 MAZZILLI, Hugo Nigro. *Regime Jurídico do Ministério Público*. 5ª ed. São Paulo: Saraiva, 2001, p. 155.
4 Art. 130-A, I, da CF.

tampouco para criar uma "unidade institucional do Ministério Público Nacional", tornando o seu presidente o "Chefe Nacional do Ministério Público". Nesse sentido decidiu por unanimidade o Supremo Tribunal Federal na Pet. 3.528/2005, sendo relator o Ministro Marco Aurélio:

> *"Uma coisa é atividade do Procurador-Geral da República no âmbito do Ministério Público da União, como também o é atividade do Procurador-Geral de Justiça no Ministério Público do Estado. Algo diverso, e que não se coaduna com a organicidade do Direito Constitucional, é dar-se à chefia de um Ministério Público, por mais relevante que seja, em se tratando da abrangência de atuação, o poder de interferir no Ministério Público da unidade federada, agindo no campo administrativo de forma incompatível com o princípio da autonomia estadual. Esta apenas é excepcionada pela Constituição Federal e não se tem na Carta em vigor qualquer dispositivo que revele a ascendência do Procurador-Geral da República relativamente aos Ministérios Públicos dos Estados".*[5]

As características, atribuições e composição do colegiado serão examinadas a seguir, no Capítulo X.

2.2. Os conflitos de atribuições no âmbito da unidade institucional

A atribuição é conceituada de diversas formas pela doutrina, podendo ser sintetizada como *"a soma de poderes outorgados ou conferidos à pessoa para que validamente pratique certos e determinados atos"*.[6] Para Sérgio Demoro Hamilton,[7] a atribuição tem relação com a capacidade processual para a atuação em determinado procedimento, caracterizando-se como *"pressuposto de validez da instância"*. A matéria, segundo o mestre, deveria estar regulada nos nossos códigos e não restrita às leis orgânicas ministeriais. Paulo César Pinheiro Carneiro,[8] por sua vez, prefere identificá-la como requisito para o regular desenvolvimento da relação jurídico-processual.

Sem a pretensão de exaurir o tema, entendemos que a atribuição é a limitação criada pela lei ou por ato do Procurador-Geral de Justiça, dentre as funções institucionais do Ministério Público, para que seus

---
5 www.stf.jus.br – informativo 403 – Pet. 3.528/BA – Acesso em 19 de agosto de 2007.
6 SILVA, De Plácido e. *Vocabulário Jurídico*. Vol. I. 12ª ed., 1997, p. 241.
7 HAMILTON, Sergio Demoro. *A dúvida de atribuição e o princípio da autonomia funcional*. Revista do Ministério Público do Estado do Rio de Janeiro, Rio de Janeiro, nº 14, 2001, pp. 201-206.
8 CARNEIRO, Paulo César Pinheiro. *O Ministério Público no Processo Civil e Penal*. 6ª ed. Rio de Janeiro: Forense, 2001, p. 99.

agentes exerçam corretamente seu múnus.[9] Assim, indispensável seu exame para identificar-se corretamente qual órgão ministerial deve oficiar em determinado feito, para a efetividade de sua manifestação, seja como agente ou interveniente.

2.2.1. Conflito de atribuição e conflito de competência

O conflito de atribuição distingue-se do conflito de competência, embora seus conceitos sejam equiparados por parte da doutrina. Há quem estabeleça a distinção entre os conflitos tomando por base as autoridades conflitantes. Ou ainda, por se tratar de conflito ocorrido dentro ou fora de um processo. Entretanto, a melhor doutrina classifica-os focando a natureza do ato que produz os conflitos.

Tem-se o conflito de atribuição quando o ato tem natureza administrativa, sejam quais forem as autoridades discordantes. Já o conflito de competência, também chamado por muitos de conflito de jurisdição, ocorre no âmbito de atos judiciais.

Paulo César Pinheiro Carneiro[10] afirma que se deve diferenciar o conflito de atribuição do conflito de jurisdição ou competência. Enquanto o primeiro tem por finalidade o controle da atribuição de determinado órgão ou autoridade para a prática de determinados atos de natureza não jurisdicional, o segundo visa ao controle da competência de um órgão para a prática de atos de natureza jurisdicional.

No que tange à simultaneidade dos conflitos, é importante salientar que a ocorrência de um prescinde da do outro e que, embora o questionamento da atribuição muitas vezes gere um conflito de competência, é possível haver um deles sem que o outro ocorra. Vejamos alguns exemplos: Um inquérito oriundo, por exemplo, da Delegacia de Homicídios

---

9 Apesar da doutrina manifestar-se no sentido de que os limites da atribuição devem ser fixados em Lei ou em resolução do Chefe da respectiva instituição, a Assessoria de Assuntos Institucionais do MPRJ tem admitido eficácia a atos internos (ordens de serviço, portarias etc.) que fixem a atribuição de órgãos de execução, especialmente naqueles de atribuição concorrente, dado-se ciência à Corregedoria-Geral do MP. Confira-se: "Enunciado nº 13 – ATRIBUIÇÕES DOS ÓRGÃOS DE EXECUÇÃO DO MINISTÉRIO PÚBLICO. DIVISÃO INTERNA. A Assessoria de Assuntos Institucionais tem reconhecido a vigência, validade e eficácia de atos administrativos ordinatórios que importem em divisão interna de atribuições entre órgãos de execução do Parquet fluminense. Ref.: Procedimentos Administrativos MP nºs 2006.001.45057.00, de 15.08.2006, e 2006.001.45059.00, de 15.08.2006".

10 CARNEIRO, Paulo César Pinheiro. <u>O Ministério Público no Processo Civil e Penal</u>. 6ª ed. Rio de Janeiro: Forense, 2001, p. 184.

pode ser distribuído regularmente ao I Tribunal do Júri da Capital (onde há duas Promotorias de Justiça), competente para apreciar a questão, lá acarretando um conflito de atribuição entre os órgãos do Ministério Público acerca de qual deles deve oficiar no feito. Neste caso há conflito de atribuição sem que haja o de competência.

De outra parte, no caso legítimo de atuação de uma Promotoria de Tutela Coletiva em ação civil pública, é possível a ocorrência de um conflito de competência entre o Juízo Empresarial e o de Fazenda Pública acerca da competência para apreciar a questão, sem que exista qualquer dúvida quanto à atribuição do órgão do Ministério Público. Deve-se ressaltar, por oportuno, que somente ocorrerá conflito de atribuição entre dois ou mais membros do Ministério Público, quando um declinar de sua atribuição para outro e este, por sua vez, entender que a atribuição é do primeiro. Somente aí estará configurado o conflito e não se houver promoção declinatória do Promotor A para o Promotor B e desse para o Promotor C.

Outro aspecto semelhante entre os conflitos de competência e os de atribuição é o fato de existirem em caráter absoluto ou relativo. Tem-se a atribuição absoluta:

"*quando a opinio delicti ou sua manifestação couber a membro do Ministério Público de outra categoria, v.g., se um promotor estadual oferece denúncia afeta ao Ministério Público Federal e mesmo de Ministério Público de Estado diverso, ou no caso de manifestação de um promotor sem atribuição para matéria eleitoral, do Tribunal do Júri ou Militar, ou em feitos afetos à categoria superior de sua carreira, ou seja, no caso do Ministério Público Estadual o promotor oficia em processo cuja atribuição para funcionar era de Procurador de Justiça. Relativa, quando, em razão de atribuição funcional, delineada por atos de designação de área que tenha atribuição genérica, sendo exemplo correlato à atribuição* rationae loci, *onde, a exemplo da incompetência, tendo atuado um membro do Ministério Público sem atribuição em determinado processo, poderá se operar a preclusão caso não alegado o defeito a tempo hábil, e caso haja declinação de competência, serão válidos os atos praticados, anulando--se somente os atos decisórios judiciais, nos termos do art. 567 do CPP, preservando-se, assim, os atos praticados pelo promotor sem atribuição, passíveis apenas de ratificação*".[11]

---
11 LIMA, Marcellus Polastri. *Uma abordagem sobre questões relativas à atribuição criminal*. Publicado na Revista de Direito do Ministério Público do Rio de Janeiro nº 2, 1995.

2.2.2. Conflito de atribuição e dúvida de atribuição

Instituto muitas vezes equiparado ao conflito de atribuição é a chamada dúvida de atribuição, com previsão expressa na antiga lei que regulamentava o Ministério Público do Rio de Janeiro (LC 28/82, art. 10, XXII). Por tal dispositivo, o Procurador-Geral de Justiça deveria dirimir tanto o conflito quanto a dúvida de atribuição suscitados pelo membro da Instituição.

Paulo César Pinheiro Carneiro[12] afirma que a dúvida *"ocorreria nas hipóteses em que o membro do MP não está certo se deve ou não praticar determinado ato ou até mesmo oficiar no feito, uma vez que tem dúvida se tal situação se encontraria no âmbito de suas atribuições"*. Acrescentando ainda o autor que *"poucas leis orgânicas dos ministérios públicos estaduais têm previsão expressa da possibilidade de ocorrência de dúvidas de atribuições, apesar de, na prática, não ser pouco comum este fenômeno"*. Importante observar que a LONMP, bem como a nova lei fluminense (LC 106/2003), não preveem a dúvida de atribuição.

Sérgio Demoro Hamilton[13] defendia, antes mesmo da edição dos aludidos diplomas legais, a não recepção do instituto da dúvida pelo ordenamento constitucional de 1988, tendo em vista sua incompatibilidade com o princípio da independência funcional, segundo o qual o Chefe da Instituição não deve interferir na atuação funcional dos membros do Ministério Público. A exclusão do instituto, tanto pela LONMP quanto pela nova lei fluminense demonstra a prevalência da tese do ilustrado autor.

Nesse contexto, cumpre-nos destacar a função do Centro de Apoio Operacional, órgão auxiliar na estrutura orgânica da Instituição, cuja principal atribuição é fornecer apoio técnico-institucional aos membros do Ministério Público. Não há que se falar, quando o Promotor de Justiça procura orientação técnica nos CAOs, que se esteja legitimando a dúvida de atribuição. Trata-se, na verdade, de uma forma de auxiliar a atuação dos membros do Parquet, demonstrando a posição institucional em uma determinada questão, bem como sintetizando os posicionamentos doutrinário e jurisprudencial existentes, sem interferir na independência funcional dos mesmos.

---

12 CARNEIRO, *op. cit.*, 6ª ed., 2001, p. 187.
13 HAMILTON, *op. cit.*, 2001, p. 201.

2.2.3. Conflito positivo e conflito negativo de atribuição

É possível a ocorrência de um conflito positivo de atribuição quando dois ou mais membros do Ministério Público entendem possuir atribuição para atuar em determinado feito. Já o conflito negativo, em sentido diametralmente oposto, ocorre quando dois ou mais membros entendem não possuir atribuição para atuar em um feito. Deve ser dirimido o conflito, seja ele positivo ou negativo, para que seja declarada a atribuição de apenas um deles para atuar legitimamente. A identificação do conflito negativo de atribuição pressupõe que o órgão suscitante conclua não ter a atribuição para a prática de determinado ato, de um lado, e o órgão suscitado, igualmente, entenda ser a atribuição do membro do Parquet que lhe houvera indicado, de outro lado.[14]

Desta forma, o conflito de atribuição entre organismos do Ministério Público é instaurado a partir da imputação recíproca de atribuição acerca de questão fática ou jurídica submetida à apreciação de órgãos do Parquet, como tem advertido um dos mais autorizados doutrinadores sobre o tema:

> "A caracterização do conflito negativo de atribuição entre membros do Ministério Público pressupõe, basicamente, a existência de três condições: i) que um determinado membro do Ministério Público entenda não ter atribuição para iniciar a ação ou praticar ato no curso dela; ii) que este membro do Ministério Público indique qual Promotor que teria a atribuição para oficiar e iii) que o Promotor indicado entenda, igualmente, não ter atribuição para funcionar e reconheça tal obrigação no membro do Parquet que lhe houvera indicado".[15]

Esse também é o entendimento do Superior Tribunal de Justiça, como se pode observar dos trechos abaixo colacionados:

> "O conflito de atribuição entre autoridades administrativas somente surge quando ambas atribuem-se competência para o conhecimento e solução de matéria puramente administrativa".[16] "O conflito de atribuição é instaurado entre agentes ou órgãos que se julgam, simultaneamente,

---

14 HAMILTON, Sérgio Demoro. *Apontamentos sobre o conflito negativo de atribuições*. Revista de Direito da Procuradoria-Geral de Justiça do Estado do Rio de Janeiro, nº 3, 1976, pp. 43-50.
15 CARNEIRO, Paulo Cezar Pinheiro. O Ministério Público no Processo Civil e Penal. 5ª ed. Rio de Janeiro: Forense, 1999, p. 184.
16 CAT 19/MG, Rel. M. Garcia Vieira, julgado em 19.11.1991, 1ª Seção – Superior Tribunal de Justiça.

aptos ou não para o conhecimento e solução de determinado assunto, afastada, desde logo, qualquer ideia de jurisdição".[17]

Por fim, cabe apenas ressaltar que nada impede que o Procurador-Geral, ao enfrentar um conflito negativo ou positivo de atribuição que lhe é dado a examinar, conclua que a atribuição para a execução do caso concreto é de um terceiro órgão de execução, mesmo que este órgão não figure como parte suscitante ou suscitada do conflito de atribuição apresentado.

2.2.4. Outras hipóteses de conflito de atribuição

Como já asseverado, a atribuição dos órgãos do Ministério Público é fixada pelo regime instituído pela LONMP (art. 23, §§ 2º e 3º), por meio de resolução do Procurador-Geral de Justiça, após aprovação do Órgão Especial do Colégio de Procuradores de Justiça. Ocorre que, pelo regime anterior à Constituição, tal critério tinha base estritamente legal, razão pela qual os artigos 23 a 46 da LC 29/82 (antiga Lei Orgânica do MPRJ), estabeleciam as atribuições de cada um dos órgãos de execução do Parquet fluminense, especificando detalhadamente cada uma de suas funções institucionais. Tais dispositivos ainda estão em vigor, por determinação expressa do artigo 175 da LC 106/2003 e são a base para a solução, em muitos casos, dos conflitos de atribuição.

Assim, por exemplo, no Rio de Janeiro, eventual conflito de atribuição entre o Promotor Cível e o Promotor de Fazenda Pública, ocorrido em processos tramitando por Vara de Fazenda Pública, onde haja interesse de incapazes, será dirimido pela dicção legal do artigo 31 da LC 28/82, que determina que o órgão do Parquet com atribuição para ali oficiar é a Promotoria de Fazenda Pública, em detrimento de qualquer outro órgão do Ministério Público.

2.3. A solução dos conflitos

2.3.1. As diferentes possibilidades de conflitos

Inicialmente, cumpre-nos distinguir: o conflito de atribuições pode ocorrer entre membros de uma mesma unidade institucional (ex.: dois membros do Ministério Público do Estado do Rio de Janeiro ou dois membros do Ministério Público do Trabalho); entre membros de diferentes segmentos do Ministério Público da União (ex.: Ministério Público

---
[17] CAT 90/DF, Rel. M. Garcia Vieira, julgado em 09.02.2000, 1ª Seção – Superior Tribunal de Justiça.

Federal e Ministério Público Militar); ou entre membros de Ministérios Públicos de segmentos distintos (ex.: membro do Ministério Público Estadual e membro do Ministério Público Federal, ou entre dois membros de Ministérios Públicos Estaduais diversos, por exemplo: MP/MG e MP/RJ), merecendo tratamento diferente cada uma dessas situações.

2.3.2. Conflito de atribuição entre membros de uma mesma unidade institucional

Quando o conflito de atribuição se concretiza entre dois ou mais membros de um Ministério Público Estadual, temos a previsão legal para a solução do problema. A Lei 8.625/93 (LONMP), em seu artigo 10, X, dispõe ser função do Procurador-Geral de Justiça dirimir tais conflitos de atribuição entre membros do Ministério Público, designando quem deva oficiar no feito. Norma semelhante pode ser encontrada no Artigo 11, XVI, da Lei Complementar 106/03 do Estado do Rio de Janeiro.

2.3.3. Conflito de atribuição entre membros do Ministério Público da União

Situação diversa encontraremos quando o conflito de atribuição se estabelecer entre membros do Ministério Público da União. Nestes casos, é possível encontrarmos 5 soluções legais diferentes. Vejamos: Se o conflito se estabelecer entre dois membros do Ministério Público Federal, compete à Câmara de Coordenação e Revisão decidir a questão, com recurso cabível para o Procurador-Geral da República (art. 62, VII, c/c art. 49, VIII, ambos da LC 75/93).

No âmbito do Ministério Público do Trabalho, compete à Câmara de Coordenação e Revisão solucionar o conflito, com recurso para o Procurador-Geral do Trabalho (art. 103, VI c/c art. 91, VII, ambos da LC 75/93).

Quando o conflito for identificado entre membros do Ministério Público Militar, compete à Câmara de Coordenação e Revisão decidir o conflito, com recurso para o Procurador-Geral da Justiça Militar (art. 136, VI c/c art. 124, VI, ambos da LC 75/93).

Ocorrendo o conflito no âmbito do Ministério Público do Distrito Federal e Territórios, compete à Câmara de Coordenação e Revisão solucionar a questão, com recurso para o Procurador-Geral de Justiça (art. 171, VIII, c/c art. 159, VI, ambos da LC 75/93).

Por fim, se o conflito se estabelecer entre dois membros integrantes de segmentos diferentes do Ministério Público da União, a competência para dirimir o conflito é do Procurador-Geral da República, conforme dispõe o artigo 26, VII, da LC 75/93.

2.3.4. Conflito de atribuição entre membros do Ministério Público de ramos diferentes

Pode ocorrer ainda de o conflito de atribuição se concretizar entre membros do Ministério Público de ramos diferentes, como, por exemplo, entre um membro do Ministério Público Estadual e um membro do Ministério Público da União, ou ainda entre dois membros de Ministérios Públicos estaduais diversos. Neste caso, grande controvérsia doutrinária e jurisprudencial foi construída ao longo dos anos.

É o caso, por exemplo, de um conflito entre um membro do Ministério Público Federal e um membro de Ministério Público estadual, acerca da atribuição para oficiar em inquérito policial que apura tráfico ilícito de entorpecentes, de âmbito internacional. O Procurador da República declina de sua atribuição ao Ministério Público estadual, por entender não se tratar, na espécie, de tráfico internacional de entorpecentes. Por sua vez, o Promotor de Justiça discorda de tal entendimento e deseja suscitar conflito negativo de atribuição. Como se resolve tal conflito, já que os membros do Ministério Público que oficiam na espécie pertencem a instituições diversas? E com relação a conflito entre membros de Ministérios Públicos Estaduais diversos?

Até 2016 o STF possuía sólida jurisprudência no sentido de ser competente para dirimir conflitos de atribuição entre Ministério Público de Estados diversos[18] e entre Ministério Público Estadual e federal[19]. Contudo, em maio de 2016, ao julgar a Ação Cível Originária (ACO) 924, o Tribunal, por maioria, mudou o entendimento e decidiu de forma diversa, posicionando-se pela incompetência para julgar tais conflitos,

---
18 STF, ACO 2.739/RJ.
19 STF, Pet. 3.528/BA: "COMPETÊNCIA – CONFLITO DE ATRIBUIÇÕES – MINISTÉRIO PÚBLICO FEDERAL 'VERSUS' MINISTÉRIO PÚBLICO ESTADUAL. Compete ao Supremo a solução de conflito de atribuições a envolver o Ministério Público Federal e o Ministério Público Estadual. CONFLITO NEGATIVO DE ATRIBUIÇÕES – MINISTÉRIO PÚBLICO FEDERAL 'VERSUS' MINISTÉRIO PÚBLICO ESTADUAL – ROUBO E DESCAMINHO. Define-se o conflito considerado o crime de que cuida o processo. A circunstância de, no roubo, tratar-se de mercadoria alvo de contrabando não desloca a atribuição, para denunciar, do Ministério Público Estadual para o Federal".

que teriam natureza meramente administrativa e não índole jurisdicional. A solução encontrada, à época, foi que a função deveria ser desempenhada pelo Procurador-geral da República[20]. O Ministro Marco Aurélio não concordou com o novo posicionamento da Corte, sustentando que, quando a Constituição não designa um órgão como competente para dirigir um conflito, cabe ao STF essa função. E que o PGR, apesar de chefiar o Ministério Público da União não teria vínculo hierárquico sobre os MPs estaduais (chefiados pelos PGJs).

Contudo, em junho de 2020, durante o julgamento da ACO 843/SP, o STF mudou, novamente, seu entendimento. Discutia-se qual órgão seria competente para resolver conflito de atribuição entre órgãos do Ministério Público vinculados a entes federativos diferentes (no caso, MP-SP e MPF). O ministro Alexandre de Moraes, em voto vencedor, não conheceu do conflito, dando solução diversa daquela até então predominante no STF, no sentido da remessa dos autos ao PGR. Divergiu, justificando seu voto na ausência de hierarquia entre o MPU e os MP estaduais e definiu o Conselho Nacional do Ministério Público (CNMP) como competente para a solução do caso. Afirmou que conflito de atribuições se inseriria no controle de atuação administrativa e financeira do Ministério Público e essa função passou a ser do CNMP desde a EC 45. Por fim, ressaltou que o MPU é uma das partes interessadas no conflito de competência e que por isso a PGR não poderia decidir o caso. Confira-se trechos da decisão:

> *"Não se pode conferir ao conflito de atribuição existente entre agentes integrantes do Ministério Público, mesmo que envolvendo agentes de Estado-Membro e da União, a dimensão de conflito federativo que legitime a direta atuação do SUPREMO TRIBUNAL FEDERAL, tal como previsto no citado artigo 102, I, "f", da Constituição Federal. Ressalte-se, ainda, que, em princípio, tem-se por caracterizado conflito de atribuição, e não de jurisdição, hipótese última que, de fato, traria a competência para dirimi-lo ao Poder Judiciário, segundo as regras processuais de competência jurisdicional, mas não necessariamente à CORTE. Não menos relevante, ainda, é o fato de que, em prestígio à importância do Ministério Público, como órgão essencial à função jurisdicional do Estado, o conflito de atribuição envolvendo seus agentes seja resolvido, no âmbito administrativo, dentro da própria Instituição, reservando-se ao Poder Judiciário, apenas, o controle da legalidade do ato administrativo que o dirimiu,*

---

20 Disponível em: < http://www.stf.jus.br/portal/cms/verNoticiaDetalhe.asp?idConteudo=317013 > Acesso em 03 de julho de 2019.

por intermédio da via processual adequada. Preservam-se, com isso, os princípios da autonomia e da independência funcional do Ministério Público. Em conclusão, inexiste competência originária desta SUPREMA CORTE para conhecer desse conflito de atribuição entre agentes do Ministério Público do Estado de São Paulo e o Ministério Público Federal. Discordo, entretanto, do encaminhamento do conflito de atribuição para o Procurador-Geral da República, enquanto autoridade competente, pois é parte interessada na solução da demanda administrativa, uma vez que acumula a Chefia do Ministério Público da União com a chefia de um de seus ramos, o Ministério Público Federal, nos termos da LC 75/1993. A constituição atual situa o Ministério Público em capítulo especial, fora da estrutura dos demais poderes da República, consagrando sua total autonomia e independência, tendo ampliado as suas funções (arts. 127-130), sempre em defesa dos direitos, garantias e prerrogativas da sociedade. Assim, constitucionalmente, o Ministério Público abrange duas grandes Instituições, sem que haja qualquer relação de hierarquia e subordinação entre elas (STF, RE 593.727/MG – Red. p/Acórdão Min. GILMAR MENDES): (a) Ministério Público da União, que compreende os ramos: Federal, do Trabalho, Militar e do Distrito Federal e Territórios; (b) Ministério Público dos Estados. Não há, portanto, hierarquia entre o Ministério Público da União ou ramos específicos e os Ministérios Públicos estaduais, aplicando-se lhes os princípios institucionais do Ministério Público, com destaque para os da unidade, da indivisibilidade e da independência funcional em cada uma das instituições, com a finalidade de garantir o pleno desempenho de suas atividades constitucionais, que passa pela defesa da ordem jurídica, do regime democrático e dos interesses sociais e individuais indisponíveis.

Dessa maneira, como já tive oportunidade de defender academicamente, "os membros do Ministério Público integram um só órgão sob a direção única de um só Procurador-Geral, ressalvando-se, porém, que só existe unidade dentro de cada Ministério Público, inexistindo entre o Ministério Público federal e os dos Estados, nem entre o de um Estado e o de outro, nem entre os diversos ramos do Ministério Público da União" (Constituição do Brasil Interpretada, 9. ed. Atlas, p. 1.604). Em outras palavras, o princípio da unidade não compromete a independência entre os vários Ministérios Públicos, cada qual chefiado por seu respectivo Procurador-Geral, que se posicionam no mesmo nível de hierarquia, devendo ser observadas as atribuições de cada qual. Com tal premissa, não parece ser mais adequado que, presente conflito de atribuição entre integrantes do Ministério Público Estadual e do Ministério Público Federal, o impasse acabe sendo resolvido monocraticamente por quem exerce a chefia de um deles, no caso o Procurador-Geral da República. Ainda que de forma reflexa, estar-se-ia arranhando toda essa base principiológica em que estruturada a Instituição Ministério Público, conferindo-se ao Procurador-Geral da República, neste caso, posição hierárquica superior aos demais Procuradores-Gerais; em contrariedade ao artigo 128 da CF. **A interpretação sistemática da Constituição Federal, após a edição da EC 45/2004, aponta como mais razoável e compatível com a própria estrutura orgânica da Instituição reconhecer no Conselho Nacional do Ministério Público a necessária atribuição para solucionar os conflitos de atribuição entre seus diversos ramos, pois, constitucionalmente, tem a missão precípua de realizar o controle de atuação administrativa e financeira do Ministério Público. Assim, no âmbito interno e administrativo, não tendo vinculação direta com qualquer dos ramos dos Ministérios Públicos dos entes federativos, mas sendo por eles composto, o CNMP possui isenção suficiente para definir, segundo as normas em que se estrutura a instituição, qual agente do Ministério Público tem aptidão para a condução de determinado inquérito civil, inclusive porque, nos termos do § 2º do art. 130-A, é sua competência o controle da atuação administrativa do Ministério Público e do cumprimento dos deveres funcionais de seus membros, cabendo-lhe, inclusive, zelar pela autonomia funcional e administrativa do Ministério Público, bem como pela legalidade dos atos administrativos praticados por membros ou órgãos do Ministério Público da União e dos Estados, entre eles, aqueles atos que deram ensejo ao conflito de atribuições.**

A interpretação sistemática dos preceitos constitucionais da Instituição, portanto, aponta a competência do Conselho Nacional do Ministério Público para dirimir essa modalidade de conflito de atribuição com fundamento no artigo 130-A, § 2º, e incisos I e II, da Constituição Federal. Com amparo nesses preceitos constitucionais, estaria o referido órgão colegiado, ao dirimir o conflito de atribuição, exercendo o controle da atuação administrativa do Ministério Público e, ao mesmo tempo, zelando pela autonomia funcional e independência da instituição. A solução de conflitos de atribuições entre ramos diversos dos Ministérios Públicos pelo CNMP é a mais adequada, pois reforça o mandamento constitucional que lhe atribuiu o controle da legalidade das ações administrativas dos membros e órgãos dos diversos ramos ministeriais, sem ingressar ou ferir a independência funcional.

Diante do exposto, voto pelo NÃO CONHECIMENTO DA PRESENTE AÇÃO CÍVEL ORIGINÁRIA, em face da manifesta incompetência desta CORTE para a apreciação da ação, e PELO ENCAMINHAMENTO dos autos ao Conselho Nacional do Ministério Público para, nos termos do artigo 130-A, incisos I e II, da Constituição Federal, dirimir o conflito de atribuições". (grifos nossos)

A partir daí outros feitos foram julgados da mesma maneira pela Corte Suprema, como, por exemplo, as Petições (PETs) 4.891, 5.091 e 5.756 (agravo), que tratavam de conflitos de atribuições entre o Ministério Público do Estado de São Paulo (MP-SP) e o Ministério Público Federal (MPF) para apuração de crimes contra o sistema financeiro, de lavagem de dinheiro no âmbito de instituições financeiras e contra o sistema federal de ensino.

Cabe ressaltar que a matéria ainda é controversa no âmbito do plenário do STF, já que nesta mudança de entendimento ficaram vencidos, em maior extensão, os ministros Marco Aurélio (relator originário) e Celso de Mello, que afirmavam a competência do STF para dirimir tais conflitos, e em menor extensão, entre os ministros que reconheceram que não cabia ao Supremo atuar nesses casos. Para Edson Fachin, Dias Toffoli, Rosa Weber e Luís Roberto Barroso, a competência seria do procurador-geral da República (PGR). Já os ministros Alexandre de Moraes, Ricardo Lewandowski, Gilmar Mendes, Luiz Fux e Carmen Lúcia votaram pela competência do CNMP, formando a corrente vencedora.

O CNMP, por sua vez, alterou seu Regimento Interno (Art. 43, IX, "b") e passou a conhecer e dirimir os Conflitos de Atribuição entre MPs de ramos distintos. Confiram-se recentes decisões do colegiado:

"*CONFLITO DE ATRIBUIÇÕES Nº 1.00492/2021-66 - CONFLITO NEGATIVO DE ATRIBUIÇÕES. MINISTÉRIO PÚBLICO DO ESTADO DO RIO DE JANEIRO. MINISTÉRIO PÚBLICO DO ESTADO DE SÃO PAULO. INQUÉRITO POLICIAL. FALSO SEQUESTRO. DIVERGÊNCIA ENTRE OS REPRESENTANTES MINISTERIAIS ACERCA DA TIPIFICAÇÃO DA CONDUTA. RECONHECIMENTO DA ATRIBUIÇÃO PELA AUTORIDADE SUSCITADA. PERDA SUPERVENIENTE DO OBJETO. I – Trata-se Conflito Negativo de Atribuições entre o Ministério Público do Estado do Rio de Janeiro e o Ministério Público do Estado de São Paulo. II – Reconhecida a atribuição pela autoridade suscitada para prosseguir na investigação dos fatos objeto do inquérito policial, não mais subsiste o conflito, havendo a perda superveniente de seu objeto. III – Arquivamento do Conflito de Atribuições, nos termos do art. 43, IX, alíneas "b", do RICNMP.* **Decisão:** *Ante o exposto, determino o ARQUIVAMENTO do Conflito de Atribuições em epígrafe, com fundamento no art. 43, IX, alínea "b", do RICNMP, encaminhando-se os autos do Inquérito Policial ao Ministério Público do Estado de*

São Paulo. (07/07/2021)"; e **CONFLITO NEGATIVO DE ATRIBUIÇÕES Nº 1.00519/2020-20**. *CONFLITO NEGATIVO DE ATRIBUIÇÕES. MINISTÉRIO PÚBLICO FEDERAL E MINISTÉRIO PÚBLICO DO ESTADO DO RIO DE JANEIRO. UTILIZAÇÃO DE APARELHO RECEPTOR DE SINAL DE TELEVISÃO, CONCESSIONÁRIA DE SERVIÇO PÚBLICA. NÃO OCORRÊNCIA DO CRIME DO ART. 183, DA LEI 9.472/97. INEXISTÊNCIA DE LESÃO A BENS, SERVIÇOS OU INTERESSES DA UNIÃO. INTELIGÊNCIA DO ART. 109, INCISO IV, CRB/88. ATRIBUIÇÃO DO MINISTÉRIO PÚBLICO ESTADUAL. 1-Conflito de Atribuições instaurado com o objetivo de dirimir conflito negativo de atribuições suscitado pelo Ministério Público Federal em face do Ministério Público do Estado do Rio de Janeiro. 2- Utilização de aparelho receptor de sinal de televisão (canais fechados) consiste em prática delituosa cometida em face da concessionária do serviço público. 3. Não ocorrência do crime do art. 183 da Lei 9.472/97, que em tese, atrairia a atribuição do Ministério Público Federal. 4-Atribuição do Ministério Público Estadual para investigar eventual irregularidade na captação do sinal televisivo, conforme os precedentes: STJ, CC 113.443/SP, Terceira Seção, Rel. Min. Marco Aurélio Bellizze, Dje de 7.12.2011"(27/07/2021).*

Finalmente, cabe ressalvar que continua em vigor o Artigo 105, I, "d", da Constituição Federal. Assim, se já há conflito judicial de competências, isto é, se o conflito já ingressou na seara do judiciário, transmudando-se de conflito de atribuição para conflito de competência, permanece íntegra a competência do STJ para dirimi-lo.

2.4. Litisconsórcio entre Ministérios Públicos diversos

Para os estudiosos da Instituição, questão recorrente é a admissibilidade ou não do litisconsórcio entre Ministérios Públicos diversos. Mazzilli[21] sustenta a possibilidade de tal fenômeno processual, com respaldo tanto no artigo 5º, § 5º, da Lei 7.347/85 (Lei da Ação Civil Pública) quanto no artigo 210, § 1º, do Estatuto da Criança e do Adolescente (ECA). O Estatuto do Idoso (Lei 10.741/2003), em seu artigo 81, 1º, acrescentou mais uma hipótese a tal tese. Tais normas expressamente admitem o litisconsórcio entre Ministérios Públicos. No mesmo sentido, Nelson Nery: "*essa possibilidade, admitida pelo CDC, não prejudica o princípio federativo, mas antes propicia a colaboração eficaz entre cada uma das instituições do MP*".[22]

---
21 MAZZILLI, *op. cit.*, 5ª ed., 2001, p. 258.
22 NERY JUNIOR, Nelson e Rosa Maria de Andrade Nery, *in* Código de Processo

Apesar de expressa base legal, a matéria não é pacífica na doutrina. Para Fredie Didier Jr.e Hermes Zaneti Jr.,[23] também defensores da possibilidade do litisconsórcio entre membros de Ministérios Públicos diversos, o grande problema é saber perante qual Justiça tramitará a ação, federal, do trabalho ou estadual. Asseveram: *"O Ministério Público, qualquer que seja ele, poderá exercer as suas funções em qualquer Justiça. O que importa, realmente, é saber se é da sua atribuição a causa que venha a demandar. Se for, poderá fazê-lo perante qualquer órgão do Poder Judiciário".*

Para fundamentarem sua posição, lembram, dentre outros argumentos, que a LC 75/93 (artigo 37, II) é explícita ao anunciar o exercício das funções ministeriais federais nas causas de quaisquer juízes ou tribunais e que a delimitação das funções de cada Ministério não está constitucionalmente vinculada à competência dos órgãos judiciais, sendo objeto das leis complementares que, respectivamente, regem sua conformação e definem sua atribuição. Complementam, ainda que *"a expressa autorização para o litisconsórcio facultativo entre Ministérios Públicos para a propositura de ação civil pública (art. 5º, § 5º, Lei Federal nº 7.347/85) revela nitidamente a possibilidade de o Ministério Público poder demandar em Justiça que não lhe seria correspondente".*

Geisa de Assis Rodrigues[24] assevera que:

"embora a matéria seja controversa, reputamos bastante razoável a prática do litisconsórcio, que só favorece a tutela dos direitos transindividuais, uma vez que permite que o conflito no qual estão presentes estes direitos seja visto de forma incindível sob todos os ângulos sem uma formal divisão entre estadual, federal ou até de matéria. Entendemos que o litisconsórcio só é possível quando em um mesmo caso exista parcela da atribuição de mais de um dos ramos do Ministério Público, não podendo ser uma opção discricionária dos integrantes do Ministério Público. Ou seja, há que ser uma situação na qual, em tese, todos os litisconsortes poderiam agir isoladamente".

Comungamos do entendimento acima. Pelo princípio da máxima efetividade da atuação ministerial, o litisconsórcio é possível, mas deve

---

Civil Comentado, 17ª ed., São Paulo: Thomson Reuters Brasil, 2018, p. 616.
23 DIDIER JR., Fredie e ZANETI JR., Hermes. *Curso de Direito Processual Civil – Processo Coletivo.* Vol. 4. 12ª ed., Salvador: Jus Podivm, 2018, p. 405 e 406.
24 RODRIGUES, Geisa de Assis. *Ação Civil Pública e Termo de Ajustamento de Conduta – Teoria e Prática.* Rio de Janeiro: Forense, 2002, pp. 78-80.

haver justificativa plausível para a sua instauração, já que, em regra, a presença de maior número de legitimados, que gozam de prerrogativas institucionais, como intimação pessoal e prazos especiais, em regra, atrasa a prestação jurisdicional no caso concreto, violando, em tese o direito fundamental da celeridade processual.

Já Vicente Greco Filho,[25] examinando tal previsão legal, assevera que o § 5º da Lei da Ação Civil Pública é inconstitucional:

> *"O Ministério Público é órgão do estado que perante o Judiciário promove a defesa da ordem jurídica, do regime democrático e dos interesses sociais e individuais indisponíveis. Ora, é curial que a atuação do Ministério Público acompanhe a competência dos órgãos jurisdicionais perante os quais atua. Assim, se a competência para o processo é da Justiça Federal, o Ministério Público estadual não pode atuar perante ela e vice-versa. O direito brasileiro tem conhecido delegações de atribuições do Ministério Público Federal para o Estadual, como por exemplo, a promoção da execução da dívida ativa federal ou ação penal nos crimes de tráfico de entorpecentes com o exterior, mas sempre vinculado à competência do juiz perante o qual atua. Lei ordinária não poderia quebrar o sistema, viola o parágrafo o próprio sistema federativo porque subverte as competências das autonomias, não vemos possibilidade pois de se aplicar o dispositivo".*

Na mesma linha de raciocínio, o professor José Antonio Lisboa Neiva.[26] E abordando a questão da unidade do Ministério Público e da impossibilidade de dois Ministérios Públicos atuarem no mesmo processo, Paulo de Bessa Antunes[27] assevera que "*a possibilidade de litisconsórcio ativo entre os Ministérios Públicos Federal e dos Estados membros é evidentemente inconstitucional ante o art. 127, § 1º, da lei fundamental. Assim é, porque se o Ministério Público é uno e indivisível, não pode dividir-se em duas entidades autônomas e que se unem em determinados momentos para propositura de uma demanda judicial.*"

O saudoso Ministro Teori Albino Zavascki[28] era frontalmente contrário ao litisconsórcio: "*não há como se adotar hoje, sem ofensa ao ca-*

---
25 GRECO FILHO apud SILVA JÚNIOR, Walter Nunes da. Revista Consulex, nº 25, janeiro/1999, p. 28.
26 NEIVA, José Antônio Lisboa. *Ação Civil Pública, Litisconsórcio de Ministérios Públicos.* São Paulo: RT 707:238, 1994, pp. 238-242.
27 ANTUNES, Paulo de Bessa. *O papel do Ministério Público na ação civil pública.* RPGR, São Paulo, v. 4, p. 126, 1993.
28 ZAVASCKI, Teori Albino. *Ministério Público e ação civil pública.* Revista Inf. Legislativa nº 114, abr./jun. de 1992, p. 149.

ráter nacional e ao princípio da unidade do Ministério Público, regime legal que viabilize a presença simultânea de dois Ministérios Públicos no mesmo processo de modo a ensejar tanto ao Ministério Público Federal como ao estadual a qualidade de intervir como assistente litisconsorcial na ação proposta pelo outro, como sugerido antes da nova Carta por autores de nomeada".

O Plenário do STF já reconheceu a possibilidade de litisconsórcio entre o MPF e o MPE, em sede de Conflito de Atribuições. Confira-se:

"AÇÃO CÍVEL ORIGINÁRIA. CONFLITO DE ATRIBUIÇÕES ENTRE O MINISTÉRIO PÚBLICO FEDERAL E O ESTADUAL. INSTAURAÇÃO DE PROCEDIMENTO ADMINISTRATIVO PARA APURAR POSSÍVEIS IRREGULARIDADES NA PRODUÇÃO DE COPOS DESCARTÁVEIS. RELAÇÃO DE CONSUMO. CONFLITO INEXISTENTE. 1. A questão tratada nas representações instauradas contra a Autora versa sobre direito do consumidor. 2. O art. 113 do Código de Defesa do Consumidor, ao alterar o art. 5º, § 5º, da Lei nº 7.347/1985, passou a admitir a possibilidade de litisconsorte facultativo entre os Ministérios Públicos da União, do Distrito Federal e dos Estados na defesa dos interesses e dos direitos do consumidor. 3. **O Ministério Público Federal e o Estadual têm a atribuição de zelar pelos interesses sociais e pela integridade da ordem consumerista, promovendo o inquérito civil e a ação civil pública – inclusive em litisconsórcio ativo facultativo –, razão pela qual não se há reconhecer o suscitado conflito de atribuições.** *4. Ação Cível Originária julgada improcedente".*[29] *(grifos nossos)*

Contudo, em 2016 o STJ limitou a instauração desse litisconsórcio à comprovação de alguma razão específica que justifique a atuação de mais de um Ministério Público, como se observa na tese abaixo fixada: *"Em ação civil pública, a formação de litisconsórcio ativo facultativo entre o Ministério Público Estadual e o Federal depende da demonstração de alguma razão específica que justifique a presença de ambos na lide".*[30] A exigência destina-se a evitar que se comprometam os princípios informadores do litisconsórcio. O instituto existe para promover o princípio da economia processual, da celeridade e da eficiência da atividade jurisdicional. Contudo, a formação desnecessária do litisconsórcio pode gerar maior demora na prestação jurisdicional, já que a intervenção de mais de um *Parquet* gerará a necessidade de mais atos processuais,

---
29 ACO 1.020/SP, Rel. Min. Carmen Lúcia, julgado em 08/10/2008.
30 STJ. 3ª Turma. REsp 1.254.428-MG, Rel. Min. João Otávio de Noronha, julgado em 02/6/2016.

como intimação pessoal, oitiva de testemunhas, alegações finais, todos estes com prazo especial para serem realizados. No processo que firmou a tese acima mencionada, o STJ não admitiu a formação do litisconsórcio com base na seguinte fundamentação:

> "Estando os direitos e interesses dos consumidores do Estado de Minas Gerais, na área de abrangência da exploração dos serviços de TV a cabo outorgada à ora recorrente, já devidamente amparados pela iniciativa do Ministério Público Estadual, não vislumbro a presença de interesse específico do Ministério Público Federal que possa ser agregado ao do Ministério Público Estadual, de modo a justificar o litisconsórcio ativo facultativo. Ao contrário, o interesse é um só (tutela coletiva dos consumidores) e comum a ambos, de modo que o litisconsórcio mostra-se vazio de sentido ante a unicidade do Ministério Público, cuja atuação deve pautar-se pela racionalização dos serviços prestados à comunidade".[31]

Sublinhe-se que, no Estado do Rio de Janeiro, membros dos diversos ramos do Ministério Público (Federal, Estadual e do Trabalho, principalmente) há muito vêm trabalhando em parceria, de forma a garantir mais eficiência à defesa dos interesses e direitos transindividuais. Como exemplo, podemos citar ação civil pública promovida em litisconsórcio pelo Ministério Público Federal e Ministério Público do Estado do Rio de Janeiro, junto à Justiça Estadual em face do Estado, para a realização de obras emergenciais em Presídio, de forma a garantir condições mínimas para a acomodação dos detentos, condenados tanto pela Justiça Estadual quanto pela Justiça Federal.[32]

3. Indivisibilidade

O segundo princípio institucional do Ministério Público é o da indivisibilidade, que na lição de Mazzilli[33] significa que os membros do Ministério Público podem ser substituídos uns pelos outros, sem solução de continuidade das funções institucionais, não arbitrariamente, mas segundo a forma estabelecida em lei.

Com efeito, por força deste princípio, um membro do Ministério Público, observada a sistemática legal, poderá substituir outro quando se fizer necessário, como por exemplo, férias, licenças, impedimentos,

---
[31] STJ. 3ª Turma. REsp 1.254.428-MG, Rel. Min. João Otávio de Noronha, julgado em 02/6/2016.
[32] Revista Consultor Jurídico, 31 de janeiro de 2007.
[33] MAZZILLI, op. cit., 5ª ed., 2001, p. 155.

suspeições ou outros tipos de afastamentos, em nada comprometendo a atividade institucional, já que os atos devem ser compreendidos como se produzidos pela Instituição e não pelo seu agente.

A indivisibilidade está vinculada ao Princípio do Promotor Natural e à garantia da inamovibilidade. *"O princípio da indivisibilidade significa que quem está presente em qualquer processo é o Ministério Público por intermédio de um determinado promotor ou procurador de justiça. Este princípio permite que os membros do Ministério Público sejam substituídos uns pelos outros no processo nunca arbitrariamente, mas em casos legalmente previstos (promoção, remoção, aposentadoria, morte etc.) sem que isto importe em qualquer alteração processual"*.[34] Impede, portanto, a odiosa designação do "promotor de encomenda", bem como as designações especiais para essa modalidade de substituição. Esse princípio também veda a atuação simultânea de dois ou mais órgãos do Ministério Público, que exerçam a mesma função, no mesmo processo. É vedado, por exemplo, a apresentação de várias alegações finais elaboradas por promotores de justiça distintos, mesmo que todas busquem a procedência do pedido. Contudo, não é vedado que uma única peça seja elaborada e assinada por mais de um membro do Ministério Público com as mesmas atribuições. Essa atitude, inclusive, seria uma força de reforçar a posição institucional naquele sentido, afastando o argumento de que o promotor ou procurador de justiça estaria agindo de forma arbitrária ou por motivos pessoais.

3.1. Funcionamento de Promotor sem atribuição

O princípio da indivisibilidade não tem, entretanto, o condão de validar ato praticado em juízo por Promotor de Justiça desprovido de atribuição. Com efeito, não obstante a essência do princípio da indivisibilidade significar que um membro do Ministério Público pode substituir outro, presentando a Instituição naquele ato processual, deve-se observar o limite de atribuição entre cada um dos agentes do Ministério Público. Comungamos do entendimento de Mazzilli[35] de que:

> *"somente é possível aproveitar o ato praticado pelo órgão ministerial perante o juízo competente se não tiver havido o escopo de burlar o Princípio do Promotor Natural e se o ato for ratificado pelo órgão ministerial competente"*. Neste sentido, o STF: *Habeas corpus. Nulidade absolu-*

---
34 MELLO JUNIOR, João Cancio de. *A Função de controle dos atos da Administração Pública pelo Ministério Público.* Belo Horizonte Editora Líder, 2001, p. 117.
35 MAZZILLI, *op. cit.*, 5ª ed., 2001, p. 191.

IV - Princípios Institucionais

ta da denúncia oferecida por promotor da comarca contra ex-prefeito e ratificada pelo Procurador-Geral de Justiça. Alegação improcedente. Expedição de carta precatória. Ausência de prejuízo para a defesa. Interposição de recurso extraordinário e especial. Efeito suspensivo do decreto condenatório e da prisão. Inexistência. Habeas corpus indeferido. 1. Ratificação da denúncia apresentada por autoridade ministerial incompetente. Não há necessidade de oferecimento de nova inicial, se a denúncia do Promotor foi ratificada pelo Procurador-Geral de Justiça. A ratificação da denúncia, validamente recebida pelo pleno do Tribunal de Justiça, é suficiente para afastar a alegação de ilegitimidade da parte (HC 72.904-5, Paraíba, 2ª T., 30.04.1996, Rel. Min. Maurício Correa).[36]

O Superior Tribunal de Justiça também vem aceitando tais atos processuais, desde que o órgão do Ministério Público com atribuição tenha ratificado o ato anterior, fundado no princípio da celeridade processual. Confira-se:

"Constitucional e Penal. habeas corpus. Ação penal originária. peculato-desvio. Dispensa de testemunhas pelo Ministério Público. Faculdade da parte. irresignação da defesa. art. 401, § 2º, do cpp. nulidade. não ocorrência. Prejuízo não demonstrado. competência. Defensor público estadual. Fato delituoso, em tese, praticado no cargo de procurador-geral do município. QO na Apn 937/rj (stf) e Qo na Apn 857/df (stj). limitação do foro por prerrogativa de função. aplicação. competência do juízo de primeiro grau. aproveitamento dos atos instrutórios. ratificação pelo juízo competente. possibilidade. ordem denegada. habeas corpus concedido de ofício.(...)10. Não se encontrando encerrada a instrução criminal, não deve haver a suspensão do processo, mas desde logo ser fixada a competência do Juízo Criminal de primeiro grau para o processamento e julgamento do feito, prestigiando o princípio da celeridade processual, além de se evitar futura prescrição, na linha do parecer ministerial apresentado nesta Corte, concedendo habeas corpus de ofício, nos termos do § 2º do art. 654 do CPP. 11. A jurisprudência desta Corte Superior e do Supremo Tribunal Federal firmou-se no sentido de ser possível à autoridade competente a ratificação dos atos instrutórios e decisórios proferidos pelo Juízo incompetente. 12. Ordem denegada. Habeas corpus concedido de ofício para firmar a competência do Juízo Criminal de primeiro grau para o processamento e julgamento da Ação Penal nº 0017391-41.2015.8.19.00000".[37]

---

36 In casu a acusação em face de ex-prefeito era de atribuição do Procurador-Geral de Justiça tendo em vista o verbete da súmula 394 do STF, então em vigor.
37 HC 482.536/RJ - Relator: Min. Ribeiro Dantas, 5ª Turma, Data do Julgamento:

Entretanto, há decisões, inclusive do STF,[38] entendendo, a nosso ver, equivocadamente, que o ato processual praticado por promotor sem atribuição é válido, fundadas na interpretação errônea do princípio da indivisibilidade do Ministério Público (RT 500/319; RT 473/279). Tomemos, por exemplo, uma ação de responsabilidade civil proposta contra o Estado na Comarca da Capital, não perante o juízo da Fazenda Pública, mas sim perante o juízo cível. No momento de proferir sentença, depois de praticados todos os atos processuais cabíveis para a dirimência do feito, o juiz afere sua incompetência, declinando para uma das Varas da Fazenda Pública. No Juízo declinado é proferida desde logo a decisão, sem a manifestação do representante do Ministério Público perante a Vara de Fazenda Pública, devendo-se ressaltar que o membro do Parquet perante a Vara Cível oficiara nos autos, promovendo pela procedência do feito. O Estado, em preliminar de apelação, pode alegar absoluta nulidade da sentença por falta de intervenção do Ministério Público? Como já asseverado, o Judiciário vem entendendo que não, em face do princípio da indivisibilidade. Entretanto, por entender que a atribuição é pressuposto de validade do processo, pugnamos pela nulidade da decisão, em caso de existência de prejuízo, com base no artigo 279 do CPC, por falta de intervenção do Ministério Público com atribuição. A nosso ver, o Juízo da Fazenda deveria ter aberto vista dos autos ao Promotor de Justiça com atribuição para ali oficiar.

3.2. A indivisibilidade e a independência funcional

O princípio da indivisibilidade não implica a vinculação de pronunciamentos dos agentes do Ministério Público no processo de modo

---

23.04.2019, Data da Publicação: 30.04.2019.

38 HC 85.137/MT – Relator: Min. Cezar Peluso, 28/09/2005 (Info 402/STF) "Ação Penal. Denúncia. Ratificação. Desnecessidade. Oferecimento pelo Representante do Ministério Público Federal no juízo do foro em que morreu uma das vítimas. Declinação da competência para o juízo em cujo foro se deu o fato. Foros da Justiça Federal. Atuação, sem reparo, do outro representante do MP. Atos praticados em nome da Instituição, que é una e indivisível. Nulidade inexistente. HC indeferido. Aplicação do art. 127 § 1º, da CF. Inteligência do art. 108, § 1º, do CPP. O ato processual de oferecimento da denúncia, praticado, em foro incompetente, por um representante, prescinde, para ser válido e eficaz, de ratificação por outro do mesmo grau funcional e do mesmo Ministério Público, apenas lotado em foro diverso e competente, porque o foi em nome da instituição, que é una e indivisível". Na hipótese, a Corte aceitou a tese da "ratificação implícita", aduzida pelo juízo *a quo*, em que o representante do Parquet, ao prosseguir oficiando em ação penal onde houve declinação de competência, implicitamente teria ratificado a denúncia oferecida por outro Órgão do Ministério Público.

a obrigar que um membro da Instituição que substitui a outro observe a mesma linha de pensamento de seu antecessor. Para o STJ *"... se um representante do MP manifestou-se na fase de alegações finais em prol da exclusão de qualificantes, o que foi acolhido na sentença de pronúncia, um outro membro do Parquet que o substitui no processo pode interpor recurso pugnando para que se preserve a acusação inicial, não merecendo abrigo a tese de falta de interesse processual".*[39]

Marcelo Zenkner ressalva importante ponto sobre esse assunto:

> *"Vale acrescentar ainda que, não fosse possível a mudança de opinião do Ministério Público em um mesmo processo, o órgão de segundo grau funcionaria como um mero repetidor do ponto de vista já defendido pelo membro do Parquet que atuou perante o juízo a quo, em caso de eventual recurso. Aliás, a atuação do órgão de segundo grau é uma clara demonstração de que pode perfeitamente haver mais de um órgão do Ministério Público atuando em um mesmo processo sem qualquer afronta aos primados do princípio da indivisibilidade".*[40]

O mesmo raciocínio é adotado no Parquet fluminense, onde a Assessoria de Assuntos Institucionais já sumulou: *"Os princípios da independência funcional e indivisibilidade possibilitam que dois membros do Ministério Público, em um mesmo processo judicial, ofereçam pronunciamentos divergentes, não havendo nisso qualquer ilicitude".*[41]

Ressalve-se, entretanto, que o STJ inadmitiu, baseado no princípio da indivisibilidade, que o Ministério Público, no mesmo processo, assumisse posições antagônicas, assim decidindo:

> *"Recurso de habeas corpus. Princípio da indivisibilidade do Ministério Público. Art. 127 da Constituição Federal. Ações conflitantes entre membros do Ministério Público perante o juízo criminal. Ação penal X Habeas corpus. Não pode o Ministério Público cindir-se em ações diversas, perante o juízo criminal, vindicando posições diametralmente opostas, ao oferecer denúncia e ao mesmo tempo pugnar pelo trancamento da*

---

39 STJ – 6ª T. – REsp. 92.666/RJ – Rel. Min. Vicente Leal, 20.05.1997: "Processo Penal. MP. Princípio da Unidade e da Indivisibilidade. Alcance. Vinculação de pronunciamento de seus agentes. Inexistência".
40 ZENKNER, Marcelo. Ministério Público e Efetividade do Processo Civil. Coleção Temas Fundamentais de Direito, v. 3, São Paulo: Revista dos Tribunais, 2006, p. 78.
41 Enunciado 3 da Súmula da Assessoria de Assuntos Institucionais (Proc. MP 31.018/01).

ação penal, fazendo através de habeas corpus, sobretudo quando aquela procede de determinação do Procurador-Geral de Justiça a Promotor designado. Habeas corpus impetrado pelo Promotor de Justiça que se recusou a oferecer denúncia. Agora, postulando em sentido contrário, em nome da autoridade, pede o trancamento da ação penal. Impossível tal procedimento, desde que lhe falta legitimidade para tanto. Admitir-se o contrário seria estimular o confronto entre membros do Ministério Público, em prejuízo do princípio da indivisibilidade da instituição, consagrado pela lei maior. Recurso improvido".[42]

4. Independência Funcional

Princípio mais importante da Instituição, a independência funcional preconiza que os membros do Parquet, no desempenho de suas atividades, não estão subordinados a nenhum órgão ou poder, mas somente à sua consciência, devendo sempre fundamentar suas manifestações processuais (CF art. 129, VIII; Lei 8.625/93 art. 43, III). No magistério de Alexandre de Moraes[43]: "*o órgão do Ministério Público é independente no exercício de suas funções não ficando sujeito às ordens de quem quer que seja, somente devendo prestar contas de seus atos à Constituição, às leis e à sua consciência (RTJ 147/142). Nem seus superiores hierárquicos podem ditar-lhes ordens no sentido de agir desta ou daquela maneira dentro de um processo*".

Do princípio da independência funcional decorre a assertiva de que no âmbito do Ministério Público só se concebe hierarquia entre o Chefe da Instituição e seus integrantes no sentido administrativo, nunca no sentido de índole funcional ou técnica. Isto não quer dizer que a chefia institucional não possa, estritamente no âmbito administrativo, determinar obrigações que devam ser cumpridas pelo membro da Instituição.

Da mesma forma se manifestou a Assessoria de Assuntos Institucionais do MPRJ, através do enunciado nº 1/2009:

PRINCÍPIOS INSTITUCIONAIS DO MINISTÉRIO PÚBLICO. INDEPENDÊNCIA FUNCIONAL. A Procuradoria-Geral de Justiça não dispõe da atribuição para controlar o mérito dos pronunciamentos dos órgãos de execução do Ministério Público do Estado do Rio de Janei-

---

[42] RHC 2.234/RS, Rel. Min. José Candido de Carvalho Filho, 6ª T., DJ 20.06.1994, p. 16.124.
[43] MORAES, *op. cit.*, 2002b, p. 1.517.

ro, em atenção ao princípio da independência funcional e, por via de consequência, ao do promotor natural sobre os quais versa o art. 127, § 1º, da Carta Magna. Ref.: Procedimentos Administrativos MP nos. 2007.00076423, de 31.07.2007, e 2007.00085164, de 07.08.2007.

A Lei Orgânica do Ministério Público do Estado do Rio de Janeiro (LC/RJ 106/2003, no artigo 118, XIV), por exemplo, determina que é dever do membro do Ministério Público atender às convocações e determinações de caráter administrativo e de ordem geral emanadas dos Órgãos da Administração Superior do Ministério Público. Há ainda, o dever administrativo de encaminhar ao Corregedor-Geral do Ministério Público relatórios periódicos, consoante o inciso XV do mesmo dispositivo legal. Do princípio ora em análise decorre, também, a imunidade quanto à responsabilidade civil por eventuais erros de atuação. De fato, os membros do Parquet não podem ser responsabilizados pelos atos que praticarem no estrito exercício de suas funções. Na esteira deste raciocínio posiciona-se Hely Lopes Meirelles[44] discorrendo sobre a situação dos agentes políticos, dentre os quais os membros do Ministério Público, ainda sob a égide do antigo CPC: *Têm eles plena liberdade funcional, equiparável à independência dos juízes nos seus julgamentos e, para tanto, ficam a salvo de responsabilidade civil por seus eventuais erros de atuação, a menos que tenham agido com culpa grosseira, má-fé ou abuso de poder (art. 85 c/c 133, do Código de Processo Civil).*

No mesmo sentido, a Súmula da Assessoria de Assuntos Institucionais do Ministério Público Fluminense: *O princípio da independência funcional gera a impossibilidade de responsabilização do membro do Ministério Público pelos atos que pratique no estrito exercício de suas funções, podendo o Parquet figurar como assistente simples nos processos instaurados em decorrência do ajuizamento da ação de reparação ou ressarcimento em face de Promotor de Justiça.*[45]

4.1. A independência funcional não se confunde com a autonomia institucional

Um estudo superficial pode levar o leitor a confundir a independência funcional e a autonomia institucional, que será estudada no próximo capítulo. Esta não se confunde com aquela, por não se tratar de princípio institucional, mas garantia outorgada pelo Constituinte à

---
44 MEIRELLES, *op. cit.*, 1993, p. 74.
45 Enunciado 2 da Súmula da Assessoria de Assuntos Institucionais.

Instituição, para o bom desempenho de suas funções. A autonomia institucional é a capacidade do Ministério Público de autogestão, administrativa e funcional, exercendo a independência preconizada no texto constitucional. Sabendo-se que a matéria será estudada a seguir e para que não sejamos repetitivos, neste momento, basta-nos estabelecer a distinção dos institutos e conceituar a independência funcional.

4.2. Independência funcional e legitimidade recursal do Ministério Público

Questão já mencionada em itens anteriores, mas que merece atenção específica, versa sobre a possibilidade de um membro do Ministério Público recorrer de sentença que tenha acolhido o pedido de absolvição de outro promotor. O tema é controvertido e, embora inexpressiva, há tese no sentido da impossibilidade de manifestações díspares em observância ao princípio da unidade, que preconiza que para cada função institucional só há um Ministério Público para exercê-la.

Paralelos a tal entendimento e de forma majoritária são os entendimentos do STJ e do STF,[46] bem como da melhor doutrina na matéria. Esta tese se apoia na unidade institucional e afirma a inexistência de vínculo entre os membros da Instituição no exercício de seus ofícios, como descrito no Informativo abaixo:

> *"Dois representantes do MP atuaram de maneira diversa no mesmo feito: enquanto um, apesar de ter denunciado o paciente, no desenrolar da instrução, pugnou por sua absolvição, outro interpôs a apelação da sentença absolutória. Diante disso, a Turma entendeu não haver afronta ao princípio da unidade do Ministério Público, visto serem os dois dotados de autonomia funcional (art. 127, §§ 2º e 3º, da CF/1988) e atuarem em atenção ao interesse público".*[47]

---

46 STF – HC 80.315/SP – 2000 – Rel. Min. Sepúlveda Pertence – Inf. 206: "I. Ministério Público: Sucumbência no provimento da apelação da defesa, apesar de com ela se ter posto de acordo Promotor de Justiça. A independência funcional é, de fato, incompatível com a pretensão de que a concordância do Promotor com a apelação vinculasse os órgãos da Instituição que oficiem junto ao Tribunal, de modo a inibi-los de interpor recurso especial contra decisão que, provendo o recurso da defesa, desclassificou a infração". HC 77.041/MG – 1998 – Rel. Min. Ilmar Galvão: "Não há que se falar em ilegitimidade do Ministério Público para recorrer, em face do princípio da independência funcional, pois mantém orientando sua própria conduta nos processos onde tenha de intervir, podendo haver discordância entre eles, inclusive no mesmo processo".

47 Informativo 433 do STJ. HC 112.793-ES, Rel. Min. Arnaldo Esteves Lima, julgado em 6/5/2010.

4.3. As recomendações da Administração Superior

Os membros do Ministério Público estão sujeitos a recomendações dos Órgãos da Administração Superior. Estas recomendações podem ser expedidas pelo Procurador-Geral de Justiça (LONMP, Art. 10, XII – expedir recomendações, sem caráter normativo aos órgãos do Ministério Público, para o desempenho de suas funções); pelo Conselho Superior do Ministério Público (LONMP, art. 15, X – sugerir ao Procurador-Geral a edição de recomendações, sem caráter vinculativo, aos órgãos do Ministério Público para o desempenho de suas funções e a adoção de medidas convenientes ao aprimoramento dos serviços) e pela Corregedoria Geral do Ministério Público (LONMP, art. 17, IV – fazer recomendações, sem caráter vinculativo, a órgão de execução).

As Procuradorias de Justiça, embora não componham a Administração Superior, também podem expedir recomendações, conforme dispõe o art. 20 da Lei 8.625/93. Tais recomendações podem ser de cunho administrativo ou mesmo de cunho institucional, entretanto, não vinculam o membro da Instituição, em face do princípio da independência funcional.

Deve-se ressaltar, por oportuno, que as decisões administrativas da Administração Superior não se confundem com as recomendações e naquelas há a obrigatoriedade de atendimento pelo membro da Instituição, consoante se afere do artigo 43, XIV, da LONMP, que inclui entre os deveres do membro do Ministério Público *"acatar, no plano administrativo, as decisões dos órgãos da Administração Superior do Ministério Público"*. Constata-se, assim, que o princípio hierárquico disciplinar-administrativo existe no Ministério Público, e que os preceitos administrativos não são abrangidos pela independência funcional.

4.4. Os limites da independência funcional. A fixação e a declaração de atribuição por parte do Procurador-Geral de Justiça

Apesar de ser o princípio mais relevante relacionado à atuação institucional do Ministério Público, deve ser ressalvado que a independência funcional, como foi instituída pela Carta Magna, destina-se a proteger o membro do Ministério Público, no seu exercício institucional, de pressões externas e internas, permitindo-lhe, no desempenho de suas atividades funcionais, atuar dentro dos limites da lei e da sua consciência. Não pode servir, entretanto, para autorizar que o membro do Ministério Público, a seu exclusivo talante, deixe de atuar em determinado feito, por entender não ter atribuição para tanto. Nessas hipóteses, tal manifestação pode sofrer controle institucional por parte do Procurador-Geral de Justiça, sem que possa ser invocada violação à independência funcional.

Tomemos por exemplo um conflito negativo de atribuição entre dois membros do Ministério Público, cada qual entendendo não ter atribuição para oficiar em determinado feito. A solução da questão é conferida, por lei, ao Procurador-Geral de Justiça (art. 10, X, da LONMP), que poderá fixar a atribuição de um dos conflitantes, sem todavia, interferir na forma como o mesmo irá conduzir, a partir daquele momento, o mérito da questão.

Da mesma forma, na hipótese de um membro do Parquet se recusar a atuar em determinado feito, por entender não ter atribuição para tanto, por exemplo, em processo em que não vislumbre interesse público ou social (art. 178, I, do CPC), pode ser efetuado pelo magistrado o controle da obrigatoriedade da intervenção ministerial, o que ensejará a remessa dos autos, para manifestação do Procurador-Geral de Justiça, com a aplicação analógica do artigo 28 do CPP. Se o Chefe da Instituição entender ser a hipótese de intervenção obrigatória do Parquet, deverá declarar a atribuição do membro do Ministério Público para participar daquele ato ou procedimento, que, em nosso entender, não poderá recusar-se a atuar, com base no princípio ora em estudo.[48]

Nesta linha de raciocínio, o Órgão Especial do Colégio de Procuradores de Justiça do Ministério Público do Estado do Rio de Janeiro aprovou a Deliberação nº 22, dispondo que é possível a aplicação analógica do art. 28 do CPP nos casos em que houver divergência entre o Magistrado e o Parquet quanto ao cabimento da intervenção deste último nos processos judiciais cíveis.[49]

---

48 Hipótese expressamente prevista na Lei Orgânica do Ministério Público do Estado do Rio de Janeiro, LC 106/2003, art. 11, XVII.
49 DELIBERAÇÃO OECP nº 22 DE 14 DE JANEIRO DE 2009. Dispõe sobre a aplicação analógica do art. 28 do Código de Processo Penal em processos judiciais cíveis. O ÓRGÃO ESPECIAL DO COLÉGIO DE PROCURADORES DE JUSTIÇA, no uso das atribuições que lhe são conferidas pelo art. 19, III, da Lei Complementar estadual nº 106, de 3 de janeiro de 2003, D E L I B E R A Art. 1º – É possível a aplicação analógica do art. 28 do Código de Processo Penal, quando houver divergência entre magistrado e membro do Ministério Público quanto ao cabimento da intervenção do Ministério Público em processo judicial cível. Art. 2º – Cabe ao Procurador-Geral de Justiça ratificar a não intervenção ou, se entender contraria-

E também o enunciado nº 2/2009, da Assessoria de Assuntos Institucionais do MPRJ, assevera que:

> "A declaração da atribuição do membro do Ministério Público que tenha deixado de oferecer pronunciamento por não vislumbrar a existência de interesse público que justificasse a intervenção ministerial não importa em violação do princípio do promotor natural, tratando-se de expediente que visa a possibilitar uma atividade institucional uniforme, à luz do art. 11, inc. XVII, da Lei Complementar estadual n° 106/03.[50]

5. Princípio do Promotor Natural

Similar ao Princípio do Juiz Natural, constitucionalmente tutelado no artigo 5º, XXXVII e LIII, da CF, o Princípio do Promotor Natural procura repelir, a partir da vedação de designações casuísticas, com propósitos políticos e pouco recomendáveis, efetuadas pela Chefia da Instituição, a figura do "acusador de exceção". Consagra uma garantia da ordem jurídica destinada tanto a proteger o membro do Parquet, na medida em que lhe assegura a inamovibilidade, quanto a tutelar a própria coletividade, a quem reconhece o direito de ver atuando em quaisquer causas apenas o promotor cuja intervenção se justifique a partir de critérios abstratos e predeterminados, estabelecidos em lei. Antes de ser uma prerrogativa institucional tal princípio é direito inalienável do cidadão, de se ver processado por membro do Ministério Público isento e imparcial, que proverá a justiça sem odiosas discriminações.

Cumpre observar que até o advento da CF de 1988, era comum a designação de Promotores de Justiça para acompanhar inquéritos policiais ainda não distribuídos à Justiça no prazo previsto na legislação processual. O promotor funcionava no inquérito e às vezes acompanhava a ação penal posteriormente ajuizada.[51] Após a promulgação da Lei

---

mente, encaminhar o feito ao membro do Ministério Público do órgão de origem para que oficie, necessariamente, segundo seu livre convencimento.
50 PRINCÍPIOS INSTITUCIONAIS DO MINISTÉRIO PÚBLICO. PROMOTOR NATURAL. A declaração da atribuição do membro do Ministério Público que tenha deixado de oferecer pronunciamento por não vislumbrar a existência de interesse público que justificasse a intervenção ministerial não importa em violação do princípio do promotor natural, tratando-se de expediente que visa a possibilitar uma atividade institucional uniforme, à luz do art. 11, inc. XVII, da Lei Complementar estadual n° 106/03. Ref.: Procedimentos Administrativos MP nºs. 2008.00070979, de 05.06.2008, e 2008.00087515, de 04.07.2008.
51 Tal situação ocorreu no Rio de Janeiro até 1990, com a criação de um grupo especializado de Promotores de Justiça, integrado pelo autor, designados pelo Pro-

Maior, tais designações começaram a ser questionadas no Judiciário, já que afastavam os promotores das Varas Criminais para onde os feitos eram distribuídos, violando a garantia de inamovibilidade outorgada aos membros do Ministério Público pela Carta Magna. A atuação dos chamados "acusadores de exceção" foi questionada no STF, em hipótese oriunda do Rio de Janeiro. Discutia-se a existência ou não do princípio do Promotor Natural, como corolário da garantia da inamovibilidade prevista no artigo 128, § 5º, I, "b", da CF; da independência funcional dos integrantes do Parquet (CF art. 127, § 1º) e ainda por força da garantia do devido processo legal (CF, art. 5º, LIV).

5.1. O Promotor Natural e o STF

Em um primeiro momento, o STF analisou e não reconheceu a eficácia imediata do princípio do promotor natural, afirmando necessária a existência de legislação infraconstitucional. Cumpre destacar que a referida decisão ocorreu em 1992, sendo portanto anterior à edição das LC 75/93 e Lei 8.625/93. Naquela ocasião, nove ministros se manifestaram sobre o tema, sendo certo que Celso de Mello (Relator), Sepúlveda Pertence, Marco Aurélio e Carlos Velloso admitiram a existência do princípio no ordenamento jurídico, divergindo apenas quanto a sua imediata aplicabilidade. Sydney Sanches reconhecia a possibilidade de instituição do princípio mediante lei. Expressamente rejeitaram a tese os Ministros Paulo Brossard, Octavio Gallotti, Moreira Alves e Néri da Silveira.[52]

O julgamento concluiu que o princípio do promotor natural tem base constitucional. Com as palavras do Relator do processo, Min. Celso de Mello:

---

curador-Geral de Justiça, para a repressão ao crime organizado (Grupo Especial de Combate ao Crime Organizado – GECCOR). Os promotores integrantes eram adidos ao Gabinete do Procurador-Geral de Justiça e oficiavam em todos os inquéritos e ações penais decorrentes de extorsão mediante sequestro e tráfico de entorpecentes mediante associação (art. 159, § 1º, do CP e arts. 12 e 14 da Lei nº 6.368/76).

52 STF – HC 67.759/RJ, Rel. Min. Celso de Mello. RTJ 146/7-94. A matriz constitucional deste princípio assenta-se nas cláusulas de independência funcional e da inamovibilidade dos membros da Instituição. O postulado do Promotor Natural limita, por isso mesmo, o poder do Procurador-Geral que, embora expressão visível da unidade institucional, não deve exercer a Chefia do Ministério Público de modo hegemônico e incontrastável.

IV – Princípios Institucionais

"(...) *o postulado do promotor natural, que se revela imanente ao sistema constitucional brasileiro, repele, a partir da vedação de designações casuísticas efetuadas pela chefia da instituição, a figura do acusador de exceção. Esse princípio consagra uma garantia de ordem jurídica, destinada tanto a proteger o membro do Ministério Público, na medida em que lhe assegura o exercício pleno e independente do seu ofício, quanto a tutelar a própria coletividade, a quem se reconhece o direito de ver atuando, em quaisquer causas, apenas o promotor cuja intervenção se justifique a partir de critérios abstratos e predeterminados, estabelecidos em lei*".[53]

Em julgamento posterior à edição da Lei nº 8.625/1993, a Corte passou a reconhecer a eficácia do princípio:

"*Sendo a denúncia anterior à Lei 8.625/2013 – segundo a maioria do STF, firmada no HC 67.759 (vencido, no ponto o relator) – não se poderia opor-lhe à validade o chamado princípio do Promotor Natural, pois, à falta de legislação que se reputou necessária à sua eficácia, estaria em pleno vigor o art. 7º, V, LC 40/1981, que conferia ao Procurador-Geral amplo poder de substituição para, 'mesmo no curso do processo, designar outro membro do Ministério Público para prosseguir na ação penal, dando-lhe orientação que for cabível ao caso concreto'*".[54]

Em julgamentos posteriores ao mencionado acima, o STF se demonstrou firme no posicionamento de reconhecer o princípio do promotor natural.[55]

No STJ, algumas teses importantes foram firmadas. Entendeu-se ser legítima a designação de Promotor de Justiça, para o oferecimento de denúncia, após a prática da infração penal e da distribuição do procedimento inquisitório ao Juízo, isso porque a escolha do promotor coube ao mesmo agente que participou das investigações, o que impede de considera-lo um "acusador de exceção".[56] Também foi decidido que não há violação ao princípio do Promotor Natural o oferecimento de denúncia por Promotor de Justiça que atue junto a Central de Inquéritos, com

---
53 STF – HC 67.759/RJ, Rel. Min. Celso de Mello. RTJ 146/7-94
54 STF, Pleno, HC nº 69.599/RJ, rel. Min. Sepúlveda Pertence, j. em 30.06.1993, DJU de 27/08/1993, p. 17.020.
55 HC nº 103.038-PA, 2ª T. STF, j. 11.10.11, v.u., rel. Min. Joaquim Barbosa, Dje, 27.10.2011; HC nº 102.147-GO, despacho monocrático do Min. Celso de Mello, j. 16.12.2010, DJe, 02.02.2011; RE nº 255.639-SC, rel. Min. Ilmar Galvão, j. em 13/02/2001, Inf. Nº 217/2001.
56 STJ, 6ª T., RHC nº 6.662/PR, rel. Min. Anselmo Santiago, DJU de 27/04/1998, p. 214.

o seu posterior acompanhamento por membro do Ministério Público que atue junto à Vara Criminal.[57]

5.2. O Promotor Natural e suas mitigações infraconstitucionais

Com o advento da Lei Orgânica Nacional do Ministério Público, Lei nº 8.625/93, entendeu-se que o princípio estaria regulamentado, havendo ainda controvérsia acerca das chamadas mitigações ao promotor natural, previstas nos artigos 10, IX, "g", e 24 da LONMP, que são, respectivamente, a "avocatória" e o "auxílio consentido".

Para alguns doutrinadores, o fato de o Procurador-Geral, mesmo excepcionalmente, exercer funções processuais afetas a outro membro da Instituição violaria o Princípio do Promotor Natural, já que não há qualquer previsão constitucional de tal medida, devendo o artigo 10, IX, "g", ser considerado inconstitucional. Tal inconstitucionalidade também é, na esteira deste raciocínio, vislumbrada no artigo 24, que permite a designação de outro Promotor de Justiça para funcionar, com a anuência do titular, em feito de atribuição de uma determinada Promotoria. Isto porque, a atribuição, pressuposto para a validade do processo, não é delegável ou renunciável, não podendo assim, o Promotor titular oferecer tal consentimento.

Paulo Cezar Pinheiro Carneiro, ao analisar os fundamentos que autorizariam a designação atípica do artigo 10, IX, "g", da Lei nº 8.625/93, legitima tal procedimento apenas quando *"o Promotor de Justiça com atribuição não possa desincumbir-se a contento de sua missão, com base em princípios legais, podendo comprometer a própria missão constitucional da Instituição. Assim, quando for o caso de suspeição não declarada pelo Promotor, atraso no cumprimento dos prazos, falta de empenho ou diligência nos atos que lhe são próprios, inclusive produção de prova, favorecimento a uma das partes etc."* A quebra de um princípio constitucional, como o do Promotor Natural, somente poderia ocorrer quando os interesses em jogo fossem de superior importância, ou seja, o sacrifício do princípio só pode ocorrer por outro de natureza superior ou, até mesmo, para garantir o próprio princípio.[58]

No que tange ao artigo 24, o renomado autor[59] concorda com a constitucionalidade do dispositivo, desde que a sua interpretação não

---
57 STJ, 5ª T., HC nº 37.495/PR, rel. Min. Laurita Vaz, j. em 16/09/2004, DJU de 11/10/2004, p. 367.
58 CARNEIRO, *op. cit.*, 2001, pp. 77-78.
59 CARNEIRO, *ibidem*, p. 79.

seja no sentido de efetivo afastamento, devendo referir-se à atribuição concorrente, sob pena de ver-se ferido o Princípio do Promotor Natural. Acrescente-se ainda o caráter irrenunciável da atribuição, que não é direito exclusivo do promotor e ainda que o fosse, seria indisponível.

O entendimento institucional é no sentido de que ambos os dispositivos legais configuram uma mitigação do Princípio do Promotor Natural. Ressaltando a necessidade de submissão prévia da decisão do PGJ ao Conselho Superior no caso da avocatória, órgão a quem compete decidir acerca da remoção compulsória e da anuência do promotor titular, no caso do auxílio consentido.[60] Ora, o ato designatório do PGJ é submetido ao colegiado, sendo, portanto, constitucional, em nosso entender, o dispositivo.

No entanto, apreciando a questão do instituto da denominada "avocatória", o plenário do STF, na Adin 2854, em 13/10/2021, deu interpretação conforme a constituição ao artigo 10, IX, "g" da LONMP, no sentido de exigir a anuência tanto do Promotor de Justiça afastado quanto do Conselho Superior do MP. Isto é, para afastar o Promotor, o PGJ necessitará, além da anuência já prevista na Lei do CSMP, também do consentimento do promotor natural. Confira-se:

"Constitucional. Ministério Público. Garantias de Inamovabilidade e Independência Funcional de seus membros. Princípio Do Promotor Natural. Art. 10, IX, "G", da Lei Orgânica Nacional Do Ministério Público. Alteração das atribuições de membro por designação do Procurador-Geral de Justiça. Interpretação conforme a Constituição. Necessidade de concordância do Promotor Natural. Procedência Parcial. 1. A Jurisprudência do SUPREMO TRIBUNAL FEDERAL reconhece a existência do princípio do promotor natural, garantia de imparcialidade da atuação do órgão do Ministério Público, tanto a favor da sociedade quanto a favor do próprio acusado, que não pode ser submetido a um acusador de exceção (nem para privilegiá-lo, nem para auxiliá-lo). 2. É inadmissível, após o advento da Constituição Federal de 1988, regulamentada pela Lei Orgânica Nacional do Ministério Público (Lei 8.625/1993), que o Procurador-Geral faça designações arbitrárias de Promotores de Justiça para uma Promotoria ou para as funções de outro Promotor, que seria afastado compulsoriamente de suas atribuições e prerrogativas legais,

---

60 Nesse sentido, a Lei Complementar fluminense nº 106/2003, no seu artigo 11, XIII, repetiu o dispositivo da Lei Orgânica Nacional, ao argumento de que o Conselho Superior do Ministério Público pode, por força do texto Constitucional, afastar a inamovibilidade do Promotor de Justiça (CF art. 128, § 5º, I, "b").

porque isso seria ferir a garantia da inamovibilidade prevista no texto constitucional. 3. A avocação de atribuições de membro do Ministério Público pelo Procurador-Geral implica quebra na identidade natural do promotor responsável, já que não é atribuição ordinária da Chefia do Ministério Público atuar em substituição a membros do órgão. Essa hipótese de avocação deve ser condicionada à aceitação do próprio promotor natural, cujas atribuições se pretende avocar pelo PGJ, para afastar a possibilidade de desempenho de atividades ministeriais por acusador de exceção, em prejuízo da independência funcional de todos os membros. 4. Ação Direta julgada parcialmente procedente para conferir interpretação conforme à norma impugnada, para estabelecer que a avocação, pelo Procurador-Geral de Justiça, de funções afetas a outro membro do Ministério Público depende da concordância deste e da deliberação (prévia à avocação e posterior à aceitação pelo promotor natural) do Conselho Superior respectivo".

Já o auxílio consentido legitima a constituição de "mutirões" sem que o princípio em análise seja ferido. Os nossos tribunais se posicionam desta forma ao afirmarem que não há violação do princípio do juiz natural na designação de juízes substitutos para a realização de esforço concentrado em diversas varas com o objetivo de auxiliar os juízes titulares. O mesmo entendimento se faz presente no que concerne à atribuição dos procuradores da República.[61]

Deve-se ressaltar, por oportuno, que Leis Orgânicas de alguns Ministérios Públicos Estaduais, como o do Rio de Janeiro, admitem a existência de Grupos Especializados de Atuação Funcional (Artigo 6º, VI e seu parágrafo único, da LC nº 106/03, com a redação da LC nº 113/06), órgãos de execução com investidura certa e determinada para atuação em ocasiões especiais, onde a complexidade da matéria ou a interdisciplinaridade da questão necessitem. Os membros do Ministério Público investidos em tais órgãos possuem inamovibilidade e total independência funcional enquanto atuarem nestas funções.

Também não se considera violação ao princípio do promotor natural a declaração da atribuição do membro do Ministério Público que tenha deixado de oferecer pronunciamento por não vislumbrar a existência de interesse público que justificasse a intervenção ministerial, tratando-se de expediente que visa a possibilitar uma atividade institucio-

---

61 RE 255.639/SC. Rel. Min. Ilmar Galvão – 13.02.2001 – *vide* Informativo 217 do STF no capítulo de jurisprudência.

nal uniforme, à luz do art. 11, inc. XVII, da Lei Complementar estadual nº 106/03.[62]

Embora o princípio do juízo natural, por ter previsão constitucional e ser a base do devido processo legal, deveria ser uma garantia inafastável. Contudo, é notório, como no caso da Súmula 704 do STF, que por vezes o princípio se encontra limitado por normas infraconstitucionais. Essa súmula prioriza a norma infraconstitucional que dispõe sobre conexão e continência: "Não viola as garantias do juiz natural, da ampla defesa e do devido processo legal a atração por continência ou conexão do processo do corréu ao foro por prerrogativa de função de um dos denunciados".[63]

6. Jurisprudência sobre o Tema

6.1. Informativos STF

Informativo nº 899
CNMP: conflito de atribuições e competência

O Tribunal, por maioria, julgou improcedente o pedido formulado em ação direta de inconstitucionalidade ajuizada em face da Resolução 126/2015 do Conselho Nacional do Ministério Público (CNMP), a qual determina que o membro do Ministério Público (MP) submeta, no prazo de três dias, ao órgão de revisão competente, a decisão que concluir ser atribuição de outro MP a atuação em inquérito civil ou procedimento preparatório. O Plenário rememorou o que decidido na ACO 1.394/RN (DJe de 28/8/2017) no sentido de que a divergência de entendimento entre órgão do Ministério Público da União (MPU) e órgão do Ministério Público do Estado sobre a atribuição para investigar possível ilícito de natureza penal ou civil não configura conflito federativo com aptidão suficiente para atrair a competência do Supremo Tribunal Federal (STF) de que trata o art. 102, I, "f", da Constituição Federal. Naquela assentada, a Corte decidiu que, tratando-se de divergência interna entre órgãos do MP, instituição que a Carta da República subordina aos princípios institucionais da unidade e da indivisibilidade (CF, art. 127,

---

62 Enunciado nº 02 da Assessoria de Assuntos Institucionais.
63 Jurisprudência relacionada a essa súmula: Inq. 4.104, rel. min. Teori Zavascki, 2ª T, j. 22-11-2016, DJE 259 de 6-12-2016; Inq. 2.688, rel. min. Cármen Lúcia, red. p/ o ac. min. Gilmar Mendes, 2ª T, j. 2-12-2014, DJE 29 de 12-2-2015; Inq 3.412 ED, rel. min. Rosa Weber, 1ª T, j. 11-9-2014, DJE 196 de 8-10-2014.

§ 1º (1)), cumpre ao próprio Ministério Público identificar e afirmar as atribuições investigativas de cada um dos seus órgãos em face do caso concreto, devendo prevalecer, à luz do princípio federativo, a manifestação do Procurador-Geral da República (PGR). O CNMP — dotado de atribuição constitucional para o controle da atuação administrativa do MP (CF, art. 130-A) — editou o ato normativo impugnado no sentido de elucidar que, em caso de conflito de atribuições, a competência para pacificá-lo caberá ao respectivo Conselho superior ou à Câmara de Coordenação e Revisão. Esse regramento se insere no campo da estruturação administrativa da instituição. Não viola, portanto, o princípio da independência funcional e da unidade, insculpidos no § 1º do art. 127 da CF. Em realidade, ao acolher o pleito de inconstitucionalidade formulado, o Plenário traria novamente ao STF o debate a respeito da existência de conflito federativo. Entretanto, não compete ao Poder Judiciário envolver-se na gestão interna do MP, cabendo, no caso, um juízo de autocontenção. Vencidos os ministros Alexandre de Moraes (relator), Dias Toffoli, Ricardo Lewandowski, Marco Aurélio e Celso de Mello, que declararam a inconstitucionalidade da Resolução 126/2015 do CNMP. ADI 5.434/DF, rel. Min. Alexandre de Moraes, red. p/ o ac. Min. Edson Fachin, julgamento em 26.4.2018.

Informativo nº 880
Princípio do promotor natural e substituição de órgão acusador ao longo processo

A Primeira Turma, por maioria, indeferiu a ordem em "habeas corpus" no qual se pugnava a nulidade absoluta da ação penal, em face de violação ao princípio do promotor natural. No caso, a denúncia se deu por promotor que não o atuante em face do Tribunal do Júri, exclusivo para essa finalidade. O paciente foi denunciado como incurso nas penas dos arts. 121, *caput*, do Código Penal (CP) e 12 da Lei 6.378/1976, por haver ministrado medicamentos em desacordo com a regulamentação legal, tendo a vítima falecido. A Turma reconheceu não haver ferimento ao princípio do promotor natural. No caso concreto, "a priori", houve o entendimento de que seria crime não doloso contra a vida, fazendo os autos remetidos ao promotor natural competente. Não obstante, durante toda a instrução se comprovou que, na verdade, tratava-se de crime doloso. Com isso, o promotor que estava no exercício ofereceu a denúncia e remeteu a ação imediatamente ao promotor do Júri, que poderia, a qualquer momento, não a ratificar. O colegiado entendeu, dessa maneira, configurada ratificação implícita. Outrossim, asseverou estar-se diante de substituição, consubstanciada nos princípios constitucionais do Ministério Público (MP) da unidade e da indivisibilidade, e não da designação de um acusador de exceção. Vencido o ministro Marco Aurélio, por considerar violado o princípio do promotor natural. HC 114.093/PR, rel. orig. Min. Marco Aurélio, red. p/ o ac. Min. Alexandre de Moraes, julgamento em 3.10.2017.

Informativo nº 835
PGR e conflito de atribuição entre órgãos do Ministério Público

Cabe ao Procurador-Geral da República a apreciação de conflitos de atribuição entre órgãos do ministério público. Com base nesse entendimento, o Plenário, por maioria, resolveu questão de ordem no sentido do não conhecimento da ação e remeteu os autos ao Procurador-Geral da República. No caso, instaurara-se conflito negativo de atribuições entre ministério público estadual e ministério público federal, para apuração de crime contra o mercado de capitais previsto no art. 27-E da Lei 6.385/1976. O Tribunal consignou que a competência para a apreciação de conflitos de atribuição entre membros do ministério público, por não se inserir nas competências originárias do STF (CF, art. 102, I), seria constitucionalmente atribuída ao Procurador-Geral da República, como órgão nacional do ministério público. Vencidos os Ministros Marco Aurélio e Celso de Mello, que conheciam da ação. Pontuavam que a competência seria do STF e que conclusão diversa culminaria por nulificar, de modo absoluto, a autonomia institucional dos ministérios públicos estaduais. ACO 1.567 QO/SP, rel. Min. Dias Toffoli, 17.8.2016.

6.2. Informativos STJ

Informativo nº 507
DIREITO PROCESSUAL CIVIL. MINISTÉRIO PÚBLICO DOS ESTADOS. LEGITIMIDADE RECURSAL NO ÂMBITO DO STJ.

O Ministério Público estadual tem legitimidade recursal para atuar no STJ. O entendimento até então adotado pelo STJ era no sentido de conferir aos membros dos MPs dos estados a possibilidade de interpor recursos extraordinários e especiais nos tribunais superiores, restringindo, porém, ao procurador-geral da República (PGR) ou aos subprocuradores da República por ele designados a atribuição para oficiar junto aos tribunais superiores, com base na LC nº 75/1993 e no art. 61 do RISTJ. A nova orientação baseia-se no fato de que a CF estabelece como princípios institucionais do MP a unidade, a indivisibilidade e a independência funcional (art. 127, § 1º, da CF), organizando-o em dois segmentos: o MPU, que compreende o MPF, o MPT, o MPM e o MP-DFT; e o MP dos estados (art. 128, I e II, da CF). O MP estadual não está vinculado nem subordinado, no plano processual, administrativo e/ou institucional, à chefia do MPU, o que lhe confere ampla possibilidade de postular, autonomamente, perante o STJ. A própria CF, ao assentar que o PGR é o chefe do MPU, enquanto os MPs estaduais são chefiados pelos respectivos procuradores-gerais de justiça (PGJ) (art. 128, §§ 1º e 3º, da CF), sinaliza a inexistência dessa relação hierárquica. Assim, não permitir que o MP do estado interponha recursos em casos em que seja autor da ação que tramitou originariamente na Justiça estadual, ou mesmo ajuizar ações ou medidas originárias (mandado de segurança, reclamação constitucional, pedidos de suspensão de segurança ou de tutela antecipada) nos tribunais superiores, e nelas apresentar recursos subsequentes (embargos de declaração, agravo regimental ou recurso extraordinário), significa: (a) vedar ao MP estadual o acesso ao STF e ao STJ; (b) criar espécie de subordinação hierárquica entre o MP estadual e o MP federal, sendo que ela é absolutamente inexistente; (c) cercear a autonomia do MP estadual; (d) violar o princípio federativo; (e) desnaturar o jaez do STJ de tribunal federativo, uma vez que tolheria os meios processuais de se considerarem as ponderações jurídicas do MP estadual, inclusive como um modo de oxigenar a jurisprudência da Corte. Ressalte-se que, nesses casos, o MP estadual oficia como autor, enquanto o PGR oficia como fiscal da lei, papéis diferentes que não se confundem, nem se excluem reciprocamente. Esse novo entendimento não acarretará qualquer embaraço ao cumprimento das medidas legais de intimação dos MPs estaduais no âmbito do STJ, já que elas terão como destinatários, exclusivamente, os respectivos chefes dessas instituições nos estados. De igual modo, não se vislumbra qualquer dificuldade quanto ao local de onde deve se pronunciar oralmente o PGJ ou seu representante especialmente designado para tal ato, que tomará a tribuna reservada às partes, deixando inalterada a posição do membro do Parquet federal atuante no órgão julgador do STJ, o qual estará na qualidade de *custos legis*. Precedente citado do STF: RE 593.727-MG (questão de ordem). AgRg no AgRg no AREsp 194.892-RJ, Rel. Min. Mauro Campbell Marques, julgado em 24/10/2012.

Informativo nº 433
MP. PRINCÍPIO DA UNIDADE
Dois representantes do MP atuaram de maneira diversa no mesmo feito: enquanto um, apesar de ter denunciado o paciente, no desenrolar da instrução, pugnou por sua absolvição, outro interpôs a apelação da sentença absolutória. Diante disso, a Turma entendeu não haver afronta ao princípio da unidade do Ministério Público, visto serem os dois dotados de autonomia funcional (art. 127, §§ 2º e 3º, da CF/1988) e atuarem em atenção ao interesse público. HC 112.793-ES, Rel. Min. Arnaldo Esteves Lima, julgado em 6/5/2010.

7. Questões de concursos

MPRJ XXXV Concurso – 2018

19ª Questão: Defina independência funcional e autonomia funcional, destacando os elementos de diferenciação e de aproximação entre os dois conceitos.

Resposta objetivamente fundamentada.

MPRJ XXVII Concurso – 2004

Na hipótese do artigo 11, inciso XIII, letra a, da Lei Complementar nº 106, de 3 de janeiro de 2003, pode o membro do Ministério Público dar-se por suspeito, alegando motivo de ordem íntima, por discordar da decisão do Procurador-Geral de Justiça no tocante à não confirmação do arquivamento de inquérito civil?

V Garantias, Prerrogativas, Deveres, Vedações e Responsabilidade dos Membros do Ministério Público

1. Garantias do Ministério Público

A Carta Magna outorgou à Instituição do Ministério Público e a seus membros, para o escorreito desempenho de suas funções constitucionais, garantias e prerrogativas, impondo também aos seus integrantes vedações expressas. O presente tópico visa analisar tais características deferidas ao Ministério Público.

1.1. As garantias da Instituição

1.1.1. A autonomia funcional e administrativa

O artigo 127, § 2º, da Constituição prevê que o Ministério Público goze de autonomia funcional e administrativa, podendo, portanto estruturar-se na forma prevista na respectiva lei orgânica, prover seus cargos diretamente, editar atos relativos ao seu quadro de pessoal, inclusive provendo seus cargos e os de seu serviço auxiliar, enfim, reger seus destinos sem qualquer vinculação a outro Organismo ou Poder. Há limitações, entretanto, a esta autonomia, manifestadas na Carta Magna, por exemplo, nos critérios de investidura e destituição do Procurador-Geral de Justiça, que são realizados, respectivamente, pelo Chefe do Poder Executivo (art. 128, § 3º), dentro de lista tríplice enviada pela classe e pelo Legislativo (art. 128, § 4º), mediante moção do Colégio de Procuradores de Justiça (art. 9º, § 2º, c/c art. 12, IV, da LONMP). A legislação infraconstitucional, por sua vez, enumera os atos de autogestão que podem ser praticados pelo Parquet, nos artigos 3º da LONMP e 22 da LC 75/93.

1.1.2. A autonomia financeira e orçamentária

No que concerne à autonomia financeira, a Carta Magna, diferentemente do tratamento conferido ao Poder Judiciário (art. 99 da CF), onde o termo é expressamente previsto, optou por conferir à Instituição, no § 3º do artigo 127, a iniciativa de elaboração de sua proposta orçamentária, dentro dos limites estabelecidos na LDO (Lei de Diretrizes Orçamentárias).

Teria havido alguma restrição ao Ministério Público em face do tratamento diferenciado? Entendemos que não, com o apoio de Alexandre de Moraes.[1] A autonomia financeira, como consectário da autonomia funcional e administrativa, traduz-se na prerrogativa que o órgão possui de elaborar sua proposta orçamentária, prevendo sua gestão financeira anual, assim como o Judiciário. Portanto, o Parquet possui autonomia financeira, devendo para tanto, na forma do artigo 4º da LONMP, remeter ao Chefe do Poder Executivo sua proposta orçamentária, que será encaminhada para discussão e votação ao Poder Legislativo. O repasse das verbas previstas será feito, pelo Tesouro Estadual, em duodécimos, até o dia 20 de cada mês (art. 168 da CF c/c art. 4º, § 1º, da LONMP).

Cabe lembrar aqui das alterações introduzidas pela Emenda Constitucional nº 45/2004 nos dispositivos que tratam da proposta orçamentária do Ministério Público. Elas seguem a mesma linha das mudanças insertas quanto a autonomia orçamentária do Poder Judiciário (artigo 99, §§ 3º, 4º e 5º).

De fato, o constituinte reformador, a par de reconhecer o *status* especial do Ministério Público, que o legitima, desde 1988, a elaborar sua proposta orçamentária, quis tornar claro que o orçamento sempre se mantenha nos limites da Lei de Diretrizes Orçamentárias, trazendo soluções normativas para o caso do Parquet extrapolar essa limitação ou manter-se inerte em relação à remessa da proposta.

O controle aduzido pelo Poder Executivo, em tal caso, não tem o condão de restringir a autonomia orçamentária, mas garantir que no exercício financeiro subsequente o Ministério Público disporá dos recursos necessários ao seu funcionamento, respeitada sempre, evidentemente, a capacidade orçamentária do Estado como um todo.

1.1.2.1. Negativa de repasse das verbas pelo Poder Executivo

Questão recorrente acerca do assunto versa sobre a negativa do Poder Executivo em efetuar o repasse das verbas relativas ao Parquet no prazo e na forma previstos no ordenamento. Analisando a questão,

---
1 *Op. cit.*, 2002, p. 1.523.

decidiu o STF, na ADIn 732/MC, em 22.05.1992, publicada no DJ em 21.08.1992, p. 12.782, sendo relator o Ministro Celso Mello:

> "O comando emergente da norma inscrita no art. 168 da Constituição Federal tem por destinatário específico o poder executivo, que está juridicamente obrigado a entregar, em consequência desse encargo constitucional, até o dia 20 de cada mês, ao legislativo, ao judiciário e ao Ministério Público, os recursos orçamentários, inclusive aqueles correspondentes aos créditos adicionais, que foram afetados, mediante lei, a esses órgãos estatais. A prerrogativa deferida ao Legislativo, ao Judiciário e ao Ministério Público pela regra consubstanciada no art. 168 da Lei Fundamental da República objetiva assegurar-lhes, em grau necessário, o essencial coeficiente de autonomia institucional. A ratio subjacente a essa norma de garantia radica-se no compromisso assumido pelo legislador constituinte de conferir as instituições destinatárias do favor constitucionais o efetivo exercício do poder de autogoverno que irrecusavelmente lhes compete. Assume inquestionável plausibilidade jurídica a tese, deduzida em sede de controle normativo abstrato, que sustenta a impossibilidade de o estado-membro restringir a eficácia do preceito consubstanciado no art. 168 da Constituição Federal. Essa norma constitucional impõe-se a observância compulsória das unidades políticas da Federação e não parece admitir – para efeito de liberação mensal das quotas duodecimais – qualquer discriminação quanto à natureza dos recursos orçamentários, sejam estes referentes, ou não, às despesas correntes de custeio (RTJ 143/057).

Não é despiciendo ressalvar que qualquer tentativa do Executivo de violar tal autonomia, restringindo ou não repassando a verba prevista no duodécimo mensal, configurará, consoante artigo 85, II, da CF e artigo 146, II, da Constituição do Estado do Rio de Janeiro, crime de responsabilidade, sujeitando seu autor às sanções constitucionais.

1.1.3. A autonomia legislativa

Ainda em decorrência da autonomia institucional conferida ao Ministério Público pela Constituição de 1988, foi-lhe outorgada autonomia legislativa, prevista no artigo 128, § 5º, da Carta Magna, legitimando o respectivo Procurador-Geral a deflagrar o processo visando estabelecer a organização, as atribuições e o estatuto de cada Ministério Público. A matéria foi tratada com maior abrangência no Capítulo III desta obra, quando abordamos a Estrutura Legislativa e Organizacional do Ministério Público.

O artigo 127, § 2º assegura ao Ministério Público a iniciativa legislativa para propor ao Poder Legislativo a criação e extinção de seus cargos e serviços auxiliares, provendo-os por concurso público de provas ou de provas e títulos, a política remuneratória e os planos de carreira. Em 2018, por meio da ADI 1.757, o STF determinou que essa iniciativa legislativa é reservada ao procurador-geral de justiça no âmbito estadual e ao PGR no âmbito federal, sob a seguinte ementa:

> "Ação direta de inconstitucionalidade. Direito constitucional. Lei orgânica do ministério Público do Estado do Espírito Santo. Necessidade de fundamentação específica acerca do vício apontado (art. 3º, i, da lei 9868/1999). Superveniente alteração do dispositivo constitucional indicado como parâmetro de controle. Conhecimento parcial da ação. Alcance da autonomia financeira do ministério público. criação de promotorias e procuradorias de justiça por ato infralegal. Impossibilidade. Enquadramento de servidores de outro poder. provimento derivado inconstitucional. iniciativa legislativa (art. 127, § 2º, cf/1988). 1. "Não obstante a autonomia institucional que foi conferida ao Ministério Público pela Carta Política, permanece na esfera exclusiva do Poder Executivo a competência para instaurar o processo de formação das leis orçamentárias em geral. A Constituição autoriza, apenas, a elaboração, na fase pré-legislativa, de sua proposta orçamentária, dentro dos limites estabelecidos na lei de diretrizes". (ADI 514 MC, Rel. Min. CELSO DE MELLO, Tribunal Pleno, DJ de 18/3/1994). 2. As Procuradorias e as Promotorias de Justiça são órgãos públicos e, como tais, apenas por lei podem ser criadas. 3. Lei de iniciativa do Procurador-Geral de Justiça não pode dispor sobre o enquadramento de servidores de outros poderes em quadro de pessoal específico do Ministério Público. Violação à iniciativa do chefe do Poder Executivo. Ademais, a previsão em análise configura provimento derivado inconstitucional, por ofensa à regra do concurso público (art. 37, II, CF). 4. A iniciativa legislativa prevista no art. 127, § 2º, da Constituição para a criação de cargos e serviços auxiliares, a política remuneratória e os planos de carreira do Ministério Público é privativa do Procurador-Geral de Justiça, no âmbito estadual, e do Procurador-Geral da República, na esfera federal. 5. Ação direta parcialmente conhecida e, nessa parte, parcialmente procedente, confirmando-se a medida cautelar deferida".

1.2. As garantias dos membros do Ministério Público

A par das garantias institucionais, o constituinte outorgou aos membros do Ministério Público três garantias, visando ao pleno e independente exercício das funções ministeriais, previstas no artigo 128, § 5º, I, "a" a "c", da CF, que agora serão analisadas.

1.2.1. A vitaliciedade

É a impossibilidade de perda do cargo após dois anos de efetivo exercício, senão por sentença transitada em julgado, dentro de determinadas hipóteses previstas em lei.

Enquanto não vitalício, o Promotor de Justiça pode perder o cargo mediante manifestação voluntária (pedido de exoneração) ou ser demitido em processo administrativo disciplinar. Esta última possibilidade não ocorrerá após o vitaliciamento quando, então, perderá o cargo compulsoriamente somente por decisão judicial transitada em julgado.

A vitaliciedade dos membros do Parquet, preconizada no artigo 128, § 5º, I, "a", da CF difere da estabilidade garantida aos servidores públicos, após três anos de efetivo exercício, prevista no artigo 41 da Carta Magna, porque, mesmo depois de estável, o servidor público pode perder o cargo, de forma não voluntária, por meio de sentença judicial transitada em julgado; processo administrativo com ampla defesa; insuficiência de desempenho e devido a excesso de despesa com pessoal.

Deve-se ressalvar que, para alcançar a vitaliciedade, o membro da Instituição deverá contar com dois anos de exercício efetivo, isto é, não computados quaisquer períodos de férias, licenças ou afastamentos, consoante comando existente no artigo 53, *caput*, da LONMP.

1.2.1.1. A aquisição da vitaliciedade

1.2.1.1.1. O concurso para ingresso na carreira e a exigência da atividade jurídica

Pressuposto para a aquisição da vitaliciedade é a aprovação em concurso para ingresso na carreira (art. 129, § 3º da CF). Quis o constituinte reformador (EC 45 – Reforma do Judiciário) exigir dos postulantes à carreira do Ministério Público (assim como aos da magistratura – art. 93, I, da CF) a prática de, no mínimo, três anos de atividade jurídica, com o intuito de conferir maturidade aos agentes políticos para o bom desempenho das graves funções institucionais a que estarão sujeitos. O Conselho Nacional do Ministério Público regulamentou a matéria através da Res. nº 40/09 (alterada até a Res. 206/2019), passando a considerar como atividade jurídica, desempenhada exclusivamente *após* a conclusão do curso de bacharelado em Direito:

I – O efetivo exercício de advocacia, inclusive voluntária, com a participação anual mínima em 5 (cinco) atos privativos de advogado (Lei nº 8.906, de 4 julho de 1994), em causas ou questões distintas.

II – O exercício de cargo, emprego ou função, inclusive de magistério superior, que exija a utilização preponderante de conhecimentos jurídicos.

III – O exercício de função de conciliador em tribunais judiciais, juizados especiais, varas especiais, anexos de juizados especiais ou de varas judiciais, assim como o exercício de mediação ou de arbitragem na composição de litígios, pelo período mínimo de 16 (dezesseis) horas mensais e durante 1 (um) ano.

IV – o exercício, por bacharel em direito, de serviços voluntários em órgãos públicos que exija a prática reiterada de atos que demandem a utilização preponderante de conhecimentos jurídicos, pelo período mínimo de 16 horas mensais e durante um ano (Inciso incluído pela Res. 206/2019)

Em 2006, o STF julgou a ADI 3.460 e determinou que os três anos de atividade jurídica devem ser contados a partir da data de conclusão do curso de Direito. Finalmente, deve-se ressaltar a decisão do STF na ADI 4.219 (Rel. Min. Cármen Lúcia), ajuizada pelo Conselho Federal da OAB, impugnando o parágrafo único do artigo 1º da Resolução nº 29/08 (atual art. 2º da Resolução nº 40/09), do Conselho Nacional do MP. Para a OAB, seria inconstitucional considerar-se como atividade jurídica a conclusão de cursos de pós-graduação, pois a atividade é meramente acadêmica, não tendo o condão exigido pelo constituinte reformador. Em seu entendimento, a expressão "atividade jurídica" foi inserida na Constituição com o propósito de garantir que magistrados e membros do MP tenham "um mínimo de experiência na seara jurídico-profissional, evitando que bacharéis ainda imaturos quanto à vida prática possam estar aptos a julgar os destinos alheios". A Corte, em 21/12/2020, julgou improcedente o pleito, da seguinte forma:

> *"Constitucional e Administrativo. Concurso público. Prática forense. 129, § 3º da Constituição da República. Atividade jurídica. inexistência de hierarquia entre saberes práticos e teóricos. possibilidade de comprovação do triênio constitucional com cursos de pós-graduação. ação direta de inconstitucionalidade improcedente. 1. O sintagma "atividade jurídica", constante do art. 129, § 3º, da Constituição da República, não estabelece hierarquia entre as formas prática e teórica de aquisição de*

conhecimento, exigindo apenas atividade que suceda o curso de direito e o pressuponha como condição de possibilidade. 2. Em sua função regulamentadora, o Conselho Nacional do Ministério Público está autorizado a densificar o comando constitucional de exigência de atividade jurídica com cursos de pós-graduação. 3. Ação julgada improcedente".

1.2.1.1.2. O vitaliciamento

O processo de aquisição da vitaliciedade ou vitaliciamento, está previsto, genericamente na LONMP (Art. 38, I) e, mais especificamente, na Lei Orgânica que rege cada Instituição Estadual.

No Estado do Rio de Janeiro, o procedimento está previsto nos artigos 61 a 63 da LC 106/2003 (redação alterada pela LC 177/17), com a realização do estágio probatório ou confirmatório, presidido pela Corregedoria Geral, que consiste no período de 24 meses em que o promotor, recém-ingresso, será aferido por membros da Instituição mais experientes (denominados supervisores ou monitores) e avaliado em relação a quatro itens: (a) idoneidade moral; (b) zelo funcional; (c) eficiência e (d) disciplina, consoante norma legal (art. 61 e seus incisos).

Durante este lapso temporal, o vitaliciando submete seus trabalhos técnicos à supervisão, reunindo-se periodicamente, para discussão de temas de interesse jurídico e palestras de cunho institucional. Findo este período – e antes de atingidos dois anos de efetivo exercício – a Comissão de Estágio Confirmatório (CECON) encaminhará ao Conselho Superior do Ministério Público (art. 17, III, da LONMP c/c art. 62 da LC 106/2003) proposta de vitaliciamento ou não do promotor em estágio.

A decisão sobre o vitaliciamento, ou não, de Promotor de Justiça será proferida pelo voto da maioria absoluta dos integrantes do Conselho Superior do Ministério Público (Art. 63 da LC 106/2003). Igual disposição pode ser encontrada, por exemplo, na Lei Orgânica do Estado de São Paulo, no art. 130, § 2º, da LC 734/1993.[2] Se a proposta for pela

---

2 Caso interessante, para o estudo da matéria, ocorreu no Estado de São Paulo, onde Promotor de Justiça não vitalício, acusado de ter cometido duplo homicídio qualificado, um consumado e outro não, teve o seu vitaliciamento rejeitado pelo Conselho Superior, com a consequente exclusão dos quadros do Ministério Público. No Estado de São Paulo o Conselho Superior é composto por 11 (onze) membros e a convocação de suplentes só deve ocorrer quando houver falta de quórum para a decisão. No julgamento do caso, já havia o número de membros exigido para a votação, ou seja, oito conselheiros, já contabilizada a exclusão de três que estavam impedidos. Mesmo assim, um suplente foi convocado. O resultado final foi de seis votos pelo não-vitaliciamento, contra três, a favor. O promotor impetrou Mandado

não confirmação, será dada oportunidade para o vitaliciando apresentar defesa e produzir prova (art. 62, § 1º, da LC 106/2003). Se a defesa preliminar for considerada insatisfatória, será instaurado um incidente de impugnação ao vitaliciamento (art. 60 da LONMP c/c art. 62, §§ 2º a 4º da LC 106/2003), afastando-se o Promotor de Justiça do exercício funcional, com percepção de vencimentos até o deslinde do procedimento.[3]

A decisão de não vitaliciamento poderá ainda ser objeto de recurso ao Órgão Especial do Colégio de Procuradores de Justiça (art. 12, VIII, "a", da LONMP).[4] Há decisão do STF de que tal decisão em grau recursal

de Segurança junto ao Tribunal de Justiça daquele Estado, tendo sido reconduzido ao cargo por meio de liminar. Posteriormente, foi concedida a ordem, retornando o impetrante ao seu cargo no Ministério Público de São Paulo. Os desembargadores reconheceram como nula a decisão do Conselho Superior, ao fundamento de que, caso o suplente não tivesse participado do julgamento, o resultado não atingiria a maioria absoluta exigida. A convocação do suplente foi considerada irregular e seu voto nulo. Ressalte-se que a decisão do Tribunal de Justiça do Estado de São Paulo não dizia respeito à conduta do Promotor, mas somente ao ato administrativo que não o confirmara na carreira (www.ultimainstancia.uol.com.br/noticia/27968) – 17/05/2006.

3 Neste sentido, decidiu o STJ (5ª T.) no RMS 19.248/AC, em 21/11/2006, sendo Relator o Min. Felix Fischer: "A Lei 8.625/93, que dispôs sobre normas gerais do MP nos Estados, cuja observância é obrigatória, impõe que a impugnação ao vitaliciamento de membro do MP se dê no prazo de dois anos, não estabelecendo qualquer outro requisito de natureza temporal para a instauração do procedimento de impugnação. Em se tratando de impugnação ao vitaliciamento de membro do MP, a norma do artigo 60 da Lei Federal nº 8.625/93 impõe o afastamento compulsório do membro do MP até decisão final sobre sua permanência ou não no cargo. A decisão administrativa que conclui pela não-permanência do membro do MP, por não satisfeitos os requisitos do estágio, não constitui penalidade administrativa, mas tão-somente um exame sobre a aptidão ou eficiência para o exercício das funções, o qual se exige seja devidamente fundamentado, não havendo qualquer vedação a que sejam levados em consideração fatos já apurados em processo administrativo disciplinar".

4 No caso citado em nota 2, acima, o CSMP/SP, apreciando o vitaliciamento do Promotor de Justiça em questão, concluiu, em novo julgamento, pela inexistência de requisitos para a sua confirmação na carreira. Interposto o recurso ao Órgão Especial do Colégio de Procuradores de Justiça, em 29/08/2007, a decisão foi reformada e o Promotor efetivado na carreira. Entendeu o colegiado que o delito em tese cometido não devia ser levado em consideração naquele julgamento, mas apenas a conduta profissional do mesmo antes do fato. Tal decisão foi reformada pelo CNMP, que determinou a exoneração do Promotor de Justiça pelo PGJ local, que foi efetivada. O STF, em decisão liminar da lavra do Min. Menezes Direito, em Outubro de 2008 (MS 27.542), concedeu liminar ao promotor para permanecer na carreira, como membro do MP paulista, mas sem exercer qualquer função institucional (em situação de impugnação ao vitaliciamento). Assim, como membro do MP, teve direito ao Foro Especial (já que, na época, não havia a interpretação restritiva conferida ao foro por prerrogativa de função pelo STF, na Apn 937 QO/RJ. Min. Roberto Barrosos,

pode ainda ser submetida ao crivo do CNMP, com fulcro no Art. 130-A § 2º, II, da CF (MS 27.542/SP), julgado em 2016, relatoria do Min. Dias Toffoli.

Ressalte-se que no caso do vitaliciando praticar alguma infração disciplinar, caberá à Corregedoria do MP instaurar procedimento administrativo disciplinar a fim de aplicar a punição devida, sem prejuízo da eventual instauração de procedimento de impugnação ao vitaliciamento pelo CSMP. Assim decidiu o CNMP no PCA 0917/2007-99, em 17.11.2008, anulando parcialmente o processo de impugnação à permanência na carreira instalado pelo MPMG e determinando a instauração de processo administrativo disciplinar em face de dois Promotores de Justiça Substitutos que cumpriam estágio probatório, por entender que para "*a responsabilização de qualquer membro ministerial, vitalício ou não, torna-se imprescindível a instauração deste procedimento*". No caso em exame, sem a instauração de procedimento disciplinar pela Corregedoria-Geral, o CSMP instaurou procedimento de impugnação ao vitaliciamento de dois Promotores de Justiça em estágio confirmatório, aplicando-se lhes, ao final, a sanção de advertência. O CNMP entendeu que o procedimento de impugnação ao vitaliciamento e o Procedimento Administrativo Disciplinar devem tramitar separadamente, por terem ritos distintos, não podendo o primeiro servir de base para aplicação de sanção administrativa, que deve ser apurada no segundo.

1.2.1.2. A perda da vitaliciedade

Após ser declarado vitalício, o Promotor de Justiça somente poderá perder o cargo, consoante determinado pela LONMP em seu artigo 38, § 1º, por sentença judicial proferida em ação civil própria e transitada em julgado, se ocorrerem quaisquer das seguintes hipóteses: abandono do cargo por mais de trinta dias corridos;[5] exercício da advocacia e prática

---

3/5/2018), previsto no artigo 96, III, da CF, sendo julgado pelo Órgão Especial do TJ/SP, que, em votação unânime, o absolveu das acusações, em 26/11/08. Entretanto, o mérito do MS 27.542 foi votado em 2016, tendo a 2ª Turma da Corte, na relatoria do Ministro Dias Toffoli, negado seu vitaliciamento, entendendo ser lícito o CNMP, antes de decorrido o prazo de dois anos, rever a decisão administrativa do CSMP Paulista, com fundamento no Art. 130 – A, II da CF. Argumentou ainda S.Exa. sobre a inocorrência do lapso temporal, já que o impetrante "*não chegou a completar dois anos, pois entrou em exercício em 13/09/2003, foi preso em flagrante em 29/12/2004, obteve liberdade provisória em 16/2/2005 e foi suspenso em 2/3/2005. O então promotor permaneceu em exercício aproximadamente por um ano e três meses, período inferior ao exigido para o vitaliciamento*".

5 Caso inusitado ocorreu no Ministério Público do Estado de Rondônia, onde Promo-

de crime incompatível com a função. O Parquet fluminense acrescentou mais uma hipótese a este rol: a prática de improbidade administrativa em decorrência da Lei Federal 8.429/92, que não havia sido prevista na LONMP (Art. 134, I, "d", da LC 106/2003). Inovou também a legislação estadual ao estipular, nos §§ 3º e 4º do aludido artigo 134, os crimes considerados incompatíveis com o exercício funcional, a ensejar a perda do cargo do promotor vitalício. Assim, são considerados incompatíveis com o exercício do cargo os crimes dolosos contra o patrimônio, contra a administração e fé pública, os que importem lesão aos cofres públicos e aqueles previstos no artigo 5º, XLIII da Carta Magna.

A ação para a perda do cargo é de iniciativa privativa do Procurador-Geral de Justiça, após a autorização do Órgão Especial do Colégio de Procuradores de Justiça,[6] sendo necessário para tanto o preenchimento de dois requisitos especiais para a sua propositura:[7] em primeiro lugar, exige a lei o ato de iniciativa da proposta para ajuizamento da ação, de competência do Procurador-Geral de Justiça ou de um quarto dos integrantes do Colégio de Procuradores de Justiça (ou do Órgão Especial) – no MPRJ, a alteração da redação do Art. 19, VIII da LC 106 pela LC 187/2019, conferiu iniciativa também a Corregedoria Geral –; em segundo lugar, a deliberação do Colegiado *supra* referido, no sentido da autorização da propositura da ação.[8] São os chamados requisitos propositivo e decisório, respectivamente.[9]

tor de Justiça perdeu seu cargo por abandono das funções. Na hipótese, o Promotor se negou a cumprir as normas da Administração Superior do MP/RO, permanecendo ausente da Promotoria de Vilhena, onde era lotado, por dois anos consecutivos, alegando incapacidade para o trabalho, em virtude de Epicondilite Lateral no cotovelo. O Promotor passou a residir em outra cidade, de onde enviava atestados médicos particulares à Procuradoria-Geral de Justiça de Rondônia. No processo administrativo instaurado contra o mesmo, respeitado o devido processo legal e a ampla defesa (STJ/RMS 19.657-RO), restou comprovado, através de exames psicológico, psiquiátrico e ortopédico, não estar caracterizado um impedimento que justificasse o afastamento do trabalho. A decisão entendeu estar caracterizado o *animus abandonandi* (vontade de abandonar), julgando procedente a ação de perda do cargo público (TJ-RO – Rel. Des. Eliseu Fernandes de Souza – 1ª Câmara Especial – 29/06/2006).

6 Art. 38, § 2º, da LONMP c/c art. 134, § 1º, da LC 106/2003.
7 Nas palavras de José dos Santos Carvalho Filho, *"dois atos administrativos-institucionais como verdadeira condição de procedibilidade para a referida demanda (...) podemos denominá-lo de requisito propositivo (...) e requisito decisório".* in parecer exarado no Proc. Adm. 2005.001.22640.00.
8 Art. 12, X, da Lei 8.625/93 e Art. 19, VIII, da LC 106/2003.
9 Conforme José dos Santos Carvalho Filho em parecer exarado no Proc. Adm. 2005.001.22640.00.

Estando encerrada essa fase administrativa prévia, poderá o Procurador-Geral de Justiça impetrar legitimamente a ação civil própria em face de membro do Ministério Público perante o órgão judicial competente (no MPRJ, Art. 134 § 6º da LC 106, com a redação da LC 113/06).

1.2.1.2.1. -A questão da exoneração após o decurso do lapso temporal do vitaliciamento

Questão interessante versa sobre a possibilidade do membro do Ministério Público, mesmo após transcorrido o prazo do vitaliciamento, perder o cargo por mero ato de demissão do Procurador-Geral, por fato ocorrido no estágio confirmatório. Entendemos que a garantia da vitaliciedade é adquirida, de pleno direito, no momento em que o membro da Instituição conclui o lapso temporal de dois anos de efetivo exercício, tenha ele sido aprovado ou não no estágio confirmatório. Daí a razão do incidente de impugnação ao vitaliciamento já referido (previsto nos artigos 60 da LONMP e 62 da LC 106/2003) afastar o vitaliciando do exercício funcional. No mesmo sentido, Mazzilli, que inclusive cita a LC 75/93, aplicável subsidiariamente aos membros do MP estadual por força do Artigo 80 da LONMP.[10]

Entendimento diverso possui Emerson Garcia,[11] para quem *"mesmo os atos praticados no último dia do período de estágio devem influir no vitaliciamento do agente, sendo indicativo de que a decisão do Conselho Superior pode ser proferida mesmo após o decurso dos dois anos, desde que circunscrita a fatos ocorridos nesse período"*. A questão chegou ao Supremo Tribunal Federal, numa hipótese em que membro do Ministério Público do Trabalho foi demitido após o biênio constitucional, com exercício funcional no período. A Ministra Ellen Gracie, apreciando a questão no MS 23.441, em 23.10.2003,[12] concedeu inicialmente a liminar pleiteada, reintegrando a impetrante à carreira do MPT, que a tinha exonerado, mas posteriormente, no mérito, denegou a ordem, ao argumento de *"que o ato de exoneração, de caráter meramente declaratório, pode ocorrer após dois anos de exercício, na hipótese de faltas ocorridas durante o biênio e com apuração nele iniciada, como ocorrera no caso"*. O Plenário da Corte, entretanto, divergiu da relatora e concedeu a ordem.[13]

---

10 Mazzilli, Hugo Nigro, op. cit., p. 208, com expressa referência aos artigos 184 e 208 da LC 75/93.
11 GARCIA, Emerson. *Ministério Público: Organização, Atribuições e Regime Jurídico.* 5ª ed. São Paulo: Saraiva, 2015, p. 647.
12 Informativo nº 326.
13 MS 23.441. Rel. Min. Ellen Gracie. Decisão plenária em 27.11.2008. Rel. para os embargos declaratórios com efeitos infringentes, Min. Roberto Barrosos. Na hi-

Assim, em suma, o STF entendeu que após o decurso do lapso temporal de dois anos, o membro do MP apenas perde o cargo mediante decisão judicial transitada em julgado, salvo se houver alguma nulidade no procedimento administrativo de demissão ou exoneração do vitaliciando. Relevante a leitura, para aprofundamento do tema, dos embargos de declaração com efeitos infringentes no aludido MS, relatados pelo Ministro Barroso em 09/04/2015.

Da decisão de vitaliciamento ou não, proferida em caráter final pelo respectivo Ministério Público, cabe recurso ao CNMP, conforme já decidiu o STF no MS 27.542-DF, 2ª T, 4/10/2016, sendo Relator o Min. Dias Toffoli. Mazzilli é contrário, entendendo indispensável sentença judicial.[14] Reitero meu entendimento de que, se o membro do MP já tiver tido efetivo exercício por tempo superior ao biênio constitucional, o

pótese, a Procuradora do Trabalho impetrante havia sido reprovada no estágio confirmatório e exonerada do cargo em abril de 1999, após decisão tomada pelo Conselho Superior do Ministério Público do Trabalho (CSMPT), após o biênio constitucional. A exoneração resultara de inquérito administrativo aberto para apurar supostas infrações disciplinares, como resistência a orientações normativas, desrespeito ao dever de urbanidade, abuso de poder e ingerência, além de uma acusação de que teria ameaçado de morte o procurador-chefe da Procuradoria do Trabalho da 17ª Região. No MS, ela contestava o ato de exoneração por ter ocorrido após o prazo de dois anos do estágio probatório, quando já tinha adquirido a vitaliciedade no cargo, e alegava cerceamento de defesa. O julgamento, suspenso em 2005, foi retomado com o voto-vista do ministro Gilmar Mendes, inicialmente, ele negou o pedido do MS, acompanhando o voto da relatora, ministra Ellen Gracie. O ministro Cezar Peluso, por sua vez, ressaltou que o processo pendia de decisão definitiva há aproximadamente 10 anos, votando pela concessão do pedido, considerando o caso específico. "A vida humana não suporta essas coisas", afirmou. O Plenário, então, seguiu o argumento apresentado por Peluso, incluindo o ministro Gilmar Mendes, que reviu os fundamentos apresentados no voto-vista. "São situações que ocorrem em razão das dificuldades que temos, depois do provimento cautelar, de retornar o julgamento de mérito". Na votação final, ficou vencida a relatora, ministra Ellen Gracie. Embargos declaratórios, com efeitos infringentes, foram interpostos e rejeitados pelo Ministro Barroso: *"não há contradição na decisão embargada. Apenas a eminente Min. Ellen Gracie votou pela denegação da ordem, por ter considerado regular o processo que resultou na exoneração da impetrante do cargo de Procuradora do Trabalho. Os demais Ministros votaram pela concessão da ordem, ainda que com fundamento em teses diversas, quais sejam: (i) irregularidade no respectivo processo administrativo; ii) necessidade de sentença judicial para a exoneração; e (iii) manutenção da impetrante no cargo, em nome do princípio da segurança jurídica, já que ultrapassados mais de dez anos do deferimento da medida liminar. A última tese recebeu mais adesões, razão pela qual a conclusão do julgado foi pela concessão da ordem, por maioria "tendo em conta o decurso de lapso temporal prolongado e a necessidade de se garantir a segurança jurídica".*

14   Mazzilli, *op. cit.*, 9ª edição, 2018, p. 256

CNMP não pode, em grau recursal, revogar o vitaliciamento concedido, mas se o promotor/procurador não tiver cumprido ainda o biênio, em virtude de suspensão, afastamento, incidente de impugnação ao vitaliciamento ou outro motivo, a decisão do CNMP é hígida, por força do Artigo 130 A, § 2º, II da CF.

1.2.1.2.2. -A indispensabilidade da ação civil ainda que haja sentença criminal determinando a perda do cargo

Outra questão controvertida versa sobre a necessidade ou não da propositura da ação civil para a perda do cargo do promotor vitalício, na hipótese de condenação criminal que lhe tenha determinado a perda do cargo.

Entendemos ser absolutamente indispensável tal providência, a ser deflagrada pelo Procurador-Geral, mediante autorização do Órgão Especial do Colégio de Procuradores de Justiça (art. 38, § 2º, da LONMP c/c art. 134, § 1º, da LC 106/2003), perante o Tribunal de Justiça, em face do regime jurídico especial ao qual estão submetidos os membros do Ministério Público, decorrência de sua condição de agentes políticos do Estado. No mesmo sentido, Decomain.[15]

Mazzilli,[16] entretanto, possui posicionamento diverso, fundado na redação do artigo 92, I, do CP, que prevê a perda do cargo, função pública ou mandato eletivo como efeito extrapenal da sentença criminal condenatória, quando aplicada pena privativa de liberdade por tempo igual ou superior a um ano, nos crimes praticados com abuso de poder ou violação de dever para com a administração pública ou quando aplicada pena privativa de liberdade por tempo superior a quatro anos. Para ele, este efeito extrapenal da sentença criminal condenatória não é automático, sendo necessária a motivação declarada na sentença para produzir efeitos. Afirma ainda o autor:

> "... quando a lei diz que a perda do cargo do membro do Ministério Público ocorre, entre outra hipóteses, em vista da prática de crime incompatível com o exercício do cargo, após decisão transitada em julgado, não está exigindo que se trate de sentença "penal" transitada em julgado, mas sim "sentença" transitada em julgado, o que é óbvio diante do expresso mandamento constitucional (art. 128, § 5º, I, "a"). Supõe-se, pois, "sentença judicial", proferida quer em jurisdição civil ou penal. Em ambas as

---
15 DECOMAIN, Paulo Roberto, op. cit., 1996, pp. 312-313
16 MAZZILLI, op. cit., 2001, pp. 284 e ss.

hipóteses, estará obedecido o preceito constitucional".

Assim, qualquer decisão judicial transitada em julgado, proferida em desfavor do membro vitalício da Instituição, determinando a perda do cargo, teria o condão de romper o vínculo jurídico da investidura, qualificado pela vitaliciedade.

Entendemos, *data venia*, que o constituinte, ao editar o artigo 128, § 5º, da Constituição, deferiu à Lei Complementar respectiva de cada Ministério Público a forma, as hipóteses e o procedimento para a perda do cargo do promotor vitalício, sendo certo que tais preceitos foram disciplinados, no que concerne ao Ministério Público estadual, tanto no artigo 38 da LONMP quanto no artigo 134 da LC 106/2003, sendo certo ainda que, no âmbito do Ministério Público da União a matéria encontra disciplina nos artigos 57, XX; 98, XVIII; 131, XVIII; e 166, XVIII, da LC 75/93. Assim, mera decisão condenatória, proferida fora das hipóteses elencadas na legislação referida, por si só, não teria o efeito de desconstituir o vínculo adquirido com o vitaliciamento. Trata-se de direito público subjetivo, do Promotor de Justiça, de ser processado com observância do devido processo legal (art. 5º, LIV, da CF).[17]

Outro argumento em prol da necessidade da ação civil própria extrai-se da impossibilidade de aplicação do artigo 92, I, do CP aos membros do Parquet. Isto porque, como já visto, estes possuem regime jurídico especial (LONMP art. 38, *caput*, e LC 106/2003, art. 79, *caput*), não podendo a nova redação do artigo 92, I, do CP, inserta pela Lei 9.268/96, ter derrogado a LONMP, que regula, entre outras matérias, o estatuto jurídico dos membros do MP, agentes políticos do Estado. Nesse sentido, em caso similar já decidiu o STF, citado pelo próprio institucionalista bandeirante,[18] no HC 74.362/GO, 1ª T., Rel. Min. Moreira Alves (DJU 21.03.1997): *"Portanto, também as modificações introduzidas na parte geral do Código Penal não revogam as disposições em sentido contrário estabelecidas em leis especiais anteriores quanto aos fatos por estas incriminados, como ocorre com o art. 1º do Decreto-lei 201/67, que é norma especial e que, em seu art. 2º, tem norma específica quanto a perda no cargo (...)".*

Não me impressiona o argumento que os membros do MP possuam o mesmo regime jurídico dos membros da Magistratura e que o STF já tenha decidido pela perda do cargo de magistrados em virtude

---

17 GARCIA, Emerson, *op. cit.*, p. 475
18 MAZZILLI, *op. cit.*, 2001, p. 263

da sentença condenatória criminal (Adin 3.227-MG, pleno, 26/04/06). A LOMAN é anterior à CF e não há, em seu texto, nenhuma remissão especial quanto à exigência de Ação Civil própria, como há na LONMP.

A matéria é controvertida nos Tribunais Superiores. Enquanto há decisões do STF (Apn 470/MG, pleno, 17/12/12, Joaquim Barbosa; Apn 396/RO, pleno, 26/06/13, Min Carmen Lúcia) considerando a sentença criminal trânsita em julgado apta a romper o vínculo da vitaliciedade de membros do Parquet, há decisões mais recentes, em sentido contrário, no STJ, exigindo a ação civil de perda do cargo (AgRgREsp 1.409.692/SP, 5ª T, 23/05/17, Min. Reynaldo Soares da Fonseca; REsp 1.251.621/AM, 5ª T,16/10/14, Min. Laurita Vaz – Info STJ 552). Em abril de 2020, no caso de um promotor vitalício condenado a dois anos de reclusão pelo delito de denunciação caluniosa contra magistrada e a dez dias de detenção pelo crime de abuso de autoridade, foi proposta a ação civil de perda do cargo perante o TJ local, na forma do Art. 38 da LONMP. Entretanto, a corte local entendeu que a matéria seria da competência da primeira instância porque o membro do Parquet tinha sido colocado em disponibilidade. O STJ, apreciando a questão pela sua segunda Turma, entendeu ser a ação de perda do cargo necessária e reafirmou o disposto no Art. 38 da LONMP, no sentido de que a competência seria do TJ. O número do processo não foi veiculado pelo STJ, por correr em sigilo.

Finalmente, convém ressaltar que, se obtida pelo PGJ a autorização para o ajuizamento de ação civil para perda do cargo do membro vitalício, será instaurado pelo CSMP processo para que, em 30 dias, o colegiado decida pela disponibilidade por interesse público do aludido membro, na forma dos Artigos 22, V; 134 § 1º e 7º da LC 106, com a nova redação da LC 187/19.

1.2.1.2.3. Ação de improbidade administrativa e perda do cargo

Como visto acima, os membros do Ministério Público possuem regime jurídico especial previsto no artigo 38, *caput*, da Lei 8.625/93. Podem perder o cargo apenas por decisão do Tribunal de Justiça, em ação civil própria, nas hipóteses previstas em tais diplomas, deflagrada privativamente pelo PGJ. No que concerne à improbidade administrativa, não pairam dúvidas de que possa ser causa para a perda do cargo, se obedecidas as regras pertinentes ao regime jurídico especial dos membros da Instituição *(due process of law)*. O Artigo 12 da LIA coexiste, harmonicamente, com a LONMP e no MPRJ a prática de improbidade é, inclusive, causa para a perda do cargo, como acima afirmado. Assim, apenas o Procurador-Geral de Justiça possui atribuição para deflagrar a ação civil de decretação de perda do cargo de membro já vitalício, se autorizado pelo Órgão Especial do Colégio de Procuradores de Justiça (arts. 38, § 2º, c/c 12, X, da LONMP). Se se tratar de Procurador da República, por exemplo, a ação civil para perda do cargo deve ser proposta pelo PGR, depois de autorizado pelo Conselho Superior do MPF (Art. 57, XX da LC 75/93). No MPRJ, a disciplina legal do tema encontra-se no Art. 39, VIII c/c 19, VIII e 134 § 1º e 6º, todos da LC 106/03, ratificando a legitimidade do PGJ.

Este é o entendimento do Egrégio Órgão Especial do Colégio de Procuradores de Justiça do Rio de Janeiro[19] e também o entendimento de Hugo Nigro Mazzilli[20] e José dos Santos Carvalho Filho.[21]

Por oportuno, convém ressalvar que, se a demanda por improbidade administrativa não tiver em seu bojo o requerimento de perda do cargo ou da função pública, a legitimidade para sua propositura passa a ser do Promotor de Justiça com atribuição, que a deflagrará perante o Juiz natural da causa. Isto porque se tratando de ação de natureza civil, o pedido deve ser certo e determinado. Logo, a atribuição será do PGJ apenas se contiver a inicial pedido de perda do cargo, como corolário da vitaliciedade e do regime jurídico especial que gozam os membros vitalícios do Ministério Público. Em caso contrário (ressarcimento do erário ou outra sanção prevista na Lei 8.429/92), a atribuição não será do PGJ, mas sim do membro do Ministério Público com atribuição. No mesmo sentido, Mazzilli [22] O STJ, entretanto, proferiu decisão publicada no Info 662, da lavra do Min. Herman Benjamim, no RESP 1.737.900-SP em que assevera: "*Ação Civil de perda de cargo de Promotor de Justiça cuja causa de pedir não esteja vinculada a ilícito capitulado na Lei de Im-*

---

19 "Enunciado OECP n.º 01 de 28 de julho de 2005: O Órgão de execução do Ministério Público com atribuição para propor ação de que resulte a perda de cargo de membro vitalício do Ministério Público, nos termos do art. 38, § 2º, da Lei nº 8.625, de 12 de fevereiro de 1993, e do art. 134, § 1º, da Lei Complementar Estadual nº 106, de 3 de janeiro de 2003, é o Procurador-Geral de Justiça, após deliberação do Órgão Especial do Colégio de Procuradores de Justiça, qualquer que seja o foro competente para o respectivo processo e julgamento." Hoje, redação do art. 134 § 6º da LC 106, c/ a alteração da LC 113/06
20 *Op. cit.*, 2001, pp. 293-295.
21 Parecer exarado no Proc. Adm. 2005.001.22640.00.
22 Mazzili, *op. cit.*, 9ª Edição 2018, p. 265

probidade Administrativa deve ser julgada pelo Tribunal de Justiça". Ora, dessa leitura, em sentido contrário, poderia ser interpretado, ao meu ver, equivocadamente, que as causas oriundas da Lei de Improbidade deveriam sempre ser julgadas pelo juiz de primeiro grau. Concordamos com o colegiado parcialmente pois, em regra, os atos ímprobos previstos na LIA são da competência da primeira instância, mas ressalvamos que, se o pedido contiver a perda do cargo de membro vitalício, a competência será sempre do TJ e a atribuição do PGJ. Neste sentido, como já asseverado, a opção do legislador fluminense, que, no MPRJ disciplinou a matéria no artigo 134 § 6º da LC 106/03, com a redação da LC 113/06.

1.2.2. A inamovibilidade

A inamovibilidade, preconizada no artigo 128, § 5º, I, "b", da Carta Magna e disciplinada no artigo 38, II, da LONMP, é a impossibilidade de se remover um membro da Instituição do órgão onde esteja lotado, sem sua manifestação voluntária, impedindo até a própria promoção sem a prévia aquiescência, salvo motivo de interesse público, após manifestação do órgão colegiado competente.

A inamovibilidade está intimamente ligada aos Princípios do Promotor Natural e da indivisibilidade, já examinados. Antes predicado apenas da Magistratura, a inamovibilidade foi estendida aos membros do Parquet pela Carta Magna de 1988, sendo certo que outras carreiras não podem receber tal garantia, através de normas constitucionais estaduais, em face do princípio da simetria.[23]

Em 2011 o STF decidiu que a garantia da inamovibilidade também atingia os juízes substitutos. Alguns dos argumentos apresentados para justificar esse posicionamento foram: (i) o art. 95 da CF só fala "juízes", não fazendo qualquer distinção entre titulares e substitutos; (ii) o art. 95 só exige o prazo de 2 anos para a conquista da garantia da vitaliciedade, ou seja, a irredutibilidade de subsídio e a inamovibilidade são asseguradas desde o ingresso; (iii) a inamovibilidade é uma garantia que visa assegurar a independência e a imparcialidade do Poder Judiciário e por isso não faria sentido não conferir essa garantia aos juízes substitutos. Da mesma forma o raciocínio pode ser aduzido para os Promotores substitutos, lembrando, entretanto que, no MPRJ, pelo Art. 53 da LC 106/03, os Promotores substitutos são lotados em Promotorias de Substituição, cuja base territorial abrange todo o Estado do Rio de Janeiro,

---
23 STF – Pleno – ADIN 1.246/PR – Rel. Moreira Alves.

podendo serem designados, segundo critérios objetivos, para todas as Promotorias existentes no Estado.

1.2.2.1. Remoção Compulsória

Por não ser uma garantia de caráter absoluto, a inamovibilidade pode ser afastada por decisão da maioria absoluta dos membros do colegiado competente (Conselho Superior do Ministério Público), em caso de interesse público (remoção compulsória), assegurados ao membro do Parquet a ampla defesa e o devido processo legal (LONMP, art. 15, VIII), cabendo recurso de tal decisão ao Órgão Especial do Colégio de Procuradores de Justiça (LONMP, art. 12, VIII, "d").[24]

Embora a expressão interesse público tenha caráter plurissignificativo e represente um conceito jurídico indeterminado, por estar despido de conteúdo definido e admitir valorações diferenciadas, em virtude da visão em que se coloque o autor da valoração, certo é que, conforme a unanimidade da doutrina indica algum tipo de atividade que, direta ou indiretamente, ofereça benefícios primários ou secundários à coletividade.[25]

De fato, a supremacia do interesse público constitui postulado fundamental da Administração. Se há rota de colisão entre um interesse público e um interesse privado é aquele que deve prevalecer. Consoante o magistério de Celso Ribeiro Bastos:[26] *"Seria inconcebível que à luz da defesa dos interesses individuais comuns se pudesse prejudicar a realização dos interesses coletivos, tendo em vista a satisfação de interesses meramente isolados, concretizados em algumas ou poucas pessoas".*

Neste sentido, o Conselho Superior do Ministério Público Paulista, vencido apenas um conselheiro, removeu compulsoriamente Promotor de Justiça lotado em pequena Comarca do interior do Estado, por estar respondendo a procedimento administrativo disciplinar e ação penal em decorrência de triplo homicídio culposo ali praticado, por direção

---

24 REsp 788.726/MA. Rel.: Min José Delgado: "É de corriqueira sabença que os membros do Parquet gozam da garantia da inamovibilidade, não podendo ser transferidos, de ofício, salvo em situações excepcionais, nas quais resta configurada a supremacia do interesse público e após decisão do Conselho Superior do Ministério Público, com *quorum* específico".
25 Carvalho Filho, José dos Santos. *Processo Administrativo Federal*. Rio de Janeiro: Lumen Juris. 2005, 2ª edição.
26 Bastos, Celso Ribeiro. *Curso de Direito Administrativo*. São Paulo: Saraiva. 1996, p. 29.

automotiva em estado de embriaguez. Entendeu o colegiado contrária ao interesse público a permanência do membro do Ministério Público em Comarca onde praticara tipo penal.[27]

Em 2009 o CNMP alterou o seu Regimento Interno para incluir um capítulo regulamentando a remoção por interesse público (arts. 142 a 146 do Regimento Interno do CNMP). A remoção por interesse público, quando não decorrente de sanção disciplinar, somente poderá ser iniciada ou avocada por decisão do Plenário, mediante provocação de qualquer autoridade ou cidadão. A remoção compulsória, no MPRJ, está disciplinada nos arts. 22, V e 74 parágrafos 1º a 4º da LC 106 (com a nova redação da LC 187/19) e art. 38 e seguintes do Regimento Interno do CSMP, com a redação preconizada pela emenda regimental 06.2020. Instaurado o procedimento, afasta-se o membro cautelarmente de seu órgão de execução, ficando impedido de se remover voluntariamente para outro órgão, vedação esta que valerá até doze meses depois da efetivação da medida. Neste período será colocado à disposição do PGJ para exercer funções afetas a outros órgãos de execução, em substituição ou auxílio. Caberá ao CSMP lotá-lo em outro órgão vago se efetivamente for removido compulsoriamente.

1.2.2.2. Extinção do órgão de execução, da comarca ou mudança da sede da Promotoria de Justiça

Também há o afastamento da inamovibilidade na hipótese prevista no artigo 39 da LONMP, quando ocorrer extinção do órgão de execução, da Comarca ou mudança de sede da Promotoria de Justiça. Nesse caso, é facultado ao Promotor de Justiça remover-se para outro órgão de execução ou obter a disponibilidade remunerada, de caráter não punitivo. A matéria é disciplinada no MPRJ (artigo 80 da LC 106/03, com a redação que lhe deu a LC 187/19), de maneira mais detalhada. Em caso de extinção, o titular do órgão de execução extinto terá preferência, por até seis meses, para remoção aos próximos órgãos de execução que se vagarem, cujos antigos titulares tenham antiguidade na classe semelhante a dele. Neste período, será designado para exercício em auxilio ou substituição em outros órgãos. Vencido este prazo sem que tenha exercido seu direito a remoção preferencial, ou eventualmente tenha sido promovido, será posto em disponibilidade, com aproveitamento obrigatório na primeira vaga que vier a ocorrer na classe. Ressalve-se que já existe

---

27 Fonte: Consultor Jurídico, 22/11/2008.

decisão do STJ, no sentido de que se a extinção da Promotoria se deveu ao reenquadramento da Circunscrição Judiciária perante a qual o órgão detinha atribuição, não há violação da garantia da inamovibilidade, *"porque cabe ao Poder Público organizar a forma mais conveniente e eficaz de prestação dos serviços públicos inerentes a suas instituições"*.[28]

1.2.2.3. Afastamento cautelar e provisório

Deve-se ressaltar ainda o disposto nos arts. 22, V e 134, § 5º, da LC 106/2003, que preveem a possibilidade de, respectivamente, o Conselho Superior e Órgão Especial, mediante provocação do PGJ, deliberar sobre o afastamento cautelar do membro do Ministério Público de seu órgão de execução, no caso deste estar respondendo a processo criminal pela prática dos crimes previstos no § 3º deste mesmo artigo. O afastamento cautelar se dará até o trânsito em julgado da decisão e, durante esse período, o membro do Parquet deverá ficar à disposição do Procurador-Geral de Justiça.[29] Este afastamento poderá ser transformado em disponibilidade por interesse público, na forma do artigo 132 da LC 106, com a nova redação do artigo conferida pela LC 187/19.

Finalmente, como outra mitigação ao princípio da inamovibilidade, a LC 106/2003, em seu art. 141 e parágrafos, também permite o afastamento provisório do membro do Parquet com a finalidade de garantir a regular apuração dos fatos em eventual processo disciplinar ordinário. Tal pedido deverá ser feito ao PGJ pelo Corregedor-Geral do MP na instauração do procedimento disciplinar ou durante o seu curso. Durante o afastamento, que poderá ter duração de até sessenta dias, prorrogáveis por mais trinta dias, o imputado não perderá seus vencimentos e vantagens. Se o membro do MP ainda não for vitalício e a falta cometida seja passível de punição com as penas de suspensão, demissão ou cassação

---

28 Na hipótese, abordada no RMS 7.770/SC, sendo relator o Min. Vicente Leal (21/11/2002), a 6ª Turma do STJ, analisando a Lei Complementar Estadual 110/94 de Santa Catarina, que reenquadrou Promotoria de Justiça em razão da extinção da circunscrição judiciária em que atuava, não vislumbrou ofensa à garantia da inamovibilidade de membro do MP ali lotado.

29 Art. 134 – § 5º – Respondendo o membro do Ministério Público a processo criminal pela prática dos crimes descritos no § 3º, ou a qualquer outro crime que possa ser considerado incompatível com o exercício do cargo, deliberará o Órgão Especial do Colégio de Procuradores de Justiça, mediante provocação do Procurador-Geral de Justiça, sobre o afastamento do membro do Ministério Público de seu órgão de execução até o trânsito em julgado da decisão, permanecendo o mesmo à disposição do Procurador-Geral de Justiça nesse período.

de aposentadoria ou de disponibilidade, o deferimento do afastamento acarretará a imediata suspensão do exercício funcional e do prazo para vitaliciamento.

1.2.2.4. O CNMP e a quebra da inamovibilidade do membro do MP

Com a Emenda Constitucional 45/2004, foi conferida também ao Conselho Nacional do Ministério Público (art. 130-A, § 2º, III, da CF) a prerrogativa de quebra da inamovibilidade do membro do Ministério Público, podendo avocar processos disciplinares em curso, determinar a remoção, a disponibilidade ou a aposentadoria com subsídios ou proventos proporcionais ao tempo de serviço e aplicar outras sanções administrativas, assegurada ampla defesa.

1.2.2.5. Alteração das atribuições dos órgãos de execução

Outra questão recorrente acerca da inamovibilidade é a possibilidade de alteração das atribuições dos órgãos de execução mediante ato do Órgão Especial do Colégio de Procuradores de Justiça, conforme preceituado no artigo 23, § 3º, da LONMP.

Há quem sustente que tal alteração violaria, por via oblíqua, a inamovibilidade assegurada constitucionalmente ao membro do Ministério Público.

Data venia, entendemos que tal assertiva não pode prevalecer. Com efeito, como já ressalvado, a inamovibilidade não é uma garantia absoluta, tendo o próprio constituinte admitido mitigação ao princípio, no caso de interesse público, mediante votação do órgão colegiado competente da Instituição. Nas hipóteses de remoção compulsória, disponibilidade ou afastamento cautelar, o colegiado competente é o Conselho Superior do Parquet (LONMP, art. 15, VIII).

O Ministério Público, contudo, é uma instituição viva, pulsante, que necessita se adaptar, diuturnamente, aos novos desafios e atribuições que a sociedade lhe confere. Assim, não raro é a mudança das atribuições dos órgãos de execução, com a inclusão ou exclusão de uma ou mais funções institucionais. A matéria vem regulada na legislação orgânica e não fere em nada a garantia da inamovibilidade, desde que respeitados os preceitos legais. Assim, o Procurador-Geral pode propor ao colegiado competente (Colégio de Procuradores de Justiça, por seu Órgão Especial), com fulcro no artigo 23, §§ 2º e 3º, da LONMP, a modificação das atribuições de um órgão de execução, com a inclusão ou exclusão de parte de suas funções institucionais, a ser deliberada, por maioria absoluta, pelo colegiado. Na hipótese de exclusão de atribuições, a garantia da inamovibilidade exige, ainda, a anuência do Promotor de Justiça, conforme expressamente disposto na Lei Orgânica fluminense, art. 32, § 2º, da LC 106/2003.

1.2.2.6. Transferência das dependências do órgão de execução

Questão interessante acerca da inamovibilidade dos membros do Ministério Público foi apreciada pelo Tribunal de Justiça do Estado do Rio de Janeiro, por meio da 2ª Câmara Cível, no Mandado de Segurança 2004.004.01086. No *writ*, promotor de justiça alegava violação de sua inamovibilidade, por força da transferência das dependências de seu órgão de execução, de um bairro para outro da mesma cidade. A Corte, entretanto, decidiu que na hipótese, como a transferência não implicara na modificação das atribuições da Promotoria de Justiça, mas tão-somente no endereço físico do órgão, não estava configurada violação da inamovibilidade de seu titular, com o seguinte teor da ementa: "Inamovibilidade de promotor de justiça. Mudança de endereço da promotoria sem alteração de atribuições, nem prejuízo funcional para o cargo ou carreira, não configura a remoção compulsória nem viola a garantia do artigo 128, § 5º, I, "b", da CRFB".

1.2.3. A irredutibilidade de subsídios

A irredutibilidade de subsídios foi outorgada aos membros do Ministério Público pela Carta de 1988, que teve alterada a redação de seu artigo 128, § 5º, I, "c", pela edição da EC 19/98.

A razão da irredutibilidade de subsídios emerge da necessidade de se garantir ao membro do Parquet, para o bom desempenho de suas relevantes funções institucionais, imunidade a eventuais retaliações dos governantes no que concerne à diminuição de sua remuneração. A respeito do assunto, já se pronunciou o STF, estabelecendo tratar-se de regra que "veda a redução do que se tem" (RTJ 104/808), "tornando intangível o direito que já nasceu e não pode ser suprimido" (RTJ 118/300). Em suma, trazendo a lição do Ministro Evandro Lins e Silva, ao comentar a garantia na ordem jurídica anterior, quando ela somente existia para os magistrados "... o que a irredutibilidade veda é a diminuição, por lei posterior, dos vencimentos que o juiz, em exercício antes de sua vigência, estivesse recebendo" (RTJ 45/353). Consoante o disposto nos artigos 39, § 4º, e 37, X e XI, da CF a definição de subsídio é de *"remuneração exclusiva, fixada em parcela única, vedado o acréscimo de qualquer gratificação, adicional, abono, prêmio, verba de representação ou de outra espécie remuneratória, obedecido, em qualquer caso, o disposto no artigo 37, X e X, da Constituição"*.

Por sua vez, a nova redação do artigo 37, XI, da CF, determinada pela EC 41/2003, assevera que os subsídios dos membros do Parquet estadual não poderão exceder a noventa inteiros e vinte e cinco centésimos por cento do subsídio mensal em espécie dos Ministros do Supremo Tribunal Federal, da mesma forma que os Desembargadores do Tribunal de Justiça local. A Suprema Corte já entendeu, por ocasião do advento da EC 20/98, que tal regra não era autoaplicável, dependendo da edição de lei no sentido formal para fixar o valor do subsídio do Ministro do STF.[30]

Sem embargo da legislação estadual,[31] o artigo 129, § 4º, da Carta Magna, introduzido pela EC 45/2004, considera aplicável ao Parquet as disposições do artigo 93, inclusive aquela prevista no seu inciso V, que prevê o escalonamento remuneratório das carreiras das magistraturas estadual e federal, partindo do valor do subsídio fixado para o Ministro do STF.

Em face de tal vinculação, parece-nos inteiramente válida a aplicação do mesmo raciocínio para que seja estabelecida a fixação do valor do subsídio do Procurador de Justiça, na forma acima preconizada. Vale ressaltar que a designação de um juiz substituto não repercute em sua remuneração de forma a lhe aproveitar acréscimos em decorrência dessa substituição. A substituição é apenas o exercício de uma função precípua[32].

1.2.4. O Foro Especial

Outro predicado constitucional dos membros do Parquet é o do Foro Especial por prerrogativa de função. A Constituição, em seu artigo 96, III, outorga aos membros do MP Estadual o foro por prerrogativa no Tribunal de Justiça do Estado onde estiver vinculado. Trata-se de exceção do princípio do *locus delicti comissi*, local do cometimento do

30 STF – Pleno – 3ª Sessão Administrativa – 24.06.1998.
31 Atualmente, a remuneração dos membros do Ministério Público do Estado do Rio de Janeiro está alicerçada nos artigos 84 e ss. da LC 106/03, com as alterações das LC 113/06;116/07; 159/14; e 162/14.
32 REsp 964.858-PB, Rel. Min. Maria Thereza de Assis Moura, julgado em 2/9/2010.

crime, regra geral do Direito Processual, outorgada também pelo artigo 40, IV, da LONMP.

Vale ressalvar que tal garantia é de ordem absoluta, só havendo exceção na hipótese de crime eleitoral, quando o Promotor será julgado no TRE onde estiver vinculado. Assim, mesmo que cometa crime de competência da Justiça Federal,[33] Justiça Militar ou ainda crime doloso contra a vida,[34] o Juiz Natural do membro do Ministério Público estadual (Promotor ou Procurador de Justiça) será o Tribunal de Justiça do estado onde estiver vinculado, pelo órgão definido para tanto pelo regimento interno da Corte. No Rio de Janeiro, a competência é do Órgão Especial do TJ. Ressalte-se que, neste Estado, se o crime comum for cometido pelo próprio Procurador-Geral de Justiça, a atribuição para deflagrar a ação penal passará a ser do membro mais antigo da Instituição, denominado decano.

Ressalte-se que os membros do Ministério Público da União possuem foro especial no STJ (CF, art. 105, I, "a") ou nos TRFs (CF, art. 108, I, "a") de sua região. Na hipótese de membro do Ministério Público da União que oficie na primeira instância, deve-se ressalvar a competência da Justiça Eleitoral para o seu julgamento, pela prática de crimes eleitorais. O Procurador-Geral da República, por sua vez, é processado e julgado originariamente, nas infrações penais comuns, perante o STF (CF, art. 102, I, "b").

Em maio de 2015 o Supremo Tribunal Federal, ao julgar a APn 937, alterou seu entendimento sofre foro por prerrogativa de função. O Tribunal decidiu que a prerrogativa de foro de deputados federais e senadores passaria a só ser aplicada a crimes cometidos durante o cargo (considerando como início a data da diplomação) e relacionado às funções ora exercidas[35] (*propter officium*).

Ressalve-se que este entendimento, numa primeira ordem de ideias, não seria aplicável aos membros do MP e da magistratura, como decidiu a 1ª Turma, na Questão de Ordem no Inquérito 4.703-DF, Rel. Ministro LUIZ FUX, em que os Ministros LUÍS ROBERTO BARROSO e ALEXANDRE DE MORAES, ressalvaram a pendência deliberativa da

---

33 Compete aos Tribunais de Justiça o julgamento de juízes estaduais, mesmo que acusados de crime de competência da Justiça Federal (CF, art. 96, III) (STF – Pleno – HC 77.558/ES).

34 HC. Homicídio praticado por Promotor de Justiça. Competência originária do Tribunal de Justiça (STF – 1ª Turma – HC 73.112-1/MG – Min. Ilmar Galvão).

35 Em caso de mudança de cargo, não há prerrogativa de foro.

questão, em relação aos magistrados e membros do Ministério Público (CF/88, art. 96, III). Esse entendimento é corroborado pelo Professor Douglas Fischer em artigo sobre o tema em que debate a questão do foro especial.[36]

O novo entendimento, todavia, já teve aplicação, pelo STF em pelo menos um caso concreto:

> "Inquérito. Foro por prerrogativa de função. Ausência de pertinência entre o crime imputado e as funções do cargo com prerrogativa de foro. entendimento do supremo tribunal federal na questão de ordem na ação penal 937-RJ. manutenção da competência do juízo de primeiro grau. 1. O plenário do supremo tribunal federal, na questão de ordem na ação penal nº 937, sob minha relatoria, decidiu que o foro por prerrogativa de função dos parlamentares aplica-se apenas aos crimes cometidos durante o exercício do cargo e relacionados às funções desempenhadas.2. No caso dos autos, não se observa, ao menos nesse primeiro momento, elementos que poderiam revelar relação de causalidade entre o crime imputado e o exercício do cargo. 3. Competência do juízo da 3ª vara criminal da comarca de Niterói/RJ mantida. Comunique-se, com urgência, o teor da presente decisão ao juízo mencionado, para a regular continuidade das investigações".[37]

O STJ, através de sua a Corte Especial, decidiu que a prerrogativa de foro se mantém integral para desembargadores por causa da hierarquia e o risco de intimidação já que, caso se adotasse, de forma simétrica, a decisão do Supremo, existiria a possibilidade de um juiz julgar seu superior hierárquico.[38] Em junho de 2018, a Corte Especial do STJ, de forma unânime, restringiu o foro para governadores e conselheiros de tribunais de contas ao decidir que só é competente para julgar os crimes ligados ao cargo e cometidos durante o mandato.[39]

Confira-se tal entendimento:

> "Também essa Corte Superior de Justiça, no julgamento da Questão de Ordem na Ação Penal nº 857, já teve oportunidade de afirmar que as razões de decidir e a conclusão postas na Questão de Ordem na AP 937/

---

36 https://temasjuridicospdf.com/prerrogativa-de-foroe-competência-penal-originária-doutrina-e-jurisprideencia. Acesso em 06.08.2021.

37 Inq 4798/RJ, Relator: Ministro Roberto Barroso, julgado em 01 de agosto de 2019.

38 QO na APn 878-DF, Rel. Min. Benedito Gonçalves, por maioria, julgado em 21/11/2018, DJe 19/12/2018.

39 APn nº 857/DF, Rel. Min. Mauro Campbell Marques, Corte Especial, data de julgamento: 20.06.2018 e APn nº 866/DF, Rel. Min. Luis Felipe Salomão, Corte Especial, data de julgamento: 20.06.2018.

RJ não se aplicam aos ocupantes de cargos com foro por prerrogativa de função estruturados em carreira de estado (desembargadores, juízes do TRF, TRT e TRE, procuradores da república que oficiam em tribunais), em votos-vista proferidos pelo Min. LUIS FELIPE SALOMÃO e pelo Min. FELIX FISCHER. Nessa linha, a Corte Especial do STJ reconheceu a competência do STJ para o julgamento de delito cometido por desembargador, entendendo inabalada a existência de foro por prerrogativa de função, ainda que o crime a ele imputado não estivesse relacionado às funções institucionais de referido cargo público e não tenha sido praticado no exercício do cargo. Precedentes: QO na APn 878/DF, Rel. Ministro BENEDITO GONÇALVES, CORTE ESPECIAL, julgado em 21/11/2018, DJe 19/12/2018; QO no Inq. 1.188/DF, Rel. Ministra NANCY ANDRIGHI, CORTE ESPECIAL, julgado em 21/11/2018, DJe 19/12/2018; QO na Sd 705/DF, Rel. Ministro RAUL ARAÚJO, CORTE ESPECIAL, julgado em 21/11/2018, DJe 19/12/2018; APn 895/DF, Rel. Ministra NANCY ANDRIGHI, CORTE ESPECIAL, julgado em 15/05/2019, DJe 07/06/2019; Sd 699/DF, Rel. Ministro OG FERNANDES, CORTE ESPECIAL, julgado em 14/03/2019, DJe 16/04/2019; QO na APn 885/DF, Rel. Ministro HERMAN BENJAMIN, CORTE ESPECIAL, julgado em 15/08/2018, DJe 28/08/2018. Em tais julgados, salientou-se ser recomendável a manutenção do foro por prerrogativa de função de desembargador, perante o Superior Tribunal de Justiça, ainda que o suposto crime não tenha sido praticado em razão e durante o exercício do cargo ou função, uma vez que "o julgamento de Desembargador por Juiz vinculado ao mesmo Tribunal gera situação, no mínimo, delicada, tanto para o julgador como para a hierarquia do Judiciário, uma vez que os juízes de primeira instância têm seus atos administrativos e suas decisões judiciais imediatamente submetidas ao crivo dos juízes do respectivo Tribunal de superior instância" e que "A atuação profissional do juiz e até sua conduta pessoal, podem vir a ser sindicados, inclusive para fins de ascensão funcional, pelos desembargadores do respectivo Tribunal. Essa condição, inerente à vida profissional dos magistrados, na realidade prática, tende a comprometer a independência e imparcialidade do julgador de instância inferior o conduzir processo criminal em que figure como réu um desembargador do Tribunal ao qual está vinculado o juiz singular" (QO na Sd 705/DF, Rel. Ministro RAUL ARAÚJO, CORTE ESPECIAL, julgado em 21/11/2018, DJe 19/12/2018).

No caso de membros do MP, o STJ iniciou julgamento da matéria na Apn 828/DF, onde se analisava crime em tese cometido por membro do MPF que oficiava perante tribunal e que, portanto, detinha foro especial naquela corte por força do Art. 105, I da CF. Entretanto, ocorreu a aposentadoria do agente, prejudicando o julgamento. Confira-se:

> "STJ/QO na Apn 828/DF. Competência Originária. Questão de ordem. Foro por prerrogativa de função dos membros do Ministério Público da União que oficiem perante tribunais. Aposentadoria do réu. Exame prejudicado. Remessa dos autos à primeira instância. 1. Questão de ordem sobre a extensão da competência desta Corte quanto ao foro por prerrogativa de função dos membros do Ministério Público da União que oficiem perante tribunais (art. 105, I, a, da CF). 2. A aposentadoria do réu prejudica o exame da questão suscitada. 3. Questão de ordem prejudicada. Determinada a remessa dos autos ao Juízo da 1ª Vara Criminal da Comarca de João Pessoa – PB. (Julgamento em 11/12/2019)".

Mais recentemente, em 01/06/21, no AgRg no HC 647.437/SP, a Corte perdeu a oportunidade de se posicionar, mas demonstrou o seu entendimento, acerca do tema:

> "Agravo regimental em habeas corpus. Alegação de incompetência de tribunal de justiça para julgar ação penal originária em que figura como ré promotora de justiça, ante a possibilidade de aplicação, ao foro por prerrogativa de função de membros do ministério público, do entendimento fixado pelo supremo tribunal federal no julgamento da qo na ap 937/rj ... 4. Ademais, não foi demonstrado de maneira patente e inquestionável que o precedente estabelecido pelo Supremo Tribunal Federal no julgamento da QO na AP 937/RJ, limitando o foro por prerrogativa de função às hipóteses de crimes praticados no exercício da função ou em razão dela, se aplicaria à paciente, posto que a Corte Suprema, na ocasião, não deliberou expressamente sobre o foro para processo e julgamento de magistrados e membros do Ministério Público, limitando-se a estabelecer tese em relação ao foro por prerrogativa de função de autoridades indicadas na Constituição Federal que ocupam cargo eletivo".

Finalmente, cabe ressaltar que, mesmo que o fato em tese delituoso não tenha nenhuma relação com a atividade institucional do membro do MP, e ele, portanto, não tenha foro especial no TJ, segundo a nova interpretação jurisprudencial, a investigação e posterior deflagração da ação penal será sempre da atribuição do PGJ, consoante determinado no Artigo 41, § único da LONMP e também no artigo 81 § 1º da LC 106/03, que poderá realizá-la pessoalmente ou mediante delegação a membro da sua Assessoria de Atribuição originária.

1.2.4.1. Crime de responsabilidade praticado pelo PGR e pelo PGJ

Há ainda uma questão interessante sobre a matéria: o crime de responsabilidade praticado pelo Procurador-Geral da República ou pelo Procurador-Geral de Justiça. Na primeira hipótese, o julgamento será realizado pelo Senado Federal e presidido pelo Presidente do STF (CF, art. 52, II). Na segunda hipótese, o julgamento ocorrerá na forma prevista na Constituição Estadual. No Estado do Rio de Janeiro, por exemplo, compete privativamente à Assembleia Legislativa processar e julgar o Procurador-Geral de Justiça nos crimes de responsabilidade, funcionando como Presidente da Assembleia, nestes casos, o Presidente do Tribunal de Justiça Estadual.[40]

1.2.4.2. A competência para julgamento de habeas corpus quando a autoridade coatora é membro do Ministério Público

Questão controvertida versa sobre o órgão jurisdicional competente para conhecer e julgar *habeas corpus* contra membro do Ministério Público. No Rio de Janeiro, havia controvérsia, já que o Regimento Interno do Tribunal de Justiça não conferia competência originária ao colegiado para conhecer da ordem. Assim, reiterados acórdãos do TJ[41] não conheciam da medida, remetendo o seu julgamento para a 1ª instância (Juiz de Direito). O argumento era de que a competência originária deve ser sempre expressa e, em face da ausência de previsão regimental, a matéria deveria ser apreciada na primeira instância. O MP/RJ levou a questão ao STF que, no RE 187.725, sendo relator o Ministro Néri da Silveira, entendeu que, *"No estado do RJ, compete ao TJ o julgamento de HC impetrado contra coação, alegadamente exercida por Promotor de Justiça, entendimento que decorre tanto da Constituição local (art. 158, IV, "f"), quanto do modelo adotado pela CR, na qual o princípio reitor é conferir competência originária para o HC ao Tribunal a que caiba julgar os crimes de que seja acusada a autoridade coatora".*

Em decorrência deste acórdão, firmou-se entendimento de que os *habeas corpus* contra membro do Ministério Público são julgados em segunda instância,[42] alterando-se o Regimento Interno e prevendo-se a hipótese no artigo 8º, I, "a", do RITJ/RJ.[43]

---

40 Artigo 99, XIV e parágrafo único da Constituição do Estado do Rio de Janeiro.
41 Confira-se, por exemplo, o HC 1.055/93 – Rel.: Des. Gama Malcher, julgado em 01.03.1994.
42 Confira-se HC 752/95, 4ª Câmara Criminal.
43 Questão interessante foi decidida pelo STF no RE 315.010/DF, sendo relator o Ministro Néri da Silvei-

Acerca da matéria, já se manifestou o Supremo Tribunal Federal[44]:

"*Recurso extraordinário. Competência para processar e julgar habeas corpus impetrado contra ato de membro do Ministério Público Federal. - Ambas as Turmas desta Corte (assim, nos RREE 141.209 e 187.725) têm entendido que, em se tratando de "habeas corpus" contra ato de Promotor da Justiça Estadual, a competência para julgá-lo é do Tribunal de Justiça por ser este competente para seu julgamento quando acusado de crime comum ou de responsabilidade. O fundamento dessa jurisprudência - como salientado pelo eminente Ministro Néry da Silveira no RE 187.725 - "foi sempre o de que da decisão do habeas corpus pode resultar afirmação de prática de ilegalidade ou de abuso de poder pela autoridade" e isso porque "ao se conceder o habeas corpus, se se reconhecer, expressamente, que a autoridade praticou ilegalidade, abuso de poder, em linha de princípio, poderá configurar-se algum crime comum. Dessa maneira, a mesma autoridade que julgar o habeas corpus será a competente para o processo e julgamento do crime comum, eventualmente, praticado pela autoridade impetrada". - No caso, em se tratando, como se trata, de habeas corpus contra membro do Ministério Público Federal que atua junto a Juízo de primeiro grau, e tendo em vista que, em virtude do disposto no artigo 108, I, "a", da Constituição, compete aos Tribunais Regionais Federais processar e julgar originariamente esses membros, a esses Tribunais compete, também, por aplicação do mesmo fundamento, julgar os habeas corpus impetrados contra essas autoridades. Recurso extraordinário conhecido e provido*". Outra decisão da Suprema Corte mantendo esse entendimento: "*Competência Criminal. Habeas corpus. Inquérito policial. Requisição por Procurador da República. Membro do Ministério Público da União. Incompetência do Juízo estadual. Feito da competência do Tribunal Regional Federal da 3ª Região. Conflito aparente de normas entre o art. 96, III, e o art. 108, I, a, cc. 128, I, d, todos da CF. Aplicação do princípio da especialidade. Precedentes. Recurso provido. Não cabe a Juízo da Justiça estadual, mas a Tribunal Regional Federal, conhecer de pedido de habeas corpus contra ato de membro do Ministério Público Federal (RE 377356, Relator(a): Min. CEZAR PELUSO, Segunda Turma, julgado em 07/10/2008, DJe-227 DIVULG 27-11-2008 PUBLIC 28-11-2008 EMENT VOL-02343-03 PP-00535)*".

ra, em 08.04.2002 (Inf./STF 263). A Corte, ao julgar HC contra ato de membro do MP/DF, afastou a incidência do artigo 96, III, da CF e cassou acordão do TJ/DF, por entender que o membro do Parquet do Distrito Federal e Territórios, integrante do Ministério Público da União (CF, art. 128, I, "d"), possui foro especial no TRF da 1ª Região (art. 108, I, "a", da Carta Magna), sendo ali o foro competente para o julgamento do writ e não o Tribunal local.

44 RE 285569 / SP –Relator Min. Moreira Alves, Julgamento em 18/12/2000, Primeira Turma, DJ em 16.03.2001.

1.2.4.3. A competência para julgamento de mandado de segurança quando a autoridade coatora é membro do Ministério Público

No que concerne ao Mandado de Segurança contra Promotor de Justiça, há dissenso na doutrina e jurisprudência. Alguns doutrinadores sustentam que o mandado de segurança ajuizado contra ato de Promotor de Justiça tem como juízo competente o juiz de primeiro grau. Este é o entendimento de Alexandre de Moraes: *"Anote-se que em relação ao mandado de segurança ajuizado contra ato de Promotor de Justiça, a jurisprudência entende de forma pacífica pela competência do juízo monocrático, diferentemente, portanto, do que ocorre com o já estudado habeas corpus"*. Em sentido contrário, Nelson Nery Junior, Rosa Maria Nery[45] e Renato Franco de Almeida[46] para quem:

> *"Conferir tratamento desigual à instituição do Ministério Público em relação ao Poder Judiciário, notadamente outorgando maior proteção judicial, com a afetação de prerrogativa de foro, a atos supostamente ilegais praticados por juízes, é macular o princípio isonômico, especificamente no que se refere ao processo e julgamento do mandado de segurança impetrado contra ato de promotor de justiça, mormente após o advento da Emenda Constitucional nº 45/2004, a qual fomentou o estreitamento de identidade dos perfis das instituições, assim como dos direitos e deveres dos respectivos membros".*

2. As Vedações Constitucionais dos Membros do Ministério Público

2.1. Percepção de honorários ou verbas equivalentes

Ao membro do Ministério Público é vedado auferir a qualquer título ou pretexto, honorários, percentagens ou custas processuais, já que sua remuneração consiste nos vencimentos ou subsídios, como anteriormente visto.

No que concerne à sucumbência obtida em ações por ele ajuizadas,[47] a Instituição – e não seu membro – pode cobrá-la, devendo o montante

---

[45] NERY JUNIOR, Nelson; NERY, Rosa Maria Andrade. *Código de processo civil e legislação processual civil extravagante em vigor*. São Paulo: Revista dos Tribunais, 1995, p. 2.199.
[46] ALMEIDA, Renato Franco de. *A competência constitucional do TJ para julgamento de mandado de segurança contra ato de Promotor de Justiça*. Brasília: Revista CEJ, nº 34, pp. 84-88, jul./set. 2006.
[47] Inclusive verba honorária. Confira-se Informativo STF 120, Agravo em Agravo Regimental 189.430/SP, Rel. Min. Sepúlveda Pertence.

ser creditado ao Fundo Especial do Ministério Público,[48] destinado ao aperfeiçoamento institucional do Ministério Público.

A 3ª Turma do STJ, ao julgar o Resp 1.034.012, negou a incidência de honorários em ação civil pública movida pelo Ministério Público.[49] O voto do Ministro Relator foi acompanhado por unanimidade e teve como fundamento as seguintes razões: o Ministério Público tem por finalidade institucional a defesa dos interesses coletivos e individuais e indisponíveis; com o advento da Lei Federal 8.906/94, os honorários de sucumbência passaram a pertencer aos advogados; não há título jurídico que justifique a remessa de honorários para o Estado e o Ministério Público é financiado com recursos provenientes dos cofres públicos, custeados por tributos que a coletividade já suporta; sendo incabível a condenação do Ministério Público ao pagamento de honorários advocatícios no caso de vencido na demanda, pelo princípio da isonomia e do tratamento igualitário a ser dado às partes, também não faz jus ao recebimento de tal verba quando vencedor.

2.2. Exercício da advocacia

O exercício da advocacia é vedado aos membros do Ministério Público, consoante os artigos 128, § 5º, II, "b", da CF; 44, II, da LONMP. Entende-se como advocacia aquelas atividades identificadas no artigo 1º da Lei 8.906/94 (Estatuto do Advogado), relacionadas tanto com a postulação aos órgãos do Poder Judiciário quanto com a consultoria extrajudicial. A prática da advocacia, para o membro vitalício do Parquet, enseja a perda do cargo, consoante previsto no artigo 38, § 1º, II, da LONMP. Tal conduta, outrossim, causará a demissão, mediante processo administrativo, daquele não vitalício. Ressalve-se que o artigo 29, § 3º, do ADCT resguardou aos membros do Ministério Público que tenham sido admitidos na Instituição antes da promulgação da Constituição de 88, o direito de optar pelo regime jurídico anterior, incluído nele o direito à advocacia. Neste sentido é o texto do artigo 1º e parágrafo único da Resolução nº 08/2006 do CNMP, alterado pela Resolução nº 16/2007.[50] No caso dos membros do Ministério Público Estadual a

---

48 Lei Estadual 2.819, de 07.11.1997, art. 4º, XII.
49 Resp 1.034.012. Decisão publicada no DJE em 07/10/2009.
50 RESOLUÇÃO DO CNMP Nº 8, de 08 de maio de 2006 (Alteração dada pela Resolução nº 16/2007) Art. 1º Somente poderão exercer a advocacia com respaldo no § 3º do art. 29 do ADCT da Constituição de 1988, os membros do Ministério Público da União que integravam a carreira na data da sua promulgação e que, desde então, permanecem regularmente inscritos na Ordem dos Advogados do Brasil. Parágrafo único. O exercício da advocacia, para os membros do Ministério

vedação já existia desde a antiga Lei Orgânica Nacional do Ministério Público, a LC 40/1981.[51] Interessante ressaltar que, mesmo aqueles que podem exercer a advocacia, consoante acima explicitado, possuem a vedação de atuar em causa onde o Parquet oficie, por força da lei. (Art. 2º da Res. CNMP 08/2006)

2.2.1. O membro do Ministério Público e a defesa em causa própria – impossibilidade

Questão interessante versa sobre a possibilidade de o membro do Parquet defender-se em processo disciplinar ou em fase preliminar de processo penal, atuando em causa própria. O STF, analisando a questão no HC 76.671/RJ,[52] decidiu que mesmo quando o Promotor de Justiça estiver se defendendo em processo administrativo disciplinar, ele não pode assinar a defesa prévia, pois não tem capacidade postulatória, já que as funções de Ministério Público são incompatíveis com o exercício da advocacia. Forte na linha da incompatibilidade das funções ministeriais e da advocacia, o Supremo Tribunal Federal também negou seguimento a Ação Cautelar aforada pelo Ministério Público de Minas Gerais naquela Corte, ao argumento de que a peça inicial era firmada por membros da Instituição, que não poderiam, consoante a ilustre relatora, postular no STF sem o patrocínio de advogados. Confira-se:[53]

> *"Tem-se, na inicial apresentada, assinatura não de advogados constituídos, na forma constitucional e legalmente determinada para o processamento das ações, mas dos eminentes Procuradores de Justiça (...). Nem é matéria sujeita a controvérsia que a representação processual é exclusiva de advogados no Brasil, ressalvadas as hipóteses em que se tenha ação penal ou civil conferida, no sistema jurídico, à legitimidade ativa do Ministério Público (art. 129, incs. I, III, IV e V, combinado com 133, todos da Constituição da República). (...) Não é possível admitir-se que os Procuradores de Justiça, membros da nobre carreira do Ministério Pú-*

Público do Distrito Federal e Territórios está, incondicionalmente, vedado, desde a vigência do artigo 24, § 2º, da Lei Complementar nº 40/81.

51 No caso do Parquet fluminense, a permissão só existe para membros ingressos na Instituição antes do advento da LC 40/81. Isto porque a primeira Lei Orgânica Nacional do Ministério Público (LC 40/81) já vedava esta atividade, sendo seguida, neste aspecto, pela legislação estadual (LC 28/82), antiga Lei orgânica do Ministério Público fluminense (art. 159, VIII) que apenas ressalvava o direito aos já inscritos em 15 de dezembro de 1981. Confira-se o artigo 165 da LC 106/2003, que reitera a norma transitória do artigo 29, § 3º, do ADCT.

52 STF – 2ª T. Rel. Min Nelson Jobim, decisão em 09.06.1998, veiculada no Informativo 114 do STF.

53 Ação Cautelar nº 1450, Rel. Min. Carmen Lúcia, j. em 15.12.2006.

blico, e terminante e taxativamente proibidos de advogar, exerçam, como pretendido no presente caso, desempenhar função que lhes é, expressa, literal e exemplarmente, vedada por norma constitucional".

2.3. Participação em sociedades empresárias

Outra vedação ao membro do MP (CF, art. 128, § 5º, II, "c", c/c LONMP arts. 44, III e LC 106/03, art. 119, III) é a de exercer o comércio ou participar de sociedade empresária. Há ressalva, entretanto, para a condição de quotista ou acionista sem poder de gestão. O intuito da vedação é afastar o membro do Parquet das atividades estranhas ao exercício funcional, permitindo, entretanto, que participe de atividades empresariais, na qualidade de mero capitalista, sem dispêndio de qualquer esforço gerencial ou de direção. Assim, o membro da Instituição poderá ter quotas de um empreendimento familiar (por exemplo, hotel ou restaurante) ou possuir ações de uma grande empresa desde que não esteja exercendo qualquer função executiva.

2.4. Exercício de outra função pública

A Constituição Federal, em seu artigo 128, § 5º, II, "d", veda ao membro do Ministério Público o exercício de qualquer outra função pública, salvo um magistério de mesma natureza. A vedação é repetida no artigo 44, IV, da LONMP.

A essência da vedação é evitar que o membro do Ministério Público possa desempenhar qualquer outra atividade, mesmo pública, salvo um magistério, em detrimento do exercício daquelas funções institucionais deferidas ao Parquet. Neste aspecto foi dado tratamento idêntico aos magistrados, que também possuem tal proibição em seu estatuto, disposta no artigo 95, parágrafo único, I, da CF. Neste teor, a Res. CNMP 5/2006, com a alteração da Res. CNMP 144/2016.

2.4.1. A função de magistério

Divergências surgiram na doutrina e na jurisprudência acerca da função de magistério, exceção permitida aos membros do Ministério Público. O Conselho Nacional do Ministério Público editou a Resolução nº 73/2011, com alterações aduzidas pelas Res. 132/2015, 133/2015 e 224/2021, determinando que o exercício do magistério, público ou privado, por membros do Ministério Público, seja compatibilizado com as funções ministeriais, não podendo conflitar com o período em que o membro esteja nas suas funções constitucionais. As atividades de *coaching*, similares e congêneres são vedadas, consoante a redação da Res. CNMP

224/2021. Não se incluiu na vedação as funções exercidas em curso ou escola de aperfeiçoamento do próprio Ministério Público ou aqueles mantidos por associações de classe ou fundações a ele vinculadas estatutariamente, desde que essas atividades não sejam remuneradas.

Ressalve-se que o CSMP/RJ, em decisão publicada em 27/08/2021, criou mais uma restrição ao magistério, voltada agora para os membros ainda não vitalícios. Somente poderão exercer a docência se autorizados pelo PGJ, salvo se as estivessem exercendo quando tomaram posse no cargo, mantidas as restrições de horário e compatibilidade com os demais membros (nova redação do Art. 28 da Deliberação 70/2019).

2.4.2. Exercício de outra função pública e membros ingressos antes da Constituição de 1988

Ainda no que concerne ao exercício de outra função pública, insta acentuar o disposto no artigo 29, § 3º, do ADCT, que autoriza o membro da Instituição ingresso antes do advento da Carta Magna a optar pelo regime jurídico anterior. Esta norma, de índole transitória, permite que aquele membro possa se valer da autorização contida no artigo 42, II, da revogada LC 40/81 (antiga LONMP) e ocupar cargo ou função na administração direta ou indireta, desde que de nível equivalente ou maior. Para tanto, a Lei 8.625/93 expressamente reservou o artigo 75, deferindo o poder de autorizar o afastamento da carreira ao Procurador-Geral de Justiça, ouvido o Conselho Superior do Ministério Público. Assim, foi deferida aos integrantes da Instituição, anteriores ao advento da Carta de 1988, a possibilidade de afastarem-se da carreira, seja para ocuparem cargos de Secretário de Estado ou outros na alta administração pública, desde que cumprida a formalidade acima descrita. A função deve ser considerada relevante e o membro do Ministério Público percebe o respectivo subsídio como se em exercício estivesse, não podendo, entretanto, ser promovido ou removido por merecimento (LONMP, art. 75, parágrafo único) neste período.

Questão que merece atenção versa sobre a atuação do Conselho Superior do Ministério Público nesta ocasião. Poderá ele vetar o afastamento do membro ou trata-se de mera consulta do Procurador-Geral, que agirá discricionariamente? Entendemos que a matéria é de índole discricionária do Procurador-Geral, comungando do posicionamento de Alexandre de Moraes,[54] de que não há nem direito subjetivo do Promotor ou Procurador ao afastamento, nem a possibilidade de o Conselho obstar eventual decisão favorável do Chefe da Instituição. Com

---

54 MORAES, Alexandre de. *Op. cit.*, 2002a, p. 2.127.

efeito, da mesma forma que o previsto nos artigos 136 e 137 da Carta Magna, quando da decretação dos Estados de Defesa e de Sítio, em que são consultados o Conselho da República e o de Defesa Nacional, a atividade do Conselho Superior do Ministério Público é meramente opinativa, competindo ao Procurador-Geral a decisão final.

Em suma, duas são as exceções previstas para a proibição de exercício de outra função pública por membro do Ministério Público: i) uma função de magistério, respeitados os critérios da Resolução nº 73/2011 do CNMP; ii) membros ingressos na Instituição antes do advento da Constituição Federal de 1988. Confira-se a Res. CNMP 5/2006, com as alterações da Res. CNMP 144/2016.

2.4.3. Membros ingressos após a Constituição de 1988 e o artigo 44, parágrafo único, da LONMP

No que concerne ao membro ingresso após a Carta Magna, discordando da posição adotada por Rodrigo Lopes,[55] entendemos ser a vedação absoluta, devendo-se interpretar o artigo 44, parágrafo único, da LONMP, que regula a situação.

Tal dispositivo, de natureza permanente, autoriza o desempenho cumulativo do membro do Ministério Público apenas em *"organismos estatais afetos à área de atuação do Ministério Público, em Centro de Estudo e Aperfeiçoamento de Ministério Público, em entidades de representação de classe e o exercício de cargos de confiança na sua administração e nos órgãos auxiliares"*.

E qual é o alcance da expressão *"organismos estatais afetos à área de atuação do Ministério Público..."*?

Interpretando norma prevista no artigo 170, parágrafo único, da Lei Orgânica do Parquet paulista, o STF emprestou interpretação conforme a Constituição para assegurar que o exercício de cargo ou função

---

55 *"Analise-se, contudo, a questão no âmbito nacional. A Lei Federal nº 8.625/93, que dispõe sobre normas gerais para a organização dos Ministérios Públicos dos Estados, estabelece, no parágrafo único de seu artigo 44, que não constitui acumulação a atividade exercida por membro do Parquet em organismos estatais afetos à área de atuação do Ministério Público. Tal regra, com mínima diferença de redação, é repetida no parágrafo único do artigo 119 da Lei Complementar Fluminense nº 106/2003. Evidentemente, tais "organismos estatais" são entidades da Administração Pública Indireta e órgãos da Administração Pública Direta, cuja atividade tenha relação com a do Ministério Público. Identificados tais entidades e órgãos, resta claro que o desempenho de cargos em comissão nos mesmos é permitido, porque não se constitui na acumulação vedada pelo art. 128, § 5º, II, d, da Carta Magna"* (LOPES, Rodrigo. Suplemento Jurídico. Rio de Janeiro: Imprensa Oficial do Estado do Rio de Janeiro, Ano VI, nº 52, p. 34, set./2002).

de confiança na Administração diz respeito apenas à Administração do Ministério Público, vedando desta forma o exercício de outros cargos na Administração Pública estadual e municipal estranhos à Instituição.[56]

Assim, o membro do Ministério Público poderá, por exemplo, exercer o cargo em comissão de Coordenador de Centro de Apoio Operacional ou Subprocurador-Geral de Justiça, sem qualquer violação ao comando constitucional. Não poderá, entretanto, ser Secretário de Estado da Receita ou Ministro dos Transportes.

No mesmo sentido, a Corte suspendeu a eficácia de dispositivos da Lei Orgânica mineira que permitiam o afastamento de membro da Instituição para exercer cargo de Ministro ou Secretário de Estado.[57] Neste sentido, o Procurador-Geral da República ingressou com a ADIN 3.574, arguindo a inconstitucionalidade de dispositivos da Lei Orgânica do Ministério Público Sergipano (LC 02/90), que permitia o afastamento do membro da instituição para exercer cargos de Ministro, Secretário de Estado ou Municipal e chefe de missão diplomática.[58] Da mesma forma, também foi declarado inconstitucional o art. 105, VII, da LC 95/97 do Estado do Espírito Santo, que permitia que membros do Ministério Público se afastassem da Instituição, pelo prazo máximo de quatro anos, para exercer cargo comissionado estadual ou federal (ADI 3.298/ES, rel. Min. Gilmar Mendes, 10.05.2007).[59] Finalmente, a Corte, apreciando o Mandado de Segurança 26.584, impetrado por membro do Ministério Público ingresso após 1988, em exercício do cargo de Secretário de Estado de Segurança no Paraná, asseverou a impossibilidade de manter a situação jurídica existente em face da orientação do STF:

> "...no sentido de que membros do MP, especialmente aqueles que ingressaram na Instituição após a promulgação da CF/88, não podem exercer cargos ou funções em órgão estranhos à organização do Ministério Público, somente podendo titularizá-los, se e quando se tratar de cargos

---

56 ADIN 2.084/SP, Rel. Min. Ilmar Galvão, 02.08.2001.
57 ADIN/MC 2.534/MG, Rel. Min. Maurício Correa, 12.06.2002.
58 Nesta linha de raciocínio, a OAB-SE obteve, em 06.05.2005, liminar em ação civil pública com o intuito de afastar do cargo de Secretário de Estado de Segurança Pública membro do Ministério Público ingresso após 1988, sendo considerado inconstitucional, em controle difuso, o artigo 45, § 2º, da Lei local, que autorizava tal afastamento da carreira.
59 Neste aresto, a Corte afirmou: "Portanto, fora das exceções previstas pelo texto constitucional, a regra inscrita no artigo 128, § 5º, II, d, da Constituição, é absoluta, na medida que abrange toda e qualquer função pública, como o exercício de cargos em Ministérios e Secretarias de Estado, de assessorias das mais variadas espécies e mesmo nos casos de participação em conselhos estaduais, federais ou municipais".

em comissão ou de funções de confiança em órgãos situados na própria estrutura administrativa do Ministério Público".[60]

Recentemente, membro do Ministério Público que ingressou na carreira posteriormente ao advento da Constituição teve sua nomeação para Ministro da Justiça questionada no STF, na ADPF 338/2016, movida pelo PPS (Partido Popular Socialista). A principal argumentação foi de que ele, por ser Procurador de Justiça, só poderia exercer o cargo se tivesse pedido exoneração do MP/BA, onde era vinculado. O Tribunal, decidiu: *"No mérito, o Tribunal, por unanimidade e nos termos do voto do relator, julgou procedente em parte a ação para estabelecera interpretação de que membros do MP não podem ocupara cargos públicos fora do âmbito da Instituição"* (Rel. Min. Marco Aurélio). No caso em tela, o Procurador optou por pedir exoneração do relevante cargo federal e permanecer na Instituição. Para aprofundamento na questão confira-se artigo do Prof. José dos Santos Carvalho Filho[61].

2.4.4 . Participação em organismos estatais colegiados

No que concerne à participação em órgãos colegiados estatais, a matéria deve ser analisada à luz do artigo 129, IX, da Carta Maior, em consonância com os artigos 10, IX, "c", e 25, VII, da LONMP; e 6º, § 1º, da LC 75/93. O membro do Parquet não poderá, por exemplo, exercer funções de assessoramento ou consultoria em CPI, não obstante as relevantes funções constitucionais de tal entidade de fiscalização legislativa, já que lhe é vedada a consultoria de entidades públicas (Proc. MP 18.469/2003). Entretanto, poderá integrar órgãos colegiados[62] ou outros organismos afetos à sua área de atuação – por exemplo, Conselho de Meio Ambiente, Conselho de Proteção ao Consumidor ou ainda, integrar o Conselho Penitenciário do Estado – desde que devidamente designado pelo Procurador-Geral de Justiça. Nestas hipóteses, como já ressalvado, estará desempenhando função do Ministério Público enquanto Instituição, e não de caráter pessoal, como pode a princípio parecer. Apesar de posição doutrinária em sentido contrário de Uadi Lammêgo Bulos,[63] entendemos que tal participação não é inconstitu-

---

60 MS 26.584 – 10/08/2007 – Min. Celso de Mello. Ver também Reclamação 5.185, Rel. Min. Ricardo Lewandowski, em 21/02/2008, no mesmo sentido
61 Carvalho Filho. José dos Santos. *Membros do MP: Investidura em cargos e funções no Poder Executivo.*www.genjuridico.com.br. Artigo publicado em 03/04/2016
62 MAZZILLI, *op. cit.,* 2001, p. 330.
63 *"Registre-se, porém, a prática inconstitucional de se admitir a participação de integrantes do* Parquet *em comissões, ministérios de Estado e organismos estatais dos*

cional. A leitura do artigo 44, parágrafo único, da LONMP deve ser realizada em conjunto com o artigo 128, § 5°, "d", da Constituição, de forma que a participação em organismos estatais colegiados se daria no exercício de uma verdadeira função institucional do Ministério Público, e não como uma segunda função pública do membro que a exerce. Veja-se que o artigo 129, IX, da Constituição permite expressamente que a lei confira ao Ministério Público outras funções "desde que compatíveis com a sua finalidade". Esse foi o intuito do legislador fluminense que ao elaborar a Lei Orgânica do Ministério Público do Estado do Rio de Janeiro, fez questão de registrar que essas atividades em organismos estatais *"constituem funções do Ministério Público"* (art. 119, parágrafo único, da LC 106/2003).

Desta forma, frise-se: a *participação* do membro do Ministério Público em organismos estatais colegiados não constitui *outra função pública deste membro,* mas sim uma *função institucional,* uma das funções que este membro deve exercer enquanto representa o Parquet, ainda que tenha que exercê-la fora da Instituição de forma atípica.

2.5. Atividade político-partidária

A Constituição, em seu texto originário, previu, como vedação expressa aos membros do Ministério Público (art. 128, § 5°, II, "e"), o exercício de atividade político-partidária, salvo as exceções previstas em Lei. Permitiu assim o constituinte que as Leis Orgânicas disciplinassem a matéria, que recebeu tratamento nos artigos 44, V, da LONMP e 237, V, da LC 75/93, deferindo ao membro do Parquet a possibilidade de filiação partidária e consequentemente, a elegibilidade para candidatar-se em pleito eleitoral. O STF, dando interpretação conforme aos dispositivos da LONMP e da LC 75/93 acima referidos,[64] admitiu a filiação partidária somente na hipótese do membro do Parquet afastar-se, mediante licença, do exercício funcional, considerando, pois, incompatíveis a filiação e o exercício simultâneo das funções institucionais.

---

mais diversos. Existem, nesse sentido, leis municipais, estaduais e até federais, prevendo a participação desses agentes públicos em conselhos de defesa de direitos humanos, comissões de trânsito, conselhos de defesa de direitos humanos, comissões de trânsito, conselhos de entorpecentes, dentre outros órgãos administrativos diversos (...). De fato, tanto a LONMPU (art. 6°, §§ 1° e 2°) como a LONMP (art. 10, inc. IX, "c") admitem tal subversão constitucional, que reclama um sério e rígido controle de constitucionalidade para proibir a ignomínia". BULOS, Uadi Lammêgo. *Constituição Federal Anotada.* São Paulo: Saraiva, 1ª ed., 2000, pp. 983 e 984.

64 ADIN 1.371/DF e ADIN 1.377/DF, Rels. Min. Néri da Silveira e Nelson Jobim, 15.06.1998.

A EC 45/2004 (Reforma do Judiciário), entretanto, suprimiu a expressão *"salvo exceções previstas em lei"*, existente no texto da Constituição, tornando a vedação ao exercício de atividade político-partidária absoluta para o membro do Ministério Público. A matéria se tornou controvertida a partir de então. A alteração realizada pela emenda constitucional foi objeto de duas consultas dirigidas ao TSE, formuladas por parlamentares que indagavam se, após a EC 45, membros do Ministério Público ingressos no regime da Constituição de 1988, mas antes da EC 45, poderiam se candidatar a cargos eletivos no pleito de 2006, questionando ainda acerca do prazo de filiação partidária e de desincompatibilização. A Corte, na Resolução 22.012 (12.04.2005), sendo relator o Ministro Luiz Carlos Madeira, asseverou que, com o advento da emenda, o prazo para filiação partidária dos membros do Ministério Público, por estarem sujeitos a vedação constitucional de filiação, seria de seis meses, conforme o artigo 1º, II, "j", da LC 64/90. Quanto ao prazo de desincompatibilização, seria aquele previsto na legislação eleitoral, dependendo do cargo eletivo pleiteado.

Na mesma linha de raciocínio, na consulta 1.153, que originou a Resolução 22.045 (02.08.2005), sendo relator o Ministro Marco Aurélio, a Corte decidiu que a Emenda 45 tem aplicação imediata, ressalvada a situação daqueles que, na data da promulgação da Constituição, já se encontravam integrados ao Órgão. Posteriormente a estes julgamentos, o Conselho Nacional do Ministério Público editou a Resolução nº 5/2006, que disciplina o exercício de atividade político-partidária e de cargos públicos por membro do Ministério Público, assim dispondo em seu artigo 1º: *"Art. 1º Estão proibidos de exercer atividade político-partidária os membros do Ministério Público que ingressaram na carreira após a publicação da Emenda nº 45/2004".* (grifo nosso)

Ressalve-se, portanto, que diferentemente dos julgados do TSE trazidos à colação, a Resolução só vedou a atividade para os membros que ingressaram na Instituição após a Emenda 45/2004. Parte da doutrina acolheu as conclusões do voto-condutor do Conselheiro Paulo Sérgio Prata Rezende, proferido no processo nº 0.00.000.000006/2005-08 do CNMP:

> *"Em face do exposto, chego às seguintes conclusões quanto ao exercício de atividade político-partidária por membros do Ministério Público: a) os membros do Ministério Público que ingressaram na carreira após a promulgação da Emenda Constitucional nº 45 estão proibidos de exercer atividade político-partidária; b) a vedação do art. 128, § 5º, II, e, da CF, em sua nova redação, não alcança os membros do Ministério Público*

que ingressaram na carreira antes da promulgação da Emenda, podendo, inclusive, permanecer no exercício de mandato eletivo aqueles que se encontravam em tal situação na referida data".

Outros entendem, como eu, que o artigo 29, § 3º, do ADCT (Ato das Disposições Constitucionais Transitórias), que assegurava aos integrantes do Ministério Público a opção pelo regime anterior à Carta de 1988, no que se refere à atividade político-partidária, está revogado pela EC nº 45.[65] Argumentam para tanto que o Artigo 128, § 5º, II, "*e*", da CF, com a nova redação, não excepcionou nenhuma hipótese, sendo a vedação absoluta. Para estes, assim também o fez o próprio TSE na consulta 1.154 quando afirmou que a *"aplicação da EC nº 45/2004 é imediata e **sem ressalvas**, devendo abranger tanto aqueles que adentraram nos quadros do Ministério Público antes, como depois da referida emenda à Constituição*". (grifo nosso)

Entendo, em suma, que a questão deve ser analisada pela ótica da existência ou não do permissivo constitucional. Os membros que ingressaram no Ministério Público após a Constituição de 1988 não podem exercer cargos eletivos, sendo plenamente atingidos pela alteração trazida pela Emenda nº 45/2004, em razão da supressão do dispositivo constitucional que lhes autorizava a atividade político-partidária. Estes membros pós-88 concorriam com base na ressalva constitucional existente. Extinta esta, fica-lhes vedada a atividade político partidária. Não é este o entendimento atual do CNMP, consubstanciado na Res. nº 5/2006, que teve sua redação original restaurada pela Res. CNMP 144/2016. Mas, no mérito, sou contrário à restrição constitucional e já me manifestei em artigo sobre o tema, denominado "*Reflexões acerca da vedação à atividade político-partidária dos membros do MP. Uma interpretação institucional*", publicado na obra "*Ministério Público: O pensamento institucional contemporâneo*", editado pela FGV e pelo Conselho Nacional de Procuradores Gerais do MP (CNPG).[66]

Naquela ocasião, destaquei:

"*O Constituinte revisor, dando continuidade ao propósito de aproximar o Ministério Público da Magistratura, suprimiu aos membros do MP a possibilidade de afastamento da carreira para o exercício da atividade política, tornando idêntico, neste aspecto, o tratamento originariamen-*

---
65 Ministro José Delgado. Voto vencido proferido no RO nº 999/SP, p. 20.
66 Obra coletiva realizada por todas as unidades do MP brasileiro, idealizada para o I Congresso Internacional do CNPG. Rio de Janeiro, 16-17/08/2012

te conferido a magistrados e membros de Tribunais de Contas. Renato Franco Almeida[67] sustenta a inconstitucionalidade da emenda neste aspecto, por violar cláusula pétrea, relativa a capacidade eleitoral passiva, "(...) os direitos fundamentais podem ser restringidos, na medida de sua necessidade, porém não poderão, em hipótese alguma, ser extintos (abolidos). Isso porquanto o artigo 60 da Constituição, ao instituir as chamadas "cláusulas pétreas", proíbe, de forma peremptória, a extinção dos direitos e garantias individuais (art. 60, § 4º, IV, da CR) (...) na medida em que os direitos políticos encerram, desenganadamente, um desdobramento de princípio fundamental, traduz-se sua restrição ou abolição, através de emenda à Constituição, em subversão do sistema constitucional vigente, em um dos seus mais importantes direcionamentos abstratos: o princípio democrático". Deflui-se, desta forma, que membros do Ministério Público em atividade, ingressos após a Constituição de 1988, se desejarem exercer atividade político partidária, deverão se exonerar ou requerer aposentadoria. A EC 45/2004, portanto, submeteu o membro do Ministério Público à mesma regra dos magistrados e membros dos Tribunais de Contas, que, "se submetem à vedação constitucional de filiação partidária, dispensados, porém, de cumprir o prazo de filiação fixado em lei ordinária, a exemplo dos magistrados, devendo satisfazer tal condição de elegibilidade até seis meses antes das eleições, de acordo com o art. 1º, inciso II, alínea, "j", da LC nº 64/90, sendo certo que o prazo de desincompatibilização dependerá do cargo para o qual o candidato concorrer".[68]... Inicialmente, cabe ressaltar que a emenda constitucional, de cunho restritivo, não se coaduna com a essência do Ministério Público, intrinsecamente voltado para a causa social. Com efeito, uma das funções constitucionais mais relevantes deferidas ao Ministério Público, no Artigo 129, II, é a de "ombudsman". Com origem remota na Constituição sueca de 1809 (que criou a figura do justitie ombudsman, expressão traduzida como "comissário de justiça"), a atribuição consiste no controle das atividades atinentes aos três Poderes e constitui verdadeiro canal de comunicação institucional com a sociedade. O ombudsman possui o objetivo de remediar lacunas e omissões, bem como assegurar que os Poderes respeitem as regras postas e não se imiscuam nos direitos e liberdades públicas dos cidadãos. Este novo campo de atuação, denominado Ministério Público Resolutivo, é o meio pelo qual mais rapidamente, a sociedade – representada pelo Ministério Público – e entidades, públicas ou privadas (violadoras de direitos transindividuais indisponíveis), podem e devem solucionar suas desavenças, no pleno exercício da vocação

---

67 ALMEIDA, Renato Franco. *Atividade Político-partidária por membros do Ministério Público*: análise da alínea "e" do inciso II do § 5º do artigo 128 na redação da Emenda Constitucional nº 45/2004. Disponível em http://www.mp.mg.gov.br/portal/public/interno/repositorio/id/18184

68 TSE – Pleno – Consulta nº 1.154 – Classe 5ª – Distrito Federal (Brasília) – Rel. Min. César Asfor Rocha, Diário da Justiça, Seção I, 24 out. 2005, p. 89.

> *social institucional. Patente, neste aspecto, a distinção de funções entre os membros do MP, da magistratura e dos tribunais de contas. Estes, com a inércia e isenção que caracterizam a função jurisdicional, não possuem o dever de manter a proximidade com a sociedade organizada visando exercer o seu mister. Por outro lado, numa interpretação sistemática da Constituição (que não pode ter contradições)[69], como compatibilizar o Artigo 129, IX, do texto originário, que não vedou aos membros a atividade político-partidária (mas apenas a representação judicial e a consultoria jurídica de entidades públicas) com a restrição imposta pelo constituinte revisor? A solução parece ser o retorno ao status constitucional originário, com a imposição do afastamento transitório, mediante licença, da atividade institucional, permitindo-se o retorno apenas após o desligamento da vinculação partidária. Desnecessário ressalvar que, mesmo após o cancelamento da filiação, impõe-se ao membro o período de "quarentena" de dois anos para exercer funções de índole eleitoral, previsto no artigo 80 da LC 75/93. E mesmo após tal prazo de dois anos, o artigo 3º da LC 64/90 traz ainda outra restrição para o promotor que tiver tido filiação partidária. Ele não poderá, por quatro anos após a desfiliação, oficiar nos processos que envolvam impugnação de registros de candidaturas, devendo remeter os autos ao seu substituto legal".*

A questão está pendente de julgamento no STF, onde a ADI 5.985, movida pela Associação Nacional dos Procuradores da República (ANPR) alega que a alteração promovida pela EC 45/2004 no art. 128, § 5º, II, "e" da CF (retirar a expressão "salvo exceções previstas em lei") viola cláusula pétrea prevista no art. 60, § 4º, IV da CF (direitos e garantias individuais: o direito de ser votado). Em 02/08/2018, ao proferir decisão monocrática, o Ministro Marco Aurélio determinou o rito do Art. 12 da Lei 9.868/99 e determinou a manifestação da AGU e da PGR.[70]

2.5.1. A atual situação dos membros do Ministério Público que desejem exercer atividade político-partidária

Os membros ingressos anteriormente a CF/88, portanto, continuam com o tratamento que lhes era dado pelo Art. 29 § 3º do ADCT, não se lhes aplicando a restrição imposta pela EC 45/2004. Podem candidatar-se e exercer a atividade político partidária sem perder o vínculo com a carreira. Mas os membros ingressos posteriormente, mas anteriormente à Emenda Constitucional 45/2004, estão regulados pela Res. CNMP nº 5 e deverão, se quiserem candidatar-se, na forma da LC 64/90,

---

69 GRAU, Eros. *Ensaio e discurso sobre a interpretação/aplicação do direito*, 5ª edição, Malheiros Editores, São Paulo: 2009
70 Última verificação: 06/08/2021.

desimcompatibilizar-se no prazo ali estabelecido e, na forma do Art. 204, IV § 2º da LC 75/93 (aplicável aos membros do MP dos Estados por força do Art. 80 da LONMP), afastar-se de suas funções, no período compreendido entre a escolha como candidato do partido em convenção partidária e o registro de sua candidatura junto a Justiça Eleitoral, sem a percepção de vencimentos. (ADI 1.377/DF).[71] Se eleitos, deverão solicitar exoneração do cargo e optar pela vida política.

2.5.2. O período de quarentena

Para finalizar o estudo do tema, deve-se ressalvar, por oportuno, que o membro do Ministério Público anterior a 1988, ao efetuar o desligamento de sua vinculação partidária e retornar as funções ministeriais, possui ainda um período de "quarentena" de dois anos para exercer funções de índole eleitoral, previsto no artigo 80 da LC 75/93. E mesmo após vencido tal prazo de dois anos, o artigo 3º da LC 64/90 traz ainda uma outra restrição para o promotor que tiver tido filiação partidária. Ele não poderá, por quatro anos após a desfiliação, oficiar nos processos que envolvam impugnação de registros de candidaturas, devendo remeter os autos ao seu substituto legal.

2.6. Percepção de quaisquer outros auxílios ou contribuições

A EC 45/2004 introduziu no artigo 128, § 5º, II, a alínea "f", vedando ao membro do Ministério Público, assim como aos magistrados (art. 95, parágrafo único, IV), a percepção de qualquer contribuição ou auxílio, de pessoas físicas ou jurídicas, entidades privadas ou públicas, ressalvadas as exceções legais.

A norma visa impedir a percepção pelo agente do Ministério Público e da Magistratura, de "cortesias" ou "doações", como passagens aéreas, hospedagens em hotéis, descontos promocionais ou outras vantagens, em decorrência do cargo e das funções desempenhadas, que possam comprometer ou inibir o correto exercício de suas funções constitucionais. A matéria, entretanto, necessita de regulamentação, deixando-se a critério do legislador a exata dimensão dos termos "auxílio" ou "contribuições".

Neste sentido, Promotor de Justiça requereu junto ao CNMP o reconhecimento da licitude de membro do Ministério Público exercer cargos de direção, administração e fiscalização em Cooperativa de Crédito

---

71 Decisão do CSMP no Proc. MPRJ 2018.00271347, em 10/04/2018

(SICREDI Jurídica – MS).[72] O CNMP, por maioria, reconheceu a ilegalidade do exercício de cargo de direção em entidades privadas por membros do Ministério Público e determinou o afastamento dos integrantes das funções no prazo de 90 dias, como forma de impedir a continuidade da situação ilegal. Impetrado Mandado de Segurança junto ao STF por membro do Parquet que também exerça a função de conselheiro de uma Cooperativa de Crédito do Ministério Público, recebendo honorários pelo exercício desta função, a Corte indeferiu a liminar requerida,[73] ao argumento de que a decisão do CNMP estava amparada no artigo 128, § 5º, II, "f", da Constituição. Houve, entretanto, votos vencidos,[74] de Conselheiros que entendiam lícita a cumulação, desde que os dirigentes não percebessem honorários ou qualquer vantagem pelo exercício da função na cooperativa de crédito.

3. Direitos e Prerrogativas dos Membros do Ministério Público

As prerrogativas dos membros do Ministério Público encontram previsão legal, nos artigos 40 a 42 da LONMP, sem esquecermos a possibilidade de aplicação subsidiária da LC 75/93 (LOMPU), especialmente os artigos 17 a 21 daquele diploma legal, por força da autorização outorgada pelo artigo 80 da LONMP.

Inicialmente, cabe ressalvar que as prerrogativas não são privilégios outorgados aos membros do Parquet, mas na verdade, constituem atributo que tem por finalidade assegurar o pleno exercício das funções institucionais deferidas pela Carta Magna.

Ressalte-se que os diplomas legais relativos ao Parquet estadual fazem distinção entre as prerrogativas decorrentes do cargo e aquelas diretamente relacionadas com o exercício funcional. As primeiras visam resguardar a dignidade das funções institucionais, sendo deferidas ao integrante da Instituição, esteja ele ou não no regular exercício funcional. Já as demais – intimamente ligadas ao exercício funcional – estão afetas ao desempenho das atribuições pelo membro do Parquet. A LC 75/93 (LOMPU) refere-se, em seu artigo 18, às prerrogativas institucionais e processuais.

---

72 Processo administrativo nº 187/2006-45.
73 Mandado de Segurança 26.268.
74 Conselheiros Saint'Clair Luiz do Nascimento Júnior, Luciano Chagas da Silva, Paulo Prata e Gaspar Antônio Viegas.

Eis a diferença, em regra, entre garantias e prerrogativas. As primeiras dizem respeito ao membro do Ministério Público, possuem caráter pessoal. As últimas, como visto, dizem respeito ao cargo e à função exercida pelo membro do Parquet. Destacamos, dentre as prerrogativas descritas na lei, aquelas de maior relevância, especialmente para o concurso de ingresso na carreira.

3.1. A prisão e a investigação do membro do Ministério Público

Dispõem os artigos 40, III e IV, e 41 parágrafo único, da Lei 8.625/93:

> Art. 40. Constituem prerrogativas dos membros do Ministério Público, além de outras previstas na Lei Orgânica:
>
> (...)
>
> III. ser preso somente por ordem judicial escrita, salvo em flagrante de crime inafiançável, caso em que a autoridade fará, no prazo máximo de vinte e quatro horas, a comunicação e a apresentação do membro do Ministério Público ao Procurador-Geral de Justiça;
>
> IV. ser processado e julgado originariamente pelo Tribunal de Justiça de seu Estado, nos crimes comuns e de responsabilidade, ressalvada a exceção de ordem constitucional;
>
> (...)
>
> Art. 41. Constituem prerrogativas dos membros do Ministério Público, no exercício de suas funções, além de outras previstas na Lei Orgânica:
>
> (...)
>
> Parágrafo único. Quando no curso de investigação, houver indício da prática de infração penal por parte de membro do Ministério Público, a autoridade policial, civil ou militar, remeterá, imediatamente, sob pena de responsabilidade, os respectivos autos ao Procurador-Geral de Justiça, a quem competirá dar prosseguimento à apuração.

A Lei 8.625/93 estabelece, portanto, que o membro do Ministério Público somente poderá ser investigado, em caso de conduta delituosa, pelo Procurador-Geral de Justiça.

Dessa forma, se no curso da investigação surgirem indícios de que quem cometeu o ilícito foi um Promotor ou Procurador, deve a autoridade policial remeter os autos, imediatamente, sob pena de prática de abuso de autoridade, ao Procurador-Geral de Justiça, não podendo mais continuar nas investigações (LONMP, art. 41, parágrafo único).

A investigação prosseguirá por parte do Procurador-Geral de Justiça, instaurando-se procedimento no âmbito da Chefia Institucional. Poderá o PGJ oferecer denúncia em face do membro do Parquet, ou determinar o arquivamento do feito, com base no artigo 29, VII, da LONMP. Por outro lado, a prisão do membro do MP somente pode se dar por ordem judicial proferida por autoridade competente. Quem é a autoridade judiciária competente? Se a hipótese versar sobre uma decisão criminal, deve-se aferir se a conduta está vinculada ao exercício funcional. Neste caso, somente um Desembargador integrante do Órgão Especial, relator da questão perante aquele colegiado, poderá mandar prender o membro do Ministério Público, *ad referendum* do colegiado. Se, entretanto, a questão não estiver vinculada ao desempenho profissional, o juiz de direito competente poderá apreciar a questão, visto que o STF, ao que tudo indica, limitou as hipóteses do foro especial.

Já no caso da prisão civil, a decisão poderá ser do magistrado de primeira instância, na hipótese, por exemplo, de o promotor não pagar a pensão alimentícia devida.

Pode ocorrer também a prisão em flagrante na hipótese de crimes inafiançáveis.[75] Nessa hipótese, cabe à autoridade policial lavrar o Auto de Prisão em Flagrante, remetê-lo ao Órgão Judicial competente do TJ e apresentar o membro do Parquet ao Procurador-Geral de Justiça. A não apresentação no prazo hábil acarretará a perda da condição coercitiva de liberdade do instrumento flagrancial, sendo cabível o relaxamento da prisão. A manutenção da prisão do membro do MP será decidida judicialmente, sendo-lhe assegurado, entretanto, o direito a ser recolhido em "sala de estado-maior"[76] ou prisão domiciliar (art. 40, V, da LONMP). Assim, a autuação é feita de imediato, mas a apresentação do Promotor de Justiça ao Procurador-Geral é indispensável para a regularidade do instrumento flagrancial. A lei determina, portanto, um *plus* no que concerne à validade do flagrante.

Após a realização das investigações necessárias para a elucidação do caso, entendendo o Procurador-Geral de Justiça que o caso é de oferecimento de denúncia, será ele mesmo o promotor natural para o oferecimento da peça acusatória.

---

75 Conforme arts. 323 e 324 do Código de Processo Penal.
76 O STF já definiu "sala de estado-maior" como "estabelecimento desprovido de grades e submetido à autoridade castrense que, em razão de sua especial responsabilidade, pudesse assegurar, aos que a ela confiados, sua máxima proteção, não obstante a restrição à liberdade de locomoção" (Rcl. 4.713/SC – 17/12/2007).

3.2. Intimação pessoal das decisões – prerrogativa irrenunciável do Ministério Público

A intimação pessoal do membro do Ministério Público está prevista no artigo 41, IV, da LONMP,[77] sendo prerrogativa institucional inderrogável:

Art. 41. Constituem prerrogativas dos membros do Ministério Público, no exercício de sua função, além de outras previstas na Lei Orgânica:

(...)

IV. receber intimação pessoal em qualquer processo e grau de jurisdição, através da entrega dos autos com vista.

Assim, acrescendo a exigência da intimação pessoal, a legislação institucional, na hipótese de autos físicos, exigiu a entrega dos autos ao membro do Ministério Público com atribuição para neles oficiar. Não bastam, portanto, a simples aposição do feito no local (escaninho) destinado ao membro do Parquet ou ainda a intimação, por mandado, efetuada pelo Oficial de Justiça ao Promotor, para aperfeiçoar o ato. A intimação deve se dar mediante a entrega dos autos, com vista, certificada pelo escrivão. E eventual discrepância deve ser interpretada em prol do Parquet.

O STF já se manifestou no sentido de que, no que concerne ao cômputo do prazo processual, inicia-se da data em que o feito tiver ingressado nas dependências do Ministério Público. Confira-se no HC 83.255/SP, julgado em 05.11.2003 e noticiado no Informativo 328 do STF, sendo relator o Ministro Marco Aurélio:

> "*A Corte firmou entendimento, por maioria, de que, em face do tratamento isonômico que deve ser conferido às partes, o prazo para interposição de recurso pelo Ministério Público inicia-se com sua intimação pessoal, a partir da entrega dos autos com vista à secretaria do órgão. Salientou-se que a adoção de entendimento diverso implicaria o gerenciamento, pelo Ministério Público, do termo inicial do prazo recursal, a partir da aposição do ciente. Vencidos os Ministros Joaquim Barbosa, por entender necessária na espécie a intimação pessoal e Celso Mello, por considerar que, no caso concreto, não se poderia presumir a ciência prévia e inequívoca do representante do Ministério Público apenas pela entrada dos autos na repartição*".[78]

---

77 A Lei Orgânica do Ministério Público do Estado do Rio de Janeiro – LC 106/03 – dispôs de igual forma em seu artigo 82, inciso III.
78 Idêntico entendimento adotou a Corte no HC 83.821/SP, em 01.06.2004: "A inti-

Ressalve-se que tal entendimento não altera a exigência da abertura de vista, mediante entrega pessoal dos feitos ao membro do Ministério Público com atribuição, mas considera aperfeiçoada a intimação quando os autos ingressarem na repartição competente de Parquet e não mais quando o membro da Instituição toma ciência da decisão.

A prerrogativa institucional aplica-se ao Parquet indiscriminadamente, isto é, tanto na seara criminal quanto na cível e nesta última, em qualquer caso, vale dizer, quando o Parquet é órgão agente ou interveniente. Assim, a intimação pessoal mediante entrega dos autos com vista constitui prerrogativa do Ministério Público (LONMP art. 41, IV) e, como tal, inerente ao exercício de suas funções, de caráter irrenunciável, sendo dever do membro da Instituição velar pela sua efetiva observância.[79]

Atualmente, com o processo eletrônico, as intimações ocorrem por meio eletrônico.

A Lei 11.419/2006, ao dispor sobre a informatização do processo judicial, disciplinou em seu art. 5º:

> Art. 5º As intimações serão feitas por meio eletrônico em portal próprio aos que se cadastrarem na forma do art. 2º desta Lei, dispensando-se a publicação no órgão oficial, inclusive eletrônico.
>
> § 1º Considerar-se-á realizada a intimação no dia em que o intimando efetivar a consulta eletrônica ao teor da intimação, certificando-se nos autos a sua realização.
>
> § 2º Na hipótese do § 1º deste artigo, nos casos em que a consulta se dê em dia não útil, a intimação será considerada como realizada no primeiro dia útil seguinte.
>
> § 3º A consulta referida nos §§ 1º e 2º deste artigo deverá ser feita em até 10 (dez) dias corridos contados da data do envio da intimação, sob pena de considerar-se a intimação automaticamente realizada na data do término desse prazo.
>
> § 4º Em caráter informativo, poderá ser efetivada remessa de correspondência eletrônica, comunicando o envio da intimação e a abertura automática do prazo processual nos termos do § 3º deste artigo, aos que manifestarem interesse por esse serviço.

---

mação pessoal do Ministério Público se dá com a carga dos autos na secretaria do Parquet. Se houver divergência entre a data de entrada dos autos no Ministério Público e a do "ciente" aposto nos autos, prevalece, para fins de recurso, aquela primeira".

[79] No Rio de Janeiro, disciplinando o assunto, foi editada a Resolução GPGJ 1.241/2004, em que a Chefia Institucional expede recomendação aos membros do Ministério Público para observarem rigorosamente as disposições legais previstas nos artigos 41, IV, da LONMP, e 82, III, da LC 106/2003.

§ 5º Nos casos urgentes em que a intimação feita na forma deste artigo possa causar prejuízo a quaisquer das partes ou nos casos em que for evidenciada qualquer tentativa de burla ao sistema, o ato processual deverá ser realizado por outro meio que atinja a sua finalidade, conforme determinado pelo juiz.

§ 6º As intimações feitas na forma deste artigo, inclusive da Fazenda Pública, serão consideradas pessoais para todos os efeitos legais.

Assim, decorridos dez dias corridos da data do envio da intimação, sem que o membro do Ministério Público tenha consultado os autos, haverá a intimação tácita, iniciando-se o prazo legal para a sua manifestação. Nesse sentido, já se manifestou o Superior Tribunal de Justiça[80]:

"AGRAVO REGIMENTAL EM RECURSO ESPECIAL. DIREITO PENAL E DIREITO PROCESSUAL PENAL. APELAÇÃO. PARQUET ESTADUAL. INTIMAÇÃO ELETRÔNICA. REMESSA DOS AUTOS VIA PORTAL DO TRIBUNAL. DIES A QUO. DATA DE EFETIVA CONSULTA. ART. 5º DA LEI Nº 11.419/2006. APELAÇÃO TEMPESTIVA. RETORNO DOS AUTOS À ORIGEM.

1. A realização da intimação eletrônica se dá no dia em que o intimando efetuar a consulta eletrônica ou, não sendo essa realizada no prazo de 10 dias corridos, contados da data do envio, deverá ser considerada como realizada tacitamente no último dia do prazo dos 10 dias previstos para consulta (Lei 11.419/2006).

2. Para a jurisprudência deste Superior Tribunal, a Lei 11.419/2006 não faz exceção ao Ministério Público, devendo-se, em atendimento à igualdade das partes no devido processo legal, aplicar a mesma regra dos §§ 1º e 3º, do art. 5º desta lei, ao órgão ministerial.

3. O agravo regimental não merece prosperar, porquanto as razões reunidas na insurgência são incapazes de infirmar o entendimento assentado na decisão agravada.

4. Agravo regimental improvido".

Importante ressaltar que a intimação eletrônica do membro do Ministério Público não viola a prerrogativa de sua intimação pessoal.

A matéria foi levada à apreciação do Conselho Nacional de Justiça, em pedido de providências apresentado pela Associação do Ministério Público do Estado da Bahia que assim decidiu[81]:

---

80 AgRg no REsp 1.762.101 – MS. Sexta Turma. Rel. Min. Sebastião Reis Junior. Julg.: 16.10.2018
81 Julgamento 13/02/2014, Rel. Conselheira Maria Cristina Irigoyen Peduzzi

> *"Pedido de Providência – Processo eletrônico – Sistema e-SAJ do Tribunal de Justiça do Estado da Bahia – Intimação pessoal do Ministério Público – Comunicação eletrônica – Atos disponibilizados em portal próprio – Cumprimento dos requisitos da Lei 11.419/2006.*
>
> *1. De acordo com o entendimento combinado dos artigos 5º, 6º e 9º, § 1º da Lei de Processo Eletrônico – Lei 11.419/2006 – a intimação pessoal se realiza com a disponibilização do ato de comunicação processual no portal eletrônico, com a garantia de acesso à integra do processo pelo usuário externo que detém a prerrogativa.*
>
> *2. O cumprimento da prerrogativa de intimação pessoal do Ministério Público requer a remessa da comunicação e dos autos ao órgão, e não aos promotores específicos que atuam em cada feito. Precedentes do STF e STJ.*
>
> *3. Cabe ao Ministério Público cuidar da distribuição interna dos processos entre as Promotorias que oficiam nas varas e unidades judiciárias.*
>
> *4. A ferramenta disponibilizada pelo e-SAJ atende aos requisitos legais, na medida em que permite que os promotores tenham acesso às intimações e realizem a consulta integral dos autos.*
>
> *5. Pedido de providências julgado improcedente para confirmar a legalidade da intimação pessoal do Ministério Público estadual, praticada na forma do sistema eletrônico adotado pelo Eg. TJBA – o e-SAJ".*

Na mesma linha de entendimento, o Ministro Nefi Cordeiro do STJ, em decisão proferida em 22.05.2019, no REsp 0002309-41.2014.8.12.0007, destacou:

> *"(...) na sistemática do processo digital, é perfeitamente possível que a intimação pessoal do membro do Ministério Público se realize por meio eletrônico, a qual se concretiza no exato momento em que os autos são disponibilizados nas filas do sistema eletrônico adotado pela instituição ministerial, o que, como esclarecido, é a versão eletrônica da "entrega dos autos com vista".*

3.3. Porte de arma

Dispõe o artigo 42 da LONMP sobre a licença para porte de arma de que gozam os membros do Ministério Público:

> Art. 42. Os membros do Ministério Público terão carteira funcional, expedida na forma da Lei Orgânica, valendo em todo o território nacional como cédula de identidade, e porte de arma, independentemente, neste caso, de qualquer ato formal de licença ou autorização.

Tanto a LOMAN (Art. 35, V) quanto a LOMPU (Art. 18, I, "e"), possuem dispositivos semelhantes. O Porte é decorrente da investidura no cargo. Ocorre que, em dezembro de 2003, foi editada a Lei 10.826, (Estatuto do Desarmamento) que disciplinou a matéria de maneira restritiva.

3.3.1. A Lei 10.826 de 2003 – O Estatuto do Desarmamento

A nova lei dispõe sobre o registro, posse e comercialização de armas de fogo e munição, bem como sobre o SINARM, estabelecendo uma série de exigências para a aquisição ou renovação do porte de arma.

No que concerne aos membros do Ministério Público – assim como aos magistrados – o porte de arma é prerrogativa institucional e independe de autorização ou licença, sendo inerente ao exercício da função ministerial e irrenunciável. O porte, desta forma, decorre da legislação própria, é consequência natural da investidura na carreira, não sendo o caso de submeter o membro do Ministério Público a qualquer exigência neste sentido, decorrente do Estatuto do Desarmamento. Mas o estatuto regula não apenas o porte de arma de fogo, mas também sua aquisição e registro, estabelecendo uma série de requisitos para estas providências, inclusive renovação periódica, com laudos psicológicos e testes de aptidão. No que concerne aos membros do Ministério Público e da Magistratura, não há qualquer exceção.

Assim, embora a LONMP, LOMAN e LC 75/93 sejam genéricas quanto ao porte de arma de fogo, o Estatuto do Desarmamento dispõe expressamente sobre a aquisição, registro e renovação do certificado de registro de armas de fogo, que devem ser observados por todos. Trata-se de situação inusitada. Não há qualquer limitação expressa quanto ao porte de arma de fogo; porém, o Estatuto estabelece critérios para que os membros do Ministério Público e da Magistratura possam adquirir e registrar armas de fogo. Ressalve-se que a autorização para o porte deve restringir-se à arma de fogo que possa ser por eles adquirida e registrada, ou seja, arma de fogo de uso permitido e arma de fogo de uso restrito, desde que haja autorização do Comando do Exército.

Apreciando a questão, o STJ assim decidiu:

> "*II – O Estatuto do Desarmamento (Lei 10.826/2003) não dispensa o registro de arma de fogo nem a comprovação de capacidade técnica para seu manuseio, inclusive para agentes que possuam autorização legal para o porte ou a posse de arma. Precedentes: REsp 1.327.796/BA, Rel. Mi-*

nistro Herman Benjamin, Segunda Turma, DJe 4/8/2015; EDcl no REsp 1.442.315/RN, Rel. Ministro Humberto Martins, Segunda Turma, julgado em 1º/10/2015, DJe 9/10/2015). III - Agravo Interno improvido. (STJ - AgInt no REsp: 1.606.433 RS 2016/0146727-3, Relator: Ministro FRANCISCO FALCÃO, Data de Julgamento: 07/03/2017, T2 - SEGUNDA TURMA, Data de Publicação: DJe 10/03/2017)

E o STF, no mesmo sentido, na AO 2062/ MG, relativa a interesse de magistrado, com reflexo para toda a magistratura:

"... Sustenta, em apertada síntese, que o Estatuto do Desarmamento (Lei 10.826/03) cerceia a prerrogativa do porte de arma de fogo prevista no inciso V do art. 33 da LC nº 35/79 – LOMAN –, ao exigir demonstração de capacidade técnica para manuseio do instrumento bélico quando da renovação de Certificado de Registro Federal a cada 3 (três) anos (art. 4º, III, da Lei 10.826/03). Assevera que "o próprio caput do art. 6º do Estatuto do Desarmamento abre exceções expressas quanto ao direito de portes de armas 'previstos em legislação própria', enquanto o § 4º desse mesmo artigo isenta 'os integrantes das Forças Armadas, das polícias federais e estaduais e do Distrito Federal' de cumprirem as exigências dos incisos I, II e III do art. 4º – violando nitidamente o princípio da isonomia das autoridades". Defende que essa previsão deve, no mínimo, alcançar "os detentores de porte de arma 'previstos em legislação própria', como é o caso dos magistrados e dos integrantes do Ministério Público e requer (i) "a concessão da medida liminar, para que, suspendendo a combatida exigência da autoridade coatora, o impetrante possa renovar seu Certificado de Registro Federal de Arma de Fogo independentemente de comprovação de capacidade técnica 'atual' para manuseio"; e, ao final, (ii) "a concessão definitiva da segurança, reconhecendo o direito do impetrante de, sempre que se fizer necessário, renovar seu Registro Federal de Arma de Fogo independentemente de comprovação de capacidade técnica 'atual' para manuseio da arma de fogo"...Não se discute...a validade do porte de arma funcional estabelecido na Lei Orgânica da Magistratura (de 1993) ou sua suposta posição hierárquica sobre a Lei 10.826/03, mas os requisitos necessários e legalmente exigidos para registro e sua renovação, os quais comprovem que o magistrado esteja qualificado à (sic) possuir arma de fogo, já que em sua formação não é aferida ou avaliada tal habilidade. (...) **A má técnica legislativa do § 8º, do art. 4º da Lei 10.826/2003, faz crer, em interpretação literal, que a mens legis dispensa os requisitos da capacidade técnica e psicológica para a pessoa que comprove estar autorizada a portar arma com as mesmas características daquela a ser adquirida. Essa** *não é a intenção da lei. (...) Não se olvida que a mens legis do* Estatuto do Desarmamento *sempre foi restringir o porte e a posse de armas de fogo, estabelecendo regras rígidas para este fim. Há também procedimento rigoroso de registro e recadastramento de material bélico. Da mesma forma, não se está a permitir que membros do Ministério Público ou Magistrados portem arma de fogo à margem de lei, sem o necessário registro da arma nos órgãos competentes e sem cumprir os demais requisitos previstos no* Estatuto do Desarmamento, *conforme entendimento do Superior Tribunal de Justiça, Precedentes:* APn 657/PB, *Rel. Ministro João Otávio de Noronha, Corte Especial, julgado em 18/05/2011, DJe 03/06/2011; Denun na* APn 549/SP, *Rel. Ministro Felix Fischer, Corte Especial, julgado em 21/10/2009, DJe 18/11/2009; Apn 476/RO, Rel. Ministra Eliana Calmon, Corte Especial, julgado em 02/05/2007, DJe 19/11/2007, p. 177;* HC 10.506/DF, *Rel. Ministro Edson Vidigal, Corte Especial, julgado em 06/10/1999, DJe 07/02/2000, p. 109" (grifei). Esteado, portanto, nos fundamentos acima alinhados, concluo que falece ao magistrado impetrante qualquer direito líquido e certo capaz de legitimar a concessão da pretendida segurança – agora em sede de ação originária. Ante o exposto, julgo improcedente a presente ação originária, denegando a segurança pleiteada no mandamus" 24 de abril de 2018. Ministro Dias Toffoli.*

Assim, decidiu a Corte que, ainda que os Magistrados, Promotores e Procuradores de Justiça detenham prerrogativas para o porte de arma de fogo, regulamentado por lei específica, dependem da satisfação dos requisitos exigidos pela Policia Federal com fulcro no Estatuto do Desarmamento, já que a aplicação das respectivas normas regulamentares, relativas a capacidade técnica e aptidão psicológica, não elimina e nem restringe o direito de porte de arma dos Magistrados e Membros do Ministério Público, implicam na verdade nos preceitos necessários ao bom uso desta prerrogativa.

Portanto, conclui-se que é necessário que o Magistrado ou o Membro do Ministério Público comprove a capacidade técnica e a aptidão psicológica para que possa exercer a prerrogativa de porte de arma de fogo. Atualmente está em vigor a Instrução Normativa 174/2020, do Departamento da Polícia Federal (órgão competente para a autorização para o porte de arma de fogo de uso permitido, em todo o território nacional – Art. 10 da Lei 10.826/03), que em seus artigos 11 e 12, disciplinam a aquisição da arma de fogo por magistrados e membros do Ministério Público e deferem às respectivas Instituições a certificação de seus membros quanto a capacidade técnica e a aptidão psicológica para o manuseio do material bélico.

3.3.2. A subsistência do porte de arma para membros aposentados

Outra questão relevante acerca deste tema é quanto à possibilidade de o membro do Ministério Público aposentado manter a prerrogativa do porte de arma. A Lei 8.625/93 não disciplinava a questão, mas a Lei Complementar 75/93, do Ministério Público da União, dispôs sobre o assunto:

> Art. 234. O aposentado conservará as prerrogativas previstas no art. 18, inciso I, alínea "e" e inciso II, alínea "e", bem como carteira de identidade especial, de acordo com o modelo aprovado pelo Procurador--Geral da República e por ele expedida, contendo expressamente tais prerrogativas e o registro da situação de aposentado.[82]

Conforme dispõe o artigo 80 da LONMP, *"aplicam-se aos Ministérios Públicos dos Estados, subsidiariamente, as normas da Lei Orgânica do Ministério Público da União"*, concluindo-se, portanto, que os membros do Parquet, ainda que aposentados, mantêm a prerrogativa do porte de armas.[83]

3.4. Livre acesso e trânsito em recintos públicos e privados

O membro do Ministério Público possui a prerrogativa funcional de transitar livremente, no exercício de suas funções institucionais, em recintos públicos, tais como sala de sessões de Tribunais, salas e dependências de audiência, secretarias, cartórios e outros locais similares, bem como em recintos privados, ressalvada a garantia constitucional da inviolabilidade domiciliar. Se aos membros do Parquet é conferido o exercício de determinadas atividades, pelo texto da Constituição e das leis, é curial que para o bom exercício de tais funções possa ter livre ingresso e permanência em tais locais. O dispositivo legal assecuratório desta prerrogativa é o artigo 41, VI, da LONMP, visando dar efetividade ao pleno exercício institucional.[84]

---
82 Art. 18, I, "e", da LC 75/93: "I. São prerrogativas dos membros do Ministério Público da União: (...) e) o porte de arma, independentemente de autorização".
83 A Lei Orgânica do Ministério Público do Estado do Rio de Janeiro (LC 106/2003), em seu artigo 164, expressamente permitiu aos membros aposentados da Instituição conservarem o porte de arma, independente de qualquer ato formal ou de licença.
84 No Rio de Janeiro, a norma encontra-se prevista no artigo 82, V, da LC 106/2003,

"Art. 41. Constituem prerrogativas dos membros do Ministério Público, no exercício de sua função, além de outras previstas na Lei Orgânica:

(...)

VI. ingressar e transitar livremente:

a) nas salas de sessões de Tribunais, mesmo além dos limites que separam a parte reservada aos Magistrados;

b) nas salas e dependências de audiências, secretarias, cartórios, tabelionatos, ofícios da justiça, inclusive dos registros públicos, delegacias de polícia e estabelecimento de internação coletiva;

c) em qualquer recinto público ou privado, ressalvada a garantia constitucional de inviolabilidade de domicílio".

3.5. Assento à direita

Outra prerrogativa institucional do membro do Ministério Público é de tomar assento, nas audiências e sessões de que participar, à direita dos juízes de primeira instância ou do Presidente do Tribunal, Câmara ou Turma (art. 41, XI, da LONMP). Neste aspecto, a LC 75/93 (Art. 18, I, "a"), aplicável subsidiariamente aos Ministérios Públicos Estaduais (Art. 80 da LONMP),[85] foi mais feliz ao detalhar que o assento deve se dar no mesmo plano e imediatamente à direita dos juízes singulares ou presidentes de órgãos judiciários perante os quais oficiem", antecipan-

---

sendo que a alínea "d", que assegurava ao membro do Ministério Público o livre trânsito em "todos os locais e dependências cujo acesso seja privativo aos magistrados, sujeitando-se às mesmas restrições impostas a estes", teve suspensa sua eficácia em ADIN proposta pela AMB (ADIN 2.831/MC-RJ, j. em 11.03.2004, Rel. Min. Maurício Correa), valendo lembrar, entretanto, que todas as alíneas da norma estadual que tratam do assunto encontram-se íntegras e produzindo efeitos. Acerca do assunto, em parecer exarado pela Assessoria de Assuntos Institucionais (Proc. Ministério Público 2005.001.13484.00), ficou assente que: "Os membros do Ministério Público podem ingressar e transitar livremente nas salas de sessões ou audiências, dependências de secretarias, cartórios, tabelionatos e ofícios de justiça, inclusive nos locais e dependências cujo acesso seja priva-tivo aos magistrados, no horário de expediente ou fora dele, sujeitos às mesmas restrições impostas àqueles, com fulcro no artigo 41, VI, "b", da LONMP. Em consequência, eventual impedimento oposto à ação dos membros do Ministério Público no exercício de suas atribuições é suscetível de mandado de segurança, com vistas à tutela das prerrogativas dos presentantes do Parquet, sem prejuízo da configuração, em tese, da infração penal tipificada no artigo 3º, "j", da Lei de Abuso de Autoridade ou, na hipótese de proteção dos interesses individuais difusos e coletivos relativos à infância e adolescência, no artigo 236 do ECA".

85 E igualmente a LC 106/2003 (Art. 82, X).

do-se a uma equivocada interpretação da norma nacional, aduzida por alguns magistrados, de que o assento à direita deveria ser efetivado na bancada das partes e seus advogados e em plano diverso daquele reservado aos magistrados.

Apreciando a questão, o Superior Tribunal de Justiça, em hipótese ocorrida em Rondônia (RO), onde magistrado havia deslocado o assento do Promotor do Júri para local diverso daquele preconizado na Lei, deu provimento ao recurso interposto pela Instituição, vazado nos seguintes termos: *"Toda legislação de regência assegura aos membros do Ministério Público a prerrogativa, de, no exercício de suas funções, tomar assento à direita dos Juízes, Desembargadores e Ministros, prerrogativa esta reconhecida em decorrência das relevantes funções por eles desempenhadas".*[86] Posteriormente, a Corte, em decisão similar, agora oriunda de São Paulo, acerca da isonomia entre as partes no Tribunal do Júri, afirmou:

> *"A igualdade entre as partes, defesa e acusação, no tribunal popular, é verificada no mesmo tempo que dispõe para que, em pé, da mesma forma, diante dos jurados, possam proferir suas alegações, sustentando a tese defensiva ou acusatória... o posicionamento do Ministério Público, que se coloca sentado ao lado do Magistrado Presidente do Tribunal do Júri, decorre da Lei 8.625/93, não significando superioridade em relação ao defensor".*[87]

No Rio de Janeiro, alguns magistrados, por entenderem que o princípio do devido processo legal estaria vulnerado com a aplicação da prerrogativa, tentaram mudar a "geografia da sala de audiências", deslocando o assento do promotor para o local reservado às partes. O fundamento de tal postura embasava-se no receio de que a proximidade do juiz com o promotor, quando este atuasse na qualidade de *dominus litis*, retiraria a aparência de imparcialidade do magistrado no imaginário social, permitindo que o jurisdicionado, divisando na sala de audiências o magistrado próximo do promotor, deixasse de acreditar na sua isenção. A matéria desafiou dois mandados de segurança, distribuídos a Câmaras criminais diversas do TJ, onde decisões antagônicas foram

---

[86] Superior Tribunal de Justiça – 1ª Turma – RMS 6.887/RO – Rel. Min. Garcia Vieira, em 07.11.97.
[87] Superior Tribunal de Justiça – 5ª Turma – RHC 13.720/SP – Rel. Min. Gilson Dipp, em 08.09.2003.

proferidas.[88] Foi interposto então recurso ao Superior Tribunal de Justiça, sendo concedida a medida liminar pleiteada pelo Parquet.[89] Tendo sido examinado o feito principal (Recurso Ordinário em Mandado de Segurança nº 19.891/RJ, em 26/06/2007), com o provimento parcial em favor do Ministério Público, restou prejudicada a medida cautelar.

Posteriormente três decisões do STJ reafirmaram o entendimento já fixado por aquela Corte:

"Recurso ordinário em mandado de segurança. Prerrogativa funcional do ministério público. Plenário do tribunal do júri. Assento à direita do juiz. Art. 41, inciso xi, da lei nº 8.625/93 e art. 82 da lei complementar estadual nº 106/2003. I – Não há que se falar em violação ao princípio constitucional da reserva de plenário (art. 97 da Lex Fundamentalis) se, nem ao menos implicitamente, foi declarada a inconstitucionalidade de qualquer lei. II – "Toda a legislação de regência assegura aos membros do Ministério Público a prerrogativa de, no exercício de suas funções, tomar assento à direita dos Juízes, Desembargadores e Ministros, prerrogativa esta reconhecida em decorrência das relevantes funções por eles desempenhadas" (RMS 6.887/RO, 1ª Turma, Rel. Min. Garcia Vieira, DJU de 15/12/97).Recurso ordinário parcialmente provido.(RMS 19.981 / RJ, Rel. Min. Felix Fischer, Quinta Turma, j. em 26.06.2007, DJ em 03.09.2007); processual civil. Medida cautelar. Efeito suspensivo a recurso ordinário em mandado de segurança. Prerrogativa do ministério público. Assento à direita do magistrado. Ausência de fumus boni iuris. Liminar indeferida.

1. "A prerrogativa de os membros do Ministério Público tomarem assento à direita dos Juízes de primeira instância ou do Presidente do Tribunal, Câmara ou Turma decorre da própria legislação de regência (art. 41, XI, da Lei 8.625/93), a qual leva em conta a importância das funções desempenhadas pela instituição (arts. 127, caput; e 129, da Constituição Federal), inexistindo qualquer ofensa à igualdade entre as partes" (RHC 13720/SP, Min. Relator: Gilson Dipp, DJ 06.10.2003). 2. Não evidenciado o requisito do fumus boni iuris, há de ser indeferida a medida liminar tendente a agregar efeito suspensivo a recurso desprovido de tal eficácia. 3. Agravo regimental improvido. (AgRg na MC 12417 / SP, Rel.

---

88 MS 2004.078.00039 – 8ª Câmara Cr. – Rel. Des. Flavio Magalhães – Concessão unânime da ordem.

MS 2004.078.00035 – 7ª Câmara Cr. – Rel. Des. Eduardo Mayr – Denegação da ordem, por maioria.

89 Superior Tribunal de Justiça – Medida Cautelar 009452 – Min. Sávio de Figueiredo Teixeira – 01.02.2005.

Min. João Otávio de Noronha, Segunda Turma, j. em 17.04.2007, DJ em 20.06.2007); e "recurso ordinário em mandado de segurança. Prerrogativa funcional do ministério público. Assento à direita do magistrado. Art. 41, inciso xi, da lei nº 8.625/93. Art. 18, inciso i, alínea "a", da lei complementar 75/93. 1. O Ministério Público é instituição permanente, essencial à função jurisdicional do Estado, incumbindo-lhe a defesa da ordem jurídica, do regime democrático e dos interesses sociais e individuais indisponíveis, conforme estabelece o art. 127 da Constituição Federal. Dessa forma, em razão da sua relevância para o Estado Democrático de Direito, essa instituição possui prerrogativas e garantias para que possa exercer livremente suas atribuições. 2. O artigo 41, inciso XI, da Lei Orgânica do Ministério Público (Lei nº 8.625/93), ao estabelecer como prerrogativa institucional dos membros do Ministério Público dos Estados o assento imediatamente à direita dos juízes de primeira instância ou do Presidente do Tribunal, Câmara ou Turma, não cria qualquer ilegalidade ou desigualdade entre as partes. 3. Tomar assento em salas de audiência e sessões de julgamento em posição imediatamente à direita do magistrado, independentemente de atuar como parte ou fiscal da lei, é prerrogativa institucional do MP, não podendo se falar em privilégio ou quebra da igualdade entre os litigantes, uma vez que tal garantia é proveniente da lei, não configurando qualquer tipo de desigualdade. Precedentes: RMS 19.981/RJ, Rel. Ministro FELIX FISCHER, QUINTA TURMA, julgado em 26/06/2007, DJ 03/09/2007, p. 191; AgRg na MC 12.417/SP, Rel. Ministro JOÃO OTÁVIO DE NORONHA, SEGUNDA TURMA, julgado em 17/04/2007, DJ 20/06/2007, p. 226; RHC 13.720/SP, Rel. Ministro GILSON DIPP, QUINTA TURMA, julgado em 09/09/2003, DJ 06/10/2003, p. 285; RMS 6.887/RO, Rel. Ministro GARCIA VIEIRA, PRIMEIRA TURMA, julgado em 07/11/1997, DJ 15/12/1997, p. 66.213. 4. No mesmo sentido, a Lei Complementar nº 75/93, que dispõe sobre a organização, as atribuições e o estatuto do Ministério Público da União, explicita que é prerrogativa institucional do membro do MPU sentar-se no mesmo plano e imediatamente à direita dos juízes singulares ou presidentes dos órgãos judiciários perante os quais oficiem (art. 18, inciso i, alínea "a"). 5. Recurso ordinário não provido. (RMS 23.919/SP, Rel. Ministro MAURO CAMPBELL MARQUES, SEGUNDA TURMA, julgado em 05/09/2013, DJe 11/09/2013)".

A matéria já chegou ao STF, através da ADIn 3.962, em que a Associação Nacional dos Magistrados da Justiça do Trabalho – ANAMATRA, ajuizou em face do artigo 18, I, alínea *a*, da LC 75/93[90] e o

---
90 "Art. 18. São prerrogativas dos membros do Ministério Público da União: i – institucionais: a) sentar-se no mesmo plano e imediatamente à direita dos juízes singulares

artigo 1º da Resolução nº 007/2005, do Conselho Superior da Justiça do Trabalho.[91] Os argumentos utilizados, de forma geral, afirmam que tais normas implicam uma criação de um privilégio injustificado para o Parquet, comprometendo a igualdade das partes e o equilíbrio processual. O Tribunal Pleno, de forma unânime, votou pela improcedência da ação por dois motivos. Primeiro porque a ANAMATRA carece de legitimidade ativa porque só possui legitimidade para instaurar processo de controle objetivo de inconstitucionalidade quanto o ato normativo envolver direitos, deveres ou prerrogativas dos magistrados da Justiça do Trabalho (âmbito limitado quando comparado com o que essa ADI pretende atacar). O segundo motivo é que a Associação não conseguiu demonstrar que a organização geográfica das partes (aspecto essencialmente simbólico) afeta a isonomia entre os sujeitos do processo. Para finalizar, ressalve-se que, acerca do assunto, analisando a hipótese sob o prisma constitucional, o Professor Lênio Streck escreveu artigo primoroso sobre o tema, sustentando a constitucionalidade da prerrogativa.[92] Foram admitidos como *amicus curiae* a CONAMP; a ANPR; a ANPT; a ANMPM; a AMPDFT e a OAB.

Finalmente, na ADI 4768, em que a OAB postula também pela inconstitucionalidade do assento à direita, a relatora, Ministra Carmen Lucia, em 22/06/2020, votou no plenário virtual[93], pela improcedência do pedido, tendo sido o processo retirado de pauta a pedido do Min. Edson Facchin. Na hipótese, a OAB pede interpretação conforme aos dispositivos da LC 75/93 e LONMP para que a prerrogativa seja concedida somente quando o MP atuar como "*custos legis*" mas não como parte autora. Confira-se o voto proferido

> "(...)15. Essa impossibilidade de apartar completamente as funções de parte processual e de fiscal da lei desempenhadas pelo Ministério Público também demonstra a ausência de fundamento válido a autorizar

---

ou presidentes dos órgãos judiciários perante os quais oficiem".
91 "Art. 1º A prerrogativa do assento à direita e no mesmo plano do Magistrado, prevista na alínea "a", do inciso I, do art. 18, da Lei Orgânica do Ministério Público da União, é assegurada a todos os membros do Ministério Público do Trabalho que oficiarem como "custos legis" ou como parte nos Órgãos da Justiça do Trabalho".
92 Artigo disponível no endereço eletrônico <www.femperj.org.br>.
93 https://www.migalhas.com.br/quentes/329887/para-carmen-lucia--prerrogativa-de-assento-do-mp-ao-lado-de-juizes-nao-viola-isonomia. Consulta em 07/08/2021

o acolhimento da pretensão do autor de conferir aos dispositivos legais impugnados interpretação conforme para restringir a prerrogativa em exame apenas aos casos em que a atuação seja tomada como custos legis. 16. Pelo exposto, julgo improcedente a ação direta de inconstitucionalidade".

4. Deveres e Vedações

Os deveres e vedações dos membros do Ministério Público encontram-se elencados nos artigos 43 e 44 da LONMP.[94]

Com efeito, inclui-se neste rol manter ilibada conduta pública e particular; zelar por suas prerrogativas, pela dignidade de suas funções, pelo respeito aos membros da Instituição e pelo prestígio da Justiça; indicar os fundamentos jurídicos de seus pronunciamentos processuais, elaborando relatório em sua manifestação final ou recursal; obedecer aos prazos processuais; atender ao expediente forense e assistir aos atos judiciais, quando obrigatória ou conveniente sua presença; desempenhar com zelo e presteza suas funções; declarar-se suspeito ou impedido, nos termos da lei; adotar, nos limites de suas atribuições, as providências cabíveis em face de irregularidade de que tenha conhecimento ou que ocorra nos serviços a seu cargo; tratar com urbanidade os magistrados, advogados, partes, testemunhas, funcionários e auxiliares da justiça; residir, se titular, na Comarca ou Região correspondente à sua lotação, observado o disposto em Resolução do Procurador-Geral de Justiça; prestar informações solicitadas pelos órgãos da Instituição; identificar-se em suas manifestações funcionais; atender às autoridades e aos interessados, a qualquer momento, nos casos e situações urgentes, mantendo-se permanentemente disponível para o cumprimento da missão social a que se destinam seu cargo e sua função; atender às convocações e determinações de caráter administrativo e de ordem geral emanadas dos Órgãos da Administração Superior do Ministério Público.

Deve também o membro da Instituição comparecer pontualmente à hora de iniciar-se o expediente, a audiência ou a sessão, e não se ausentar injustificadamente antes de seu término. Ressalve-se que o membro do Parquet não está sujeito a ponto, mas o Procurador-Geral poderá estabelecer normas para comprovação do comparecimento, quando necessário.

---

94 No Ministério Público do Estado do Rio de Janeiro a matéria está prevista nos artigos 118 a 120 da Lei Orgânica do Parquet Estadual – LC 106/2003.

Registre-se, contudo, que, de acordo com o Enunciado nº 11/2009 da Assessoria de Assuntos Institucionais do MPRJ, os membros do Ministério Público não estão obrigados a comparecerem aos atos presididos por conciliadores ou juízes leigos, visto serem estes auxiliares da Justiça que estão subordinados às normas legais dos serventuários do Poder Judiciário.

Além das vedações decorrentes do exercício de cargo público, aos membros do Ministério Público é, ainda, vedado especialmente valer-se de sua condição funcional para desempenhar atividade estranha às suas atribuições ou para lograr vantagem de qualquer natureza, que não decorra de previsão legal ou ausentar-se do País sem autorização do Procurador-Geral de Justiça, salvo nos casos de férias e licenças.

4.1. Residência na Comarca

Um dos deveres de índole constitucional para o membro do Ministério Público é o da residência na comarca, previsto no artigo 129, § 2º, da CF. Neste aspecto, o constituinte reformador, através da EC 45/2004, abrandou a norma constitucional originária, taxativa neste aspecto. Agora, mediante expressa autorização do Procurador-Geral, poderá o promotor de justiça fixar residência em local diverso de onde estiver em exercício. Tal inovação também foi estendida aos magistrados (art. 93, VII, da CF) e visa atender ao interesse público, e não à comodidade do agente político. Com efeito, a residência na comarca facilita o acesso da sociedade à Justiça, dando efetividade imediata às decisões tomadas pelo Juiz e pelo Promotor de Justiça.[95] Entretanto, forçoso reconhecer que em alguns casos, é difícil conseguir acomodações dignas e seguras para tais agentes públicos, circunstância que pode permitir a partir da reforma, autorização expressa do chefe da Instituição para a residência em local diverso.

Assim, parcialmente derrogado o dispositivo da LONMP (art. 43, X) que versava sobre o mesmo assunto, valendo ressalvar que a Lei Orgânica fluminense (LC 106/2003, art. 118, X), de forma pioneira, já tentava abrandar a exigência do constituinte originário, permitindo que o promotor residisse na região correspondente ao seu órgão de execução, mediante ato do Procurador-Geral de Justiça. Cabe ressalvar que a lei

---

95 Nesse sentido, artigo publicado por Cristiano Chaves de Farias (*A função social do Promotor de Justiça e a necessidade de residir na Comarca*) na Revista do Ministério Público do Estado do Rio de Janeiro, RJ, (9), 1999, pp. 57-60.

não pode vedar ao membro do Ministério Público que se ausente da comarca sem autorização da chefia, conforme já decidiu o plenário do STF na ADIN 3.053-PA, em 11.11.2004, sendo relator o Min. Sepúlveda Pertence.

4.1.1. A Resolução nº 26 do CNMP (Alterada até a Res. CNMP 211/2020)

Em de dezembro de 2007, o CNMP editou a Resolução nº 26, que disciplina a exigência constitucional de residência na Comarca pelos membros do Ministério Público. O texto explicita a obrigatoriedade de o membro do MP morar na Comarca ou na localidade onde exerce a titularidade de seu cargo, inclusive nos finais de semana. Segundo a norma, este dever funcional somente pode ser flexibilizado por autorização do Procurador-Geral, através de ato motivado, e em caráter excepcional. Além disso, é necessário cumprir alguns requisitos previstos no Artigo 2º da Resolução.[96]

A residência fora da Comarca, sem a devida autorização, caracterizará infração funcional, sujeitando o infrator a processo administrativo disciplinar, conforme a respectiva Lei Orgânica. Interessante ressaltar que a Res. CNMP 211/2020, acresceu § 3º ao Artigo 1º do ato normativo em questão, e considerou cumprida a exigência constitucional com a residência do membro em município que pertença à mesma região metropolitana ou aglomeração urbana onde está localizada a sede da Procuradoria ou Promotoria.

5. Suspeições e Impedimentos

Nosso ordenamento jurídico, de forma esparsa, prevê uma série de dispositivos acerca dos impedimentos, incompatibilidades e causas de suspeição dos membros do Parquet no exercício funcional. Assim, os artigos 144 e 145 do CPC, que tratam das causas de suspeição e impedimento dos Juízes são plenamente aplicáveis aos membros do Parquet, por força de expressa disposição do Artigo 148, I do mesmo diploma

---

96 Art 2º (...) § 3º (...) I – *apresentar o interessado requerimento dirigido ao Procurador-Geral devidamente fundamentado; II – estar em conformidade com a distância máxima entre a sede da Comarca ou localidade onde exerce sua titularidade e a sede da Comarca ou localidade onde pretende fixar residência, definida em ato do Procurador-Geral, previsto nesta Resolução, de modo a oportunizar o pronto deslocamento à sede de sua Comarca para atendimento de situações emergenciais, urgentes e necessárias; III – estar regular o serviço, inclusive quanto à disponibilidade para o atendimento ao público, às partes e à comunidade, atestada pela Corregedoria-Geral do Ministério Público. IV – estar vitaliciado".*

legal. Da mesma forma, os artigos 104, 252 e 258 do Código de Processo Penal; e o artigo 43, VII, da LONMP.[97] As leis do processo estendem aos membros do Ministério Público, a quem se impõem os deveres da imparcialidade e objetividade, as causas e os motivos de impedimento e de suspeição do magistrado.

Na hipótese de suspeição por motivo de foro íntimo, o integrante do Parquet deverá comunicar tal circunstância ao Procurador-Geral de Justiça, em expediente reservado, que poderá, como medida compensatória, designá-lo para atuar em procedimentos de atribuição do órgão tabelar, havendo expressa concordância deste, sem direito à percepção de qualquer vantagem correlata. A respeito do assunto, foi editada pelo chefe da Instituição, a Resolução 1.176, de 12.11.2003.

Cumpre ressaltar que, segundo o enunciado nº 22 da Assessoria de Assuntos Institucionais do Ministério Público do Rio de Janeiro, o impedimento ou a suspeição do titular de determinado órgão de execução transfere a atribuição ao seu substituto legal, e não ao Promotor de Justiça que transitoriamente o esteja auxiliando.[98]

5.1. Pode o magistrado, *ex officio*, declarar a suspeição do membro do Parquet?

Questão controvertida versa sobre a possibilidade de o magistrado, de ofício, declarar a suspeição do membro do Parquet. Analisando a questão, já decidiu o TJ/RJ:

> *Reclamação – suspeição declarada de ofício – Ministério Público. A suspeição, quando não declarada espontaneamente, deve ser provocada pelo ex adversus, em se tratando de parte na relação processual. Assim, inadmissível a declaração, ex officio, de suspeição de parte no processo. Acórdão. Vistos, relatados e discutidos estes autos de Reclamação 457, da Comarca da Capital, em que é Reclamante o Dr..., promotor de Justiça junto ao I Tribunal do Júri, e Reclamado o Dr..., Juiz de direito em exercício no mesmo Tribunal: Acordam os componentes da Segunda Câmara Criminal do Tribunal de Justiça do Estado do Rio de Janeiro, em conhecer da reclamação e julgá-la procedente para cassar o despacho que conclui pela suspeição do reclamante, nos termos do voto Relator. Custas ex lege.*[99]

---

97 No Ministério Público do Estado do Rio de Janeiro a matéria está prevista nos artigos 121 a 124 da Lei Orgânica do Parquet Estadual – LC 106/2003.
98 Publicado no DOERJ em 22.01.2010.
99 Recl. 45. TJ/RJ. Rel. Des. Jovino Machado Jordão, julgado em 30.06.1980. RF

5.2. O art. 104 do CPP e o afastamento do membro do Parquet pelo róprio magistrado

Outra questão relevante acerca do tema versa sobre o procedimento a ser utilizado na hipótese de exceção de suspeição contra o membro do Parquet, aduzida em sede processual penal.

Com efeito, dispõe o artigo 104 do CPP que, *"Se for arguida a suspeição do órgão do Ministério Público, o juiz, depois de ouvi-lo, decidirá, sem recurso, podendo antes admitir a produção de provas no prazo de três dias"*. A leitura atenta do dispositivo encetaria a conclusão de que o magistrado poderia, por ato isolado e com eventual produção de prova, afastar do processo o representante do Parquet, sem qualquer recurso. Há corrente doutrinária, com a qual comungamos, que sustenta ter sido o artigo 104 do CPP revogado, por força do Princípio do Promotor Natural e da garantia da inamovibilidade, eis que o afastamento do promotor da causa, por decisão isolada do magistrado, corresponderia à remoção compulsória do mesmo, sem a observância do procedimento previsto na Carta Magna. (BARRETO JÚNIOR, 1996, pp. 155-157). Assim, aplicando-se a analogia, a exceção de suspeição deveria ser oposta não em sede judicial, mas perante o Conselho Superior do Ministério Público, órgão colegiado competente para apreciar a eventual violação da garantia de inamovibilidade.[100]

Tal entendimento, entretanto, não encontra respaldo em decisões judiciais, sendo certo que o STJ já decidiu: *"A arguição de suspeição do membro do Ministério Público de primeiro grau deve ser processada e julgada em Primeira Instância, pelo Juízo do feito, não cabendo recurso contra a decisão proferida, conforme dispõe o artigo 104 do CPP"* (RJDTA-CRIM 4/252). Na mesma linha o STF, no informativo 65/97 (Reclamação 631, sendo relator o Ministro Octávio Gallotti), admitindo a hipótese de cabimento, em tese, de recurso extraordinário contra a decisão monocrática, ao argumento da inexistência de recurso ordinário a impugnar o provimento judicial que acolhia a suspeição do membro do Parquet.

279:336.
100 No sentido aqui exposto, o Conselho Superior do Ministério Público do Rio de Janeiro, por unanimidade, em sessão realizada em 27 de março de 2006, nos autos do Proc. 2006.001.13672.00, declarou-se competente para apreciar exceção de impedimento de Promotor de Justiça, oposta pela defesa de réu em processo criminal, com fundamento no artigo 128, § 5º, I, "b", da CF, c/c art. 15, VIII, da Lei 8.625/93 e artigo 22, V, da Lei Complementar Estadual nº 106/03, adotando as razões do autor.

6. Regime Disciplinar: Órgãos Correcionais, Processo Disciplinar e Sanções

Pelo exercício irregular de suas funções, o membro do Ministério Público responde penal, civil, política e administrativamente, sendo sua atividade funcional sujeita a inspeção permanente pelos órgãos competentes da Instituição (Corregedoria-Geral, Procuradores de Justiça e Órgão Especial do Colégio de Procuradores de Justiça). No Estado do Rio de Janeiro a responsabilidade funcional dos membros do Parquet fluminense está prevista nos artigos 125 e 126 da LC 106/03.

A responsabilidade penal dos membros do Ministério Público, como já visto, apura-se em investigação promovida exclusivamente pelo Procurador-Geral de Justiça, sendo certo que eventual ação penal será deflagrada perante o Tribunal de Justiça do Estado a que estiver vinculado funcionalmente o membro do Parquet, conforme previsto no artigo 96, III, da Carta Magna e artigo 41, IV, da LONMP.

A responsabilidade administrativa do membro do Ministério Público apurar-se-á sempre através de procedimento disciplinar instaurado pela Corregedoria-Geral do Ministério Público, conforme previsto no artigo 17, inciso V, da LONMP. Ressalve-se, por oportuno que, no MPRJ, até 2019 o processo disciplinar contra Procurador de Justiça deveria ser instaurado após autorização do Órgão Especial do Colégio de Procuradores de Justiça, por força da redação original da LC 106/2003, art. 19, V. Entretanto, este dispositivo foi suprimido, pela LC 189/2019, sendo certo que, atualmente, a Corregedoria geral pode instaurar procedimentos administrativos contra todos os integrantes da classe.

A responsabilidade política do membro do Ministério Público veio regulamentada pela Lei 1.079/50, diploma parcialmente recepcionado pela Constituição Federal de 1988. Trata-se de uma infração político-administrativa cujo processo de responsabilização política pode ser deflagrado por qualquer pessoa, sendo certo que a autoria infracional veio expressamente delimitada nos artigos 40 e 40-A da referida lei:[101]

---

101 *"Art. 40 – São crimes de responsabilidade do Procurador-Geral da República: 1 – emitir parecer, quando, por lei, seja suspeito na causa; 2 – recusar-se à prática de ato que lhe incumba; 3 – ser patentemente desidioso no cumprimento de suas atribuições;4 – proceder de modo incompatível com a dignidade e o decoro do cargo. Art. 40-A – Constituem, também, crimes de responsabilidade do Procurador-Geral da República, ou de seu substituto quando no exercício da chefia do Ministério Público da União, as condutas previstas no art. 10 desta Lei, quando por eles ordenadas ou praticadas. Parágrafo único. O disposto neste artigo aplica-se: I – ao Advogado-*

Ressalve-se que o artigo 40, *caput*, e artigo 41, *caput* e parágrafo único, inciso II, restringem a autoria dos crimes de responsabilidade aos agentes políticos ministeriais nela indicados de forma taxativa.

No que concerne a responsabilidade civil, o membro do Ministério Público será civilmente responsável somente quando, no exercício de suas funções, proceder com dolo ou fraude. Tal assertiva encontra amparo no artigo 181 do CPC que regula a matéria.[102]

Ocorre que a Carta Magna, ao disciplinar a responsabilidade do Estado, em seu artigo 37, § 6º, assim dispõe: *Art. 37 (...) § 6º As pessoas jurídicas de direito público e as de direito privado prestadoras de serviços públicos responderão pelos danos que seus agentes, nessa qualidade, causarem a terceiros, assegurado o direito de regresso contra o responsável no caso de dolo e culpa.*

A leitura da Carta Magna permite-nos entender que a responsabilidade do agente público perfaz-se por dolo ou culpa (o Estado indeniza e depois busca se ressarcir, denunciando a lide, ou através de ação própria). Esse dispositivo, entretanto, é inaplicável ao membro do Ministério Púbico que está, conforme preceituado no artigo 38, *caput*, da LONMP, sujeito a regime jurídico especial. Em nosso entendimento, o art. 37, § 6º, da CF destina-se ao agente público e não ao agente político. O membro do Ministério Público, assim como o magistrado e o legislador, é agente político e, portanto, possui regime jurídico especial. Observa-se pela leitura dos dispositivos (CF, art. 37, § 6º; CPC, art. 85) que restou afastada a possibilidade de se responsabilizar o membro do Parquet por mera culpa. Fez menção o legislador ao dolo ou fraude como requisitos indispensáveis à responsabilização. Tornou-se necessária a má-fé, consciente e com vontade de provocar prejuízo a terceiro. Como já decidiu o STJ: *"Assim, não ficou demonstrada a prática pelos réus de conduta capaz de denegrir a imagem do PFL, pois atuaram licitamente no exercício de suas funções como Procuradores da República, o que não se discute nos presentes autos, e fora dos autos, <u>não há prova de que tenham agido com a intenção de prejudicar a imagem do partido</u>. É*

-Geral da União; II – *aos Procuradores-Gerais do Trabalho, Eleitoral e Militar, aos Procuradores-Gerais de Justiça dos Estados e do Distrito Federal, e aos membros do Ministério Público da União e dos Estados, da Advocacia-Geral da União, das Procuradorias dos Estados e do Distrito Federal, quando no exercício de função de chefia das unidades regionais ou locais das respectivas instituições".*

102 Da mesma forma o artigo 125, § 2º, da LC 106/2003 disciplina a responsabilidade civil do membro do Parquet fluminense, nas mesmas hipóteses.

caso, portanto, de indeferimento do pedido".[103] (grifo nosso)

Verificado que o membro do Ministério Público agiu com dolo ou fraude, estará rompido o nexo de encadeamento lógico que deve existir entre o meio utilizado e o interesse público que deve ser atingido, o que se choca com a ideia de função pública e afasta a prerrogativa da inviolabilidade, terminando por sujeitar o agente à responsabilização pelos excessos que tenha praticado.

Com veemência dispõe Antonio Cláudio da Costa Machado:[104]*Em outros termos, a culpa é excluída para que não se comprometa a liberdade e a independência funcionais do órgão do Parquet pela intimidação nela encarnada, homenageando-se, assim, a magnitude do interesse que a instituição defende no processo.*

No mesmo sentido, Hélio Tornaghi:[105] "*Não seria possível expô-los ao risco de ter de ressarcir os danos provenientes de erro, ainda que grosseiro, mas praticado de boa-fé, sem lhes tolher a ação.*" De fato, por mais escorreito que seja o membro do Parquet, sua liberdade de atuar, de exercer corretamente suas funções, estaria, ainda que inconscientemente, tolhida pela absoluta falta de imunidade no seu atuar. No caso de ficar configurada culpa leve ou grave de um dos membros do Ministério Público e o prejuízo pelo seu atuar viciado, pode o órgão ministerial sofrer as sanções disciplinares adequadas à falta cometida pelos meios previstos na legislação pertinente (LC 106/2003, arts. 125; 126).

Em 2017 o CNMP fez um levantamento das sanções disciplinares aplicadas aos membros do MP nos 12 anos de sua história[106]. Verificou-se a aplicação de 189 punições e que cerca de 1,5% dos membros da ativa do Ministério Público foram punidos. A suspensão[107] foi a sanção mais aplicada (56 vezes, o que representa 29,63%), mas também se identificou a censura, demissão/exoneração, cassação de aposentadoria, advertência, disponibilidade compulsória, remoção compulsória, cassação de disponibilidade e aposentadoria compulsória.

---

103 Ministro Carlos Alberto Menezes Direito, Terceira Turma do Superior Tribunal de Justiça.
104 MACHADO, A., *op. cit.*, 1998, p. 568.
105 TORNAGHI, *op. cit.*, 1976, pp. 286-287
106 Levantamento disponível em: <http://www.cnmp.mp.br/portal/images/San%-C3%A7%C3%B5es_Aplicadas_pelo_CNMP_Vers%C3%A3o_Simplificada_e_Padronizada.pdf> Acesso em 30 de julho de 2019.
107 Nessa sanção o membro do Ministério Público é afastado de suas funções por um período determinado (em geral, 90 dias) não recebendo remuneração.

7. Jurisprudência sobre o Tema

7.1. Informativos STF

Informativo nº 900
Prerrogativa de foro e interpretação restritiva – 3

O foro por prerrogativa de função aplica-se apenas aos crimes cometidos durante o exercício do cargo e relacionados às funções desempenhadas. Após o final da instrução processual, com a publicação do despacho de intimação para apresentação de alegações finais, a competência para processar e julgar ações penais não será mais afetada em razão de o agente público vir a ocupar outro cargo ou deixar o cargo que ocupava, qualquer que seja o motivo. Esse é o entendimento do Plenário, ao resolver questão de ordem para determinar a baixa de ação penal ao juízo da zona eleitoral para posterior julgamento, tendo em vista que: a) os crimes imputados ao réu não foram cometidos no cargo de deputado federal ou em razão dele; b) o réu renunciou ao cargo para assumir a função de prefeito; e c) a instrução processual se encerrou perante a 1ª instância, antes do deslocamento de competência para o Supremo Tribunal Federal (STF) (Informativos 867 e 885). Prevaleceu o voto do ministro Roberto Barroso (relator), o qual registrou que a quantidade de pessoas beneficiadas pelo foro e a extensão que se tem dado a ele, a abarcar fatos ocorridos antes de o indivíduo ser investido no cargo beneficiado pelo foro por prerrogativa de função ou atos praticados sem qualquer conexão com o exercício do mandato que se deseja proteger, têm resultado em múltiplas disfuncionalidades. A primeira delas é atribuir ao STF uma competência para a qual ele não é vocacionado. Nenhuma corte constitucional no mundo tem a quantidade de processos de competência originária, em matéria penal, como tem a do Brasil. E, evidentemente, na medida em que desempenha esse papel de jurisdição penal de primeiro grau, o STF se afasta da sua missão primordial de guardião da Constituição e de equacionamento das grandes questões nacionais. O procedimento no Supremo é muito mais complexo do que no juízo de primeiro grau, por essa razão leva-se muito mais tempo para apreciar a denúncia, processar e julgar a ação penal. Consequentemente, é comum a ocorrência de prescrição, o que nem sempre acontece por responsabilidade do Tribunal, mas por conta do próprio sistema. Portanto, o mau funcionamento do sistema traz, além de impunidade, desprestígio para o STF. Como consequência, perde o Direito Penal o seu principal papel, qual seja, o de atuar como prevenção geral. O relator frisou que a situação atual revela a necessidade de mutação constitucional. Isso ocorre quando a corte constitucional muda um entendimento consolidado, não porque o anterior fosse propriamente errado, mas porque: a) a realidade fática mudou; b) a percepção social do Direito mudou; ou c) as consequências práticas de uma orientação jurisprudencial se revelaram negativas. As três hipóteses que justificam a alteração de uma linha de interpretação constitucional estão presentes na hipótese dos autos. A nova interpretação prestigia os princípios da igualdade e republicano, além de assegurar às pessoas o desempenho de mandato livre de interferências, que é o fim pretendido pela norma constitucional. Ademais, viola o princípio da igualdade proteger, com foro de prerrogativa, o agente público por atos praticados sem relação com a função para a qual se quer resguardar sua independência, o que constitui a atribuição de um privilégio. Além disso, o princípio republicano tem como uma das suas dimensões mais importantes a possibilidade de responsabilização dos agentes públicos. A prescrição, o excessivo retardamento e a impunidade, que resultam do modelo de foro por prerrogativa de função, não se amoldam ao referido princípio. A Corte registrou que essa nova linha interpretativa deve ser aplicada imediatamente aos processos em curso, com a ressalva de todos os atos praticados e decisões proferidas pelo STF e pelos demais juízos com base na jurisprudência anterior, conforme precedente firmado no Inq. 687 QO/SP (DJU de 25.8.1999). Vencidos, em parte, os ministros Alexandre de Moraes e Ricardo Lewandowski, apenas quanto à restrição do foro aos crimes cometidos durante o exercício do cargo e relacionados às funções desempenhadas. Ambos consideraram que a expressão "nas infrações penais comuns", prevista no art. 102, I, "b", da Constituição Federal, alcança todos os tipos de infrações penais, ligadas ou não ao exercício do mandato. Vencido, em parte, o ministro Marco Aurélio, tão somente quanto à prorrogação da competência para processar e julgar ações penais após a publicação do despacho de intimação para apresentação de alegações finais. Vencido, em parte, o ministro Dias Toffoli, que, em voto reajustado, resolveu a questão de ordem no sentido de: a) fixar a competência do STF para processar e julgar os membros do Congresso Nacional exclusivamente quanto aos crimes praticados após a diplomação, independentemente de sua relação ou não com a função pública em questão; b) fixar a competência por prerrogativa de foro, prevista na Constituição Federal, quanto aos demais cargos, exclusivamente quanto aos crimes praticados após a diplomação ou a nomeação (conforme o caso), independentemente de sua relação ou não com a função pública em questão; c) serem inaplicáveis as regras constitucionais de prerrogativa de foro quanto aos crimes praticados anteriormente à diplomação ou à nomeação (conforme o caso), hipótese em que os processos deverão ser remetidos ao juízo de primeira instância competente, independentemente da fase em que se encontrem; d) reconhecer a inconstitucionalidade das normas previstas nas Constituições estaduais e na Lei Orgânica do Distrito Federal que contemplem hipóteses de prerrogativa de foro não previstas expressamente na Constituição Federal, vedada a invocação de simetria; e) estabelecer, quando aplicável a competência por prerrogativa de foro, que a renúncia ou a cessação, por qualquer outro motivo, da função pública que atraia a causa penal ao foro especial, após o encerramento da fase do art. 10 da Lei 8.038/1990, com a determinação de abertura de vista às partes para alegações finais, não altera a competência para o julgamento da ação penal. Por fim, vencido, também parcialmente, o ministro Gilmar Mendes, que assentou que a prerrogativa de foro alcança todos os delitos imputados ao destinatário da prerrogativa, desde que durante a investidura, sendo desnecessária a ligação com o ofício. Ao final, propôs o início de procedimento para a adoção de Enunciado da Súmula Vinculante em que restasse assentada a inconstitucionalidade de normas de Constituições Estaduais que disponham sobre a competência do Tribunal de Justiça para julgar autoridades sem cargo similar contemplado pela Constituição Federal e a declaração incidental de inconstitucionalidade dos incisos II e VII do art. 22 da Lei 13.502/2017; dos incisos II e III e parágrafo único do art. 33 da Lei Complementar 35/1979; dos artigos 40, III, V, e 41, II, parágrafo único, da Lei 8.625/1993; e do art. 18, II, "d", "e", "f", parágrafo único, da Lei Complementar 75/1993. AP 937 QO/RJ, rel. Min. Roberto Barroso, julgamento em 2 e 3.5.2018.

Informativo nº 817
Exercício do cargo de Ministro de Estado por membro do Ministério Público e vedações constitucionais – 1

Membros do Ministério Público não podem ocupar cargos públicos, fora do âmbito da instituição, salvo cargo de professor e funções de magistério. Com base nesse entendimento, o Plenário julgou parcialmente procedente o pedido formulado em arguição de descumprimento de preceito fundamental para declarar a inconstitucionalidade da Resolução 72/2011, do CNMP, e determinar a exoneração dos ocupantes de cargos em desconformidade com a interpretação fixada, no prazo de até 20 dias após a publicação da ata do julgamento. No caso, o descumprimento de preceitos fundamentais teria ocorrido por atos normativos e atos concretos. No plano normativo, por ato do CNMP, que derrogara resolução que tratava das vedações ao exercício de cargo ou função pública por membro do Ministério Público. No plano concreto, por atos de nomeação de membros do Ministério Público para ocupar cargos fora da instituição e, em especial, a nomeação de procurador de justiça para o cargo de Ministro de Estado da Justiça. Inicialmente, o Tribunal, por maioria, conheceu da arguição. O pedido estaria ancorado em suposta violação a preceitos fundamentais da independência dos Poderes (CF, art. 2º e art. 60, § 4º, III) e da independência funcional do Ministério Público (CF, art. 127, § 1º) consubstanciados na vedação aos promotores e procuradores de exercerem "qualquer outra função pública, salvo uma de magistério" (CF, art. 128, § 5º, II, "d"). Além disso, tendo em vista o caráter acentuadamente objetivo da arguição de descumprimento de preceito fundamental, o juízo de subsidiariedade levaria em conta, especialmente, os demais processos objetivos já consolidados no sistema constitucional. Assim, ante a inexistência de processo de índole objetiva apto a solver, de uma vez por todas, a controvérsia constitucional, não haveria como deixar de reconhecer a admissibilidade da arguição de descumprimento de preceito fundamental. Isso porque as ações originárias e o recurso extraordinário não seriam capazes de resolver a controvérsia constitucional de forma geral, definitiva e imediata. Vencido o Ministro Marco Aurélio, que não conhecia da ação e indeferia a medida cautelar. Assinalava que haveria meio próprio para afastar do cenário jurídico a designação de procurador de justiça para figurar como Ministro de Estado. Na espécie, já se teria ajuizado ação popular para esse fim. Da mesma forma, seria cabível ação direta de inconstitucionalidade para atacar a resolução do CNMP. Vencido, em menor extensão, o Ministro Edson Fachin, que não conhecia da arguição de preceito fundamental quanto ao pedido de declaração de inconstitucionalidade da mencionada resolução, diante do não atendimento do princípio da subsidiariedade. ADPF 388/DF, rel. Min. Gilmar Mendes, 9.3.2016.

Exercício do cargo de Ministro de Estado por membro do Ministério Público e vedações constitucionais – 2

Em seguida, a Corte resolveu superar a análise do pedido de medida liminar e apreciou diretamente o mérito da ação. Entendeu que a autorização criada pela Resolução 72/2011 seria flagrantemente inconstitucional. A Constituição vedara aos promotores e procuradores o exercício de "qualquer outra função pública, salvo uma de magistério" (art. 128, § 5º, II, "d"). Observou que o constituinte enfatizara que a vedação não seria simplesmente ao exercício de "outra função pública", mas ao exercício de "qualquer outra função pública", regra cuja única exceção seria a de magistério. Sublinhou que o art. 129, IX, da CF não deveria ser lido como uma espécie de cláusula de exceção. Esse dispositivo seria o inciso final da lista de funções institucionais do Parquet enumerada no texto constitucional. De acordo com sua redação, competiria ao Ministério Público "exercer outras funções que lhe forem conferidas, desde que compatíveis com sua finalidade, sendo-lhe vedada a representação judicial e a consultoria jurídica de entidades públicas". Essa disposição seria relativa às funções da instituição Ministério Público e não aos seus membros. Norma com dupla função. Uma primeira, de abertura do rol das atribuições ministeriais, que explicitaria que a lista do art. 129 seria *"numerus apertus"*, de modo que poderia ser ampliada. Uma segunda, reforçaria a completa separação, inaugurada pela Constituição de 1988, do Ministério Público com a advocacia pública, ao afastar o Parquet de realizar "a representação judicial e a consultoria jurídica de entidades públicas". O entendimento de que a vedação seria quanto ao exercício concomitante de funções de promotor e outras funções fora da instituição não passaria pela leitura do texto constitucional. A vedação ao exercício de outra função pública vigeria "ainda que em disponibilidade". Ou seja, enquanto não rompido o vínculo com a instituição. Ao exercer cargo no Poder Executivo, o membro do Ministério Público passaria a atuar como subordinado ao chefe da Administração. Isso fragilizaria a instituição Ministério Público, que poderia ser potencial alvo de captação por interesses políticos e de submissão dos interesses institucionais a projetos pessoais de seus próprios membros. Por outro lado, a independência em relação aos demais ramos da Administração Pública seria uma garantia dos membros do Ministério Público, que poderiam exercer suas funções de fiscalização do exercício do Poder Público sem receio de reveses. O CNMP adotara orientação afrontosa à Constituição e à jurisprudência do STF. Criara uma exceção à vedação constitucional, que textualmente não admitiria exceções. O Conselho não agira em conformidade com sua missão de interpretar a Constituição. Pelo contrário, se propôs a mudá-la, com base em seus próprios atos. Ressaltou, no entanto, que a forma federativa de Estado (CF, art. 60, § 4º, I) não fora violada pela nomeação de membro de poder de unidade da Federação para ocupar cargo no governo federal. Se fosse viável a ocupação do cargo na Administração Federal, seria ela mediante afastamento do cargo na origem. Assim, esse argumento seria de todo improcedente. Por fim, não se acolheu o pleito de anulação imediata da nomeação do Ministro da Justiça. ADPF 388/DF, rel. Min. Gilmar Mendes, 9.3.2016.

Informativo nº 666
Juízes substitutos e inamovibilidade – 3

Em conclusão, o Plenário, por maioria, concedeu mandado de segurança impetrado por juiz substituto contra ato do CNJ, para anular decisão, que julgara improcedente pedido de providências por ele formulado, sob o fundamento de que o instituto da inamovibilidade (CF, art. 95, II) não alcançaria juízes substitutos, ainda que assegurados pela vitaliciedade. Ademais, também por votação majoritária, invalidou ato da Presidência do Tribunal de Justiça do Estado de Mato Grosso, ao qual vinculado o magistrado, que determinara sua remoção e que resultara no pedido de providências respectivo, mantidos os atos já praticados até a data da anulação. Na espécie, o juiz alegava que, ao ingressar na magistratura estadual, fora lotado em determinada comarca, mas, posteriormente, tivera sua lotação alterada, várias vezes, para comarcas distintas — v. Informativo 614. Asseverou-se que a Constituição, ao tratar de juízes, faria referência às garantias da magistratura, condicionando apenas a vitaliciedade, no primeiro grau, a dois anos de exercício. Dessa forma, a irredutibilidade de subsídio e a inamovibilidade estariam estabelecidas desde o ingresso do magistrado na carreira, ou seja, aplicar-se-iam imediatamente. Em seguida, tendo em conta o que disposto na LOMAN (LC 35/79) quanto à inamovibilidade ("Art. 30 – O Juiz não poderá ser removido ou promovido senão com seu assentimento, manifestado na forma da lei, ressalvado o disposto no art. 45, item I. Art. 31 – Em caso de mudança da sede do Juízo será facultado ao Juiz remover-se para ela ou para Comarca de igual entrância, ou obter a disponibilidade com vencimentos integrais. ... Art. 45 – O Tribunal ou seu órgão especial poderá determinar, por motivo de interesse público, em escrutínio secreto e pelo voto de dois terços de seus membros efetivos: I – a remoção de Juiz de instância inferior;"), reputou-se que a regra seria o juiz que ostentasse o predicamento da inamovibilidade ser removido apenas com seu assentimento, consistindo exceção isso ocorrer quando, por escrutínio secreto, o tribunal ou seu órgão especial assim o determinar por motivo de interesse público. MS 27.958/DF, rel. Min. Ricardo Lewandowski, 17.5.2012.

Juízes substitutos e inamovibilidade – 4

Acrescentou-se que a inamovibilidade seria garantia da magistratura para assegurar independência e imparcialidade do próprio Poder Judiciário. Aduziu-se, por outro lado, ser possível que a substituição fosse exercida por meio de escala sem que se removesse compulsoriamente o magistrado de sua comarca ou vara, de modo que respondesse temporariamente pelo serviço nos casos em que o juiz titular estivesse afastado ou sobrecarregado, nos termos do art. 50, § 1º, do Código de Organização do Estado de Mato Grosso ("Art. 50. Em suas faltas ou impedimentos, os Juízes de Direito serão substituídos, uns pelos outros, segundo escala anual aprovada pelo Conselho da Magistratura. § 1º Cada Juiz terá três substitutos sucessivos"). Em voto-vista, o Min. Ayres Britto, Presidente, registrou a distinção entre inamovibilidade e vitaliciedade. Assim, esta ocorreria após dois anos de exercício no cargo de juiz, a significar que a perda da função se daria apenas por trânsito em julgado de decisão judicial; aquela garantiria a permanência do juiz na unidade judiciária em que formalmente lotado, salvo por motivo de interesse público, reconhecido em decisão da maioria absoluta do respectivo tribunal ou do CNJ. Explicitou que o contraponto ao juiz substituto seria o titular, e não o vitalício. Frisou que o concurso público se faria para cargo de juiz de determinado ramo do Poder Judiciário, e para que ele, juiz substituto, fosse designado para atuar em determinada unidade de competência judicante. A lotação alcançaria, portanto, tanto o titular quanto o substituto. Ressaltou não se confundir nomeação com lotação, visto que esta adstringir-se-ia a certa base físico-judiciária; aquela vincular-se-ia ao cargo. Anotou a possibilidade de alteração da lotação inicial do magistrado substituto por motivo de interesse público, devidamente justificada, sem necessidade de decisão colegiada do tribunal. Ocorre que a decisão plural impenderia somente no caso de remoção, de ofício, de juiz titular. Logo, seria possível que a designação compulsória de substituto se desse por decisão de presidente de tribunal, vice-presidente ou corregedor. A decisão administrativa, entretanto, deveria ser motivada, nos termos do art. 93, X, da CF. Pontuou que essa fundamentação deveria ser limitada pelos princípios do art. 37 da CF, bem como pelo do juiz natural (CF, art. 5º, LIII) e da vedação de tribunal de exceção (CF, art. 5º, XXXVII), a evitar que o substituto se transformasse em juiz itinerante. MS 27.958/DF, rel. Min. Ricardo Lewandowski, 17.5.2012.

Juízes substitutos e inamovibilidade – 5

O Min. Cezar Peluso frisou que a competência desse magistrado em relação ao cargo compreenderia base territorial predefinida, fora da qual ele não seria substituto. O Min. Celso de Mello apontou que esse juiz teria a função de substituir ou de auxiliar, mas ocuparia seu cargo em área territorialmente delimitada. Vencido o Min. Marco Aurélio, que denegava a ordem por considerar que a inamovibilidade não guardaria pertinência com o cargo de juiz substituto, haja vista que o juiz seria assim nomeado para atender às necessidades de substituição. Ressalvava que assentar que o juiz substituto gozaria da prerrogativa inerente à inamovibilidade descaracterizaria o próprio cargo por ele ocupado e que eventual abuso do poder se resolveria em outro campo, sendo que cada Estado-membro poderia ter a própria organização judiciária, a limitar a movimentação do juiz substituto. Ademais, não admitia o mandado de segurança contra o ato do tribunal local. MS 27.958/DF, rel. Min. Ricardo Lewandowski, 17.5.2012.

Informativo nº 581
Mandado de Segurança: Resolução do CNMP e Vedação do Exercício de outra Função Pública – 1

Os membros do Ministério Público, especialmente aqueles que ingressaram na instituição após a promulgação da vigente Constituição, não podem exercer cargos ou funções em órgãos estranhos à organização do Ministério Público, somente podendo titularizá-los, se e quando se tratar de cargos em comissão ou de funções de confiança em órgãos situados na própria estrutura administrativa do Ministério Público. Com base nesse entendimento, o Tribunal indeferiu mandado de segurança impetrado por promotor de justiça contra ato do Presidente do Conselho Nacional do Ministério Público – CNMP, consubstanciado na Resolução 5/2006, que disciplina o exercício de atividade político-partidária e de cargos públicos por membros do Ministério Público. Na espécie, o impetrante, promotor de justiça desde 1994, teria sido convidado, em 30.4.2007, pela então Ministra de Estado do Meio Ambiente, a assumir o cargo de Diretor de Planejamento, Administração e Logística do IBAMA. Preliminarmente, a Corte, por maioria, conheceu do *writ*, na linha do que decidido no MS 26325/DF (DJU de 1º.2.2007) por entender que, em razão de a resolução dirigir expressa proibição aos membros do Parquet, teria efeitos concretos, alcançando, de maneira direta e imediata, a posição jurídica do impetrante. Possuiria, portanto, por si só, força suficiente para impor as vedações nela contidas, tanto que a aceitação do convite feito ao impetrante sofrera a inibição imediata decorrente da incidência das cláusulas proibitivas dela constantes. Vencidos, no ponto, os Ministros Cezar Peluso, Ricardo Lewandowski e Marco Aurélio, que não o conheciam por reputar estar-se tratando de impetração contra lei em tese. MS 26.595/DF, rel. Min. Cármen Lúcia, 7.4.2010.

Mandado de Segurança: Resolução do CNMP e Vedação do Exercício de outra Função Pública – 2

Quanto ao mérito, asseverou-se que a Resolução 5/2006 teria sido editada dentro das prerrogativas constitucionalmente atribuídas ao CNMP e que a proibição do exercício de outras funções por membros do Ministério Público estaria expressamente prevista no art. 128, § 5º, II, d, da CF ("*Art. 128. ... § 5º – Leis complementares da União e dos Estados, cuja iniciativa é facultada aos respectivos Procuradores-Gerais, estabelecerão a organização, as atribuições e o estatuto de cada Ministério Público, observadas, relativamente a seus membros: ... II – as seguintes vedações: ... d) exercer, ainda que em disponibilidade, qualquer outra função pública, salvo uma de magistério; e) exercer atividade político-partidária;*"). Observou-se que haveria, então, apenas duas exceções constitucionais: o exercício de uma função de magistério, prevista no já citado dispositivo constitucional, e a hipótese do art. 29, § 3°, do ADCT, quando o membro do Ministério Público, admitido antes da promulgação da CF/88, tiver feito a opção pelo regime jurídico anterior ("*Art. 29. Enquanto não aprovadas as leis complementares relativas ao Ministério Público e à Advocacia-Geral da União, o Ministério Público Federal, a Procuradoria-Geral da Fazenda Nacional, as Consultorias Jurídicas dos Ministérios, as Procuradorias e Departamentos Jurídicos de autarquias federais com representação própria e os membros das Procuradorias das Universidades fundacionais públicas continuarão a exercer suas atividades na área das respectivas atribuições. ... 3° – Poderá optar pelo regime anterior, no que respeita às garantias e vantagens, o membro do Ministério Público admitido antes da promulgação da Constituição, observando-se, quanto às vedações, a situação jurídica na data desta*".). Acrescentou-se que a inserção da referida vedação nas leis complementares, reguladoras dos Ministérios Públicos dos Estados e da União, não seria facultativa e teria sido repetida pelo art. 44, IV, da Lei Orgânica do Ministério Público Nacional. Concluiu-se que o impetrante, desde 1994, não teria direito de assumir qualquer outro cargo público fora da administração do próprio Ministério Público. Outros precedentes citados: RMS 25500/SP (DJU de 18.11.2005); MS 26.584/DF (DJU de 1°.8.2007). MS 26.595/DF, rel. Min. Cármen Lúcia, 7.4.2010.

Informativo n° 523
HC contra Ato de Membro do MPF e Competência

Compete ao TRF, com fundamento no art. 108, I, a, da CF, processar e julgar, originariamente, habeas corpus contra ato de membro do Ministério Público Federal – MPF com atuação na primeira instância ("Art. 108. Compete aos Tribunais Regionais Federais: I – processar e julgar, originariamente: a) os juízes federais da área de sua jurisdição, incluídos os da Justiça Militar e da Justiça do Trabalho, nos crimes comuns e de responsabilidade, e os membros do Ministério Público da União, ressalvada a competência da Justiça Eleitoral;"). Com base nesse entendimento, a Turma deu provimento a recurso extraordinário em que se questionava a competência para apreciar *writ* impetrado contra ato de Procurador da República que requisitara a instalação de inquérito policial para apurar suposta prática de crime previsto no art. 22 da Lei 7.492/86. RE provido a fim de determinar o retorno dos autos ao TRF da 3ª Região, para processamento e julgamento do *habeas corpus*. RE 377.356/SP, rel. Min. Cezar Peluso, 7.10.2008.

Informativo nº 467

MINISTÉRIO PÚBLICO E EXERCÍCIO DE FUNÇÕES PÚBLICAS

O Tribunal julgou procedente pedido formulado em ação direta proposta pelo Procurador-Geral da República para declarar a inconstitucionalidade dos itens 2 e 3 do § 2º do art. 45 da Lei Complementar 2/90, do Estado de Sergipe, que dispõe sobre a organização do Ministério Público naquela unidade federativa, possibilitando, ao membro da instituição, exercer cargo de Ministro, Secretário de Estado e/ou do Distrito Federal, Secretário de Município da Capital ou chefia de missão diplomática. Entendeu-se caracterizada a ofensa ao art. 128, II, d, da CF, que veda, aos membros do Parquet, o exercício de qualquer outra função pública, ainda que em disponibilidade, salvo uma de magistério. Precedentes citados: ADI 2534 MC/MG (DJU de 23.8.2002) e ADI 2084/SP (DJU de 16.8.2001). ADI 3.574/SE, rel. Min. Ricardo Lewandowski, 16.5.2007.

7.2. Informativos STJ

Informativo nº 649
Governador. Mandatos sucessivos. Prerrogativa de foro. Interpretação restritiva. Art. 105, I, "a", da CF/1988. Contemporaneidade e pertinência temática entre os fatos em apuração e o exercício da função pública. Imprescindibilidade. Incompetência do STJ.

O STJ é incompetente para examinar o recebimento de denúncia por crime supostamente praticado durante mandato anterior de governador, ainda que atualmente ocupe referido cargo por força de nova eleição. A Corte Especial, no julgamento do AgRg na Apn 866/DF e da Questão de Ordem na Apn 857/DF, conferiu nova e restritiva interpretação ao art. 105, I, a, da CF/1988, delimitando a competência penal originária desta Corte exclusivamente ao julgamento dos crimes atribuídos aos governadores e aos conselheiros de tribunais de contas que tenham sido cometidos durante o exercício do cargo e relacionados ao desempenho de referidas funções públicas. Cinge-se a controvérsia a averiguar se o STJ se mantém competente para examinar o recebimento da denúncia, na qual são narradas condutas que, apesar de relacionadas às funções institucionais de cargo público que garantiria foro por prerrogativa de função nesta Corte, teriam sido supostamente praticadas durante mandato anterior e já findo do denunciado e apesar de atualmente ocupar, por força de nova eleição, o referido cargo. A recente reinterpretação conduzida por este Tribunal, acompanhando o que fora decidido pelo STF, revelou que o conteúdo normativo da competência penal originária teria de ser restringido a seu núcleo fundamental, a fim de garantir a efetividade do sistema penal e evitar que o instituto se relacione à impunidade. Deduziu-se, assim, que o propósito do foro por prerrogativa de função é a proteção ao legítimo exercício do cargo, no interesse da sociedade. Entender de forma diversa, com a perpetuação de referida garantia, poderia acarretar sua transmutação em um privilégio de natureza pessoal, haja vista passar a estar atrelado, individualmente, à pessoa que ocupa a função pública. Assim, a sucessão de mandatos decorrente da reeleição para um mesmo cargo, ainda que de forma consecutiva, não pode, de fato, ser suficiente para a manutenção do foro por prerrogativa de função. Além disso, o princípio da unidade de legislatura, previsto originariamente na Constituição Federal em relação ao Poder Legislativo e ao processo de elaboração legislativa, também é justificador do isolamento dos mandatos em relação às supervenientes reeleições. O término de um determinado mandato acarreta, por si só, a cessação do foro por prerrogativa de função em relação ao ato praticado nesse intervalo, tendo como consequência o encaminhamento do processo que o apura ao órgão jurisdicional do primeiro grau de jurisdição. Dessa forma, a interpretação que melhor contempla a preservação do princípio republicano e isonômico é a de que o foro por prerrogativa de função deve observar os critérios de concomitância temporal e da pertinência temática entre a prática do fato e o exercício do cargo. QO na APn 874-DF, Rel. Min. Nancy Andrighi, Corte Especial, por maioria, julgado em 15/05/2019, DJe 03/06/2019.

Informativo nº 639
Prerrogativa de foro. Art. 105, I, "a", da CF/1988. Crime imputado a Desembargador, ainda que não tenha relação com o cargo. Competência originária do STJ. Inaplicabilidade do entendimento fixado na QO na AP 937/STF.

O Superior Tribunal de Justiça é o tribunal competente para o julgamento nas hipóteses em que, não fosse a prerrogativa de foro (art. 105, I, da Constituição Federal), o desembargador acusado houvesse de responder à ação penal perante juiz de primeiro grau vinculado ao mesmo tribunal. Cinge-se a controvérsia a saber se desembargador que responde pela prática, em tese, de delito de lesão corporal tem ou não prerrogativa de foro. O crime que é imputado ao réu não tem relação com o exercício do cargo, de modo que, a princípio, aplicando-se o precedente do Supremo Tribunal Federal no julgamento da QO na AP 937, não teria o réu foro no Superior Tribunal de Justiça. Porém, quanto aos membros da magistratura nacional, pode-se afirmar que as razões subjacentes à norma constitucional que estabelece foro por prerrogativa de função vão além daquela considerada pelo STF (a de que o titular da prerrogativa de foro possa exercer suas funções de forma livre e independente). É que, em se tratando de acusado e de julgador, ambos, membros da magistratura nacional, pode-se afirmar que a prerrogativa de foro não se justifica apenas para que o acusado pudesse exercer suas atividades funcionais de forma livre e independente, pois é preciso também que o julgador possa reunir as condições necessárias ao desempenho de suas atividades judicantes de forma imparcial. Esta necessidade não se revela como um privilégio do julgador ou do acusado, mas como uma condição para que se realize justiça criminal. Ser julgado por juiz com duvidosa condição de se posicionar de forma imparcial, afinal, violaria a pretensão de realização de justiça criminal de forma isonômica e republicana. A partir desta forma de colocação do problema, pode-se argumentar que, caso desembargadores, acusados da prática de qualquer crime (com ou sem relação com o cargo de Desembargador) viessem a ser julgados por juiz de primeiro grau vinculado ao Tribunal ao qual ambos pertencem, se criaria, em alguma medida, um embaraço ao juiz de carreira. Isso porque, consoante a disciplina jurídica aplicável, os Tribunais locais (por meio de seus desembargadores) promovem sua própria gestão (art. 96, I, "a", e art. 99 da Constituição) e correicionam as atividades dos juízes de primeiro grau de jurisdição (art. 96, I, "b"), além de deliberarem sobre o vitaliciamento e efetuarem a movimentação dos juízes na carreira, por antiguidade ou merecimento (art. 93, II e III) e, até, autorizarem ou não o juiz a residir fora da comarca (art. 93, VII) e mesmo a fruição de licença, férias ou outros afastamentos (art. 96, I, "f"). Neste contexto normativo constitucional, é de se questionar se resultaria em credibilidade ou, eventualmente, em descrédito à justiça criminal a sentença penal prolatada por juiz de primeiro grau que estivesse a apreciar se o desembargador que integra seu tribunal há de ser considerado culpado ou não culpado pela infração a ele imputada. QO na APn 878-DF, Rel. Min. Benedito Gonçalves, por maioria, julgado em 21/11/2018, DJe 19/12/2018.

Informativo n° 630
Competência. Foro por prerrogativa de função perante o STJ. Regra da kompetenz-kompetenz. Art. 105, I, "a" da CF/1988. Interpretação simétrica àquela conferida, pelo STF, ao art. 102, I, "b" e "c". QO na AP 937. Marco temporal para a prorrogação da competência desta Corte Superior. Publicação do despacho de intimação para apresentação de alegações finais.

As hipóteses de foro por prerrogativa de função perante o STJ restringem-se àquelas em que o crime for praticado em razão e durante o exercício do cargo ou função. Inicialmente cumpre salientar que, em atenção ao princípio ou à regra da Kompetenz-Kompetenz, esta Corte superior deve exercer o controle da própria competência, máxime em se tratando de ações originárias, porquanto atua, nesses casos, não como corte de revisão ou de superposição, mas como primeiro julgador da causa. O caso em tela limita-se a determinar, diante do enunciado normativo do art. 105, I, "a", da Constituição Federal, qual é o sentido e o alcance que se lhe deve atribuir, isto é, qual é, de acordo com a exegese sistemática e teleológica do ordenamento jurídico nacional, a norma jurídica que se deve extrair do referido dispositivo constitucional. A Corte Suprema, no julgamento na QO na AP 937, fixou o entendimento de que "o foro por prerrogativa de função aplica-se apenas aos crimes cometidos durante o exercício do cargo e relacionados às funções desempenhadas", aplicando tal entendimento ao caso então em análise, que se referia a Deputados Federais e Senadores. Impõe-se conferir ao art. 105, I, "a", que trata da competência penal originária desta Corte Superior, interpretação simétrica àquela conferida pelo Supremo Tribunal Federal, ao art. 102, I, "b" e "c", sob pena de se quebrar a coerência, a integridade e a unidade da Constituição, máxime tendo em vista que ubi eadem ratio, ibi eadem legis dispositio ("onde existe a mesma razão fundamental, prevalece a mesma regra de direito"). Depreende-se de uma simples leitura dos referidos dispositivos constitucionais que ambos possuem redação simétrica, isto é, ambos estabelecem competências penais originárias, distinguindo-se, tão somente, no que diz respeito aos sujeitos ali elencados. Ademais, fixada a tese segundo a qual o foro por prerrogativa de função se aplica apenas aos crimes cometidos durante o exercício do cargo e relacionados às funções desempenhadas, impende assestar o marco temporal para fins de prorrogação da competência do STJ. Nesse diapasão, o critério do fim da instrução processual, com a publicação do despacho de intimação para apresentação de alegações finais, parece adequado como marco temporal para a prorrogação da competência desta Corte superior para julgamento das ações penais originárias, visto constituir referência temporal objetiva, privilegiando, ainda, o princípio da identidade física do juiz, ao valorizar o contato do magistrado julgador com as provas produzidas na ação penal. AgRg na APn 866-DF, Rel. Min. Luis Felipe Salomão, por unanimidade, julgado em 20/06/2018, DJe 03/08/2018.

Informativo nº 385
MP. APELAÇÃO. TEMPESTIVIDADE.

Na espécie, o Tribunal *a quo* deu provimento ao recurso de apelação do MP estadual, e o impetrante alega que o apelo não poderia ter sido conhecido por ser intempestivo, porque a jurisprudência atual considera, como data de início para a contagem do prazo recursal, a entrada dos autos na Procuradoria. Diante disso, requer a manutenção da sentença que o absolveu. Para o Min. Relator, a contagem do prazo ocorreu de forma correta, de acordo com a orientação jurisprudencial à época deste Superior Tribunal – na qual a intimação das decisões judiciais para o MP ocorria a partir da aposição do ciente por seu representante. Somente após o julgamento do HC 83.255-5 pelo plenário do STF, firmou-se que o prazo começa a fluir para o MP da data da entrada dos autos na Procuradoria. Diante do exposto, a Turma, ao prosseguir o julgamento, resolveu que a mudança de entendimento jurisprudencial nas cortes superiores deve alcançar somente os casos futuros, não aqueles consolidados na constância da orientação anterior. Diante do exposto, a Turma, por maioria, denegou a ordem. Precedentes citados: HC 28.598-MG, DJ 1º/8/2005, e REsp 478.751-SP, DJ 20/8/2008. HC 89.568-RJ, Rel. Min. Og Fernandes, julgado em 5/3/2009.

8. Questões sobre o Tema

1) MPRJ XXXI Concurso – 2009/2010

Os membros do Ministério Público podem ser convocados perante comissões parlamentares de inquérito, na condição de investigados em razão de fatos relativos ao seu exercício funcional?
RESPOSTA OBJETIVAMENTE JUSTIFICADA.

2) MPRJ XXX Concurso – 2008

Em caso de extinção de vara judicial junto a qual atua órgão de execução, o Promotor de Justiça que dele era titular se submete a que situação funcional? Explique as possibilidades decorrentes desta situação com base nas garantias constitucionais.

3)MPRJ XXVI Concurso – 2002

O Estado responde civilmente por ato opinativo do Ministério Público em procedimento judicial em que o órgão do Parquet funcione como *custos legis*? Por quê?

VI Estrutura Orgânica

1. Observações Preliminares

A organização do Ministério Público Estadual está prevista nos artigos 5º a 8º da LONMP. A Instituição divide-se em Órgãos da Administração Superior, Órgãos de Administração, Órgãos de Execução e Órgãos Auxiliares, que serão examinados pormenorizadamente a seguir.

Inicialmente, entretanto, cabe ressalvar a distinção entre os órgãos de administração e os órgãos de execução na estrutura orgânica do Parquet. Os órgãos de administração realizam atividades-meio, isto é, de apoio à consecução das atividades-fim da Instituição, que são realizadas pelos órgãos de execução. Assim, todas as atribuições e funções institucionais do Ministério Público, dispostas nos artigos 127 e 129 da Carta Política, são atividades-fim, desenvolvidas pelos órgãos de execução, como o Procurador-Geral de Justiça, os Procuradores e Promotores de Justiça, o Colégio de Procuradores e o Conselho Superior do Ministério Público. O apoio técnico-administrativo para o bom desempenho das atividades-fim é realizado pelos órgãos de administração, como a Procuradoria-Geral de Justiça, a Corregedoria-Geral, o Conselho Superior do Ministério Público, o Colégio de Procuradores de Justiça e as Procuradorias e Promotorias de Justiça. De plano, deve-se ressaltar que há órgãos que desempenham atividades-meio e atividades-fim, sendo, portanto, órgãos de administração e de execução. É o caso do Conselho Superior do Ministério Público, que realiza inúmeras funções de cunho administrativo, como o julgamento de promoções e remoções, vitaliciamento de promotores em estágio confirmatório, e também desempenha funções institucionais, como a homologação do arquivamento de inquérito civil.

Ao examinarmos a estrutura orgânica do Parquet, faremos abordagem dos órgãos que o compõem nas suas duas áreas de atuação, quando possível.

2. Os Órgãos da Administração Superior

Dispõe o artigo 5º da LONMP que são Órgãos da Administração Superior do Ministério Público, respectivamente: a Procuradoria-Geral de Justiça; o Colégio de Procuradores de Justiça; o Conselho Superior do Ministério Público e a Corregedoria-Geral do Ministério Público. Passaremos a analisar cada um destes órgãos adiante, ressaltando algumas questões controvertidas que sobre estes recaiam. Ressalve-se que a LOMPU e a LONMP dispõem apenas sobre normas gerais sobre o Ministério Público, sendo certo que as particularidades de cada Estado serão levadas em consideração pela Lei Orgânica de cada Ministério Público Estadual, regras de observância obrigatória, portanto, pelo estudioso do tema, em conjunto com a análise que aqui será desenvolvida.

Nesta obra, a análise das normas gerais previstas na LONMP e na LOMPU será feita, simultaneamente, com a Lei Orgânica do Ministério Público do Estado do Rio de Janeiro.

2.1. A Procuradoria-Geral de Justiça

O Ministério Público Estadual tem por chefe o Procurador-Geral de Justiça, nomeado pelo Governador do Estado dentre integrantes da carreira, na forma da lei respectiva, indicados em lista tríplice para mandato de dois anos, permitida uma recondução, sendo observado o mesmo procedimento. A votação é feita numa só etapa, entre 60 (sessenta) e 30 (trinta) dias antes do término de cada mandato, compondo-se a lista tríplice (os três candidatos mais votados) mediante o voto plurinominal (sufraga-se até três nomes) de toda classe.

Em 2019 tentou-se incluir servidores dos Ministérios Públicos dos Estados, Distrito Federal e Territórios entre os eleitores habilitados a votar para a formação dessas listas tríplices (alteração do art. 128, § 3º da CF). Contudo, a proposta legislativa (SUG nº 37/2019) foi rejeitada pela Comissão de Direitos Humanos e Legislação Participativa do Senado sob o argumento de que *"a indicação da lista tríplice não é pensada com o objetivo de instituir uma eleição geral dentro do Parquet, especialmente, se consideramos todos os inconvenientes que essa prática pode trazer, com partidarização e politização de uma instituição que deve, acima de qualquer outra, evitar isso".*[1]

---

[1] Relatório da SUG nº 37/2019 disponível em: <http://www.amperj.org/wp-content/uploads/2019/07/DOC-Relatorio.pdf> Acesso em 31 de julho de 2019.

2.1.1. Restrições à capacidade eleitoral ativa e passiva

Questão interessante versa sobre a possibilidade de Leis Orgânicas Estaduais disporem de modo diverso acerca da capacidade eleitoral ativa e passiva de seus membros, invocando a autonomia estadual e o pacto federativo. Entendemos que a matéria encontra disciplina no texto da Carta Magna, em seu artigo 128, § 3º (*"Os Ministérios Públicos dos Estados e do Distrito Federal e Territórios formarão lista tríplice dentre integrantes da carreira, na forma da lei respectiva..."*) que remete o intérprete, respectivamente, às normas gerais estabelecidas na LOMPU e LONMP.

Ora, no que concerne ao Parquet estadual, o tema encontra-se disciplinado no artigo 9º e seu § 1º da LONMP, que prevê a participação de toda a classe no processo eletivo, reservando para cada Lei Orgânica Estadual a forma de elaboração da lista tríplice. Assim, entendia, no passado, caber ao legislador estadual disciplinar a capacidade eleitoral passiva, estabelecendo, se for o caso, requisitos para a investidura no cargo de Procurador-Geral de Justiça,[2] não cabendo, entretanto, qualquer limitação à capacidade eleitoral ativa, em face da dicção do aludido § 1º do artigo 9º (*"A eleição da lista tríplice far-se-á mediante voto plurinominal de todos os integrantes da carreira"*).[3] Todos os membros da carreira (em atividade) possuem capacidade eleitoral ativa, mesmo aqueles recém-ingressos na classe.

Entretanto, acerca do assunto, o STF, na ADIn 6294/SE, apreciando a matéria foi taxativo, vedando qualquer restrição à capacidade eleitoral passiva:

> *"Quando a Constituição de 1988 e a Lei Orgânica Nacional do Ministério Público preveem que os Ministérios Públicos dos estados formarão lista tríplice dentre integrantes da carreira, na forma da lei respectiva, para escolha de seu Procurador-Geral, conferem a lei estadual tão somente a disciplina relativa à materialização dessa escolha. São, portanto,*

---

2 Em pesquisa realizada para a elaboração da LC 106/2003, aferiu-se que em diversos estados da Federação, as leis orgânicas locais estabeleciam requisitos para a capacidade eleitoral passiva do PGJ. Assim, no RS, SP, RO, RR e PE, apenas os Procuradores de Justiça podem candidatar-se ao cargo de PGJ. Já em SC, MG, AM, PR e AL estabelecem-se prazos de dez a dois anos de exercício funcional para que o membro da Instituição possa candidatar-se à chefia. Optou-se pela segunda vertente quando da elaboração do projeto, submetido ao Órgão Especial do Colégio de Procuradores de Justiça.

3 Em Rondônia, apenas os membros já vitalícios é que podem votar para PGJ (LC 93/93, art. 10, I).

materialmente inconstitucionais as normas estaduais que restrinjam a capacidade eleitoral passiva de membros do Ministério Público para concorrerem à chefia de Ministério Público estadual.(ADI 6.294, rel. min. Dias Toffoli, j. 27-10-2020, P, *DJE* de 18-12-2020.)[4]

Assim, potencialmente inconstitucional o dispositivo existente na LOMPRJ, que, no Estado do Rio de Janeiro, restringe a elegibilidade aos membros da Instituição apenas aqueles que já tiverem a experiência mínima de dois anos no exercício funcional (artigo 8°, *caput* da LC 106/2003).

Criou ainda o legislador fluminense inelegibilidades, no artigo 9° da LC 106/2003, para os postulantes ao cargo, obrigando ainda a desincompatibilização, no prazo de sessenta dias antes da eleição para aqueles que ocupem cargo eletivo ou de confiança na Administração do Ministério Público.[5] Se houver empate entre os candidatos, considerar-se-á

---

[4] *"Ação direta de inconstitucionalidade. Referendo da medida cautelar. Conversão em julgamento definitivo de mérito. Expressões contidas no texto do art. 8° da Lei Complementar Estadual n° 2, de 12 de novembro de 1990, do Estado de Sergipe, com redação dada pela Lei Complementar n° 332, de 31 de outubro de 2019. Formação da lista tríplice para escolha do Procurador-Geral de Justiça. Restrição dos membros elegíveis. Art. 128, § 3°, da Constituição Federal. Contrariedade. Inconstitucionalidade material. Procedência do pedido. 1. A jurisprudência do Supremo Tribunal Federal se firmou no sentido da necessidade de que os estados observem as balizas normativas estabelecidas pelo art. 128, § 3°, da Carta da República, para a escolha do Procurador-Geral de Justiça (ADI n° 5.653, Rel. Min. Cármen Lúcia, Tribunal Pleno, DJe de 27/09/19; ADI n° 1.962, Rel. Min. Ilmar Galvão, Tribunal Pleno, DJ de 1/2/02; ADI n° 452, Rel. Min. Maurício Corrêa, Tribunal Pleno, DJ 31/10/02; e ADI n° 2.319 MC, Rel. Min. Moreira Alves, Tribunal Pleno, DJ de 9/11/01). 2. A necessária observância do referido procedimento constitucional não decorre apenas do fato de a Constituição de 1988 ser a máxima diretriz de funcionamento das instituições essenciais ao regime democrático, mas também da necessidade de os Ministérios Públicos dos diferentes estados da federação observarem procedimento análogo para a escolha de seus chefes. Sendo o Ministério Público uno, não é razoável que, em determinada unidade federativa, seja franqueada a qualquer dos integrantes da carreira a possibilidade de conduzir a instituição, enquanto, em outras, essa prerrogativa seja restrita apenas a determinado grupo pertencente à carreira. 3. Quando a Constituição de 1988 e a Lei Orgânica Nacional do Ministério Público preveem que os Ministérios Públicos dos estados formarão lista tríplice dentre integrantes da carreira, na forma da lei respectiva, para escolha de seu Procurador-Geral, conferem a lei estadual tão somente a disciplina relativa à materialização dessa escolha. 4. São, portanto, materialmente inconstitucionais as normas estaduais que restrinjam a capacidade eleitoral passiva de membros do Ministério Público para concorrerem à chefia de Ministério Público estadual. 5. Ação direta julgada procedente.*

[5] *"Ação direta de inconstitucionalidade. Lei Complementar n° 106/03. Lei Orgânica do Ministério Público do Estado do Rio de Janeiro. Artigo 9°, § 1°, alínea c, e artigo*

classificado para integrar a lista o candidato mais antigo na carreira, ou, sendo igual a antiguidade, o mais idoso.

Em 2010 o STF decidiu as ADI 3.727 e ADI 3.888 e considerou inconstitucionais os dispositivos estaduais que condicionavam nomeação do chefe do MP à aprovação das respectivas Assembleias Legislativas. O Tribunal, de forma unânime, possui o entendimento de que, assim como em âmbito federal, o Poder Legislativo não participa desse processo de nomeação.

2.1.2. O procedimento de escolha do PGJ

Elaborada a lista, será esta remetida, no 15º (décimo quinto) dia anterior ao término do mandato em curso, ao Governador do Estado, com indicação das respectivas votações, para escolha e nomeação do Procurador-Geral de Justiça, que deverá tomar posse em sessão solene do Órgão Especial do Colégio de Procuradores de Justiça. Caso o Chefe do Poder Executivo não efetive a nomeação do Procurador-Geral de Justiça nos 15 (quinze) dias seguintes ao recebimento da lista tríplice, será investido automaticamente e empossado no cargo para cumprimento do mandato, pelo Colégio de Procuradores de Justiça, o membro do Ministério Público mais votado, ou se houver empate, o mais idoso. Note-se que o chefe do executivo poderá escolher qualquer um dos integrantes da referida lista, não sendo obrigatório tal escolha recair no mais votado. Trata-se de uma manifestação de cunho político, do chefe do executivo, amparada pela Carta Magna.

Ressalte-se, por oportuno, que o Governador do Estado não necessita submeter a escolha do PGJ à Assembleia Legislativa, tal qual ocorre com o Presidente da República (CF, art. 128, § 1º), que deve submeter a escolha do PGR ao Senado Federal. Julgando a questão, o STF entendeu inconstitucionais dispositivos da Constituição do Estado de Rondônia e da Lei Complementar Estadual 93/93 (Lei do MP/RO) que condiciona-

---

165. Desincompatibilização dos candidatos ao cargo de Procurador-Geral de Justiça. O artigo 9º da lei exige a desincompatibilização dos candidatos ao cargo de Procurador--Geral de Justiça que estejam ocupando qualquer outro cargo ou função de confiança. A argumentação do requerente, de que o aludido preceito permitiria o exercício de cargos e funções não-afetos à área de atuação do Ministério Público, não merece acolhida. O artigo 165 da Lei Orgânica do MP do Estado do Rio de Janeiro é mera reprodução do artigo 29, § 3º, do ADCT da Constituição do Brasil. Aos integrantes do Parquet admitidos antes da CB/88 aplicam-se as vedações do texto constitucional" (ADI 2.836, Rel. Min. Eros Grau, DJ 09/12/05).

vam a nomeação do PGJ de Rondônia à prévia aprovação de seu nome pela Assembleia Legislativa local.[6]

2.1.3. O mandato do PGJ e a desincompatibilização para reeleição

O mandato do Procurador-Geral será exercido por dois anos, sendo admitida uma única recondução (reeleição), por idêntico período, que deve ser precedida de nova eleição, onde a classe manifestar-se-á novamente, da mesma maneira anterior. Ressalve-se que, se o Procurador-Geral de Justiça quiser candidatar-se à reeleição, deverá se desincompatibilizar, sendo substituído, neste período, pelo membro eleito do Conselho Superior do Ministério Público (CSMP) mais antigo na classe, consoante estipulado pelo artigo 20, parágrafo primeiro, inciso II da LC 106/2003, com a redação da LC 159/14, que alterou a redação do referido dispositivo e revogou o parágrafo segundo do artigo 9º do mesmo diploma, em sua redação original.

Acerca do tema, o Órgão Especial do Colégio de Procuradores de Justiça do Ministério Público do Estado do Rio de Janeiro, já deliberou por unanimidade que: (a) o afastamento de que trata o art. 9º da LC 106/2003 é temporário; (b) no período de desincompatibilização, o Procurador-Geral de Justiça preserva as prerrogativas do cargo, não podendo, entretanto, praticar qualquer ato de gestão administrativa; (c) o termo *ad quem* do afastamento do cargo é a data da proclamação dos eleitos para compor a lista tríplice.[7] Neste aspecto difere o mandato do Procurador-Geral de Justiça do mandato do Procurador-Geral da República, para quem a letra da lei afirma expressamente que é admitida a recondução no exercício do cargo. Assim, submetendo-se a novas indicações presidenciais e, respeitados os trâmites constitucionais exigidos, como a aprovação do Senado Federal, poderá o Procurador-Geral da República ser reconduzido por diversas vezes, sem qualquer ofensa ao ordenamento jurídico.

2.1.4. Vacância do cargo no exercício do mandato

Questão relevante versa sobre a vacância, no curso do biênio, do cargo de PGJ. Acerca do assunto dispunha o artigo 7º, § 8º, da LC 28/82 (antiga Lei Orgânica do MP/RJ), disciplinando que, vagando no curso

---

6 Cf. ADIN 1.962 – RO Min. Ilmar Galvão, 11.03.1999 – Inf./STF 141.
7 Processo nº MP-2006.001.43206.00 (Requerente: Consultoria Jurídica – Assunto: Desincompatibilização do Procurador-Geral de Justiça), publicado no Diário Oficial do dia 11 de agosto de 2006, Parte I-A, Ministério Público.

VI – Estrutura Orgânica

do biênio o cargo do PGJ, haveria nova eleição para elaboração de lista tríplice, salvo se a vacância ocorresse a menos de três meses do final do mandato, quando então seriam investidos para mandato-tampão os Subprocuradores-Gerais de Justiça, na ordem de precedência estabelecida naquele diploma. O STF, no entanto, julgando questão similar existente na Lei Orgânica do MP baiano, vedou a existência do mandato-tampão, já que tal previsão não existe na Carta Magna. Eis a decisão:

> *"Procurador-Geral de Justiça: Mandato. Por ofensa ao § 3º do artigo 128 da CF – que fixa em dois anos o mandato dos Procuradores-Gerais dos Ministérios Públicos dos Estados e do DF – o Tribunal, julgando procedente a ação direta ajuizada pelo PGR declarou, na Lei Orgânica do MP da Bahia (LC Estadual 11/96), a inconstitucionalidade das disposições que previam, no caso de vacância do cargo de PGJ, a eleição e nomeação de novo PGJ para que completasse o período restante do mandato de seu antecessor. ADIN 1.783/BA, Rel. Min. Sepúlveda Pertence, 11.10.2001 (Informativo 245 do STF).*

A matéria recebeu tratamento adequado no artigo 10 da LC 106/2003, que estipula a convocação de nova eleição, se houver vacância do cargo de PGJ, assumindo o cargo interinamente o decano da Instituição. Neste caso, o eleito cumprirá integralmente o mandato de dois anos e não apenas o lapso temporal remanescente do mandato vago.

2.1.5. Os Subprocuradores-Gerais de Justiça

No MP/RJ, o Procurador-Geral de Justiça nomeará, dentre os Procuradores de Justiça, cinco Subprocuradores-Gerais, com funções de substituição e auxílio, definidas em Resolução (artigo 13 da LC 106/03, com a nova redação da LC 164/15). Atualmente, por força da Resolução 2.402/21, que regulamenta a estrutura da Procuradoria Geral de Justiça, existem as Subprocuradorias-Gerais de Justiça de Administração; de Planejamento e Políticas Institucionais; de Assuntos Cíveis e Institucionais; de Assuntos Criminais; e de Relações Institucionais e Defesa de Prerrogativas.

O Procurador-Geral de Justiça será substituído, no exercício de suas funções administrativas e institucionais (Arts. 11 e 39 da LC 106/03), em virtude da nova redação dada ao parágrafo primeiro do Art. 20 da LC 106 (LC 159/14) pelo Subprocurador-Geral de Justiça que indicar, em suas faltas, férias e licença; sendo substituído, nos casos de impedimento, suspeição, e afastamento temporário, pelo membro eleito mais antigo do Conselho Superior do MP (Art. 20 § 1º incisos I e II da LC 106/03, com a nova redação da LC 159/14).

Ressalto que, na hipótese de vacância do cargo no curso do mandato (falecimento, investidura em outro cargo, renúncia, impeachment etc.), continuo entendendo que o substituto legal do Procurador Geral de Justiça é o decano, isto é, o membro mais antigo na classe dos Procuradores de Justiça, por existir norma expressa neste sentido, no texto original da LC 106/03 (Art. 10), ainda em vigor e não derrogada, expressa ou implicitamente pela LC 159/14. Ainda mais porque a norma em tese que teria, implicitamente, revogado o Art. 10 da LC 106, dispõe sobre as funções do PGJ junto ao Conselho Superior do MP e não na chefia da Instituição, temporariamente, em decorrência da vacância do cargo. Nesta hipótese, em meu entendimento, continua em vigor o artigo 10, que determina que o chefe interino deverá assumir as funções e convocar novas eleições para a eleição de um novo PGJ. Nas hipóteses de faltas, licenças, férias e afastamentos, a qualquer título, a substituição se dá na forma preconizada na Lei e no Art. 2º da Resolução 2.402/2021, cabendo ao Subprocurador-Geral de Justiça indicado a chefia temporária da Instituição.

Cabe ressalvar que os Subprocuradores-Gerais são livremente nomeáveis e demissíveis pelo Procurador-Geral, existindo, em alguns estados, denominações similares para tais funções, como, por exemplo, "*Procurador-Geral Adjunto*", no MP/MG. Ressalve-se que tramitou no STF ADI proposta pela CONAMP, justamente com o objetivo de fixar a interpretação de que o Subprocurador-Geral é de livre nomeação pelo Chefe da Instituição, não podendo, por vulneração da autonomia administrativa da Instituição, o Governador do Estado pretender nomeá-lo, justamente com o Procurador-Geral.[8] A demanda perdeu o objeto, eis que a norma acoimada de inconstitucional foi revogada.

Finalmente, por oportuno, cabe lembrar que no gabinete do chefe da Instituição podem ter exercício, em cargos de confiança, Procuradores e Promotores de Justiça vitalícios, por ele designados.

---

8 ADI 3.988, Rel.: Min Ricardo Lewandowski, 12/05/2010. Extinto o processo: "(...) *Com efeito, examinados os autos verifico que a Lei Complementar 193, de 31/12/2008, em seu artigo 3º, revogou expressamente o § 4º do artigo 6º da Lei Complementar 8, de 18/7/1983. Isso posto, julgo extinto o processo, sem resolução do mérito, em razão da perda superveniente de seu objeto. Arquivem-se os autos. Publique-se*".

2.1.6. As funções institucionais do Procurador-Geral de Justiça

Para o bom desempenho de suas atividades-fim, o Procurador-Geral de Justiça tem como órgão da Administração Superior a Procuradoria-Geral de Justiça, que é a unidade administrativa do Estado que abriga a Instituição do Ministério Público.

As funções institucionais do Procurador-Geral de Justiça encontram-se elencadas tanto nos artigos 10 e 29 da LONMP quanto nos artigos 11 e 39 da LC 106/2003, destacando-se entre outras, a de exercer a Chefia do Ministério Público e da Procuradoria-Geral de Justiça; representar, judicial e extrajudicialmente, o Ministério Público; convocar, integrar e presidir o Colégio de Procuradores de Justiça, seu Órgão Especial, o Conselho Superior do Ministério Público e a Comissão de Concurso; submeter ao Órgão Especial do Colégio de Procuradores de Justiça as propostas de criação e extinção de cargos da carreira ou de confiança, de serviços auxiliares e respectivos cargos, assim como as de orçamento anual; submeter ao Órgão Especial do Colégio de Procuradores de Justiça as propostas de criação ou extinção de órgãos de execução, bem como os de modificações da estruturação destes ou de suas atribuições; e encaminhar ao Poder Legislativo os projetos de lei de iniciativa do Ministério Público.

Neste aspecto, cabe ressaltar que o Procurador-Geral de Justiça, na qualidade de Chefe da Instituição, pode requisitar informações e documentos da Chefia do Poder Judiciário para instruir procedimentos de sua atribuição. Neste sentido, decidiu o CNJ em Procedimentos de Controle Administrativo[9] que analisavam requisições feitas pela chefia do Ministério Público a Presidentes de Tribunal. O Colegiado entendeu que as requisições, desde que emanadas pelo PGJ, PGR ou Procurador--chefe de ramo do Ministério Público da União, ou ainda por membro do MP que receba delegação para tanto, devem ser atendidas. As duas hipóteses investigavam alegações de nepotismo nos Tribunais de Justiça da Paraíba e do Ceará, onde seus Presidentes recusavam-se a atender requisições formuladas por membros do MPT e MPF.

Cumpre destacar algumas funções de especial relevo.

2.1.6.1. As atribuições criminais originárias do PGJ

O Procurador-Geral é o promotor natural de todas as causas que envolvam pessoas que gozem de foro especial por prerrogativa de fun-

---
9 PCA 200710000010055 e PCA 1492. Rel. Marcelo Nobre.

ção junto ao Tribunal de Justiça (Órgão Especial ou Grupos de Câmaras Criminal). Para tanto, realiza diligências investigatórias para apuração de ilícito penal, assessorado, neste particular, pela Assessoria de Atribuição Originária Criminal (Res. 2.402/2021, art. 7º, § 1º), que se incumbe de prestar apoio técnico ao Chefe da Instituição nos feitos de natureza criminal da competência originária do Tribunal de Justiça. Nestas hipóteses, cabe ao Procurador-Geral de Justiça, privativamente, formar *opinio delicti*, devendo-se ressaltar que, se entender que não está caracterizada a justa causa para o oferecimento da demanda caberá, a ele, como *dominus litis*, determinar o arquivamento do feito,[10] se for o caso. A expressão, de cunho mandamental, não permite que o Judiciário exerça qualquer tipo de controle, como ocorre na hipótese do arquivamento requerido pelo Promotor de Justiça (CPP art. 28), devendo tão-somente o relator da matéria no colegiado acolher a manifestação do chefe da Instituição.[11]

A norma acima descrita não impede, entretanto, que a parte interessada impugne tal decisão de arquivamento, em casos de atribuição originária do PGJ. Há recurso previsto para tanto, direcionado ao Órgão Especial do Colégio de Procuradores de Justiça, conforme preceituam os artigos 12, XI, da LONMP e 40 e seu parágrafo único da LC 106/2003. Assim, o legítimo interessado[12] poderá manejar recurso, que será apreciado pelo colegiado na forma do artigo 43 de seu regimento interno, sendo certo que, se a irresignação for provida, será designado um de seus membros para oferecer a denúncia. Note-se aqui que somente comportam tal recurso as decisões de arquivamento tomadas pelo PGJ nas hipóteses de sua atribuição originária. Nas hipóteses de

---

10 Quando o Procurador-Geral de Justiça atua como *dominus litis* nos casos de atribuição originária, ele não requer o arquivamento, ele o determina: art. 29, VII, Lei 8.625/93 c/c 39, VII, da LC 106/2003.

11 "*Inquérito. Arquivamento. O STF, no âmbito de sua competência originária, está compelido a determinar o arquivamento de inquérito policial quando requerido pelo Procurador-Geral da República por ausência de base empírica para o oferecimento da denúncia, porquanto o Ministério Público é o titular da ação penal, cabendo a este avaliar se as provas existentes autorizam ou não a propositura da ação penal*". Pet. 2.509 AgRg/MG, Rel. Min. Celso de Mello, 18.02.2004. Informativo 337/STF.

12 No MP/RJ vigora o entendimento de que legítimo interessado é aquele que teria possibilidade de atuar como assistente do Ministério Público numa eventual ação penal deflagrada pelo *Parquet*, na hipótese de revisão da decisão originária de arquivamento.

mera manutenção do arquivamento, pleiteado pelo Promotor de Justiça e remetidas ao chefe da Instituição pelo magistrado, consoante o artigo 28 do CPP, não cabe qualquer recurso administrativo.

2.1.6.2. As atribuições cíveis originárias do PGJ

Outra hipótese de atribuição originária do PGJ, agora na seara cível, ocorre nos inquéritos civis e ações civis públicas, quando a autoridade reclamada for o Governador do Estado, o Presidente da Assembleia Legislativa ou de Tribunais ou quando contra estes, por ato praticado em razão de suas funções, deva ser ajuizada a competente ação. Nestas hipóteses competirá ao Procurador-Geral de Justiça instaurar a investigação, promover o arquivamento de inquérito civil ou ajuizar a competente ação civil pública, por força dos artigos 29, VIII, da LONMP c/c artigo 39, VIII, da LC 106/2003. Ressalte-se apenas que, apesar de a atribuição originária ser do Procurador-Geral de Justiça, a ação civil pública deverá percorrer seu trâmite perante o primeiro grau de jurisdição e não perante o Tribunal de Justiça. Cabe ressaltar, porém, que a Lei 7.347 – Lei da Ação Civil Pública – não possui qualquer particularidade para casos em que o PGJ é o detentor da atribuição originária para ajuizar tal ação. É de se concluir, portanto, que, caso o Procurador-Geral de Justiça manifeste-se pelo arquivamento do inquérito civil instaurado, terá que submeter sua decisão ao Conselho Superior do Ministério Público, como em todas as demais hipóteses (arts. 8º e seguintes da Lei 7.347/85). O Conselho Superior, nestes casos, poderá acolher ou rejeitar o arquivamento, ou ainda determinar a realização de diligências. Na hipótese de rejeição de arquivamento, a atribuição para aforar a ACP será do membro eleito mais antigo na classe no CSMP, mas nas hipóteses de diligências determinadas pelo CSMP, o próprio PGJ, através de sua assessoria, poderá realizá-las.

Em 2010 o STF, por maioria, julgou constitucional dispositivo da LOMP/MS que acrescentou às funções do PGJ a promoção de ações civis públicas contra agentes públicos, como deputados estaduais, prefeitos e juízes[13].

Uma última atribuição originária do PGJ que deve ser lembrada é a propositura de ação rescisória de competência originária do Tribunal de Justiça. Nestes casos, competirá ao PGJ promovê-la, nela oficiando até o final julgamento, como decorrência da sistemática das leis de regência

13 ADI 1916

do Ministério Público.[14] Já nas hipóteses de rescisória aforada por qualquer outra parte que não o MP, em tramitação no TJ, a atribuição será do Procurador de Justiça junto à Câmara onde for distribuída a ação.

2.1.7. A destituição do PGJ

O Procurador-Geral de Justiça, durante o período de sua investidura *pro tempore*, somente pode ser destituído de suas funções na forma preconizada na norma constitucional de regência do tema (art. 128, § 4º da CF), interpretada juntamente com os dispositivos da LONMP (art. 9º, § 2º, c/c art. 12, IV) e da LC 106/2003 (art. 12 c/c art. 17, II) pertinentes à matéria.

Com efeito, dispõe a Carta Magna que o Poder Legislativo Estadual, por deliberação da maioria absoluta de seus integrantes, na forma da Lei Complementar respectiva, poderá destituir o PGJ. Assim, claro está que apenas o Poder Legislativo – e mais nenhum outro Poder ou Autoridade – poderá afastar compulsoriamente o Procurador-Geral de suas funções institucionais. Cumpre destacar que a mencionada destituição difere da perda do cargo em decorrência de julgamento por crime de responsabilidade, bem como por condenação por crime comum, sendo certo que as duas últimas hipóteses podem ocorrer como efeito de condenação criminal ou de ação civil, não representando uma forma de destituição política.

Fixado o *quórum* (maioria absoluta) e a instância competente, deferiu o constituinte ao legislador complementar local a forma de destituição. Assim, no Rio de Janeiro, a LC 106/2003, em seu artigo 17, II, inovando em relação à antiga LC 28/82 (art. 8º), determinou que cabe apenas ao Colégio de Procuradores de Justiça, pelo voto de dois terços de seus membros, em composição plena e mediante a iniciativa da maioria absoluta de seus integrantes, deflagrar o procedimento de destituição do PGJ. As hipóteses são exaustivas e apenas comportam tipificação em caso de abuso de poder, conduta incompatível ou grave omissão dos deveres do cargo, observando-se o procedimento previsto no regimento do colegiado, sendo assegurada a ampla defesa.

Vencido o *iter* acima descrito, a proposta de destituição deverá ser submetida a Juízo de admissibilidade de 1/3 (um terço) dos membros

---

14 Processo Administrativo MPRJ-2005.001.07642.00 – Parecer que se direciona no sentido da ratificação da petição inicial subscrita por Promotor de Justiça, providência capaz de sanar o vício da ilegitimidade *ad processum*, possibilitando o prosseguimento do feito.

do Poder Legislativo Estadual, conforme prescrito, tanto no artigo 98, XVII, da Constituição do Estado do Rio de Janeiro, quanto nos artigos 9º, § 2º, da LONMP e 12 da LC 106/2003.

Finalmente, se procedentes as fases antes expostas, o plenário da Assembleia Legislativa, por voto da maioria absoluta de seus membros, e assegurado o *due process of law*, proferirá juízo de mérito acerca da proposta, destituindo ou não o Procurador-Geral antes do término de seu mandato.

2.2. O Colégio de Procuradores de Justiça

O Colégio de Procuradores de Justiça é Órgão da Administração Superior e de Execução do Ministério Público, sendo integrado por todos os Procuradores de Justiça em exercício e presidido pelo Procurador-Geral de Justiça.

Suas atribuições estão elencadas no artigo 12 da LONMP e artigos 16 e 17 da LC 106/2003. Em sua composição plena, possui competência para, dentre outras funções: opinar, por solicitação do Procurador-Geral de Justiça ou de 1/4 (um quarto) de seus integrantes, sobre matéria relativa à autonomia do Ministério Público, bem como sobre outras de interesse institucional; propor ao Poder Legislativo a destituição do Procurador-Geral de Justiça, pelo voto de 2/3 (dois terços) de seus membros e por iniciativa da maioria absoluta de seus integrantes, em caso de abuso de poder, conduta incompatível ou grave omissão dos deveres do cargo, observando-se o procedimento para tanto estabelecido no seu regimento interno e assegurada ampla defesa; eleger o Corregedor-Geral do Ministério Público; destituir o Corregedor-Geral do Ministério Público, pelo voto de 2/3 (dois terços) de seus membros, em caso de abuso de poder, conduta incompatível ou grave omissão dos deveres do cargo, por representação do Procurador-Geral de Justiça ou da maioria dos seus integrantes, observando-se o procedimento para tanto estabelecido no seu regimento interno e assegurada ampla defesa; e eleger os integrantes de seu Órgão Especial.

2.2.1 Órgão Especial do Colégio de Procuradores de Justiça

Para desempenhar suas funções nos estados onde há mais de 40 (quarenta) Procuradores de Justiça (como o Rio de Janeiro) é constituído um Órgão Especial (LONMP art. 13, *caput* e parágrafo único, c/c LC 106/2003, arts. 18 e 19 e 40), composto pelo Procurador-Geral de

Justiça, que o presidirá, pelo Corregedor-Geral do Ministério Público, pelos 10 (dez) Procuradores de Justiça mais antigos na classe e por 10 (dez) Procuradores de Justiça eleitos em votação pessoal, plurinominal e secreta, para mandato de dois anos, admitida a reeleição.

Compete ao Órgão Especial do Colégio de Procuradores de Justiça, como órgão da administração superior, dentre outras funções: aprovar as propostas do Procurador-Geral de Justiça de criação ou extinção de cargos de carreira do Ministério Público ou cargos de confiança; as propostas, do Procurador-Geral de Justiça, de criação ou extinção de órgãos de execução, bem como as de modificações da estruturação destes ou de suas atribuições; aprovar por maioria absoluta e mediante proposta de Procurador-Geral de Justiça, a exclusão, inclusão ou outra modificação nas atribuições das Promotorias de Justiça ou dos cargos de Promotor de Justiça que as integrem; aprovar os projetos de lei de iniciativa do Ministério Público; a proposta orçamentária anual do Ministério Público, elaborada pela Procuradoria-Geral de Justiça, bem como propostas de criação e extinção de serviços auxiliares e respectivos cargos.

Cabe ainda ao Órgão Especial julgar recurso contra decisão: de vitaliciamento, ou não, de membro do Ministério Público; condenatória em processo disciplinar de membro do Ministério Público; proferida em reclamação sobre o quadro geral de antiguidade; deliberar, por iniciativa de 1/4 (um quarto) de seus integrantes ou do Procurador-Geral de Justiça, quanto ao ajuizamento de ação civil para decretação de perda do cargo de membro vitalício do Ministério Público, nos casos previstos em lei.

Como órgão de execução sua função institucional é a de rever, mediante requerimento de legítimo interessado e na forma que dispuser o seu Regimento Interno, decisão de arquivamento de inquérito policial ou peças de informação, determinado pelo Procurador-Geral de Justiça, nos casos de sua atribuição originária.

2.3. O Conselho Superior do Ministério Público

O Conselho Superior do Ministério Público é composto pelo Procurador-Geral de Justiça, que o preside, pelo Corregedor-Geral do Ministério Público e por 8 (oito) Procuradores de Justiça, sendo 4 (quatro) eleitos pelo Colégio de Procuradores de Justiça e 4 (quatro) eleitos pelos Promotores de Justiça.

Dispõe o artigo 20, § 1º, da LC 106/2003 que o Procurador-Geral de Justiça, nas deliberações do Conselho, além do voto de membro, tem o de qualidade, exceto nas hipóteses de decisão acerca do afastamento provisório do membro do Parquet de suas funções e quanto a decisão sobre o vitaliciamento dos membros da Instituição. Nas suas faltas, será substituído pelo Subprocurador-Geral que indicar, sem direito de voto, sendo certo que nas hipóteses de impedimento, suspeição, e afastamento a substituição se dará pelo Conselheiro mais antigo na classe.

O Colegiado possui funções de órgão da Administração Superior (LONMP, art. 15 c/c LC 106/2003 art. 22) e, também, de órgão de execução, tomando decisões de cunho técnico-institucional (LONMP, art. 30 c/c Lei 7.347/85, art. 9º, e LC 106/2003, art. 41).

Assim, compete ao Conselho Superior do Ministério Público dentre outras funções: indicar ao Procurador-Geral de Justiça, em lista tríplice, os candidatos a promoção e remoção por merecimento ou o mais antigo membro do Ministério Público para promoção ou remoção por antiguidade; aprovar os pedidos de remoção por permuta entre os membros do Ministério Público; decidir sobre vitaliciamento de membro do Ministério Público; aprovar o quadro geral de antiguidade do Ministério Público e decidir sobre reclamações formuladas a respeito; sugerir ao Procurador-Geral de Justiça a edição de recomendações, sem caráter vinculativo, aos órgãos do Ministério Público, para desempenho de suas funções e adoção de medidas convenientes ao aprimoramento dos serviços; autorizar afastamento de membro do Ministério Público para frequentar cursos, seminários e atividades similares de aperfeiçoamento e estudo, no País ou no exterior; eleger os membros do Ministério Público que integrarão a Comissão de concurso para ingresso na carreira e aprovar o respectivo regulamento; elaborar as listas sêxtuplas a que se referem os artigos 94, *caput*, e 104, parágrafo único, II, da Constituição da República.

Destacam-se ainda, como funções de índole de órgão de execução, aquelas elencadas no artigo 41 da LC 106/2003, entre as quais o desarquivamento, por provocação de órgão do Ministério Público, de inquérito civil, peças de informação ou procedimento preparatório de inquérito civil.[15] Caberá ainda ao Conselho rever, na forma do artigo 41, II, da LC 106/2003, o arquivamento de inquérito civil, peças de informação

---
15 Res. CNMP 23/2007 e Res. GPGJ 2.227/2018, acerca do I. Civil no âmbito do MP brasileiro e do MPRJ

e procedimentos preparatórios a inquérito civil bem como decisões de indeferimento de representação de instauração de inquérito civil. Neste mister, o Colegiado, para orientar a atuação funcional dos Promotores de Justiça que atuam na área da Tutela Coletiva, emitiu Súmulas e Enunciados no que concerne ao posicionamento do órgão revisional.[16]

Em 2010 o Conselho Superior emitiu o Enunciado CSMP Nº 30/10[17] que dispôs que o arquivamento das peças de informação e/ou procedimentos administrativos eleitorais não está inserido na competência revisora do Conselho Superior do Ministério Público. Questões relativas às medidas judiciais eleitorais sobre prestação de contas e de matéria penal devem ser encaminhadas à Justiça Eleitoral e à autoridade policial respectivamente.

2.4. A Corregedoria-Geral do Ministério Público

A Corregedoria-Geral do Ministério Público é o órgão orientador e fiscalizador das atividades funcionais e da conduta dos membros do Ministério Público,[18] incumbindo-lhe, dentre outras atribuições, conforme preceituam os artigos 16 e 17 da LONMP c/c os artigos 23 a 25 da LC 106/2003: realizar correições e inspeções nas Promotorias de Justiça; inspeções nas Procuradorias de Justiça, remetendo relatório reservado ao Órgão Especial do Colégio de Procuradores de Justiça; acompanhar o estágio confirmatório dos membros do Ministério Público; fazer recomendações, sem caráter vinculativo, a órgão de execução ou a membro do Ministério Público; instaurar, de ofício ou por provocação dos demais Órgãos da Administração Superior do Ministério Público, sindicância ou processo disciplinar contra Promotor de Justiça ou representar ao Órgão Especial para o fim de instauração de sindicância ou de processo disciplinar contra Procurador de Justiça, aplicando as sanções disciplinares cabíveis ou encaminhando-os ao Procurador-Geral de Justiça, quando couber a este decidir.

---
16 16 Jatahy, Carlos R Jatahy e Eliane Goldemberg. Ministério Público – Legislação Institucional 2021. 5ª Ed. Freitas Bastos, pp. 388 e ss.
17 17 ENUNCIADO CSMP Nº 30/2010: O arquivamento das peças de informação e/ou procedimentos administrativos eleitorais não está inserido na competência revisora do Conselho Superior do Ministério Público. (Nova redação, em 14.02.2020)
18 Confira-se a Portaria CGMP 44/2002, que estabelece normas para a atuação funcional do membro do Parquet.

O Corregedor-Geral do Ministério Público será eleito pelo Colégio de Procuradores de Justiça,[19] dentre os Procuradores de Justiça, para mandato de dois anos, permitida uma recondução, observado o mesmo procedimento. No Estado do Rio de Janeiro, para a recondução deverão ser respeitadas as mesmas inelegibilidades relativas à candidatura ao cargo de Procurador-Geral de Justiça (LC 106/2003, art. 23, § 1º). O Corregedor, no MP/RJ, será assessorado por dois Procuradores de Justiça, que exercerão as funções de Sub-Corregedores, e por no mínimo quatro Promotores de Justiça vitalícios, por ele indicados e designados pelo Procurador-Geral de Justiça. Recusando-se o Procurador-Geral de Justiça a designar os Promotores de Justiça que lhe forem indicados, o Corregedor-Geral poderá submeter a indicação à deliberação do Órgão Especial do Colégio de Procuradores de Justiça, cuja aprovação suprirá o ato de designação (LC 106/2003, art. 26). O Corregedor-Geral do Ministério Público será substituído pelo Subcorregedor-Geral que indicar, em suas faltas, férias e licenças e, nos casos de impedimento, suspeição, afastamento e vacância, pelo membro eleito do Órgão Especial do Colégio de Procuradores de Justiça mais antigo na classe, por força da redação do artigo 25 § único, da LC 106/03, com a redação dada pela LC 159/2014. Observe-se, por oportuno, que a Corregedoria não possui o monopólio da inspeção permanente dos Promotores de Justiça, função que também pode ser exercida pelos Procuradores de Justiça (LONMP, art. 19, § 2º, c/c LC 106/2003, art. 30, II).

2.4.1. Atividade Fiscalizatória em relação ao Procurador-Geral

Questão interessante versa sobre a possibilidade de o Corregedor-Geral realizar atividade correcional em procedimentos da atribuição originária do PGJ (investigações de natureza criminal ou inquéritos civis – Artigo 29, VII e VIII, da LONMP), que estejam tramitando em sua assessoria pessoal, conduzidos por membros do MP atuando na con-

---

19 Questão inédita ocorreu no MP/AC. Candidato a Corregedor-Geral do MP foi impedido de participar do pleito, sob a alegação de não possuir ilibada conduta pública e particular, em virtude de responder a procedimento disciplinar e criminal por crime ambiental. O STF, apreciando MS interposto pelo candidato preterido contra decisão do CNMP, que ratificou seu impedimento ao certame, anulou a eleição realizada, sob o argumento de que a presunção de inocência deve ser aplicada quando não há decisão judicial transitada em julgado. "A avaliação de eventual conduta incompatível com o exercício do cargo deve ser aferida por ocasião da posse do candidato eleito, no exercício de suas funções de Corregedor-Geral", afirmou o Ministro Eros Grau, no MS 26.979.

dição de delegatários do chefe da Instituição. Terá o Corregedor livre acesso aos autos? Poderá exercer atividade fiscalizatória das funções de atribuição originária do Chefe Institucional?

A matéria chegou ao CNMP em Procedimento de Controle Administrativo,[20] oriundo do MP/RJ. O Colegiado entendeu que, se o Corregedor-Geral vislumbrar eventual abuso de poder, conduta incompatível ou grave omissão nos deveres do cargo por parte do PGJ, a atividade correcional deve ser levada a cabo pelo Colégio de Procuradores de Justiça, mediante autorização da maioria absoluta de seus integrantes, em respeito às garantias outorgadas pela CF e pela LONMP ao mandato do PGJ.

Assim, o Colegiado – único órgão a quem incumbe propor ao Legislativo a destituição do PGJ – é o competente para fiscalizá-lo, podendo fazê-lo diretamente por meio de comissão composta pelos seus integrantes ou delegar poderes ao Corregedor-Geral. No que concerne à fiscalização das atividades de atribuição originária do PGJ desempenhadas por sua assessoria, em virtude de delegação do Chefe da Instituição, entendeu o CNMP, por maioria, pela impossibilidade da fiscalização isolada do Corregedor, já que estes atuam por designação, na qualidade de *longa manus,* exercendo atividades funcionais e administrativas como se fosse o próprio Procurador-Geral. Nesta atividade, estão sujeitos a fiscalização apenas do Colégio de Procuradores, ficando a fiscalização da Corregedoria restrita a sua conduta pessoal.

3. Os Órgãos da Administração

3.1. As Procuradorias de Justiça

São órgãos de administração do Ministério Público, com cargos de Procurador de Justiça e serviços necessários para o desempenho das funções do Parquet perante o Tribunal de Justiça. Encontram embasamento legal nos artigos 19 a 22 da LONMP e artigos 27 a 30 da LC 106/2003. Há 3 Procuradorias de Justiça perante cada uma das 26 Câmaras Cíveis do Tribunal de Justiça; 5 (cinco) Procuradorias de Justiça perante cada uma das 8 (oito) Câmaras Criminais, além de Procuradorias de Justiça Especializadas (Tutela Coletiva, Infância e Juventude e Habeas Corpus), além de Procuradorias de Justiça da Região Especial,

---

20 Proc. 660/2006-94 (CNMP) – Rel.: Conselheiro Sérgio Alberto Frazão do Couto, decidido na 11ª Reunião Ordinária do CNMP, em 5/11/2007.

para funções de substituição e auxílio. Para coordenar o trabalho institucional das Procuradorias de Justiça, há o Centro de Apoio Operacional das Procuradorias de Justiça. Para o controle da área administrativa, o Centro de Apoio Administrativo.

3.2. As Promotorias de Justiça

São órgãos de administração do Ministério Público com pelo menos um cargo de Promotor de Justiça. Suas atribuições são fixadas por resolução do PGJ, ouvido o Órgão Especial (LC 106/2003, art. 19, I, "d") de acordo com a área de atuação (especialidade). Existem Promotorias Criminais, de Infância e Juventude, de Fazenda Pública, de Investigação Penal, de Tutela Coletiva, entre outras. Encontram base legal nos artigos 23 e 24 da LONMP e artigos 31 a 33 da LC 106/2003. Para coordenar o trabalho das Promotorias de Justiça, por área de atuação institucional, há os Centros de Apoio Operacional (CAOs), adiante descritos.

4. Órgãos de Execução

Os órgãos de execução do Ministério Público fluminense vêm disciplinados no artigo 6º da LC 106/2003, a seguir descritos: o Procurador-Geral de Justiça; o Colégio de Procuradores de Justiça; o Conselho Superior do Ministério Público; os Procuradores de Justiça e os Promotores de Justiça. São os órgãos que desempenham a atividade-fim da Instituição, realizando as funções institucionais preconizadas na Carta Magna. A seguir analisaremos, de forma breve, aqueles que ainda não foram descritos neste Título.

4.1. Os Procuradores de Justiça

São os membros da Instituição que atuam junto ao Tribunal de Justiça. Encontram embasamento legal para sua atuação nos artigos 31 da LONMP e 42 da LC 106/2003. Os Procuradores de Justiça atuam na qualidade de autores das demandas em segunda instância e também custos legis, emitindo pareceres nos processos em que oficiam, devendo atuar exclusivamente no TJ, nos feitos que não sejam da atribuição originária do Procurador-Geral. Excepcionalmente e por delegação deste, podem oficiar em tais feitos, como "*longa manus*" do Procurador-Geral.

A atribuição dos Procuradores de Justiça é concorrente com o Procurador-Geral para interpor recursos constitucionais (Artigos 39, IV, e 42, § 3º, da Lei Complementar Estadual 106), sendo certo que, no âmbito do MPRJ, existem Assessorias de Recursos Constitucionais, com atribuições criminais e cíveis (Ars 6º, III, "b" e 7º, III, "c" da Res. 2.402/2021) e cujo objetivo é incrementar a interposição de recursos especiais e extraordinários.

Questão interessante versa acerca da manifestação oral do Ministério Público nas sessões de julgamento da segunda instância, em processos de natureza criminal. Na hipótese concreta, dois diretores de Instituição Financeira foram denunciados como autores de crime contra o sistema financeiro nacional, tendo sido a peça exordial rejeitada em primeira instância. O Ministério Público Federal recorreu ao Tribunal Regional Federal, que reformou a decisão inicial, determinando o prosseguimento da ação penal. Os advogados dos diretores alegaram a nulidade do julgamento no TRF, tendo em vista que a sustentação oral deveria ser feita após manifestação do Ministério Público, já que o recurso era da acusação. A questão chegou ao Superior Tribunal de Justiça,[21] tendo sido rejeitada tal alegação, nos seguintes termos:

> "HABEAS CORPUS. PROCESSUAL PENAL. CRIMES CONTRA O SISTEMA FINANCEIRO. DENÚNCIA REJEITADA. RECURSO EM SENTIDO ESTRITO. PROVIMENTO. SUSTENTAÇÃO ORAL PERANTE O TRIBUNAL. ORDEM. ART. 610, PARÁGRAFO ÚNICO E ART. 618, AMBOS DO CPP. ÓRGÃO MINISTERIAL. NA FUNÇÃO PRECÍPUA DE CUSTUS LEGIS FALA POR ÚLTIMO. AUSÊNCIA DE OFENSA À AMPLA DEFESA E AO CONTRADITÓRIO. PREJUÍZO INDEMONSTRÁVEL.
>
> *1 – A ordem estabelecida pela lei processual para a sustentação oral em sede de recurso em sentido estrito, diferentemente do que estatui o art. 500 do CPP, deixa o representante do Ministério Público por último. Inteligência dos arts. 610, parágrafo único, e 618, do CPP.*
>
> *2 – De um lado, resta claro o papel de parte do órgão ministerial que recorre, como no caso, buscando o recebimento da denúncia; de outro lado, o representante do Parquet que atua em segundo grau e nas instâncias extraordinárias exerce o papel precípuo de custos legis. E, inclusive, não está ele vinculado às razões recursais, podendo, tranquilamente, por ocasião do julgamento, opinar em sentido diverso, em favor do réu. É o que acontece também neste Superior Tribunal de Justiça, em que o Regimento Interno dispõe no seu art. 159, § 2º, que, nessa condição de fiscal da lei, o Ministério Público Federal "fala após o recorrente e o recorrido".*

---

21 *Habeas Corpus* nº 41.667.

O Supremo Tribunal Federal, entretanto,[22] reviu esta posição e, por unanimidade, em 20/02/08, sendo relator o Ministro Cezar Peluso, entendeu que *"permitir que o representante do Ministério Público promova sustentação oral depois da defesa, ainda mais no caso de ser ele o recorrente, comprometeria o pleno exercício do contraditório, que pressupõe o direito de a defesa falar por último, a fim de poder, querendo, reagir à opinião do Parquet".* Continuando, afirmou o Ministro que:

> *"O direito da defesa falar por último decorre, aliás, do próprio sistema, como se vê, sem esforço, a diversas normas do Código de Processo Penal. As testemunhas da acusação são ouvidas antes das arroladas pela defesa. É conferida vista dos autos ao Ministério Público e, só depois, à defesa, para requerer diligências complementares, bem como para apresentação de alegações finais. A defesa manifesta-se depois do Ministério Público até quando este funciona exclusivamente como custos legis, o que ocorre nas ações penais de conhecimento, de natureza condenatória, de iniciativa privada.*
>
> *(...)*
>
> *As garantias de todo expediente que impeça o acusado de, por meio de seu defensor, usar a palavra por último, em sustentação oral, sobretudo nos casos de julgamento de recurso exclusivo da acusação. Invocar a qualidade de custos legis do Ministério Público perante os tribunais, em sede recursal, parece-me caracterizar um desses expedientes que fraudam as garantias essenciais a sistema penal verdadeiramente acusatório, ou de partes".*

4.2. Os Promotores de Justiça

São os membros da Instituição que atuam junto à primeira instância, com fundamento nos artigos 32 da LONMP e 43 da LC 106/2003. Excepcionalmente, podem atuar na segunda instância. É o caso, por exemplo, de designação, pelo Procurador-Geral de Justiça, de Promotores para auxílio aos Procuradores no Tribunal de Justiça ou a delegação para praticar algum ato de sua atribuição originária.

5. Grupos de Atuação Especializada e Forças Tarefa

Conforme previsto na Constituição Federal, o Ministério Público tem a obrigação de exercer funções institucionais voltadas para atender aos mais sensíveis reclamos da sociedade, como seu mandatário social.

---

22 Habeas Corpus 87.926-8 – São Paulo, Segunda Turma.

Para tanto, não raro se organiza através de Grupos de atuação especializadas e Forças Tarefas, que passam a se ocupar especialmente de temas ou assuntos relevantes para a comunidade.

Atualmente, existem os seguintes grupos e FTs:

a) Grupo de Atuação Especializada de Combate ao crime organizado (GAECO/RJ) reestruturado pela Res. 2.403/2021; que presta auxílio aos órgãos de execução com atribuição criminal no enfrentamento do crime organizado e suas ORCRIMs;

b) Grupo de Atuação Especializada em Combate à Sonegação Fiscal e aos Ilícitos contra a Ordem Tributária, que tem por finalidade prestar auxílio aos órgãos de execução do Ministério Público incumbidos da prevenção e da repressão à sonegação fiscal, aos ilícitos penais cometidos em detrimento das ordens tributárias Estadual e Municipais, bem como aqueles praticados por funcionários públicos das Fazendas Estadual e Municipais, no exercício de suas funções ou em razão do ofício e aos ilícitos civis praticados em detrimento das ordens tributárias Estadual e Municipais, que atentem contra as normas regulamentares, legais e constitucionais referentes à previsão, instituição e arrecadação da receita tributária;.

c) Grupo Temático Temporário – GTT instituído pela resolução nº 2.415/2021 que tem por atribuição auxiliar órgãos de execução voltados para Iniciativas estratégicas e coordenadas para garantia da Segurança Hídrica no Estado;

d) Grupo Especial de Atuação Perante a Central de Audiência de Custódia.Tem por finalidade assegurar a efetiva participação dos membros do Ministério Público nas audiências de custódia. O sistema de audiências de custódia foi criado no âmbito do Tribunal de Justiça do Estado do Rio de Janeiro pela Resolução TJ/OE/RJ nº 29/2015, alterada pela Resolução TJ/OE/RJ nº 32/2015. Suas atribuições estão dispostas na Resolução GPGJ nº 2.098/2017;

e) Força-tarefa instituída pela resolução nº 2.406/2021. Fiscalização das Ações e Serviços de Saúde de Enfrentamento à Pandemia de Covid-19;

f) Força-tarefa instituída pela resolução nº 2.404/2021. Apuração dos homicídios praticados em face de Marielle Franco e Anderson Gomes; e

g) Força-tarefa instituída pela resolução nº 2.407/2021 Acompanhamento do processo de retomada das aulas e da garantia de qualidade do ensino remoto.

6. Órgãos e serviços auxiliares

Os órgãos e serviços auxiliares encarregam-se de prestar suporte administrativo para o exercício das funções institucionais do Ministério Público. Estão previstos no artigo 8º da Lei 8.625/93 e também nos artigos 33 a 37 daquele diploma legal. Abaixo, há menção a cada um destes entes.

6.1. Centros de Apoio Operacional (CAOs)

Encontram previsão legal no artigo 33 da LONMP. São órgãos auxiliares da atividade funcional do Ministério Público, que visam integrar e oferecer suporte técnico-jurídico, sem caráter vinculativo, aos órgãos de execução ligados à mesma atividade-fim.

Previstos no artigo 44 da LC 106/2003, do Ministério Público fluminense, atualmente, são subordinados à Subprocuradoria Geral de Justiça de Planejamento e Políticas Institucionais (Art. 5º § 2º, II da Res. 2.402/21), em número de 14, entre os quais: a) CAO das Procuradorias de Justiça; b) CAO das Promotorias de Justiça Criminais; c) CAO das Promotorias de Execução Penal; d) Promotorias de Investigação Penal etc...

6.2. Centros Regionais de Apoio Administrativo-Institucional (CRAAIs)

São órgãos auxiliares da atividade funcional do MP, destinados a fornecer apoio administrativo aos órgãos de execução do Ministério Público dentro de uma mesma base territorial. Encontram previsão legal no artigo 45 da LC 106/2003. Realizam, os Centros Regionais, a descentralização administrativa da Instituição, organizando eventos culturais, promovendo o intercâmbio e a integração dos órgãos de execução de sua área, sem vínculo funcional ou hierárquico. Atualmente, estão regulados pela Res. 674/95, com as alterações previstas nas Resoluções 916/2000 e 1.046/2002. Para dar apoio às atividades dos Centros Regionais, há diversos Grupos de Apoio a Promotores (GAPs), compostos de policiais militares e servidores especializados.

6.3. Comissão de Concurso (Art. 34 da LONMP)

Órgão auxiliar da Procuradoria-Geral de Justiça, de natureza transitória, incumbindo-lhe a realização da seleção de candidatos ao ingresso na carreira do Ministério Público, na forma da Lei Orgânica e observado o art. 129, § 3º, da Constituição Federal.

No Estado do Rio de Janeiro está prevista no artigo 46 da LC 106/2003, sendo presidida pela Procurador-Geral de Justiça e integrada por Procuradores de Justiça. Deve fazer parte da comissão, ainda, um membro indicado pela Ordem dos Advogados do Brasil, obrigatoriamente. A Resolução nº 14 do CNMP, de 20/11/06, ao estabelecer regras uniformes sobre os Concursos para ingresso na Carreira, também dispõe sobre as Comissões de Concurso.

6.4. Centro de Estudos e Aperfeiçoamento Funcional (art. 35 da LONMP)

Órgão auxiliar da Procuradoria-Geral de Justiça, destinado a promover cursos, seminários, congressos, simpósios, pesquisas, atividades, estudos e publicações, visando ao aprimoramento profissional e cultural dos membros e servidores da Instituição.

A Lei Orgânica de cada Ministério Público deverá estabelecer a organização, funcionamento e demais atribuições do órgão.

No Ministério Público do Estado do Rio de Janeiro, por exemplo, está vinculado ao Procurador Geral de Justiça, pelo art. 3º, XII e § 8º da Res. 2.402/21.

6.5. Órgãos de Apoio Administrativo (art. 36 da LONMP)

Os serviços auxiliares e de apoio administrativo são prestados por servidores organizados em carreira própria, definida por lei de iniciativa do Procurador-Geral de Justiça, visando atender às necessidades da administração do Ministério Público, bem como auxiliar os seus membros no desempenho das suas atividades funcionais.[23]

Os servidores do Ministério Público estão estruturados em quadro permanente, subordinando-se à Secretaria Geral de Administração, chefiada pelo Secretário-Geral de Administração do Ministério Público, de livre nomeação do Procurador-Geral, podendo a escolha recair, inclusive, em pessoa estranha à Instituição (LC 106/2003, arts. 48 e 173).

6.6. Estagiários (art. 37 da LONMP)

Os estagiários do Ministério Público, auxiliares das Promotorias de Justiça e das Procuradorias de Justiça, são nomeados pelo Procurador--Geral de Justiça, para período não superior a três anos, dentre alunos dos três últimos anos, ou períodos correspondentes, do curso de Bacha-

---

23 No Estado do Rio de Janeiro, Lei 3.899/2002.

relado em Direito, de escolas oficiais ou reconhecidas. A matéria veio regulada no artigo 37 da Lei 8.625/93.

Cabe à Lei Orgânica de cada Ministério Público Estadual disciplinar a seleção, investidura, vedações e dispensa dos estagiários.

No Estado do Rio de Janeiro, por exemplo, os estagiários são selecionados em concurso público organizado pela Corregedoria-Geral do Ministério Público, percebendo bolsa pelo desempenho das suas funções.[24] Suas funções encontram-se regulamentadas pela Resolução 1.215, de 10.03.2004.

6.7. Controle Interno do Ministério Público

6.7.1. Secretaria Geral do Ministério Público

Esse órgão é regido de acordo com a Resolução GPGJ nº 2.145/2017 que reestruturou a Secretaria-Geral do Ministério Público, de modo a melhor aproveitar os recursos humanos disponíveis e maximizar sua eficiência.

A Secretaria-Geral do Ministério Público é subordinada à Subprocuradoria-Geral de Justiça de Administração e é integrada pelos seguintes órgãos: Gabinete do Secretário-Geral, Secretaria de Planejamento e Finanças, Secretaria de Logística, Secretaria de Tecnologia da Informação e de Comunicação, Secretaria de Engenharia e Arquitetura e Assessoria Jurídica.

6.7.2. Auditoria-Geral do Ministério Público

A Auditoria-Geral é um processo de procedimentos técnicos que visas avaliar os órgãos administrativos do Ministério Público do Rio de Janeiro, durante determinado período, sobre os seus processos administrativos e resultados gerenciais, principalmente quanto à aplicação de recursos públicos. O resultado da auditoria conta com relatórios, certificados de auditoria, pareceres e notas informativas.

Essa é uma forma de controle do Estado para verificar a legalidade dos atos de gestão praticados e evitar ou corrigir desperdícios, improbidades, negligências e/ou omissões, alocando, dessa forma, seus recursos e otimizando-os.

---

24 Artigo 49 da LC 106/2003.

6.7.3. Ouvidoria

A Ouvidoria do Ministério Público do Rio de Janeiro tem previsão constitucional no art. 130-A, § 5º e foi regulamentada pela Lei nº 6.451/13, pela Resolução CNMP nº 95/2013 e Resolução GPGJ nº 1.838/2013. A ouvidoria funciona como um canal de interlocução entre a sociedade e a Instituição e tem como objetivo elevar os padrões de transparência, presteza e segurança das suas atividades e dos seus membros.

Por ser a porta de comunicação com o cidadão, permite o recebimento de denúncias, reclamações, críticas, elogios, pedidos de informações e sugestões sobre as atividades desenvolvidas pelos membros, servidores e órgãos.

Esse é o meio de obtenção de informações sobre danos ao meio ambiente e ao patrimônio público, desrespeito ao Código de Defesa dos Consumidores, má prestação de serviços públicos, abuso de autoridade e realização de crimes (ex.: pedofilia, pirataria, violência sexual, dentre outros).

7. Jurisprudência sobre o tema

7.1. Informativos STF

Informativo nº 935
ADI e princípio da unicidade de representação judicial e consultoria jurídica nos estados e no Distrito Federal.

O Plenário, em julgamento conjunto de três ações diretas, declarou a inconstitucionalidade de normas dos estados de Roraima, Goiás e Alagoas, que criam e disciplinam cargos jurídicos, bem como definem atribuições de órgãos e entidades da Administração Pública Estadual. Preliminarmente, o colegiado converteu em julgamento definitivo de mérito a apreciação da cautelar da ADI 5.262, que impugnava as alterações promovidas pela Emenda Constitucional (EC) 42/2014 aos artigos 101 e 101-A da Constituição do Estado de Roraima (1) e diversos dispositivos de leis estaduais. Em seguida, julgou prejudicada a ação quanto aos preceitos da Lei 764/2010, por ter sido ela revogada pela Lei 1.257/2018, e a julgou parcialmente procedente em relação aos demais dispositivos impugnados. Declarou a inconstitucionalidade formal da Emenda Constitucional 42/2014, de iniciativa parlamentar, haja vista ser reservada ao chefe do Poder Executivo a iniciativa de lei ou emenda constitucional pela qual se discipline a organização e a definição de atribuições de órgãos ou entidades da Administração Pública Estadual [Constituição Federal (CF), art. 61, § 1º, II] (2). Reconheceu, também, a inconstitucionalidade material da referida EC 42/2014. Declarou a inconstitucionalidade da expressão "do Poder Executivo" contida no *caput* do art. 101 da Constituição do Estado de Roraima, na redação da EC 42/2014, e, por arrastamento, da idêntica expressão prevista na redação da Emenda Constitucional 14/2003 e na redação originária do dispositivo. Considerou, ademais, inconstitucional a norma do *caput* do art. 101-A, alterada pela Emenda 42/2014, que instituiu nova representação judicial e extrajudicial dos órgãos da Administração Indireta de Roraima, de responsabilidade "dos profissionais do corpo jurídico que compõem seus respectivos quadros". Os preceitos violam os artigos 37, II (3) e 132 da CF (4). O art. 132 da CF atribuiu aos procuradores dos estados e do Distrito Federal exclusividade no exercício da atividade jurídica contenciosa e consultiva dos órgãos e entidades das respectivas unidades federadas. Essa atividade não está restrita ao Poder Executivo. Além disso, o ingresso na carreira depende de concurso público de provas e títulos, com a participação da Ordem dos Advogados do Brasil em todas as suas fases. Da mesma forma, o Plenário declarou a inconstitucionalidade dos preceitos impugnados das Leis estaduais 944/2013 (inciso II do art. 9º; inciso IX do art. 11; §§ 1º e 2º e *caput* do art. 20; § 3º do art. 30 e Tabela II do Anexo II), 828/2011 (inciso I do art. 39; §§ 1º a 13 dos incisos I e II do art. 40 e Anexos I, VIII e IX), 832/2011 (Tabela I, CNTES-I, do Anexo IV; Tabela única, CNERS-I, do Anexo V; e Tabela I do Anexo VI) e 815/2011 (alínea "b" do inciso II do art. 8º; alínea "b" do inciso II do art. 17 e Anexos I e IV). Isso porque esses dispositivos criaram cargos em entidades da Administração Indireta de Roraima com atribuições de procuradoria de estado, em afronta também à norma prevista no art. 132 da CF. A Tabela II do Anexo II da Lei 944/2013, ao prever que a remuneração inicial do cargo de procurador jurídico da Agência Reguladora de Serviços Delegados de Roraima corresponde a 35% (trinta e cinco por cento) do subsídio de diretor-presidente, vulnera o inciso XIII do art. 37 da CF (5), que veda a vinculação de vencimentos para o efeito de remuneração de pessoal do serviço público. O colegiado ressaltou, ainda, a inaplicabilidade da exceção prevista no art. 69 do Ato das

Disposições Constitucionais Transitórias (ADCT) (6). O constituinte originário ressalvou a manutenção de consultorias jurídicas existentes à data da promulgação da Constituição. Após a entrada em vigor da Constituição da República de 1988, não se admite a criação de órgãos distintos das procuradorias dos estados para a atividade de representação ou consultoria jurídica. Por fim, o Tribunal julgou improcedente o pedido formulado quanto ao inciso IV do art. 8º e à Tabela II do Anexo IV da Lei 581/2007, que criou cargo em comissão de procurador-geral da Universidade de Roraima, em razão do acatamento ao princípio da autonomia universitária. A respeito dessa questão, os ministros Marco Aurélio e Dias Toffoli afirmaram que, em se tratando de universidade, fundação ou autarquia, a representação também deve ser feita pela procuradoria do estado. Na mesma linha de entendimento, a Corte, por vislumbrar ofensa aos artigos 37, II e XIII; 39, § 1º (7); 61, § 1º, II; e 132 da CF, julgou procedente o pedido formulado na ADI 5.215 para declarar a inconstitucionalidade formal e material do art. 92-A da Constituição do Estado de Goiás e dos artigos 1º e 3º da EC 50/2014. O primeiro preceito cria o cargo de procurador autárquico em estrutura paralela à procuradoria do estado; os demais transformam os cargos de gestores jurídicos, advogados e procuradores jurídicos em cargos de procuradores autárquicos, definem atribuições e asseguram paridade remuneratória. Relativamente à ADI 4.449, o colegiado julgou o pleito procedente para assentar a inconstitucionalidade dos parágrafos 2º e 3º do art. 152 da Constituição do Estado de Alagoas, na redação conferida pela Emenda 37/2010, de iniciativa parlamentar, e, por arrastamento, do inciso II e parágrafo 1º do mesmo dispositivo. Os parágrafos 2º e 3º do art. 152 estabelecem, respectivamente, que os procuradores autárquicos e os advogados de fundação terão competência privativa para a representação judicial e o assessoramento jurídico dos órgãos da Administração Estadual Indireta aos quais vinculados, e que, para os efeitos de incidência de teto remuneratório, eles serão considerados "procuradores", nos termos do art. 37, XI, da CF (8). O inciso II do art. 152 prevê, como função institucional da procuradoria-geral do estado, desenvolver as atividades de consultoria jurídica ao chefe do Executivo e junto aos órgãos da Administração Direta. O seu parágrafo 1º prescreve que o estado centralizará a orientação normativa das atividades de assessoramento jurídico estatal de sua Administração Direta na procuradoria-geral do estado.

Considerou violados os artigos 37, XIII; 61, § 1º, II; e 132 da CF e o art. 69 do ADCT.
ADI 4.449/AL, rel. Min. Marco Aurélio, julgamento em 27 e 28.3.2019.
ADI 5.215/GO, rel. Min. Roberto Barroso, julgamento em 27 e 28.3.2019.
ADI 5.262 MC/RR, rel. Min. Cármen Lúcia, julgamento em 27 e 28.3.2019.

Informativo nº 647
Destituição/Recondução de PGJ e exercício de cargo em comissão por membro do Parquet

Ao confirmar o que manifestado na apreciação da medida cautelar, o Plenário julgou procedente, em parte, pleito formulado em ação direta, ajuizada pelo Procurador-Geral da República, para conferir interpretação conforme a Constituição: a) à expressão "permitida a recondução", constante do art. 99, *caput*, da Constituição do Estado de Rondônia ("O Ministério Público do Estado tem por chefe o Procurador-Geral de Justiça, nomeado pelo Governador, dentre os Procuradores de Justiça em exercício, indicados em lista tríplice pelos integrantes de carreira que gozem de vitaliciedade, na forma prevista em lei complementar para o mandato de dois anos, permitida a recondução"), que deve ser entendida como "permitida uma recondução", nos moldes do modelo federal; e b) ao art. 100, II, f, do mesmo diploma ("Art. 100. Lei Complementar, cuja iniciativa é facultada ao Procurador-Geral de Justiça, estabelecerá a organização, as atribuições e o Estatuto do Ministério Público, observadas, relativamente a seus membros: ... II – as seguintes vedações: ... f) ser nomeado a qualquer cargo demissível ad nutum"), para dele excluir interpretação que vede o exercício de cargos de confiança próprios da administração superior do Ministério Público estadual aos seus membros. Afirmou-se também, ante a revogação dos dispositivos, o prejuízo do pedido de declaração de inconstitucionalidade dos §§ 1º e 2º do art. 99 da aludida constituição estadual ("§ 1º. A destituição do Procurador-Geral de Justiça, por iniciativa do Governador, deverá ser precedida de autorização da maioria absoluta da Assembleia Legislativa. § 2º. O Procurador-Geral de Justiça poderá ser destituído por aprovação da maioria absoluta dos membros da Assembléia Legislativa, em caso de abuso de poder ou omissão grave no cumprimento do dever: I – por indicação de dois terços dos membros vitalícios do Ministério Público, na forma da lei complementar; II – por deliberação de ofício do Poder Legislativo"). ADI 2.622/RO, rel. Min. Cezar Peluso, 10.11.2011.

Informativo nº 586
Escolha de Procurador-Geral de Justiça e Poder Legislativo
Por vislumbrar ofensa ao art. 128, § 3º, da CF, que dispõe que os Ministérios Públicos dos Estados e do Distrito Federal e Territórios formarão lista tríplice dentre integrantes da carreira, na forma da lei respectiva, para escolha de seu Procurador-Geral, que será nomeado pelo Chefe do Poder Executivo, o Tribunal julgou procedente pedido formulado em duas ações diretas ajuizadas pelo Procurador Geral da República e pelo Governador do Estado de Rondônia, para declarar a inconstitucionalidade da expressão "após a aprovação de seu nome pela maioria absoluta dos membros da Assembleia Legislativa" e da expressão "do Procurador-Geral e", contidas, respectivamente, no art. 83 da Constituição do Estado do Rio Grande do Norte (e repetida no art. 10 da Lei Complementar potiguar 141/96 - Lei Orgânica do Ministério Público do Estado do Rio Grande do Norte) e na alínea e do inciso XXIV do art. 29 da Constituição do Estado de Rondônia. Asseverou-se que a Constituição Federal não previu a participação do Poder Legislativo estadual no processo de escolha do Chefe do Ministério Público local, não podendo a Constituição estadual exigir tal participação parlamentar, a menos que se trate do tema de destituição do Procurador-Geral de Justiça (CF, art. 128, § 4º). Precedente citado: ADI 1506/SE (DJU de 12.11.99).
ADI 3727/RN, rel. Min. Ayres Britto, 12.5.2010.
ADI 3888/RO, rel. Min. Ayres Britto, 12.5.2010.

Informativo nº 409
ADI e competência de Procurador-Geral de Justiça
O Tribunal iniciou julgamento de ação direta de inconstitucionalidade proposta pelo Procurador-Geral da República contra a expressão "*e a ação civil pública*", contida no inciso X do art. 30 da Lei Complementar 72/94, do Estado do Mato Grosso do Sul, que estabelece ser da competência do Procurador-Geral de Justiça a propositura da referida ação. O Min. Eros Grau, relator, acompanhado pelos Ministros Joaquim Barbosa, Carlos Britto e Carlos Velloso, julgou procedente o pedido, por entender que o dispositivo atacado viola o art. 22, I, da CF ("*Compete privativamente à União legislar sobre: I - direito ... processual*"), uma vez que veicula norma de caráter processual, restringindo a legitimidade ativa para ação civil pública. Em divergência, o Min. Cezar Peluso jul-

gou improcedente o pedido, por considerar tratar-se de mera atribuição interna do órgão e não de direito processual. Após, pediu vista dos autos o Min. Gilmar Mendes. ADI 1.916/MS, rel. Min. Eros Grau, 16.11.2005.

Informativo nº 401
Improbidade administrativa e prerrogativa de foro

O Tribunal concluiu julgamento de duas ações diretas ajuizadas pela Associação Nacional dos Membros do Ministério Público – CONAMP e pela Associação dos Magistrados Brasileiros – AMB para declarar, por maioria, a inconstitucionalidade dos §§ 1º e 2º do art. 84 do Código de Processo Penal, inseridos pelo art. 1º da Lei 10.628/2002 — v. Informativo 362. Entendeu-se que o § 1º do art. 84 do CPP, além de ter feito interpretação autêntica da Carta Magna, o que seria reservado à norma de hierarquia constitucional, usurpou a competência do STF como guardião da Constituição Federal ao inverter a leitura por ele já feita de norma constitucional, o que, se admitido, implicaria submeter a interpretação constitucional do Supremo ao referendo do legislador ordinário. Considerando, ademais, que o § 2º do art. 84 do CPP veiculou duas regras — a que estende, à ação de improbidade administrativa, a competência especial por prerrogativa de função para inquérito e ação penais e a que manda aplicar, em relação à mesma ação de improbidade, a previsão do § 1º do citado artigo — concluiu-se que a primeira resultaria na criação de nova hipótese de competência originária não prevista no rol taxativo da Constituição Federal, e, a segunda estaria atingida por arrastamento. Ressaltou-se, ademais, que a ação de improbidade administrativa é de natureza civil, conforme se depreende do § 4º do art. 37 da CF, e que o STF jamais entendeu ser competente para o conhecimento de ações civis, por ato de ofício, ajuizadas contra as autoridades para cujo processo penal o seria. Vencidos os Ministros Eros Grau, Gilmar Mendes e Ellen Gracie que afastavam o vício formal, ao fundamento de que o legislador pode atuar como intérprete da Constituição, discordando de decisão do Supremo, exclusivamente quando não se tratar de hipótese em que a Corte tenha decidido pela inconstitucionalidade de uma lei, em face de vício formal ou material, e que, afirmando a necessidade da manutenção da prerrogativa de foro mesmo após cessado o exercício da função pública, a natureza penal da ação de improbidade e a convivência impossível desta com uma ação penal correspondente, por crime de responsabilidade, ajuizadas perante instâncias judiciárias distintas, julgavam parcialmente procedente o pedido formulado, para conferir aos artigos impugnados interpretação conforme no sentido de que: a) o agente político, mesmo afastado da função que atrai o foro por prerrogativa de função, deve ser processado e julgado perante esse foro, se acusado criminalmente por fato ligado ao exercício das funções inerentes ao cargo; b) o agente político não responde a ação de improbidade administrativa se sujeito a crime de responsabilidade pelo mesmo fato; c) os demais agentes públicos, em relação aos quais a improbidade não consubstancie crime de responsabilidade, respondem à ação de improbidade no foro definido por prerrogativa de função, desde que a ação de improbidade tenha por objeto ato funcional. ADI 2.797/DF e ADI 2.860/DF, rel. Min. Sepúlveda Pertence, 15.9.2005.

7.2. Informativos STJ

Informativo nº 587
DIREITO CONSTITUCIONAL E PROCESSUAL CIVIL. COMPETÊNCIA PARA JULGAR MANDADO DE SEGURANÇA CONTRA ATO DO CHEFE DO MPDFT NO EXERCÍCIO DE ATIVIDADE SUBMETIDA À JURISDIÇÃO ADMINISTRATIVA FEDERAL.

É do TRF da 1º Região – e não do TJDFT – a competência para processar e julgar mandado de segurança impetrado contra ato do Procurador-Geral de Justiça do Distrito Federal que determinou a retenção de Imposto de Renda (IR) e de contribuição ao Plano de Seguridade Social (PSS) sobre valores decorrentes da conversão em pecúnia de licenças-prêmio. À luz do art. 128 da CF e do art. 24 da LC nº 75/1993, não há dúvidas de que a autoridade indicada como autoridade coatora é federal, visto que membro do MPDFT, o qual, por sua vez, integra o MPU. Deve-se anotar, ainda, que o ato de retenção de tributos federais praticado pelo Procurador-Geral de Justiça decorre de imposição legal e é realizado por delegação do chefe do Ministério Público, Procurador-Geral da República, o que revela a necessidade de cientificação da União e de sua participação na lide. Com efeito, o art. 109, VIII, da CF estabelece a competência dos juízes federais para processar e julgar os mandados de segurança contra ato de autoridade federal, excetuando os casos de competência dos tribunais federais. Embora não haja norma constitucional expressa que atribua a competência do TRF da 1ª Região para processar e julgar mandado de segurança contra ato do Procurador-Geral de Justiça do Distrito Federal nem contra ato de qualquer outro membro do MPU, pelo princípio da simetria constitucional, deve-se reconhecer tal competência na hipótese em análise. De fato, o art. 102, I, d, da CF, ao tratar da competência para julgamento dos mandados de segurança impetrados contra atos do Procurador-Geral da República, revela que o Poder Constituinte Originário a atribuiu ao STF. Esse dispositivo estabelece norma de organização judiciária de caráter federativo, razão pela qual, via de regra, as Constituições dos Estados, por força do art. 125, *caput*, da CF, também preveem a competência dos tribunais de justiça para o processamento e julgamento dos mandados de segurança impetrados contra atos dos procuradores-gerais de justiça. Todavia, a situação do DF é peculiar, porquanto, conforme diretriz do art. 20, XIII, da CF, sua organização judiciária é da competência da União, razão pela qual vem disciplinada por lei federal, e não pela Constituição do Distrito Federal. Não obstante, a norma constitucional acima citada foi devidamente observada na Lei federal nº 11.697/2008, que dispõe sobre a organização judiciária do Distrito Federal e dos Territórios, visto que assegurada a competência do Tribunal de Justiça do Distrito Federal para processar e julgar, originariamente, os mandados de segurança impetrados contra ato do Procurador-Geral de Justiça do Distrito Federal. Nesse contexto, na falta de norma constitucional expressa e à luz do princípio da simetria, deve-se reconhecer que os mandados de segurança impetrados contra atos do Procurador-Geral de Justiça do Distrito Federal, quando em atividade submetida à jurisdição administrativa de natureza federal, são da competência do TRF da 1ª Região. A propósito, deixa-se registrado que a competência do TJDFT, órgão federal de jurisdição local, para processar e julgar os mandados de segurança contra atos do Procurador-Geral de Justiça do MPDFT é restrita aos atos praticados sob jurisdição administrativa local, situação sui generis oportunizada pela própria estrutura político-administrativa do DF. REsp 1.303.154-DF, Rel. Min. Gurgel de Faria, julgado em 16/6/2016, DJe 8/8/2016.

Informativo nº 507
DIREITO PROCESSUAL CIVIL. MINISTÉRIO PÚBLICO DOS ESTADOS. LEGITIMIDADE RECURSAL NO ÂMBITO DO STJ.
O Ministério Público estadual tem legitimidade recursal para atuar no STJ. O entendimento até então adotado pelo STJ era no sentido de

conferir aos membros dos MPs dos estados a possibilidade de interpor recursos extraordinários e especiais nos tribunais superiores, restringindo, porém, ao procurador-geral da República (PGR) ou aos subprocuradores da República por ele designados a atribuição para oficiar junto aos tribunais superiores, com base na LC n° 75/1993 e no art. 61 do RISTJ. A nova orientação baseia-se no fato de que a CF estabelece como princípios institucionais do MP a unidade, a indivisibilidade e a independência funcional (art. 127, § 1°, da CF), organizando-o em dois segmentos: o MPU, que compreende o MPF, o MPT, o MPM e o MP-DFT; e o MP dos estados (art. 128, I e II, da CF). O MP estadual não está vinculado nem subordinado, no plano processual, administrativo e/ou institucional, à chefia do MPU, o que lhe confere ampla possibilidade de postular, autonomamente, perante o STJ. A própria CF, ao assentar que o PGR é o chefe do MPU, enquanto os MPs estaduais são chefiados pelos respectivos procuradores-gerais de justiça (PGJ) (art. 128, §§ 1° e 3°, da CF), sinaliza a inexistência dessa relação hierárquica. Assim, não permitir que o MP do estado interponha recursos em casos em que seja autor da ação que tramitou originariamente na Justiça estadual, ou mesmo ajuizar ações ou medidas originárias (mandado de segurança, reclamação constitucional, pedidos de suspensão de segurança ou de tutela antecipada) nos tribunais superiores, e nelas apresentar recursos subsequentes (embargos de declaração, agravo regimental ou recurso extraordinário), significa: (a) vedar ao MP estadual o acesso ao STF e ao STJ; (b) criar espécie de subordinação hierárquica entre o MP estadual e o MP federal, sendo que ela é absolutamente inexistente; (c) cercear a autonomia do MP estadual; (d) violar o princípio federativo; (e) desnaturar o jaez do STJ de tribunal federativo, uma vez que tolheria os meios processuais de se considerarem as ponderações jurídicas do MP estadual, inclusive como um modo de oxigenar a jurisprudência da Corte. Ressalte-se que, nesses casos, o MP estadual oficia como autor, enquanto o PGR oficia como fiscal da lei, papéis diferentes que não se confundem, nem se excluem reciprocamente. Esse novo entendimento não acarretará qualquer embaraço ao cumprimento das medidas legais de intimação dos MPs estaduais no âmbito do STJ, já que elas terão como destinatários, exclusivamente, os respectivos chefes dessas instituições nos estados. De igual modo, não se vislumbra qualquer dificuldade quanto ao local de onde deve se pronunciar oralmente o PGJ ou seu representante especialmente designado para tal ato, que tomará a tribuna reservada às partes, deixando inalterada a posição do membro do Parquet federal atuante no órgão julgador do STJ, o qual estará na qualidade de custos legis. Precedente citado do STF: RE 593.727-MG (questão de ordem). AgRg no AgRg no AREsp 194.892-RJ, Rel. Min. Mauro Campbell Marques, julgado em 24/10/2012.

Informativo nº 418
COMPETÊNCIA. IMPROBIDADE. GOVERNADOR.

Trata-se de reclamação proposta por governador para extinguir, ante a suposta usurpação da competência deste Superior Tribunal, ação civil pública por improbidade administrativa referente a atos praticados durante sua gestão como prefeito. Sustenta que as condutas que lhe são atribuídas estão descritas no DL nº 201/1967 como crimes de responsabilidade de prefeito, que não cabe ação de improbidade tendente a aplicar sanções por atos que, como no caso, também configuram crimes de responsabilidade e, como atualmente ocupa o cargo de governador, a competência para apreciar os fatos que lhe são imputados é do STJ. Isso posto, a Corte Especial julgou a reclamação procedente em parte ao entendimento de que, excetuada a hipótese de atos de improbidade praticados pelo presidente da República (art. 85, V, da CF/1988), cujo julgamento se dá em regime especial pelo Senado Federal (art. 86 da mesma carta), não há norma constitucional alguma que imunize os agentes políticos, sujeitos a crime de responsabilidade, de qualquer das sanções por ato de improbidade previstas no art. 37, § 4º, da CF/1988. Seria incompatível com a Constituição eventual preceito normativo infraconstitucional que impusesse imunidade dessa natureza. O STF, em 13/3/2008, com apenas um voto contrário, declarou competir a ele julgar ação de improbidade contra seus membros (QO na Pet. 3.211-0, Rel. Min. Carlos Alberto Menezes Direito, DJe 27/6/2008). Considerou, para tanto, que a prerrogativa de foro, em casos tais, decorre diretamente do sistema de competências estabelecido na CF/1988, que assegura a seus ministros foro por prerrogativa de função tanto em crimes comuns, na própria Corte, quanto em crimes de responsabilidade, no Senado Federal. Por isso, seria absurdo ou o máximo do contrassenso conceber que ordem jurídica permita que um ministro possa ser julgado por outro órgão em ação diversa, entre cujas sanções está também a perda do cargo. Isso seria a desestruturação de todo o sistema que fundamenta a distribuição da competência. Esses mesmos fundamentos de natureza sistemática autorizam a concluir, por imposição lógica de coerência interpretativa, que uma norma infraconstitucional não pode atribuir a juiz de primeiro grau o julgamento de ação de improbidade administrativa – com possível aplicação da pena de perda do cargo – contra governador que, a exemplo dos ministros do STF, também tem assegurado foro por prerrogativa de função tanto em crimes comuns (no STJ) quanto em crimes de responsabilidade (na respectiva Assembleia Legislativa). É de se reconhecer que, por inafastável simetria com o que ocorre em relação aos crimes comuns (art. 105, I, a, CF/1988), há, em casos tais, competência implícita complementar do STJ. Precedentes citados do STF: ADI 2.860-DF, DJ 19/12/2006; do STJ: Rcl 591-DF, DJ 15/5/2000; Pet 2.588-RO, DJ 9/10/2006; Pet 2.639-RJ, DJ 25/9/2006; AgRg na MC 7.487-GO, DJ 17/4/2006; Pet 2.593-GO, DJ 6/11/2006, e Rcl 2.197-DF, DJe 9/3/2009. Rcl. 2.790-SC, Rel. Min. Teori Albino Zavascki, julgada em 2/12/2009.

Informativo nº 386
AÇÃO CIVIL PÚBLICA. ILEGITIMIDADE. MP.

A questão consiste em saber se, sob a égide do art. 29, VIII, da Lei 8.625/1993, a ação civil pública contra governador compete ao procurador-geral de Justiça ou se a petição inicial poderia ser subscrita exclusivamente por membro do Ministério Público estadual que atua na primeira instância. No caso, o Tribunal *a quo* anulou o feito desde o recebimento da petição inicial, por entender que somente o procurador-geral de Justiça teria legitimidade para o ajuizamento de ação civil pública em desfavor de governador à época da propositura da ação. Para o Min. Relator, ainda que se admitisse o princípio do promotor natural no ordenamento pátrio, sua disciplina estaria circunscrita ao âmbito infraconstitucional, ou seja, à Lei 8.625/1993, que, ao dispor sobre a organização dos Ministérios Públicos estaduais, conferiu ao procurador--geral de Justiça a competência para o ajuizamento da ação civil pública contra governador (art. 29, VII, daquela legislação). Observa ainda que nem mesmo o art. 29, IX, da citada lei, que trata da delegação a membro do MP pelo procurador-geral de Justiça, poderia legitimar, nos autos, a atuação do membro do Parquet, uma vez que o Tribunal de origem registrou expressamente não haver qualquer delegação. Dessa forma, não poderia a promotora de Justiça subscrever a petição inicial por falta de legitimidade *ad processum* para a propositura da ação civil pública contra governador, a qual caberia ao procurador-geral de Justiça. Com esse entendimento, a Turma negou provimento ao recurso do Ministério Público estadual, com a ressalva do ponto de vista pessoal do Min. Herman Benjamin e do Min. Mauro Campbell. Precedentes citados do STF: HC 67.759-RJ, DJ 13/6/1993; HC 84.468-ES, DJ 29/6/2007, e HC 70.290-RJ, DJ 13/9/1997. REsp 851.635-AC, Rel. Min. Castro Meira, julgado em 10/3/2009.

8. Questão sobre o tema
1MP/RJ- XXIX CONCURSO - 2007
PROVA ESCRITA PRELIMINAR
18ª questão: Princípios Institucionais do MP (Valor - 5 pontos)

O MP-RJ propôs Ação Civil Pública em face do Município da Capital, objetivando, na demanda, a retirada dos vendedores ambulantes das ruas e logradouros públicos da Cidade do Rio de Janeiro. O pedido foi julgado procedente. Da sentença o Município interpôs recurso de apelação. O Tribunal de Justiça, por sua 1ª Câmara Cível, deu provimento ao recurso e reformou integralmente a sentença, por entender juridicamente impossível o pedido. O julgamento ocorreu sem que fosse o processo, previamente, encaminhado ao órgão do MP em segundo grau para emitir parecer. Pergunta-se: Considerados os indicadores atuais da jurisprudência do STJ, a intervenção do MP, na qualidade de órgão fiscal, seria, no caso narrado, obrigatória?

RESPOSTA OBJETIVAMENTE JUSTIFICADA.

VII Tópicos da atuação do Ministério Público na Área Penal

1. Introdução

A persecução penal é uma das mais importantes atribuições institucionais do MP contemporâneo, sendo elencada no Art. 129, I da CF como função inerente à essência do Parquet. Divide-se, em nosso ordenamento jurídico, em duas fases. A primeira, de cunho extraprocessual, com o Inquérito Policial ou o Procedimento de Investigação Criminal do MP (PIC), além de outros instrumentos similares. A segunda, de índole processual, inicia-se com o oferecimento da denúncia ou da queixa, nas hipóteses legais respectivas. Neste título examinaremos algumas questões tópicas acerca da atuação do MP na seara criminal.

2. Investigação Criminal Direta pelo Ministério Público

2.1. Breve histórico da discussão

No passado, havia controvérsia doutrinária e jurisprudencial acerca da possibilidade constitucional do Parquet realizar diretamente a investigação penal. A questão chegou à Corte Suprema, que emitiu, pela sua segunda turma, decisões negativas:

"Inocorrência de ofensa ao artigo 129, VIII, CF, no fato de a autoridade administrativa deixar de atender requisição de membro do Ministério Público no sentido da realização de investigações tendentes à apuração de infrações penais, mesmo porque não cabe ao membro do Ministério Público realizar, diretamente, tais investigações, mas requisitá-las à autoridade policial competente para tal (CF, art. 144, §§ 1º e 4º)". (RE 205.473-9/AL)

"O MP não tem competência para promover inquérito administrativo em relação à conduta de servidores públicos, nem tem competência para produzir inquérito penal sob o argumento de que tenha a possibilidade

de expedir notificações nos procedimentos administrativos, e pode propor ação penal sem inquérito policial, desde que disponha de elementos suficientes. Mas os elementos suficientes não podem ser autoproduzidos pelo MP, instaurando ele inquérito policial". (RE 230.072-4/RJ)

Tais decisões e os argumentos que as embasaram serão brevemente analisados para o melhor conhecimento da matéria, no sentido de se permitir a investigação direta pelo MP.

2.2. A inexistente exclusividade da Polícia Judiciária na investigação criminal (Art. 144 da CF)

A simples leitura do artigo 144, *caput*, I a VI, e seu § 4º, da Carta da República, permite observar que a vontade do constituinte não foi de conferir exclusividade à Polícia no que tange a investigação, mas sim delimitar o âmbito de atuação de cada uma das Polícias ali mencionadas, reservando, em especial, à Polícia Federal a apuração das infrações penais, a prevenção e repressão ao tráfico de drogas e o exercício, com exclusividade, das funções de Polícia Judiciária da União. Não deixou também o constituinte de ressalvar para a Polícia Civil as funções de Polícia Judiciária e apuração de infrações penais, quando não colidentes com a competência da União. Quis o legislador, portanto, apenas delimitar a atribuição de cada uma delas, tanto é assim, que em seguida elencou as funções da Polícia Militar, Polícia Ferroviária Federal, Rodoviária Federal e Polícia Penal. O próprio Supremo Tribunal Federal assim já decidiu quando do julgamento da ADIN 1.517, proposta pela ADEPOL, cuja decisão ficou consignada:

> *(...) Assim sendo tenho que a expressão "com exclusividade", inserida na regra contida no inciso IV do § 1º do art. 144 da CF, deve ser interpretada no sentido de excluir das demais polícias elencadas nos incisos II a V do referido artigo, inclusive as de âmbito federal (rodoviária e ferroviária), a destinação de exercer as funções de polícia judiciária da União. (...)*

Confira-se o voto do Ministro Eros Grau, no mesmo sentido, no julgamento do Inq. 1968, para quem o inquérito policial é apenas uma das espécies do gênero investigação criminal:

> *"O § 4º do artigo 144 da Constituição do Brasil cogita da apuração de infrações penais e não, amplamente, de investigação criminal. Essa apuração corporifica-se, no caso das polícias civis, na instauração do cha-*

mado inquérito policial, espécie albergada no gênero investigação criminal. Por isso mesmo não há, no reconhecimento de que o Ministério Público pode (=deve) realizar investigação criminal, invasão, por ele, da competência atribuída às polícias civis. O que não pode o Ministério Público é instaurar inquérito policial. Apenas isso".

Em agosto de 2018 o STF decidiu a questão, de forma unânime, na ADI nº 4.318, onde se questionavam dispositivos da Lei Orgânica da Polícia Civil da Bahia, que conferiam à corporação o status de *"instituição essencial à função jurisdicional do Estado"* e atribuíam sua competência para *"exercer, de ofício e com exclusividade, as funções de polícia judiciária e de apuração de infrações penais"* e *"dirigir e supervisionar operacionalmente, com exclusividade, a atividade de investigação criminal e o exercício da polícia judiciária"*. Confira-se o resultado:

> *"AÇÃO DIRETA DE INCONSTITUCIONALIDADE. LEI N. 11.370/2009 DA BAHIA. DISCUSSÃO SOBRE A EXCLUSIVIDADE DA POLÍCIA CIVIL PARA NA ATUAR NA PERSECUÇÃO PENAL. MATÉRIA PROCESSUAL. MATÉRIA DE COMPETÊNCIA PRIVATIVA DA UNIÃO. INCONSTITUCIONALIDADE FORMAL. PRECEDENTES. DECISÃO DO SUPREMO TRIBUNAL FEDERAL NO RECURSO EXTRAORDINÁRIO Nº 593.727, COM REPERCUSSÃO GERAL. INCONSTITUCIONALIDADE MATERIAL. AÇÃO JULGADA PROCEDENTE.*
>
> *1. Nos termos do art. 22, inc. I, da Constituição da República, compete à União legislar sobre os mecanismos da persecução penal, "da qual fazem parte o inquérito policial e a ação penal, regidos pelo direito processual penal". Ação Direta de Inconstitucionalidade nº 3.896 (DJe 8.8.2008).*
>
> *2. No julgamento do Recurso Extraordinário nº 593.727 (DJe 8.9.2015), o Supremo Tribunal Federal reconheceu a legitimidade do Ministério Público para promover investigações de natureza penal, fixando os parâmetros dessa atuação.*
>
> *3. Ação julgada prejudicada quanto à expressão "instituição essencial à função jurisdicional do Estado" suprimida do caput do art. 4º da Lei nº 11.370/2009, pela Lei nº 11.471, de 15.4.2009. Na parte remanescente, procedência do pedido para declarar a inconstitucionalidade da expressão "o exercício das funções de polícia judiciária, ressalvada a competência da União, cabendo-lhe, ainda, as atividades de repressão criminal especializada" daquele dispositivo legal".*[1]

---

1 ADI 4.318/BA, Relatora Ministra Cármen Lúcia, julgado em 01 de agosto de 2018, publicado em 14 de fevereiro de 2019.

2.3. Exemplos de investigação realizada por outros órgãos

Na verdade, o poder de investigação não é exclusividade da polícia, nem o seria desta e do Ministério Público. Existem outros órgãos do Estado para os quais a lei prevê a possibilidade de realização de diligências investigatórias.

A Lei 4.771/65 (Código Florestal), em seu artigo 33, prevê que nos crimes previstos naquela lei ou em outras que tenham por objeto florestas e vegetações, será competente para "instaurar, presidir e proceder a inquéritos policiais...", além das autoridades indicadas no Código de Processo Penal, também "os funcionários da repartição florestal e de autarquias com atribuições correlatas, designados para a atividade de fiscalização". No caso do Poder Legislativo é a própria Constituição quem prevê, em seu artigo 58, § 3º, a possibilidade de investigação por parte dos parlamentares quando da instauração das Comissões Parlamentares de Inquérito, prevista na Lei 1.579/52. No âmbito do Poder Executivo, é notório que o Banco Central possui o direito de pedir a quebra de sigilo bancário visando comprovar a materialidade do delito de sonegação fiscal. Até o próprio Poder Judiciário possui normas estabelecendo que, em casos de crimes praticados por magistrados, a autoridade policial, civil ou militar, deverá remeter os autos ao Tribunal para que este prossiga na investigação (LC 35/79 – Lei Orgânica Nacional da Magistratura – art. 33). Não se pode esquecer o Inquérito Policial Militar, previsto no Código de Processo Penal Militar; a Investigação Judicial Eleitoral prevista na LC 64/90, em seu artigo 22, e o Inquérito Administrativo para apurar faltas funcionais. Existe também previsão na Lei 8.069/90 (ECA), em seu artigo 179, de investigações prévias promovidas pelo Parquet, por exemplo, quando da oitiva de menor para que o membro do Ministério Público possa, com mais clareza e convicção, formar a sua *opinio delicti* e tomar uma das providências previstas no artigo 180 do referido estatuto.

O próprio Supremo Tribunal Federal possui em seu Regimento Interno[2] norma estabelecendo que em caso de *"infração à lei penal na sede ou dependência do Tribunal, o Presidente instaurará inquérito, se envolver autoridade ou pessoa sujeita à sua jurisdição, ou delegará esta atribuição a outro Ministro"*. Insta acentuar que o próprio artigo 4º,

---
2 Regimento Interno do Supremo Tribunal Federal, art. 43.

parágrafo único, do Código de Processo Penal, afirma que "*a competência definida neste artigo (investigação das infrações penais) não excluirá a de autoridades administrativas a quem por lei seja cometida a mesma função*".

2.4. A prescindibilidade do inquérito policial

Vale lembrar também não ser o inquérito policial indispensável ao lastro da peça acusatória. O artigo 12 do CPP é claro ao deixar patente a prescindibilidade do inquérito, sendo certo que o Superior Tribunal de Justiça assim já decidiu:

> *Ementa: Recurso Ordinário em Habeas Corpus. Penal. Crime de Ameaça. Representação feita no prazo legal. Ação Penal validamente instaurada. Prescindibilidade de Inquérito Policial.*
>
> *Não há falar em decadência do direito de representação, se o mesmo foi exercido no prazo legal. O inquérito policial não é peça imprescindível ao oferecimento da denúncia, podendo o Ministério Público ajuizar a ação penal independentemente de prévia investigação, desde que tenha elementos para tanto. (...) Recurso desprovido (RHC 9.340/SP, Rel. Min. José Arnaldo da Fonseca, 5ª T.).*

Para reforçar esta ideia de prescindibilidade do inquérito policial, lembre-se do artigo 27 do CPP, que permite que qualquer do povo provoque a iniciativa do Ministério Público, fornecendo-lhe informações necessárias sobre crime de seu conhecimento, admitindo-se no ordenamento processual, a investigação particular. O artigo 39, § 5º, do CPP também admite expressamente que o Ministério Público dispense o inquérito, se eventualmente a representação recebida vier acompanhada de dados suficientes para que, desde já, seja deflagrada a ação penal. Vale ressalvar que o artigo 28 e o artigo 67, I, ambos do CPP, respectivamente falam em "quaisquer elementos informativos" e "peças de informação", corroborando assim a existência de investigação criminal fora da sede de inquérito policial. Nesse sentido se pronunciou o Supremo Tribunal Federal através do voto do Ministro Celso de Mello, na Medida Cautelar em *Habeas Corpus* nº 89.837-8-DF:

> *"Cabe salientar, finalmente, sem prejuízo do exame oportuno da questão pertinente à legitimidade constitucional do poder investigatório do Ministério Público, que o Parquet não depende, para efeito de instauração*

da persecução penal em juízo, da preexistência de inquérito policial, eis que lhe assiste a faculdade de apoiar a formulação da opinio delicti *em elementos de informação constantes de outras peças existentes aliunde. Esse entendimento – que se apoia no magistério da doutrina (DAMÁSIO E. DE JESUS, Código de Processo Penal Anotado, p. 07, 17ª ed., 2000, Saraiva; FERNANDO DA COSTA TOURINHO FILHO, Código de Processo Penal Comentado, vol. I/III, 4ª ed., 1999, Saraiva; JULIO FABBRINI MIRABETE, Código de Processo Penal Interpretado, p. 111, item 12.1, 7ª ed., 2000, Atlas; EDUARDO ESPÍNOLA FILHO, Código de Processo Penal Brasileiro Anotado, vol. I/288, 2000, Bookseller, v.g.) – tem, igualmente, o beneplácito da jurisprudência dos Tribunais em geral (RT 664/336 – RT 716/502 – RT 738/557 – RSTJ 65/157 – RSTJ 106/426, v.g.), inclusive a desta Suprema Corte (RTJ 64/342 – RTJ 76/741 – RTJ 101/571 – RT 756/481):"O inquérito policial não constitui pressuposto legitimador da válida instauração, pelo Ministério Público, da* persecutio in judicio. *Precedentes. O Ministério Público, por isso mesmo, para oferecer denúncia, não depende de prévias investigações penais promovidas pela Polícia Judiciária, desde que disponha, instrumento de para tanto, de elementos mínimos de informação, fundados em base empírica idônea, sob pena de o desempenho da gravíssima prerrogativa de acusar transformar-se em exercício irresponsável de poder, convertendo, o processo penal, em inaceitável arbítrio estatal. Precedentes".*
(RTJ 192/222-223, Rel. Min. CELSO DE MELLO)

2.5. A previsão do poder investigatório ministerial

Analisaremos agora as previsões constitucionais e legais que dotam o Ministério Público do poder de investigação criminal. Já em 1981, a antiga LONMP (Lei Complementar 40/81) previa expressamente, em seu artigo 15, como atribuições dos membros do Ministério Público, a promoção de diligências e requisição de documentos, certidões e informações, além da expedição de notificações e do acompanhamento dos atos investigatórios junto a organismos policiais, convenientes à apuração de infrações penais. Em 1982, no Estado do Rio de Janeiro, a Lei Complementar 28 disciplinava, em seu artigo 43, as atribuições dos Promotores de Justiça, estabelecendo, principalmente em seus incisos VI, VII e VIII, uma gama de poderes investigatórios em consonância com o diploma legal referido, ratificando a legalidade e a conveniência com que tais poderes foram recebidos pela sociedade e juristas da época. Com a promulgação da Constituição da República de 1988, o Ministério

Público ganhou nova feição, e o Constituinte o dotou de poderes para promover ele mesmo a investigação penal quando entender necessário. É a transcrição parcial do artigo 129 que se impõe:

> Art. 129. São funções institucionais do Ministério Público: I. promover, privativamente, a ação penal pública, na forma da lei; (...) VI. expedir notificações nos procedimentos administrativos de sua competência, requisitando informações e documentos para instruí-los, na forma da lei complementar respectiva; VIII. requisitar diligências investigatórias e a instauração de inquérito policial, indicados os fundamentos jurídicos de suas manifestações processuais; IX. exercer outras funções que lhe forem conferidas, desde que compatíveis com sua finalidade, sendo-lhe vedada a representação judicial e a consultoria jurídica de entidades públicas.

Algumas vozes se levantaram no sentido de que os procedimentos administrativos a que se refere o inciso VI do artigo 129 da CF diriam respeito apenas aos inquéritos civis. Mazzilli[3], porém, pôs fim à discussão ao afirmar que:

> No inciso VI do art. 129, cuida-se de procedimentos administrativos de atribuição do Ministério Público – e aqui também se incluem investigações destinadas à coleta direta de elementos de convicção para a opinio delicti: se os procedimentos administrativos de que cuida este inciso fossem apenas em matéria cível, teria bastado o inquérito civil de que cuida o inc. III. Certo é, pois, que a própria Constituição lhe confere a promoção de inquérito civil, caso típico de procedimento administrativo de atribuição ministerial (inc. III do mesmo artigo). Mas o poder de requisitar informações e diligências não se exaure na esfera cível atingindo também a área destinada a investigações criminais (...)

Em face do exposto, não restam dúvidas quanto à amplitude da expressão *"procedimentos administrativos"* empregada na Constituição, sendo lícito, portanto, ao Ministério Público, a expedição de notificações, inclusive nos procedimentos administrativos criminais de sua competência.

Diante deste novo fundamento de validade, observa-se que as leis anteriormente referidas e compatíveis com a CF/88, permaneceram vigentes. Há uma nítida relação meio-fim que emerge dos poderes conferidos por tais diplomas legais e a finalidade atribuída ao Ministério Público pela Constituição, no sentido da investigação criminal direta pelo Ministério Público com o fim da deflagração da

---
3 MAZZILLI, *op. cit.*, pp. 439-440.

ação penal. Depois da promulgação da CF/88, surgiram ainda outras leis em cumprimento ao que ficou indicado na Carta Magna. A Lei Complementar 75/93, aplicável subsidiariamente aos Ministérios Públicos Estaduais, assevera que cabe ao Ministério Público realizar diligências investigatórias (art. 8º, I, V e VII) nos procedimentos e inquéritos que instaurar, notificando testemunhas, inclusive com condução coercitiva. A LONMP, em seu artigo 26, I, II, IV e § 4º, tem o mesmo sentido ao afirmar que o Parquet estadual pode promover inspeções e diligências investigatórias, também podendo expedir notificações, sendo-lhe facultada ainda a condução coercitiva.

Hoje, o Ministério Público do Estado do Rio de Janeiro, disciplinado pela Lei Complementar 106/2003, em seu artigo 35, mais uma vez, elenca um vasto rol de atribuições do Ministério Público e, dentre elas, também os poderes ora examinados de investigação direta penal. Assim, pode o membro do Ministério Público do Rio de Janeiro, com base em lei complementar, conforme exige a Constituição da República, promover *motu proprio* à investigação penal, por determinação do constituinte originário.

2.6. A posição atual do STF

Atualmente, o STF, através do pleno, reconhece a legitimidade da investigação criminal direta pelo Ministério Público e fixou alguns parâmetros a serem seguidos pelo Parquet. O Tribunal, por maioria, ao julgar o RE 593.727, com repercussão geral reconhecida (*Tema 184 – "O Ministério Público dispõe de competência para promover, por autoridade própria, e por prazo razoável, investigações de natureza penal, desde que respeitados os direitos e garantias que assistem a qualquer indiciado ou a qualquer pessoa sob investigação do Estado". (RE 593.727, Repercussão Geral, Relator: Min. CÉZAR PELUSO, Relator para Acórdão: Min. GILMAR MENDES, julgamento em 14/5/2015, publicação em 8/9/2015);* entendeu ser constitucional o procedimento investigatório ministerial. Confira-se o atual posicionamento da Corte:

> a) *O Ministério Público dispõe de competência para promover, por autoridade própria, e por prazo razoável, investigações de natureza penal, desde que respeitados os direitos e garantias que assistem a qualquer indiciado ou a qualquer pessoa sob investigação do Estado, observadas, sempre, por seus agentes, as hipóteses de reserva constitucional de jurisdição e, também, as prerrogativas profissionais de que*

se acham investidos, em nosso país, os advogados (Lei 8.906/1994, art. 7º, notadamente os incisos I, II, III, XI, XIII, XIV e XIX), sem prejuízo da possibilidade – sempre presente no Estado Democrático de Direito – do permanente controle jurisdicional dos atos, necessariamente documentados (**Súmula Vinculante 14**), praticados pelos membros dessa instituição. [**RE 593.727**, rel. p/ o ac. min. Gilmar Mendes, j. 14-5-2015, P, DJE de 8-9-2015, Tema 184.]

b) "A Constituição de 1988 fez uma opção inequívoca pelo sistema acusatório – e não pelo sistema inquisitorial – criando as bases para uma mudança profunda na condução das investigações criminais e no processamento das ações penais no Brasil" (ADI 5.104 MC, Relator: Min. ROBERTO BARROSO, julgamento em 21/5/2014, publicação em 30/10/2014);

c) "O poder de investigar compõe, em sede penal, o complexo de funções institucionais do Ministério Público, que dispõe, na condição de dominus litis e, também, como expressão de sua competência para exercer o controle externo da atividade policial, da atribuição de fazer instaurar, ainda que em caráter subsidiário, mas por autoridade própria e sob sua direção, procedimentos de investigação penal destinados a viabilizar a obtenção de dados informativos, de subsídios probatórios e de elementos de convicção que lhe permitam formar a opinio delicti, em ordem a propiciar eventual ajuizamento da ação penal de iniciativa pública.[**HC 89.837**, rel. min. Celso de Mello, j. 20-10-2009, 2ª T, DJE de 20-11-2009.]= RHC 118.636 AgR, rel. min. Celso de Mello, j. 26-8-2014, 2ª T, DJE de 10-9-2014".

d) "As questões de suposta violação ao devido processo legal, ao princípio da legalidade, ao direito de intimidade e privacidade e ao princípio da presunção de inocência têm natureza infraconstitucional e, em razão disso, revelam-se insuscetíveis de conhecimento em sede de recurso extraordinário. (...) Remanesce a questão afeta à possibilidade de o Ministério Público promover procedimento administrativo de cunho investigatório e o possível malferimento da norma contida no art. 144, § 1º, I e IV, da CF. No caso concreto, tal debate se mostra irrelevante, eis que houve instauração de inquérito policial para apurar fatos relacionados às movimentações de significativas somas pecuniárias em contas bancárias, sendo que o Ministério Público requereu, a título de tutela cautelar inominada, a concessão de provimento jurisdicional que afastasse o sigilo dos dados bancários e fiscais do recorrente. Tal requerimento foi feito junto ao juízo competente e, portanto, não se tratou de medida adotada pelo Ministério Público sem qualquer provimento jurisdicional. Contudo, ainda que se tratasse da temática dos poderes investigatórios do Ministério Público, melhor *sorte não assistiria ao recorrente. A denúncia pode ser fundamentada em peças de informação obtidas pelo órgão do MPF sem a necessidade do prévio inquérito policial, como já previa o CPP. Não há óbice a que o Ministério Público requisite esclarecimentos ou diligencie diretamente a obtenção da prova de modo a formar seu convencimento a respeito de determinado fato, aperfeiçoando a persecução penal, mormente em casos graves como o presente que envolvem altas somas em dinheiro movimentadas em contas bancárias. [RE 535.478, rel. min. Ellen Gracie, j. 28-10-2008, 2ª T, DJE de 21-11-2008].*

Cabe bem à matéria, após a conclusão do entendimento do STF, a observação de Lênio Streck,[4] muito anterior à decisão da Corte, ao afirmar que:

Em síntese, texto e norma são coisas distintas, mas não separadas, no sentido de que possam subsistir um sem o outro. Dessa arte as expressões "realizar diligências investigatórias" não podem, jamais, significar o seu oposto. Ou seja, não podem significar que o Ministério Público "não" tem esse poder.

2.7. Regulamentação da matéria pelo CNMP

O CNMP, acerca do tema, havia editado a Resolução nº 13/2006, regulamentando o art. 8º da Lei Complementar 75/93 e o art. 26 da Lei nº 8.625/93, disciplinando, portanto, no âmbito do Ministério Público, a instauração e tramitação do procedimento investigatório criminal. Após a decisão do plenário do STF, acima referida, editou a Res. nº 181/2017, já adaptada aos preceitos preconizados pela Corte.

Cabe ressaltar que, neste interregno, a ADEPOL ajuizou no STF a ADI 3.806, sob o fundamento de que a Resolução original, além de violar a exclusividade da condução das investigações criminais pela polícia judiciária, ao legislar sobre matéria processual penal, confrontaria a Constituição Federal em seu artigo 22, inciso I, por tratar-se de matéria de competência privativa da União. No mesmo sentido, a Ordem dos Advogados do Brasil ajuizou a ADI 3.836, com similares fundamentos. Diante da inegável relevância da matéria, em ambas as ações diretas, foi adotado o procedimento abreviado previsto no artigo 12 da Lei 9.868/99. Em setembro de 2021,[5] as ações ainda estavam em tramitação,

---

4 STRECK, *op. cit.*, p. 91.
5 Acompanhamento processual realizado no dia 06 de setembro de 2021 junto ao sítio <www.stf.jus.br>.

sendo certo que na ADI 3.806, foram deferidos os pedidos da CONAMP e da ANDPF (Associação Nacional dos Delegados de Polícia Federal) para oficiarem como *amicus curiae*. Como a Corte, reiteradamente, têm entendido que as Resoluções do CNMP e do CNJ são atos normativos primários, no âmbito de suas respectivas atribuições constitucionais, tendo já admitido, em regime de repercussão geral, como constitucional a investigação direta do MP, acredito que ambas as ADINs não terão sucesso, já que ao CNMP é dado, pelo Art. 130 A § 2°, I, da CF, a competência para zelar pela autonomia funcional e administrativa do MP, expedindo os atos regulamentares respectivos, como ocorrido nesta hipótese, sendo certo ser o PIC procedimento administrativo para o exercício das funções preconizadas na própria CF.

Dispõe, portanto, a Resolução CNMP 181/2017, que "*O procedimento investigatório criminal é instrumento sumário e desburocratizado de natureza administrativa e investigatória, instaurado e presidido pelo membro do Ministério Público com atribuição criminal, e terá como finalidade apurar a ocorrência de infrações penais de iniciativa pública, servindo como preparação e embasamento para o juízo de propositura, ou não, da respectiva ação penal*". Ressaltou o ato do CNMP que o PIC não é condição de procedibilidade ou pressuposto processual para o ajuizamento de ação penal e não exclui a possibilidade de formalização de investigação por outros órgãos legitimados da Administração Pública. Excluiu expressamente de seu escopo os magistrados, que devem ser investigados pelo respectivo Tribunal, tendo em vista previsão da LOMAN (Art. 33 § único).

Assevera que o PIC poderá ser instaurado de ofício, por membro do Ministério Público, no âmbito de suas atribuições criminais, ao tomar conhecimento de infração penal de iniciativa pública, por qualquer meio, ainda que informal, ou mediante provocação, devendo tramitar, preferencialmente por meio eletrônico e ser livremente distribuído entre os membros com atribuição, respeitada eventual prevenção, conexão ou continência com outra investigação em andamento. O PIC será instaurado por portaria fundamentada, com a indicação dos fatos a serem investigados e deverá conter, sempre que possível, o nome e a qualificação do autor da representação e a determinação das diligências iniciais.

O membro do Ministério Público, para instruir o PIC, observadas as hipóteses de reserva constitucional de jurisdição e sem prejuízo de outras providências inerentes a sua atribuição funcional, poderá: I – fazer ou determinar vistorias, inspeções e quaisquer outras diligências, inclusive em organizações militares; II – requisitar informações, exames, perícias e documentos de autoridades, órgãos e entidades da Administração Pública direta e indireta, da União, dos Estados, do Distrito Federal e dos Municípios; III – requisitar informações e documentos de entidades privadas, inclusive de natureza cadastral; IV – notificar testemunhas e vítimas e requisitar sua condução coercitiva, nos casos de ausência injustificada, ressalvadas as prerrogativas legais; V – acompanhar buscas e apreensões deferidas pela autoridade judiciária; VI – acompanhar cumprimento de mandados de prisão preventiva ou temporária deferidas pela autoridade judiciária; VII – expedir notificações e intimações necessárias; VIII – realizar oitivas para colheita de informações e esclarecimentos; IX – ter acesso incondicional a qualquer banco de dados de caráter público ou relativo a serviço de relevância pública; e X – requisitar auxílio de força policial.

Não poderá ser oposto ao presidente do PIC, sob qualquer pretexto, a exceção de sigilo, sem prejuízo da subsistência do caráter sigiloso da informação, do registro, do dado ou do documento que lhe seja fornecido, ressalvadas as hipóteses de reserva constitucional de jurisdição.

Em contrapartida, o membro do Ministério Público será responsável pelo uso indevido das informações e documentos que requisitar, inclusive nas hipóteses legais de sigilo e de documentos assim classificados.

Segundo os preceitos determinados pelo STF, o direito à ampla defesa deve ser garantido ao investigado, sendo certo que poderá apresentar as informações que considerar adequadas, acompanhado por defensor, que poderá examinar, mesmo sem procuração, autos de PIC, findos ou em andamento, ainda que conclusos ao presidente, podendo copiar peças e tomar apontamentos, em meio físico ou digital. O presidente do procedimento velará para que o defensor constituído nos autos assista o investigado durante a apuração de infrações, de forma a evitar a alegação de nulidade do interrogatório e, subsequentemente, de todos os elementos probatórios dele decorrentes ou derivados, nos termos da Lei. Poderá, entretanto, delimitar o acesso do defensor aos elementos de prova relacionados a diligências em andamento e ainda não documentados nos autos, quando houver risco de comprometimento da eficiência, da eficácia ou da finalidade das medidas.

No que concerne ao sigilo das investigações, este poderá ser decretado, no todo ou em parte, pelo membro do MP, quando a elucidação do fato ou interesse público exigir, garantido o acesso aos autos ao investigado e ao seu defensor, desde que munido de procuração ou de meios que comprovem atuar na defesa do investigado, cabendo a ambos preservar o sigilo sob pena de responsabilização.

Quanto às vítimas, caberá ao presidente das investigações esclarecê-las sobre seus direitos materiais e processuais, devendo tomar todas as medidas necessárias para a sua preservação, a reparação dos eventuais danos por elas sofridos e a preservação da intimidade, vida privada, honra e imagem. Deverá também velar pela segurança de vítimas e testemunhas que sofrerem ameaça ou que, de modo concreto, estejam suscetíveis a sofrer intimidação por parte de acusados, de parentes deste ou pessoas a seu mando, podendo, inclusive, requisitar proteção policial em seu favor. Poderá ainda, no curso da investigação ou mesmo após o ajuizamento da ação penal, providenciar o encaminhamento da vítima ou de testemunhas, caso presentes os pressupostos legais, para inclusão em Programa de Proteção de Assistência a Vítimas e a Testemunhas ameaçadas ou em Programa de Proteção a Crianças e Adolescentes Ameaçados, conforme o caso.

O PIC deverá ser concluído no prazo de 90 (noventa) dias, permitidas, por igual período, prorrogações sucessivas, por decisão fundamentada do seu presidente. Se o membro do Ministério Público se convencer da inexistência de fundamento para a propositura de ação penal pública, promoverá o arquivamento dos autos, fazendo-o fundamentadamente.

A promoção de arquivamento será apresentada ao juízo competente, nos moldes do art. 28 do Código de Processo Penal, ou ao órgão superior interno responsável por sua apreciação, nos termos da legislação vigente. A vítima deverá ser comunicada do pronunciamento.

Na hipótese de arquivamento do PIC ou do inquérito policial, quando amparado em acordo de não persecução penal, a promoção de arquivamento será necessariamente apresentada ao juízo competente, nos moldes do art. 28 do Código de Processo Penal.

2.8. O controle interno e externo de legalidade dos atos investigatórios ministeriais

Há ainda vozes contra o poder de investigação do Ministério Público, tendo como argumentação a suposta ausência de controle de legalidade dos atos investigatórios do Parquet. Mais uma vez, não merece prosperar tal questionamento. A própria Constituição assegurou no seu artigo 5º, XXXV, como direito fundamental do homem, o princípio da inafastabilidade da jurisdição. Na hipótese de excesso ou subversão da lei por parte do Ministério Público quando de suas investigações, lícito será ao ofendido a impetração dos remédios constitucionalmente previstos para todos os casos de abuso de autoridade e agressão à lei, especialmente o *habeas corpus* ou o mandado de segurança, devendo figurar o Ministério Público como agente coator.

Como já teve a oportunidade de decidir o Tribunal de Justiça do Estado do Rio de Janeiro:[6]

> "O Ministério Público, amparado pela CF e nos limites previstos pela LONMP pode, sempre que entender necessário e conveniente, exercer função investigatória visando apurar ilícitos penais, desta forma mantendo controle da atividade policial, sem ferir o equilíbrio processual que se deve preservar entre as partes, isto porque a sua atuação não escapará da apreciação do poder judiciário, caso haja excesso, arbitrariedade, ameaça ou lesão a direito, o que não é a hipótese sub litem".

Como controle externo da legalidade dessa investigação há o CNMP que, de acordo com o art. 130-A, § 2º, II da CF, tem o dever de: *"zelar pela observância do art. 37 e apreciar, de ofício ou mediante provocação, a legalidade dos atos administrativos praticados por membros ou órgãos do Ministério Público da União e dos Estados, podendo desconstituí-los, revê-los ou fixar prazo para que se adotem as providências necessárias ao exato cumprimento da lei, sem prejuízo da competência dos Tribunais de Contas".*

Como exemplo do exercício do controle externo realizado pelo Poder Judiciário, é possível mencionar decisão do Presidente do STF, que mandou suspender todos os processos judiciais em que dados bancários de investigados foram compartilhados por órgãos de fiscalização e controle (Fisco, Coaf e Banco Central) com o MP sem autorização do Poder Judiciário[7]. O controle foi exercido e as investigações foram suspensas até o julgamento do mérito, quando a Corte reviu sua própria decisão, permitindo o compartilhamento das informações, com a seguinte decisão:

> *"Ementa: Repercussão geral. Tema 990. Constitucional. Processual Penal. Compartilhamento dos Relatórios de inteligência financeira da*

---

6 Ap. Cr. 4.174/2000 – 1ª Câmara Criminal – Des. Paulo Ventura – 27.03.2001.
7 RE 1.055.941, STF.

UIF e da íntegra do procedimento fiscalizatório da Receita Federal do Brasil com os órgãos de persecução penal para fins criminais. Desnecessidade de prévia autorização judicial. Constitucionalidade reconhecida. Recurso ao qual se dá provimento para restabelecer a sentença condenatória de 1º grau. Revogada a liminar de suspensão nacional (art. 1.035, § 5º, do CPC). Fixação das seguintes teses: 1. É constitucional o compartilhamento dos relatórios de inteligência financeira da UIF e da íntegra do procedimento fiscalizatório da Receita Federal do Brasil – em que se define o lançamento do tributo - com os órgãos de persecução penal para fins criminais sem prévia autorização judicial, devendo ser resguardado o sigilo das informações em procedimentos formalmente instaurados e sujeitos a posterior controle jurisdicional; 2. O compartilhamento pela UIF e pela RFB referido no item anterior deve ser feito unicamente por meio de comunicações formais, com garantia de sigilo, certificação do destinatário e estabelecimento de instrumentos efetivos de apuração e correção de eventuais desvios. (RE 1.055.941, Relator(a): DIAS TOFFOLI, Tribunal Pleno, julgado em 04/12/2019".

3. As Promotorias Criminais, de Investigação Penal e de Execução Penal

O Ministério Público do Estado do Rio de Janeiro tem sua atuação criminal dimensionada através da atribuição das suas Promotorias de Justiça com atuação em matéria criminal. Analisaremos, ainda que brevemente, algumas delas: a) Promotorias de Justiça Criminal; b) Promotorias de Investigação Penal; e c) Promotorias de Execução Penal.

3.1. Promotorias de Justiça Criminal

Atuam as Promotorias de Justiça Criminal perante as Varas Criminais e Juizados Especiais Criminais, com atribuição para oficiar nos seguintes casos:[8]

a) Nos processos que tramitam nas Varas Criminais perante as quais oficiem;

b) Nos Inquéritos Policiais iniciados por Auto de Prisão em Flagrante, bem como nos procedimentos em que for decretada medida cautelar constritiva de liberdade;

c) Nos procedimentos oriundos dos JECRIMs, se não for necessária diligência investigatória para a deflagração da ação penal ou pedi-

---
[8] Res. 786/97 art. 1º, § 1º, com as alterações efetuadas pelas Resoluções posteriores.

do de arquivamento, na forma do artigo 66, parágrafo único, da Lei 9.099/95;

d) Nos procedimentos distribuídos às Varas Criminais com pedido de Audiência preliminar, na forma da Lei 9.503/97; e

e) Nos termos circunstanciados de natureza complexa, conforme artigo 77, § 2º, da Lei 9.099/95.

A atuação dos Promotores de Justiça junto às Varas Criminais é predominantemente efetuada na qualidade de *dominus litis*. O Ministério Público é o órgão constitucionalmente encarregado de promover a Ação Penal Pública, detendo, portanto, o seu monopólio. É ele o legitimado ordinário incumbido de deduzir em juízo a pretensão punitiva do Estado. Ressalte-se que, na hipótese de ação penal por crime contra a honra de servidor público, em razão do exercício de suas funções, o STF (Súm. 714) já decidiu que a legitimidade é concorrente entre o ofendido, servidor público, mediante queixa, e o Parquet, condicionado à representação.

Importante destacar que, quando o Parquet não for o autor da ação penal, ou seja, nos casos em que ação penal for de iniciativa privada, deverá funcionar como *custos legis*, intervindo em todos os atos do processo. Assim dispõe o Enunciado nº 8 da Assessoria de Assuntos Institucionais do Ministério Público do Estado do Rio de Janeiro:

Enunciados da Assessoria de Assuntos Institucionais nº 8 – INTERVENÇÃO DO MINISTÉRIO PÚBLICO. PROCESSO PENAL. O Ministério Público deve intervir em todos os atos do processo deflagrado pelo exercício da ação penal de iniciativa privada, inclusive na fase conciliatória ínsita aos crimes contra a honra, sob pena de nulidade processual, a teor dos arts. 45 e 520, ambos do Código de Processo Penal. Ref.: Procedimento Administrativo MP nº 2007.00126967, de 12.12.2007.

3.1.1. A atuação ministerial junto aos JECRIMs

Outra importante atuação do Ministério Público se dá junto aos Juizados Especiais Criminais. Inicialmente, cabe ressaltar o entendimento da Instituição acerca da atribuição do Promotor do JECRIM, vinculada à definição de infração de menor potencial ofensivo. Acerca da matéria, já se manifestou, através de enunciados, a Assessoria Criminal:

"Os crimes cuja pena privativa de liberdade prevista é superior a 2 (dois) anos não se enquadram no conceito de infração de menor potencial ofen-

sivo, ainda que cominada alternativamente pena de multa" (Enunciado nº 5/2009) e *"A Lei 10.259/2001, que instituiu os Juizados Especiais Federais, alterou o artigo 61 da Lei 9.099/95, ampliando o limite das infrações de menor potencial ofensivo para o máximo de 2 (dois) anos de pena privativa de liberdade"*. Ref. Representação por Inconstitucionalidade 6/2002 (Enunciado nº 8).

Atendidos os requisitos do artigo 77 do Código Penal, a Lei 9.099/95, em seu artigo 89, prevê a hipótese de Suspensão Condicional do Processo para os crimes em que a pena mínima cominada seja igual ou inferior a um ano. Estabelece ainda a lei que cabe ao Ministério Público, no momento do oferecimento da denúncia, propor ao acusado a *probatio*. Discutia-se na doutrina se a suspensão do processo, condicional, teria a mesma natureza jurídica da suspensão da pena, o *sursis*. Vale dizer, seria direito subjetivo do réu ou prática discricionária do representante do Ministério Público? A questão chegou ao Supremo Tribunal Federal, tendo o Ministro Sepúlveda Pertence, em decisão publicada no Informativo 92[9] da Suprema Corte, definido o instituto como de caráter discricionário do Promotor de Justiça. Dessa forma, se o promotor entender que, mesmo que preenchidos os requisitos objetivos, o réu não preenche os requisitos subjetivos para obter o benefício, poderá não propor a suspensão do processo, desde que fundamentada sua decisão. Como mecanismo de controle dessa discricionariedade, o STF entendeu que o juiz, aplicando analogicamente o artigo 28 do CPP, deverá encaminhar os autos ao Procurador-Geral de Justiça, para que este resolva sobre o oferecimento ou não da proposta.

É a posição já sumulada no STF (*"Enunciado 696 – Reunidos os pressupostos legais permissivos da suspensão condicional do processo, mas se recusando o Promotor de Justiça a propô-la, o Juiz, dissentindo, remeterá a questão ao Procurador-Geral, aplicando-se, por analogia, o artigo 28 do CPP"*), no sentido de subtrair-se do subjetivismo de cada promotor o direito ou não da suspensão do processo.

Ocorre que, em decisão posterior ao *leading case* aqui citado, veiculada no Informativo 164,[10] a Corte entendeu que, na hipótese de o promotor não oferecer a proposta de suspensão do processo e o Juiz concordar com a recusa, mesmo assim deverá submeter a questão ao Procurador-Geral. Neste caso específico, considerou ilegal a hipótese

---
9 HC 75.343/MG, Min. Sepúlveda Pertence, 12.11.1997.
10 RHC 77.255/RJ, Rel. Min. Sydney Sanches.

em que: *"O Promotor de Justiça se negou a propor a suspensão do processo, e o Magistrado de 1º grau, diante dessa recusa, ordenou o prosseguimento"*. Ressalte-se a diferença deste entendimento, mais amplo do que o primeiro, já que, ainda que o Juiz concorde com a recusa do promotor em não propor a suspensão condicional do processo, deve submeter sua decisão ao Procurador-Geral de Justiça. Trata-se de um novo reexame necessário da matéria, não pelo Tribunal de Justiça, mas pelo Ministério Público. Trata-se, entretanto, de posição isolada da Corte Suprema.

A matéria, entretanto, ainda é discutida no STJ, que mantém a posição chancelada pelo STF na súmula 691. Confira-se:

"AGRAVO REGIMENTAL. RECURSO EM HABEAS CORPUS. DESCAMINHO. SUSPENSÃO CONDICIONAL DO PROCESSO. AUSÊNCIA DE OFERECIMENTO PELO MINISTÉRIO PÚBLICO. FUNDAMENTAÇÃO IDÔNEA. MENÇÃO AO FATO DE QUE O RECORRENTE OSTENTA AO MENOS 3 (TRÊS) OUTRAS APREENSÕES DE MERCADORIAS DE PROCEDÊNCIA ESTRANGEIRA REGISTRADAS NOS ÚLTIMOS 5 (CINCO) ANOS. CONSTRANGIMENTO ILEGAL. AUSÊNCIA. DECISÃO QUE DEVE SER MANTIDA.

1. Deve ser mantida a decisão monocrática em que se nega provimento ao recurso em habeas corpus, *quando não evidenciado constrangimento ilegal decorrente da ausência de proposta de suspensão condicional do processo. 2. No caso, o Ministério Público Federal deixou de oferecer proposta de suspensão condicional do processo, ao argumento de que o recorrente possui ao menos 3 (três) outras apreensões de mercadorias de procedência estrangeira registradas nos últimos 5 (cinco) anos, a denotar que sua conduta social demonstra não estar adimplido o requisito previsto no art. 77, II, o Código Penal, c/c o art. 89 da Lei nº 9.099/1995. 3. Este Superior Tribunal tem decidido que a suspensão condicional do processo não é direito subjetivo do acusado, mas sim um poder-dever do Ministério Público, titular da ação penal, a quem cabe, com exclusividade, analisar a possibilidade de aplicação do referido instituto, desde que o faça de forma fundamentada (AgRg no AREsp nº 607.902/SP, Ministro Gurgel de Faria, Quinta Turma, DJe 17/2/2016). 4. Agravo regimental improvido".* (AgRg no RHC 74.464/PR, Rel. Ministro SEBASTIÃO REIS JÚNIOR, SEXTA TURMA, julgado em 02/02/2017, DJe 09/02/2017)

"PROCESSUAL PENAL. HABEAS CORPUS. INDEFERIMENTO DE LIMINAR NA ORIGEM. NÃO CABIMENTO. SUPERAÇÃO DO ENUNCIADO N. 691 DA SÚMULA DO STF. IMPOSSIBILIDADE. ILEGALIDADE OU TERATOLOGIA. INOCORRÊNCIA. AGRAVO

REGIMENTAL DESPROVIDO. I - Não se admite, em princípio, a impetração de habeas corpus *contra decisão que denega pedido liminar em sede de* writ *impetrado na origem, sob pena de se configurar indevida supressão de instância (Súmula nº 691/STF), ressalvadas as decisões teratológicas ou com deficiência de fundamentação. II - No caso, a agravante alega que o não oferecimento de proposta de suspensão condicional do processo pelo Ministério Público Federal representa constrangimento ilegal. Ocorre que ao indeferir o pedido liminar, a em. Desembargadora Relatora do* writ *consignou que "O juízo a quo acertadamente resolveu a questão nos termos do art. 28 do CP, por analogia, ante a divergência com o MPF acerca da concessão da suspensão condicional do processo" e acrescentou que "a suspensão condicional do processo não é direito público subjetivo do acusado. [...] não cabendo ao Judiciário a substituição da avaliação da possibilidade de oferecimento da proposta do sursis processual feita pelo órgão acusatório [...]. III - Não se verifica, portanto, a ocorrência de flagrante ilegalidade capaz de determinar o conhecimento da impetração, em afronta ao disposto na Súmula nº 691 do STF. Agravo regimental desprovido". (STJ; AgRg-HC 468.210; Proc. 2018/0232252-3; MG; Quinta Turma; Rel. Min. Felix Fischer; Julg. 25/09/2018; DJE 02/10/2018)*

Finalizando, insta ressaltar que, em se tratando de Juizados Especiais Criminais, os termos circunstanciados são instaurados nas Delegacias de Polícia e encaminhados – e não distribuídos – ao Promotor do JECRIM, que prossegue nas fases previstas na Lei 9.099/95. Se ocorrer, nestas hipóteses, declinatória de competência do JECRIM, o feito é distribuído a uma das Varas Criminais, passando a ser atribuição do promotor ali em exercício (Lei 9.099/95, art. 66, parágrafo único). Ressalte-se que, nesta hipótese, aplica-se o entendimento materializado no Enunciado 5 da Assessoria Criminal do MP/RJ, que determina: *"Na hipótese prevista no artigo 66, parágrafo único, da Lei 9.099/95, a remessa do procedimento à Promotoria de Justiça junto ao Juízo comum será precedida do oferecimento de denúncia".*

Já os inquéritos policiais, quando iniciados por Auto de Prisão em Flagrante, tramitam diretamente entre a Delegacia de Polícia e o Promotor de Justiça Criminal, sendo obrigatório neste momento, no entanto, que se proceda à distribuição, em face da necessidade constitucional de comunicação imediata da prisão em flagrante à autoridade judiciária.

3.2. Promotorias de Investigação Penal

O MPRJ é pioneiro no Brasil no que concerne ao trabalho de acompanhamento da investigação penal, tendo instituído, em abril de 1991, através da Resolução GPGJ 438/91, as Promotorias de Investigação Penal, simultaneamente a ato do Poder Judiciário que disciplinava a tramitação dos inquéritos policiais (Provimento 255/91, da Corregedoria Geral de Justiça). Tais medidas, de grande importância no cenário nacional, chegaram a servir de modelo para outras unidades federativas, dispondo que a distribuição prévia ao juiz, do inquérito policial ou procedimentos correlatos, se fazia desnecessária nos casos de funções jurisdicionais anômalas, quando o requerimento contido no bojo dos autos não tivesse ligação direta com o exercício da jurisdição a ser desenvolvido, devendo, portanto, ser diretamente encaminhadas para o Ministério Público, independentemente de distribuição.

As Promotorias de Investigação Penal se destinam a exercitar a *persecutio criminis* na fase extrajudicial, bem como o controle externo da atividade policial, conforme previsto na Constituição da República, em seu artigo 129, VII. Note-se que, apesar do dispositivo constitucional referir-se à Lei Complementar como norma cabível para a regulamentação de tal controle, no Estado do Rio de Janeiro, embora a LC 28/82 fosse omissa em relação a tal função, o controle sempre esteve em pleno vigor, em virtude da aplicação subsidiária do artigo 9º da LC 75/93, por força da disposição do artigo 80 da LONMP. Este problema foi superado com a Lei Complementar 106/2003, que prevê expressamente em seu artigo 34, XIV, a possibilidade do controle externo da atividade policial.

O inquérito policial tramitará entre a Delegacia de Polícia e a Promotoria de Investigação Penal até seu encerramento, que ocorrerá com o pedido de arquivamento, o ANPP ou o oferecimento da denúncia, sendo então remetido ao Juízo competente, por distribuição. Nesta linha de raciocínio foi editada, no âmbito do MPRJ, a Resolução GPGJ nº 1.468/2008, estabelecendo que:

> *Art. 1º - As Promotorias de Justiça de Investigação Penal atuarão privativamente em todas as fases da investigação penal, inclusive nas medidas cautelares, excetuados os inquéritos policiais iniciados por auto de prisão em flagrante.*
>
> *Art. 2º - Nos crimes de competência do juízo comum, não havendo composição civil ou aceitação da proposta de transação penal que possibi-*

lite a extinção da punibilidade, a atribuição para oficiar nos ulteriores termos do procedimento investigatório será da Promotoria de Justiça de Investigação Penal, até o oferecimento da denúncia.

Art. 3º - Em consequência do disposto no artigo 2º, a ciência da decisão de rejeição ou de não-recebimento da denúncia será privativa da Promotoria de Justiça que a ofereceu.

Parágrafo único - A atribuição para interpor recurso da decisão referida no caput será exercida, com exclusividade, pelo órgão de execução que ofereceu a denúncia.

Art. 4º - Na medida cautelar de produção antecipada de provas, a atribuição para atuar nos respectivos atos judiciais permanecerá com o órgão de execução que a requereu.

Art. 5º - Esta Resolução entra em vigor na data de sua publicação, somente se aplicando aos processos, inquéritos e procedimentos administrativos instaurados a partir de sua vigência, revogadas as disposições em contrário.

Desta forma, fica claro que:

(a) Se no curso de uma investigação, houver necessidade de medida cautelar penal (coercitiva de liberdade ou não, p. ex., prisão temporária ou quebra de sigilo bancário), a atribuição para prosseguir oficiando nos autos será da Promotoria de Investigação Penal e não da Promotoria de Justiça Criminal que oficiar junto a Vara Criminal para onde o feito for distribuído.

(b) Na hipótese de rejeição ou não recebimento de denúncia oferecida por PIP, a atribuição para tomar ciência da decisão e interpor o respectivo recurso será exclusiva da PIP que a ofereceu.

(c) As novas regras fixadoras de atribuição destinam-se aos inquéritos policiais e procedimentos investigatórios instaurados a partir de 4 de novembro de 2008, data da edição da Resolução em comento.

Finalmente, deve-se ressaltar que, consoante o Enunciado 17/2009 da Assessoria de Assuntos Institucionais "As Promotorias de Justiça de Investigação Penal atuam em peças de informação e inquéritos policiais, inclusive os dirigidos à investigação de crimes praticados com violência doméstica e familiar contra a mulher, excetuados os iniciados por auto de prisão em flagrante, em razão do art. 41, da Lei Maria da Penha. Sob o ângulo formal, o art. 41, da Lei nº 11.340/06, não é eivado de inconstitucionalidade, na medida em que a norma foi veiculada por lei ordinária federal, sendo certo que o Projeto nº 4.559/04, de iniciativa do Poder Executivo, foi regularmente aprovado por ambas as Casas do Poder Legislativo (arts. 22, inc. I, 61, *caput*, 65 e 66). Sob o ângulo material, o art. 41, da Lei nº 11.340/06, não é viciado por inconstitucionalidade, uma vez que a disponibilização de mecanismos para a prevenção e repressão de violência doméstica e familiar contra a mulher constitui ação afirmativa que encontra fundamento de validade na Carta Magna, (art. 5º, *caput* e inc. I, e 226, § 8º, todos da Lex Fundamentalis). Ref.: Procedimentos Administrativos MP nºs 2008.00158552, de 03.11.2008, e 2008.00052428, de 29.04.2008".

Segundo a Assessoria de Assuntos Institucionais, como incumbe às Promotorias de Justiça de Investigação Penal atuar privativamente em todas as fases da investigação criminal, se posteriormente ao arquivamento surgir questão que deveria ter sido apreciada durante a apuração encerrada, esta deve ser submetida ao órgão que nela atuou.[11]

Atualmente, consoante a Res. GPGJ Nº 2.320/2020, as Promotorias de Investigação Penal (PIPs) da região metropolitana do Rio de Janeiro estão divididas, através de atribuição territorial, em Núcleos, que correspondem aos municípios do Rio de Janeiro, Niterói, São Gonçalo, Duque de Caxias e Nova Iguaçu. Tendo em vista a matéria em que precipuamente atuam, estas Promotorias de Justiça de Investigação Penal classificam-se nas seguintes categorias: I - Promotorias de Justiça de Investigação Penal Territoriais, que atuam precipuamente em matéria não especializada, assim entendida a atividade investigativa que não envolva infração penal praticada em situação de violência doméstica e familiar contra a mulher ou procedimentos de natureza investigatória instaurados e em curso junto a delegacias especializadas; II - Promotorias de Justiça de Investigação Penal de Violência Doméstica, que atuam exclusivamente na investigação de infrações penais praticadas em situação de violência doméstica e familiar contra a mulher; e III - Promotorias de Justiça de Investigação Penal Especializadas, que atuam exclusivamente nos feitos instaurados e em trâmite junto às delegacias especializadas, excepcionada a matéria de violência doméstica.

3.3. Promotorias de Execução Penal

As Promotorias de Execução Penal possuem atribuição bastante distinta das atividades exercidas pelas Promotorias Criminais e de Investigação Penal, acima estudadas.

---
11 Enunciado nº 23, publicado no DOERJ em 22.01.2010.

Somente com o trânsito em julgado da sentença é que inicia-se a competência das Varas de Execução Penal, incumbindo às Promotorias de Execução Penal a fiscalização da execução das penas e das medidas de segurança, aplicando-se as medidas previstas no artigo 68 da Lei de Execuções Penais, visando sempre ao correto e justo desenvolvimento do processo executivo. Compete, pois, ao Promotor de Execução Penal:

a) fiscalizar a regularidade formal das guias de recolhimento e de internamento;

b) requerer todas as providências necessárias ao desenvolvimento do processo executivo; a instauração dos incidentes de excesso ou desvio de execução; a aplicação da medida de segurança, bem como a substituição da pena por medida de segurança; a revogação da medida de segurança; a conversão de penas, a progressão ou regressão de regimes, a revogação da suspensão condicional da pena e do livramento condicional; a internação, a desinternação e o restabelecimento da situação anterior;

c) interpor recursos de decisões proferidas pela autoridade judiciária, durante a execução.

Para tanto, a lei expressamente exige, em seu artigo 68, parágrafo único, que o órgão do Ministério Público visite mensalmente os estabelecimentos penais, devendo inclusive registrar sua presença em livro próprio.

3.4.1. A questão da execução da pena de multa

Questão recorrente sobre a atribuição do Ministério Público em matéria de execução penal versa sobre a legitimidade do Parquet para a execução de pena de multa, imposta em sentença criminal condenatória.

Consoante o artigo 164 da LEP, trata-se de atribuição do Parquet, sendo certo que tal pena pecuniária poderia ser convertida em pena de detenção, caso, solvente, frustrasse o condenado seu pagamento (CP, art. 51, § 1º). Ocorre que, após a edição da Lei 9.269/96, alterando a redação do artigo 51, *caput*, do Estatuto Penal, cresceu o entendimento, tanto no TJ/RJ quanto no STJ, de que o Ministério Público não deteria mais tal legitimidade, uma vez que a multa é considerada dívida de valor, devendo, após sua inscrição na dívida ativa, ser executada pela Fazenda Pública.[12]

12 Neste sentido, o STJ, em 13.02.2001, 5ª T., sendo relator o Min. Edson Vidigal:

A questão foi decidida pelo STF, na ADI 3.150, onde o PGR questionava a nova redação do artigo em tela, pleiteando que a Corte fixasse interpretação no sentido de legitimar o Parquet para tal cobrança, bem como fixasse a competência da execução junto ao Juízo das Execuções Criminais. A ADI foi decidida em dezembro de 2018 e ficou assim ementada:[13]

> "EMENTA: EXECUÇÃO PENAL. CONSTITUCIONAL. AÇÃO DIRETA DE INCONSTITUCIONALIDADE. PENA DE MULTA. LEGITIMIDADE PRIORITÁRIA DO MINISTÉRIO PÚBLICO. NECESSIDADE DE INTERPRETAÇÃO CONFORME. PROCEDÊNCIA PARCIAL DO PEDIDO.
>
> *1. A Lei nº 9.268/1996, ao considerar a multa penal como dívida de valor, **não retirou dela o caráter de sanção criminal**, que lhe é inerente por força do art. 5º, XLVI, c, da Constituição Federal.*
>
> *2. Como consequência, **a legitimação prioritária para a execução da multa penal é do Ministério Público perante a Vara de Execuções Penais**.*
>
> *3. Por ser também dívida de valor em face do Poder Público, a **multa pode ser subsidiariamente cobrada pela Fazenda Pública, na Vara de Execução Fiscal, se o Ministério Público não houver atuado em prazo razoável (90 dias)**.*
>
> *4. Ação direta de inconstitucionalidade cujo pedido se julga parcialmente procedente para, conferindo interpretação conforme à Constituição ao art. 51 do Código Penal, explicitar que a expressão "aplicando-se-lhes as normas da legislação relativa à dívida ativa da Fazenda Pública, inclusive no que concerne às causas interruptivas e suspensivas da prescrição", não exclui a legitimação prioritária do Ministério Público para a cobrança da multa na Vara de Execução Penal. Fixação das seguintes teses: (i) O Ministério Público é o órgão legitimado para promover a execução da pena de multa, perante a Vara de Execução Criminal, observado o procedimento descrito pelos artigos 164 e seguintes da Lei de Execução Penal; (ii) Caso o titular da ação penal, devidamente intimado, não proponha a execução da multa no prazo de 90 (noventa) dias, o Juiz da execução criminal dará ciência do feito ao órgão competente da Fazenda*

"Após a edição da Lei 9.268/96, que alterou o CP, art. 51, o MP não detém mais legitimidade para propor a execução de pena de multa imposta em sentença criminal condenatória. Controvérsia que se soluciona com a inscrição do valor da dívida ativa da união, onde sua execução, promovida pela Fazenda Pública, obedecerá aos critérios próprios".

13   ADIN 3.150, rel.: Min. Marco Aurélio.

Pública (Federal ou Estadual, conforme o caso) para a respectiva cobrança na própria Vara de Execução Fiscal, com a observância do rito da Lei 6.830/1980". (grifo nosso)

4. O Controle Externo da Atividade Policial

Como já asseverado no Capítulo II desta obra, o controle externo da atividade policial é função ministerial geradora de controvérsias.

Previsto no Art. 129, VII da CF e no Art. 9º da LC nº 75/93 (LOMPU), aplicável subsidiariamente a todo o Ministério Público dos Estados por força do art. 80 da LONMP, o controle externo permite ao Ministério Público buscar um trabalho policial dedicado e bem conduzido, para que sejam fornecidos subsídios capazes de gerar a justa causa necessária para o desencadeamento da ação penal pública. É oportuno asseverar que tal controle possui índole técnica e tem por objetivo apurar omissões, eventuais desvios de conduta das autoridades policiais; seus agentes e abuso de poder.

Para disciplinar a matéria a nível nacional, o CNMP editou a Resolução nº 20/2007, que no seu artigo 1º, identifica os sujeitos passivos dessa atividade fiscalizadora do Ministério Público. São eles não só os organismos policiais relacionados no artigo 144 da CF (polícia federal, polícia rodoviária federal, polícia ferroviária federal, polícia penal, polícia civil, polícia militar e corpo de bombeiros militares), bem como as polícias legislativas ou qualquer outro órgão ou instituição, civil ou militar, à qual seja atribuída parcela de poder de polícia, relacionada com a segurança pública e persecução criminal.

Destaca a norma que duas são as formas de se exercer o controle em estudo: através do controle difuso (por todos os membros do Ministério Público com atribuição criminal, quando do exame dos procedimentos que lhes forem atribuídos) ou através do controle concentrado (membros com atribuições específicas para o controle externo da atividade policial, conforme disciplinado no âmbito de cada instituição). No MPRJ, identificamos as PIPs e as Promotorias de Execução Penal, que têm livre acesso aos documentos relativos à atividade-fim policial, bem como aos presos, a qualquer momento como principais órgãos com atribuição para tal mister. No exercício de suas funções rotineiras na fiscalização da atividade policial, incumbe ao membro do Ministério Público: a) havendo fundada necessidade e conveniência, instaurar procedimento investigatório referente a ilícito penal que tenha ocorrido no exercício da atividade policial; b) instaurar procedimento administrativo visando sanar as deficiências ou irregularidades detectadas no exercício do controle externo da atividade policial; c) apurar as responsabilidades decorrentes do descumprimento injustificado das requisições que tenha feito; d) encaminhar cópias dos documentos ou peças de que dispõe ao órgão da instituição com atribuição para a instauração de inquérito civil público ou ajuizamento de ação civil por improbidade administrativa. A matéria pode ser melhor examinada com a leitura detalhada das Resoluções CNMP nº 20/2007 e suas alterações e a Res. nº 1.524/2009, do MPRJ[14]

Cabe destacar que, em 2010 o TJRJ julgou improcedente a ADIN 003471384.20009.8.19.0000, proposta pela Associação dos Delegados de Polícia do Estado (ADEPOL), que buscava limitar a atuação dos Promotores de Justiça no controle externo policial, questionando a legalidade do artigo 36 da Lei Complementar Estadual 106/03 e da aludida Resolução fluminense, que disciplina a matéria no âmbito do MPRJ. A decisão da Corte foi unânime e se baseou em precedentes do STF sobre o tema. Confira-se o entendimento da Suprema Corte:

> a)" *A CF de 1988, ao regrar as competências do Ministério Público, o fez sob a técnica do reforço normativo. Isso porque o controle externo da atividade policial engloba a atuação supridora e complementar do órgão ministerial no campo da investigação criminal. Controle naquilo que a polícia tem de mais específico: a investigação, que deve ser de qualidade. Nem insuficiente, nem inexistente, seja por comodidade, seja por cumplicidade. Cuida-se de controle técnico ou operacional, e não administrativo-disciplinar. [HC 97.969, rel. min. Ayres Britto, j. 1º-2-2011, 2ª T, DJE de 23-5-2011.]*
>
> b) *"Legitimidade do órgão ministerial público para promover as medidas necessárias à efetivação de todos os direitos assegurados pela Constituição, inclusive o controle externo da atividade policial (incisos II e VII do art. 129 da CF/1988). Tanto que a Constituição da República habilitou o Ministério Público a sair em defesa da ordem jurídica. Pelo que é da sua natureza mesma investigar fatos, documentos e pessoas. Noutros termos: não se tolera, sob a Magna Carta de 1988, condicionar ao exclusivo impulso da polícia a propositura das ações penais públicas incondicionadas; como se o Ministério Público fosse um órgão passivo, inerte, à espera de provocação de terceiros. [HC 97.969, rel. min. Ayres Britto, j. 1º-2-2011, 2ª T, DJE de 23-5-2011*

---

14 Jatahy e Goldemberg, *Ministério Público, Legislação Institucional*, 2021, Rio de Janeiro: Freitas Bastos Editora.

5. O MP e o Acordo de não Persecução Penal

O pacote anticrime (Lei 13.964/2019), na linha da obtenção de consensualidade no processo penal, criou o ANPP, instrumento muito importante para a atuação do MP nesta seara. Regulado no âmbito da instituição ainda antes da edição da norma legal, pela Res. 181/2017 do CNMP, que disciplina o PIC, a edição da norma legal permitiu a expansão da atividade do MP na área da Justiça Penal consensual.

Com efeito, a Lei nº 13.964/19 inseriu o acordo de não persecução penal (ANPP) no art. 28-A do CPP, consistindo em negócio jurídico pré-processual entre o Ministério Público e o investigado, assistido por seu defensor (§ 3º), nos casos de infração penal sem violência ou grave ameaça, na qual a lei comine pena mínima inferior a 4 anos, mediante o cumprimento de determinadas condições (incisos I a V), decretando-se, ao final, a extinção de punibilidade (§ 13º) e, consequentemente, se evitando a deflagração da ação penal e a reincidência.

A inovação legislativa possui como escopo obstar a deflagração da ação penal em desfavor do agente criminoso, assegurando celeridade na prestação jurisdicional, além de reduzir o quantitativo de processos e abrandar consequências penais. Assim, o instituto mitiga a obrigatoriedade da ação penal, diante de crimes de gravidade menos intensa, quando presentes os pressupostos inseridos no art. 28-A, do CPP. Confira-se:

"Art. 28-A. Não sendo caso de arquivamento e tendo o investigado confessado formal e circunstancialmente a prática de infração penal sem violência ou grave ameaça e com pena mínima inferior a 4 (quatro) anos, o Ministério Público poderá propor acordo de não persecução penal, desde que necessário e suficiente para reprovação e prevenção do crime, mediante as seguintes condições ajustadas cumulativa e alternativamente (...)".

A matéria é regulada no âmbito do MPRJ, pela Resolução 2.429/2021, que determina ao Promotor de Justiça, quando receber inquérito policial, auto de prisão em flagrante ou outro procedimento investigatório, bem como quaisquer peças de informação, não sendo caso de arquivamento, verificar se estão presentes os requisitos objetivos e subjetivos para a proposição do acordo de não persecução penal.

São considerados objetivos os seguintes requisitos: a) ter o investigado confessado formal, completa e circunstanciadamente a prática da infração penal; b) não ter sido a infração penal praticada com violência ou grave ameaça; c) ser inferior a 4 (quatro) anos a pena mínima cominada à infração penal, considerando-se, para tanto, a incidência das causas de aumento e de diminuição aplicáveis ao caso concreto, bem como o somatório das penas mínimas nos casos de concursos de crimes; d) não se tratar de infração penal que admita a transação penal de competência dos Juizados Especiais Criminais; e) não se tratar de crime que se inclua no âmbito da violência doméstica ou familiar, ou praticado contra mulher, em razão da condição de sexo feminino.

Já os requisitos subjetivos são: a) não ser o investigado reincidente ou não existirem contra ele elementos probatórios que indiquem conduta criminosa habitual, reiterada ou profissional, exceto se insignificantes as infrações penais pretéritas; e b) não ter sido beneficiado, nos 5 (cinco) anos anteriores à prática da infração penal, em acordo de não persecução penal, transação penal ou suspensão condicional do processo.

Remetemos o leitor para as normas ministeriais regulamentares do assunto, para maior compreensão e análise da matéria.

6. Jurisprudência sobre o Tema

6.1. Informativos do STF

Informativo nº 942
Acordo de colaboração premiada e ausência de direito líquido e certo

A Segunda Turma negou provimento a agravo regimental interposto contra decisão que indeferiu mandado de segurança impetrado por condenado em duas ações penais contra ato da Procuradoria-Geral da República (PGR). O colegiado entendeu inexistir direito líquido e certo a compelir o ministério público à celebração do acordo de delação premiada, diante das características do acordo de colaboração premiada e da necessidade de distanciamento do Estado-juiz do cenário investigativo. Observou que, na linha do que decidido no HC 127.483, o acordo de colaboração premiada, além de meio de obtenção de prova, constitui negócio jurídico processual personalíssimo, cuja conveniência e oportunidade não se submetem ao escrutínio do Estado-juiz. Trata-se, portanto, de ato voluntário por essência, insuscetível de imposição judicial. Ademais, no âmbito da formação do acordo de colaboração premiada, o juiz não pode participar das negociações realizadas entre as partes, por expressa vedação legal (Lei 12.850/2013, art. 4º, § 6º). Isso decorre do sistema acusatório, que desmembra os papéis de investigar e acusar e aqueles de defender e julgar e atribui missão própria a cada sujeito processual. Aduziu ser possível cogitar que o acusado ostente direito subjetivo à colaboração (atividade, e não negócio jurídico), comportamento processual sujeito ao oportuno exame do Poder Judiciário, por ocasião da sentença. Essa compreensão, no entanto, não se estende, necessariamente, ao âmbito negocial. Ao fazer a distinção entre a colaboração premiada e o acordo de colaboração premiada, frisou que a primeira é realidade jurídica em si mais ampla que o segundo. Explicou que uma coisa é o direito subjetivo à colaboração e, em contrapartida, a percepção de sanção premial correspondente a ser concedida pelo Poder Judiciário. Situação diversa é a afirmação de que a atividade colaborativa traduz a imposição do Poder Judiciário ao ministério público para fim de celebrar acordo de colaboração ainda que ausente voluntariedade ministerial. Citou, no ponto, o disposto no § 2º do art. 4º da Lei 12.850/2013, que estabelece a possibilidade, em tese, até mesmo de perdão judicial, ainda que referida sanção premial não tenha sido prevista na proposta inicial. Registrou que, no mesmo sentido, diversos diplomas normativos antecedentes à Lei 12.850/2013 já previam essa possibilidade de concessão de sanção premial, sem a exigência da celebração de acordo de colaboração, o qual, embora confira maior segurança jurídica à esfera do colaborador, não se revela indispensável à mitigação da pretensão punitiva. Portanto, independentemente da formalização de ato negocial, persiste a possibilidade, em tese, de adoção de postura colaborativa e, ainda em tese, a concessão judicial de sanção premial condizente com esse comportamento. Considerou, também, as razões explicitadas pelo ministério público, em sede de discricionariedade regrada, para afastar, no caso concreto, a celebração do acordo de colaboração. A PGR afirmou que os elementos de corroboração apresentados não se revestem da consistência necessária à elucidação do que relatado, nem são conclusivos quanto à certificação das irregularidades apontadas, para afastar, no caso concreto, a celebração do acordo de colaboração. Essa motivada valoração, sob o ponto de vista negocial, não se submete ao crivo do Poder Judiciário, sob pena de se afetar, diretamente, a própria formação da independente convicção ministerial. Por isso, com fundamento no princípio acusatório, cabe exclusivamente ao ministério público avaliar a conveniência e a oportunidade de celebração do ato negocial, resguardando-se os direitos do agente em caso de não formalização do acordo de efetiva colaboração ao exame dessa colaboração pelo Estado-juiz na fase de sentença. Evidenciou que a ausência de acordo de colaboração, em tese, pode se submeter a eventual escrutínio implementado no seio do próprio ministério público, aplicando-se, por analogia, o art. 28 do Código de Processo Penal (CPP). Essa realidade, no entanto, não se coloca no caso concreto, visto que o ato coator é atribuído à PGR, chefe do Ministério Público da União, o que atrai a incidência da regra que prescreve a inviabilidade de atuação das câmaras de coordenação e revisão nessa hipótese [Lei Complementar 75/1993 (LC), art. 25 c/c o art. 62, IV]. Por fim, o colegiado atentou para o fato de que a autoridade apontada como coatora, ao rejeitar a proposta de formalização do acordo, determinou a devolução, ao impetrante, dos anexos e documentos de corroboração eventualmente fornecidos. Afirmou que esses documentos não consubstanciam elementos de prova, ou seja, não integram arcabouço apto a propiciar a demonstração de possíveis teses acusatórias vertidas pelo titular da ação penal. O ministro Gilmar Mendes acompanhou o voto do relator, mas, à guisa de *obiter dictum*, assentou premissas ao modelo de colaboração premiada brasileiro diante de omissões relevantes na legislação pertinente. As premissas foram endossadas pelos ministros Celso de Mello e Ricardo Lewandowski. Para o ministro Gilmar Mendes, a negativa de realização do acordo por parte do órgão acusador deve ser devidamente motivada e orientada pelos critérios definidos em lei. Essa recusa também pode ser objeto de controle por órgão superior no âmbito do ministério público, por aplicação analógica do art. 28 do CPP. Ademais, informações ou elementos produzidos por investigados em negociações de acordo de colaboração premiada não formalizado não podem ser utilizadas na persecução penal. Por fim, o juiz, na sentença, pode conceder benefício ao investigado mesmo sem prévia homologação de acordo de colaboração premiada. O ministro Celso de Mello ressaltou a importância de se estabelecer esses parâmetros em ordem a evitar abusos por parte do Estado e frustração da confiança depositada nos seus agentes por potenciais agentes colaboradores.

MS 35.693 AgR/DF, rel. Min. Edson Fachin, julgamento em 28.5.2019.

Informativo nº 927
Execução de multa decorrente de sentença penal condenatória e legitimidade ativa

O Plenário, por maioria, julgou parcialmente procedente o pedido formulado em ação direta de inconstitucionalidade ajuizada em face do art. 51 do Código Penal (CP) (1) e, em conclusão de julgamento e por maioria, resolveu questão de ordem em ação penal no sentido de assentar a legitimidade do Ministério Público (MP) para propor a cobrança de multa decorrente de sentença penal condenatória transitada em julgado, com a possibilidade subsidiária de cobrança pela Fazenda Pública (Informativo 848). O colegiado assentou que a Lei 9.268/1996, ao considerar a multa penal como dívida de valor, não retirou dela o caráter de sanção criminal que lhe é inerente, por força do art. 5º, XLVI, c, da Constituição Federal (CF) (2). Como consequência, a legitimação prioritária para a execução da multa penal é do MP, perante a vara de execuções penais. Entretanto, caso o titular da ação penal, devidamente intimado, não proponha a execução da multa no prazo de noventa dias, o juiz da execução criminal deverá dar ciência do feito ao órgão competente da Fazenda Pública (federal ou estadual, conforme o caso) para a respectiva cobrança na própria vara de execução fiscal, com a observância do rito da Lei 6.830/1980. O Plenário registrou que o art. 51 do CP, na redação que lhe havia sido dada pela Lei 7.209/1984, previa a possibilidade de conversão da multa em pena de detenção, quando o condenado, deliberadamente, deixasse de honrá-la. Posteriormente, a Lei 9.268/1996 deu nova redação ao dispositivo, referindo-se à multa como dívida de valor. Assim, a nova redação do referido dispositivo implicou duas consequências: i) não mais permite a conversão da pena de multa em detenção; e ii) a multa passou a ser considerada dívida de valor. Contudo, dizer que a multa penal se trata de dívida de valor não significa dizer que tenha perdido o caráter de sanção criminal. A natureza de sanção penal dessa espécie de multa é prevista na própria CF, razão pela qual o legislador ordinário não poderia retirar-lhe essa qualidade. Diante de tal constatação, não há como retirar do MP a competência para a execução da multa penal, considerado o teor do art. 129 da CF (3), segundo o qual é função institucional do MP promover privativamente a ação penal pública, na forma da lei. Promover a ação penal significa conduzi-la ao longo do processo de conhecimento e de execução, ou seja, buscar a condenação e, uma vez obtida esta, executá-la. Caso contrário, haveria uma interrupção na função do titular da ação penal. Ademais, o art. 164 da Lei de Execução Penal (LEP) (4) é expresso ao reconhecer essa competência do MP. Esse dispositivo não foi revogado expressamente pela Lei 9.268/1996. Vencidos os ministros Marco Aurélio e Edson Fachin, que reconheceram a legitimidade exclusiva da Fazenda Pública para promover a execução da multa decorrente de sentença penal condenatória transitada em julgado referida no art.

51 do CP. O ministro Marco Aurélio afirmou que, ante a transformação legal em dívida de valor, consoante o dispositivo impugnado, a multa em questão deixou de ter conotação penal. Já o ministro Edson Fachin, apesar de assentar o caráter de sanção criminal da pena de multa em referência, reconheceu a atribuição da advocacia pública para iniciar sua cobrança perante o juízo de execução fiscal. (1) CP: "Art. 51. Transitada em julgado a sentença condenatória, a multa será considerada dívida de valor, aplicando-se-lhes as normas da legislação relativa à dívida ativa da Fazenda Pública, inclusive no que concerne às causas interruptivas e suspensivas da prescrição". (2) CF: "Art. 5º (...) XLVI – a lei regulará a individualização da pena e adotará, entre outras, as seguintes: (...) c) multa;" (3) CF: "Art. 129. São funções institucionais do Ministério Público: I – promover, privativamente, a ação penal pública, na forma da lei;" (4) LEP: "Art. 164. Extraída certidão da sentença condenatória com trânsito em julgado, que valerá como título executivo judicial, o Ministério Público requererá, em autos apartados, a citação do condenado para, no prazo de 10 (dez) dias, pagar o valor da multa ou nomear bens à penhora".

ADI 3.150/DF, rel. Min. Marco Aurélio, julgamento em 12 e 13.12.2018.

Informativo nº 879
Quebra de sigilo bancário de contas públicas e requisição pelo Ministério Público – 2

A Segunda Turma, em conclusão, negou provimento a recurso ordinário em *habeas corpus* em que se pretendia trancar ação penal instaurada para apurar crimes de desvio de verbas públicas, lavagem de dinheiro e fraudes em licitações. Argumentou-se que as provas seriam ilícitas, pois teriam sido colhidas por meio de quebra de sigilo bancário solicitada por ofício encaminhado pelo Ministério Público (MP), sem autorização judicial, a gerente de instituição financeira. O Tribunal de origem entendeu que as contas públicas, por força dos princípios da publicidade e da moralidade [CF, art. 37 (1)], não têm, em geral, direito à intimidade e à privacidade. Por conseguinte, não são abrangidas pelo sigilo bancário. A defesa alegou que não estaria em discussão a publicidade inerente às contas públicas, conforme consignado no acórdão recorrido, mas sim a violação ao direito fundamental à intimidade da pessoa humana. Sustentou que a ação penal movida contra os recorrentes estaria edificada em provas obtidas por meio inidôneo, pois a autorização judicial é indispensável para a quebra de sigilo bancário (Informativo 844). O Colegiado asseverou que o sigilo de informações necessário à preservação da intimidade é relativizado quando há interesse da sociedade em conhecer o destino dos recursos públicos. Diante da existência de indícios da prática de ilícitos penais envolvendo verbas públicas, cabe ao MP, no exercício de seus poderes investigatórios [CF, art. 129, VIII (2)], requisitar os registros de operações financeiras relativos aos recursos movimentados a partir de conta corrente de titularidade da prefeitura municipal. Essa requisição compreende, por extensão, o acesso aos registros das operações bancárias sucessivas, ainda que realizadas por particulares, e objetiva garantir o acesso ao real destino desses recursos públicos. Decidir em sentido contrário implicaria o esvaziamento da própria finalidade do princípio da publicidade, que é permitir o controle da atuação do administrador público e do emprego de verbas públicas.

RHC 133.118/CE, rel. Min. Dias Toffoli, julgamento em 26.9.2017.

Informativo nº 785
Ministério Público e investigação criminal – 20
O Ministério Público dispõe de competência para promover, por autoridade própria, e por prazo razoável, investigações de natureza penal, desde que respeitados os direitos e garantias que assistem a qualquer indiciado ou a qualquer pessoa sob investigação do Estado, observadas, sempre, por seus agentes, as hipóteses de reserva constitucional de jurisdição e, também, as prerrogativas profissionais de que se acham investidos, em nosso País, os advogados (Lei 8.906/1994, art. 7º, notadamente os incisos I, II, III, XI, XIII, XIV e XIX), sem prejuízo da possibilidade – sempre presente no Estado democrático de Direito – do permanente controle jurisdicional dos atos, necessariamente documentados (Enunciado 14 da Súmula Vinculante), praticados pelos membros dessa Instituição. Com base nessa orientação, o Plenário, em conclusão de julgamento e por maioria, negou provimento a recurso extraordinário em que discutida a constitucionalidade da realização de procedimento investigatório criminal pelo Ministério Público. No caso, o acórdão impugnado dispusera que, na fase de recebimento da denúncia, prevaleceria a máxima *"in dubio pro societate"*, oportunidade em que se possibilitaria ao titular da ação penal ampliar o conjunto

probatório. Sustentava o recorrente que a investigação realizada pelo "Parquet" ultrapassaria suas atribuições funcionais constitucionalmente previstas — v. Informativos 671, 672 e 693. O Tribunal asseverou que a questão em debate seria de grande importância, por envolver o exercício de poderes por parte do Ministério Público. A legitimidade do poder investigatório do órgão seria extraída da Constituição, a partir de cláusula que outorgaria o monopólio da ação penal pública e o controle externo sobre a atividade policial. O "Parquet", porém, não poderia presidir o inquérito policial, por ser função precípua da autoridade policial. Ademais, a função investigatória do Ministério Público não se converteria em atividade ordinária, mas excepcional, a legitimar a sua atuação em casos de abuso de autoridade, prática de delito por policiais, crimes contra a Administração Pública, inércia dos organismos policiais, ou procrastinação indevida no desempenho de investigação penal, situações que, exemplificativamente, justificariam a intervenção subsidiária do órgão ministerial. Haveria, no entanto, a necessidade de fiscalização da legalidade dos atos investigatórios, de estabelecimento de exigências de caráter procedimental e de se respeitar direitos e garantias que assistiriam a qualquer pessoa sob investigação — inclusive em matéria de preservação da integridade de prerrogativas profissionais dos advogados, tudo sob o controle e a fiscalização do Poder Judiciário. Vencidos os Ministros Cezar Peluso (relator), Ricardo Lewandowski (Presidente) e Dias Toffoli, que davam provimento ao recurso extraordinário e reconheciam, em menor extensão, o poder de investigação do Ministério Público, em situações pontuais e excepcionais; e o Ministro Marco Aurélio, que dava provimento ao recurso, proclamando a ilegitimidade absoluta do Ministério Público para, por meios próprios, realizar investigações criminais.

RE 593.727/MG, rel. orig. Min. Cezar Peluso, red. p/ o acórdão Min. Gilmar Mendes, 14.5.2015.

Informativo nº 605

Inquérito Policial e Arquivamento Implícito

O sistema processual penal brasileiro não prevê a figura do arquivamento implícito de inquérito policial. Ao reafirmar esse entendimento, a 1ª Turma denegou habeas corpus em que se sustentava a sua ocorrência em razão de o Ministério Público estadual haver denunciado o paciente e corréu, os quais não incluídos em denúncia oferecida anteriormente contra terceiros. Alegava a impetração que o paciente, por ter sido identificado antes do oferecimento da primeira peça acusatória, deveria dela constar. Inicialmente, consignou-se que o Ministério Público esclarecera que não incluíra o paciente na primeira denúncia porquanto, ao contrário do que afirmado pela defesa, não dispunha de sua identificação, o que impediria a propositura da ação penal naquele momento. Em seguida, aduziu-se não importar, de qualquer forma, se a identificação do paciente fora obtida antes ou depois da primeira peça, pois o pedido de arquivamento deveria ser explícito (CPP, art. 28). Nesse sentido, salientou-se que a ocorrência de arquivamento deveria se dar após o requerimento expresso do Parquet, seguido do deferimento, igualmente explícito, da autoridade judicial (CPP, art. 18 e Enunciado 524 da Súmula do STF). Ressaltou-se que a ação penal pública incondicionada submeter-se-ia a princípios informadores inafastáveis, especialmente o da indisponibilidade, segundo o qual incumbiria, obrigatoriamente, ao Ministério Público o oferecimento de denúncia, quando presentes indícios de autoria e prova de materialidade do delito. Explicou-se que a indisponibilidade da denúncia dever-se-ia ao elevado valor social dos bens tutelados por meio do processo penal, ao se mostrar manifesto o interesse da coletividade no desencadeamento da persecução sempre que as condições para tanto ocorrerem. Ademais, registrou-se que, de acordo com a jurisprudência do Supremo, o princípio da indivisibilidade não se aplicaria à ação penal pública. Concluiu-se pela higidez da segunda denúncia. Alguns precedentes citados: RHC 95.141/RJ (DJe de 23.10.2009); HC 92.445/RJ (DJe de 3.4.2009). HC 104.356/RJ, rel. Min. Ricardo Lewandowski, 19.10.2010. (HC-104356)

HC 104.356/RJ, rel. Min. Ricardo Lewandowski, 19.10.2010.

Informativo nº 564

Ministério Público e Poder Investigatório - 1

O Ministério Público dispõe de competência para promover, por autoridade própria, investigações de natureza penal, desde que respeitados os direitos e garantias que assistem a qualquer indiciado ou a qualquer pessoa sob investigação do Estado, observadas, sempre, pelos agentes de tal órgão, as prerrogativas profissionais de que se acham investidos os advogados, sem prejuízo da possibilidade — sempre presente no Estado Democrático de Direito — do permanente controle jurisdicional dos atos praticados pelos promotores de justiça e procu-

radores da república. Com base nesse entendimento, a Turma indeferiu habeas corpus em que se alegava a nulidade de ação penal promovida com fulcro em procedimento investigatório instaurado exclusivamente pelo Ministério Público e que culminara na condenação do paciente, delegado de polícia, pela prática do crime de tortura.
HC 89.837/DF, rel. Min. Celso de Mello, 20.10.2009.

Ministério Público e Poder Investigatório - 2

Inicialmente, asseverou-se que não estaria em discussão, por indisputável, a afirmativa de que o exercício das funções inerentes à Polícia Judiciária competiria, ordinariamente, às Polícias Civil e Federal (CF, art. 144, § 1º, IV e § 4º), com exceção das atividades concernentes à apuração de delitos militares. Esclareceu-se que isso significaria que os inquéritos policiais — nos quais se consubstanciam, instrumentalmente, as investigações penais promovidas pela Polícia Judiciária — serão dirigidos e presididos por autoridade policial competente, e por esta, apenas (CPP, art. 4º, *caput*). Enfatizou-se, contudo, que essa especial regra de competência não impediria que o Ministério Público, que é o dominus litis — e desde que indique os fundamentos jurídicos legitimadores de suas manifestações — determinasse a abertura de inquéritos policiais, ou, então, requisitasse diligências investigatórias, em ordem a prover a investigação penal, conduzida pela Polícia Judiciária, com todos os elementos necessários ao esclarecimento da verdade real e essenciais à formação, por parte do representante do Parquet, de sua *opinio delicti*. Consignou-se que a existência de inquérito policial não se revelaria imprescindível ao oferecimento da denúncia, podendo o Ministério Público, desde que disponha de elementos informativos para tanto, deduzir, em juízo, a pretensão punitiva do Estado. Observou-se que o órgão ministerial, ainda quando inexistente qualquer investigação penal promovida pela Polícia Judiciária, poderia, assim mesmo, fazer instaurar, validamente, a pertinente persecução criminal.
HC 89.837/DF, rel. Min. Celso de Mello, 20.10.2009.

Ministério Público e Poder Investigatório - 3

Em seguida, assinalou-se que a eventual intervenção do Ministério Público, no curso de inquéritos policiais, sempre presididos por autoridade policial competente, quando feita com o objetivo de complementar e de colaborar com a Polícia Judiciária, poderá caracterizar o legítimo exercício, por essa Instituição, do poder de controle externo que lhe foi constitucionalmente deferido sobre a atividade desenvolvida pela Polícia Judiciária. Tendo em conta o que exposto, reputou-se constitucionalmente lícito, ao Parquet, promover, por autoridade própria, atos de investigação penal, respeitadas — não obstante a unilateralidade desse procedimento investigatório — as limitações que incidem sobre o Estado, em tema de persecução penal. Realçou-se que essa unilateralidade das investigações preparatórias da ação penal não autoriza o Ministério Público — tanto quanto a própria Polícia Judiciária — a desrespeitar as garantias jurídicas que assistem ao suspeito e ao indiciado, que não mais podem ser considerados meros objetos de investigação. Dessa forma, aduziu-se que o procedimento investigatório instaurado pelo Ministério Público não interfere nem afeta o exercício, pela autoridade policial, de sua irrecusável condição de presidente do inquérito policial, de responsável pela condução das investigações penais na fase pré-processual da *persecutio criminis* e do desempenho dos encargos típicos inerentes à função de Polícia Judiciária.

HC 89.837/DF, rel. Min. Celso de Mello, 20.10.2009.

Ministério Público e Poder Investigatório - 4

Ponderou-se que a outorga de poderes explícitos, ao Ministério Público (CF, art. 129, I, VI, VII, VIII e IX), supõe que se reconheça, ainda que por implicitude, aos membros dessa instituição, a titularidade de meios destinados a viabilizar a adoção de medidas vocacionadas a conferir real efetividade às suas atribuições, permitindo, assim, que se confira efetividade aos fins constitucionalmente reconhecidos ao Ministério Público (teoria dos poderes implícitos). Não fora assim, e desde que adotada, na espécie, uma indevida perspectiva reducionista, esvaziar-se-iam, por completo, as atribuições constitucionais expressamente concedidas ao Ministério Público em sede de persecução penal, tanto em sua fase judicial quanto em seu momento pré-processual. Afastou-se, de outro lado, qualquer alegação de que o reconhecimento do poder investigatório do Ministério Público poderia frustrar, comprometer ou afetar a garantia do contraditório estabelecida em favor da pessoa investigada. Nesse sentido, salientou-se que, mesmo quando conduzida, unilateralmente, pelo Ministério Público, a investigação penal não legitimaria qualquer condenação criminal, se os elementos de convicção nela produzidos — porém não reproduzidos em juízo, sob a garantia do contraditório — fossem os únicos dados probatórios existentes contra a pessoa investigada, o que afastaria a objeção de que a investigação penal, quando realizada pelo Ministério Público, poderia comprometer o exercício do direito de defesa. Advertiu-se, por fim, que à semelhança do que se registra no inquérito policial, o procedimento investigatório instaurado pelo Ministério Público deverá conter todas as peças, termos de declarações ou depoimentos e laudos periciais que tenham sido coligidos e realizados no curso da investigação, não podendo o membro do Parquet sonegar, selecionar ou deixar de juntar, aos autos, qualquer desses elementos de informação, cujo conteúdo, por se referir ao objeto da apuração penal, deve ser tornado acessível à pessoa sob investigação.

HC 89.837/DF, rel. Min. Celso de Mello, 20.10.2009.

6.2. Informativos do STJ

Informativo nº 634

É lícito o compartilhamento promovido pela Receita Federal dos dados bancários por ela obtidos a partir de permissivo legal, com a Polícia e com o Ministério Público, ao término do procedimento administrativo fiscal, quando verificada a prática, em tese, de infração penal.

Cinge-se a controvérsia sobre a possibilidade de compartilhamento de dados obtidos legitimamente pelo Fisco com o Órgão Ministerial e com a Polícia, sem prévia autorização judicial, para uso em ação penal. Primeiramente, necessário frisar ser prescindível a autorização judicial para a requisição de informações bancárias pela Receita Federal, como meio de concretizar seus mecanismos fiscalizatórios na seara tributária, ante a constitucionalidade da disciplina contida no art. 6º da Lei Complementar nº 105/2001, reconhecida pela Suprema Corte no julgamento do RE nº 601.314/SP, sob a sistemática da repercussão geral. A seu turno, o entendimento já consagrado neste Tribunal, é no sentido de que a quebra do sigilo bancário, para fins penais, exige autorização judicial mediante decisão devidamente fundamentada. Contudo, em recente orientação firmada pela Quinta Turma deste Tribunal, no julgamento do Recurso em *Habeas Corpus* nº 75.532/SP assentou-se que o envio dos dados sigilosos pela Receita Federal à Polícia ou ao Ministério Público, quando do esgotamento da via administrativa e constituição definitiva de crédito tributário, decorre de mera obrigação legal de comunicar às autoridades competentes acerca de possível ilícito cometido, não representando assim ofensa ao princípio da reserva de jurisdição o uso de tais elementos compartilhados para fins penais. Com efeito, constitui obrigação dos órgãos de fiscalização tributária, prevista no art. 83 da Lei nº 9.430/96 (redação dada pela Lei nº 12.350/2010) comunicar o Ministério Público, quando do encerramento do procedimento administrativo sobre exigência de crédito tributário, eventual prática de crime. E mais, não configura quebra do dever de sigilo 'a comunicação, às autoridades competentes, da prática de ilícitos penais ou administrativos, abrangendo o fornecimento de informações sobre operações que envolvam recursos provenientes de qualquer prática criminosa' (inc. IV do § 3º do art. 1º da Lei Complementar nº 105/2001). Como se vê, os citados dispositivos expressamente albergam o dever de remessa de dados bancários indicativos de eventual ilícito penal ao Ministério Público, a partir do término do procedimento administrativo tributário, como forma de permitir a investigação e persecução penal. Desse modo, a ação penal fundada em tais elementos não pode ser tomada como ofensiva à reserva de jurisdição, pois amparada em exceção categórica da legislação. Vale dizer, sendo legítimo os meios de obtenção da prova material e sua utilização no processo administrativo fiscal, mostra-se igualmente lícita sua utilização para fins da persecução criminal, a partir da comunicação obrigatória promovida pela Receita Federal no cumprimento de seu dever legal, quando do término da fase administrativa.

AgRg no REsp 1.601.127-SP, Rel. Min. Ribeiro Dantas, Rel. Acd. Min. Felix Fischer, por maioria, julgado em 20/09/2018, DJe 26/09/2018.

Informativo nº 565
DIREITO PROCESSUAL PENAL. ARQUIVAMENTO DO INQUÉRITO POLICIAL.

Na ação penal pública incondicionada, a vítima não tem direito líquido e certo de impedir o arquivamento do inquérito ou das peças de informação. Considerando que o processo penal rege-se pelo princípio da obrigatoriedade, a propositura da ação penal pública constitui um dever, e não uma faculdade, não sendo reservado ao Parquet um juízo discricionário sobre a conveniência e oportunidade de seu ajuizamento. Por outro lado, não verificando o Ministério Público material probatório convincente para corroborar a materialidade do delito ou a autoria delitiva ou entendendo pela atipicidade da conduta, pela existência de excludentes de ilicitude ou de culpabilidade, ou, ainda, pela extinção da punibilidade, pode requerer perante o Juiz o arquivamento do inquérito ou das peças de informação. O magistrado, concordando com o requerimento, deve determinar o arquivamento, que prevalecerá, salvo no caso de novas provas surgirem a viabilizar o prosseguimento das investigações pela autoridade policial (art. 18 do CPP). Se discordar, porém, deve o magistrado encaminhar o pedido de arquivamento, com o inquérito ou peças de informação, à consideração do Procurador-Geral de Justiça, o qual deverá: a) oferecer a denúncia, ou designar outro órgão ministerial para fazê-lo; ou b) insistir no arquivamento, estando, nessa última hipótese, obrigado o Juiz a atender. Poderá, ainda, o Procurador-Geral requerer novas diligências investigatórias. Há, portanto, um sistema de controle de legalidade muito técnico e rigoroso em relação ao arquivamento de inquérito policial, inerente ao próprio sistema acusatório. No exercício da atividade jurisdicional, o Juiz, considerando os elementos trazidos nos autos de inquérito ou nas peças de informações, tem o poder-dever de anuir ou discordar do pedido de arquivamento formulado pelo Ministério Público. Não há, porém, obrigação de, em qualquer hipótese, remeter os autos para nova apreciação do Procurador-Geral. Assim, se constatar pertinência nos fundamentos do pedido de arquivamento, o Juiz terá o poder-dever de promover o arquivamento, não cabendo contra essa decisão recurso. Ademais, no sistema processual penal vigente, a função jurisdicional não contempla a iniciativa acusatória, de maneira que, do mesmo modo que não poderá o Juiz autoprovocar a jurisdição, não poderá obrigar o Ministério Público, diante de sua independência funcional, a oferecer a denúncia ou a ter, em toda e qualquer hipótese, reexaminado o pedido de arquivamento pela instância superior, o respectivo Procurador-Geral. Ao Ministério Público cabe formar a *opinio delicti* e, se entender devido, oferecer a denúncia. Desse modo, uma vez verificada a inexistência de elementos mínimos que corroborem a autoria e a materialidade delitivas, pode o Parquet requerer o arquivamento do inquérito, e o Juiz, por consequência, avaliar se concorda ou não com a promoção ministerial. Uma vez anuindo, fica afastado o procedimento previsto no art. 28 do CPP, sem que, com isso, seja violado direito líquido e certo da possível vítima de crime de ver processado seu suposto ofensor (RMS 12.572-SP, Sexta Turma, DJ de 10/9/2007). Cumpre salientar, por oportuno, que, se a vítima ou qualquer outra pessoa trouxer novas informações que jus-

tifiquem a reabertura do inquérito, pode a autoridade policial proceder a novas investigações, nos termos do citado art. 18 do CPP. Nada obsta, ademais, que, surgindo novos elementos aptos a ensejar a persecução criminal, sejam tomadas as providências cabíveis pelo órgão ministerial, inclusive com a abertura de investigação e o oferecimento de denúncia.
MS 21.081-DF, Rel. Min. Raul Araújo, julgado em 17/6/2015, DJe 4/8/2015.

Informativo nº 463
PODERES. INVESTIGAÇÃO. MP.

A Turma deu provimento ao recurso por entender, entre outras questões, que o Ministério Público possui legitimidade para proceder à coleta de elementos de convicção no intuito de elucidar a materialidade do crime e os indícios da autoria. Proceder à referida colheita é um consectário lógico da própria função do Parquet de promover, com exclusividade, a ação penal. A polícia judiciária não possui o monopólio da investigação criminal. O art. 4º, parágrafo único, do CP não excluiu a competência de outras autoridades administrativas ao definir a competência da polícia judiciária. Assim, no caso, é possível ao órgão ministerial oferecer denúncias lastreadas nos procedimentos investigatórios realizados pela Procuradoria de Justiça de combate aos crimes praticados por agentes políticos municipais. Precedentes citados do STF: RE 468.523-SC, DJe 19/2/2010; do STJ: HC 12.704-DF, DJ 18/11/2002; HC 24.493-MG, DJ 17/11/2003, e HC 18.060-PR, DJ 26/8/2002.
REsp 1.020.777-MG, Rel. Min. Laurita Vaz, julgado em 17/2/2011.

Informativo nº 387
TRANSAÇÃO PENAL. CUMPRIMENTO. PENA.

O paciente foi condenado à pena de seis meses de detenção após a desclassificação do crime do art. 12 (tráfico de entorpecentes) para o art. 16 (porte para uso) da revogada Lei nº 6.368/1976. Transitada em julgado a condenação, o juiz, de ofício, propôs transação penal (a entrega de uma cesta básica a uma entidade filantrópica), o que foi aceito e logo cumprido pelo réu. Nesse panorama, mostra-se correto o entendimento da jurisprudência de que a proposta de transação, ato privativo do MP, é cabível em momento posterior ao oferecimento da denúncia se ocorrer a desclassificação do delito quando da prolação da sentença ou mesmo de que, em caso de recusa do representante do Parquet, pode o magistrado, se entender cabível o benefício, remeter os autos ao procurador-geral de Justiça (art. 28 do CPP). Sucede que a superveniente Lei nº 11.343/2006 não mais prevê pena privativa de liberdade à conduta do paciente. Pesa, também, o fato de ele já ter cumprido a determinação do juízo de pagar a cesta base (punição que se amoldaria à prestação de serviços à comunidade). Assim, a melhor solução ao caso é entender extinta a pena em razão de seu efetivo cumprimento. Precedente citado: REsp 737.688-SP, DJ 16/10/2006.

HC 59.776-SP, Rel. Min. Og Fernandes, julgado em 17/3/2009.

7. Questões de Concurso
MINISTÉRIO PÚBLICO DO ESTADO DO RIO DE JANEIRO
XXV Concurso – 2002

O Promotor de Justiça, em exercício no órgão de execução do Ministério Público junto à 20ª Vara Criminal da Capital, recebe os autos de Inquérito Policial, referentes à quebra de sigilo bancário e telefônico determinada pelo Juiz, após requerimento da autoridade policial, onde há indícios suficientes da prática do crime de extorsão mediante sequestro, ocorrido no bairro de Copacabana. Na qualidade de Promotor de Justiça titular daquele órgão, manifeste-se acerca da atribuição para o oferecimento da denúncia.

MINISTÉRIO PÚBLICO DO ESTADO DO RIO DE JANEIRO
XXIV CONCURSO – 2001

1ª Questão: Princípios Institucionais do Ministério Público – Valor: 50 pontos

É cabível a aplicação analógica do art. 28 do Código de Processo Penal, quando o Juiz discorda da manifestação do Promotor de Justiça que, em vez de oferecer denúncia, pretenda a volta dos autos de flagrante de indiciado em liberdade à autoridade policial para diligências que considere imprescindíveis?

VIII Tópicos da Atuação do Ministério Público na Área Cível

1. O Ministério Público no Processo Civil*

A atuação ministerial no âmbito cível não pode ser estudada dissociada dos artigos 176, 177 e 178 do Código de Processo Civil que dispõem, respectivamente:

> Art. 176. O Ministério Público atuará na defesa da ordem jurídica, do regime democrático e dos interesses e direitos sociais e individuais indisponíveis.
>
> Art. 177. O Ministério Público exercerá o direito de ação em conformidade com suas atribuições constitucionais.
>
> Art. 178. O Ministério Público será intimado para, no prazo de 30 (trinta) dias, intervir como fiscal da ordem jurídica nas hipóteses previstas em lei ou na Constituição Federal e nos processos que envolvam:
>
> I – interesse público ou social;
>
> II – interesse de incapaz;
>
> III – litígios coletivos pela posse de terra rural ou urbana.
>
> Parágrafo único. A participação da Fazenda Pública não configura, por si só, hipótese de intervenção do Ministério Público.

Infere-se, portanto, que a atuação do Parquet no processo civil pode ser sistematizada em duas hipóteses: quando exerce o direito de ação, conforme os artigos 176 e 177 do CPC, atuando como órgão agente; e nos casos elencados no artigo 178 do CPC, atuando como órgão interveniente.[1] Interessante a lição de Alexandre Freitas Câmara[2], o

---

* Este capítulo foi escrito em coautoria com Marina Pinto de Castro Jatahy, autora do livro "O Ministério Público no Processo Civil Brasileiro. Um olhar contemporâneo à luz do Código de 2015. – Rio de Janeiro: Freitas Bastos Editora, 2020.
1 Acerca do assunto, artigo pioneiro de Clóvis Paulo da Rocha (1973, pp. 3-14) e a obra Breves Comentários ao Novo Código de Processo Civil de Teresa Arruda, Fredie Didier Jr, Eduardo Talamini e Bruno Dantas (2016, p. 606).
2 CÂMARA, Alexandre Freitas. O Novo Processo Civil Brasileiro. 5ª. ed. – São Paulo: Atlas, 2019, p. 122.

Ministério Público atua no processo civil de duas formas: como órgão, normalmente, demandante – órgão agente (art. 177) e em raras vezes como demandado – e como fiscal da ordem jurídica (art. 178). De fato, comumente, figura como parte no polo ativo. Há situações, contudo, em que pode figurar como parte no polo passivo, como a ação que vise anular termo de ajustamento de conduta ou ação rescisória de sentença proferida em ação civil pública promovida pelo Ministério Público[3].

Nesse contexto, é importante observar que a intervenção ministerial por força do artigo 178 do CPC não pode ser equiparada ao que a doutrina convencionou chamar de funções *custos legis*, embora inúmeros autores ainda o façam, eis que a correta aplicação da lei e do ordenamento jurídico sempre deve ser aferida pelo membro do MP, como órgão agente ou interveniente, já que uma de suas maiores funções constitucionais é a defesa da ordem jurídica (CF, art. 127), qualquer que seja sua participação processual.[4]

Antes de explorar a atuação em concreto do Ministério Público, é importante ressalvar que o CPC de 2015 trouxe ao ordenamento jurídico o instituto do negócio jurídico processual. Com efeito, o art. 190 do CPC[5] rompeu com a tradição publicista do processo civil e passou a permitir que as partes plenamente capazes estipulem mudanças no procedimento, de forma a ajustá-lo às especificidades da causa. Para o Ministério Público esse instrumento pode ser útil no campo da tutela dos direitos e interesses indisponíveis, ao enfrentar questões complexas na sua atribuição. Acerca do tema, o Fórum Permanente de Processualistas Civis aprovou os seguintes enunciados sobre o assunto:

---

3 GODINHO, Robson Renault e COSTA, Susana Henriques da. Ob. cit. p. 26.
4 Enunciado 14 da Súmula da Assessoria de Assuntos Institucionais: *"Mesmo atuando na condição de parte, ou seja, como sujeito ativo da relação processual, nem por isso deixa o Ministério Público de zelar pela ordem jurídica, o que o faz também fiscal da Lei, afastada, desta forma, a intervenção de outro órgão ministerial para autonomamente, cumprir este mister"*. (MP 20.318/00)
5 Art. 190. Versando o processo sobre direitos que admitam autocomposição, é lícito às partes plenamente capazes estipular mudanças no procedimento para ajustá-lo às especificidades da causa e convencionar sobre os seus ônus, poderes, faculdades e deveres processuais, antes ou durante o processo. Parágrafo único. De ofício ou a requerimento, o juiz controlará a validade das convenções previstas neste artigo, recusando-lhes aplicação somente nos casos de nulidade ou de inserção abusiva em contrato de adesão ou em que alguma parte se encontre em manifesta situação de vulnerabilidade.

"O Ministério Público pode celebrar negócio processual quando atua como parte" (Enunciado 253)

"É inválida a convenção para excluir a intervenção do Ministério Público como fiscal da ordem jurídica". (Enunciado 254)

"É admissível a celebração de convenção processual coletiva" (Enunciado 255)

Contudo, importante ressaltar que como órgão interveniente, o Ministério Público não deve fazer parte do negócio jurídico processual[6], cabendo apenas às partes a celebração. Nesses casos, o Ministério Público tem a função de verificar possíveis nulidades, combater cláusulas abusivas em contratos de adesão e impedir abuso contra vulnerável. Quando atuar como órgão agente, graças a sua personalidade jurídica, não há qualquer impedimento à celebração de negócios jurídicos sobre o procedimento, inclusive no compromisso de ajustamento de conduta[7].

1.1. A atuação do Ministério Público como órgão agente

A atuação ministerial como órgão agente advém de dispositivo constitucional (CF, arts. 127 129, II e III), bem como de inúmeros textos legais, codificados ou não (vide CC, CPC, Lei 7.347/85, Lei 8.560/92, Lei 7.853/89, Lei 8.429/92, Lei 8.069/90 etc.).

O Ministério Público, além de possuir legitimidade ativa para propor ações, consoante suas atribuições constitucionais, também possui capacidade postulatória[8]. A capacidade postulatória do Ministério Público estende-se, inclusive, às ações que visam o exercício do princípio da independência funcional, da autonomia administrativa ou do poder de requisição[9].

No tocante à legitimidade, há divergência jurisprudencial se a atuação do Ministério Público, no polo ativo, detém legitimação ordinária ou extraordinária. Como cediço, há legitimação ordinária quando a parte vem a juízo defender direito próprio. Por outro lado, há legitimação extraordinária quando a parte, embora autorizada por norma legal a ingressar em juízo, não é o titular do direito litigioso.

---

6 Enunciado 112 da II Jornada de Direito Processual Civil: A intervenção do Ministério Público como fiscal da ordem jurídica não inviabiliza a celebração de negócios processuais.

7 A indisponibilidade do direito material não impede a celebração do negócio jurídico porque o CPC apenas exige como requisito a possibilidade de autocomposição.

8 STF. AgReg. no RE 367.432. Rel. Min. Eros Grau. Segunda Turma. Julg. 20/04/2010.

9 STJ. MS 5370.Rel. Democrito Reinaldo. Primeira Seção. Julg. 12/11/1997.

Costa Machado[10] defende que na ação civil pública o Ministério Público age como legitimado ordinário:

> "Muito bem, se frente a uma norma jurídica o interesse do Estado é maior, prevalente, tanto que o próprio Estado pode acionar o Judiciário para fazê-la valer, não há motivo para consideramos que o direito que dela resulta não seja do Estado também. [...] Por esse motivo, entendemos que o Parquet, titular da ação civil pública, não tem a qualidade substituto processual nem de legitimado extraordinário. Concordamos com Ephraim de Campos Jr., que afirma: "Agindo por este interesse, o qual geralmente só tem esta forma de presentação, o Ministério Público não substitui ninguém, mas simplesmente exerce a função para a qual foi criado" [...] sua legitimação é ordinária porque no processo da ação civil pública o Ministério Público é o Estado e atua para a realização do seu próprio direito".

Na mesma linha, posicionou-se Teori Zavascki[11]:

> "...em todas as hipóteses de promoção de ação civil, seja na defesa do patrimônio público ou social, seja, ainda, na defesa de interesses ou direitos difusos ou coletivos, e até nos chamados interesses ou direitos individuais homogêneos, assim entendidos os decorrentes de origem comum (Lei nº 8.078/90, art. 81, parágrafo único, III), o Ministério Público estará sempre defendendo, não direito próprio e sim direito alheio".

Daniel Assumpção[12] não comunga do mesmo entendimento, sustentando que a legitimação é extraordinária, *"considerando-se que nesse caso o Ministério Público atuará em nome próprio na defesa de interesse alheio".*

Nesta atribuição, o Ministério Público possui a iniciativa processual em juízo, figurando como demandante, seja autor, exequente ou requerente. O Ministério Público é intimado pessoalmente, sob pena de nulidade, de todos os atos e termos do processo, mediante a entrega dos autos com vista.[13] A intimação será pessoal e se realizará preferencial-

---

10 MACHADO, Antonio Claudio. Ob. cit. p. 113.
11 Ministério Público e Ação Civil Pública. R. Inf. Legisl. Brasileia e. 29 nº 114 abri/jun 1992, visualizado em https://www2.senado.leg.br/bdsf, em 14.01.2020
12 NEVES, Daniel Amorim Assumpção. **Novo Código de Processo Civil Comentado**. 3ª ed. – Salvador: Ed: JusPodvm, 2018, p. 317.
13 Conforme o disposto nos arts. 179, 180, 183, 230 e 279, todos do CPC, bem como do art. 41, IV, da LONMP. A contagem do prazo não começa da intimação pessoal, mas da remessa dos autos com vista, de acordo com o entendimento da 1ª Turma do STJ (REsp 868.881/DF): "A intimação do Ministério Público dos atos processuais, por meio da entrega dos autos com vista, considera-se realizada no momento do recebimento do processo pelo órgão, quando começa então a fluir o prazo para

mente por meio eletrônico (art. 270, CPC),[14][15] mas também pode ocorrer mediante carga ou remessa (art. 183, § 1º, CPC), como já abordado no capítulo V.

Ainda no que concerne aos prazos[16], o tratamento diferenciado também é evidente, ante a leitura dos artigos 180 e 183 do CPC, que devem ser aplicados indistintamente para a atuação ministerial, conforme entendimento da doutrina majoritária,[17] bem como de nossos Tribunais.[18] Assim, o Ministério Público gozará, no Processo Civil, do prazo em dobro para se manifestar nos autos.

Em relação ao adiantamento de despesas processuais, quando a atuação ministerial for interventiva, as despesas com requerimento de provas serão adiantadas pelo autor e pagas ao final pelo vencido (CPC, arts. 82, § 1º). Atuando na qualidade de agente, o CPC/2015 estipulou que as perícias requeridas pela Defensoria Pública, Fazenda Pública e pelo Ministério Público devem ser feitas por entidade pública ou, caso exista previsão orçamentária, pagas por essas instituições (art. 91).

interposição de recurso, sendo irrelevantes, para esse fim, os trâmites internos aí realizados. Entendimento em sentido diverso, subordinando o início da fluência do prazo à oposição de 'ciente' pelo Procurador, importaria deixar ao arbítrio de uma das partes a determinação do termo *a quo* do prazo".

14 O ministro Reynaldo Soares da Fonseca, do Superior Tribunal de Justiça, entendeu no REsp 1.800.991 que o art. 5º, §§ 1º e 3º da Lei 11.419/2006 que determina que o prazo para intimação eletrônica do Ministério Público também é de 10 dias. Findo esse prazo, considera-se, automaticamente, que o Parquet fora intimado.

15 Sobre a intimação eletrônica: "Quando a intimação der-se por meio eletrônico será considerada realizada a intimação quando o intimado realizar a consulta eletrônica ao teor da intimação, ou seja, assim que o advogado consultar o portal próprio terá tomado conhecimento imediato de toda e qualquer publicação relacionadas aos processos em que figure como advogado". (WAMBIER, Teresa; DIDIER JR., Fredie; TALAMINI, Eduardo; DANTAS, Bruno. **Breves comentários ao novo Código de Processo Civil**. São Paulo: Revista dos Tribunais, 2016, p. 803).

16 Vale ressaltar que no CPC 73, no art. 188, estava previsto o quádruplo do prazo comum para a contestação quando a parte for a Fazenda Pública ou o Ministério Público. Essa disposição não existe mais no CPC de 2015, permanecendo apenas a previsão de prazo em dobro e prazos próprios, por previsão expressa.

17 MACHADO, A., *op. cit.*, p. 543. Contra: Frederico Marques (1987, v. 1, pp. 291 e 295).

18 *"Se o art. 499, § 2º, do CPC confere ao Ministério Público legitimidade para recorrer assim nos processos em que é parte como naqueles em que oficia como fiscal da lei, não é possível, na exegese do art. 188 do CPC, estabelecer distinção quanto ao prazo em dobro, que neste dispositivo se garante ao Ministério Público, conforme seja parte ou assuma a posição de fiscal da lei"* (STF – 1ª Turma – Min. Néri da Silveira – RT 579/261); "Conta-se em dobro o prazo para recorrer, quer o Ministério Público seja parte, quer intervenha como custos legis (TJ/RJ, 8º Câm. Cível – RT 523/237).

Surgiu debate sobre a aplicabilidade desse dispositivo nos casos de processos coletivo. Em sede doutrinária há quem entenda que o perito deva trabalhar sem remuneração imediata, vindo a receber o valor de seus honorários somente após a condenação do vencido em verbas sucumbenciais[19]. Outra corrente também não vê a aplicabilidade do art. 91 na tutela coletiva porque, na hipótese, prevaleceria o microssistema de tutela e o art.18 da Lei de Ação Civil Pública afirma que não há adiantamento de custas, emolumentos, honorários periciais ou quaisquer outras despesas[20].

Apesar desses posicionamentos, o STJ possui entendimento de que cabe à Fazenda Pública, vinculada ao Parquet da ação, arcar com tais despesas, como se observa nos casos abaixo:

> *"Administrativo e Processual civil. Agravo interno no recurso em mandado de segurança. Pagamento de honorários periciais, em ação civil pública. Responsabilidade do estado a que estiver vinculado o ministério público, autor da ação. incidência, por analogia, da súmula 232/stj. Inaplicabilidade do art. 91 do cpc/2015. Princípio da especialidade. Precedentes do stj. Agravo interno improvido.*
>
> *I. Agravo interno aviado contra decisão monocrática publicada em 22/03/2018, que julgara recurso interposto contra decisum publicado na vigência do CPC/2015.*
>
> *II. Trata-se, na origem, de Mandado de Segurança, impetrado pelo Estado de São Paulo, em razão da decisão proferida nos autos de ação civil pública, ajuizada pelo Ministério Público do Estado de São Paulo, que determinou que o impetrante efetue o pagamento da verba honorária do perito. O Tribunal de origem concedeu parcialmente a ordem, aplicando, por analogia, a Súmula 232/STJ, ressaltando que "a Fazenda Pública da esfera governamental correlata ao âmbito de atuação do Ministério Público é quem deve antecipar os honorários periciais". Contudo, como a perícia foi requerida por ambas as partes, na ação civil pública, concedeu parcialmente a ordem, determinando que a aludida verba seja rateada entre a Fazenda Pública Estadual, ora agravante, e a empresa ré.*
>
> *III. A Primeira Seção do STJ, no julgamento do REsp 1.253.844/SC (Rel. Ministro MAURO CAMPBELL MARQUES, PRIMEIRA SEÇÃO, DJe de 17/10/2013), submetido ao rito do art. 543-C do CPC/73 (art. 1.036 do*

---

19 LEONEL, Ricardo de Barros. Ministério Público e despesas processuais no novo Código de Processo Civil. In: ZANETI JR, Hermes (coord.). Processo coletivo. Coleção Repercussões do Novo CPC, v. 8. Salvador: JusPodivm, 2016, p. 436.

20 DIDIER JR, Fredie; ZANETI JR, Hermes. Curso de Direito Processual Civil. Vol. 4. Salvador: JusPodivm, 2016, pp. 355 e 356.

CPC/2015), *firmou entendimento no sentido de que, **em sede de ação civil pública, promovida pelo Ministério Público, o adiantamento dos honorários periciais ficará a cargo da Fazenda Pública a que está vinculado o Parquet**, pois não é razoável obrigar o perito a exercer seu ofício gratuitamente, tampouco transferir ao réu o encargo de financiar ações contra ele movidas, aplicando-se, por analogia, a orientação da Súmula 232/STJ, in verbis: "A Fazenda Pública, quando parte no processo, fica sujeita à exigência do depósito prévio dos honorários do perito".*
(...)

*IV. Na forma da jurisprudência, "**não se sustenta a tese de aplicação das disposições contidas no art. 91 do Novo CPC, as quais alteraram a responsabilidade pelo adiantamento dos honorários periciais; isto porque a Lei 7.347/1985 dispõe de regime especial de custas e despesas processuais, e, por conta de sua especialidade, a referida norma se aplica à Ação Civil Pública, derrogadas, no caso concreto, as normas gerais do Código de Processo Civil**" (STJ, RMS 55.476/SP, Rel. Ministro HERMAN BENJAMIN, SEGUNDA TURMA, DJe de 19/12/2017). Em igual sentido: STJ, AgInt no RMS 56.454/SP, Rel. Ministro MAURO CAMPBELL MARQUES, SEGUNDA TURMA, DJe de 20/06/2018.*

V. Agravo interno improvido". (destaque nosso)[21]

Por outro lado, o Ministro Ricardo Lewandowski, em dezembro de 2018, proferiu decisão monocrática no sentido de determinar que o Ministério Público deva arcar com o adiantamento de honorários periciais em ação coletiva[22]. Para o Ministro, o novo CPC disciplinou detalhadamente o assunto e não há motivo para que tal regra não seja aplicada, supletivamente, aos processos coletivos. Além disso, argumentou que o Ministério Público goza de capacidade orçamentária e teve tempo razoável para, desde a vigência do novo Código, se organizar financeiramente para passar a aditar os valores devidos a títulos de honorários em ações coletivas em relação às provas por ele requeridas. Como a decisão no STF foi monocrática, não é possível afirmar que este seja o entendimento do Tribunal, mas pode-se afirmar que não há um posicionamento pacífico a respeito do assunto.

Finalmente, vale destacar a questão do ônus de sucumbência. No Rio de Janeiro, por força da Resolução 671/95, o membro do Ministério Público deve postular a condenação da parte adversa na sucumbência,

---

21 AgInt no RMS 56.423/SP, Rel. Ministra Assusete Magalhães, Segunda Turma, julgado em 04/09/2018.
22 AgR na ACO 1.560, Relator: Min. Ricardo Lewandowski, julgado em 13/12/2018.

requerendo o depósito da verba no Fundo Especial do Ministério Público, criado pela Lei Estadual 2.819/97 (art. 4º, XII), sendo tais recursos utilizados no aparelhamento e modernização da Instituição.

No que tange ao pagamento da sucumbência pelo Parquet, a matéria gera divergência jurisprudencial. Enquanto no Rio de Janeiro há entendimento de que o ônus cabe ao Estado,[23] no Rio Grande do Sul,[24] embora ainda de forma isolada, já há posicionamento impondo o gravame ao Parquet, face à autonomia administrativa e financeira da Instituição, que deveria responder pela sucumbência devida ao ajuizamento da demanda.

1.1.1 Algumas demandas em que o MP é Órgão Agente

A Lei 8.560/92, que regula a investigação de paternidade dos filhos havidos fora do casamento, dispõe sobre a legitimidade do Ministério Público para o ajuizamento da referida ação.

A matéria tem base constitucional no Art. 127, *caput* da CF, que legitima o Parquet para a tutela de interesses individuais indisponíveis. Não se pode também esquecer da regra contida no artigo 129, IX, que ressalva a possibilidade de o Ministério Público exercer outras funções "desde que compatíveis com sua finalidade".

Acerca da matéria, o Supremo Tribunal Federal, no julgamento do RE 248.869/SP,[25] em 07/08/2003, Ministro Mauricio Correa, assim decidiu:

> *"1. A Constituição Federal adota a família como base da sociedade a ela conferindo proteção do Estado. Assegurar à criança o direito à dignidade, ao respeito e à convivência familiar pressupõe reconhecer seu legítimo direito de saber a verdade sobre sua paternidade, decorrência lógica do direito à filiação (CF, artigos 226, §§ 3º, 4º, 5º e 7º; 227, § 6º). 2. A Carta Federal outorgou ao Ministério Público a incumbência de promover a defesa dos interesses individuais indisponíveis, podendo, para tanto, exercer outras atribuições prescritas em lei, desde que compatível com sua finalidade institucional (CF, artigos 127 e 129). 3. O direito ao nome insere-se no conceito de dignidade da pessoa humana e traduz a sua*

---

23 TJ/RJ – 4ª Câmara Cível – Ap. Cv. 3.8718 – "Descabimento de custas e honorários advocatícios quando o MP sucumbe na ação proposta, porque defende interesses indisponíveis da sociedade".
24 TJ/RS – 1ª Câmara Cível – Ap. 59200668-8 – "Tendo proposto ACP em desalinho com o interesse público e nela sucumbido, o MP suportará a condenação no pagamento das despesas porque parte vencida (art. 20 do CPC)".
25 STF. RE 247.769/SP. Rel. Min. Mauricio Correa. Jul. 07/08/2003.

identidade, a origem de sua ancestralidade, o reconhecimento da família, razão pela qual o estado de filiação é direito indisponível, em função do bem comum maior a proteger, derivado da própria força impositiva dos preceitos de ordem pública que regulam a matéria (Estatuto da Criança e do Adolescente, artigo 27). 4. A Lei 8.560/92 expressamente assegurou ao Parquet, desde que provocado pelo interessado e diante de evidências positivas, a possibilidade de intentar a ação de investigação de paternidade, legitimação essa decorrente da proteção constitucional conferida à família e à criança, bem como da indisponibilidade legalmente atribuída ao reconhecimento do estado de filiação. Dele decorrem direitos da personalidade e de caráter patrimonial que determinam e justificam a necessária atuação do Ministério Público para assegurar a sua efetividade, sempre em defesa da criança, na hipótese de não reconhecimento voluntário da paternidade ou recusa do suposto pai. [...] 7. Caráter personalíssimo do direito assegurado pela iniciativa da mãe em procurar o Ministério Público visando a propositura da ação. Legitimação excepcional que depende de provocação por quem de direito, como ocorreu no caso concreto. Recurso extraordinário conhecido e provido".

O Superior Tribunal de Justiça, em sede de recurso repetitivo, igualmente, já decidiu pela legitimidade do Parquet para o ajuizamento de ação de alimentos em proveito de criança ou adolescente[26].

Como órgão agente atua o Ministério Público em diversas ações previstas no ECA: ações de alimentos e os procedimentos de suspensão e destituição do poder familiar, nomeação, remoção e prestação de contas de tutores e curadores, especialização e inscrição de hipoteca legal e nomeação e remoção de guardiães (art. 201, III e IV).

Importante atuação também possui no Estatuto do Idoso (Lei 10.741/2003): ajuizamento de ação de alimentos em favor do idoso que se encontrar em situação de risco (art. 74, I); atuar como substituto processual do idoso em situação de risco e promover a revogação de instrumento procuratório, nas hipóteses previstas no art. 43, quando necessário ou o interesse público justificar (art. 73, III e IV).

Ainda como órgão agente podemos citar a atuação no Parquet no requerimento de abertura de inventário (art. 616, VII, do CPC); ação revocatória, na hipótese de decretação de falência (art. 132 da Lei 11.1101/2005); ajuizamento de ação rescisória (art. 967 do CPC) e requerimento para instauração do Incidente de Resolução de Demandas

---

26 STJ. REsp 1.265.821. Rel. Min. Luis Felipe Salomão. Segunda Seção. Julg. 14/05/2014.

Repetitivas (art. 977, III, do CPC).

1.2. A atuação do Ministério Público como fiscal da ordem jurídica

Nos termos do artigo 178 do CPC, três são as hipóteses de intervenção do Parquet, que analisaremos a seguir: (i) nas causas em que há interesse público ou social; (ii) nas causas em que há interesse de incapaz; e (iii) nas ações que envolvam litígios coletivos pela posse de terra rural ou urbana.[27]

O juiz, de ofício ou a requerimento, ao verificar uma dessas hipóteses, deve abrir vista dos autos ao órgão ministerial com atribuições para tanto. Uma vez provocado, o Ministério Público deve verificar, concretamente, se está presente uma das causas que justificam a sua intervenção e se manifestar fundamentadamente sobre a presença dessa justificativa. Mesmo que não seja provocado, o órgão ministerial pode tomar a iniciativa e peticionar requerendo vista dos autos.

1.2.1. Quando houver interesse público ou social (Artigo 178, I do CPC)

Nesta hipótese, a atuação do Ministério Público é condicionada à verificação de interesse público ou social. Como adverte Humberto Dalla[28], o rol é exemplificativo e não taxativo.

Tais requisitos devem ser observado a partir de fatores como a natureza da ação e a condição da parte integrante do processo. Há, contudo, situações em que o interesse público é presumido. O interesse público pode ser dividido em primário e secundário. O primário coincide com os interesses gerais da coletividade. Já o secundário, aquele interesse meramente econômico das pessoas jurídicas de direito público. O Ministério Público só tem o dever de proteger e tutelar o interesse público primário[29].

Sobre interesse social, entende-se que cabe do Ministério Público defender o que for melhor para a sociedade, para a coletividade. Há ca-

---

27 No CPC de 73, as hipóteses eram diferentes. "*Art. 82. Compete ao Ministério Público intervir: I – nas causas em que há interesses de incapazes; II – nas causas concernentes ao estado da pessoa, pátrio poder, tutela, curatela, interdição, casamento, declaração de ausência e disposições de última vontade; III – nas ações que envolvam litígios coletivos pela posse da terra rural e nas demais causas em que há interesse público evidenciado pela natureza da lide ou qualidade da parte*".
28 PINHO, Humberto Dalla Bernardina de. Direito processual civil contemporâneo: teoria geral do processo. 8ª ed. São Paulo: Saraiva Educação, 2018, p. 383.
29 Súmula 189 do STJ: É desnecessária a intervenção do Ministério Público nas execuções fiscais.

sos em que o interesse da Administração Pública diverge do interesse da coletividade. Nessas situações, cabe ao Ministério Público agir contra o Poder Público e, valendo-se de instrumentos judiciais e extrajudiciais, proteger o interesse da sociedade. Nas palavras de Ada Pellegrini Grinover[30], interesses sociais são:

> "*interesses espalhados e informais à tutela de necessidades coletivas, sinteticamene referíveis à qualidade de vida. Interesses de massa, que comportam ofensas de massa e que colocam em contraste grupos, categorias, classes de pessoas. Não mais se trata de um feixe de linhas paralelas, mas de um leque de linhas que convergem para um objeto comum e indivisível. Aqui se inserem os interesses dos consumidores, ao ambiente, dos usuários de serviços públicos, dos investidores, dos beneficiários da previdência social e de todos aqueles que integram uma comunidade compartilhando de suas necessidades e seus anseios*".

1.2.2. Quando houver interesse de incapazes

Antes de explorar esta hipótese é importante definir o que é incapacidade para fins desse artigo e quem são os incapazes à luz do ordenamento jurídico brasileiro. A capacidade jurídica é uma medida da personalidade jurídica que define com maior ou menor extensão os efeitos da personalidade. Existe a capacidade jurídica de direito e a capacidade jurídica de fato.

A capacidade de direito é inerente ao ser humano que possui personalidade jurídica. É a aptidão para ter direitos e deveres (art. 1º do CC). Já a capacidade de fato é a aptidão de exercer, por si só, atos da vida civil. A ausência dessa capacidade é suprida pela assistência ou representação. Portanto, quando se fala que uma pessoa é incapaz é porque ela não possui, por completo, capacidade jurídica **de fato**.

Em 2015, com a Lei nº 13.146 (Estatuto da Pessoa com Deficiência)[31] houve grande mudança nesse sistema de proteção das incapacidades. O art. 6º desse Estatuto retirou os deficientes físicos e mentais do

---

30 GRINOVER, Ada Pellegrini. **Significado social, político e jurídico da tutela dos interesses difusos**. São Paulo: Revista do Processo, nº 7, jan-mar. 2000, p. 9.
31 O Estatuto da Pessoa com Deficiência deu aplicabilidade específica à Convenção de Nova York que foi assinada em 30 de março de 2007 e ratificada pelo Congresso Nacional por meio do Decreto Legislativo nº 186. O artigo 12 dessa Convenção dispõe: "*2. Os Estados Partes reconhecerão que as pessoas com deficiência gozam de capacidade legal em igualdade de condições com as demais pessoas em todos os aspectos da vida*".

rol dos incapazes ao declarar, no *caput*: "a *deficiência não afeta a plena capacidade civil da pessoa*". É claro que o Estatuto continua fornecendo uma proteção ao deficiente, mas essa proteção é independente da sua capacidade civil. O art. 84, § 2º do Estatuto, por exemplo, facultou à pessoa com deficiência a adoção do processo de tomada de decisão apoiada. A grande diferença entre o apoiador e o curador é que o ato do deficiente realizado sem a presença do apoiador não invalida o ato.

Ultrapassada essa análise inicial, o inciso II do artigo 178 do CPC determina a intervenção ministerial quando houver interesses de incapazes nas causas. A natureza jurídica de tal intervenção gera controvérsias na doutrina. Para Celso Agrícola Barbi,[32] a intervenção do Ministério Público nestas hipóteses visa *"suprir eventual falha na defesa dos interesses dos incapazes"*, que, por não poderem exprimir validamente suas vontades, tornam-se hipossuficientes, necessitando da intervenção protetiva do Parquet. A hipossuficiência do incapaz traria um desequilíbrio do contraditório e uma arranhadura do princípio da igualdade das partes, gerando a necessidade da intervenção do Ministério Público. *"Para reequilibrar o contraditório, vale dizer, para tornar realidade concreta a oportunidade de contradição; para fazer valer a igualdade das partes, suprindo de forças o polo da relação processual em que se encontre o incapaz".*[33] Cândido Rangel Dinamarco[34] adverte: *"O Ministério Público ingressa em nome do contraditório que precisa haver no processo e que precisa ser equilibrado. Ele intervém para compensar a fraqueza presumida de uma das partes".* Por esta corrente, portanto, a atuação do Ministério Público é vinculada ao interesse do incapaz.

Outra corrente, com a qual comungamos, de forte fundamento doutrinário[35] e apoio jurisprudencial,[36] entende que a atuação do Parquet em tais causas é meramente fiscalizatória, isto é, desvinculada aos

---

32 BARBI, Celso Agrícola. **Comentários ao Código de Processo Civil.** 3ª ed. Rio de Janeiro: Forense, 1983, v. 1, p. 378.
33 MACHADO, A., *op. cit.*, p. 218.
34 DINAMARCO *apud* MACHADO, A., *op. cit.*, p. 222.
35 TORNAGHI, *op. cit.*, 1976, p. 281; LIMA, Alcides Mendonça. **Atividade do Ministério Público no Processo Civil.** São Paulo: Revista do Processo, ano 3, nº 10, abr./jun. 1978, p. 63.
36 "O *Ministério Público interveniente propugna pela correta aplicação da lei, ainda que isso signifique opinar contra o interesse da parte menor de idade*" (RT 586/208). "*A intervenção do MP não se subordina aos interesses do incapaz; se estiver convencido de que este não tem direito, deve deduzir seu parecer de acordo com a lei, e não com o interesse do incapaz*". (RT 705/108, 748/229).

interesses do incapaz. O membro da Instituição atua como fiscal da correta aplicação da lei, sem qualquer tendência à proteção do incapaz.

Em posição temperada, Mazzilli[37] afirma ter o Promotor de Justiça opinião livre, não podendo, entretanto, tomar qualquer medida de impulso processual em desfavor do incapaz, como arguir a prescrição, por exemplo.

No tocante à curatela, necessário alertar que a atuação do Ministério Público pode, excepcionalmente, se dar como agente, na hipótese de doença mental grave e se as pessoas designadas nos incisos I, II e III do art. 747 (cônjuge, companheiro, parentes, tutores ou representante da entidade em que se encontra abrigado o interditando) não a promoverem. Consoante ensina Flavio Tartuce[38] *"a legitimidade do MP é somente subsidiária e extraordinária, funcionamento como substituto processual"*.

Não é despiciendo ressaltar que, na hipótese de ser o Ministério Público o autor da ação de interdição, não haverá necessidade da atuação de outro membro do Ministério Público como órgão interveniente.

O Ministério Público no processo de interdição intervém como fiscal da ordem jurídica (art. 752 § 1º), portanto não dispensa a presença de curador especial, quando a lei o exigir, como na hipótese do art. 752, § 2º ("o interditando poderá constituir advogado, e, caso não o faça, deverá ser nomeado curador especial").

Nesse diapasão, impõe-se uma crítica ao entendimento manifestado pela Quarta Turma do STJ, no julgamento, em 10/12/2014, do REsp 1.099.458, da relatoria da Ministra Maria Isabel Galloti, no sentido de que na hipótese de ação de interdição não proposta pelo Ministério Público *"quem age em defesa do suposto incapaz é o órgão ministerial e, portanto, resguardados os interesses interditando, não se justifica a nomeação de curador especial"*.

As ações relativas "ao estado da pessoa" diziam respeito às ações de família. Atualmente, a atuação do Ministério Público é restrita se houver interesse de incapaz, conforme dispõe o art. 698 (*"Nas ações de família, o Ministério Público somente intervirá quando houver interesse de incapaz e deverá ser ouvido previamente à homologação do acordo"*), ou quando figurar como parte vítima de violência doméstica e familiar,

---
37 MAZZILLI, *op. cit.*, 2001, p. 735.
38 TARTUCE, Flavio. Manual de direito civil: volume único. 7ª ed. – Rio de Janeiro: Forense. São Paulo: Método, 2017, p. 1515.

consoante dispõe o parágrafo único, introduzido pela Lei 13.894/2019 *(O Ministério Público intervirá, quando não for parte, nas ações de família em que figure como parte vítima de violência doméstica e familiar, nos termos da* <u>Lei nº 11.340, de 7 de agosto de 2006</u> *(Lei Maria da Penha)".*

Nas ações de declaração de ausência, a presença do Ministério Público continua a ser exigida pela legislação (arts. 740, § 6º e 745, § 4º do CPC), assim como nas ações relativas às disposições de última vontade (arts. 735 § 2º, 736 e 737 § 2º do CPC).

1.2.3. Nas ações que envolvam litígios coletivos pela posse de terra rural ou urbana

Levando em consideração o papel do Ministério Público no ordenamento jurídico brasileiro, a simples presença de um litígio coletivo já ensejaria a necessidade de intervenção do Ministério Público. Quando o litígio envolve posse de terra rural, não restam dúvidas.

Por exemplo, o art. 18, § 2º da LC 76/1993 dispõe que a intervenção é exigida nos casos de desapropriação direta de imóvel rural para fins de reforma agrária. Importante ressaltar que o dispositivo não demanda a atuação do Ministério Público em todas as demandas expropriatórias, mas apenas quando tratam de litígios coletivos pela posse de terra rural[39].

Em caso de ações possessórias em que figure no polo passivo grande número de pessoas, a intimação do Ministério Público é obrigatória, inclusive para participar de eventual audiência de conciliação designada antes da decisão sobre o pedido de liminar.

O STJ já decidiu que: *"em regra, a ação de desapropriação direta ou indireta não pressupõe automática intervenção do Parquet, exceto quando envolver, frontal ou reflexamente, proteção ao meio ambiente, interesse urbanístico ou improbidade administrativa".*[40]

Nas hipóteses previstas no artigo 178 do CPC, cabe exclusivamente ao Ministério Público decidir se a hipótese é de intervenção ou não.

É cediço que a ausência de intimação do Parquet para se manifestar nos autos pode acarretar a nulidade do feito (art. 279 do CPC). Vale

---
39 Nesse sentido, STJ, EREsp 486.645/SP, 1ª Seção, j. 12.08.2009, rel. Min. Mauro Campbell Marques e STJ, AgRg no REsp 1.413.689/CE, rel. Min. Mauro Campbell Marques, 2ª Turma, j. 10.06.2014.
40 STJ, EREsp 506.226/DF, rel. Min. Humberto Martins, 1ª Seção, DJe 05.06.2013; no mesmo sentido, STJ, AgRg no AREsp 211.911/RJ, rel. Min. Herman Benjamin, 2ª Turma, DJe 19.03.2014.

destacar que o que pode ensejá-la é a ausência de intimação e não a falta de manifestação do Parquet nos autos, como já decidiu o Supremo Tribunal Federal[41]:

> [...]"A jurisprudência dos Tribunais e o magistério da doutrina, pronunciando-se sobre a ausência de manifestação do Ministério Público nos processos em que se revela obrigatória a sua intervenção, tem sempre ressaltado que, em tal situação, o que verdadeiramente constitui causa de nulidade processual não e a falta de efetiva atuação do Parquet, que eventualmente deixe de emitir parecer no processo, mas, isso sim, a falta de intimação que inviabilize a participação do Ministério Público na causa em julgamento. Hipótese inocorrente na espécie, pois ensejou-se a Procuradoria-Geral da Republica a possibilidade de opinar no processo".

Acerca da possibilidade de a ausência de intervenção do Ministério Público em primeira instância ser suprida pelo pronunciamento em sede recursal, já se manifestou o Superior Tribunal de Justiça pela inocorrência de nulidade: "*Havendo manifestação do Parquet na instância ordinária e ausência de demonstração de prejuízo ante a falta de intimação do custos legis (fiscal da lei) na instância superior, aplica-se o princípio pas de nullité sans grief*".[42]

Além das hipóteses previstas no art. 178, o legislador fez menção à intervenção do Ministério Público como fiscal da ordem jurídica em outros dispositivos do CPC.

O art. 65, parágrafo único, prevê que o Ministério Público pode alegar a incompetência relativa nas causas em que atuar. Não sendo parte ré nos autos, a incompetência deve ser suscitada em sua primeira manifestação nos autos[43].

Atuando como órgão interveniente, a perícia requerida pelo Ministério Público deve ser adiantada pelo autor (art. 82 § 1º).

O CPC também assegura ao Ministério Público legitimidade para requerer a instauração do incidente de desconsideração da personalidade jurídica (art. 133) e prevê que as testemunhas arroladas pelo Parquet – como órgão agente ou como órgão interveniente – sejam intimadas por via judicial (art. 455, IV).

Dispõe o art. 734, § 1º, que o Ministério Público deve ser intimado

---

41 STF. AI 139671 AgR/DF. Rel. Ministro Celso de Mello. Primeira Turma. Julg. 20/06/1995.
42 STJ. AGrG na Pet no Resp 106996/DF. Rel. Min. Nefi Cordeiro. Sexta Turma. Julg. 28/04/2015.
43 PINHO, Humberto Bernadina de Pinho. Ob. cit. p. 391.

a se manifestar nos pedidos de alteração do regime de bens. Trata-se de mais uma exceção à regra de que o Ministério Público, nas causas de família, deva intervir somente se houver interesse de incapaz[44].

Cabe ressalvar a recente modificação no CPC, através da Lei 13.894/2019, que determinou a intervenção obrigatória do MP nas ações de família nos casos em que figure vítima de violência doméstica e familiar, nas hipóteses em que o Parquet não for parte, conforme artigo 698 § único do CPC.

O art. 948 dispõe sobre a obrigatoriedade de ser ouvido o Ministério Público no incidente de arguição de inconstitucionalidade.

Como leciona Alexandre Freitas Câmara[45], *"o reconhecimento da inconstitucionalidade de leis ou atos normativos nos tribunais exige respeito à cláusula de reserva de plenário, prevista no art. 97 da Constituição da República".*

Assim, na hipótese de ser suscitada a inconstitucionalidade de lei ou ato normativo, para fins de controle difuso, necessário instaurar-se o incidente de arguição de inconstitucionalidade. Na hipótese de ser rejeitada a arguição, o órgão fracionário dará prosseguimento ao julgamento. Na hipótese de ser acolhida, a questão será submetida ao plenário do tribunal ou ao órgão especial, onde houver.

O Ministério Público também deve se manifestar no incidente de resolução de demandas repetitivas, quando não for o requerente (art. 976 § 2º).

O IRDR visa assegurar uma solução uniforme a demandas repetitivas, ou seja *"demandas idênticas, seriais, que, em grandes quantidades, são propostas perante o Judiciário. Diz-se que elas são idênticas por terem objeto e causa de pedir idênticas, ainda que mudem as partes".*[46]

Admitido o incidente, eventual desistência ou abandono por parte do autor/recorrente não impedirá a fixação da tese, eis que o legislador previu que o Ministério Público assuma a titularidade do incidente (art. 976 § 2º).

Julgado o incidente, a tese jurídica terá eficácia vinculante na área de jurisdição do respectivo tribunal (art. 985).

No incidente de assunção de competência, o legislador não dispôs expressamente sobre a manifestação do Ministério Público, como órgão interveniente.

---

44 A outra exceção é quando figure como parte vítima de violência doméstica e familiar (art. 698, parágrafo único, introduzido pela Lei 13.894/2019).
45 CÂMARA, Alexandre Freitas. Ob. cit. p. 460.
46 CÂMARA, Alexandre Freitas. Ob. cit., p. 482 e 484.

O incidente de assunção de competência é cabível quando o julgamento do recurso, de remessa necessária ou de processo de competência originária envolver relevante questão de direito, com grande repercussão social, sem repetição em múltiplos processos (art. 947).

Não obstante a omissão do legislador quanto à necessidade de intervenção do Ministério Público, diante da vinculação do julgamento, deve o Parquet ser igualmente instado a se manifestar, tal como ocorre no IRDR.

Já na reclamação, o legislador previu a manifestação do Ministério Público no artigo 991, CPC:

Art. 991. Na reclamação que não houver formulado, o Ministério Público terá vista do processo por 5 (cinco) dias, após o decurso do prazo para informações e para o oferecimento da contestação pelo beneficiário do ato impugnado.

Trata-se de *"processo de competência originária de tribunais, que pode ter por finalidade a preservação de sua competência ou a garantia da autoridade de suas decisões"*.[47]

O Parquet tem legitimidade para interpor recursos, como parte ou como fiscal da ordem jurídica (art. 996).

O Ministério Público também deverá se manifestar no recurso especial e no extraordinário (art. 1038, III). A intervenção decorre de expresso dispositivo legal. Assim, a manifestação deverá ocorrer independentemente da natureza da causa ou da qualidade dos litigantes.

Já no conflito de competência e na ação rescisória, quando não for o autor, a intervenção deve ocorrer nas hipóteses do art. 178, conforme dispõem, respectivamente, os artigos 951, parágrafo único, e 967, parágrafo único.

O mesmo ocorre nos procedimentos de jurisdição voluntária, consoante dispõe o art. 721. Tal artigo pôs fim à divergência que havia na vigência da legislação anterior sobre a obrigatoriedade ou não da manifestação do Parquet em todos os procedimentos, diante da redação do art. 1.105.[48]

Ressalte-se que, não obstante o art. 721 referir-se ao art. 178, há hipóteses de procedimentos de jurisdição voluntária em que o legislador, de forma expressa, prevê a intervenção do Ministério Público nos processos de alteração do regime de bens e feitos relativos a testamento

---
47 CÂMARA, Alexandre Freitas. Ob.cit. p. 491.
48 "Serão citados, sob pena de nulidade, todos os interessados, bem como o Ministério Público".

bens de ausentes, já abordados anteriormente.

1.3. Intervenção do Ministério Público prevista em outros diplomas legais

Afora as ações já examinadas, outras leis dispõem sobre a obrigatoriedade de intimação do Ministério Público.

Não pretendendo esgotar a matéria, o presente trabalho destacará apenas algumas hipóteses mais relevantes.

A Lei 4.717/1965 que regula a ação popular prevê a intervenção do Ministério Público (art. 7º, I, a'). Apesar de não possuir legitimidade ativa para ajuizar a ação, na hipótese de o autor dar causa à extinção do feito sem resolução do mérito, deve o Parquet assumir a titularidade da ação (art. 9º), tornando-se assim, um *"legitimado ativo subsidiário ulterior".*[49] Igualmente, se decorridos sessenta dias da publicação da sentença condenatória de segunda instância, sem que o autor ou terceiro promova a execução, deve o Ministério Público promovê-la (art. 16).

O Parquet, quando não atuar como autor, igualmente intervém nas ações previstas no Estatuto da Criança e do Adolescente (Lei 8.069/1990), seja por envolver interesse de incapaz, seja por expressa determinação legal:

> Art. 202. Nos processos e procedimentos em que não for parte, atuará obrigatoriamente o Ministério Público na devesa dos direitos e interesses de que cuida esta Lei, hipótese em que terá vista dos autos depois das partes, podendo juntar documentos e requerer diligências, usando os recursos cabíveis.

A Lei 9.507/1997, que regula o direito de acesso a informações e disciplina o direito processual do *habeas data*, também prevê a intimação do Ministério Público. Tal qual ocorre com o mandado de segurança, cabe ao membro da instituição a análise sobre a pertinência da intervenção.

O Estatuto do Idoso (Lei 10.741/2003) dispõe que o Ministério Público deve oficiar em todos os feitos em que se discutam os direitos de idosos em situação de risco (art. 74, II).

O Superior Tribunal de Justiça já se manifestou no sentido de *"não ser obrigatória a intervenção do Ministério Público nas ações que envolvam interesse de idoso, exceto se comprovada a situação de risco de que*

---

49 MANCUSO, Rodolfo de Camargo. **Ação popular**. 7ª ed. São Paulo: Editora Revista dos Tribunais, 2011, p. 93.

trata o art. 43 da Lei nº 10.741/2003"[50].

A Lei 11.101/2005, ao regular a recuperação judicial e a falência do empresário e da sociedade empresária, prevê a atuação do Ministério Público em diversos dispositivos legais, tais como, impugnar a relação de credores (art. 8º) e requerer a substituição do administrador judicial ou dos membros do Comitê de Credores (art. 30, § 2º).

Não é despiciendo ressaltar que o veto ao art. 4º do projeto não tem o condão de afastar a intervenção do Ministério Público nos processos falimentares e de recuperação judicial diante dos extensos reflexos no âmbito empresarial, econômico e do crédito, alcançando mesmo a credibilidade das instituições e da própria Justiça.

A atuação do Parquet, portanto, seria decorrente de preceito constitucional, eis que o art. 127 da Carta Magna dispõe que cabe à instituição a defesa da ordem jurídica e a defesa do interesse social.

A Lei 12.016/2009 que disciplina o mandado de segurança, em seu art. 12, também a manifestação do Ministério Público, cabendo ao membro do Parquet se pronunciar se a hipótese é ou não de intervenção.[51]

1.4. Suspeição e impedimento

Dispõe o art. 148 do CPC que se estendem ao membro do Ministério Público os motivos de impedimento e de suspeição aplicados ao magistrado, seja atuando como órgão agente, seja como órgão interveniente[52].

Se a arguição ocorrer perante a primeira instância, caberá ao magistrado condutor do processo processar e julgar o incidente. Caso ocorra em segunda instância ou nos tribunais superiores, deverá ser observado o procedimento previsto nos respectivos regimentos internos.

1.5. Responsabilidade civil

O art. 181 do CPC prevê que o membro do Ministério Público *"será civil e regressivamente responsável quando agir com dolo ou fraude no exercício de suas funções"*.

O art. 85 do CPC revogado dispunha que *"o órgão do Ministério Público será civilmente responsável quando, no exercício de suas funções proceder com dolo ou fraude".*

---
50 STJ. AgInt no REsp 1.681.460/PR. Rel. Min. Ricardo Villas Bôas Cueva. Terceira Turma. Julg. 03/12/2018.
51 GARCIA, Emerson. Ob. cit. p. 524.
52 NEVES, Daniel Amorim Assumpção. Ob. cit. p. 281.

Humberto Dalla[53] sustenta que, diante da introdução do termo "regressivamente", o particular não poderá acionar diretamente o membro do Parquet. A ação deverá ser proposta em face do Estado que, por sua vez, possui o direito de regresso contra o agente.

Na hipótese da prática de crime de abuso de autoridade, dispõe o art. 4º, I, da Lei 13.869/2019 que, a requerimento do ofendido, deverá o magistrado fixar na sentença o valor mínimo para a reparação dos danos, considerando os prejuízos sofridos. Havendo tal fixação, torna-se certa a obrigação de indenizar.

2. Racionalização da Atuação Cível do Ministério Público

Após essa breve exposição sobre a atuação do Ministério Público na área cível, constata-se que a matéria não é pacífica sobre em que feitos obrigatoriamente o Ministério Público deva intervir. A racionalização da atuação cível do Ministério Público não é uma construção teórica nova. Muito já se discutiu a respeito do tema. Há tempos existe tendência em alguns segmentos da Instituição, de restringir a atuação cível do Parquet como *custos legis*.

Ocorre que, após a Constituição Federal de 1988, e o XXXIV Encontro do Conselho Nacional de Corregedores-Gerais do Ministério Público dos Estados e União (Município de Ipojuca, Pernambuco, 2003), avolumou-se a discussão sobre o tema. Nesta reunião foi emitida a denominada "Carta de Ipojuca", elencando hipóteses onde a intervenção ministerial seria dispensável. As proposições foram aprovadas pelo Conselho Nacional em larga maioria, deliberando o órgão que deveriam ser materializadas em cada Estado da Federação, por meio de provimento ou resolução do respectivo Procurador-Geral de Justiça, ouvidos os órgãos colegiados e a Corregedoria-Geral.

É notório que o Ministério Público deve pautar sua forma de atuação dando preferência pela tutela dos direitos indicados no artigo 127 da Constituição Federal. Sabe-se também que, juntamente com a evolução da Instituição, mesmo antes da nova Constituição, muitas foram as atribuições conferidas ao Parquet. De fato, desde a edição da Lei 7.347/85 tem o Ministério Público o poder de instaurar inquérito civil e ajuizar ação civil pública, na defesa do patrimônio público, do meio ambiente, do consumidor, dos bens e direitos de valor artístico, estético, históri-

---
53 PINHO, Humberto Dalla Bernardina de. Ob. cit. p. 390.

co, turístico e paisagístico. Esta atribuição foi constitucionalizada com o disposto no artigo 129, II e III, da Carta Magna, sem prejuízo do dever do Ministério Público atuar como *guardião da ordem jurídica*, em virtude do comando inserto no aludido artigo 127, que deverá conviver com a atuação como órgão agente, preconizada no artigo 129.

Promotores e Procuradores de Justiça passaram a invocar dispositivos da "Carta de Ipojuca" para fundamentar a não-intervenção ministerial em casos concretos. Tendo como referência o princípio da independência funcional, membros do Ministério Público vêm se recusando a atuar em determinados feitos sob a alegação de não vislumbrar no caso qualquer interesse público. Assim não entendemos.

O princípio da independência funcional, como já estudado anteriormente, descansa no fundamento de que o membro do Ministério Público, em sua atuação, obedece exclusivamente ao seu próprio convencimento, estando, pois, imune a qualquer tipo de imposição no que tange ao exercício de suas funções. Ocorre que essa independência funcional dos membros do Parquet deve ser entendida em seus precisos termos. Não se pode invocar a independência funcional para fundamentar uma suposta e equivocada liberdade de decidir se o Ministério Público deve ou não atuar em determinado caso concreto. Uma questão é a necessidade de intervenção ministerial num determinado feito; outra bem diferente, é a linha de entendimento que será adotada pelo membro do Ministério Público com atribuição para oficiar na hipótese. Desta forma, sendo caso de intervenção obrigatória do Ministério Público, deve o membro do Parquet atuar necessariamente, tendo plena liberdade para opinar de acordo com o seu convencimento pessoal.

Face a recusa do Promotor de Justiça em oficiar em determinado feito, pode ocorrer o controle de tal manifestação pelo Procurador-Geral de Justiça, em incidente denominado *declaração de atribuição*. São casos em que o Procurador-Geral de Justiça declara a atribuição de determinado órgão para atuar no feito. Isto não significa que o PGJ irá adentrar no mérito da causa, dizendo que o Promotor deve opinar neste ou naquele sentido, mas apenas declarar que aquele órgão tem atribuição para atuar no caso concreto. Confira-se o que o Professor Carvalho Filho afirma:

> "O núcleo da questão não é a violação ao âmbito de atribuições do nobre Recorrente, mas sim a definição do que seja intervenção obrigatória do Ministério Público.

São situações diversas: uma consiste em preservar atribuições alocadas dentro da competência natural, outra em definir se é exigível ou não a atuação. Este último aspecto precede o anterior. O fato de ser exigível a atuação ministerial autoriza a preservação das funções cuja atuação foi exigida; esta parte é que se tem que observar o princípio do Promotor Natural.

Quanto a independência funcional (...) não significa, contudo, que o membro do Parquet seja independente ao decidir se atua ou não atua em determinado processo, quando essa atuação é obrigatória ex vi legis. *Aqui não há independência funcional; há, isto sim, norma coercitiva de conteúdo positivo, vale dizer, norma que obriga a uma conduta positiva, no caso a de funcionar no processo".*

Neste sentido também, José Galvani Alberton:

"A racionalização da intervenção do Ministério Público no processo civil como fiscal da lei é uma questão que precisa ser olhada, sobretudo, sob a ótica do compromisso e da responsabilidade das instituições públicas com a realização dos fins do Estado (CF, 3º), afastando-se por inteiro as paixões pessoais ou corporativas. Não podem os integrantes do Ministério Público, egoisticamente, contrapor o argumento de que a proposta levaria à perda de espaços institucionais politicamente relevantes, da mesma maneira como é incogitável que a ela venham a aderir estimulados apenas pela perspectiva de uma virtual diminuição da carga de trabalho. E, no plano externo, não seria lícito a nenhuma outra instituição interpretá-la como uma tentativa velada do Ministério Público banquetear-se na omissão e na comodidade. Ou, quiçá, de fazer-se menos solidário com a instituição da Magistratura, no árduo e dignificante trabalho de outorga da jurisdição".

Não estamos criticando a chamada racionalização da atuação cível ministerial. Estimulamos a reflexão sobre os pontos mais importantes desta discussão, de forma a acrescentá-la positivamente. É notório que nas últimas décadas o Ministério Público cresceu profundamente, granjeando prestígio nos mais diversos setores da sociedade. Sabe-se que, juntamente com o prestígio e respeito conquistados, vieram inúmeras novas atribuições e que, infelizmente, o número de órgãos criados para atuar nas mais diversas áreas não cresceu na mesma proporção. Num país como o Brasil, com todas as dificuldades conhecidas, difícil ter um número de membros suficientes para atuar como se deseja. O trabalho avoluma-se cada vez mais e mais. De fato, sabe-se ser necessária uma reavaliação das atribuições ministeriais, com a redução onde for necessário, de forma que se ganhe espaço para atuar nas causas mais importantes para a sociedade. Contudo, deve-se agir com a maior prudência possível para que a sociedade não venha a sofrer com uma suposta desídia do Ministério Público. As conquistas do Parquet foram alcançadas gradativamente. Da mesma forma entendemos deva ocorrer com a racionalização.

Assim, a melhor solução que se afigura é que haja uma uniformização, no âmbito do Ministério Público, quanto à racionalização da atuação cível ministerial. Neste sentido, a Recomendação CNMP nº 34, de 05/04/2016, dispondo sobre a atuação do MP como órgão interveniente no Processo Civil.

3. Jurisprudência sobre o Tema

3.1. Informativo do STF

Informativo nº 410
EDUCAÇÃO INFANTIL. ATENDIMENTO EM CRECHE. DEVER CONSTITUCIONAL DO PODER PÚBLICO
A Turma manteve decisão monocrática do Min. Celso de Mello, relator, que dera provimento a recurso extraordinário interposto pelo Ministério Público do Estado de São Paulo contra acórdão do Tribunal de Justiça do mesmo Estado-membro que, em ação civil pública, afirmara que a matrícula de criança em creche municipal seria ato discricionário da Administração Pública – v. Informativo 407. Tendo em conta que a educação infantil representa prerrogativa constitucional indisponível (CF, art. 208, IV), asseverou-se que essa não se expõe, em seu processo de concretização, a avaliações meramente discricionárias da Administração Pública, nem se subordina a razões de puro pragmatismo governamental. Entendeu-se que os Municípios, atuando prioritariamente, no ensino fundamental e na educação infantil (CF, art. 211, § 2º), não poderão eximir-se do mandamento constitucional disposto no aludido art. 208, IV, cuja eficácia não deve ser comprometida por juízo de simples conveniência ou de mera oportunidade. Por fim, ressaltou-se a possibilidade de o Poder Judiciário, excepcionalmente, determinar a implementação de políticas públicas definidas pela própria Constituição, sempre que os órgãos estatais competentes descumprirem os encar-

gos político-jurídicos, de modo a comprometer, com a sua omissão, a eficácia e a integridade de direitos sociais e culturais impregnados de estatura constitucional. RE 436.996 AgR/SP, rel. Min. Celso de Mello, 22.11.2005.

3.2. Informativos do STJ

Informativo nº 616
INTIMAÇÃO DO MINISTÉRIO PÚBLICO. CONTAGEM DOS PRAZOS. INÍCIO. NECESSIDADE DE REMESSA DOS AUTOS À INSTITUIÇÃO.

O termo inicial da contagem do prazo para impugnar decisão judicial é, para o Ministério Público, a data da entrega dos autos na repartição administrativa do órgão, sendo irrelevante que a intimação pessoal tenha se dado em audiência, em cartório ou por mandado. Cinge-se a controvérsia a saber se a intimação do Ministério Público, nas hipóteses em que o respectivo membro se fez presente na audiência onde o ato foi produzido, já determina o início do cômputo do prazo para recorrer, ou se o prazo somente se inicia com a remessa dos autos com vista à instituição. De início cabe destacar que, o prazo processual, considerado em si mesmo, não tem necessária relação com intimação (comunicação ou ciência de atos daqueles que figuram no processo), mas com o espaço de tempo de que as partes ou terceiros interessados dispõem para a prática válida de atos processuais que darão andamento ao processo. Assim, conquanto se reconheça que a intimação do ato e o respectivo prazo processual caminhem ligados, uma vez que, em regra, a ciência ou o conhecimento das partes acerca dos atos processuais dispara o início do cômputo do prazo para a prática de novos atos, o início na contagem do prazo pode e deve ser postergado quando adequado e necessário ao exercício do contraditório pleno. Para bem desincumbir-se de suas atribuições constitucionais, assegurou-se ao Ministério Público um extenso rol de prerrogativas, direitos, garantias e deveres, de estatura constitucional (arts. 127 a 129 da CF) e legal (arts. 17 e 18 da Lei Complementar nº 75/1993 e 38 a 42 da Lei nº 8.625/1993), permeados diretamente por princípios que singularizam tal instituição e que influenciam no exercício do contraditório efetivo, entre os quais, a unidade e a indivisibilidade. Em uma concepção tradicional, muito bem colocada pela doutrina, pode-se afirmar que o princípio da unidade comporta a ideia de que os membros do Ministério Público integram um só órgão sob a direção de um só chefe. A seu turno, o princípio da indivisibilidade significa que, observados os preceitos legais, um membro do Ministério Público poderá substituir outro quando tal se fizer necessário. Assim, a substituição de um membro por outro não fragmenta a atuação ministerial, pois é a instituição, presentada pelos seus membros, quem pratica o ato. Tal circunstância é de suma importância para a percepção da singularidade que caracteriza e diferencia a atuação de um promotor de justiça (ou de um procurador da república). Isso porque, nem sempre será o mesmo agente público responsável pela condução e, posteriormente, pela impugnação dos atos praticados durante a audiência. Aliás, não se descure – notadamente na esfera criminal – a discrepância na quantidade de processos sob a responsabilidade de um membro do Ministério Público com a que normalmente ocupa a carteira de um escritório de advocacia; ideia reforçada pelos princípios da oficialidade e da obrigatoriedade da ação penal que norteiam a atuação de um promotor de justiça. Por tudo isso é que não soa equivocado afirmar, sob o prisma de princípios constitucionais, que a intimação dirigida ao membro do Ministério Público presente em audiência não induz, automaticamente, o início do cômputo do prazo para a prática de atos processuais. A par desses aspectos pragmáticos, que impõem um olhar diferenciado sobre a atuação do Ministério Público no processo penal, não há como fugir da clareza normativa da legislação de regência. Tanto a Lei Orgânica dos Ministérios Públicos Estaduais (art. 41, IV, da Lei nº 8.625/1993) quanto a Lei Complementar nº 75/1993, do Ministério Público da União (art. 18, II, "h") são explícitas em estabelecer a prerrogativa processual aos membros dessa instituição, no sentido de serem intimados pessoalmente nos autos, em qualquer processo ou grau de jurisdição. Observe-se, ainda, que a prerrogativa de intimação pessoal do Ministério Público já era prevista no CPC de 1973, em seu art. 236, § 2º, posteriormente reforçada pelas citadas leis de regência – promulgadas sob a nova ordem constitucional – e mantidas no novo CPC, conforme previsão contida no art. 180 ("O Ministério Público gozará de prazo em dobro para manifestar-se nos autos, que terá início a partir de sua intimação pessoal"). Infere-se, de ambas as leis, que a intimação dos membros do Ministério Público, em qualquer grau de jurisdição, será sempre pessoal, com um plus, indispensável para a consecução de seus fins constitucionais: a intimação se aperfeiçoa mediante a entrega dos autos com vista, percepção, aliás, que não escapou da análise do Ministro Luis Roberto Barroso, ao pontuar que "há, em relação ao Ministério Público, uma prerrogativa de ser intimado pessoalmente e com vista dos autos, para qualquer finalidade" (Rcl. nº 17.694-RS, DJe 6/10/2014). Diante dessas premissas, inviável a restrição promovida na instância de origem ao mecanismo de intimação pessoal dos membros do Ministério Público, em confronto com os princípios institucionais mencionados, os quais, aliados à dimensão que se tem dado ao contraditório e às peculiaridades que informam a atuação do Parquet perante a jurisdição criminal, permitem o exercício efetivo das atribuições de uma instituição essencial à administração da justiça, voltadas à proteção não apenas da ordem jurídica, mas, também, dos interesses sociais e individuais indisponíveis. REsp 1.349.935-SE, Rel. Min. Rogério Schietti Cruz, Terceira Seção, por maioria, julgado em 23/8/2017, DJe 14/9/2017.

Informativo nº 592
AÇÃO CAUTELAR DE ARROLAMENTO. PRÉVIA INDISPONIBILIDADE DE BENS. INTERESSE DE AGIR. EXISTÊNCIA.
A prévia indisponibilidade de bens não implica a falta de interesse do Ministério Público para propositura da cautelar de arrolamento de bens. Cingiu-se a controvérsia a, além de outras questões, determinar se haveria interesse de agir para o Ministério Público Estadual ajuizar a cautelar de arrolamento de bens em razão da prévia indisponibilidade destes. A medida cautelar de arrolamento de bens constitui um procedimento, disposto no art. 855 do CPC/1973, que visa à conservação de bens ameaçados de dissipação. Nesse instrumento, não há a constrição do patrimônio, mas simples inventário dos bens do devedor. Por outro lado, o art. 36 da Lei nº 6.024/1974 prevê a indisponibilidade dos bens dos administradores de instituições financeiras que estejam em liquidação extrajudicial ou em intervenção pelo Banco Central do Brasil. Nessa hipótese, há uma restrição direta ao direito de propriedade, impossibilitando que ocorra a alienação dos bens declarados indisponíveis. A medida cautelar de arrolamento pode ser deferida para garantir a responsabilidade de administrador de instituição financeira em liquidação extrajudicial. Por sua vez, a indisponibilidade prevista no art. 36 da Lei nº 6.024/1974 tem por finalidade salvaguardar o interesse público, caso seja detectado qualquer ilícito no curso de uma intervenção ou liquida-

ção de instituição financeira. Dessa forma, a prévia indisponibilidade de bens não causa a falta de interesse do Ministério Público para propositura da cautelar de arrolamento de bens, visto se tratarem de institutos com finalidades distintas e com efeitos diversos sobre o patrimônio afetado. REsp 1.375.540-RJ, Rel. Min. Nancy Andrighi, por unanimidade, julgado em 18/10/2016, DJe 21/10/2016.

Informativo nº 567
DIREITO PROCESSUAL CIVIL. HIPÓTESE EM QUE NÃO SE EXIGE INTERVENÇÃO DO MP.

O fato de a ré residir com seus filhos menores no imóvel não torna, por si só, obrigatória a intervenção do Ministério Público (MP) em ação de reintegração de posse. Nos termos do inciso I do artigo 82 do CPC, o MP deve intervir nas causas em que houver interesse de incapazes, hipótese em que deve diligenciar pelos direitos daqueles que não podem agir sozinhos em juízo. Logo, o que legitima a intervenção do MP nessas situações é a possibilidade de desequilíbrio da relação jurídica e eventual comprometimento do contraditório em função da existência de parte absoluta ou relativamente incapaz. Nesses casos, cabe ao MP aferir se os interesses do incapaz estão sendo assegurados e respeitados a contento, seja do ponto de vista processual ou material. Na hipótese, a ação de reintegração de posse foi ajuizada tão somente contra a genitora dos menores, não veiculando, portanto, pretensão em desfavor dos incapazes, já que a relação jurídica subjacente em nada tangencia a estes. A simples possibilidade de os filhos – de idade inferior a dezoito anos – virem a ser atingidos pelas consequências fáticas oriundas da ação de reintegração de posse não justifica a intervenção do MP no processo como *custos legis*. Na hipótese, o interesse dos menores é meramente reflexo. Não são partes ou intervenientes no processo, tampouco compuseram qualquer relação negocial. Concretamente, não evidenciado o interesse público pela qualidade das partes, a atuação do MP importaria na defesa de direito disponível, de pessoa maior, capaz e com advogado constituído, situação não albergada pela lei. De fato, se assim fosse, a intervenção ministerial deveria ocorrer em toda e qualquer ação judicial relacionada a imóveis em que residem crianças ou adolescentes. Nesse passo, destacando-se a relevante função ministerial na defesa da ordem jurídica e na correta aplicação da lei, o exercício amplo e indiscriminado do MP em demandas judiciais de índole meramente patrimonial acabaria por inviabilizar a atuação dos membros do MP e se afiguraria como um perigoso desvirtuamento da sua missão constitucional. Dessa maneira, não havendo interesse público, seja pela natureza da lide ou pela qualidade das partes, não há falar em intervenção ministerial em feitos de interesse puramente patrimonial e de reduzida repercussão social. REsp 1.243.425-RS, Rel. Min. Ricardo Villas Bôas Cueva, julgado em 18/8/2015, DJe 3/9/2015.

Informativo nº 557
DIREITO PROCESSUAL CIVIL. AÇÃO DE INVESTIGAÇÃO DE PATERNIDADE PROPOSTA PELO MP E DISPENSA DE ADIANTAMENTO DE DESPESA

O Ministério Público Estadual, ao propor ação de investigação de paternidade como substituto processual de criança, não é obrigado a adiantar as despesas decorrentes da citação editalícia do réu em jornal local, devendo o adiantamento dos gastos da referida diligência ser realizado pela Fazenda Pública Estadual. No sistema do CPC, incumbe à parte interessada, como regra, antecipar as despesas relativas aos atos que praticar ou requerer no processo, desde o início até a sentença final (art. 19 do CPC). Após a definição do litígio, a sentença impõe ao vencido o pagamento à parte vencedora das despesas antecipadas (art. 20 do CPC). Por sua vez, conforme exegese do art. 27 do CPC, o MP, quando requerer diligências que acarretem custos não adiantará a despesa, mas suportará o ônus ao final do processo, caso seja vencido. E, mesmo nessa hipótese, em virtude da falta de personalidade jurídica do órgão ministerial, tal encargo deve recair sobre a Fazenda Pública. Portanto, a norma não isenta o MP do pagamento das despesas, apenas não o obriga a antecipar seu pagamento. De outro lado, o art. 18 da Lei 7.347/1985 (LACP) é expresso ao estatuir, como regra, a dispensa de adiantamento de despesas processuais em favor do titular da ação civil pública, como antecipação de honorários periciais, emolumentos, custas processuais e outros tipos de despesas, salvo comprovada má-fé. Além disso, o STJ já assentou, em sede de recurso especial, julgado sob o rito repetitivo, que "descabe o adiantamento dos honorários periciais pelo autor da ação civil pública, conforme disciplina o art. 18 da Lei 7.347/1985, sendo que o encargo financeiro para a realização da prova pericial deve recair sobre a Fazenda Pública a que o Ministério Público estiver vinculado, por meio da aplicação analógica da Súmula 232/STJ" (REsp 1.253.844-SC,

Primeira Seção, DJe 17/10/2013). Desse modo, o MP não se sujeita ao ônus de adiantar as despesas processuais quando atua em prol da sociedade, inclusive como substituto processual, pois milita, em última análise, com base no interesse público primário, não devendo ter a sua atuação cerceada. Na hipótese em foco, o custo econômico da citação editalícia na imprensa local deve ser suportado pela Fazenda Pública estadual, por aplicação analógica da Súmula 232/STJ: "A Fazenda Pública, quando parte no processo, fica sujeita à exigência do depósito prévio dos honorários do perito". REsp 1.377.675-SC, Rel. Min. Ricardo Villas Bôas Cueva, julgado em 10/3/2015, DJe 16/3/2015.

Informativo nº 394
MP. INTERVENÇÃO. PREJUÍZO. INCAPAZ.

É nula a sentença homologatória de acordo celebrado em audiência quando o representante do MP justificou antecipadamente sua ausência e dela resultou a redução de prestação alimentícia em prejuízo evidente da menor, pois cabe ao MP velar pelo interesse de incapaz. Logo, a Turma concluiu pela anulação do processo a partir da audiência em que prolatada a referida sentença, determinando que se atue nos moldes do devido processo legal, com a necessária intervenção do Ministério Público nos atos processuais. Precedentes citados: REsp 88.021-SP, DJ 27/10/1997, e REsp 299.153-SP, DJ 13/8/2001. REsp 1.058.689-RJ, Rel. Min. Nancy Andrighi, julgado em 12/5/2009.

Informativo nº 292
REPRESENTAÇÃO. MP. RESPONSABILIDADE. PAIS.

Apesar da assinatura de termo de responsabilidade e de haver, também, termo de advertência, o menor continuou sem o amparo de seus pais. Então, o Ministério Público ajuizou a representação para apurar a responsabilidade daqueles (art. 249 do ECA). Nesse panorama, a Turma entendeu que não há que se falar em carência da ação por impossibilidade jurídica do pedido ou mesmo se exigirem mais provas na apresentação da inicial. Firmou que é de ciência de todos a ineficiência do Estado nos cuidados dos infantes e adolescentes, falhas atribuídas à falta de uma política pública capaz de enfrentar esse enorme desafio que é proporcionar-lhes educação e assistência. Porém isso não autoriza a se alijar desse cenário a responsabilidade dos pais, embora, em muitos casos, seja-lhes dificultoso dispor dos meios para tal mister. REsp 768.572-RS, Rel. Min. Carlos Alberto Menezes Direito, julgado em 8/8/2006.

Informativo nº 251
LEGITIMIDADE. MP. AÇÃO CIVIL PÚBLICA.

O Ministério Público não tem legitimidade ativa *ad causam* para propor ação civil pública em que objetiva fazer com que o Estado forneça medicamentos a uma pessoa idosa. Na espécie, não se aplica a Lei nº 10.741/2003 (Estatuto do Idoso), pois a ação foi proposta antes de sua vigência. Precedente citado: REsp 682.823-RS, DJ 18/4/2005. REsp 664.978-RS, Rel. Min. Eliana Calmon, julgado em 14/6/2005.

LEGITIMIDADE. MP. AÇÃO CIVIL PÚBLICA. MENOR CARENTE.

Cuida-se de pleito pelo fornecimento de medicamentos a determinado menor carente. Esse específico interesse individual deve ser postulado pela Defensoria Pública (art. 5º, LXXIV, da CF/1988), não pelo Ministério Público em ação civil pública, ente sem legitimidade para tal. Precedentes citados: REsp 102.039-MG, DJ 30/3/1998; REsp 120.118-PR, DJ 1º/3/1999; REsp 682.823-RS, DJ 18/4/2005, e REsp 466.861-SP, DJ 29/11/2004. REsp 704.979-RS, Rel. Min. Castro Meira, julgado em 16/6/2005.

Informativo nº 246
LEGITIMIDADE. MP. MEDIDA CAUTELAR. ARRESTO. SUPERVENIÊNCIA. FALÊNCIA.

A jurisprudência das Turmas que compõem a Segunda Seção deste Superior Tribunal é unânime ao entender que o Ministério Público não tem legitimidade para propor ou prosseguir a medida cautelar de arresto e a ação de responsabilidade dos administradores (art. 45 e 46 da Lei nº 6.024/1974) da instituição financeira quando encerrada a liquidação extrajudicial desta. Contudo, o art. 47 da referida lei impõe que, se decretado o arresto disposto no art. 45 ou interposta a ação prevista no art. 46 e sobrevier a falência da instituição, caberá ao síndico, como substituto processual, tomar as providências necessárias para o cumprimento da lei. Porém, enquanto a substituição processual não for providenciada pelo síndico, o MP permanecerá parte legítima para prosseguir ou propor as ações acima referidas. REsp 219.103-SP, Rel. Min. Nancy Andrighi, julgado em 3/5/2005.

Informativo nº 215
LEGITIMIDADE. MP. *CUSTOS LEGIS*. INVESTIGAÇÃO DE PATERNIDADE.

A atuação do Ministério Público não se restringe à defesa do interesse do menor. Como *custos legis*, ele defende o interesse público, que busca a verdade real, a qual prevalece sobre o particular, seja o investigado ou o investigante. Assim, a revelia do investigado não impede ou exclui a intervenção do Parquet. Na espécie, houve a revelia e não foram apresentados outros elementos comprobatórios da relação ou vinculação da mãe do investigante com o investigado. Logo, pode o MP intervir no feito, impugnar os efeitos da revelia aplicados pelo juiz singular, requerer provas etc. A Turma deu provimento ao recurso e, consequentemente, determinou o processamento da apelação. REsp 172.968-MG, Rel. Min. Aldir Passarinho Junior, julgado em 29/6/2004.

4. Questões de Concursos

MINISTÉRIO PÚBLICO DO ESTADO DO RIO DE JANEIRO
XXIX CONCURSO – 2007
PROVAS ESCRITA ESPECIALIZADA
2ª Questão: Princípios Institucionais do Ministério Público – Valor: 50 pontos

Promotor de Justiça de Infância e Juventude da Capital, ao receber autos de averiguação oficiosa de paternidade, ajuíza ação investigatória. Ao sair de férias ainda no curso do processo, é designado para exercício no órgão Promotor Substituto, recém-ingresso na carreira, que, em entendimento frontalmente diverso do primeiro, vislumbrando estar fadado ao insucesso o pleito, por ausência de provas, desiste da ação, sem prévia concordância da representante legal do menor.

O magistrado, por sua vez, declina de sua competência em favor de outro juízo de Infância e Juventude do interior, onde, sem se ouvir o Promotor de Justiça local, mas acolhendo integralmente a manifestação do Ministério Público já constante dos autos, é prolatada sentença meramente terminativa.

Os autos, por engano, são devolvidos em 26.05.2007 à secretaria daquele primeiro órgão de execução, cujo Titular, ao manusear os autos e constatar o desacerto da remessa, determina o reencaminhamento *interna corporis* ao órgão correto, onde, enfim, é aberta vista dos autos em 26.08.2007.

a) À luz dos limites das atribuições dos órgãos de execução envolvidos, o processo padece de alguma invalidade? Em caso positivo, pode ainda o Promotor de Justiça recorrer tempestivamente daquela decisão judicial? (40 pontos)

b) Pode o Conselho Nacional do Ministério Público permitir ou vedar que os Promotores de Justiça de Infância e Juventude desistam de ações de investigação de paternidade? (10 pontos)

RESPOSTA OBJETIVAMENTE JUSTIFICADA

IX Tópicos da Atuação do Ministério Público no Processo Coletivo

1. O Ministério Público e a Defesa dos Direitos e Interesses Difusos, Coletivos e Individuais Homogêneos

1.1. A previsão legal dos direitos e interesses

Antes mesmo da redemocratização do sistema constitucional brasileiro já havia diplomas legais que previam, ainda que de forma tímida, hipóteses de ações coletivas, com reflexos para a atuação do Parquet.

A Lei 4.717/65, que regula a ação popular, além de conferir legitimidade ativa a qualquer cidadão para a defesa dos bens ali tutelados, previa a possibilidade de o Ministério Público promover o prosseguimento da ação em caso de desistência do autor (art. 9º), promover a execução da sentença condenatória (art. 16) e ainda conferia à Instituição a legitimação para recorrer das sentenças proferidas contra o autor da ação (art. 19, § 2º). Da mesma forma, o Decreto-lei 41/66, conferia ao Ministério Público a possibilidade para requerer judicialmente a dissolução das sociedades civis de fins assistenciais que, de alguma forma, deixavam de desempenhar as atividades-fim que lhes foram conferidas, seja desviando os auxílios patrimoniais recebidos, seja na omissão dos seus órgãos diretores ou qualquer outra forma que demonstrasse um afastamento da correta atuação a que se destinavam. A Lei 6.938/81, por sua vez, ao dispor sobre a Política Nacional do Meio Ambiente, teve grande importância para o fortalecimento do Ministério Público, ao trazer a inovação de uma ação coletiva voltada especialmente para a preservação ambiental, legitimando a Instituição para ajuizar ação de responsabilidade civil em caso de danos ao meio ambiente.

Tais normas, apesar de se revestirem de grande importância na defesa dos interesses coletivos, não se mostravam satisfatórias. Era necessária uma profunda modificação do sistema, de forma a garantir mecanismos eficazes para a proteção de interesses transindividuais.

Assim, foi editada a Lei 7.347/85, instituindo a ação civil pública e disciplinando a responsabilidade por danos causados ao meio ambiente, ao consumidor, a bens e direitos de valor artístico, estético, histórico, turístico e paisagístico.

Posteriormente, a ação civil pública e o inquérito civil passaram a ter base constitucional, sendo erigidos a uma das funções institucionais do Ministério Público, conforme disposto no artigo 129, III, da CF. A partir daí, diversas normas foram editadas tratando da proteção de tais interesses, como a Lei 7.853/89, que dispõe sobre pessoas portadoras de deficiência; a Lei 7.913/89, sobre os danos causados aos investidores do mercado imobiliário; a Lei 8.069/90 (Estatuto da Criança e do Adolescente); a Lei 8.078/90 (Código de Defesa do Consumidor) – de aplicação complementar à Lei 7.347/85 – que pormenorizou e conceituou os interesses transindividuais, inovando no que diz respeito a definição dos direitos individuais homogêneos. Ainda há a Lei 10.741/2003 (Estatuto do Idoso); Lei 10.671/2003 (Estatuto do Torcedor); Lei 13.146/2015 (Estatuto da Pessoa com deficiência) e outros diplomas legais.

A análise pontual da atuação do Ministério Público nesta área será examinada agora.

1.2. Conceitos

O conceito de cada um dos interesses que integram o que se conhece como "interesses coletivos *lato sensu*" e que demandam ou não a intervenção ministerial é questão discutida na doutrina, não só institucional, como processual civil.[1] Embora não seja objetivo deste estudo maior digressão acerca do tema, não seria possível uma análise da atuação do Ministério Público na defesa dos direitos difusos, coletivos e individuais homogêneos sem traçar uma linha conceitual sobre o assunto.

A primeira distinção, defendida pela quase totalidade da doutrina, encontra-se na relação jurídica em litígio, bem como nos destinatários do interesse em jogo e, finalmente, na divisibilidade ou não do bem da vida tutelado.

Interesses difusos são aqueles em que uma parcela indeterminada de pessoas, ligadas por uma mesma circunstância de fato, estão sendo atingidas nos seus direitos de natureza indivisível, conforme preceitua o artigo 81, parágrafo único, I, do Código de Defesa do Consumidor (CDC).

---

1 Importante mencionar que o legislador infraconstitucional utiliza-se indistintamente dos institutos "interesse" e "direito", valendo aqui traçar uma básica diferenciação. Interesse é tudo aquilo que reflete uma necessidade, seja de que ordem for, inerente a uma pessoa. O interesse precede o direito. Já o direito é posterior ao surgimento de um interesse, sendo, mais precisamente, o interesse juridicamente protegido.

No caso dos interesses coletivos, previstos no inciso II do parágrafo único do citado artigo, os destinatários são determináveis, isto porque identificados por uma relação jurídica-base, tendo natureza indivisível, assim como os anteriores.

Diversamente dos interesses referidos anteriormente, os direitos individuais homogêneos são divisíveis, já que sua determinação é tão-somente por advirem de uma origem comum, sendo seus titulares determináveis (art. 81, parágrafo único, III do CDC). São também denominados "acidentalmente coletivos", pois são individuais, mas recebem a proteção coletiva.

Assim, percebe-se que esses direitos possuem pontos comuns e divergentes entre si. Os interesses difusos e os interesses coletivos têm natureza indivisível, diferem pela origem da lesão (circunstância de fato e relação jurídica-base) e pela abrangência do grupo de lesados (indetermináveis e determináveis). Os direitos coletivos e os individuais homogêneos, por sua vez, se igualam no que diz respeito ao grupo lesado, sendo ambos determináveis, porém, diferem quanto à divisibilidade do interesse (indivisíveis e divisíveis) e pela origem da lesão (relação jurídica básica e origem comum).

Oportuno se faz aqui, portanto, trazer à colação entendimento de Paulo Cezar Pinheiro Carneiro[2] que, com clareza, trouxe a distinção exata entre o direito individual homogêneo e o direito coletivo:

> *"Quando o resultado do processo é igual para todos, para todo aquele grupo, sem distinção, sem um plus qualquer de um em relação ao outro, estamos no campo do direito coletivo. Por exemplo, na medida em que um determinado percentual de uma mensalidade escolar é estabelecido, este percentual se aplica a todos os alunos, sem qualquer diferença de um para outro. Mas, se a discussão versa sobre a devolução do dinheiro pago passamos para o campo do direito individual, cada um irá pleitear o seu nos limites de seus próprios valores. Assim, na defesa dos direitos individuais homogêneos há um plus, que é justamente a identificação, em cada caso, do valor ou da lesão, enquanto que no direito coletivo a situação jurídica é genérica e, portanto, indivisível".*

Percebe-se assim, que a classificação do interesse lesado dependerá de uma análise dos fatos concretos e do pedido a ser formulado na ação

---

2 CARNEIRO, Paulo Cesar Pinheiro. *O Ministério Público e a Lei da Ação Civil Pública – 10 Anos na Defesa dos Interesses Difusos e Coletivos*. Revista do Ministério Público do Estado do Rio de Janeiro, Rio de Janeiro, nº 2, pp. 148-157, 1995b.

para sua tutela. A legitimidade e a atuação do Ministério Público também dependerão de tal classificação.

2. O MP e a Legitimidade para a defesa dos interesses transindividuais

2.1. A natureza da legitimidade

Diverge a doutrina quanto à natureza da legitimação do Parquet para a propositura da ação coletiva. Hugo Nigro Mazzilli[3] e José dos Santos Carvalho Filho,[4] entendem tratar-se de legitimidade extraordinária. Já Paulo Cezar Pinheiro Carneiro,[5] Humberto Dalla[6] e Antônio Cláudio da Costa Machado[7] defendem a hipótese de legitimidade ordinária.

Comungamos da segunda corrente, trazendo à colação Paulo Cezar Pinheiro Carneiro:[8]

> O Ministério Público, como órgão agente no campo cível, promove a ação civil pública, figurando, nesta qualidade, como parte principal. Não se trata de substituição processual, pois a atuação do MP se dará nessa hipótese, em nome próprio, defendendo interesse público, lato sensu, do qual é titular como órgão do Estado, da própria sociedade como um todo.

O STF e o STJ, entretanto, entendem que a legitimidade **é extraordinária (substituição processual)**, pois o legitimado, para as cortes superiores, defende em juízo, **em nome próprio, direito alheio (de toda coletividade)**. Esse é o posicionamento majoritário atual (STF, RE 193.503/SP, Pleno. Rel.: Min Joaquim Barbosa, 24/08/2007; STJ, REsp 876.936/RJ, 1ª T: Luiz Fux, 13/11/2008).

2.2. O MP e a legitimidade para cada um dos interesses tutelados

A legitimidade da Instituição para a propositura de ações que visem tutelar os interesses metaindividuais gera conflitos doutrinários e jurisprudenciais. Com efeito, o Parquet, com a edição da Lei 7.347/85 (Art. 1º, IV c/c 5º, I) e o advento da Constituição de 1988, no artigo 129, III, passou a ter legitimidade para a defesa **de todo e qualquer interesse**

---
3 MAZZILLI, op. cit., 2003, p. 56.
4 Apud PINHO, 2001b, p. 14.
5 Apud PINHO, 2001b, p. 14.
6 Apud PINHO, 2001b, p. 14.
7 Apud GOMES FILHO, Luiz Roldão de Freitas. O Ministério Público e o Processo Falimentar, Visão Atual e Novas Perspectivas. 1ª ed. Rio de Janeiro: Lumen Juris, 2003, p. 25.
8 CARNEIRO, op. cit., 2001, p. 23.

difuso e coletivo. A leitura do Art. 127 da CF confere também à Instituição a tutela de **interesses individuais indisponíveis**. Posteriormente, com as alterações trazidas pelo CDC, que disciplinou legalmente as três espécies de interesses transindividuais, houve discussão acerca da extensão de tal legitimidade.

Há decisões do STF e do STJ no sentido mais amplo da legitimidade, conferindo-lhe a tutela de todos os interesses difusos e coletivos. Veja-se:

> *"Legitimidade Ativa do MP para a propositura da ACP. O STF possui sólida jurisprudência sobre o cabimento de ACP para a proteção de interesses difusos e coletivos e a respectiva legitimação do MP para utilizá-la, nos termos dos arts. 127 caput e 129, III da CF". (STF/RE 511.961. Pleno: Rel. Min. Gilmar Mendes)*

> *"Assim, a orientação adotada pela Corte de origem merece ser prestigiada, uma vez que os interesses envolvidos no litígio se revestem da qualidade de coletivos e, por conseguinte, podem ser defendidos pelo MP em ACP" (STJ, Resp. 933.002/RJ, Min. Castro Meira, 2ª T, 16/06/2009)*

Deve-se, ao nosso sentir, interpretar o texto constitucional de maneira mais restritiva, compatível com as funções institucionais do MP.

Inicialmente, cabe ressaltar que a leitura do Art. 129, III da CF poderia dar ensejo a interpretação literal de que cabe ao Ministério Público tutelar **todo e qualquer interesse difuso e coletivo**. Todavia, apesar da permissão do ordenamento constitucional, entendo que o Parquet deve ter autocontenção para a matéria, visando dar efetividade a sua maior destinação constitucional ("defesa da ordem jurídica, do regime democrático e dos direitos sociais e individuais indisponíveis").

A doutrina e a jurisprudência destinam ao MP a tutela dos interesses de grande relevância social, de massa, de impacto e repercussão no interesse público. Não é à toa que o CPC/2015, em seu artigo 178, I, reservou ao Ministério Público, como órgão interveniente no Processo civil, a participação nos processos de "interesse público ou social".

Passo, portanto, a analisar cada um dos interesses transindividuais no aspecto da legitimidade ministerial.

2.2.1. Interesses Difusos:

Não há discussão na doutrina sobre a legitimidade ativa para a tutela dos interesses difusos. O MP é plenamente legitimado em razão do texto constitucional e do ordenamento infraconstitucional. Ele, aliás, é o legitimado adequado para tal tutela desde o advento da Lei 7.347/85. O STF e o STJ a reconhecem sem qualquer restrição.

São aqueles interesses espraiados, de grande relevância social na sua essência, pois vulneram parcela indeterminada e indeterminável da sociedade, como por exemplo, as lesões ao meio ambiente, ao patrimônio público e histórico, à probidade na administração pública etc. Confira-se:

> *"Ação civil pública para proteção do patrimônio público. art. 129, III, da CF. Legitimação extraordinária conferida ao órgão pelo dispositivo constitucional em referência, hipótese em que age como substituto processual de toda a coletividade e, consequentemente, na defesa de autêntico interesse difuso, habilitação que, de resto, não impede a iniciativa do próprio ente público na defesa de seu patrimônio, caso em que o Ministério Público intervirá como fiscal da lei, pena de nulidade da ação (art. 17, § 4º, da Lei 8.429/1992).* **RE 208.790***, rel. min. Ilmar Galvão, j. 27-9-2000, P, DJ de 15-12-2000.* **RE 225.777***, rel. p/ o ac. min. Dias Toffoli, j. 24-2-2011, P, DJE de 29-8-2011".*

2.2.2 Interesses Coletivos:

Apesar dos interesses coletivos possuírem tratamento similar aos difusos no texto constitucional, e, portanto, receberem a mesma legitimidade para a sua defesa pelo MP (oriunda do art. 129, III da CF), a doutrina vem restringindo a atuação do Parquet apenas às hipóteses em que o interesse envolvido, apesar de coletivo, tenha caráter social relevante, isto é, *"efetiva conveniência social, o que dependeria de o direito possuir relevância social, manifesto interesse social ou estar relacionado com a estabilidade de algum sistema social, jurídico ou econômico, para além , naturalmente, das hipóteses em que a própria lei preveja a legitimidade expressa das Instituição".*[9] É o caso das mensalidades escolares, por exemplo, que relacionam-se com a educação, de evidente relevância social. Confira-se posicionamento do STF:

> *"O Ministério Público tem legitimidade para promover ação civil pública cujo fundamento seja a ilegalidade de reajuste de mensalidade escolares".* **Súmula 643/STF.**

---

9 Mazzilli, 2019, p 120-121; e Dalla, Humberto e Mello Porto, José Roberto, *Manual de Tutela Coletiva*, 2021, p. 285

Quando, entretanto, os direitos ou interesses coletivos, apesar de se enquadrarem aos critérios previstos na legislação (Art. 81, § único, II do CDC), não tiverem a relevância social manifesta, não poderão ser tutelados pelo Parquet, não obstante a previsão constitucional e legal.

Devem-se interpretar as normas em tela em comunhão com a expressão "indisponíveis" prevista no Art. 127, *caput* da CF, que define a natureza e a função primordial do MP. Por exemplo: a) moradores de condomínio de luxo, com relação jurídica base entre si (interesse coletivo), pleiteiam ao MP promover demanda contra condômina que desrespeita normas da convenção do Edifício. Trata-se, todavia, de interesse evidentemente disponível, razão pela qual entendo não haver legitimidade; b) associação de proprietários de veículos de luxo requer, através do MP, alguma providência judicial contra autoridade administrativa alfandegária, que retém a liberação de volumes/contêineres com carros de luxo importados, por alguma questão legal/administrativa. O MP não possui função institucional, no meu entendimento, para tal tutela, que, apesar de formalizar interesse coletivo não possui caráter de indisponibilidade ou relevância social.

2.2.3 Interesses Individuais Homogêneos:

A Lei 8.078/90 (CDC), que alterou em parte a Lei 7.347/85, prevê em seu artigo 81 as espécies de interesses tuteláveis através de ações coletivas *lato sensu*, vale dizer, os interesses difusos, os interesses coletivos e os interesses individuais homogêneos.

A ação civil coletiva, prevista no artigo 91, tem como um de seus legitimados concorrentes o Ministério Público, tendo sido essa legitimidade ratificada na Lei 8.625/93, no artigo 25, inciso IV, "a", ao dispor que ao Ministério Público incumbe a promoção do inquérito civil e da ação civil pública para a proteção, dentre outros direitos, dos interesses difusos coletivos e individuais indisponíveis e homogêneos. Por outro lado, o constituinte originário, quando da elaboração do artigo 129, III, só fez previsão dos direitos difusos e coletivos, não mencionando os interesses individuais homogêneos, fazendo menção, entretanto, no artigo 127, aos direitos individuais indisponíveis.

Alguns doutrinadores, diante de tais normas, entenderam que o Ministério Público não teria legitimidade para promover a ação civil pública na defesa do direito individual homogêneo, salvo quando o requisito da homogeneidade viesse atrelado ao da indisponibilidade.

O direito individual homogêneo tem natureza jurídica de direito subjetivo individual complexo. Assim, ao mesmo tempo em que é um direito individual, dizendo respeito a uma única pessoa, é também um direito complexo, por serem os interesses os mesmos de todo um grupo de pessoas. Essa construção, trazida por Humberto Dalla,[10] nos remonta ao entendimento que é dessa natureza que nasce a relevância social, tão característica do direito individual homogêneo. É devido a essa natureza que o direito individual homogêneo passa da categoria de interesse individual à categoria de interesse socialmente relevante, tornando-se indisponível. Logo, quando o Ministério Público vai a juízo, em uma ação coletiva, na defesa de um direito individual homogêneo, o faz no estrito dever de cessar um dano que está lesando uma coletividade, ainda que pequena, mas de relevante valor e reflexo social naquela comunidade.

Pela norma exarada do artigo 129, IX, da Constituição afere-se que o constituinte pretendeu dar à defesa desses interesses coletivos *lato sensu* a amplitude necessária, à medida que a sociedade assim solicitasse. Ficou estabelecido um patamar mínimo, nas palavras de Ada Pellegrini Grinover,[11] que só tende a ser ampliado e não restringido como entendem alguns doutrinadores, desde que compatíveis com as finalidades constitucionalmente conferidas ao Ministério Público.

Outro ponto a ser destacado envolve a questão: quem deve determinar o caráter indisponível e social relevante do interesse a ser tutelado? O promotor de justiça, quando da propositura da ação, ou o juiz, quando do seu recebimento? Embora haja discordância no tema, defendemos ser o próprio Ministério Público o órgão responsável pela análise de tal caráter, cabendo controle interno pelo Conselho Superior nos moldes do que ocorre no inquérito civil e que será abordado a seguir. Sendo o Ministério Público a sociedade em juízo, o verdadeiro defensor do corpo social e possuindo atribuições constitucionais para a promoção da ação civil pública, como *dominus litis*, cabe a ele a aferição do caráter social do direito lesionado ou sob ameaça de lesão. Mas poderá o juiz, ao conhecer do pedido e se entender não ser o caso de legitimidade do MP, sindicar a matéria e decidir como o direito determinar. Confira-se a jurisprudência dominante, no STF e no STJ:

---

10 PINHO, Humberto Dalla Bernardina de. *Direito Individual Homogêneo – uma leitura e releitura do tema*. Disponível em <www.amperj.org.br/associados/dalla/.htm>, acesso em 11 out. 2003.
11 *Apud* GOUVÊA, op. cit., 2000, p. 210.

"(...)Direitos individuais disponíveis, ainda que homogêneos, estão, em princípio, excluídos do âmbito da tutela pelo MP (CF, art. 127). 5. No entanto, há certos interesses individuais que, quando visualizados em seu conjunto, em forma coletiva e impessoal, têm força de transcender a esfera de interesses puramente particulares, passando a representar, mais que a soma de interesses dos respectivos titulares, verdadeiros interesses da comunidade. Nessa perspectiva, a lesão desses interesses individuais acaba não apenas atingindo a esfera jurídica dos titulares do direito individualmente considerados, mas também comprometendo bens, institutos ou valores superiores, cuja preservação é cara a uma comunidade de pessoas. Em casos tais, a tutela jurisdicional desses direitos se reveste de interesse social qualificado, o que legitima a propositura da ação pelo Ministério Público com base no art. 127 da CF (STF, RE 631.111, 7/08/2014) (grifos nossos)"

"CONSTITUCIONAL. PROCESSUAL CIVIL. REPERCUSSÃO GERAL RECONHECIDA. AÇÃO CIVIL PÚBLICA. PRETENSÃO DESTINADA À TUTELA DE DIREITOS INDIVIDUAIS DE ELEVADA CONOTAÇÃO SOCIAL. ADOÇÃO DE REGIME UNIFICADO OU UNIFICAÇÃO DE CONTAS DO FUNDO DE GARANTIA DO TEMPO DE SERVIÇO (FGTS). MINISTÉRIO PÚBLICO. PARTE ATIVA LEGÍTIMA. DEFESA DE INTERESSES SOCIAIS QUALIFICADOS. ARTS. 127 E 129, III, DA CF. REAFIRMAÇÃO DA JURISPRUDÊNCIA DESTA CORTE. 1. No julgamento do RE 631.111 (Rel. Min. TEORI ZAVASCKI, DJe de 30/10/2014), sob o regime da repercussão geral, o PLENÁRIO firmou entendimento no sentido de que certos interesses individuais, quando aferidos em seu conjunto, de modo coletivo e impessoal, têm o condão de transcender a esfera de interesses estritamente particulares, convolando-se em verdadeiros interesses da comunidade, emergindo daí a legitimidade do Ministério Público para ajuizar ação civil pública, com amparo no art. 127 da Constituição Federal, o que não obsta o Poder Judiciário de sindicar e decidir acerca da adequada legitimação para a causa, inclusive de ofício. 2. No RE 576.155 (Rel. Min. RICARDO LEWANDOWSKI, DJe de 1º/2/2011), também submetido ao rito da repercussão geral, o PLENÁRIO cuidou da questão envolvendo a vedação constante do parágrafo único do art. 1º da Lei 7.347/1985, incluído pela MP 2.180-35/2001, oportunidade em que se reconheceu a legitimidade do Ministério Público para dispor da ação civil pública com o fito de anular acordo de natureza tributária firmado entre empresa e o Distrito Federal, pois evidente a defesa ministerial em prol do patrimônio público. 3. **A demanda intenta o resguardo de direitos individuais** *homogêneos cuja amplitude possua expressiva envergadura social, sendo inafastável a legitimidade do Ministério Público para ajuizar a correspondente ação civil pública. 4. É o que ocorre com as pretensões que envolvam tributos, contribuições previdenciárias, o Fundo de Garantia do Tempo de Serviço – FGTS ou outros fundos de natureza institucional cujos beneficiários podem ser individualmente determinados (parágrafo único do art. 1º da Lei 7.347/1985). 5. Na hipótese, o Tribunal Regional Federal da 5ª Região, pautado na premissa de que o direito em questão guarda forte conotação social, concluiu que o Ministério Público Federal detém legitimidade ativa para ajuizar ação civil pública em face da Caixa Econômica Federal, uma vez que se litiga sobre o modelo organizacional dispensado ao FGTS, máxime no que se refere à unificação das contas fundiárias dos trabalhadores. 6. Recurso Extraordinário a que nega provimento. Tese de repercussão geral proposta: **o Ministério Público tem legitimidade para a propositura de ação civil pública em defesa de direitos sociais relacionados ao FGTS. STF, RE 643.978, Rel. Min. ALEXANDRE DE MORAES, j. 09/10/2019".***

"LEGITIMIDADE – AÇÃO CIVIL PÚBLICA – FORNECIMENTO DE REMÉDIOS – MINISTÉRIO PÚBLICO – O Ministério Público possui legitimidade para ajuizar ação civil pública com objetivo de compelir entes federados a entregarem medicamentos a portadores de certa doença. **STF, RE 605.533, (Repercussão Geral) Rel. Min. MARCO AURÉLIO, j. 15/08/2018".**

"Legitimidade para a causa. Ativa. Caracterização. Ministério Público. Ação civil pública. Demanda sobre contratos de financiamento firmados no âmbito do Sistema Financeiro da Habitação (SFH). Tutela de direitos ou interesses individuais homogêneos. Matéria de alto relevo social. Pertinência ao perfil institucional do Ministério Público. Inteligência dos arts. 127 e 129, III e IX, da CF. Precedentes. O Ministério Público tem legitimação para ação civil pública em tutela de interesses individuais homogêneos dotados de alto relevo social, como os de mutuários em contratos de financiamento pelo SFH. **RE 470.135 AgR-ED,** rel. min. Cezar Peluso, j. 22-5-2007, 2ª T, DJ de 29-6-2007. **AI 637.853 AgR,** rel. min. Joaquim Barbosa, j. 28-8-2012, 2ª T, DJE de 17-9-2012".

"ADMINISTRATIVO E PROCESSUAL CIVIL. RECURSO ESPECIAL SOB A SISTEMÁTICA DOS REPETITIVOS. DEMANDAS DE SAÚDE COM BENEFICIÁRIOS INDIVIDUALIZADOS INTERPOSTAS CONTRA NTES FEDERATIVOS. LEGITIMIDADE DO MINISTÉRIO PÚBLICO. SUPOSTA AFRONTA AOS DISPOSITIVOS DOS ARTS. 1º, V,

E 21 DA LEI N. 7.347/1985, BEM COMO AO ART. 6° DO CPC/1973. NÃO OCORRÊNCIA. DIREITO À SAÚDE. DIREITO INDIVIDUAL INDISPONÍVEL. ART. 1° DA LEI N. 8.625/1993 (LEI ORGÂNICA NACIONAL DO MINISTÉRIO PÚBLICO). APLICABILIDADE. RECURSO ESPECIAL CONHECIDO E NÃO PROVIDO. RECURSO JULGADO SOB A SISTEMÁTICA DO ART. 1.036 E SEGUINTES DO CPC/2015, C/C O ART. 256-N E SEGUINTES DO REGIMENTO INTERNO DO STJ. (...) 3. **A fronteira para se discernir a legitimidade do órgão ministerial diz respeito à disponibilidade, ou não, dos direitos individuais vindicados.** *É que, tratando-se de direitos individuais disponíveis e uma vez não havendo uma lei específica autorizando, de forma excepcional, a atuação do Ministério Público (como no caso da Lei n° 8.560/1992), não se pode falar em legitimidade de sua atuação.* **Todavia, se se tratar de direitos ou interesses indisponíveis, a legitimidade ministerial já decorreria da redação do próprio art. 1° da Lei n° 8.625/1993** *(Lei Orgânica Nacional do Ministério Público).* **4. Com efeito, a disciplina do direito à saúde encontra na jurisprudência pátria a correspondência com o próprio direito à vida, de forma que a característica da indisponibilidade do direito já decorreria dessa premissa firmada.** *5. Assim, inexiste violação dos dispositivos dos arts. 1°, V, e 21 da Lei n. 7.347/1985, bem como do art. 6° do CPC/1973, uma vez que a atuação do Ministério Público, em demandas de saúde, assim como nas relativas à dignidade da pessoa humana, tem assento na indisponibilidade do direito individual, com fundamento no art. 1° da Lei n° 8.625/1993 (Lei Orgânica Nacional do Ministério Público). 6.* **Tese jurídica firmada: O Ministério Público é parte legítima para pleitear tratamento médico ou entrega de medicamentos nas demandas de saúde propostas contra os entes federativos, mesmo quando se tratar de feitos contendo beneficiários individualizados, porque se refere a direitos individuais indisponíveis, na forma do art. 1° da Lei n. 8.625/1993 (Lei Orgânica Nacional do Ministério Público).** *(...) STJ, REsp 1.682.836/SP, Rel. Min. OG FERNANDES, j. 25/04/2018".*

Em suma, tratando-se de direitos individuais homogêneos dotados de relevância social, o Ministério Público poderá tutelá-los por meio de ACP, conforme decisões acima transcritas e os seguintes casos colhidos na jurisprudência: 1) questionar edital de concurso público para diversas categorias profissionais de determinada prefeitura, em que se previa que a pontuação adotada privilegiaria candidatos que já integrariam o quadro da Administração Pública municipal (STF RE 216.443); 2) defesa de mutuários do Sistema Financeiro de Habitação (STF AI

637.853 AgR); 3) loteamentos irregulares ou clandestinos, inclusive para que haja pagamento de indenização aos adquirentes (STJ, REsp 743.678); e 4) defesa de direitos de natureza previdenciária (STF AgRg no AI 516.419/PR).

2.2.4 Interesses Individuais (não homogêneos) indisponíveis:

Finalmente, cabe ressaltar que a jurisprudência já se firmou no sentido de que, mesmo se tratando de interesse individual (não homogêneo), de caráter indisponível, possuirá o Parquet legitimidade, decorrente do Art. 127 da CF, para a tutela desse interesse. Neste sentido, acórdão do Ministro Herman Benjamin:

> *"O Ministério Público possui legitimidade para defesa dos direitos individuais indisponíveis, mesmo quando a ação vise à tutela de **pessoa individualmente considerada**. Precedentes do STJ. 14. Deve-se, concluir, por conseguinte, pela legitimidade do Ministério Público para ajuizar, na hipótese dos autos, Ação Civil Pública com o intuito de garantir fornecimento de prótese auditiva a portador de deficiência RECURSO ESPECIAL Nº 931.513 - RS (2007/0045162-7)". (grifos nossos)*

Decidiu aquela Corte, em outras ocasiões, pela legitimidade do Parquet para tutelar direito individual indisponível, na hipótese de fornecimento de cesta básica de produtos sem glúten para portador de doença celíaca (AGRg no AResp 91.114/MG - Min. Humberto Martins, 7/2/2013) e pela não interrupção do fornecimento do serviço de fornecimento de energia elétrica à pessoa carente financeiramente e gravemente enferma (STJ, REsp 1324.712-MG. Min Luis Felipe Salomão, 24/09/2013).

Em suma, se o interesse individual for disponível ou não tiver relevância social o MP não terá legitimidade. Todavia, se se tratar de direitos indisponíveis ou com relevância social, entende a jurisprudência que a legitimidade ministerial já decorreria da redação do próprio art. 1º da Lei nº 8.625/1993 (Lei Orgânica Nacional do Ministério Público).

Por tal razão e sendo o direito à saúde um direito indisponível, o STJ já firmou entendimento, em sede de julgamento de recurso repetitivo (REsp 1.682.836-SP), ser o MP parte legítima para pleitear tratamento médico ou entrega de medicamentos nas demandas de saúde propostas contra os entes federativos, mesmo quando se tratar de feitos contendo beneficiários individualizados.

2.3. O MP e a Legitimidade para questões tributárias : uma atribuição derrotada pela Jurisprudência.[12]

Questão relevante acerca da legitimidade do MP contemporâneo é a tutela dos interesses dos contribuintes, em questões de natureza tributária. Parece evidente que ao Ministério Público, na função de garante da ordem jurídica e dos princípios basilares da Administração Pública, compete tutelar direitos de uma coletividade vulnerada pela instituição, pela cobrança ou majoração de tributos, em desacordo com os mandamentos constitucionais. Com efeito, no Estado Democrático de Direito (que tem função de promoção social), a justa tributação é o meio constitucional eficaz para a plena implementação do *Welfare State*. Entretanto, a legitimidade do Ministério Público nessa área, com a utilização da ação civil pública para promover a defesa do contribuinte, encontra forte resistência jurisprudencial.

2.3.1. Posicionamento doutrinário e jurisprudencial acerca do tema

A grande maioria dos doutrinadores sempre sustentou haver adequação da via processual e legitimidade do Ministério Público para promover a ação civil pública ou coletiva na defesa dos contribuintes e, por conseguinte, para veicular matéria tributária. Ocorria, na verdade, uma quase unanimidade da doutrina quanto ao tema,[13] sustentando a viabilidade quanto aos aspectos adequação e legitimidade.

Na área jurisprudencial, no entanto, a matéria não possui a mesma repercussão. Após o julgamento pelo plenário do Supremo Tribunal Federal, do RE 195.056-1 – Paraná, relativo à cobrança do Imposto Predial

---

12 Para esta matéria, remetemos o Leitor à nossa dissertação de mestrado, "*O Ministério Público e o Estado Democrático de Direito*, Rio de Janeiro, Lumen Juris, 2007
13 NERY Junior e NERY, Rosa Maria Andrade. *op. cit.*, p. 1129, nota nº 23; PRUDENTE, Antonio Souza. *Legitimação Constitucional do Ministério Público para ação civil pública em matéria tributária na defesa de direitos individuais homogêneos*. In: Jus Navigandi. Teresina, a. 3, nº 35, out. 1999. Disponível em http://jus2.uol.com.br/doutrina/texto.asp?id=1293. Acesso em 02/03/06; WATANABE, Kazuo. *Código de Defesa do Consumidor comentado pelos autores do anteprojeto*. Rio de Janeiro: Forense Universitária, 2004. p. 820; MANCUSO, Rodolfo de Camargo. *Ação Civil Pública*. São Paulo: RT, 2001, p. 41; MAZZILLI, Hugo Nigro. *O Inquérito Civil*. São Paulo: Saraiva, 1999, pp. 123/124; CARIGÉ, Washington Araújo. *IPTU — Cobrança indevida de tributos – A legitimidade do Ministério Público e a ação civil pública*. In: RDC 9/111-115. SP: RT, jan.-mar./1994; MORAES, Paulo Valério Dal Pai. *O Ministério Público e a legitimidade para a defesa dos interesses coletivos decorrentes de questões tributárias de massa*. In: Revista de Estudos Tributários nº 11, Ano II, jan.-fev./2000, pp. 132-157.

Territorial Urbano no município de Umuarama, a posição no sentido da falta de legitimidade do Ministério Público para a ação civil pública em matéria tributária ganhou força. No caso vertente, discutia-se a constitucionalidade do aumento da cobrança do IPTU em relação aos contribuintes do Município de Umuarama, postulando o Ministério Público local a anulação do lançamento tributário e a repetição do indébito em relação aos contribuintes. Confira-se:

> "Constitucional. Ação Civil Pública. Impostos: IPTU. Ministério Público: Legitimidade. Lei nº 7.374, de 1985, art. 1º, II, e art. 21, com a redação do art. 117 da Lei nº 8.078, de 1990 (Código do Consumidor); Lei nº 8.625, de 1993, art. 25. C.F., arts. 127 e 129, III. 1- A ação civil pública presta-se à defesa de direitos individuais homogêneos, legitimado o Ministério Público para aforá-la, quando os titulares daqueles interesses ou direitos estiverem na situação ou na condição de consumidores, ou quando houver uma relação de consumo. Lei nº 7.374/85, art. 10, II, e art. 21, com a redação do art. 117 da Lei nº 8.078/90 (Cód. do Consumidor); Lei nº 8.625, de 1993, art. 25. II – Certos direitos individuais homogêneos podem ser classificados como interesses ou direitos coletivos, ou identificar-se com interesses sociais e individuais indisponíveis. Nesses casos, a ação civil pública presta-se à defesa desses direitos, legitimado o Ministério Público para a causa. C.F., art. 127, caput, e art. 129, III. III – O Ministério Público não tem legitimidade para aforar ação civil pública para o fim de impugnar a cobrança e pleitear a restituição de imposto – no caso o IPTU – pago indevidamente, nem essa ação seria cabível, dado que, tratando-se de tributos, não há, entre o sujeito ativo (poder público) e o sujeito passivo (contribuinte) uma relação de consumo (Lei nº 7.374/85, art. l, II, art. 21, redação do art. 117 da Lei nº 8.078/90 (Cód. do Consumidor); Lei nº 8.625/93, art. 25, IV; C.F., art. 129, III), nem seria possível identificar o direito do contribuinte com "interesses sociais e individuais indisponíveis" (C.F., art. 127, caput). IV – R.E. não conhecido.

Como se vê, a Suprema Corte, em apertada síntese: (a) reconheceu a tutela do Ministério Público para interesses individuais homogêneos, quando os titulares daquela relação estiverem na situação ou na condição de consumidores ou quando se tratar de relações de consumo; (b) reconheceu a legitimidade do Ministério Público para certos direitos individuais homogêneos (que, segundo a Corte, possam ser classificados como direitos coletivos) revestidos de relevância social ou caráter indisponível, tendo por base o art. 127, *caput,* e o art. 129, III, da Constituição Federal; e (c) deixou de reconhecer ao Ministério Público a legitimidade para tutela do contribuinte, tendo em vista o argumento de que a relação jurídico-tributária entre o Poder Público e o sujeito passivo da obrigação fiscal não tem natureza consumerista nem possui caráter de indisponibilidade e relevância social.[14]

Na esteira desse entendimento, foi editada a Medida Provisória nº 1.984-19/2000, reeditada como Medida Provisória 2.180-35/2001, alterando a Lei nº 7.347/85 (LACP), com a inserção do parágrafo único ao art. 1º, que passou a ter a seguinte redação: *"Não será cabível ação civil pública para veicular pretensões que envolvam tributos, contribuições previdenciárias, o Fundo de Garantia do Tempo de Serviço – FGTS ou outros fundos de natureza institucional cujos beneficiários podem ser individualmente determinados"*. Tal medida provisória, com o advento da Emenda Constitucional nº 32/01 ganhou validade indefinida, permitindo ao Poder Executivo, em manobra casuística, resolver questão emergencial de seu interesse, como eram as liminares deferidas nos processos coletivos questionando a cobrança da CPMF e outros tributos e exações.[15] Por-

---

14 Posteriormente, em decisão em que se invocou como precedente o acórdão em comento, a 2ª Turma, através do voto condutor do Ministro Carlos Velloso, julgando o RE248.191-2/SP, assim decidiu: CONSTITU-CIONAL. AÇÃO CIVIL PÚBLICA: MINISTÉRIO PÚBLICO: TRIBUTOS: LEGITIMIDADE. Lei 7.347/85, art. 1º, II, e art. 21, com a redação do art. 117 da Lei 8.078/90 (Código do Consumidor); Lei 8.625/93, art. 25. C.F., arts. 127 e 129, III. I. O Ministério Público não tem legitimidade para aforar ação civil pública para o fim de impugnar a cobrança de tributos ou para pleitear a sua restituição. É que, tratando-se de tributos, não há, entre o sujeito ativo (poder público) e o sujeito passivo (contribuinte), relação de consumo, nem seria possível identificar o direito do contribuinte com "interesses sociais e individuais indisponíveis" (C.F., art. 127). II. Precedentes do STF: RE 195.056-PR, Ministro Carlos Velloso, Plenário, 09.12.99; RE 213.631-MG, Ministro Ilmar Galvão, Plenário, 09.12.99, RTJ 173/298. III. RE conhecido e provido. Agravo não provido.

15 Ainda não chegou o Superior Tribunal de Justiça a um consenso a respeito da legitimidade do Ministério Público em demandas anteriores à edição da Medida Provisória 2.180/01. Duas recentes decisões ainda se apresentam antagônicas quanto ao tema: *"PROCESSUAL CIVIL. AÇÃO CIVIL PÚBLICA IMPUGNANDO EXIGÊNCIA TRIBUTÁRIA. <u>MINISTÉRIO PÚBLICO. ILEGITIMIDADE ATIVA, MESMO EM PERÍODO ANTERIOR À EDIÇÃO DA MP 2.180/01, QUE INTRODUZIU O PARÁGRAFO ÚNICO NO ART. 1º DA LEI 7.347/85.</u> PRECEDENTES DO SUPREMO TRIBUNAL FEDERAL. RECURSO ESPECIAL A QUE SE NEGA PROVIMENTO"* (REsp 761.340/SC, Rel. Ministro Teori Albino Zavascki, Primeira Turma, j. em 23.08.2005, DJ 05.09.2005). (grifo nosso). *PROCESSUAL CIVIL. AÇÃO CIVIL PÚBLICA. LEGITIMIDADE ATIVA. MINISTÉRIO PÚBLICO. TAXA DE ÁGUA E ESGOTO. DIREITO DOS CONTRIBUINTES. "1. A MP 2.180-*

tanto, nos termos atuais do art. 1º, parágrafo único da LACP, é vedado ao Ministério Público ajuizar ação civil pública para veicular pretensões que envolvam *tributos, contribuições previdenciárias, FGTS ou outros fundos de natureza institucional cujos beneficiários podem ser individualmente determinados*. Esta expressa vedação legal, desautoriza o MP a propor ACP questionando a cobrança excessiva de um determinado tributo, ainda que envolva um expressivo número de contribuintes.

Tanto o STF quanto o STJ possuem entendimento pacífico no sentido de que o Ministério Público não possui legitimidade para propor ACP com o objetivo de impugnar cobrança de tributo. Abaixo alguns julgados demonstrando esse entendimento:

> Agravo regimental no recurso extraordinário. Ação civil pública. Ministério Público Federal. Matéria tributária. Ilegitimidade ativa. 1. Ampliação dos limites estabelecidos em lei para a dedução da base de cálculo do IRPF. Jurisprudência assente no sentido de que falece ao Ministério Público legitimidade processual para, em ação civil pública, deduzir pretensão relativa a matéria de natureza tributária. 2. Agravo regimental não provido.
>
> (RE 736365 AgR, Relator(a): Min. DIAS TOFFOLI, Primeira Turma, julgado em 28/10/2014, PROCESSO ELETRÔNICO DJe-229 DIVULG 20-11-2014 PUBLIC 21-11-2014) (Grifou-se)
>
> DIREITO CONSTITUCIONAL. TRIBUTÁRIO. APELAÇÃO INTERPOSTA EM FACE DE SENTENÇA PROFERIDA EM SEDE DE AÇÃO CIVIL PÚBLICA QUE DISCUTE MATÉRIA TRIBUTÁRIA (DIREITO DOS CONTRIBUINTES À RESTITUIÇÃO DOS VALORES PAGOS À TÍTULO DE TAXA DE ILUMINAÇÃO PÚBLICA SUPOSTAMENTE INCONSTITUCIONAL). ILEGITIMIDADE ATIVA "AD CAUSAM" DO MINISTÉRIO PÚBLICO PARA, EM AÇÃO CIVIL PÚBLICA, DEDUZIR PRETENSÃO RELATIVA À MATÉRIA TRIBUTÁRIA. REAFIRMAÇÃO DA JURISPRUDÊNCIA DA CORTE. REPERCUSSÃO GERAL RECONHECIDA. (ARE 694.294 RG, Relator(a): Min. LUIZ FUX, julgado em 25/04/2013, ACÓRDÃO ELE-

---

35 introduziu o parágrafo único no art. 1º, da lei da Ação Civil Pública, vedando a veiculação da *actio civilis* para a discussão de matéria tributária. 2. A MP 2.180-35 deve ser aplicada a partir de sua edição (24/08/2001), vedada a sua retroatividade que alcance as ações civis públicas promovidas antes de sua vigência. 3. Legitimatio ativa ad causam. A legitimidade, como uma das condições da ação, rege-se pela Lei vigente à data da propositura da ação". (REsp. 530808-MG, rel. Min. Luiz Fux, DJ em 02.08.2004). (grifo nosso)

TRÔNICO REPERCUSSÃO GERAL - MÉRITO DJe-093 DIVULG 16-05-2013 PUBLIC 17-05-2013) (Grifou-se)

PROCESSUAL CIVIL. AÇÃO CIVIL PÚBLICA.MATÉRIA TIPICAMENTE TRIBUTÁRIA. MINISTÉRIO PÚBLICO. ILEGITIMIDADE ATIVA. SÚMULA 83/STJ. ANÁLISE DE LEI LOCAL. SÚMULA 280/STF.

1. Cuida-se originalmente de ação civil pública manejada pelo ora recorrente contra o Município de Divinópolis na qual pleiteia-se o reconhecimento da ilegalidade da taxa de expediente para emissão de guia de pagamento do IPTU (TSA – Taxa de Serviços Administrativos).

2. O caso dos autos diz respeito à limitação imposta pelo art. 1º, parágrafo único, da Lei nº 7.347/85 no que se refere à legitimidade ministerial.

3. É firme a orientação no sentido da ilegitimidade do Ministério Público para propor ação civil pública com objetivo tipicamente tributário, visando impedir a cobrança de tributos, tendo em vista que o contribuinte não se confunde com o consumidor, cuja defesa está autorizada em lei, além de que funcionaria a referida ação como autêntica ação direta de inconstitucionalidade.

4. Acolher a tese recursal de que a relação jurídica seria consumerista, segundo a qual o tributo ora questionado não se trata de taxa e sim de preço público demandaria interpretação da lei local que rege a matéria. Incidência da Súmula 280/STF. Agravo regimental improvido. (AgRg no AREsp 289.788/MG, Rel. Ministro HUMBERTO MARTINS, SEGUNDA TURMA, julgado em 07/11/2013, DJe 16/12/2013) (Grifou-se)

PROCESSUAL CIVIL E TRIBUTÁRIO. AÇÃO CIVIL PÚBLICA. IMPOSTO DE RENDA. GASTOS COM EDUCAÇÃO. DEDUÇÃO ILIMITADA. ILEGITIMIDADE PROCESSUAL DO MINISTÉRIO PÚBLICO.

1. O STJ possui o entendimento de que o Parquet não possui legitimidade processual para, em Ação Civil Pública, deduzir pretensão relativa a matéria tributária.

2. Agravo Regimental não provido.

(AgRg no Ag 1.102.503/SP, Rel. Ministro HERMAN BENJAMIN, SEGUNDA TURMA, julgado em 08/02/2011, DJe 02/03/2011) (Grifou-se)

2.3.2 Exceções à ilegitimidade tributária do MP: precedentes jurisprudenciais.

Contudo, há duas situações em que a jurisprudência vem permitindo a atuação ministerial em matéria que envolva questão tributária, excepcionando o entendimento dominante: (a) quando eventual acordo (Termo de Acordo de Regime Especial – TARE) celebrado entre o Poder Executivo e contribuintes indicar atos vulneradores da probidade na administração; e (b) quando a causa de pedir da demanda envolver ilegalidade/inconstitucionalidade na instituição do tributo.

A primeira hipótese foi reconhecida pelo STF, em sede de repercussão geral: *"O Ministério Público tem legitimidade para propor ação civil pública com o objetivo de anular Termo de Acordo de Regime Especial – TARE firmado entre o Poder Público e contribuinte, em face da legitimação ad causam que o texto constitucional lhe confere para defender o erário"*[16].

Reconhece-se, igualmente, a legitimidade do Parquet quando a causa de pedir se basear na ofensa ao princípio da legalidade e do devido processo legal para arrecadação tributária. Alguns julgados dos Tribunais Superiores nesse sentido:

> AÇÃO CIVIL PÚBLICA. LEGITIMIDADE ATIVA. MINISTÉRIO PÚBLICO DO DISTRITO FEDERAL E TERRITÓRIOS. TERMO DE ACORDO DE REGIME ESPECIAL – TARE. POSSIVEL LESAO AO PATRIMÔNIO PÚBLICO. LIMITAÇÃO A ATUAÇÃO DO PARQUET. INADMISSIBILIDADE. AFRONTA AO ART. 129, III, DA CF. REPERCUSSÃO GERAL RECONHECIDA. RECURSO EXTRAORDINÁRIO PROVIDO. I - O TARE não diz respeito apenas a interesses individuais, mas alcança interesses metaindividuais, pois o ajuste pode, em tese, ser lesivo ao patrimônio público. II - A Constituição Federal estabeleceu, no art. 129, III, que é função institucional do Ministério Público, dentre outras, "promover o inquérito e a ação civil pública, para a proteção do patrimônio público e social, do meio ambiente e de outros interesses difusos e coletivos". Precedentes. III - O Parquet tem legitimidade para propor ação civil pública com o objetivo de anular Termo de Acordo de Regime Especial – TARE, em face da legitimação ad causam que o texto constitucional lhe confere para defender o erário. IV - Não se aplica a hipótese o parágrafo único do artigo 1º da Lei 7.347/1985. V - Recurso extraordinário provido para que o TJ/DF decida a questão de fundo proposta na ação civil pública conforme entender". (RE 576155/DF

---

16 STF, RExt. 576.155, Rel. Min. Ricardo Lewandowski.

– DISTRITO FEDERAL. Relator: Min. RICARDO LEWANDOWSKI. Julgamento: 12/08/2010. Órgão Julgador: Tribunal Pleno. Publicação REPERCUSSAO GERAL – MÉRITO. (grifos nossos) ADMINISTRATIVO. RECURSO ESPECIAL. AÇÃO CIVIL PÚBLICA. IMPROBIDADE. ART. 1º, PARÁGRAFO ÚNICO, DA LEI Nº 7.347/85. ATO DE IMPROBIDADE. OFENSA AO PRINCÍPIO DA LEGALIDADE. MATÉRIA TRIBUTÁRIA COMO CAUSA DE PEDIR. LEGITIMIDADE DO MINISTÉRIO PÚBLICO. AUSÊNCIA DE LEGITIMAÇÃO DA ASSOCIAÇÃO AUTORA. EXCLUSÃO DO FEITO. 1. Hipótese de ação civil pública que se encontra fora do alcance da vedação prevista no parágrafo único do art. 1º da Lei nº 7.347/85, porquanto a matéria tributária figura como causa de pedir, e não como pedido principal, sendo sua análise indispensável para que se constate eventual ofensa ao princípio da legalidade imputado na inicial ao agente político tido como ímprobo. 2. No entanto, os demais pedidos veiculados na ação civil pública - ressarcimento dos contribuintes no valor equivalente ao excesso cobrado a título de taxa de lixo, por meio da constituição de fundo próprio, a ser posteriormente dividido entre os prejudicados – revela que se trata de pretensões insertas na vedação prevista na Lei de Ação Civil Pública quanto ao uso da referida medida judicial na defesa de interesses individuais e de questões tributárias. 3. Nas ações coletivas relacionadas a direitos individuais a legitimidade do Ministério Público não é universal, e decorre diretamente da lei, que atribui ao órgão ministerial funções compatíveis com sua finalidade, nos termos do que dispõe o art. 129, IX, da CF. 4. Controvérsia nos autos que difere do que decidido pelo STF em relação ao TARE (RE 576.155, Rel. Ministro Ricardo Lewandowski, DJe 24.11.2010), hipótese em que a legitimidade do Ministério Público para impugnar o benefício fiscal baseou-se no art. 129, III, da CF, que legitima a atuação do Ministério Público nas ações coletivas em sentido estrito e difusos, e não no art. 129 IX, da CF, este último a relacionar-se de forma direta ao presente caso, por ser a fonte da proteção coletiva dos direitos individuais homogêneos. 5. Recurso especial provido, em parte, para trancar a ação civil pública no tocante aos pleitos de desconstituição dos créditos e repetição de indébito tributários, mantendo-a no que concerne aos supostos atos de improbidade, excluindo, por consequência, a Associação Sociedade de Amigos do Jardim Teixeira do feito, em razão de sua ilegitimidade ativa em demandas fulcradas na Lei nº 8.429/92. (REsp 1.387.960/SP, Rel. Ministro OG FERNANDES, SEGUNDA TURMA, julgado em 22/05/2014, DJe 13/06/2014) (Grifou-se)

1. O STF se posicionou pela legitimidade do Ministério Público para discutir a validade do Tare, sob o fundamento de que a demanda não

é tipicamente tributária, mas abrange interesses metaindividuais. A nova orientação jurisprudencial vem sendo aplicada pelo STJ. 2. A Ação Civil Pública tem por objeto a anulação da avença entre o Governo do Distrito Federal e pessoa jurídica de Direito Privado. A inconstitucionalidade da lei que criou o Termo de Acordo de Regime Especial – TARE representa causa petendi, não havendo motivo para acolhimento da tese de que a demanda coletiva é inadequada para obtenção do provimento jurisdicional perseguido. 3. A solução integral da controvérsia, suficientemente fundamentada, não caracteriza ofensa ao art. 535 do CPC. Hipótese em que os aclaratórios foram opostos para rediscutir a tese de ilegitimidade ativa do Parquet, a inadequação da via eleita e a inépcia da inicial. 4. O Tribunal de Justiça do Distrito Federal e Territórios solucionou a lide mediante interpretação de dispositivos constitucionais, cujo exame não pode ser feito nesta via recursal (art. 155, § 2º, inciso XII, alínea "g", da Constituição Federal). 5. O acórdão recorrido entendeu que houve prejuízo causado pelo regime de recolhimento especial do ICMS. Alterar a conclusão do julgado exige revolvimento dos fatos e provas constantes dos autos, o que é vedado pela Súmula 7/STJ. 6. Agravo Regimental não provido. (AgRg no AREsp 166.512/DF, Rel. Ministro HERMAN BENJAMIN, SEGUNDA TURMA, julgado em 14/08/2012, DJe 27/08/2012) (Grifou-se)

3. Algumas Questões Processuais sobre o Tema

Após estabelecer a abrangência de cada um dos interesses defendidos para a tutela do MP é importante ressaltar algumas questões processuais que envolvem a tutela coletiva para a Instituição.

3.1. Legitimidade Passiva:

No que concerne à legitimidade passiva para a tutela coletiva, nem a LACP nem o CDC dispuseram sobre o assunto. Consequentemente, entende a doutrina que qualquer pessoa, física ou jurídica, que seja responsável pelo dano ou ameaça de dano a interesse difuso, coletivo ou individual homogêneo poderá figurar no polo passivo da demanda. Até mesmo os entes sem personalidade jurídica, quando dotados de personalidade judiciária (condomínios, massas falidas, sociedades de fato, espólios etc.), poderão integrar o polo passivo da demanda, na forma preconizada pelo artigo 75 do CPC/2015.[17]

---

[17] *Interesses Difusos e Coletivos*, Cleber Masson e outros, 10ª ed., 2020. Ed. Método, p. 114

Assim, em tese, praticamente todos os entes legitimados à propositura da ACP também poderão figurar no polo passivo, se causarem danos a interesses transindividuais. A exceção ocorrerá com os órgãos estatais desprovidos de personalidade jurídica, como o Parquet. Nestas hipóteses, se causar algum dano desta espécie o réu na eventual demanda será o respectivo ente federativo ao qual é vinculado. Assim, se o MPRJ causar algum dano ao meio ambiente, por exemplo, o Estado do Rio de Janeiro será o réu em eventual demanda a ser ajuizada por qualquer legitimado ativo. Da mesma forma, a União no caso de alguma conduta danosa atribuída ao MPF, MPT, MPDFT ou MP Militar. Vale ressalvar que, apesar da Instituição não poder sofrer a demanda, seu membro, se tiver agido com dolo ou fraude (Art. 181 do CPC 2015), poderá ser demandado para ressarcir eventuais danos.

3.1.1. Legitimidade Passiva Extraordinária:

Vimos que a corrente jurisprudencial dominante considera a legitimidade ativa do MP nas ações civis públicas de natureza extraordinária. Apesar de não comungar deste entendimento, não posso esquivar-me de uma análise sobre situação inusitada. Seria possível figurar o MP no polo passivo de uma Ação Civil Pública?

No direito norte-americano é possível a denominada "*defendant class actions*", onde o juiz da causa vai definir quem estará no polo passivo da demanda, mas no Brasil, a hipótese é discutida.

Com fulcro no Art. 5º § 2º da LACP, parte da doutrina defende que o Poder Público e as associações legitimadas podem se habilitar como litisconsortes de quaisquer das partes, tanto no polo ativo quanto no polo passivo. O litisconsorte passivo estaria defendendo o interesse do réu, em legitimidade extraordinária passiva e os Artigos 81 e 82 do CDC não restringiram a defesa dos interesses transindividuais ao polo ativo.[18]

Já aqueles que consideram a substituição processual na legitimidade extraordinária uma exceção, corrente ao qual me filio,[19] consideram pouquíssimas possibilidades do Parquet figurar no polo passivo, como, por exemplo: ação de anulação de Termo de Ajustamento Coletivo firmado com o MP; ação Rescisória de ACP em que o MP foi autor; em-

---

18 Didier Jr, Fredie e Zanetti, Hermes, *Curso de Direito Processual Civil*. Jus Podium, 2009, p. 218
19 LEONEL, Ricardo de Barros. *Manual do Processo Coletivo*, RT, 2002, p. 206 e outros

bargos de terceiro ou embargos de executado em ACP ou em execução movida pelo MP.

3.2. Litisconsórcio ativo entre Ministérios Públicos diversos

A questão da possibilidade do litisconsórcio entre Ministérios Públicos diversos encontra dissenso na doutrina e jurisprudência e foi analisada por ocasião da abordagem do princípio da Unidade (Capítulo IV, item 2.4), para onde remetemos o leitor.

3.3. Obrigatoriedade da Ação Civil Pública

O Ministério Público é legitimado adequado para a defesa dos interesses protegidos pela Lei da Ação Civil Pública, desde sua origem e mesmo após, com as alterações impostas pela Lei 8.078/90. Para a doutrina, legitimado adequado é aquele que, de forma mais efetiva, pode defender o interesse em jogo em juízo, com idoneidade técnica, moral e econômica. Assim, não há dúvidas de que o Ministério Público, dotado de garantias e prerrogativas constitucionais, além da autonomia financeira, orçamentária e administrativa, é o legitimado mais apto à defesa dos anseios sociais.

A ação civil pública é pautada sobre os princípios da obrigatoriedade e da indisponibilidade. Desta forma, verificando a existência dos elementos exigidos em lei para a tutela coletiva, o Ministério Público não tem discricionariedade para deixar de agir. Não se trata, portanto, de um direito, mas sim de um dever de agir.

O legislador tratou dos meios de controle de observância do princípio da obrigatoriedade pelo membro do Ministério Público. Um deles reflete-se na função atribuída ao Conselho Superior (Lei 7.347/85, art. 9º e seus parágrafos) de rever pedido de arquivamento formulado por Promotor de Justiça. Outro meio de controle encontra-se na legitimidade ativa concorrente dos outros entes legitimados, que poderão propor ação civil pública quando o Ministério Público não o fizer, caso em que este atuará como *custos juris*, na forma do artigo 5º, § 1º, da Lei 7.347/85.

3.3.1. A desistência do autor da ação coletiva e o Ministério Público

Outra ressalva em relação ao princípio da obrigatoriedade, diz respeito ao § 3º do artigo 5º da Lei 7.347/85, alterado pelo artigo 112 do Código de Defesa do Consumidor: *"Art. 5º (...) § 3º Em caso de desistência infundada ou abandono da ação por associação legitimada, o Ministério Público ou outro legitimado assumirá a titularidade ativa"*.

Esse dispositivo trata da ação de conhecimento, onde o legitimado originário desiste infundadamente da demanda. Nesta hipótese, os autos são encaminhados ao Ministério Público para que decida, fundamentadamente, se assumirá ou não o polo ativo da ação. Deve-se dar oportunidade ao Ministério Público para que analise, em observância ao princípio da independência funcional, a presença de interesse a ser tutelado através de uma demanda coletiva.

Existindo o referido interesse, o membro do Parquet, atendendo ao princípio da obrigatoriedade, deverá assumir o polo ativo da ação. Se, entretanto, com base no princípio da independência funcional, o membro do Parquet entender que não é a hipótese de intervir (por exemplo, a ação é temerária ou não há, de fato, lesão transindividual), manifestar-se á de forma fundamentada neste sentido e não será obrigado a prosseguir na demanda, que poderá ter outro colegitimado (União, Defensoria Pública ou Município, por exemplo) como legitimado ulterior, oficiando o MP, obrigatoriamente como *custos juris*. Não há, portanto, obrigatoriedade no prosseguimento de ação ajuizada por outro legitimado, se se tratar de lide temerária ou sem fundamento.

Ainda quanto ao tema, como já citado acima, cabe ao Ministério Público promover o prosseguimento da ação popular caso o autor da ação desista da mesma ou dê motivo à absolvição da instância.[20] Tal atribuição encontra-se expressamente prevista no artigo 9º da Lei 4.717/65: *"Se o autor desistir da ação ou der motivo à absolvição da instância, serão publicados editais nos prazos e condições previstos no art. 7º, II, ficando assegurado a qualquer cidadão bem como ao representante do Ministério Público, dentro do prazo de 90 (noventa) dias da última publicação feita, promover o prosseguimento da ação".*

---

20 Quanto à desistência da ação popular, surgiu conflito negativo de atribuição no Ministério Público do Estado do Rio de Janeiro, quanto à legitimidade ulterior nas hipótese em que a ação popular aforada não teria conexão com qualquer outra ação civil pública em andamento. Seria atribuição da Promotoria de Justiça Cível ou da Promotoria de Justiça de Tutela? A Assessoria de Assuntos Institucionais do Parquet emitiu parecer no sentido que *"de um lado, a Promotoria de Justiça de Tutela Coletiva detém atribuição para oficiar, como órgão interveniente, nas ações populares conexas às ações civis públicas. De outro lado, a Promotoria de Justiça Cível dispõe de atribuição para promover e executar, como órgão agente, nas ações populares cujos autores houverem desistido da pretensão deduzida em juízo, desde que não se afigurem conexas a ação civil pública de iniciativa do Parquet. Inteligência do artigo 2º da Resolução GPGJ nº 1.173/03. Parecer no sentido de, conhecido o conflito negativo, ser ele julgado procedente, para declarar a atribuição da 1ª Promotoria de Justiça Cível de Volta Redonda para prosseguir oficiando no feito"* (Procedimento Administrativo nº 2006.001.15436.00, de 29 de março de 2006).

Circunstância diversa ocorre na hipótese prevista no artigo 15 da Lei da Ação Civil Pública: "*Art. 15. Decorridos 60 (sessenta) dias do trânsito em julgado da sentença condenatória, sem que a associação autora lhe promova a execução, deverá fazê-lo o Ministério Público, facultada igual iniciativa aos demais legitimados*".

Aqui, já há coisa julgada material afirmando a existência de uma lesão a interesse metaindividual. Nesta hipótese, por se tratar de função institucional, prevista no artigo 129, III, da CF, o Ministério Público está obrigado a prosseguir na execução até o julgamento final.

Por derradeiro, há discussão doutrinária quanto à possibilidade do Ministério Público desistir da ação civil pública por ele próprio intentada. Alguns juristas, como o Professor José dos Santos Carvalho Filho,[21] entendem que, como na ação penal pública, também não pode o Ministério Público desistir da ação civil pública. Outros, como Hugo Nigro Mazzilli,[22] admitem tal possibilidade, visto que é livre a valoração do interesse público e da justa causa para prosseguir na ação. Comungamos da posição do administrativista fluminense.

3.4. O controle difuso de constitucionalidade em sede de ação civil pública

Um dos vetores da atuação do Ministério Público no Estado Democrático de Direito, como guardião da ordem jurídica e da legalidade democrática, refere-se à provocação da jurisdição constitucional, através do controle "*incidenter tantum*" de leis e atos normativos do Poder Público, realizado em sede de ações civis públicas, poderoso instrumento constitucional deferido ao Parquet.

Com efeito, tal função institucional poderá servir de instrumento para a guarda, conservação e respeito da Constituição e para a real efetividade de suas normas, multiplicando a possibilidade de aplicação da jurisdição constitucional em todos os rincões do território nacional e possibilitando à sociedade maior aproximação com os compromissos sociais efetuados na Constituição da República. Entretanto, inúmeras decisões judiciais vêm obstando a utilização da Ação Civil Pública como instrumento hábil para, ainda que de forma incidental, o pleno exercício da jurisdição constitucional, ao principal argumento, den-

---

21 CARVALHO FILHO, José dos Santos. *Ação Civil Pública – Comentários por Artigo*. Rio de Janeiro: Freitas Bastos, 1995, p. 111.
22 MAZZILLI, *op. cit.*, 2003, p. 329.

tre outros, de que a eficácia *erga omnes* obtida na sentença proferida naquela ação (art. 16 da Lei 7.347/85) usurparia a competência dos órgãos constitucionalmente previstos para o controle *in abstracto* da constitucionalidade das leis – o Supremo Tribunal Federal e os Tribunais de Justiça locais.

A razão principal de tal restrição é a semelhança existente entre as duas ações de matriz constitucional – ação civil pública e ação direta de inconstitucionalidade –, que possuem natureza de processo sem partes ou de processo objetivo. Nesse sentido, o Min. Gilmar Mendes:[23] *"A ação civil pública aproxima-se muito de um típico processo sem partes ou de um processo objetivo, no qual a parte autora atua na defesa de situações subjetivas, agindo, fundamentalmente, com o escopo de garantir a tutela do interesse público".*

Não obstante as similitudes, entre a ação civil pública e a ação direta de inconstitucionalidade existem também profundas diferenças, que não podem deixar de ser indicadas.

Na ação civil pública, o objeto principal é a tutela de um interesse público relevante, fundado no texto constitucional, enquanto que, na ação direta de inconstitucionalidade, o objeto principal é a declaração dessa circunstância. Na ação civil pública, a questão constitucional é arguida como causa de pedir, constituindo questão prejudicial ao julgamento do mérito. A inconstitucionalidade é questão prévia, que influencia na decisão sobre o pedido referente à tutela do interesse relevante. É decidida *incidenter tantum*, como pressuposto necessário à parte dispositiva da sentença. Uma vez que a coisa julgada recai apenas sobre o pedido, e não sobre a fundamentação da sentença, nada obsta que a questão constitucional volte a ser discutida em outras ações.

A ação direta de inconstitucionalidade é instrumento do controle concentrado da constitucionalidade, já a ação civil pública é instrumento de controle difuso, inexistindo qualquer óbice, especialmente constitucional, para sua utilização nessa modalidade. Com efeito, na ação civil pública, a eficácia *erga omnes* da coisa julgada material não alcança a questão prejudicial da inconstitucionalidade. Na ação direta, essa declaração faz coisa julgada material *erga omnes* no âmbito de vigência espacial da lei ou ato normativo impugnado.

---

23 MENDES, Gilmar Ferreira, Direitos, cit., p. 356.

Além disso, as ações civis públicas estão sujeitas aos recursos previstos na legislação processual, incluindo-se o recurso extraordinário para o Supremo Tribunal Federal, enquanto que as ações diretas são julgadas em grau único de jurisdição. Portanto, a decisão proferida na ação civil pública, no que se refere ao controle difuso de constitucionalidade, poderá ser submetida ao crivo do Supremo Tribunal Federal, guardião final da Constituição da República, se interposto o Recurso à Corte.

Por fim, aponte-se que a ação civil pública atua no plano dos fatos, através, notadamente, das tutelas condenatória, executiva e mandamental, que lhe assegurem eficácia material. A ação direta de inconstitucionalidade, ao seu turno, tem natureza meramente declaratória, limitando-se a suspender a eficácia da lei ou do ato normativo em tese. Este ponto é de suma importância para embasar a tese de possibilidade do manejo da ação civil pública em sede de controle difuso. No controle abstrato, a decisão torna a norma – objeto da jurisdição constitucional – nula, sem eficácia, írrita. Não poderá jamais ser aplicada novamente. Já em sede de controle difuso, a lei somente perde sua eficácia para as partes envolvidas, podendo ser aplicada para os não envolvidos na demanda.

Ressalte-se, por oportuno, que a ação civil pública é instrumento para a proteção, pelo Ministério Público, de interesses sociais relevantes e de direitos fundamentais, de maneira que impedir a análise de matéria constitucional em seu bojo significa limitar o seu uso. A Ação Civil Pública é, na verdade, *writ* constitucional de efetivação de direitos fundamentais, devendo, nesse sentido, ser aplicado o "princípio da máxima efetividade" na sua interpretação.

Apesar de decisões iniciais contrárias à sua utilização, especialmente pelo MP, para o controle incidental, a jurisprudência, aos poucos, foi se firmando em permitir o manejo da ACP para este fim, sendo atualmente sólida a posição dos tribunais superiores. O STF, ao se manifestar sobre a matéria, decidiu ser possível o controle incidental de constitucionalidade via ação civil pública[24]:

> "É legítima a utilização da ação civil pública como instrumento de fiscalização incidental de constitucionalidade, pela via difusa, de quaisquer leis ou atos do Poder Público, desde que a controvérsia constitucional não se identifique como objeto único da demanda, mas simples questão prejudicial, indispensável à resolução do litígio principal".

---

24 RE 424993/DF, rel. Min. Joaquim Barbosa, 12.9.2007.

"Se, contudo, o ajuizamento da ação civil pública visar, não à apreciação da validade constitucional de lei em tese, mas objetivar o julgamento de uma específica e concreta relação jurídica, aí, então, tornar-se-á lícito promover, incidenter tantum, o controle difuso de constitucionalidade de qualquer ato emanado do poder público. (...) É por essa razão que o magistério jurisprudencial dos tribunais – inclusive o do STF (Rcl. 554/MG, rel. min. Maurício Corrêa – Rcl. 611/PE, rel. min. Sydney Sanches, v.g.) – tem reconhecido a legitimidade da utilização da ação civil pública como instrumento idôneo de fiscalização incidental de constitucionalidade, desde que, nesse processo coletivo, a controvérsia constitucional, longe de identificar-se como objeto único da demanda, qualifique-se como simples questão prejudicial, indispensável à resolução do litígio principal (...). [RE 411.156, rel. min. Celso de Mello, j. 19-11-2009, dec. monocrática, DJE de 3-12-2009.]".

Em 2015, o Superior Tribunal de Justiça reafirmou esse entendimento[25]:

"3. É firme o entendimento do STJ no sentido de que a inconstitucionalidade de determinada lei pode ser alegada em ação civil pública, desde que a título de causa de pedir – e não de pedido –, como no caso em análise, pois, nessa hipótese, o controle de constitucionalidade terá caráter incidental. Precedentes: REsp. 1.326.437/MG, Rel. Ministro Castro Meira, Segunda Turma, DJe 05/08/2013; REsp. 1.207.799/DF, Rel. Ministro Humberto Martins, Segunda Turma, DJe 03/05/2011.

4. Não há falar em carência da ação ou incompetência do órgão sentenciante, porquanto é cabível a ação civil pública como instrumento de controle difuso de constitucionalidade, conforme já reconhecido pelo Supremo Tribunal Federal".

3.5 A questão dos honorários periciais

Outra questão controvertida versa sobre a dispensabilidade ou não do Ministério Público adiantar os honorários relativos ao perito, nas ações civis públicas por ele ajuizadas. O STJ, apreciando a matéria no REsp. 508.478/PR (Informativo 187 do STJ), sendo relator o Ministro José Delgado, em 07.10.2003, decidiu:

Trata-se de ação civil pública movida pelo Ministério Público em decorrência de dano ambiental. Versa a questão sobre antecipação dos honorários periciais. Prosseguindo o julgamento, a Turma decidiu dar parcial

---

25 REsp 1.487.032/SP

provimento ao recurso do Ministério Público para afastar a aplicação do artigo 33 do Código de Processo Civil (que determina quem deve pagar o adiantamento dos honorários de perito) e manter a incidência da Lei 7.347/85 (LACP) que preconiza, entre outras determinações, não haver, nessas ações, adiantamento de honorários periciais. Ressaltou-se que o artigo citado da LAP é peculiar, de natureza especial, prevalecendo sobre o artigo do Código de Processo Civil, que possui natureza geral.

Esse entendimento do STJ foi firmado na vigência do Código de Processo Civil de 1973 e mantido na vigência do CPC de 2015, que editou a tese nº 510, tratando da matéria. Confira-se:

"O Superior Tribunal de Justiça possui entendimento pacificado, através do julgamento pelo rito dos recursos repetitivos do Recurso Especial nº 1.253.844-SC, que deu origem à Tese 510 STJ, em que restou consignado que não é possível se exigir do Ministério Público o adiantamento de honorários periciais em ações civis públicas. No entanto, tendo em vista que a referida isenção conferida ao Ministério Público em relação ao adiantamento dos honorários periciais não pode obrigar que o perito exerça seu ofício gratuitamente, tampouco transferir ao réu o encargo de financiar ações contra ele movida, considera-se aplicável, por analogia, a Súmula nº 232 da Corte Superior ("A Fazenda Pública, quando parte no processo, fica sujeita à exigência do depósito prévio dos honorários do perito"), a determinar que a Fazenda Pública ao qual se acha vinculado o Parquet arque com tais despesas".

Assim, no âmbito daquela Corte ficou pacificado o entendimento de que o Parquet não realizaria o adiantamento dos honorários do perito, que deveriam ser arcados pelo ente federativo ao qual fosse vinculada a unidade do MP que litigava. Contudo, em dezembro de 2018, o Ministro Ricardo Lewandowski, do STF, proferiu decisão monocrática asseverando que o entendimento do STJ deve ser repensado e determinou que o Ministério Público Federal arcasse com o pagamento dos honorários periciais de prova por ele requerida no curso da ação civil pública[26]. O Ministro embasou sua decisão na justificativa de que o novo CPC, no art. 91, § 1º, reconheceu que os peritos qualificados para perícias complexas solicitadas nas ações coletivas dificilmente têm condições de arcar com o ônus de receber seus honorários somente ao final da ação. Dessa forma, instituiu um regime legal específico para que o Ministério Público, que possui capacidade orçamentária própria, se

---

26 ACO nº 1.560/MS

organizasse financeiramente para passar a arcar com essa despesa. Além disso, ressaltou que tal medida fortalecerá o processo coletivo porque incentivará apenas o ajuizamento de ações efetivamente meritórias e estimulará o uso de entidades públicas e universidades públicas na realização dessas perícias já que com elas os cursos são menores ou até inexistentes. Confira-se:

> "Não obstante o entendimento atualmente predominante no Superior Tribunal de Justiça, entendo, com o devido respeito, que existem interpretações mais condizentes com o atual arcabouço legislativo processual e que calibram melhor os incentivos para a atuação das partes no processo. Inicialmente, transcrevo o art. 18 da Lei da Ação Civil Pública – LACP, que é tradicionalmente invocado para sustentar a compreensão prevalente no Superior Tribunal de Justiça: Art. 18. Nas ações de que trata esta lei, não haverá adiantamento de custas, emolumentos, honorários periciais e quaisquer outras despesas, nem condenação da associação autora, salvo comprovada má-fé, em honorários de advogado, custas e despesas processuais. Com a entrada em vigor do novo Código de Processo Civil, que se aplica supletivamente ao sistema processual coletivo, composto pela Lei da Ação Civil Pública e parte processual do Código de Defesa do Consumidor, nos termos do art. 1.046, § 2º, do NCPC e do art. 19 da LACP, a interpretação vigente ao tempo do Códex antigo deve ser repensada, sobretudo porque a LACP era omissa com relação ao responsável pelo pagamento dos honorários processuais. Verifico a compatibilidade dos dispositivos do Código de Processo Civil/1973 com o artigo supra transcrito da LACP, eis que não concebiam o adiantamento dos honorários periciais pelo Ministério Público: Art. 27. As despesas dos atos processuais, efetuados a requerimento do Ministério Público ou da Fazenda Pública, serão pagas a final pelo vencido. Já o NCPC, redigido à luz da realidade atual, em que se sabe que os peritos qualificados para as perícias complexas a serem produzidas nas ações coletivas dificilmente podem arcar com o ônus de receber somente ao final, trouxe dispositivo condizente com os ditames econômicos da vida contemporânea e, no que tange ao aspecto específico objeto deste processo, assim dispôs no seu art. 91: Art. 91. As despesas dos atos processuais praticados a requerimento da Fazenda Pública, do Ministério Público ou da Defensoria Pública serão pagas ao final pelo vencido. § 1º As perícias requeridas pela Fazenda Pública, pelo Ministério Público ou pela Defensoria Pública poderão ser realizadas por entidade pública ou, havendo previsão orçamentária, ter os valores adiantados por aquele que requerer a prova. § 2º Não havendo

IX – Tópicos da Atuação do Ministério Público no Processo Coletivo

previsão orçamentária no exercício financeiro para adiantamento dos honorários periciais, eles serão pagos no exercício seguinte ou ao final, pelo vencido, caso o processo se encerre antes do adiantamento a ser feito pelo ente público.' Ora, como todos sabemos, propor ações civis públicas, sobretudo contra as Fazendas Públicas respectivas, é uma das principais atribuições dos Ministérios Públicos em nosso sistema processual. Assim, parece-me inexorável reconhecer que o dispositivo foi redigido para vigorar também no processo coletivo, provocando uma releitura do art. 18 da Lei da Ação Civil Pública para conferir maior responsabilidade ao Parquet no ingresso das ações coletivas, por meio de incentivos financeiros voltados a esta finalidade. Outrossim, o NCPC disciplinou o tema de forma minudente, tendo instituído regime legal específico e observado que o Ministério Público ostenta capacidade orçamentária própria, tendo, ainda, fixado prazo razoável para o planejamento financeiro do órgão. Note-se que, com a presente interpretação, não se está, de maneira nenhuma, enfraquecendo o processo coletivo. Pelo contrário, o que se pretende é, de fato, fortalecê-lo, desenvolvendo-se incentivos para que apenas ações coletivas efetivamente meritórias sejam ajuizadas".

Com respeito, discordamos da posição do ilustre Ministro Relator.

A Constituição Federal conferiu ao Superior Tribunal de Justiça a interpretação das normas infraconstitucionais. Dentro da sistemática dos precedentes vinculantes, a legislação processual prevê a observância obrigatória dos precedentes fixados pelo STJ, devendo o Tema 510 ser observado por todos os órgãos do Poder Judiciário, em função de seu caráter vinculante, até que eventual superação do precedente (*overrulling*) seja realizada, unicamente pela referida Corte. Parece-nos que tal decisão monocrática violou regra constitucional que estabelece a competência do STJ (artigo 105, III "c" da CF) bem como a coisa julgada decorrente do caráter vinculante do Tema 510 do STJ (artigo 5º, XXXVI, da CF). Com efeito, o STF, ao nosso ver, não observou o caráter vinculante da tese firmada pelo STJ, oponível a todos. Não há, ao nosso sentir, hierarquia entre as Cortes que compõem a alta cúpula do Poder Judiciário, mas repartição de competências constitucionalmente previstas, o que obrigaria a observância da tese firmada pelo Superior Tribunal de Justiça no âmbito da interpretação da lei federal, também pelo Supremo Tribunal Federal.

Neste sentido, algumas decisões já podem ser colacionadas no próprio STF, mantendo o entendimento do STJ:

> "AÇÃO CIVIL PÚBLICA PROPOSTA PELO MINISTÉRIO PÚBLICO ESTADUAL. ADIANTAMENTO DE PAGAMENTO DE HONORÁRIOS PERICIAIS. ÔNUS IMPOSTO AO ENTE FEDERATIVO AO QUAL O PARQUET ESTÁ VINCULADO. MATÉRIA DE ÍNDOLE INFRACONSTITUCIONAL. OFENSA INDIRETA À CONSTITUIÇÃO FEDERAL. REITERADA REJEIÇÃO DOS ARGUMENTOS EXPENDIDOS PELA PARTE NAS SEDES RECURSAIS ANTERIORES. MANIFESTO INTUITO PROTELATÓRIO. MULTA DO ARTIGO 1.021, § 4º, DO CPC/2015. APLICABILIDADE. AGRAVO INTERNO A QUE SE NEGA PROVIMENTO." (ARE 1.250.447 AgR, Rel. Min. Luiz Fux, Primeira Turma, julgado em 11/05/2020, DJe 26/05/2020)

> "Agravo regimental em recurso extraordinário com agravo. 2 Direito Processual Civil. 3. **Ação civil pública. Prova pericial. Adiantamento de honorários. 4. Matéria infraconstitucional. Ofensa reflexa à Constituição Federal. Precedentes.** 5. Ausência de argumentos capazes de infirmar a decisão agravada. 6. Agravo regimental a que se nega provimento". (ARE 1263431 AgR Órgão julgador: Segunda Turma Relator(a): Min. GILMAR MENDES Julgamento: 24/08/2020 Publicação: 01/09/2020)

3.6 O MP e o Acordo de Não Persecução Cível (ANPC)

Questão processual relevante que merece breve análise, é a atuação do MP no ANPC – Acordo de não persecução cível. A Lei 8.429/92 (LIA), em sua redação original, vedava, no art. 17, § 1º a transação, acordo ou conciliação nas ações destinadas a apurar a prática de ato de improbidade praticado por qualquer agente público.

A redação foi alterada pela Lei 13.964/2019 (Pacote Anticrime), que instituiu novo instituto jurídico, essencial para a ação institucional do MP no tema, denominado "Acordo de Não Persecução Cível". Confira-se o teor do novo dispositivo:

> "Art. 17. A ação principal, que terá o rito ordinário, será proposta pelo Ministério Público ou pela pessoa juríica interessada, dentro de trinta dias da efetivação da medida cautelar.
>
> § 1º As ações de que trata este artigo admitem a celebração de acordo de não persecução cível, nos termos desta Lei.
>
> (...)

§ 10-A. Havendo a possibilidade de solução consensual, poderão as partes requerer ao juiz a interrupção do prazo para a contestação, por prazo não superior a 90 (noventa) dias. (...)"

Com efeito, o incentivo ao uso de meios consensuais de solução dos conflitos, inclusive no âmbito penal, é uma das tendências observadas no Direito Processual brasileiro nos últimos anos. Desde a lei 9.099/95, que disciplinou instrumentos de composição civil dos danos (art. 72), transação penal (art. 76) e suspensão do processo (art. 89), passando pela lei 12.850/2013, que tratou da colaboração premiada (art. 3º, I) e finalmente o acordo de leniência em tema de corrupção (art. 16 da lei 12.846/2013), há permanente evolução permitindo, também na área da tutela coletiva, a possibilidade dos legitimados adequados celebrarem compromissos de reparação do dano, com a incidência de alguma sanção. O advento da lei 13.964/2019 (pacote anticrime) não só disciplinou a possibilidade do ANPP (acordo de não persecução penal para crimes, sem violência e grave ameaça, com pena mínima inferior a 04 (quatro) anos (art. 28-A do CPP), como consolidou no ordenamento jurídico o ANPC.

A busca pela consenso na improbidade já tinha precedentes históricos, desde a Lei de Mediação (Lei 13.140/2015), que em seu art. 36, § 4º, admitia que, *"nas hipóteses em que a matéria objeto do litígio esteja sendo discutida em ação de improbidade administrativa ou sobre ela haja decisão do Tribunal de Contas da União, a conciliação de que trata o caput dependerá da anuência expressa do juiz (...)".* Também a Lei Anticorrupção (Lei 12.846/2013), permitia firmar acordos de leniência e a própria LINDB (Lei 13.655/18) trazia em seu bojo mecanismos para a compensação do ato ímprobo. No entanto, apesar destes avanços, a jurisprudência do STJ era firme em não permitir acordos nos processos de improbidade. Confira-se:

> *"Prevalece em nosso sistema jurídico o princípio da especialidade, segundo o qual, diante de um eventual conflito aparente entre normas, a lei especial deverá prevalecer em relação à norma geral. (...) 3. É inviável o acolhimento do pedido de suspensão do processo, a fim de que sejam buscados os meios de compensação da conduta ímproba praticada, à luz da Lei 13.655/2018, uma vez que deve prevalecer a regra especial contida no art. 17, § 1º, da Lei 8.429/1992. 4. Na forma da jurisprudência do STJ, "tratando-se de ação de improbidade administrativa, cujo interesse público tutelado é de natureza indisponível, o acordo entre a munici-*

palidade (autor) e os particulares (réus) não tem o condão de conduzir à extinção do feito, porque aplicável as disposições da Lei 8.429/1992, normal especial que veda expressamente a possibilidade de transação, acordo ou conciliação nos processos que tramitam sob a sua égide (art. 17, § 1º, da LIA)" (REsp 1.217.554/SP, Rel. Ministra Eliana Calmon, Segunda Turma, DJe 22/08/2018)

É certo que o Chefe do Poder Executivo vetou diversos dispositivos da Lei nº 13.964/2019, inclusive o art. 17-A, que disciplinava de forma mais detalhada o ANPC. Confira-se o teor do dispositivo vetado:

> "Art. 17-A. O Ministério Público poderá, conforme as circunstâncias do caso concreto, celebrar acordo de não persecução cível, desde que, ao menos, advenham os seguintes resultados: I - o integral ressarcimento do dano; II - a reversão, à pessoa jurídica lesada, da vantagem indevida obtida, ainda que oriunda de agentes privados; III - o pagamento de multa de até 20% (vinte por cento) do valor do dano ou da vantagem auferida, atendendo a situação econômica do agente. § 1º Em qualquer caso, a celebração do acordo levará em conta a personalidade do agente, a natureza, as circunstâncias, a gravidade e a repercussão social do ato de improbidade, bem como as vantagens, para o interesse público, na rápida solução do caso. § 2º O acordo também poderá ser celebrado no curso de ação de improbidade. § 3º As negociações para a celebração do acordo ocorrerão entre o Ministério Público e o investigado ou demandado e o seu defensor. § 4º O acordo celebrado pelo órgão do Ministério Público com atribuição, no plano judicial ou extrajudicial, deve ser objeto de aprovação, no prazo de até 60 (sessenta) dias, pelo órgão competente para apreciar as promoções de arquivamento do inquérito civil. § 5º Cumprido o disposto no § 4º deste artigo, o acordo será encaminhado ao juízo competente para fins de homologação".

Apesar do veto presidencial, encontram-se em pleno vigor, no texto da LIA, a nova redação do Art. 17, § 1º e seu § 10-A, que admitem o ANPC e a suspensão do processo de improbidade se houver possibilidade de consenso. Essa aparente controvérsia acerca do tema pode gerar dúvidas acerca da aplicabilidade do ANPC pelo Parquet.

Sob o aspecto da atuação institucional não se pode esquecer que o ANPC já tinha previsão, no âmbito do MP brasileiro, de forma análoga, na Resolução 179/2017 do CNMP, que expressamente autoriza o uso do Termo de Ajustamento de Conduta em casos de improbidade, em seu artigo 1º, § 2º, com o seguinte teor: "*§ 2º É cabível o compromisso* *de ajustamento de conduta nas hipóteses configuradoras de improbidade administrativa, sem prejuízo do ressarcimento ao erário e da aplicação de uma ou alguma das sanções previstas em lei, de acordo com a conduta ou o ato praticado".* No MPRJ, a matéria é disciplinada na Res. 2.227/2018, onde o artigo 40 § 2º repete expressamente o texto da referida resolução do CNMP, cujo exame pode ser realizado em nosssa obra de legislação institucional[27].

Numa breve análise sob a questão, impõe-se ressaltar que a busca pelo consenso é uma tendência do Novo Processo Civil Brasileiro, devendo-se permitir ao MP o uso do TAC, em perfeita consonância com a Res. 179/2017 do CNMP, em inquéritos civis ou procedimentos preparatórios instaurados para investigar atos de improbidade.

A meu ver, o veto integral ao Art. 17-A acima exposto e a manutenção do § 10-A no art. 17, incorporados à LIA, permitem a solução consensual do ANPC **apenas** no curso da ação de improbidade. Eventuais TACs realizados antes da vigência da Lei Anticrime em sede judicial são válidos, porque homologados em Juizo e constituem coisa julgada ou ato jurídico perfeito. A partir da vigência da Lei 13.964/2019, entendo que será possível apenas a celebração do ANPC, que dependerá para sua eficácia de homologação judicial, na forma do art. 487, III do CPC c/c Art. 17 § 10-A da LIA.

Caso o juiz se recuse a homologar o ANPC ou não concorde com o acordo deverá adotar a mesma sistemática aplicável aos acordos de colaboração premiada, em virtude da alteração imposta pela Lei nº 13.964/2019 ao § 8º do art. 4º da lei nº 13.850/2013 c/c o art. 28-A, § 5º do CPP.

Finalmente, se ocorrer necessidade de aferir se o acordo está sendo regularmente cumprido, entendo que devem ser aplicadas, por analogia, as disposições dos arts. 9º e 10 da Resolução nº 179/2017, devendo o magistrado suspender o processo e apenas homologar o acordo quando todas essas condições tiverem sido integralmente cumpridas.

3.7. O MP e as Políticas Públicas: a idoneidade da ACP manejada pelo Parquet

Uma das funções institucionais mais abrangentes do MP contemporâneo é o controle das políticas públicas do Estado que versem sobre interesses que lhe caiba defender, especialmente a ACP em face deste para a implementação de direitos fundamentais (Saúde, Educação, Segurança etc.). Há manifesta colisão de dois princípios constitucionais:

---

27 *Ministério Público: Legislação Institucional.* Rio de Janeiro: Freitas Bastos, 2021

Independência dos Poderes (Art. 2º da CF) X Acesso à Justiça (Art. 5º, XXXV), sendo certo que muitas vezes o ente público resiste ao comando constitucional, sob o o argumento da discricionariedade, orçamento etc. (RESERVA DO POSSÍVEL X MÍNIMO EXISTENCIAL). A jurisprudência das cortes superiores têm admitido como admissiveis, isto é, como juridicamente possíveis os seguintes pedidos formulados pelo MP em sede de ACP, dando-lhes caráter idôneo:

(a) ACP para realização de obras de construção de presídios.(STF RE 592.581/RS c/ Rep. Geral)
(b) ACP para suprir carência de professores em unidades de ensino público (STF RE 594.018)
(c) ACP para assegurar vagas em creches e pré-escolas da rede pública para crianças de determinada idade (STF RE 463.210)
(d) ACP para remoção de barreiras a deficientes (acessibilidade) em Escolas públicas. (STF RE 440.028/SP)
(e) ACP para obrigar o Estado a prestar assistência médica (consultas e cirurgias) com prioridade a crianças e adolescentes, com elaboração de cronograma (STJ Resp 577.86/SC)
(f) ACP para restabelecer serviços para a coleta de lixo. (STJ Resp 575.998/MG)
(g) ACP para realizar obras de recuperação de solo imprescindíveis para o meio ambiente. (STJ Resp 429.570/GO)
(h) ACP para regularização de loteamentos clandestinos, com custos a serem repassados ao particular, para respeito a padrões urbanísticos e moradia saudável. (STJ 448.216/SP)

4. O Inquérito Civil

O inquérito civil é procedimento administrativo preparatório, previsto no artigo 8º e seguintes da Lei 7.347/85, de cunho inquisitorial e que tem por objetivo dotar o Ministério Público de instrumento investigatório para a apuração de fatos tidos como infracionais a interesses metaindividuais e, consequentemente, embasar a ação civil pública. Trata-se de procedimento prescindível, assim como o inquérito policial, sendo dispensável se for possível a produção do lastro probatório através de peças de informação.[28]

---
28 "Descabe o deferimento da segurança para trancar a ação civil por inexistir vício insanável no inquérito, uma vez que este, por se destinar apenas ao recolhimento

Também entende a jurisprudência não ser possível obstaculizar a tramitação do inquérito civil mediante *habeas corpus,* eis que o procedimento, por si só, não tem o condão de tolher a liberdade individual ou constranger fisicamente alguém.[29]

Diferentemente da ação civil pública, que tem diversos colegitimados, o inquérito civil é exclusivo do Ministério Público, somente podendo ser instaurado pelos Promotores de Tutela Coletiva, de Infância e Juventude, de Idosos e Deficientes Físicos e pelo Procurador-Geral de Justiça, este nas hipóteses de sua atribuição originária (art. 29, VIII, da LONMP, quando a autoridade reclamada for Presidente de Tribunal de Justiça, Presidente da Assembleia Legislativa ou Governador do Estado).

4.1. O procedimento no Inquérito Civil

Trata-se de procedimento administrativo cujo rito não foi regulado por lei. O CNMP disciplinou a matéria através da Res. 23/2007, com inúmeras alterações posteriores[30]. No MPRJ, a matéria é disciplinada na Resolução 2.227/2018[31].

Cabe breve análise das citadas normas.

A resolução do CNMP é expressa ao admitir a possibilidade de instauração de investigação a partir de notícia anônima (artigo 2º, § 3º), havendo, é claro, um mínimo de substrato probatório a embasar a informação. A circunstância do anonimato não invalida, no nosso pensamento, a possibilidade de que seja instaurada a investigação, se existentes outros elementos probatórios que possibilitem aferir a veracidade da *notitia*. Apesar de reconhecer o caráter inquisitivo do procedimento, andou bem a Resolução ao determinar, em seu artigo 4º, II que deva ser qualificada e identificada a pessoa a quem o fato é atribuído, bem como o nome e a qualificação possível do autor da representação, se for o caso.

---

informal e unilateral de provas, pode ou não anteceder a ação civil pública" (STJ – 2ª T. ROMS 11.537/MA, Rel. Min. Eliana Calmon, julgado em 06.02.2001).

29 "O Tribunal, considerando que o HC é um instrumento voltado unicamente à salvaguarda do direito de ir e vir, não conheceu de *habeas corpus* impetrado contra ato do Ministério Público do Estado do Paraná que instaurou inquérito civil para apurar suposto ato de improbidade administrativa praticado por deputado federal e para condená-lo no ressarcimento dos danos causados ao patrimônio público" (STF – HC 80.112/PR, Rel. Min Sydney Sanches, julgado em 01.08.2000).

30 *Ministério Público: Legislação Institucional.* Rio de Janeiro: Freitas Bastos, 2021, pp. 201 e ss.

31 *Ministério Público: Legislação Institucional.* Rio de Janeiro: Freitas Bastos, 2021, pp. 307 e ss.

O inquérito civil é instaurado mediante Portaria do membro do Parquet com atribuição, que pode agir de ofício; agir em face de requerimento ou representação de qualquer pessoa ou autoridade; por designação do Procurador-Geral de Justiça, do Conselho Superior do Ministério Público, Câmaras de Coordenação e Revisão e demais órgãos superiores da Instituição; ou, quando tiver conhecimento do fato por manifestação anônima, justificada. O Ministério Público, de posse de informações que possam autorizar a tutela dos interesses ou direitos transindividuais, poderá complementá-las antes de instaurar o inquérito civil, visando apurar elementos para identificação dos investigados ou do objeto, instaurando procedimento preparatório. Este deverá ser autuado com numeração sequencial à do inquérito civil e registrado em sistema próprio, mantendo-se a numeração quando de eventual conversão, devendo estar concluído no prazo de 90 (noventa) dias, prorrogável por igual prazo, uma única vez, em caso de motivo justificável. Vencido este prazo, o membro do Ministério Público promoverá seu arquivamento, ajuizará a respectiva ação civil pública ou o converterá em inquérito civil.

Em caso de evidência de que os fatos narrados na representação não configurem lesão aos interesses ou direitos transindividuais ou se o fato já tiver sido objeto de investigação ou de ação civil pública ou se os fatos apresentados já se encontrarem solucionados, o membro do Ministério Público, no prazo máximo de trinta dias, indeferirá o pedido de instauração de inquérito civil, em decisão fundamentada, da qual se dará ciência pessoal ao representante e ao representado, que terá o prazo de dez dias para apresentar o recurso administrativo, com as respectivas razões, ao Conselho Superior do Ministério Público, admitido juízo de retratação da decisão anterior.

No curso da investigação, pode o promotor requisitar diligências, notificar, inclusive coercitivamente, testemunhas e outras providências visando à formação de seu conhecimento. Dispõe o artigo 9º da Resolução em estudo que o inquérito civil deverá ser concluído no prazo de um ano, prorrogável pelo mesmo prazo e quantas vezes forem necessárias, por decisão fundamentada de seu presidente, à vista da imprescindibilidade da realização ou conclusão de diligências, dando-se ciência ao Conselho Superior do Ministério Público, à Câmara de Coordenação e Revisão ou à Procuradoria Federal dos Direitos do Cidadão. Cumpre observar que as investigações encetadas no bojo de um inquérito civil podem se referir a diversos fatos lesivos a interesses metaindividuais, mas havendo o mesmo objeto ou causa de pedir devem ser de atribuição de uma mesma Promotoria de Justiça, não cabendo, mesmo que haja desmembramento do procedimento, a subtração do Promotor Natural.[32]

4.2. As opções do Parquet com o encerramento do inquérito

Finda a investigação, três providências podem ser tomadas pelo representante do Parquet:
   a) ajuizamento da Ação Civil Pública no foro competente, que deverá ser acompanhada pelo próprio Promotor de Tutela Coletiva;
   b) celebração de Termo ou Compromisso de Ajustamento de Conduta, estipulando cláusula penal em caso de descumprimento de suas obrigações;
   c) promoção de arquivamento do Inquérito Civil, fundamentadamente, submetendo no prazo de três dias (Lei 7.347/85, art. 9º, § 1º), sob pena de falta grave, sua decisão ao reexame necessário do Conselho Superior do Ministério Público.

Ressalve-se que eventuais vícios do inquérito civil não maculam a ação civil pública posteriormente ajuizada, sendo certo ainda que mesmo neste caso, eventualmente, o inquérito civil pode servir de lastro, como peça de informação, para a deflagração de ação penal.

Como visto acima, esgotadas todas as possibilidades de diligências, o membro do Ministério Público, caso se convença da inexistência de fundamento para a propositura de ação civil pública, promoverá, fundamentadamente, o arquivamento do inquérito civil ou do procedimento preparatório, remetendo, no prazo de três dias, os autos ao Conselho Superior do Ministério Público. Caso o Conselho Superior entenda que não é caso de homologação da promoção de arquivamento, poderá: a) não a homologar e deliberar pela propositura de ação civil pública ou

---
32 Enunciado 6/2009 da Assessoria de Assuntos Institucionais - FUNÇÕES INSTITUCIONAIS DO MINISTÉRIO PÚBLICO. INQUÉRITO CIVIL. A investigação de supostas lesões a interesses difusos, coletivos e individuais homogêneos suscetíveis de tutela por meio de ações civis públicas, quando lhes for comum o objeto ou causa de pedir, deve ser realizada nos autos do mesmo inquérito civil. Outrossim, ainda que o desmembramento do inquérito civil se afigure conveniente e oportuno, a providência não subtrai a atribuição do órgão de execução predeterminado na Constituição ou Legislação federal. Ref.: Procedimentos Administrativos MP nºs 2006.013.43917.00, de 01.08.2006, e 2007.00102174, de 15.02.2008.

instauração de inquérito civil, se se tratar de procedimento preparatório; b) não a homologar e deliberar por converter o julgamento em diligência, especificando aquelas que entender necessárias à formação de convicção do colegiado; remetendo os autos ao membro do MP que determinou o arquivamento e, no caso de recusa fundamentada, ao órgão competente para designar o membro do Ministério Público que irá atuar (Art. 10 § 4º, I da Res. 23/2007, com a redação dada pela Res. 143/2016); c) deliberar pelo prosseguimento do inquérito civil ou do procedimento preparatório, indicando os fundamentos de fato e de direito de sua decisão, adotando as providências relativas à designação, em qualquer hipótese, de outro membro do Ministério Público para atuação (Art. 10 § 4º, II da Res. 23/CNMP); e d) não conhecê-la, nos casos em que o procedimento não exija a manifestação do colegiado.

Dispõe o artigo 10, IX, "d", da LONMP ser de atribuição do PGJ designar membros do Ministério Público para oferecer denúncia ou propor ação civil pública nas hipóteses de não confirmação de arquivamento de inquérito policial ou civil, bem como de quaisquer peças de informação.[33] Neste aspecto, o artigo 11 da Resolução 23 do CNMP assevera que não oficiará nos autos do inquérito civil, do procedimento preparatório ou da ação civil pública o órgão responsável pela promoção de arquivamento não homologado pelo Conselho Superior do Ministério Público ou pela Câmara de Coordenação e Revisão, ressalvada a hipótese do Art. 10 § 4º, I da Resolução, acima referida, na hipótese de conversão em diligência, quando o membro do MP não recusar, fundamentadamente, a oficiar.

Segundo o Enunciado nº 3, elaborado pelo Centro de Apoio Operacional de Tutela Coletiva do MPRJ, no caso de comprovação do ajuizamento de ação civil pública, de ação popular, de ação de improbidade ou de outra medida judicial pelo Ministério Público ou por terceiros legitimados, cujo pedido contemple o objeto da portaria de instauração, poderá ensejar o arquivamento do procedimento por perda do interesse.[34]

4.3. O desarquivamento

Após arquivado o inquérito civil, este poderá ser desarquivado por provocação do Promotor de Justiça com atribuição ao Conselho Supe-

---
[33] De igual forma, o artigo 11, XIII, "a", da LC 106/2003 – Lei Orgânica do Ministério Público do Estado do Rio de Janeiro.
[34] Publicado no DOERJ em 22.01.2010.

rior do Ministério Público, havendo uma grande celeuma no que concerne à necessidade de novas provas para a promoção do desarquivamento.

Uma primeira corrente, defendida pelo Professor Hugo Nigro Mazzilli[35] sustenta a possibilidade de desarquivamento de inquérito civil, com ou sem novas provas, face ao Princípio da Autotutela ou Revisão pela própria Administração de seus atos, baseado na Súmula 473 do STF. Outra corrente, a nosso ver com melhor razão entende ser necessário para o desarquivamento a existência de novas provas. Entretanto, a nova Lei Orgânica do MP/RJ, Lei Complementar 106/2003, em seu artigo 41, I, "b", não trouxe expressa a exigência de novas provas para o desarquivamento de inquérito civil, peças de informação ou procedimento preparatório de inquérito civil.

Ainda assim, como o inquérito civil possui a mesma natureza jurídica do inquérito policial, ou seja, procedimento preparatório inquisitivo pode-se aplicar no âmbito civil, por analogia, o enunciado da Súmula 524 do Supremo Tribunal Federal, qual seja: *"Arquivado o inquérito policial, por despacho do juiz, a requerimento do Promotor de Justiça, não pode a ação penal ser iniciada sem novas provas".*

Atualmente, a exigência de novas provas veio expressamente regulada no artigo 12 da Resolução nº 23 do CNMP:

> *"Art. 12. O desarquivamento do inquérito civil, diante de novas provas ou para investigar fato novo relevante, poderá ocorrer no prazo máximo de seis meses após o arquivamento. Transcorrido esse lapso, será instaurado novo inquérito civil, sem prejuízo das provas já colhidas".*

Aludida Resolução trouxe uma importante novidade no que diz respeito ao desarquivamento de inquérito civil, estipulando um prazo de seis meses para que o desarquivamento possa ocorrer sob pena de ser necessária a instauração de novo inquérito civil. Não nos parece positiva tal disposição. Não existe razão para que ocorra esta duplicidade de inquéritos determinada pela resolução. Teremos dois inquéritos sobre o mesmo objeto, um arquivado e outro em curso. Parece-nos fugir à lógica referida norma.

Outra questão que se impõe é a da possibilidade do Promotor de Justiça, subscritor da promoção de arquivamento, funcionar como *custos legis* de eventual ação civil pública interposta por colegitimado. En-

---
35 MAZZILLI, *op. cit.*, 2003, p. 377.

tendemos pela impossibilidade, já que, tendo antecipado sua opinião sobre o mérito da causa, não poderá o Promotor manifestar-se na lide, devendo o processo ser remetido ao Promotor tabelar.

5. Termo de Ajustamento de Conduta (TAC)

O Termo ou Compromisso de Ajustamento de Conduta foi criado pelo Estatuto da Criança e do Adolescente (Lei 8.069/90), através de seu artigo 211 (*"Os órgãos públicos legitimados poderão tomar dos interessados compromisso de ajustamento de conduta às exigências legais..."*). Naquele mesmo ano, o Código de Defesa do Consumidor (Lei 8.078/90) acrescentou o § 6º ao artigo 5º da Lei da Ação Civil Pública (Lei 7.347/85), expandindo de vez a utilização de tão importante instrumento de consenso nas demandas coletivas.

Note-se que o instituto, diferentemente do inquérito civil, não é exclusivo do Parquet, podendo ser manejado por todo órgão público, inclusive aqueles que não possuem capacidade postulatória, como o IBAMA, o Corpo de Bombeiros ou uma Secretaria de Estado. O Ministério Público, um dos legitimados, através do CNMP, disciplinou a matéria genericamente no Art. 14 da Res. 23/2007 e a detalhou na Res. 179/2019. Deve o MP, assim, pautar sua atuação no TAC seguindo as diretrizes ali elencadas, para onde remetemos o leitor.[36]

Como bem salientou Paulo Cezar Pinheiro Carneiro,[37] *"o compromisso de ajustamento de conduta funciona, à semelhança da conciliação e da transação, como verdadeiro equivalente jurisdicional, permitindo a solução rápida e amigável do conflito, seja na fase pré-processual seja no curso do próprio processo"*.

A Resolução nº 23/2007 do Conselho Nacional do Ministério Público assim dispõe sobre o Compromisso de Ajustamento de Conduta

> *"Art. 14. O Ministério Público poderá firmar compromisso de ajustamento de conduta, nos casos previstos em lei, com o responsável pela ameaça ou lesão aos interesses ou direitos mencionados no artigo 1º desta Resolução, visando à reparação do dano, à adequação da conduta às exigências legais ou normativas e, ainda, à compensação e/ou à indenização pelos danos que não possam ser recuperados".*

---

36 *Ministério Público: Legislação Institucional*. Rio de Janeiro: Freitas Bastos, 2021, pp. 252 e ss.

37 CARNEIRO, Paulo Cezar Pinheiro. *Acesso à Justiça – Juizados Especiais Cíveis e Ação Civil Pública*. Rio de Janeiro: Forense, 1999, p. 119.

E a Res. nº 179/2017 explicita o conceito e a aplicabilidade do instituto:

"Art. 1º. O compromisso de ajustamento de conduta é instrumento de garantia dos direitos e interesses difusos e coletivos, individuais homogêneos e outros direitos de cuja defesa está incumbido o Ministério Público, com natureza de negócio jurídico que tem por finalidade a adequação da conduta às exigências legais e constitucionais, com eficácia de título executivo extrajudicial a partir da celebração.

§ 1º – Não sendo o titular dos direitos concretizados no compromisso de ajustamento de conduta, não pode o órgão do Ministério Público fazer concessões que impliquem renúncia aos direitos ou interesses difusos, coletivos e individuais homogêneos, cingindo-se a negociação à interpretação do direito para o caso concreto, à especificação das obrigações adequadas e necessárias, em especial o modo, tempo e lugar de cumprimento, bem como à mitigação, à compensação e à indenização dos danos que não possam ser recuperados.

§ 2º – É cabível o compromisso de ajustamento de conduta nas hipóteses configuradoras de improbidade administrativa, sem prejuízo do ressarcimento ao erário e da aplicação de uma ou algumas das sanções previstas em lei, de acordo com a conduta ou o ato praticado.

§ 3º – A celebração do compromisso de ajustamento de conduta com o Ministério Público não afasta, necessariamente, a eventual responsabilidade administrativa ou penal pelo mesmo fato, nem importa, automaticamente, no reconhecimento de responsabilidade para outros fins que não os estabelecidos expressamente no compromisso.

§ 4º – Caberá ao órgão do Ministério Público com atribuição para a celebração do compromisso de ajustamento de conduta decidir quanto à necessidade, conveniência e oportunidade de reuniões ou audiências públicas com a participação dos titulares dos direitos, entidades que os representem ou demais interessados".

Importante ressalvar que o compromisso de ajustamento de conduta será tomado em qualquer fase da investigação, nos autos de inquérito civil ou procedimento correlato, ou no curso da ação judicial, devendo conter obrigações certas, líquidas e exigíveis, salvo peculiaridades do caso concreto. Na fase de negociação e assinatura do compromisso de ajustamento de conduta, os compromissários podem ser acompanhados ou representados por seus advogados, para que o ajuste seja ato jurídico perfeito. Em algumas hipóteses, quando houver ação institucional de diversas unidades do MP (MP Federal, do Trabalho ou Estadual), o compromisso de ajustamento de conduta deve ser firmado em conjunto por todos os órgãos do Ministério Público envolvidos ou por este e outros órgãos públicos legitimados, podendo contar com a participação de associação civil, entes ou grupos representativos ou terceiros interessados. O compromisso deverá prever multa diária ou outras espécies de cominação para o caso de descumprimento das obrigações nos prazos assumidos, admitindo-se, em casos excepcionais e devidamente fundamentados, a previsão de que esta cominação seja fixada judicialmente, se necessária à execução do compromisso. Frise-se que as indenizações pecuniárias referentes a danos a direitos ou interesses difusos e coletivos, quando não for possível a reconstituição específica do bem lesado bem como as liquidações de multas deverão ser destinadas a fundos federais, estaduais e municipais que tenham o mesmo escopo do fundo previsto no art. 13 da Lei nº 7.347/1985.

Finalmente, cabe ressalvar que, o Termo de Ajustamento de Conduta tomado pelos órgãos de execução nos autos de Inquérito Civil ou outro procedimento preparatório deve ser submetido, tratando-se de causa de arquivamento, à revisão pelo Órgão Superior do arquivamento do inquérito civil (Conselho Superior ou Câmara de Revisão). Por óbvio, esta determinação não se aplica às hipóteses de ajustamento de conduta levado à homologação do Poder Judiciário.

Descumprido o compromisso de ajustamento de conduta, integral ou parcialmente, deverá o órgão de execução do Ministério Público com atribuição para fiscalizar o seu cumprimento promover, no prazo máximo de sessenta dias, ou assim que possível, nos casos de urgência, a execução judicial do respectivo título executivo extrajudicial com relação às cláusulas em que se constatar a mora ou inadimplência. Ressalte-se que tem o Ministério Público, como legitimado adequado, legitimidade para executar compromisso de ajustamento de conduta firmado por outro órgão público, no caso de sua omissão frente ao descumprimento das obrigações assumidas, sem prejuízo da adoção de outras providências de natureza civil ou criminal que se mostrarem pertinentes, inclusive em face da inércia do órgão público compromitente. De fato, obtida a celebração do Termo de Ajustamento de Conduta, haverá a formação de um título executivo extrajudicial.

5.1. Ação civil pública proposta por colegitimado quando já há um TAC firmado.

Necessário destacar a controvérsia acerca da possibilidade ou não de propositura de ação civil pública por colegitimado que já firmou Termo de Ajustamento de Conduta. Carvalho Filho[38] sustenta que não, já que faltaria ao colegitimado interesse processual. Já Mazzilli[39] entende que se outro legitimado não concordar com o Termo de Ajustamento de Conduta celebrado extrajudicialmente poderá se valer das medidas jurisdicionais cabíveis, desconsiderando o TAC e buscando diretamente a responsabilidade do causador do dano. Estamos com o segundo entendimento tendo em vista que a primeira orientação poderia ferir, *data venia*, o princípio da inafastabilidade da jurisdição, eis que impediria terceiro de ajuizar ação civil quando já houvesse TAC celebrado por outrem. E se houver colusão (fraude processual) entre as partes celebrantes? A nosso ver, o melhor caminho é possibilitar àquele colegitimado a possibilidade de ajuizamento da ação civil pública.

6. Outros Instrumentos para a tutela extrajudicial cível, individual ou coletiva.

6.1. Notícia de Fato

Tendo em vista o disposto no artigo 127 da CF, que defere ao MP a legitimidade e o dever de velar pela ordem jurídica e defender direitos indisponíveis, foi regulamentado pelo CNMP e replicado pelas diversas unidades do Ministério Público brasileiro um conjunto de normas e procedimentos para a investigação de tais lesões, sempre obedecidos os direitos fundamentais. Uma delas é a notícia de fato.

Segundo o CNMP, na Res. 174/2017 e o MPRJ, na Res. 2.227/2018, notícia de fato: "*é qualquer demanda dirigida aos órgãos de execução do Ministério Público, de 1º e 2º graus, conforme as atribuições das respectivas áreas de atuação, podendo ser formulada presencialmente ou não, também se entendendo como tal a realização de atendimentos e a protocolização de notícias, documentos, requerimentos ou representações*".

Caso as informações sejam prestadas verbalmente, deverá o órgão de execução reduzi-las a termo ou gravá-las em mídia adequada, sendo

---
38 CARVALHO FILHO, José dos Santos. *Ação Civil Pública*. 3ª ed. Rio de Janeiro: Lumen Juris, 2001, pp. 208-209.
39 MAZZILLI, *op. cit.*, 2003, p. 346.

registrada em sistema informatizado de controle e distribuída livre e aleatoriamente entre os órgãos ministeriais com atribuição para apreciá-la. Se o fato noticiado já for objeto de procedimento em curso, a notícia de fato será distribuída por prevenção, devendo ser apreciada no prazo de 30 (trinta) dias, a contar do seu recebimento, prorrogável uma vez, fundamentadamente, por mais 90 (noventa) dias.

A notícia de fato será indeferida quando: I – o fato narrado não configurar lesão ou ameaça de lesão aos interesses ou direitos tutelados pelo Ministério Público; II – o fato narrado já tiver sido objeto de investigação ou de ação judicial ou já se encontrar solucionado; III – a lesão ao bem jurídico tutelado for manifestamente insignificante, nos termos de jurisprudência consolidada ou orientação do Conselho Superior; IV – for desprovida de elementos de prova ou de informação mínima para o início de uma apuração e o noticiante não atender à intimação para complementá-la; ou V – for incompreensível.

O noticiante será cientificado da decisão de indeferimento, cabendo recurso no prazo de 10 (dez) dias, ao CSMP, caso não haja reconsideração. Não havendo recurso, a notícia de fato será arquivada no órgão que a apreciou, registrando-se no sistema respectivo, em ordem cronológica, ficando a documentação à disposição dos órgãos correcionais.

6.2. Procedimento Administrativo (PA)

Segundo a Res. 2.227/2018 do MPRJ, em seu artigo 32, e em consonância com a Res. CNMP 174/2017, o procedimento administrativo é o instrumento próprio da atividade-fim de investigação do MP, destinado a: I – acompanhar o cumprimento das cláusulas de termo de ajustamento de conduta celebrado judicialmente e apurar notícias de descumprimento de cláusulas de compromisso de ajustamento de conduta; II – acompanhar e fiscalizar, de forma continuada, políticas públicas ou instituições; III – apurar fato que enseje a tutela de interesses individuais indisponíveis; e IV – embasar outras atividades não sujeitas a inquérito civil.

Deve ser instaurado por portaria sucinta, com delimitação do seu objeto, aplicando-se, no que couber, as regras procedimentais, de instrução e de publicidade previstas para o inquérito civil.

O PA deverá ser concluído no prazo de 1 (um) ano, podendo ser prorrogado quantas vezes forem necessárias, a cada decisão que determinar a realização ou conclusão de diligências imprescindíveis para a sua conclusão.

Esgotadas todas as possibilidades de diligências, o órgão de execução, caso se convença da inexistência de fundamento para a propositura de ação judicial ou de qualquer outra medida, promoverá, fundamentadamente, o arquivamento do procedimento administrativo. No caso de procedimento administrativo instaurado com fundamento nos incisos I, II e IV acima, deverá ser dada ciência da promoção de arquivamento ao Conselho Superior do Ministério Público, no prazo de 3 (três) dias, sem necessidade de remessa dos autos para homologação, arquivando-se os autos no proprio órgão de execução.Mas, no caso de procedimento administrativo relativo a direitos individuais indisponíveis, o noticiante será cientificado da decisão de arquivamento, da qual caberá recurso ao CSMP, no prazo de 10 (dez) dias.

Havendo novas provas a respeito de fato apreciado na promoção de arquivamento será possível o desarquivamento do procedimento administrativo, por iniciativa do órgão de execução ou provocação do Conselho Superior, na hipótese de homologação por este órgão.

6.3. A recomendação

Dispõe o artigo 51 da Res. 2.227/2018 do MPRJ, em conformidade com a Res. CNMP 164/2017, que a recomendação *"é instrumento de atuação extrajudicial do Ministério Público por intermédio do qual expõe, em ato formal, razões fáticas e jurídicas sobre determinada questão, com o objetivo de persuadir o destinatário a praticar ou a deixar de praticar determinados atos em benefício da melhoria dos serviços públicos e de relevância pública ou do respeito aos interesses, direitos e bens defendidos pela Instituição, atuando, assim, como instrumento de prevenção de responsabilidades ou correção de irregularidades".* Rege-se pelos seguintes princípios, entre outros: I – motivação; II – formalidade e solenidade; III – celeridade e implementação tempestiva das medidas recomendadas; IV – publicidade, moralidade, eficiência, impessoalidade e legalidade; V – máxima amplitude do objeto e das medidas recomendadas; VI – garantia de acesso à justiça; VII – máxima utilidade e efetividade; VIII – caráter não vinculativo das medidas recomendadas; IX – caráter preventivo ou corretivo; X – resolutividade; XI – segurança jurídica e XII – ponderação e proporcionalidade nos casos de tensão entre direitos fundamentais.

O Ministério Público, de ofício ou mediante provocação, nos autos de inquérito civil, de procedimento administrativo ou procedimento preparatório, poderá expedir recomendação objetivando o respeito e a efetividade dos direitos e interesses que lhe incumba defender e, sendo o caso, a edição ou alteração de normas. Devem ser, anteriormente à expedição da recomendação à autoridade pública, requisitadas informações ao órgão destinatário sobre a situação jurídica e o caso concreto a ela afetos, exceto em caso de impossibilidade devidamente motivada. Em casos que reclamam urgência, o Ministério Público poderá, de ofício, expedir recomendação, procedendo, posteriormente, à instauração do respectivo procedimento.

A recomendação pode ser dirigida, de maneira preventiva ou corretiva, a qualquer pessoa, física ou jurídica, de direito público ou privado, que tenha condições de fazer ou deixar de fazer alguma coisa para salvaguardar interesses e direitos cuja tutela seja deferida ao Ministério Público.

A recomendação deve ser devidamente fundamentada, mediante a exposição dos argumentos fáticos e jurídicos que justificam a sua expedição e conterá a indicação de prazo razoável para a adoção das providências cabíveis, indicando-as de forma clara e objetiva. Na hipótese de desatendimento à recomendação, de falta de resposta ou de resposta considerada inconsistente, o órgão do Ministério Público adotará as medidas cabíveis à obtenção do resultado pretendido com a expedição da recomendação.

6.4. Audiência Pública

Na esteira do preconizado pelo CNMP na Res. 82/2012 e conforme disciplinado na Res. 2.227 do MPRJ, poderá o MP, dentro dos limites de suas respectivas atribuições, promover audiências públicas para auxiliar nos procedimentos sob sua responsabilidade; na identificação de demandas sociais que exijam a instauração de procedimento; para elaboração e execução de planos de ação e projetos estratégicos institucionais ou para prestação de contas de atividades desenvolvidas.

Tais audiências serão realizadas na forma de reuniões organizadas, abertas a qualquer cidadão, representantes dos setores público, privado, da sociedade civil organizada e da comunidade, para discussão de situações das quais decorra ou possa decorrer lesão a interesses difusos, coletivos e individuais homogêneos.

Terão por finalidade coletar, junto à sociedade e ao Poder Público, elementos que embasem a decisão do órgão do Ministério Público quanto à matéria objeto da convocação ou para prestar contas de atividades desenvolvidas.

Ao final dos trabalhos que motivaram a audiência pública, o representante do Ministério Público deverá produzir relatório, no qual poderá constar, entre outras, alguma das seguintes providências: I – arquivamento das investigações; II – celebração de termo de ajustamento de conduta; III – expedição de recomendações; IV – instauração de procedimento, inquérito civil ou policial; V – ajuizamento de ação civil pública; VI – divulgação das conclusões de propostas de soluções ou providências alternativas, em prazo razoável, diante da complexidade da matéria; VII – prestação de contas das atividades desenvolvidas em determinado período; VIII – elaboração e revisão de Plano de Ação ou de Projeto Estratégico Institucional.

7. O MP e os acordos de leniência

De acordo com o previsto na Lei 12.846/2013 (Lei Anticorrupção), o acordo de leniência é instrumento legal que dispõe a autoridade máxima de cada órgão ou entidade pública, vítima de ações ilícitas descritas naquele diploma legal, para celebrá-lo com as pessoas jurídicas responsáveis pela prática dos malfeitos ali descritos, desde que colaborem efetivamente com as investigações e o processo administrativo, além de identificar os demais envolvidos e providenciar a obtenção célere de informações e documentos que comprovem o ilícito corruptivo.

O instituto se apresenta como um negócio jurídico dúplice na medida em que pressupõe a colaboração livre e voluntária da pessoa jurídica junto ao poder público. Visa enriquecer o material probatório obtido pelos investigadores do ilícito de corrupção e identificar seus autores, assegurando, em contrapartida, os benefícios previstos no artigo 16, § 2º, da LAC, consistentes, entre outros na proibição de receber incentivos, subsídios, subvenções, doações ou empréstimos de órgãos ou entidades públicas, bem como da redução em até dois terços do valor da multa aplicável.

Diversas são as autoridades competentes para firmarem o acordo de leniência, distribuindo-se entre órgãos e pessoas jurídicas do Poder Executivo, Legislativo e Judiciário nos três níveis federativos. Ressalve-

-se, por oportuno, que a celebração do acordo de leniência no âmbito do Poder Executivo Federal e no tocante a atos lesivos corruptivos praticados contra entidades estrangeiras, expressamente atribuiu-se competência para a Controladoria Geral da União (artigo 16, § 10, da Lei nº 12.846/13).

Entendemos que, apesar do Artigo 16 referir-se "*à autoridade máxima de cada órgão ou entidade pública*", circunscrevendo-o ao âmbito da pessoa jurídica lesada, o Ministério Público é legitimado para a celebração do acordo de leniência, face ao comando constitucional dos Art. 127 e 129 da CF, como defensor da moralidade na administração pública.

Para aqueles que sustentam não ser o MP legitimado por não haver expressa menção a sua atuação no diploma legal, apenas ressalvo que, se não houver a participação do Parquet na leniência, que segurança jurídica haveria se a pessoa jurídica celebrasse o acordo junto a um órgão administrativo correcional e posteriormente fosse demandada em ações de improbidade administrativa pelo Ministério Público? Ou até mesmo seus dirigentes sofressem ações penais em virtude das provas que ela mesmo entregou em razão do acordo ou de investigações paralelas em andamento?

Parece-nos ser indispensável o protagonismo e a intervenção do MP no acordo de leniência, já que um mesmo ato pode acarretar consequências sancionatórias no âmbito penal, administrativo e civil, de modo que a colaboração limitada a um dos Poderes ou autoridades ensejaria fragilidade para a pessoa jurídica colaboradora. Certamente não foi esse o intuito do legislador. Neste sentido, relembro ao leitor a recente criação do ANPC, referido acima e a possibilidade de o MP obter o consenso em matéria de improbidade administrativa. Reconheço, entretanto, a necessidade de um melhor "alinhamento institucional" entre os colegitimados da seara pública, o MP e as pessoas jurídicas colaboradores, a fim de aplacar decisões conflitantes sobre a matéria, oriundas, tanto das cortes judiciais quanto das cortes de contas.

No MPF, a 5ª Câmara de Coordenação e Revisão é o órgão que supervisiona os acordos de leniência, uniformizando a atuação dos Procuradores da República na matéria, com a edição de notas técnicas, enunciados e informações para incrementar a celebração equânime e célere dos instrumentos. Confira-se:

"Acordo de Leniência é um mecanismo de combate à corrupção que tem surtido diversos resultados positivos para o país. E o Ministério Público Federal (MPF) é um dos protagonistas em sua implementação. Já foram negociados pelo Órgão 29 acordos de leniência, que contribuíram para o desmonte de diversas redes de corrupção. Os casos mais emblemáticos são no âmbito da Força-Tarefa Lava Jato (FT-LJ). Foram, até então, firmados 13 acordos de leniência, sem os quais seria impossível a FT-LJ obter êxito nas investigações.[40] ... o sentido do instituto do acordo de leniência é impor compromisso e responsabilidade às pessoas jurídicas que voluntariamente se propõem a romper com o envolvimento com a prática ilícita e adotar medidas para manter suas atividades de forma ética e sustentável, em cumprimento à sua função social".

Na visão do MPF, em pesquisa realizada no sítio eletrônico referenciado, encontramos os seguintes enunciados:

"Acordo de leniência é, antes de mais nada, instrumento de investigação. Quando celebrados, devem ficar evidenciados quais os benefícios para investigação, e em quais esferas de responsabilização". (Fonte: Caso SBM. Procedimento:1.30.001.001111/2014-42)

"Os acordos de leniência, e, no crime, as colaborações premiadas são instrumentos fundamentais às investigações de atos ilícitos praticados por organizações complexas e criminosas. São instrumentos fundamentais à desarticulação de organizações". (Fonte: Caso NM Engenharia. Procedimento: 1.00.000.002362/2017-36.)

"As disposições da nova Lei 12.846, de 2013, compõem um microsistema sancionatório estabelecendo o acordo de leniência como ferramenta de solução extrajudicial no campo da responsabilização de índole civil, na linha do que já prevê a Lei 12.850, de agosto de 2013, na esfera penal", sendo indiscutível, de outra parte, "a legitimidade do Ministério Público para celebrar termos de ajustamento de conduta, nos termos do artigo 5º, § 6º, da Lei 7.347, de 1985". (Fonte: Ata da 852ª Sessão Ordinária da 5ª Câmara de Coordenação e Revisão do MPF, de fevereiro de 2015.)

"O acordo de leniência é espécie de ato jurídico convencional, que, a um só tempo, com natureza dúplice, correlaciona uma técnica especial de investigação e um meio de defesa. Funda-se no reconhecimento e na confissão de práticas irregulares lesivas ao interesse público pela pessoa jurídica que delas se beneficiou e na cooperação voluntária de tal agente faltoso que, ao colaborar com o Estado, permite-lhe obter novas e rele-

---

40 www.mpf.mp.br/atuacao-tematica/ccr5/publicacoes/ consulta em 07/09/2021.

vantes informações e provas, com a correlata identificação de materialidade e autoria, atinentes a atos ilícitos cometidos, os quais podem ser sancionados, com reflexos em diferentes esferas de controle e responsabilização estatal. (Fonte: Estudo técnico 01/2017, p. 49.) Base jurídica: art. 129, inciso I, da Constituição Federal; art. 5º, § 6º, da Lei nº 7.347/1985; art. 26 da Convenção de Palermo; art. 37 da Convenção de Mérida; art. 3º, § 2º e § 3º, do Código de Processo Civil; arts. 840 e 932, incisos III, do Código Civil; arts. 16 a 21 da Lei nº 12.846/2013; Lei nº 13.140/2015".

8. O Ministério Público e a Defesa do Patrimônio Público e Social

O Ministério Público possui legitimidade para defender interesses ligados ao patrimônio público e social, conforme previsto no artigo 129, III, da Carta Magna, sendo sua função institucional a promoção de inquérito civil e de ação civil pública para tal tutela.

Patrimônio público, originariamente, representa o conjunto de bens e direitos de valor econômico, artístico, estético, histórico ou turístico pertencentes a toda a coletividade. A CF, ao alargar o objeto da ação popular (art. 5º, LXXIII), ampliou o conceito de patrimônio público, fazendo com que este abrace a moralidade administrativa, o meio ambiente e o patrimônio cultural.

Já patrimônio social está ligado ao interesse social, podendo ser enfocado sob dois prismas: a defesa de pessoas que possuam algum tipo de hipossuficiência, jurídica, técnica ou econômica (por exemplo, pessoas pobres ou miseráveis, vítimas de crimes) e a defesa da sociedade como um todo.

8.1. Improbidade Administrativa

Nesse diapasão, deve ser observada a questão da improbidade administrativa.

O administrador público deve pautar sua conduta no princípio da moralidade e na observância da finalidade pública. O administrador probo é aquele que conduz o patrimônio público pelo caminho da economicidade, coordenação dos gastos públicos e eficiência administrativa. A Lei 8.429/92 dispõe sobre as sanções civis que devem ser aplicadas àqueles que lesionam o patrimônio público.

Questão interessante versa sobre o foro competente para a propositura de ações civis públicas por improbidade administrativa de certas autoridades, especialmente os agentes políticos. Inicialmente a doutrina sustentava não haver possibilidade de foro especial para tais agentes, tendo em vista a inexistência de previsão constitucional neste sentido. Assim como a ação popular, a ação civil pública versando sobre as condutas previstas na Lei 8.429/92 deveria ser proposta perante o juiz de primeira instância. Entretanto, juristas[41] e o próprio STF passaram a sustentar que, por força do artigo 85, V da CF, os atos de improbidade administrativa configurariam, na verdade, crime de responsabilidade, na forma da Lei 1.079/50, quando praticados pelo Presidente da República, Ministros de Estado, Procurador-Geral da República, Ministros do STF e outras autoridades. Nessa hipótese (crime de responsabilidade) há previsão constitucional para competência originária, respectivamente, do Senado Federal (art. 52, § único); do STF (art. 102, I, "c"), do STJ (art. 105, I, "a"), dos TRFs (art. 108, I, "a") e, finalmente, dos TJs (art. 96, III). Segundo tal tese todos os atos de improbidade administrativa, cometidos por autoridades que detenham foro especial, deveriam ter ali o seu julgamento, subtraindo, portanto, dos Promotores de Justiça a atribuição para investigação e propositura de ação civil pública em face de autoridades com prerrogativa de função. Ainda neste contexto, em dezembro de 2002, foi editada a Lei 10.628 que alterou o artigo 84 do CPP, acrescentando o § 2º, com a seguinte redação: *Art. 84 (...) § 2º A ação de improbidade, de que trata a Lei 8.429, de 2 de junho de 1992, será proposta perante o tribunal competente para processar e julgar criminalmente o funcionário ou autoridade na hipótese de prerrogativa de foro em razão do exercício de função pública, observado o disposto no § 1º.* Manifestamente inconstitucional, o dispositivo foi objeto da ADI 2.797-2/600/DF, já julgada procedente pela Corte Suprema.[42]

Em 2018, o Plenário do STF decidiu, por maioria dos votos, que a Corte não tem competência para processar e julgar as ações de improbidade administrativa contra agente político[43]. Para os ministros, o foro por prerrogativa de função expresso na Constituição é para infrações penais comuns e não é extensível às ações de improbidade que possuem natureza civil.

41 Confira-se artigo publicado pelo Professor Aristides Junqueira Alvarenga no Jornal do Brasil de 17.11.2002, fl. A125 sobre o tema. Posição defendida por ocasião da Recl. 2.138-6/DF, STF. No mesmo sentido, a Recl. 1.110/DF, STF.
42 A respeito do tema, confira-se artigo de nossa autoria, intitulado "Jurisdição Constitucional: A atualidade do caso Marbury vs Madison e a inconstitucionalidade da Lei 10.628/2002", na Revista do Ministério Público do Estado do Rio de Janeiro, no 19 (jan./jun.), 2004.
43 Pet 3.240.

Também em 2018, o Plenário do STF reconheceu, por maioria dos votos, a imprescritibilidade de ações de ressarcimento de danos ao erário decorrentes de ato doloso de improbidade administrativa[44]. O caso foi decidido com repercussão geral reconhecida, o que deve impactar, aproximadamente, mil processos semelhantes em instâncias inferiores. O ministro Edson Fachin, acompanhado da ministra Rosa Weber, defendeu a imprescritibilidade em decorrência da ressalva estabelecida no art. 37, § 5º da CF e da necessidade de proteção do patrimônio público.

E, mais uma vez em 2018, o Plenário do STF, de forma unânime, fixou a tese de que o Ministério Público tem legitimidade para ajuizar ação civil pública que visa anular ato administrativo de aposentadoria que importe em lesão patrimônio público[45]. Essa legitimidade é extraída da determinação expressa da Constituição de que o Ministério Público promove inquérito civil e ação civil pública visando a defesa de interesses difusos e coletivos.

9. A Defesa do Meio Ambiente pelo Ministério Público

9.1. Conceito de meio ambiente

O conceito de meio ambiente é dado pela Lei 6.938/81, no inciso I do artigo 3º, ao asseverar ser *"o conjunto de condições, leis, influências e interações de ordem física, química e biológica, que permite, abriga e rege a vida em todas as suas formas"*.

No artigo 2º, inciso I, da mesma Lei, o legislador ainda lembrou que o meio ambiente é *"um patrimônio público a ser necessariamente assegurado e protegido, tendo em vista o uso coletivo"*. Portanto, sob o ponto de vista legal, meio ambiente é um bem público de uso comum do povo. Esse conceito ainda foi objeto de uma subdivisão trazida por Mazzilli,[46] que passou a considerá-lo sob aspectos natural, artificial (espaço urbano construído) e cultural (interação do homem ao meio ambiente). Assim, ressalta o institucionalista: *"tudo que diga respeito ao equilíbrio ecológico e induza a uma sadia qualidade de vida é, pois, questão afeta ao meio ambiente"*.

Com o desenvolvimento da consciência ambiental, desde a Conferência da ONU sobre meio ambiente em Estocolmo (1972), vem se fir-

---
44 RE 852475
45 RE 409356
46 MAZZILLI, *op. cit.*, 2003, p. 137.

mando o princípio de que é um direito humano fundamental, inerente a todo ser humano, pertencente a um número indeterminado de pessoas, podendo-se afirmar tratar-se de um direito difuso. Com a promulgação da Lei Maior, demonstrou-se a relevância para a República Federativa do Brasil da proteção e busca de um meio ambiente equilibrado, devendo tanto o Poder Público quanto a coletividade dirigir-se rumo a um novo modelo de desenvolvimento ambiental sustentável. Como preceitua a CF:

> Art. 225. Todos têm direito ao meio ambiente ecologicamente equilibrado, bem de uso comum do povo e essencial à sadia qualidade de vida, impondo-se ao Poder Público e à coletividade o dever de defendê-lo e preservá-lo para as presentes e futuras gerações.

Pedro Elias Erthal Sanglard[47] conclui que:

> "o desenvolvimento sustentável ou ecodesenvolvimento introduziu a ideia de responsabilidade comum, com um processo de mudança, no qual a exploração dos recursos naturais, os investimentos financeiros e a tecnologia devem ser harmônicos. Dentro desta nova visão, o progresso deve ser entendido como maior riqueza, benefício social, equilíbrio ambiental e cidadania compartilhada".

9.2. A atuação ministerial

Várias são as normas disciplinadoras de combate a condutas perigosas e lesivas ao meio ambiente existentes em nosso ordenamento jurídico. A mais antiga delas é o Decreto 83.540/79, que conferia ao Ministério Público a promoção da responsabilidade civil por danos decorrentes de poluição por óleo. Posteriormente, a Lei 6.938/81, que dispõe sobre a Política Nacional do Meio Ambiente, deferiu ao Ministério Público a legitimidade para propor ação contra o poluidor de reparação ou indenização dos danos causados ao meio ambiente. O grande avanço, porém, veio com a Lei 7.347/85, que disciplinou a ação civil pública de responsabilidade por danos causados ao meio ambiente. A inovação trazida foi a instrumentalização da atuação do Parquet, tendo em vista a previsão do inquérito civil, que possibilitou uma maior efetividade das ações coletivas.

---
47 SANGLARD, Pedro Elias Erthal. *A Atuação do Ministério Público Estadual na proteção do Meio Ambiente de Magé e de Guapimirim, Brasil (1991/1998).* Disponível em <www.amperj.gov.br/artigos>, acesso em 06 out. 2003.

Com a promulgação da Constituição da República em 1988, o direito a um meio ambiente ecologicamente equilibrado foi alçado ao cenário constitucional, ficando o Poder Público obrigado a observar a variada gama de deveres que lhe foram impostos no § 1º do artigo 225. Ainda no artigo 5º, LXXIII, o constituinte, reforçando a importância que esse direito ganhou no cenário jurídico, chamou qualquer cidadão à defesa do meio ambiente, podendo se valer para isso da ação popular.

O Ministério Público deverá pautar a sua atuação focando na prevenção e repressão das atividades e agentes potencialmente lesivos, exercendo seu papel institucional, ao acompanhar, fiscalizar, controlar e combater de forma coordenada a degradação ambiental no seu mais amplo sentido, colocando-se mais próximo da sociedade que defende.[48]

9.2.1. Atuação ministerial ainda quando já exista TAC firmado

Questão interessante surgiu no Estado de Minas Gerais onde o Ministério Público pretendia, através de ação civil pública, impedir que diversas empresas locais continuassem a extrair barro para a confecção de cerâmica, conduta que degradava o meio ambiente. O Tribunal de Justiça mineiro entendeu inexistir legitimidade para o órgão ministerial exercer tal atribuição, tendo em vista a prévia existência de compromisso de reparação de danos firmado pelas empresas de extração de barro com o IBAMA, o que inviabilizaria a intervenção ministerial por perda do interesse de agir. A questão chegou ao Superior Tribunal de Justiça que, em decisão unânime da Segunda Turma confirmou a legitimidade do Ministério Público para propor Ação Civil Pública em defesa do meio ambiente. Segundo o relator, Min. Humberto Martins, *"as instâncias administrativa e judicial são independentes e não há falar em obstáculo ao exercício da jurisdição em hipótese alguma, máxime quando a atribuição desses órgãos para a defesa do meio ambiente é concorrente".*[49]

---

48 STJ – REsp. 287.127/SP, Rel. Min José Delgado, julgado em 06.03.2001 – Inf./STJ 87 "Ação Civil Pública. Impossibilidade Jurídica do Pedido. Meio Ambiente. A Turma, por maioria, entendeu que, em sede de ação civil pública, não há impossibilidade jurídica do pedido para que órgão público responsável por saneamento básico deixe de poluir determinado ribeirão e tome as providências materiais pertinentes. A pretensão é admitida em nosso ordenamento jurídico (arts. 1º e 3º da Lei 7.347/85; 25, IV, "a", da Lei 8.625/93 e arts. 83 e 84 do CDC) e compõem o ambiente de controle dos atos administrativos pelo Poder Judiciário".

49 Resp 265.300, Rel. Min. Humberto Martins, j. em 21.09.2006, DJ em 02.10.2006.

9.3. O meio ambiente urbano

Outra importante atribuição do Ministério Público é a defesa do meio ambiente urbano. Urbanismo, segundo a definição de Hely Lopes Meirelles, *"é o conjunto de medidas estatais destinadas a organizar os espaços habitáveis, de modo a propiciar melhores condições de vida ao homem na comunidade. Entenda-se por espaços habitáveis todas as áreas em que o homem exerce coletivamente qualquer das quatro funções sociais: habitação, trabalho, recreação e circulação no espaço urbano".*[50]

A ordem urbanística consiste em interesse transindividual, suscetível de ser tutelado por ação civil pública, de iniciativa do órgão de execução do Ministério Público que disponha de atribuição para as questões relativas ao meio ambiente urbano. Nesse sentido, José dos Santos Carvalho Filho:[51]

> *"A ordem urbanística se configura realmente como direito transindividual. O processo de urbanização não tem o escopo de proteger bem jurídico do indivíduo isoladamente considerado, mas sim o de tutelar grupos, comunidades, populações, vistos como conglomerados de pessoas com titularidade sobre direitos de natureza coletiva. (...) Para reforçar o instrumento e possibilitar efetiva proteção aos interesses em jogo, a Lei 7.347/85, com base na Constituição (art. 129, § 1º), admitiu* legitimatio ad causam *ativa concorrente de vários órgãos e entidades (art. 5º). Destaca-se, em primeiro lugar, o Ministério Público, na qualidade de instituição destinada à proteção dos interesses sociais e individuais indisponíveis".*

9.4. O dano ambiental e sua vertente moral

Dispõe o artigo 1º da Lei 7.347/85 que: *"Regem-se pelas disposições desta Lei, sem prejuízo da ação popular, as ações de responsabilidade por danos morais e patrimoniais causados: I – ao meio ambiente".*

Da leitura do dispositivo, depreende-se que o dano ambiental pode gerar, para o seu causador, a responsabilidade de indenizar os titulares do meio ambiente degradado por dano moral, sendo o Ministério Público legitimado para a demanda. Apesar da previsão legal, o STJ[52], ini-

---
50 MEIRELLES, Hely Lopes. *Direito Municipal Brasileiro*. 7ª ed. São Paulo: Malheiros, 1990, p. 379.
51 CARVALHO FILHO, José dos Santos. *Comentários ao Estatuto da Cidade*. 1ª ed. Rio de Janeiro: Lumen Juris, 2005, pp. 349-350.
52 STJ, REsp n. 598.281/MG, 1ª T., j. 02.05.2006, rel. p/ acórdão Min. Teori Albino Zavascki. Na doutrina, STOCO, Rui. Tratado de responsabilidade civil: doutrina e

cialmente, se mostrou reticente em admitir a possibilidade de reparação de dano ambiental coletivo (ou difuso ou público). À época, se entendia que o caráter transindividual do dano ambiental seria incompatível com o dano moral (essencialmente, individual). Contudo, posteriormente o próprio STJ[53] alterou sua jurisprudência para passar a admitir essa reparação em sua vertente supraindividual, ou seja, um dano moral sofrido pela coletividade com um todo (denominado, por alguns, de dano moral coletivo reflexo).

O dano moral é interpretado, modernamente, a partir de uma concepção mais ampla. No caso de dano ambiental, por exemplo, o dano moral surgiria do mal causado à saúde, à tranquilidade e à qualidade de vida de pessoas indeterminadas em decorrência da agressão feita ao meio ambiente. Não se restringe mais o dano moral ao sentimento de dor, sofrimento, indignação – sensações possíveis, apenas, a pessoas físicas e por meio de análise individual de cada indivíduo.

10. A Defesa do Consumidor pelo Ministério Público

Inicialmente, importa analisar o conceito legal de consumidor, que nos é dado pelo artigo 2º, parágrafo único do CDC:

> *Art. 2º Consumidor é toda pessoa física ou jurídica que adquire ou utiliza produto ou serviço como destinatário final. Parágrafo único. Equipara-se a consumidor a coletividade de pessoas, ainda que indetermináveis, que haja intervindo nas relações de consumo.*

Assim, observa-se que o legislador também quis tutelar a coletividade como consumidora nos casos em que ela seja titular de um direto difuso, coletivo e individual homogêneo. Quanto aos interesses difusos, é pacífico que sempre estará presente o interesse do Ministério Público em defendê-los, tendo em vista o alto grau de abrangência que possuem.

Quanto aos interesses coletivos e individuais homogêneos, a par das controvérsias já analisadas no presente trabalho quanto à ingerência

---

jurisprudência. 8ª ed. São Paulo: Revista dos Tribunais, 2011, p. 1001-1005.
53 STJ, REsp nº 1.180.078/MG, 2ª T., j. 01.12.2010, rel. Min. Herman Benjamin; STJ, REsp nº 1.145.083/MG, 2ª T., j. 27.09.2011, rel. Min. Herman Benjamin; STJ, REsp nº 1.198.727/MG, 2ª T., j. 14.08.2012, rel. Min. Herman Benjamin; STJ, REsp nº 1.367.923/RJ, 2ª T, j. 27.08.2013, rel. Min. Humberto Martins; STJ, REsp nº 1.269.494/MG, 2ª T., j. 24.09.2013, rel. Min. Eliana Calmon; STJ, REsp nº 1.410.698/MG, 2ª T., j. 23.06.2015, rel. Min. Humberto Martins.

da Instituição Ministerial na defesa desses direitos, entendemos que o Ministério Público agirá na defesa do consumidor sempre que presentes os fins constitucionais que lhe reservou a CF no artigo 127, como já decidiu o STJ:

> *"Ação civil pública. Contrato de abertura de crédito (cheque especial). Relação de consumo. Pretensão de decretar-se a nulidade de determinadas cláusulas tidas como abusivas. Interesses ou direitos coletivos. Legitimação do Ministério Público. O contrato bancário de abertura de crédito (cheque especial) submete-se à disciplina do Código de Defesa do Consumidor. Tratando-se de ação que visa à proteção de interesses coletivos e apenas de modo secundário e consequencial, à defesa de interesses individuais homogêneos, ressalta clara a legitimação do Ministério Público para intentar a ação civil pública. Precedentes do STJ. Recurso especial não conhecido, prejudicada a Medida Cautelar 2.640/RJ". (REsp. 292.636/RJ; Rel. Min. Barros Monteiro; Data da decisão 11.06.2002; Órgão Julgador 4ª T.)*

Hugo Nigro Mazzilli[54] elenca de forma clara os requisitos que devem estar presentes para que se reflita o interesse institucional, que por ora transcrevemos: *"a) haja manifesto interesse social evidenciado pela dimensão ou pelas características do dano, ainda que potencial; b) seja acentuada a relevância social do bem jurídico a ser defendido; c) esteja em questão a estabilidade de um sistema social, jurídico ou econômico, cuja preservação aproveite à coletividade como um todo".*

Os dispositivos da Lei 8.078/90, que tratam da defesa coletiva do consumidor devem, forçosamente, no tocante à atuação do Ministério Público, serem interpretados finalisticamente, ou seja, sempre tendo em vista os fins constitucionais da Instituição, notadamente a existência do pressuposto do interesse público ou social, evidenciados pela qualidade do interesse ou pela extraordinária dispersão do grupo ou pessoas prejudicadas.

11. A Atuação do Ministério Público na Tutela da Saúde

A Constituição Federal confere ao Ministério Público a tarefa institucional de zelar pelo efetivo respeito dos poderes públicos e dos serviços de relevância pública aos direitos por ela assegurados (art. 129, inciso II). O artigo 196 da Constituição Federal dispõe que:

---

54 MAZZILLI, *op. cit.*, 2003, p. 153.

"A saúde é direito de todos e dever do estado, garantido mediante políticas sociais e econômicas que visem à redução do risco de doença e de outros agravos e ao acesso universal e igualitário às ações e serviços para a sua promoção, proteção e recuperação".

O artigo 197 do texto constitucional determina expressamente que *as ações e serviços de saúde são de relevância pública*. Por sua vez, o artigo 198, inciso II, garante o atendimento integral, na esteira do que dispõe o artigo 194 inciso I, também da Carta Magna, de universalidade do atendimento público de saúde. Logo, a legitimidade para o Ministério Público atuar nesta matéria é patente. Em norma infraconstitucional, o legislador reiterou o compromisso do Estado com a Saúde Pública, como se demonstra da leitura do artigo 2º, parágrafo 1º, da Lei Federal nº 8.080/90 (Lei Orgânica da Saúde), que estrutura o SUS (Serviço Único de Saúde):

"O dever do Estado de garantir a saúde consiste na formulação e execução de políticas econômicas e sociais que visem à redução de riscos de doenças e de outros agravos e no estabelecimento de condições que assegurem acesso universal e igualitário às ações e aos serviços para a sua promoção, proteção e recuperação".

O direito à saúde, além de se qualificar como direito fundamental que assiste a todas as pessoas, representa também consequência constitucional indissociável do direito à vida.

Nestes termos, legitimado está o Ministério Público a assegurar e defender os direitos difusos dos usuários do serviço público de saúde que estejam sendo violados, devendo lançar mão de todos os meios juridicamente possíveis e logicamente razoáveis para que se coíbam tais violações. Assim já se posicionou a jurisprudência:

AÇÃO CIVIL PÚBLICA – LEGITIMIDADE – MINISTÉRIO PÚBLICO – SISTEMA ÚNICO DE SAÚDE – DIREITO COLETIVO. Tem o Ministério Público legitimidade para propor ação civil pública em defesa do patrimônio público e social visando à verificação da situação do Sistema Único de Saúde e sua operacionalização. "Recurso improvido".[55]

A questão exigirá do Ministério Público uma atuação positiva enquanto agente político de transformação social, uma vez que a Constituição de 1988 redefiniu o papel desta instituição, permitindo, por meio

---

55 Resp. 124.236, STJ, Primeira Turma, Relator Min. Garcia Vieira, 31/03/1998, DJU 04/05/1998, p. 84.

de instrumentos como a ação civil pública, a judicialização de demandas que coíbam práticas ou omissões da administração violadoras de direitos sociais.

11.1. O controle ministerial sobre o SUS

Um dos temas de grande relevância na atuação do Ministério Público contemporâneo, em matéria de saúde pública, é justamente o da efetivação do controle social exercido pelo Parquet sobre o Sistema Único de Saúde. Para tanto, conta o Ministério Público com a parceria do Conselho de Saúde, órgão colegiado municipal do Poder Executivo, de caráter permanente e deliberativo, que funciona como um importante espaço democrático de participação popular na formulação e na execução das ações e serviços destinados à promoção, proteção e recuperação da saúde individual e coletiva da sociedade.[56] Seus conselheiros são eleitos periodicamente e passam a exercer atividades de relevância pública. Cabe à Secretaria de Saúde Municipal garantir o apoio administrativo, operacional, econômico, financeiro, de recursos, humanos e materiais necessários para o pleno e regular funcionamento dos Conselhos de Saúde.[57] Os Conselhos têm caráter propositivo e atribuição principal de elaborar análises e pareceres, que serão submetidos ao plenário e convertidos em resolução. Caso o Conselho de Saúde encontre alguma irregularidade nas contas da Secretaria de Saúde Municipal, ou alguma violação a direito individual ou coletivo o que concerne à prestação dos serviços de saúde, poderá provocar o Ministério Público, apresentando-lhe a documentação pertinente. O Ministério Público então instaurará procedimento preparatório ou inquérito civil para averiguar a veracidade das informações recebidas, apurar precisamente quais as irregularidades se verificam e os motivos que as determinaram. Constatando que o Sistema Único de Saúde não está implantado em determinado município, ou que sua implantação e funcionamento não preenchem as prescrições das normas atinentes ao SUS, ou ainda que de alguma forma o Poder Público (seja por medidas administrativas ou legislativas)

---

[56] Em atenção ao disposto no artigo 198, III, da Constituição Federal que assim dispõe: *As ações e serviços públicos de saúde integram uma rede regionalizada e hierarquizada e constituem um sistema único, organizado de acordo com as seguintes diretrizes: III – participação da comunidade*".

[57] MORAES, Rodrigo Iennaco. *Efetividade do Direito à Saúde – Atuação prioritária do Ministério Público a partir da abordagem epidemiológica.* Revista AMMP – Associação Mineira do Ministério Público. Ano 1, nº 1, biênio 2001/2003, p. 121.

restringiu o acesso ao serviço de saúde, deverá o Ministério Público agir para restabelecer esse direito fundamental.

11.2. A prática de atos configuradores de improbidade administrativa

Cabe salientar ainda que é atribuição do Ministério Público averiguar, no caso concreto, se está configurada a prática de algum ato de improbidade administrativa (Lei 8.429/92). O descumprimento das normas relativas ao Sistema Único de Saúde não pode ser encarado como mera irregularidade. De igual forma deve atuar o Ministério Público nas ações de responsabilização por ato de improbidade administrativa dos dirigentes, administradores ou pessoas que detenham poder de gestão em entidades prestadoras de serviços de saúde, que recebam isenções fiscais ou participem de qualquer programa governamental, recebendo o repasse de subvenções. A atuação do Ministério Público, nesse sentido, alcança inclusive entidades privadas. Os valores pagos pelo SUS constituem receitas das entidades em questão, extensivamente incluídas na conceituação de erário público, sendo dever do Ministério Público zelar por tais bens públicos. Confira-se:

> "Apurada malversação, desvios, desfalques, favorecimentos de parentes de provedores ou administradores, compras superfaturadas, sonegação de impostos (se incidentes) má gestão dessas entidades, enfim, má prestação dos serviços, legitima-se o Ministério Público ao ajuizamento das ações previstas nas Leis 8.429/92 e 7.347/85, não se mostrando imprópria a utilização da ação civil pública, nem ficando afastada a ação popular, com o mesmo objetivo".[58]

11.3. A chamada *judicialização* da saúde

Atua o Ministério Público na área da saúde, não só na tutela dos direitos coletivos, mas também na defesa de direitos individuais indisponíveis. Trata-se de situação que frequentemente pode ser observada no dia-a-dia do Judiciário, com a corrida a este Poder por parcela da sociedade, enferma e necessitando de exames, operações cirúrgicas urgentes, medicamentos de alto custo, enfim, as mais diversas formas de reclamo medicinal. Objetiva-se compelir a Administração Pública à realização

---

58 VIDAL, Hélvio Simões. *Administradores e Provedores de entidades privadas prestadoras de serviços de saúde como sujeitos ativos de improbidade administrativa e a legitimação do Ministério Público para responsabilizá-los*. Revista AMMP – Associação Mineira do Ministério Público. Ano 1, nº 1, biênio 2001/2003, p. 19.

de prestações positivas, de dar e de fazer no que se refere à prestação dos serviços de saúde. O caráter programático dos dispositivos constitucionais invocados, bem como a inexistência de previsão orçamentária para as despesas necessárias são alguns dos mais variados argumentos utilizados pela Administração Pública para frear a proliferação dessas ações.

Em 2018, por unanimidade, o Plenário do STF reconheceu a legitimidade do Ministério Público para ajuizar ACP para obrigar o Estado a fornecer medicamentos a portadores de doenças consideradas graves e que não tenham condições de pagar pelos remédios[59]. Para o Ministro Alexandre de Moraes, essa legitimidade é extraída da norma constitucional que incumbe ao MP a defesa dos direitos individuais indisponíveis. Apesar de concordar e seguir o relator, o Ministro Gilmar Mendes alertou para o grande volume de ações buscando a judicialização da saúde.

Tal preocupação é legítima porque dados do Anuário da Justiça São Paulo mostra que o TJSP julgou mais de 40 mil casos que tinham como objetivo a saúde (apenas no ano de 2018). A matéria não é pacífica, porém, vem recebendo o Ministério Público importantes decisões judiciais a favor desta sua legitimação.

12. Jurisprudência sobre o Tema

12.1. Informativos STF

Informativo nº 952
Ação de improbidade administrativa e atuação de procurador do estado

A Primeira Turma retomou julgamento de agravo regimental em recurso extraordinário com agravo, em que se discute se procurador do Estado de Sergipe pode ajuizar ação por ato de improbidade administrativa sem autorização do governador e do procurador-geral daquela unidade federativa. Na espécie, o acórdão impugnado pelo recurso extraordinário concluiu que não se pode falar em autonomia funcional de procurador do estado em ajuizar ação civil pública sem a aludida autorização. O ministro Marco Aurélio (relator) negou provimento ao agravo e impôs multa ao agravante. Ponderou que os autos versam matéria estritamente legal, ou seja, saber quem tem legitimidade para atuar no âmbito da procuradoria estadual. Ressaltou que o pronunciamento

---
[59] RE 605.533

do tribunal de origem envolveu a interpretação da Lei Complementar (LC) sergipana 27/1996, mais precisamente do que se contém em seu art. 7º. Em divergência, o ministro Alexandre de Moraes deu provimento ao agravo e ao recurso extraordinário, por entender que a restrição imposta pelo tribunal a quo não encontra respaldo na lei orgânica da procuradoria-geral — LC estadual 27/1996 — e ofende o art. 132 da CF. De início, avaliou tratar-se de tema com assento constitucional: se procurador-geral de estado deve obrigatoriamente assinar todas ações de improbidade. Assinalou que, em determinadas leis orgânicas de procuradorias estaduais, é exigida a assinatura do procurador-geral do estado nas ações por ato de improbidade. Na divisão orgânica da carreira, estipulam essa necessidade. Em outras, as funções são divididas e não se exige a subscrição. Explicitou constar da CF que lei complementar irá organizar a carreira. No caso do Estado de Sergipe, a LC 27/1996, que rege a atuação dos seus procuradores, não exige a assinatura do procurador-geral ou do governador nas ações de improbidade. A norma não impôs a obrigatoriedade da assinatura por opção legislativa do próprio estado. Logo, essa é uma função típica de procurador do estado de Sergipe atuante naquela área de contencioso. Em seguida, o ministro Roberto Barroso pediu vista dos autos.
ARE 1.165.456 AgR/SE, rel. Min. Marco Aurélio, julgamento em 17.9.2019.

Informativo nº 921
Ação civil pública: lesão ao patrimônio público e legitimidade do Ministério Público
O Ministério Público tem legitimidade para ajuizar ação civil pública (ACP) que vise anular ato administrativo de aposentadoria que importe em lesão ao patrimônio público. O Plenário, com base nessa orientação, negou provimento ao recurso extraordinário (Tema 561 da repercussão geral) no qual se discutia a legitimidade do Ministério Público para o ajuizamento de ACP para, com fundamento na proteção do patrimônio público, questionar ato administrativo que transfere para a reserva servidor militar, com vantagens e gratificações que, além de ultrapassarem o teto constitucional, são inconstitucionais. De acordo com o Colegiado, o Ministério Público ostenta legitimidade para a tutela coletiva destinada à proteção do patrimônio público. Múltiplos dispositivos da Constituição Federal (CF) evidenciam a elevada importância que

o Poder Constituinte conferiu à atuação do Parquet no âmbito das ações coletivas (CF, arts. 127, *caput*, e 129, II, III e IX (1)). A tutela coletiva exercida pelo Ministério Público se submete apenas a restrições excepcionais, como a norma que lhe veda o exercício da representação judicial e da consultoria jurídica de entidades públicas (CF, art. 129, IX). A Constituição reserva ao Parquet ampla atribuição no campo da tutela do patrimônio público, interesse de cunho inegavelmente transindividual, preservada, entretanto, a atuação do próprio ente público prejudicado (CF, art. 129, § 1º (2)). Ao ajuizar ação coletiva para a tutela do erário, o Ministério Público não age como representante da entidade pública, e sim como substituto processual de uma coletividade indeterminada, é dizer, a sociedade como um todo, titular do direito à boa administração do patrimônio público, da mesma forma que qualquer cidadão poderia fazê-lo por meio de ação popular (CF, art. 5º, LXXIII (3)). O combate em juízo à dilapidação ilegal do erário configura atividade de defesa da ordem jurídica, dos interesses sociais e do patrimônio público, funções institucionais atribuídas ao Ministério Público pela Constituição. Entendimento contrário não apenas afronta a textual previsão da Carta Magna, mas também fragiliza o sistema de controle da Administração Pública, visto que a persecução de atos atentatórios à probidade e à moralidade administrativas recairia no próprio ente público no bojo do qual a lesão tiver ocorrido.

RE 409.356/RO, rel. Min. Luiz Fux, julgamento em 25.10.2018.

Informativo nº 911
Legitimidade do Ministério Público: ação civil pública e medicamentos

O Ministério Público é parte legítima para ajuizamento de ação civil pública que vise o fornecimento de remédios a portadores de certa doença. Com esse entendimento, o Plenário, ao apreciar o Tema 262 da repercussão geral, deu provimento ao recurso extraordinário para que, suplantada a ilegitimidade declarada pelo Tribunal de Justiça, este prossiga no julgamento da apelação. Cabe ao Ministério Público a promoção do inquérito civil e da ação civil pública na defesa de interesses difusos e coletivos, a teor do art. 129, III, (1) da Constituição Federal (CF). Ademais, a ação proposta é definida pelos termos da petição inicial, que, no caso concreto, apontou cidadã sem condições financeiras para aquisição dos fármacos e negativa de fornecimento destes pela Secretaria de Saúde local. Acontece que a referida peça se mostrou abrangente — tanto no tocante à narração dos fatos, quanto em relação ao pedido —, aludindo não apenas à situação daquela paciente como também à dos demais portadores da doença considerada grave. Mais do que isso, ao postular pronunciamento condenatório, citou-se como destinatários pacientes acometidos pela enfermidade. Assim, a menção ao indivíduo foi meramente exemplificativa. Dessa forma, se revelou inquestionável a qualidade do Parquet para ajuizar ação civil pública objetivando, em sede de processo coletivo o interesse social que legitima a intervenção e a ação em juízo do Ministério Público, a defesa de direitos impregnados de transindividualidade ou de direitos individuais homogêneos, notadamente aqueles de caráter indisponível, porque revestidos de inegável relevância social, como sucede, de modo bastante particularmente expressivo, com o direito à saúde, que traduz prerrogativa jurídica de índole eminentemente constitucional.

RE 605.533/MG, rel. Min. Marco Aurélio, julgamento em 15.8.2018.

Informativo nº 910
Prescritibilidade de ação de ressarcimento por ato de improbidade administrativa

São imprescritíveis as ações de ressarcimento ao erário fundadas na prática de ato doloso tipificado na Lei de Improbidade Administrativa [Lei 8.429/1992, artigos 9 a 11 (1)]. Com base nesse entendimento, o Plenário, por maioria, deu parcial provimento a recurso extraordinário para afastar a prescrição da sanção de ressarcimento e determinar o retorno dos autos ao tribunal recorrido para que, superada a preliminar de mérito pela imprescritibilidade das ações de ressarcimento por improbidade administrativa, aprecie o mérito apenas quanto à pretensão de ressarcimento (Informativo 909). Prevaleceu o entendimento do ministro Edson Fachin, o qual reajustou o voto proferido na assentada anterior. Registrou que a imprescritibilidade da ação de ressarcimento se restringe às hipóteses de atos de improbidade dolosa, ou seja, que impliquem enriquecimento ilícito, favorecimento ilícito de terceiros ou dano intencional à Administração Pública. Para tanto, deve-se analisar, no caso concreto, se ficou comprovado o ato de improbidade, na modalidade dolosa, para, só então e apenas, decidir sobre o pedido de ressarcimento. O ministro Fachin entendeu que a ressalva contida no § 5º do art. 37 (2) da CF teve por objetivo decotar do comando contido na primeira parte as ações cíveis de ressarcimento. Reconheceu solidez no argumento segundo o qual essa ressalva diz respeito a dois regramentos distintos relacionados à prescrição. Um para os ilícitos praticados por agentes, sejam eles servidores ou não, e outro para as ações de ressarcimento decorrentes de atos de improbidade, dotadas de uma especialidade ainda maior. Asseverou que a matéria diz respeito à tutela dos bens públicos. Não há incompatibilidade com o Estado Democrático de Direito sustentar a imprescritibilidade das ações de ressarcimento em matéria de improbidade, eis que não raras vezes a prescrição é o biombo por meio do qual se encobre a corrupção e o dano ao interesse público. Para o ministro Fachin, a segurança jurídica não autoriza a proteção pelo decurso do lapso temporal de quem causar prejuízo ao erário e se locupletar da coisa pública. A imprescritibilidade constitucional não implica injustificada e eterna obrigação de guarda pelo particular de elementos probatórios aptos a demonstrar a inexistência do dever de ressarcir, mas na confirmação de indispensável proteção da coisa pública. Os ministros Roberto Barroso e Luiz Fux reajustaram os votos. Vencidos os ministros Alexandre de Moraes (relator), Dias Toffoli, Ricardo Lewandowski, Gilmar Mendes e Marco Aurélio, que negaram provimento ao recurso. Concluíram inexistir previsão de imprescritibilidade nos §§ 4º (3) e 5º do art. 37 em relação à sanção de ressarcimento ao erário por condenação pela prática de ato de improbidade administrativa, que deve seguir os mesmos prazos prescricionais do art. 23 (4) da Lei 8.249/1992, com a complementação de que, se o ato também for capitulado como crime, deverá ser considerado o prazo prescricional estabelecido na lei penal. (1) Lei 8.429/1992: "Art. 9º Constitui ato de improbidade administrativa importando enriquecimento ilícito auferir qualquer tipo de vantagem patrimonial indevida em razão do exercício de cargo, mandato, função, emprego ou atividade nas entidades mencionadas no art. 1º desta lei, e notadamente: (...); Art. 10. Constitui ato de improbidade administrativa que causa lesão ao erário qualquer ação ou omissão, dolosa ou culposa, que enseje perda patrimonial, desvio, apropriação, malbaratamento ou dilapidação dos bens ou haveres das entidades referidas no art. 1º desta lei, e notadamente: (...); Art. 10-A. Constitui ato de improbidade administrativa qualquer ação ou omissão para conceder, aplicar ou manter benefício financeiro ou tributário contrário ao que dispõem o *caput* e o § 1º do art. 8º-A da Lei Complementar nº 116, de 31 de ju-

lho de 2003; (...) Art. 11. Constitui ato de improbidade administrativa que atenta contra os princípios da administração pública qualquer ação ou omissão que viole os deveres de honestidade, imparcialidade, legalidade, e lealdade às instituições, e notadamente: (...)". (2) CF: "Art. 37. A administração pública direta e indireta de qualquer dos Poderes da União, dos Estados, do Distrito Federal e dos Municípios obedecerá aos princípios de legalidade, impessoalidade, moralidade, publicidade e eficiência e, também, ao seguinte: (...) § 5º A lei estabelecerá os prazos de prescrição para ilícitos praticados por qualquer agente, servidor ou não, que causem prejuízos ao erário, ressalvadas as respectivas ações de ressarcimento". (3) CF: "Art. 37. A administração pública direta e indireta de qualquer dos Poderes da União, dos Estados, do Distrito Federal e dos Municípios obedecerá aos princípios de legalidade, impessoalidade, moralidade, publicidade e eficiência e, também, ao seguinte: (...) § 4º - Os atos de improbidade administrativa importarão a suspensão dos direitos políticos, a perda da função pública, a indisponibilidade dos bens e o ressarcimento ao erário, na forma e gradação previstas em lei, sem prejuízo da ação penal cabível". (4) Lei 8.429/1992: "Art. 23. As ações destinadas a levar a efeitos as sanções previstas nesta lei podem ser propostas: I - até cinco anos após o término do exercício de mandato, de cargo em comissão ou de função de confiança; II - dentro do prazo prescricional previsto em lei específica para faltas disciplinares puníveis com demissão a bem do serviço público, nos casos de exercício de cargo efetivo ou emprego. III - até cinco anos da data da apresentação à administração pública da prestação de contas final pelas entidades referidas no parágrafo único do art. 1º desta Lei".
RE 852.475/SP, rel. Min. Alexandre de Moraes, red. p/ o ac. Min. Edson Fachin, julgamento em 8.8.2018.

Informativo nº 901
Ação de improbidade administrativa: ministro de estado e foro competente – 5

Os agentes políticos, com exceção do Presidente da República, encontram-se sujeitos a duplo regime sancionatório, de modo que se submetem tanto à responsabilização civil pelos atos de improbidade administrativa quanto à responsabilização político-administrativa por crimes de responsabilidade. O foro especial por prerrogativa de função previsto na Constituição Federal (CF) em relação às infrações penais comuns não é extensível às ações de improbidade administrativa. Esse o entendimento do Plenário ao negar provimento a agravo regimental em petição no qual se sustentava que os agentes políticos respondem apenas por crimes de responsabilidade, mas não pelos atos de improbidade administrativa previstos na Lei 8.429/1992. O requerente também pleiteava o reconhecimento da competência do STF para processar e julgar ações de improbidade contra réus com prerrogativa de foro nesse Tribunal. Em relação ao duplo regime sancionatório, a Corte concluiu que não há qualquer impedimento à concorrência de esferas de responsabilização distintas. Assim, carece de fundamento constitucional a tentativa de imunizar os agentes políticos das sanções relativas à ação de improbidade administrativa a pretexto de que essas seriam absorvidas pelo crime de responsabilidade. Em realidade, a única exceção ao referido regime sancionatório em matéria de improbidade se refere aos atos praticados pelo Presidente da República, conforme previsão expressa do art. 85, V (1), da CF. Já no concernente à extensão do foro especial, o Tribunal afirmou que o foro privilegiado é destinado a abarcar apenas as ações penais. A suposta gravidade das sanções previstas no art. 37, § 4º (2), da CF, não reveste a ação de improbidade administrativa de natureza penal. O foro especial por prerrogativa de função submete-se a regime de direito estrito, já que representa exceção aos princípios estruturantes da igualdade e da República. Não comporta, portanto, ampliação a hipóteses não expressamente previstas no texto constitucional. Isso especialmente porque, na hipótese, não há lacuna constitucional, mas legítima opção do poder constituinte originário em não instituir foro privilegiado para o processo e o julgamento de agentes políticos pela prática de atos de improbidade na esfera civil. Ademais, a fixação de competência para julgar a ação de improbidade no primeiro grau de jurisdição, além de constituir fórmula republicana, é atenta às capacidades institucionais dos diferentes graus de jurisdição para a instrução processual. Vencido o Ministro Teori Zavascki (relator), que deu provimento ao agravo regimental. Reconheceu a existência do duplo regime sancionatório, porém, assegurou a observância do foro por prerrogativa de função em relação às ações de improbidade administrativa. (1) CF: "Art. 85. São crimes de responsabilidade os atos do Presidente da República que atentem contra a Constituição Federal e, especialmente, contra: (...) V - a probidade na administração". (2) CF: "Art. 37 (...) §

4º - Os atos de improbidade administrativa importarão a suspensão dos direitos políticos, a perda da função pública, a indisponibilidade dos bens e o ressarcimento ao erário, na forma e gradação previstas em lei, sem prejuízo da ação penal cabível".
Pet. 3.240 AgR/DF, rel. Min. Teori Zavascki, red. p/ o ac. Min. Roberto Barroso, julgamento em 10.5.2018.

Informativo nº 784
Defensoria Pública e ação civil pública – 2
No mérito, o Plenário assentou que a discussão sobre a validade da norma que reconhecera a legitimidade da Defensoria Pública para ajuizar ação civil pública, em típica tutela dos direitos transindividuais e individuais homogêneos, ultrapassaria os interesses de ordem subjetiva e teria fundamento em definições de natureza constitucional-processual, afetos à tutela dos cidadãos social e economicamente menos favorecidos da sociedade. Ao aprovar a EC 80/2014, o constituinte derivado fizera constar o papel relevante da Defensoria Pública ("Art. 134. A Defensoria Pública é instituição permanente, essencial à função jurisdicional do Estado, incumbindo-lhe, como expressão e instrumento do regime democrático, fundamentalmente, a orientação jurídica, a promoção dos direitos humanos e a defesa, em todos os graus, judicial e extrajudicial, dos direitos individuais e coletivos, de forma integral e gratuita, aos necessitados, na forma do inciso LXXIV do art. 5º desta Constituição Federal"). Em Estado marcado por inegáveis e graves desníveis sociais e pela concentração de renda, uma das grandes barreiras para a implementação da democracia e da cidadania ainda seria o efetivo acesso à Justiça. Além disso, em Estado no qual as relações jurídicas importariam em danos patrimoniais e morais de massa por causa do desrespeito aos direitos de conjuntos de indivíduos que, consciente ou inconscientemente, experimentariam viver, o dever de promover políticas públicas tendentes a reduzir ou suprimir essas enormes diferenças passaria pela operacionalização de instrumentos que atendessem com eficiência às necessidades dos seus cidadãos. A interpretação sugerida pela autora desta ação tolheria, sem razões de ordem jurídica, a possibilidade de utilização de importante instrumento processual — a ação civil pública — capaz de garantir a efetividade de direitos fundamentais de pobres e ricos a partir de iniciativa processual da Defensoria Pública. Não se estaria a afirmar a desnecessidade de a Defensoria Pública obser-

var o preceito do art. 5º, LXXIV, da CF, reiterado no art. 134 — antes e depois da EC 80/2014. No exercício de sua atribuição constitucional, seria necessário averiguar a compatibilidade dos interesses e direitos que a instituição protege com os possíveis beneficiários de quaisquer das ações ajuizadas, mesmo em ação civil pública. Condicionar a atuação da Defensoria Pública à comprovação prévia da pobreza do público-alvo diante de situação justificadora do ajuizamento de ação civil pública — conforme determina a Lei 7.347/1985 — não seria condizente com princípios e regras norteadores dessa instituição permanente e essencial à função jurisdicional do Estado, menos ainda com a norma do art. 3º da CF. Se não fosse suficiente a ausência de vedação constitucional da atuação da Defensoria Pública na tutela coletiva de direitos, inexistiria também, na Constituição, norma a assegurar exclusividade, em favor do Ministério Público, para o ajuizamento de ação civil pública. Por fim, a ausência de demonstração de conflitos de ordem objetiva decorrente da atuação dessas duas instituições igualmente essenciais à justiça — Defensoria Pública e Ministério Público — demonstraria inexistir prejuízo institucional para a segunda, menos ainda para os integrantes da Associação autora.

ADI 3.943/DF, rel. Min. Cármen Lúcia, 6 e 7.5.2015.

Informativo nº 768
Ação de improbidade administrativa: Ministro de Estado e foro competente – 1

O Plenário iniciou julgamento de agravo regimental em petição no qual se discute a competência para processar e julgar ação civil por improbidade administrativa supostamente praticada por parlamentar, à época Ministro de Estado. Na espécie, tribunal regional federal declinara de sua competência e remetera os autos o STF que, por sua vez, determinara a suspensão do processo até o final julgamento dos embargos de declaração na ADI 2.797/DF (DJe de 28.2.2013). Após o julgamento da referida ação — em que assentada a inconstitucionalidade da Lei 10.628/2002, que acresceu os §§ 1º e 2º ao artigo 84 do CPP —, o Ministro Cezar Peluso, então relator da petição, reconhecera a incompetência do STF e determinara o retorno dos autos ao juízo de origem. Ocorre que, anteriormente, em 13.6.2007, o STF concluíra, na Rcl. 2.138/DF (DJe de 18.4.2008) pela "incompetência dos juízos de primeira instância para processar e julgar ação civil de improbidade administrativa ajui-

zada contra agente político que possui prerrogativa de foro perante o Supremo Tribunal Federal, por crime de responsabilidade, conforme o art. 102, I, c, da Constituição". No presente regimental, o agravante sustenta que: a) a Rcl. 2.138/DF fixa a competência do STF para processar e julgar ações de improbidade contra réus com prerrogativa de foro criminal; b) o julgamento da ADI 2.797/DF não interfere na decisão deste processo; e c) os agentes políticos respondem apenas por crimes de responsabilidade, mas não pelos atos de improbidade administrativa previstos na Lei 8.429/1992. O Ministro Teori Zavascki (relator) deu provimento ao agravo e consignou que seriam duas as questões trazidas a debate no recurso, ambas a respeito da posição jurídica dos agentes políticos em face da Lei 8.429/1992, que trata das sanções por ato de improbidade. A primeira seria verificar se haveria submissão dos agentes políticos ao duplo regime sancionatório (o fixado na Lei 8.429/1992 e na Lei 1.079/1950, que dispõe sobre crimes de responsabilidade). A segunda seria consolidar entendimento quanto à existência, ou não, de prerrogativa de foro nas ações que visassem a aplicar as mencionadas sanções, em face da ausência de posição do STF sobre o tema. No que concerne à questão do duplo regime sancionatório, o relator enfatizou que, sob o ângulo constitucional, seria difícil justificar a tese de que todos os agentes políticos sujeitos a crime de responsabilidade, nos termos da Lei 1.079/1950 ou do Decreto-lei 201/1967, estariam imunes, mesmo que em parte, às sanções do art. 37, § 4º da CF ("§ 4º - Os atos de improbidade administrativa importarão a suspensão dos direitos políticos, a perda da função pública, a indisponibilidade dos bens e o ressarcimento ao erário, na forma e gradação previstas em lei, sem prejuízo da ação penal cabível"). Segundo essa norma constitucional, qualquer ato de improbidade estaria sujeito às sanções nela estabelecidas, inclusive à da perda do cargo e à da suspensão de direitos políticos.
Pet. 3.240 AgR/DF, rel. Min. Teori Zavascki, 19.11.2014.

Informativo nº 753
Seguro DPVAT e legitimidade do Ministério Público – 1

A tutela dos direitos e interesses de beneficiários do seguro DPVAT – Danos Pessoais Causados por Veículos Automotores de Via Terrestre, nos casos de indenização paga, pela seguradora, em valor inferior ao determinado no art. 3º da Lei 6.914/1974, reveste-se de relevante natureza social (interesse social qualificado), de modo a conferir legitimidade ativa ao Ministério Público para defendê-los em juízo mediante ação civil

coletiva. Essa a conclusão do Plenário, que proveu recurso extraordinário no qual discutida a legitimidade do Parquet na referida hipótese. O Colegiado assinalou ser necessário identificar a natureza do direito material a ser tutelado, uma vez que o art. 127 da CF ("O Ministério Público é instituição permanente, essencial à função jurisdicional do Estado, incumbindo-lhe a defesa da ordem jurídica, do regime democrático e dos interesses sociais e individuais indisponíveis") refere-se a "interesses sociais e individuais indisponíveis" e o art. 129, III, da CF ("São funções institucionais do Ministério Público: ... III - promover o inquérito civil e a ação civil pública, para a proteção do patrimônio público e social, do meio ambiente e de outros interesses difusos e coletivos"), a "interesses difusos e coletivos". Estabeleceu que "direitos ou interesses difusos e coletivos" e "direitos ou interesses individuais homogêneos" seriam categorias de direitos ontologicamente diferenciadas, de acordo com a conceituação legal (Lei 8.078/1990 – CDC, art. 81, parágrafo único). Asseverou que direitos difusos e coletivos seriam direitos subjetivamente transindividuais — porque de titularidade múltipla, coletiva e indeterminada — e materialmente indivisíveis. Frisou que a ação civil pública, regulada pela Lei 7.347/1985, seria o protótipo dos instrumentos destinados a tutelar direitos transindividuais. Nesses casos, a legitimação ativa, invariavelmente em regime de substituição processual, seria exercida por entidades e órgãos expressamente eleitos pelo legislador, dentre os quais o Ministério Público. Destacou que a sentença de mérito faria coisa julgada com eficácia "erga omnes", salvo se improcedente o pedido por insuficiência de prova. Em caso de procedência, a sentença produziria, também, o efeito secundário de tornar certa a obrigação do réu de indenizar os danos individuais decorrentes do ilícito civil objeto da demanda. A execução, na hipótese, também invariavelmente em regime de substituição processual, seguiria o rito processual comum, e eventual produto da condenação em dinheiro reverteria ao Fundo de Defesa dos Direitos Difusos (Lei 9.008/1995 e Decreto 1.306/1994).
RE 631.111/GO, rel. Min. Teori Zavascki, 6 e 7.8.2014.

Informativo nº 595
Legitimidade do Ministério Público: Ação Civil Pública e Anulação de TARE – 5

O Ministério Público tem legitimidade para propor ação civil pública com o objetivo de anular Termo de Acordo de Regime Especial

– TARE firmado entre o Distrito Federal e empresas beneficiárias de redução fiscal. Com base nesse entendimento, o Tribunal, por maioria, proveu recurso extraordinário interposto contra acórdão do STJ que afastara essa legitimidade — v. Informativos 510, 545 e 563. Na espécie, alegava o Ministério Público, na ação civil pública sob exame, que a Secretaria de Fazenda do Distrito Federal, ao deixar de observar os parâmetros fixados no próprio Decreto regulamentar, teria editado a Portaria 292/99, que estabeleceu percentuais de crédito fixos para os produtos que enumera, tanto para as saídas internas quanto para as interestaduais, reduzindo, com isso, o valor que deveria ser recolhido a título de ICMS. Sustentava que, ao fim dos 12 meses de vigência do acordo, o Subsecretário da Receita do DF teria descumprido o disposto no art. 36, § 1º, da Lei Complementar federal 87/96 e nos artigos 37 e 38 da Lei distrital 1.254/96, ao não proceder à apuração do imposto devido, com base na escrituração regular do contribuinte, computando eventuais diferenças positivas ou negativas, para o efeito de pagamento. Afirmava, por fim, que o TARE em questão causara prejuízo mensal ao DF que variava entre 2,5% a 4%, nas saídas interestaduais, e entre 1% a 4,5%, nas saídas internas, do ICMS devido.

RE 576.155/DF, rel. Min. Ricardo Lewandowski, 12.8.2010.

Legitimidade do Ministério Público: Ação Civil Pública e Anulação de TARE – 6

Entendeu-se que a ação civil pública ajuizada contra o citado TARE não estaria limitada à proteção de interesse individual, mas abrangeria interesses metaindividuais, pois o referido acordo, ao beneficiar uma empresa privada e garantir-lhe o regime especial de apuração do ICMS, poderia, em tese, implicar lesão ao patrimônio público, fato que, por si só, legitimaria a atuação do Parquet, tendo em conta, sobretudo, as condições nas quais celebrado ou executado esse acordo (CF, art. 129, III). Reportou-se, em seguida, à orientação firmada pela Corte em diversos precedentes no sentido da legitimidade do Ministério Público para ajuizar ações civis públicas em defesa de interesses metaindividuais, do erário e do patrimônio público. Asseverou-se não ser possível aplicar, na hipótese, o parágrafo único do art. 1º da Lei 7.347/85, que veda que o Ministério Público proponha ações civis públicas para veicular pretensões relativas a matérias tributárias individualizáveis, visto que a citada ação civil pública não teria sido ajuizada para proteger direito de de-

terminado contribuinte, mas para defender o interesse mais amplo de todos os cidadãos do Distrito Federal, no que respeita à integridade do erário e à higidez do processo de arrecadação tributária, o qual apresenta natureza manifestamente metaindividual. No ponto, ressaltou-se que, ao veicular, em juízo, a ilegalidade do acordo que concede regime tributário especial a certa empresa, bem como a omissão do Subsecretário da Receita do DF no que tange à apuração do imposto devido, a partir do exame da escrituração do contribuinte beneficiado, o Parquet teria agido em defesa do patrimônio público. Vencidos os Ministros Menezes Direito, Cármen Lúcia, Eros Grau e Gilmar Mendes que negavam provimento ao recurso.
RE 576.155/DF, rel. Min. Ricardo Lewandowski, 12.8.2010.

Informativo nº 563
Legitimidade do Ministério Público: Ação Civil Pública e Anulação de TARE – 4
O Tribunal retomou julgamento de recurso extraordinário em que se examina se o Ministério Público tem legitimidade, ou não, para propor ação civil pública com o objetivo de anular Termo de Acordo de Regime Especial – TARE firmado entre o Distrito Federal e empresas beneficiárias de redução fiscal — v. Informativos 510 e 545. Trata-se de recurso que impugna acórdão do STJ que afastara essa legitimidade do Parquet. Alega o Ministério Público, na ação civil pública sob exame, que a Secretaria de Fazenda do Distrito Federal, deixando de observar os parâmetros estabelecidos no próprio Decreto regulamentar, teria editado a Portaria 292/99, que estabeleceu percentuais de crédito fixos para os produtos que enumera, tanto para as saídas internas quanto para as interestaduais, reduzindo, com isso, o valor que deveria ser recolhido a título de ICMS. Sustenta que, ao fim dos 12 meses de vigência do acordo, o Subsecretário da Receita do DF teria descumprido o disposto no art. 36, § 1º, da Lei Complementar federal 87/96 e nos artigos 37 e 38 da Lei distrital 1.254/96, ao não proceder à apuração do imposto devido, com base na escrituração regular do contribuinte, computando eventuais diferenças positivas ou negativas, para o efeito de pagamento. Afirma, por fim, que o TARE em questão causou prejuízo mensal ao DF que variam entre 2,5% a 4%, nas saídas interestaduais, e de 1% a 4,5%, nas saídas internas, do ICMS devido. Após os votos dos Ministros Joaquim Barbosa e Carlos Britto, que acompanhavam o voto do relator, no sentido de dar

provimento ao recurso, pediu vista dos autos a Min. Ellen Gracie.
RE 576.155/DF, rel. Min. Ricardo Lewandowski, 14.10.2009.

Informativo n° 545
Legitimidade do Ministério Público: Ação Civil Pública e Anulação de TARE - 1

O Tribunal iniciou julgamento de recurso extraordinário em que se examina se o Ministério Público tem legitimidade, ou não, para propor ação civil pública com o objetivo de anular Termo de Acordo de Regime Especial – TARE firmado entre o Distrito Federal e empresas beneficiárias de redução fiscal — v. Informativo 510. Trata-se de recurso que impugna acórdão do STJ que afastara essa legitimidade do Parquet. Alega o Ministério Público, na ação civil pública sob exame, que a Secretaria de Fazenda do Distrito Federal, deixando de observar os parâmetros estabelecidos no próprio Decreto regulamentar, teria editado a Portaria 292/99, que estabeleceu percentuais de crédito fixos para os produtos que enumera, tanto para as saídas internas quanto para as interestaduais, reduzindo, com isso, o valor que deveria ser recolhido a título de ICMS. Sustenta que, ao fim dos 12 meses de vigência do acordo, o Subsecretário da Receita do DF teria descumprido o disposto no art. 36, § 1°, da Lei Complementar federal 87/96 e nos artigos 37 e 38 da Lei distrital 1.254/96, ao não proceder à apuração do imposto devido, com base na escrituração regular do contribuinte, computando eventuais diferenças positivas ou negativas, para o efeito de pagamento. Afirma, por fim, que o TARE em questão causou prejuízo mensal ao DF que variam entre 2,5% a 4%, nas saídas interestaduais, e de 1% a 4,5%, nas saídas internas, do ICMS devido.
RE 576.155/DF, rel. Min. Ricardo Lewandowski, 6.5.2009.

Legitimidade do Ministério Público: Ação Civil Pública e Anulação de TARE - 2

Preliminarmente, o Tribunal indeferiu o pedido de adiamento do julgamento. Quanto ao mérito, o Min. Ricardo Lewandowski, relator, deu provimento ao recurso. Entendeu que a ação civil pública ajuizada contra o citado TARE não estaria limitada à proteção de interesse individual, mas abrangeria interesses metaindividuais, pois o referido acordo, ao beneficiar uma empresa privada e garantir-lhe o regime especial de apuração do ICMS, poderia, em tese, implicar lesão ao patrimônio público, fato que, por si só, legitimaria a atuação do Parquet, tendo em

conta, sobretudo, as condições nas quais foi celebrado ou executado esse acordo (CF, art. 129, III). Reportou-se, em seguida, à orientação firmada pela Corte em diversos precedentes no sentido da legitimidade do Ministério Público para ajuizar ações civis públicas em defesa de interesses metaindividuais, do erário e do patrimônio público. Asseverou não ser possível aplicar, ao caso, o parágrafo único do art. 1º da Lei 7.347/85, que veda que o Ministério Público proponha ações civis públicas para veicular pretensões relativas a matérias tributárias individualizáveis, visto que a ação civil pública, na espécie, não teria sido ajuizada para proteger direito de determinado contribuinte, mas para defender o interesse mais amplo de todos os cidadãos do Distrito Federal, no que respeita à integridade do erário e à higidez do processo de arrecadação tributária, o qual apresenta natureza manifestamente metaindividual. No ponto, ressaltou que, ao veicular, em juízo, a ilegalidade do acordo que concede regime tributário especial à certa empresa, bem como a omissão do Subsecretário da Receita do DF no que respeita à apuração do imposto devido, a partir do exame da escrituração do contribuinte beneficiado, o Parquet teria agido em defesa do patrimônio público.
RE 576.155/DF, rel. Min. Ricardo Lewandowski, 6.5.2009.

Legitimidade do Ministério Público: Ação Civil Pública e Anulação de TARE - 3

Em divergência, o Min. Menezes Direito desproveu o recurso, no que foi acompanhado pelos Ministros Cármen Lúcia e Eros Grau. Inicialmente, rejeitou a preliminar arguida pela defesa da empresa recorrida no que concerne ao conhecimento do recurso extraordinário, por tratar-se de matéria eminentemente infraconstitucional, ou seja, em torno da legitimação ativa do Ministério Público em face do disposto na Lei 7.347/85. Frisou ter sido tal alegação superada quando do julgamento da questão de ordem em que se dera a repercussão geral, dado que se entendera que a matéria comportaria, por ser de direito, o exame do STF. No mérito, considerou incidir, na espécie, o aludido parágrafo único do art. 1º da Lei 7.347/85, haja vista ser a ação civil pública analisada uma dentre mais de 700 ações que combatem, especificamente, termos de ajustes no que tange ao regime tributário especial de apuração do ICMS, salientando que os beneficiários podem ser, inclusive, individualmente determinados. Salientou, ademais, que essa ação teria como fundamento a articulação de inconstitucionalidade de lei distrital

no que diz respeito à instituição desse regime tributário especial de apuração de ICMS, e que a ação civil pública não poderia ter essa serventia. Por fim, afirmou ser necessário levar em conta que, como os beneficiários podem ser individualmente determinados, evidentemente de direito metaindividual não se cuidaria, porque o direito metaindividual, neste caso, estaria substituído pelo tópico específico em que as ações são postas e o ataque é feito. Por outro lado, aduziu que a instituição de regimes especiais tributários seria uma questão de política tributária, a qual estaria ao alcance dos Estados federados, seria editada por lei e, portanto, obedeceria ao sistema de oportunidade e conveniência, concluindo que, se porventura essa legislação que cria o regime especial tributário fosse inconstitucional, certamente caberia contra ela o ajuizamento de uma ação direta de inconstitucionalidade. Após, pediu vista dos autos o Min. Joaquim Barbosa.
RE 576.155/DF, rel. Min. Ricardo Lewandowski, 6.5.2009.

Legitimidade do Ministério Público: Ação Civil Pública e Pontuação em Concurso Público - 1

A Turma iniciou julgamento de recurso extraordinário em que se debate a legitimidade, ou não, do Ministério Público para promover ação civil pública com o objetivo de questionar o estabelecimento de critérios de pontuação em concurso público. No caso, Ministério Público Estadual ajuizara ação civil pública em torno de certame para diversas categorias profissionais de determinada prefeitura, em que asseverara que a pontuação adotada privilegiava candidatos os quais já integravam o quadro da Administração Pública Municipal. O Min. Menezes Direito, relator, negou provimento ao recurso, para assentar que o tema relativo ao conceito de direito individual homogêneo estaria no plano infraconstitucional, escapando, assim, da abrangência do recurso extraordinário. Ressaltou, ademais, que o MPE afirma a sua legitimação com base na identificação de dano ao patrimônio público, por meio da invalidação de normas de edital de concurso público em desacordo com os princípios que regem a atuação da Administração Pública (CF, art. 37). Entendeu, todavia, que, na espécie, não se trataria de defender o patrimônio público — tendo em conta que a ação versaria sobre o regime de pontuação de certame municipal —, mas sim de tutelar interesses que seriam próprios dos candidatos.
RE 216.443/MG, rel. Min. Menezes Direito, 5.5.2009.

Legitimidade do Ministério Público: Ação Civil Pública e Pontuação em Concurso Público - 2

Em divergência, o Min. Marco Aurélio proveu o extraordinário, no que foi acompanho pelos Ministros Carlos Britto e Ricardo Lewandowski. De início, ressaltou que o STF possui entendimento no sentido de que é matéria constitucional a questão relativa ao exame da atribuição de pontos a candidatos em virtude de seu desempenho profissional anterior em atividade relacionada a concurso público. Quanto à legitimação do Parquet, registrou a existência de tratamento diferenciado conforme se cuide de sua atuação na defesa da ordem jurídica (CF, art. 127) ou em inquérito civil e ação civil pública (CF, art. 129, III). Salientou que se teria, no caso, o interesse coletivo, na medida em que se conferira tratamento distinto a certos candidatos em detrimento dos demais, quando o concurso público objetiva a igualização. Frisou haver lesão a partir do momento em que abandonada tal premissa. Após, pediu vista a Min. Cármen Lúcia.

RE 216.443/MG, rel. Min. Menezes Direito, 5.5.2009.

Informativo nº 479
Ação civil pública e controle incidental de inconstitucionalidade

É legítima a utilização da ação civil pública como instrumento de fiscalização incidental de constitucionalidade, pela via difusa, de quaisquer leis ou atos do Poder Público, desde que a controvérsia constitucional não se identifique como objeto único da demanda, mas simples questão prejudicial, indispensável à resolução do litígio principal. Com base nesse entendimento, o Tribunal desproveu recurso extraordinário interposto pelo Distrito Federal, contra acórdão do STJ, em que se pretendia fosse julgado improcedente o pedido formulado em ação civil pública ajuizada pelo Ministério Público do Distrito Federal, fundada na inconstitucionalidade da Lei distrital 754/94, que regulamenta a ocupação de espaços em logradouros públicos no DF, ou fosse restabelecido o acórdão do Tribunal de Justiça do Distrito Federal e Territórios que, acolhendo a preliminar de ilegitimidade ativa do Ministério Público para a ação, extinguira o processo sem julgamento de mérito. Alegava-se, na espécie, que a ação civil pública teria sido utilizada como sucedâneo de ação direta de inconstitucionalidade. Inicialmente, o Tribunal resolveu questão de ordem suscitada pelo Min. Joaquim Barbosa, relator, no sentido de dar prosseguimento ao julgamento do recurso ex-

traordinário, não obstante já ter sido declarada a inconstitucionalidade da Lei distrital 754/94 pelo TJDFT em ação direta lá ajuizada. Tendo em conta serem distintos o objeto da ação originária ajuizada pelo Parquet – a prevenção e repressão de uma suposta ocupação ilícita de logradouros públicos, apresentada na forma de vários pedidos e, junto a isso, a declaração de inconstitucionalidade da referida lei – e o objeto propriamente dito do recurso extraordinário, concluiu-se não ter havido perda de objeto deste. No mérito, considerou-se que a declaração de inconstitucionalidade da lei seria apenas um dentre outros 6 pedidos formulados na ação civil, configurando-se, ademais, como uma nítida causa de pedir. RE desprovido, com determinação da baixa dos autos ao TJDFT para julgamento de mérito da ação.
RE 424.993/DF, rel. Min. Joaquim Barbosa, 12.9.2007.

12.2. Informativos STJ

Informativo nº 580
DIREITO ADMINISTRATIVO. DESNECESSIDADE DE LESÃO AO PATRIMÔNIO PÚBLICO EM ATO DE IMPROBIDADE ADMINISTRATIVA QUE IMPORTA ENRIQUECIMENTO ILÍCITO.
Ainda que não haja dano ao erário, é possível a condenação por ato de improbidade administrativa que importe enriquecimento ilícito (art. 9º da Lei nº 8.429/1992), excluindo-se, contudo, a possibilidade de aplicação da pena de ressarcimento ao erário. Isso porque, comprovada a ilegalidade na conduta do agente, bem como a presença do dolo indispensável à configuração do ato de improbidade administrativa, a ausência de dano ao patrimônio público exclui tão-somente a possibilidade de condenação na pena de ressarcimento ao erário. As demais penalidades são, em tese, compatíveis com os atos de improbidade tipificados no art. 9º da LIA.
REsp 1.412.214-PR, Rel. Min. Napoleão Nunes Maia Filho, Rel. para acórdão Min. Benedito Gonçalves, julgado em 8/3/2016, DJe 28/3/2016.

Informativo nº 577
DIREITO ADMINISTRATIVO. CARACTERIZAÇÃO DE TORTURA COMO ATO DE IMPROBIDADE ADMINISTRATIVA.
A tortura de preso custodiado em delegacia praticada por policial constitui ato de improbidade administrativa que atenta contra os princípios da administração pública. O legislador estabeleceu premissa que

deve orientar o agente público em toda a sua atividade, a saber: "Art. 4º Os agentes públicos de qualquer nível ou hierarquia são obrigados a velar pela estrita observância dos princípios de legalidade, impessoalidade, moralidade e publicidade no trato dos assuntos que lhe são afetos". Em reforço, o art. 11, I, da mesma lei, reitera que configura improbidade a violação a quaisquer princípios da administração, bem como a deslealdade às instituições, notadamente a prática de ato visando a fim proibido em lei ou regulamento. Tais disposições evidenciam que o legislador teve preocupação redobrada em estabelecer que a grave desobediência - por parte de agentes públicos - ao sistema normativo em vigor pode significar ato de improbidade. Com base nessas premissas, a Segunda Turma já teve oportunidade de decidir que "A Lei 8.429/1992 objetiva coibir, punir e afastar da atividade pública todos os agentes que demonstraram pouco apreço pelo princípio da juridicidade, denotando uma degeneração de caráter incompatível com a natureza da atividade desenvolvida" (REsp 1.297.021-PR, DJe 20/11/2013). É certo que o STJ, em alguns momentos, mitiga a rigidez da interpretação literal dos dispositivos acima, porque "não se pode confundir improbidade com simples ilegalidade. A improbidade é ilegalidade tipificada e qualificada pelo elemento subjetivo da conduta do agente. Por isso mesmo, a jurisprudência do STJ considera indispensável, para a caracterização de improbidade, que a conduta do agente seja dolosa, para a tipificação das condutas descritas nos artigos 9º e 11 da Lei 8.429/92, ou pelo menos eivada de culpa grave, nas do artigo 10" (AIA 30-AM, Corte Especial, DJe 28/9/2011). A referida mitigação, entretanto, ocorre apenas naqueles casos sem gravidade, sem densidade jurídica relevante e sem demonstração do elemento subjetivo. De qualquer maneira, a detida análise da Lei nº 8.429/1992 demonstra que o legislador, ao dispor sobre o assunto, não determinou expressamente quais seriam as vítimas mediatas ou imediatas da atividade desonesta para fins de configuração do ato como ímprobo. Impôs, sim, que o agente público respeite o sistema jurídico em vigor e o bem comum, que é o fim último da Administração Pública. Essa ausência de menção explícita certamente decorre da compreensão de que o ato ímprobo é, muitas vezes, um fenômeno pluriofensivo, ou seja, ele pode atingir bens jurídicos diversos. Ocorre que o ato que apenas atingir bem privado e individual jamais terá a qualificação de ímprobo, nos termos do ordenamento em vigor. O mesmo não ocorre, entretanto, com o ato que atingir bem/interesse privado e público ao mesmo tempo. Aqui, sim, haverá potencial ocorrência de ato de improbidade. Por isso, o primordial é verificar se, dentre todos os bens atingidos pela postura do agente, existe algum que seja vinculado ao interesse e ao bem público. Se assim for, como consequência imediata, a Administração Pública será vulnerada de forma concomitante. No caso em análise, trata-se de discussão sobre séria arbitrariedade praticada por policial, que, em tese, pode ter significado gravíssimo atentado contra direitos humanos. Com efeito, o respeito aos direitos fundamentais, para além de mera acepção individual, é fundamento da nossa República, conforme o art. 1º, III, da CF, e é objeto de preocupação permanente da Administração Pública, de maneira geral. De tão importante, a prevalência dos direitos humanos, na forma em que disposta no inciso II do art. 4º da CF, é vetor de regência da República Federativa do Brasil nas suas relações internacionais. Não por outra razão, inúmeros são os tratados e convenções assinados pelo nosso Estado a respeito do tema. Dentre vários, lembra-se a Convenção Americana de Direito Humanos (promulgada pelo Decreto nº 678/1992), que já no seu art. 1º, dispõe explicitamente que os Estados signatários são obrigados a respeitar as liberdades públicas. E, de forma mais eloquente, os arts. 5º e 7º da referida convenção reforçam as suas disposições introdutórias ao prever, respectivamente, o "Direito à integridade pessoal" e o "Direito à liberdade pessoal". A essas previsões, é oportuno ressaltar que o art. 144 da CF é taxativo sobre as atribuições gerais das forças de segurança na missão de proteger os direitos e garantias acima citados. Além do mais, é injustificável pretender que os atos mais gravosos à dignidade da pessoa humana e aos direitos humanos, entre os quais a tortura, praticados por servidores públicos, mormente policiais armados, sejam punidos apenas no âmbito disciplinar, civil e penal, afastando-se a aplicação da Lei da Improbidade Administrativa. Essas práticas ofendem diretamente a Administração Pública, porque o Estado brasileiro tem a obrigação de garantir a integridade física, psíquica e moral de todos, sob pena de inúmeros reflexos jurídicos, inclusive na ordem internacional. Pondere-se que o agente público incumbido da missão de garantir o respeito à ordem pública, como é o caso do policial, ao descumprir com suas obrigações legais e constitucionais de forma frontal, mais que atentar apenas contra um indivíduo, atinge toda a coletividade e a própria corporação a que pertence de forma imediata. Ademais, pertinente reforçar que o legislador, ao prever que constitui

ato de improbidade administrativa que atenta contra os princípios da administração pública qualquer ação ou omissão que viole os deveres de lealdade às instituições, findou por tornar de interesse público, e da própria Administração em si, a proteção da imagem e das atribuições dos entes/entidades públicas. Disso resulta que qualquer atividade atentatória a esse bem por parte de agentes públicos tem a potencialidade de ser considerada como improbidade administrativa. Afora isso, a tortura perpetrada por policiais contra presos mantidos sob a sua custódia tem outro reflexo jurídico imediato. Ao agir de tal forma, o agente público cria, de maneira praticamente automática, obrigação ao Estado, que é o dever de indenizar, nos termos do art. 37, § 6º, da CF. Na hipótese em análise, o ato ímprobo caracteriza-se quando se constata que a vítima foi torturada em instalação pública, ou melhor, em delegacia de polícia. Por fim, violência policial arbitrária não é ato apenas contra o particular-vítima, mas sim contra a própria Administração Pública, ferindo suas bases de legitimidade e respeitabilidade. Tanto é assim que essas condutas são tipificadas, entre outros estatutos, no art. 322 do CP, que integra o Capítulo I ("Dos Crimes Praticados por Funcionário Público contra a Administração Pública"), que por sua vez está inserido no Título XI ("Dos Crimes contra a Administração Pública"), e também nos arts. 3º e 4º da Lei nº 4.898/1965, que trata do abuso de autoridade. Em síntese, atentado à vida e à liberdade individual de particulares, praticado por agentes públicos armados - incluindo tortura, prisão ilegal e "justiciamento" -, afora repercussões nas esferas penal, civil e disciplinar, pode configurar improbidade administrativa, porque, além de atingir a pessoa-vítima, alcança, simultaneamente, interesses caros à Administração em geral, às instituições de segurança pública em especial, e ao próprio Estado Democrático de Direito. Precedente citado: REsp 1.081.743-MG, Segunda Turma, julgado em 24/3/2015.
REsp 1.177.910-SE, Rel. Ministro Herman Benjamin, julgado em 26/8/2015, DJe 17/2/2016.

Informativo nº 568
DIREITO PROCESSUAL CIVIL. LEGITIMIDADE DO MP PARA PROPOR ACP OBJETIVANDO A LIBERAÇÃO DE SALDO DE CONTAS PIS/PASEP DE PESSOAS COM INVALIDEZ.
O Ministério Público tem legitimidade para propor ação civil pública objetivando a liberação do saldo de contas PIS/PASEP, na hipótese

em que o titular da conta - independentemente da obtenção de aposentadoria por invalidez ou de benefício assistencial - seja incapaz e insusceptível de reabilitação para o exercício de atividade que lhe garanta a subsistência, bem como na hipótese em que o próprio titular da conta ou quaisquer de seus dependentes for acometido das doenças ou afecções listadas na Portaria Interministerial MPAS/MS 2.998/2001. Embora a LC 75/1993, em seu art. 6º, VII, "d", preceitue que "Compete ao Ministério Público da União (...) VII - promover o inquérito civil e a ação civil pública para: (...) d) outros interesses individuais indisponíveis, homogêneos, sociais, difusos e coletivos", o Ministério Público somente terá sua representatividade adequada para propor ação civil pública quando a ação tiver relação com as atribuições institucionais previstas no art. 127, *caput*, da Constituição da República ("O Ministério Público é instituição permanente, essencial à função jurisdicional do Estado, incumbindo-lhe a defesa da ordem jurídica, do regime democrático e dos interesses sociais e individuais indisponíveis"). Deve-se destacar, nesse passo, que a jurisprudência do STF e do STJ assinala que, quando se trata de interesses individuais homogêneos - até mesmo quando disponíveis - a legitimidade do Ministério Público para propor ação coletiva é reconhecida se evidenciado relevante interesse social do bem jurídico tutelado, atrelado à finalidade da instituição (RE 631.111-GO, Tribunal Pleno, DJe 30/10/2014; REsp 1.209.633-RS, Quarta Turma, DJe 4/5/2015). Ademais, ao se fazer uma interpretação sistemática dos diplomas que formam o microssistema do processo coletivo, seguramente pode-se afirmar que, por força do art. 21 da Lei 7.347/1985, aplica-se o Capítulo II do Título III do Código de Defesa do Consumidor (CDC) à hipótese em análise. Com efeito, a tutela coletiva será exercida quando se tratar de interesses/direitos difusos, coletivos e individuais coletivos, nos termos do art. 81, parágrafo único, do CDC. Assim, necessário observar que, no caso, o interesse tutelado referente à liberação do saldo do PIS/PASEP, mesmo se configurando como individual homogêneo (Lei 8.078/1990), mostra-se de relevante interesse à coletividade, tornando legítima a propositura de ação civil pública pelo Parquet, visto que se subsume aos seus fins institucionais.
REsp 1.480.250-RS, Rel. Min. Herman Benjamin, julgado em 18/8/2015, DJe 8/9/2015.

Informativo nº 563
DIREITO PROCESSUAL CIVIL. LEGITIMIDADE DO MP PARA AJUIZAR AÇÃO COLETIVA EM DEFESA DE DIREITOS INDIVIDUAIS HOMOGÊNEOS DOS BENEFICIÁRIOS DO SEGURO DPVAT.

O Ministério Público tem legitimidade para ajuizar ação civil pública em defesa dos direitos individuais homogêneos dos beneficiários do seguro DPVAT. Isso porque o STF, ao julgar o RE 631.111-GO (Tribunal Pleno, DJe 30/10/2014), submetido ao rito do art. 543-B do CPC, firmou o entendimento de que Órgão Ministerial tem legitimidade para ajuizar ação civil pública em defesa dos direitos individuais homogêneos dos beneficiários do seguro DPVAT, dado o interesse social qualificado presente na tutela jurisdicional das vítimas de acidente de trânsito beneficiárias pelo DPVAT, bem como as relevantes funções institucionais do MP. Consequentemente, é imperioso o cancelamento da súmula 470 do STJ, a qual veicula entendimento superado por orientação jurisprudencial do STF firmada em recurso extraordinário submetido ao rito do art. 543-B do CPC.
REsp 858.056-GO, Rel. Min. Marco Buzzi, julgado em 27/5/2015, DJe 5/6/2015.

Informativo nº 392
LEGITIMIDADE. MP. EXECUÇÃO. DÉBITO. CERTIDÃO. TCE.

Ao prosseguir o julgamento, a Turma deu provimento ao recurso, afirmando que o Ministério Público estadual tem legitimidade para propor a execução de título extrajudicial oriundo de certidão de débito expedida pelo Tribunal de Contas estadual que apurou e constatou, em processo administrativo, irregularidades na remuneração de agentes públicos. Em razão disso, determinou que o presidente da Câmara de Vereadores restituísse os valores à municipalidade credora. Tal legitimação baseia-se na CF/1988: segundo o art. 129, III, é função institucional do MP a defesa do patrimônio público, e ainda, a legitimação ativa, todavia, pode ser justificada na Lei Orgânica do MP (Lei nº 8.625/1993), art. 25, VIII, que permite a ele ingressar em juízo, de ofício, para responsabilizar os gestores do dinheiro público condenados por tribunais e conselhos de contas. Entretanto, observa, em voto vista, o Min. Teori Albino Zavascki não ser fácil enquadrar a legitimidade do MP para esse tipo de cobrança em favor de uma entidade pública, uma vez que o art. 129, IX, da CF/1988 afirma que o MP não pode oficiar como represen-

tante da entidade pública. Dessa forma, explica que, como regra, o MP não tem legitimidade, mas a Lei Orgânica do MP permite isso. Assim, discussão normativa deve ser interpretada de acordo com a regra também constitucional de que o MP tem legitimidade para tutelar o patrimônio público. Daí ser necessário saber até que ponto o MP pode ajuizar ação como substituto processual na defesa do patrimônio público. Destaca que se tem admitido a legitimidade do MP em casos excepcionais, os quais fogem da ordinariedade da advocacia da entidade pública (que em geral defende o ente público). Aponta, no caso dos autos, que a excepcionalidade justifica-se porque se trata de uma imposição do TCE contra presidente da Câmara de Vereadores em função de uma atuação desta autoridade na condição de titular. Com essas observações, acolheu o voto do Min. Relator. Precedentes citados: REsp 996.031-MG, DJ 28/4/2008, e REsp 678.969-PB, DJ 13/2/2006.
REsp 922.702-MG, Rel. Min. Luiz Fux, julgado em 28/4/2009.

LEGITIMIDADE. MP. EXECUÇÃO. DÉBITO. TCE.

A Turma reconheceu a legitimidade do Ministério Público para propor execução de título extrajudicial originário de certidão de débito expedida pelo Tribunal de Contas estadual decorrente de processo administrativo que constatou irregularidade na compra de materiais de construção para a recuperação de moradias de pessoas carentes e que determinou a restituição dos valores aos cofres da municipalidade.
REsp 1.109.433-SE, Rel. Min. Luiz Fux, julgado em 28/4/2009.

Informativo nº 328
AÇÃO CIVIL PÚBLICA. NOTÍCIA PUBLICADA. IMPROBIDADE ADMINISTRATIVA

Trata-se de ação civil pública movida pelo Ministério Público com objetivo de condenar autoridade municipal devido à publicidade de notícia considerada pessoal em que, às custas do erário, criticava atuação da Polícia Federal. A Turma, por maioria, deu provimento ao recurso por não concordar com a tese segundo a qual as hipóteses de improbidade do art. 11 da Lei nº 8.429/1992 independem de dolo ou culpa. Aduz o Min. Teori Albino Zavascki que essa tese consagraria a responsabilidade objetiva em matéria de improbidade, o que não é possível. Destacou, também, que somente o art. 10 da citada lei fala da hipótese de culpa e, ainda que fosse possível a tipificação com base na culpa, certamente essa culpa deveria ter sido demonstrada. Por outro lado, o Min. Luiz Fux, em voto no mesmo sentido, chama atenção de que a citada lei surgiu para

impedir que uma autoridade, às custas do erário, tenha ganho político ou eleitoreiro, mas, no caso dos autos há peculiaridades; a notícia informava a instauração de inquérito que fora arquivado após serem ouvidas as testemunhas. Ressaltou, ainda, que a doutrina nacional e estrangeira considera que se pode publicar tudo sobre o homem público desde que as fontes sejam lícitas e os fatos não sejam falsos.
REsp 939.142-RJ, Rel. originário Min. Francisco Falcão, Rel. para acórdão Min. Luiz Fux, julgado em 21/8/2007.

Informativo n° 320
AÇÃO CIVIL PÚBLICA. POLUIÇÃO AMBIENTAL. CARVÃO MINERAL. RESPONSABILIDADES
Na espécie, restou firmada, nas instâncias ordinárias, a degradação ambiental decorrente das atividades extrativas de carvão mineral, poluição ocasionada no município de Criciúma e adjacências no Estado de Santa Catarina. Note-se que o Ministério Público Federal ajuizou a ação civil pública contra a União, contra as mineradoras e seus sócios com o objetivo de recuperação das áreas atingidas. A Companhia Siderúrgica Nacional (CSN) e o Estado de Santa Catarina passaram a compor o polo passivo quando já transcorriam os trâmites processuais. Para o Min. Relator, no recurso da União que restou improvido, a primeira questão está afeta à responsabilidade civil do Estado por omissão, e o acórdão recorrido concluiu que a União foi omissa no dever de fiscalizar, permitindo às mineradoras o exercício de suas atividades sem nenhum controle ambiental. Destacou o Min. Relator que essa obrigação legal de administração, fiscalização e controle encontra-se no DL n° 227/1967, na Lei n. 7.805/1989 e na própria Constituição (art. 225, §§ 1°, 2° e 3°). Portanto, sendo dever do Estado a fiscalização, preservação e restauração do processo ecológico, omitindo-se desse dever, aqui consubstanciado no poder-dever de polícia ambiental, exsurge de fato a obrigação de indenizar. Observou, ainda, que, se a lei impõe ao Estado o controle e a fiscalização da atividade mineradora, possibilitando aplicação de penalidade, não lhe compete optar por não fazê-lo, porquanto inexiste discricionariedade, mas obrigatoriedade de a União cumprir a conduta impositiva. Quanto à questão de que, no caso de a União arcar com a reparação, a sociedade estaria sendo penalizada, arcando com esses custos, lembra o Min. Relator que esse desiderato apresenta-se consentâneo com o princípio da equidade, uma vez que a atividade industrial responsável pela degradação ambiental gera divisas para o país e contribui com percen-

tual significativo na geração de energia, o que beneficia como um todo a sociedade que, por outro lado, arca com esses custos porque se trata de diluição indireta efetivada via arrecadação tributária (o que já ocorre). Outrossim, a União tem o dever de exigir dos outros devedores que solvam quantias eventualmente por ela despendidas, pois há interesse público reclamando que o prejuízo ambiental seja ressarcido, primeiro por aqueles que, exercendo atividade poluidora, devem responder pelo risco de sua ação, mormente quando auferiram lucro no negócio explorado. Quanto à prescrição, aduz que é imprescritível o direito de ação coletiva em se tratando de pretensão que visa à recuperação de ambiente degradado, pois o dano apontado tem a característica de violação continuada. Registrou, ainda, que as providências que a União e as empresas mineradoras vêm tomando não exime do dever de indenizar (o objeto da ação cinge-se à poluição de época pretérita), mas terão impacto naquilo que forem coincidentes na fase de liquidação, minimizando-lhes o ônus ora imposto. O REsp da CNS não foi conhecido. Já o recurso das mineradoras, para algumas restou não conhecido porquanto os advogados indicados no recurso não o subscreveram. Quanto às demais mineradoras, foi reconhecida a obrigação de reconstituir todo o meio ambiente degradado de forma solidária, mas encontra limite na configuração do dano e no correlato dever de indenizar (art. 1.518 do CC/1916 e art. 942 do CC em vigor). Assim, cada mineradora será responsabilizada pela reparação ambiental da extensão de terras que houver poluído, direta ou indiretamente. Quanto à poluição das bacias hidrográficas, não foi objeto do recurso, permanecendo o decidido no acórdão recorrido. Quanto ao recurso do MP, reconheceu-se apenas a aplicação da desconsideração da pessoa jurídica com relação às mineradoras, para que seus sócios administradores respondam pela reparação ambiental em regime de responsabilidade subsidiária, apesar de a previsão legal de, em casos de danos ambiental, a responsabilidade ser solidária com suas administradas nos termos do art. 3º, parágrafo único, e art. 4º, § 1º, da Lei nº 9.605/1998 e art. 3º, IV, da Lei nº 6.938/1981, associado ao art. 14, § 1º, da mesma lei, mas ao caso aplica-se o benefício do art. 897 do CPC, conforme o DL nº 1.608/1939, que prevê que a responsabilidade dos sócios deve ser subsidiária.
REsp 647.493-SC, Rel. Min. João Otávio de Noronha, julgado em 15/5/2007.

Informativo nº 297
AÇÃO CIVIL PÚBLICA. LEGITIMIDADE. MP. IDOSO

Tal quando objetiva proteger o interesse individual do menor carente (arts. 11, 201, V, 208, VI e VII, da Lei nº 8.069/1990), o Ministério Público tem legitimidade ativa ad causam para propor ação civil pública diante da hipótese de aplicação do Estatuto do Idoso (arts. 15, 74 e 79 da Lei nº 10.741/2003). No caso, cuidava-se de fornecimento de remédio. Precedentes citados: REsp 688.052-RS, DJ 17/8/2006, e REsp 790.920-RS, DJ 4/9/2006. REsp 855.739-RS, Rel. Min. Castro Meira, julgado em 21/9/2006.

AÇÃO CIVIL PÚBLICA. INTERESSE. MP. ACORDO

Ainda que diante de compromisso, no âmbito administrativo, realizado mediante a chancela do Ibama com as demandadas, empresas de extração de barro para a confecção de cerâmicas, o Ministério Público detém interesse de agir e legitimidade para a ação civil pública, na busca da determinação da exata extensão do dano ambiental causado e sua reparação. Não há confusão entre as instâncias administrativa e judicial a ponto de obstaculizar o exercício da jurisdição, quanto mais se as atribuições dos órgãos envolvidos, na defesa do meio ambiente, são concorrentes. Precedentes citados: REsp 493.270-DF, DJ 24/11/2003; EREsp 327.206-DF, DJ 15/3/2004, e EREsp 303.174-DF, DJ 1º/9/2003. REsp 265.300-MG, Rel. Min. Humberto Martins, julgado em 21/9/2006.

Informativo nº 292
AÇÃO CIVIL PÚBLICA. ATO DE IMPROBIDADE. CAPACIDADE POSTULATÓRIA. *LEGITIMATIO AD CAUSAM* DO PARQUET.

A questão cinge-se à capacidade postulatória do Ministério Público para pleitear, em ação civil pública, a condenação de empresa por suposta prática de ato de improbidade. Como cediço, a ação civil pública está centrada na violação de direitos ou interesses difusos, coletivos e individuais homogêneos. O Ministério Público está legitimado a defender os interesses públicos patrimoniais e sociais (Súm. nº 329-STJ), ostentando, a um só tempo, legitimatio *ad processum* e capacidade postulatória que pressupõe aptidão para praticar atos processuais. É que essa capacidade equivale à do advogado que atua em causa própria. Revelar-se-ia *contraditio in terminis* que o Ministério Público, legitimado para a causa e exercente de função essencial à jurisdição pela sua aptidão técnica, fosse instado a contratar advogado na sua atuação *pro populo* de *custos legis*. Com esse entendimento, a Turma negou provimento ao recurso. REsp 749.988-SP, Rel. Min. Luiz Fux, julgado em 8/8/2006.

13. Questões de Concursos
MINISTÉRIO PÚBLICO DO ESTADO DE MINAS GERAIS
XLVII CONCURSO – 2007
PROVAS ESPECÍFICAS
4ª QUESTÃO (máximo 20 linhas – 2 pontos)

No município Capim Dourado, foi realizado pela empresa "A Casa dos Sonhos", um loteamento clandestino, às margens do reservatório de água, denominado Represa Redonda, atingindo, ainda, remanescente de Mata Atlântica. A área teve ocupação paulatina, sendo a mais antiga datada de 04 anos. A referida empresa alienou os lotes e contratou a empresa "tratorada" para a abertura das ruas, fazendo-o sem os devidos cuidados técnicos e sem aprovação do Município. Os adquirentes negam-se a desocupar a área afirmando que já construíram suas casas e que, por isto, possuem direito adquirido a permanecerem no local. Diante de representação de uma entidade ambiental local, quais as providências que o Promotor de Justiça com atribuições na área ambiental da Comarca deve tomar? Justifique sua resposta com base na legislação vigente e nos princípios basilares do Direito Ambiental, apontando as eventuais medidas cíveis, administrativas e penais que podem ser tomadas, indicando o(s) sujeito(s) passivo(s) das mesmas, bem como as eventuais obrigações a serem realizadas.

MINISTÉRIO PÚBLICO DO RIO DE JANEIRO
XXIX CONCURSO – 2007
PROVA ESCRITA PRELIMINAR
10ª questão: Direito Processual Civil (Valor - 5 pontos)

Findo o Inquérito Civil o Promotor de Justiça, baseado em norma emanada da ANATEL, considera que há lesão aos direitos coletivos dos consumidores, perpetrada por empresa de telefonia. No entanto, a interpretação da norma, dada pelo Promotor de Justiça, se contrapõe àquela dada pela própria autarquia federal. A eventual ação civil pública acerca da hipótese poderá ser proposta na Justiça Estadual? Fundamente a reposta.

RESPOSTA OBJETIVAMENTE JUSTIFICADA.

MINISTÉRIO PÚBLICO DO ESTADO DO RIO DE JANEIRO
XXIX CONCURSO – 2007
PROVAS ESCRITA ESPECIALIZADA
1ª Questão: Princípios Institucionais do Ministério Público - Valor: 50 pontos

O Município de Alecrim, deste Estado, contratou, sem licitação, em 10 de janeiro de 2007, a Construtora Sol Ltda. para realizar obras de asfaltamento da Avenida A, na sede do município. O contrato administrativo formalizado fixou o preço da obra no montante de R$5.000.000,00 (cinco milhões de reais), em dez parcelas iguais de R$500.000.00, conforme fossem cumpridas etapas estabelecidas em cronograma anexado ao contrato. A execução da obra contratada se iniciaria em 01 de outubro de 2007.

O Ministério Público deste Estado tomou ciência da contratação pelo Diário Oficial, e, em 15 de janeiro deste ano, antes do início da execução e do pagamento de qualquer parcela do preço, propôs ação civil pública com pedido de anulação do referido contrato administrativo, por entender que fora fraudada a obrigatoriedade da licitação, vez que não era caso de dispensa.

A inicial foi recebida e o Município, citado validamente, apresentou, no prazo legal, resposta à demanda, tendo alegado que o MP não teria atribuição para dedução da pretensão anulatória, em sede de ação civil pública, porque limitado o cabimento da ação civil pública, apenas às hipóteses previstas no art. 3º da Lei 7347/85 que, afirmou, não prevê anulação de contrato.

O juiz acolheu a tese da defesa do réu e julgou improcedente o pedido.

O Ministério Público interpôs recurso de Apelação com pedido de reforma integral para, desconstituída a sentença, julgar-se procedente o pedido formulado na inicial.

Pergunta-se:

a) O Ministério Público possui atribuição para propor ação civil pública com pretensão anulatória? (20 pontos)

b) A ação civil pública constitui sede adequada para a dedução da pretensão anulatória requerida, ou não? (30 pontos)
RESPOSTA OBJETIVAMENTE JUSTIFICADA

MINISTÉRIO PÚBLICO DO ESTADO DO RIO DE JANEIRO

XXVIII Concurso – 2006

A Promotoria de Justiça Única da Comarca de Paraty, ao receber notícia sobre suposta violação a direito do idoso domiciliado na localidade, dada sua natureza transindividual, imediatamente a encaminha à Promotoria de Justiça de Tutela Coletiva do Núcleo de Angra dos Reis, que, por sua vez, por entender ser do órgão ministerial congênere de

Volta Redonda a atribuição para o caso, por ser a entidade assistencial apta a acolher o idoso sediada nesta cidade, promove o arquivamento do mesmo junto ao Conselho Superior do Ministério Público, pugnando pelo subsequente reencaminhamento àquele último órgão de execução. Ao ser apreciada a matéria pelo colegiado, foi decidida mediante voto de qualidade, proferido por membro mais novo, Promotor de Justiça, que, embora externando sua inconformidade com a via eleita, curvara-se ao já decidido em casos similares pelo mesmo colegiado, no sentido de ser acolhida a manifestação, fazendo-se a pertinente remessa dos autos. Recebido ulteriormente o inquérito por Promotor de Justiça Substituto em exercício junto ao órgão de Tutela Coletiva do Núcleo de Volta Redonda, recém-ingresso na carreira e ainda não vitaliciado, este, todavia, discordando ser sua a atribuição para tal procedimento, por entrever apenas lesão a direito individual indisponível de idoso em situação de risco, deseja rebelar-se administrativamente contra o decidido, mesmo constando dos autos certidão de preclusão administrativa da decisão do Conselho, diante de pretérita publicação de seu inteiro teor no Diário Oficial.

(A) Emita o pronunciamento pertinente, como Promotor de Justiça Substituto, dispensada a elaboração de peça, indicando o órgão administrativo destinatário e aquele de execução com atribuição para promover o caso, considerando a tempestividade de sua manifestação, a eficácia da decisão do colegiado e suscitando, inclusive, as razões de validade ou invalidade do voto de desempate.

(B) Após definitivamente decidida a questão no âmbito do Ministério Público, pode o Conselho Nacional do Ministério Público rever o posicionamento eventualmente adotado?

MINISTÉRIO PÚBLICO DO ESTADO DO RIO DE JANEIRO

XXVII Concurso - 2004

Discorra sobre a atuação do Ministério Público nas ações civis públicas movidas contra Governador e Prefeito por improbidade administrativa.

MINISTÉRIO PÚBLICO DO ESTADO DO RIO DE JANEIRO

XXV Concurso - 2002

Promotor Substituto, integrante da classe inicial da estrutura do Ministério Público do Estado do Rio de Janeiro, dirigente do Centro de Apoio Operacional das Promotorias da Infância e da Juventude, recebeu o compromisso de ajustamento de conduta do Município do Rio de Janeiro, no sentido de se adequar a determinada exigência legal prevista no Estatuto da Criança e do Adolescente. Descumprido o ajustado e executado o termo de ajustamento, o Município aduziu em embargos a nulidade do título executivo extrajudicial, porque, além do Promotor Substituto não poder ocupar o cargo de dirigente de Centro de Apoio Operacional, não teria atribuição para firmar o termo de ajustamento. À luz dos dispositivos que regem a matéria, manifeste-se em resposta aos embargos.

MINISTÉRIO PÚBLICO DO ESTADO DO RIO DE JANEIRO
XXVI Concurso – 2002
Existe algum mecanismo de controle da não-propositura da ação civil pública pelo Ministério Público?

MINISTÉRIO PÚBLICO DO ESTADO DO RIO DE JANEIRO
XXIV Concurso – 2001
2ª Questão: Direito Administrativo – Valor: 45 pontos
Que naturezas podem ter as sentenças que julgam procedente ou improcedente ação civil pública? Com o trânsito em julgado da sentença, tem ela efeitos *erga omnes* ou *inter partes*? Admite-se ação civil pública contra lei em tese?
RESPOSTA INTEGRALMENTE FUNDAMENTADA

MINISTÉRIO PÚBLICO DO ESTADO DO RIO DE JANEIRO
XXIV Concurso – 2001
1ª Questão: Direito Constitucional – Valor: 40 pontos
É admissível que o Ministério Público ajuíze ação civil pública, sob o argumento de estar defendendo os interesses dos consumidores do Estado, onde se pleiteie a declaração incidental de inconstitucionalidade de determinada norma que teria implementado aumentos abusivos da contraprestação devida pelo consumo de energia elétrica? Discorra sobre o tema.
RESPOSTA INTEGRALMENTE FUNDAMENTADA

X O Conselho Nacional do Ministério Público e seu Regime Jurídico-Constitucional

1. O Conselho Nacional do Ministério Público

Tendo em vista a independência e a autonomia do Ministério Público, muito se discutiu sobre a necessidade de haver um controle externo da Instituição, a fim de evitar eventuais abusos cometidos por seus membros. A Emenda Constitucional 45/2004, denominada "Reforma do Judiciário", inseriu no texto da Constituição o artigo 130-A, criando o Conselho Nacional do Ministério Público (CNMP), órgão com atribuição de controle da atuação administrativa e financeira do Parquet e do cumprimento dos deveres funcionais de seus membros. Trata-se da implementação do controle externo do Ministério Público em nosso ordenamento, sem embargo dos controles já realizados pelo Judiciário (art. 28 do CPP); Executivo (nomeação do Procurador-Geral, conforme artigo 128, §§ 1º e 3ª, da CF); e Legislativo (destituição do Procurador-Geral, consoante artigo 128, citado, em seus §§ 2º e 4º).

1.1. Natureza Jurídica

O CNMP nasceu, como disposto acima, para preservar a respeitabilidade e o bom trabalho do Ministério Público. Como sua função é de controle, é preciso tomar precauções para que ele não se torne um instrumento de submissão do Parquet e nem um empecilho à realização dos legítimos interesses da sociedade. Dessa forma, é importante determinar a natureza jurídica do CNMP para que, uma vez delimitado, possa-se estabelecer tanto os alcances quanto os limtes da sua atuação.

Em junho de 2016, na 2ª Sessão Extraordinária, o Plenário do CNMP determinou, de forma unânime, que possui natureza de órgão de controle constitucional. Também se definiu, nessa mesma sessão, que o CNMP não integra funcionalmente a União e nem a Administração

Direta e Indireta, pois a Constituição prevê, como sua atividade finalística, o controle externo do Ministério Público brasileiro.

Para que possa exercer o controle de forma eficiente, o CNMP não integra o Ministério Público, nem da União, nem dos Estados. O texto constitucional também não o insere na estrutura de nenhum dos Poderes Estatais1. Portanto, assim como o Tribunal de Contas e o próprio Ministério Público, o CNMP é um órgão constitucional autônomo dissociado dos Poderes do Estado.

Nas palavras do Ministro Carlos Ayres, é um órgão de "extração constitucional", ou seja, derivado da própria Constituição.

1.2. Composição

Órgão instalado em junho de 2005, com sede em Brasília e atuação em todo o território nacional, o CNMP é composto por 14 membros, nomeados pelo Presidente da República, depois de aprovada a escolha pela maioria absoluta do Senado Federal, para mandato de dois anos, admitida uma recondução. Possui uma composição heterogênea composta, majoritariamente, por membros do Ministério Público (oito integrantes), da seguinte forma: (a) Membros do Ministério Público: O Procurador-Geral da República, que o preside; quatro membros do Ministério Público da União (um para cada carreira que o compõe: MP Federal, MP do Trabalho, MP Militar e MP/DF e Territórios); e três membros do Ministério Público dos Estados. (b) Membros do Poder Judiciário: dois juízes (um indicado pelo STF e outro pelo STJ). (c) Membros da Advocacia: dois advogados indicados pela OAB. (d) Membros da sociedade: dois cidadãos de notável saber jurídico, cada qual indicado pelas respectivas casas legislativas do Congresso Nacional.

Acerca da composição do CNMP, já asseverou o Ministro Celso de Mello:

"Com efeito, o Conselho Nacional do Ministério Público, por ser um órgão de colegialidade heterogênea, possui composição mista, de que participam membros da própria Instituição e pessoas a ela estranhas, de tal modo que não se desequilibre, no âmbito do CNMP, a relação de proporcionalidade que necessariamente nele deve existir entre os integrantes do Ministério Público (que não podem exceder a oito, incluído o eminente Procurador-Geral da República, que o preside) e aqueles, em número de seis, que representam outras corporações profissionais (Magistratura, Advocacia) e a sociedade civil".[2]

---

1 GARCIA, E., *op. cit.*, 2005, p. 127.
2 Mandado de Segurança nº 26715.

Não fez a EC nº 45 qualquer referência a idade mínima dos membros que irão compor o Conselho. Espera-se, porém, que as escolhas recaiam sobre pessoas com a necessária experiência profissional que a função de controle externo sabidamente requer.

1.2.1. O Procurador-Geral da República como membro nato do CNMP

O Procurador-Geral da República, diferentemente dos outros membros que compõem o Conselho, não se submete ao trâmite de escolha e nomeação pelo Senado e pelo Presidente da República para o cargo de integrante do colegiado. Na qualidade de Procurador-Geral da República, já se submeteu a este procedimento por ocasião de sua investidura na Chefia da Instituição, razão pela qual ocorre a dispensa do rito para tais funções.

O PGR é membro nato e presidente do CNMP, sendo seu lugar no Conselho garantido diretamente pela Constituição Federal. Cabe ressaltar, de imediato, que a criação do CNMP não conferiu unidade nacional ao Ministério Público, como querem alguns, não tendo a circunstância de ser o colegiado, presidido perpetuamente pelo Procurador-Geral da República, a obrigação de gerar subordinação administrativa dos Ministérios Públicos Estaduais ao Ministério Público da União.[3]

1.3. A constitucionalidade da criação do CNMP

Muita controvérsia surgiu a respeito da instituição dos Conselhos Nacional de Justiça e do Ministério Público, afirmando alguns que sua instalação no ordenamento jurídico vigente, tendo em vista a autono-

---

[3] Na Pet. 3.528/BA, em 28.09.2005, o plenário do STF, por unanimidade, apreciando Conflito de Atribuições entre o MP Federal e o MP do Estado da Bahia, através do voto do Min. Marco Aurélio, assentou posicionamento que, de acordo com a norma do § 1º do artigo 128 do Diploma Maior, o Procurador-Geral da República chefia o Ministério Público da União, não tendo ingerência, considerados os princípios federativos, nos Ministérios Públicos dos Estados. Afirmou o Ministro relator: "Uma coisa é a atividade do Procurador-Geral da República no âmbito do Ministério Público da União, como também o é a atividade do Procurador-Geral de Justiça no Ministério Público do Estado. Algo diverso, e que não se coaduna com a organicidade do Direito Constitucional, é dar-se à chefia de um Ministério Público, por mais relevante que seja, em se tratando da abrangência de atuação, o poder de interferir no Ministério Público da unidade federada, agindo no campo administrativo de forma incompatível com o princípio da autonomia estadual. Esta é apenas excepcionada pela Constituição Federal e não se tem na Carta em vigor qualquer dispositivo que revele ascendência do Procurador-Geral da República relativamente ao Ministério Público dos Estados".

mia constitucionalmente deferida ao Ministério Público e o princípio da separação de poderes (cláusula pétrea prevista no art. 60, § 4º, III, da Constituição Federal), acabaria por deferir-lhes a pecha de inconstitucionalidade. A matéria, no entanto, foi analisada pelo Supremo Tribunal Federal, que entendeu pela constitucionalidade do CNJ, em decisão que entendemos ser também aplicável ao CNMP:

> (...) 2. INCONSTITUCIONALIDADE. Ação direta. Emenda Constitucional nº 45/2004. Poder Judiciário. Conselho Nacional de Justiça. Instituição e disciplina. Natureza meramente administrativa. Órgão interno de controle administrativo, financeiro e disciplinar da magistratura. Constitucionalidade reconhecida. *Separação e independência dos Poderes. História, significado e alcance concreto do princípio. Ofensa a cláusula constitucional imutável (cláusula pétrea). Inexistência. Subsistência do núcleo político do princípio, mediante preservação da função jurisdicional, típica do Judiciário, e das condições materiais do seu exercício imparcial e independente.* Precedentes e súmula 649. Inaplicabilidade ao caso. Interpretação dos arts. 2º e 60, § 4º, III, da CF. Ação julgada improcedente. Votos vencidos. São constitucionais as normas que, introduzidas pela Emenda Constitucional nº 45, de 8 de dezembro de 2004, instituem e disciplinam o Conselho Nacional de Justiça, como órgão administrativo do Poder Judiciário nacional. (...[4])".

1.4. A escolha dos membros do CNMP e a Lei 11.372/06

Ainda quanto a composição do CNMP, o art. 130-A, § 1º, da CF determina que *"os membros do Conselho oriundos do Ministério Público serão indicados pelos respectivos Ministérios Públicos, na forma da lei".* De fato, foi editada a Lei 11.372/06, que regula, em seus artigos 1º e 2º, a forma de indicação e escolha dos membros do Ministério Público da União e dos Estados, a serem submetidas ao Senado Federal.[5] Vale

---

4 ADIn 3.367/DF, Min. Rel. Cezar Peluso, julgamento em 13.04.2005, DJ em 17.03.2006, Tribunal Pleno.

5 *"Art. 1º Os membros do Conselho Nacional do Ministério Público oriundos do Ministério Público da União serão escolhidos pelo Procurador-Geral de cada um dos ramos, a partir de lista tríplice composta por membros com mais de 35 (trinta e cinco) anos de idade, que já tenham completado mais de 10 (dez) anos na respectiva Carreira.*

§ 1º As listas tríplices serão elaboradas pelos respectivos Colégios de Procuradores do Ministério Público Federal, do Ministério Público do Trabalho e do Ministério Público Militar, e pelo Colégio de Procuradores e Promotores de Justiça do Ministério Público do Distrito Federal e Territórios.

§ 2º O nome escolhido pelo Procurador-Geral de cada um dos ramos será encami-

lembrar que Emerson Garcia sustenta a inconstitucionalidade da legislação em comento, por vício de iniciativa. Isto porque o artigo 7º da EC/45 determinou que uma comissão especial mista (a ser integrada por membros da Câmara dos Deputados e do Senado Federal) seria formada para elaborar, em cento e oitenta dias, os projetos de lei necessários à regulamentação da matéria. Ocorre que a Lei 11.372 é fruto do projeto nº 5.049/2005 da Câmara dos Deputados, cuja iniciativa coube ao Ministério Público da União, estando aí configurado, no entender do autor, o vício formal subjetivo.[6]

1.4.1. A indicação de membros do Parquet para preenchimento das vagas reservadas à sociedade civil – impossibilidade

Questão interessante foi objeto de Mandado de Segurança[7] junto ao Supremo Tribunal Federal, questionando a indicação de membros do Ministério Público Estadual para o CNMP, em vaga reservada à Câmara dos Deputados, na sua quota de representantes da sociedade civil. O pedido liminar foi deferido pelo Ministro Celso de Mello, que entendeu resultar tal indicação em potencial ruptura da relação de proporcionalidade constitucional estabelecida na Emenda 45 entre os membros oriundos do Parquet na composição do CNMP, uma vez que o colegiado passaria a contar não com oito membros oriundos da Instituição mas com nove.[8] O mérito, contudo, não chegou a ser apreciado, diante do

nhado ao Procurador-Geral da República, que o submeterá à aprovação do Senado Federal.

Art. 2º Os membros do Conselho Nacional do Ministério Público oriundos dos Ministérios Públicos dos Estados serão indicados pelos respectivos Procuradores-Gerais de Justiça, a partir de lista tríplice elaborada pelos integrantes da Carreira de cada instituição, composta por membros com mais de 35 (trinta e cinco) anos de idade, que já tenham completado mais de 10 (dez) anos na respectiva Carreira.

Parágrafo único. Os Procuradores-Gerais de Justiça dos Estados, em reunião conjunta especialmente convocada e realizada para esse fim, formarão lista com os 3 (três) nomes indicados para as vagas destinadas a membros do Ministério Público dos Estados, a ser submetida à aprovação do Senado Federal".

6 Disponível em <www.camara.gov.br/proposicoes>, acesso em 29 de agosto de 2007.
7 Mandado de Segurança 26.715, ajuizado pelo Partido Progressista.
8 Afirmou o relator "[...] sendo assim, em face das razões expostas, defiro o pedido de medida liminar, em ordem a suspender, cautelarmente, até final julgamento da presente ação de mandado de segurança, o procedimento de escolha, pela Câmara dos Deputados, de um cidadão que deverá compor o Conselho Nacional do Ministério Público, nos termos previstos no art. 130-A, inciso VI, da Constituição Federal, exceto se as indicações dos senhores líderes das bancadas parlamentares não recaírem sobre membros do próprio Ministério Público. [...] publique-se".

requerimento de desistência do pedido, que veio a ser homologado, em setembro de 2008.

1.5. Relação com as Instituições Controladas

O artigo 130-A, § 2º da CF define as atribuições do CNMP:

> Compete ao CNMP o controle da atuação administrativa e financeira do Ministério Público e do cumprimento dos deveres funcionais de seus membros, cabendo-lhe:
>
> I – zelar pela autonomia funcional e administrativa do Ministério Público, podendo expedir atos regulamentares, no âmbito de sua competência, ou recomendar providências;
>
> II – zelar pela observância do art. 37 e apreciar, de ofício ou mediante provocação, a legalidade dos atos administrativos praticados por membros ou órgãos do Ministério Público da União e dos Estados, podendo desconstituí-los, revê-los ou fixar prazo para que se adotem as providências necessárias ao exato cumprimento da lei, sem prejuízo da competência dos Tribunais de Contas;
>
> III – receber e conhecer das reclamações contra membros ou órgãos do Ministério Público da União ou dos Estados, inclusive contra seus serviços auxiliares, sem prejuízo da competência disciplinar e correicional da instituição, podendo avocar processos disciplinares em curso, determinar a remoção ou a disponibilidade e aplicar outras sanções administrativas, assegurada ampla defesa (redação dada pela EC 103/2019);
>
> IV – rever, de ofício ou mediante provocação, os processos disciplinares de membros do Ministério Público da União ou dos Estados julgados há menos de um ano;
>
> V – elaborar relatório anual, propondo as providências que julgar necessárias sobre a situação do Ministério Público no País e as atividades do Conselho, o qual deve integrar a mensagem prevista no art. 84, XI.

É possível observar que o relacionamento do órgão com as instituições controladas tem natureza preventiva, no âmbito da autonomia financeira e natureza repressiva, no que concerne a autonomia funcional e administrativa.

O inciso III do § 2º do dispositivo, com a redação que lhe foi conferida pela EC/103, de 12/11/2019, optou por dar ao CNMP poderes disciplinares e correicionais em face de membros e servidores, podendo, para tanto: "*avocar processos disciplinares em curso, determinar a remoção ou a disponibilidade e aplicar outras sanções administrativas, assegurada a ampla defesa*".

Questão relevante versa sobre a possibilidade do CNMP determinar a demissão e perda de cargo do membro do Ministério Público. Como já asseverado nos Capítulos II e III dessa obra, o STF já se posicionou sobre o tema, admitindo a demissão pelo CNMP do membro não vitalício e, no caso do membro vitalício, caberá ao colegiado determinar que o respectivo Procurador Geral ajuize a respectiva ação civil para a perda do cargo. Confira-se:

> "*A competência do Conselho Nacional do Ministério Público para a aplicação de sanções disciplinares, inclusive a penalidade de demissão, está prevista pelo artigo 130-A, § 2º, inciso III da Constituição da República, ficando a eficácia dessa sanção submetida ao ajuizamento de ação cível para a perda do cargo pela Procuradoria-Geral da República. [MS 30.493, rel. p/ o ac. min. Edson Fachin, j. 16-6-2020, P, DJE de 21-9-2020]*".

2. Atribuições e Poder Normativo do CNMP

As atribuições do Conselho Nacional do Ministério Público, além de outras a serem previstas em lei que o disciplinar, vieram discriminadas no artigo 130-A, § 2º, da Constituição Federal, já referido e situam-se na área administrativa e funcional do Parquet. Deve o colegiado zelar pela autonomia do Ministério Público, expedindo os respectivos atos regulamentares e recomendando providências; apreciar de ofício ou mediante provocação a legalidade dos atos administrativos praticados por membros ou órgãos do Ministério Público da União e dos Estados, podendo desconstituí-los ou revê-los, além de praticar atos censórios, recebendo e conhecendo de reclamações contra membros ou órgãos do Ministério Público, sem prejuízo da atividade correcional institucional; avocando processos disciplinares em curso, determinando remoção, disponibilidade ou aposentadoria com subsídios ou proventos proporcionais ou ainda aplicar outras sanções administrativas, assegurada ampla defesa. No exercício de tal atividade, pode o CNMP rever, de ofício ou mediante provocação, os processos disciplinares de membros do Ministério Público julgados há menos de um ano. Inicialmente, cabe analisar mais detidamente o poder regulamentar do CNMP. Quais seriam estes limites? Até onde poderia tal poder interferir sem macular a autonomia do Parquet? Necessária breve exposição sobre o tema, sem a pretensão de exauri-lo, tendo em vista que sua complexidade demanda um estudo apartado. Deve-se ressaltar, finalmente, que atualmente o CNMP é o órgão responsável por dirimir conflitos de atribuição entre Unidades diversas do Ministério Público, como já visto nos Capítulos II e IV da obra.

2.1. O limite ao poder normativo do CNMP

A matéria já foi enfrentada por grandes doutrinadores, como Lênio Luiz Streck, Ingo Wolfgang Sarlet e Clemerson Merlin Clève.[9] Para eles, seria :

> *"inconcebível que o constituinte derivado, ao aprovar a Reforma do Judiciário, tenha transformado os Conselhos em órgãos com poder equiparado aos do legislador. Ou seja, a menção ao poder de expedir 'atos regulamentares' tem o objetivo específico de controle externo, a partir de situações concretas que surjam no exercício das atividades de judicatura e de Ministério Público. (...) Há, assim, uma nítida distinção entre a matéria reservada à lei (geral e abstrata) e aos atos regulamentares. A primeira diz respeito a previsão de comportamentos futuros; no segundo caso, dizem respeito as diversas situações que surjam da atividade concreta dos juízes e membros do Ministério Público, que é, aliás, o que se denomina – e essa é a especificidade dos Conselhos – de 'controle externo'".*

Ocorre que o Supremo Tribunal Federal, em sede de ação declaratória de constitucionalidade,[10] ao analisar a resolução sobre nepotismo na Magistratura, acabou por afirmar que o CNJ possui *"poder normativo primário"*, conforme se observa do trecho trazido à colação:

> *"A Resolução n° 07/05 se dota, ainda, de **caráter normativo primário**, dado que arranca diretamente do § 4° do art. 103-B da Carta-cidadã e tem como finalidade debulhar os próprios conteúdos lógicos dos princípios constitucionais de centrada regência de toda a atividade administrativa do Estado, especialmente o da impessoalidade, o da eficiência, o da igualdade e o da moralidade."* (destaque nosso)

---

9 Artigo elaborado em novembro de 2005 e intitulado "Os limites constitucionais das resoluções do Conselho Nacional de Justiça (CNJ) e Conselho Nacional do Ministério Público (CNMP)", disponível em jus2.uol.com.br/doutrina, acesso em 29/08/2007.

10 ADC-MC n° 12/DF, Rel. Min. Carlos Brito, Tribunal Pleno, julgamento em 16/02/2006, DJ em 01/09/2006.

Concordamos com os autores acima citados. Não parece ter o constituinte conferido amplos poderes normativos ao Conselho Nacional do Ministério Público, a ponto de se sobrepor até mesmo ao poder normativo do Parquet, autorizando a edição de ato com caráter geral e abstrato. O controle externo, como pareceria lógico, é aquele conferido a uma instituição para que fiscalize as atividades concretamente desenvolvidas pelo órgão controlado e não para limitá-lo, restringi-lo ou podá-lo abstratamente.

Mas o STF, apreciando a questão, definiu, de maneira contrária:

> "*O Conselho Nacional do Ministério Público (CNMP) possui capacidade para a expedição de atos normativos autônomos (CF, art. 130-A, § 2º, I), desde que o conteúdo disciplinado na norma editada se insira no seu âmbito de atribuições constitucionais."* [ADI 5.454, rel. min. Alexandre de Moraes, j. 15-4-2020, P, DJE de 20-5-2020].

Apesar disso, comungo do entendimento dos doutrinadores acima referidos. As garantias, os deveres e as vedações dos membros do Poder Judiciário e do Ministério Público estão explicitados no texto constitucional e nas respectivas leis orgânicas, devidamente propostas, votadas e promulgadas junto as Casas Legislativas competentes. Por tais argumentos, qualquer resolução que signifique inovação, seja para criar direitos ou para restringi-los, será inconstitucional. Há ainda que se respeitar a autonomia funcional, administrativa e financeira conferida constitucionalmente ao Parquet no artigo 127 da CF. Não parece possível que o CNMP possa, ao regulamentar determinada matéria, adentrar e talvez até aniquilar a autonomia que goza a Instituição.

Caso o CNMP exceda nas suas funções e, por exemplo, emita uma Resolução acima dos seus poderes, é possível realizar o controle de constitucionalidade. Abaixo há o exemplo da ADI 3.868 que questionava a constitucionalidade da Resolução nº 14 do CNMP.

2.1.1. Um caso concreto – A Resolução nº 14 do CNMP

Questão concreta acerca do tema já chegou ao Supremo Tribunal Federal. O CNMP editou a Resolução nº 14, implantando novas regras para os concursos públicos para ingresso na carreira do Ministério Público Federal e dos Estados, de observância obrigatória para a Instituição. Ocorre que a Constituição Federal estabelece que cabe à lei complementar, federal ou estadual, fixar a organização, as atribuições e o estatuto de cada Ministério Público (art. 128, § 5º), e essa regra inclui a regulação do respectivo concurso. Se a Constituição determina que certa matéria deve ser regulada em lei, não pode a resolução do Colegiado substituí-la ou alterar os seus contornos. Por entender vulnerada a autonomia constitucional conferida aos diversos ramos do Ministério Público (arts. 127 e 128, § 5º), a CONAMP ingressou com a ADI 3.868,[11] com pedido de liminar, contra o aludido ato normativo do Conselho Nacional do Ministério Público (CNMP). Para a Associação, a resolução feriu a Carta Magna quando determinou o tipo de prova preliminar (exclusivamente de múltipla escolha); a composição da comissão de concurso (cinco membros, sendo um deles jurista); conteúdo programático (exclusivamente matérias jurídicas, não permitindo que seja aferida a aptidão do candidato em língua portuguesa), entre outras questões já disciplinadas em leis orgânicas locais e nacional.

Ainda neste cenário, o Ministério Público do Estado do Rio de Janeiro, com base em sua Lei Complementar,[12] aprovou o regulamento do XXIX concurso público, divergindo da resolução em quatro importantes aspectos: a) seria aplicável prova de língua portuguesa; b) na formação da Comissão de Concurso; c) o formato da prova preliminar, que seria discursiva; d) a autoridade competente para homologar o concurso seria o Conselho Superior do Ministério Público.

Sendo assim, a Instituição fluminense impetrou Mandado de Segurança (MS 26.440) junto ao STF, com pedido liminar para que, reconhecidos os vícios de ilegalidade e inconstitucionalidade da Resolução nº14, o colegiado se abstivesse de praticar qualquer ato em face da eficácia do regulamento do concurso. O relator, Ministro Sepúlveda Pertence, em sede de cognição sumária, deferiu a liminar nos seguintes termos:

> "É de inequívoca densidade a plausibilidade dos fundamentos da impetração: **parece ultrapassar as raias admissíveis do poder normativo do CNMP** para concretizar os princípios constitucionais da administração pública, estipulados no art. 37 da Constituição, **a edi**ção de **regras que se sobreponham às interpostas na matéria pelos** órgãos competentes conforme as leis nacionais ou locais que disciplinam a autonomia administrativa dos Ministérios Públicos estaduais, salvo expressa declaração de sua inconstitucionalidade". (destaque nosso)

---
11 Adin extinta sem julgamento do mérito, ei que o CNMP alterou o Art. 1º da Res. CNMP 14, pela Res. CNMP 24/2007. Decisão em 21/08/2019.
12 Artigo 22, X, da LC 106/2003.

A atuação constitucional do CNMP, portanto, direciona-se para duas importantes missões: o controle da atuação administrativa e financeira do Ministério Público e o controle do cumprimento dos deveres funcionais dos seus membros. Não para criar resoluções com caráter de leis abstratas ou ferir a autonomia da Instituição.

2.2 A solução dos conflitos de atribuição entre Ministérios Públicos

Como já estudado no Capítulo IV, o STF, em Junho de 2020, durante o julgamento da ACO 843/SP, conferiu ao CNMP a atribuição de dirimir conflito de Atribuição entre Unidades diversas. Confira-se o julgado:

> *"Os membros do Ministério Público integram um só órgão sob a direção única de um só Procurador-Geral, ressalvando-se, porém, que só existem unidade e indivisibilidade dentro de cada Ministério Público, inexistindo qualquer relação de hierarquia entre o Ministério Público Federal e os dos Estados, entre o de um Estado e o de outro, ou entre os diversos ramos do Ministério Público da União. EC 45/2004 e interpretação sistemática da Constituição Federal. A solução de conflitos de atribuições entre ramos diversos dos Ministérios Públicos pelo CNMP, nos termos do artigo 130-A, § 2º, e incisos I e II, da Constituição Federal e no exercício do controle da atuação administrativa do Parquet, é a mais adequada, pois reforça o mandamento constitucional que lhe atribuiu o controle da legalidade das ações administrativas dos membros e órgãos dos diversos ramos ministeriais, sem ingressar ou ferir a independência funcional".*
> *[Pet. 4.891, rel. p/ o ac. min. Alexandre de Moraes, j. 16-6-2020, P, DJE de 6-8-2020].*

A partir daí outros feitos foram julgados da mesma maneira pela Corte Suprema, como, por exemplo, as Petições (PETs) 4.891, 5.091 e 5.756 (agravo), que tratavam de conflitos de atribuições entre o Ministério Público do Estado de São Paulo (MP-SP) e o Ministério Público Federal (MPF).

3. O Poder Disciplinar do CNMP

Dispõe o Artigo 130-A, § 2º, III e IV, da CF que:

Art. 130-A.

§ 2º Compete ao Conselho Nacional do Ministério Público (...);

III. receber e conhecer das reclamações contra membros ou órgãos do Ministério Público da União ou dos Estados, inclusive contra seus serviços auxiliares, sem prejuízo da competência disciplinar e correicional da instituição, podendo avocar processos disciplinares em curso, determinar a remoção, a disponibilidade ou a aposentadoria com subsídios ou proventos proporcionais ao tempo de serviço e aplicar outras sanções administrativas, assegurada ampla defesa.

IV. rever, de ofício ou mediante provocação, os processos disciplinares de membros do Ministério Público da União ou dos Estados julgados há menos de um ano;

Da leitura desse dispositivo constitucional, emerge questionamento doutrinário acerca da existência ou não de hierarquia (e consequentemente, de poder disciplinar) entre o CNMP e as Instituições (e seus membros) a ele vinculadas. Afirma Alexandre de Moraes, ao tratar do tema, referindo-se ao CNJ (posição também aplicável ao CNMP):

"Na função correicional e disciplinar dos membros, órgãos e serviços do Poder Judiciário, o Conselho atua como órgão administrativo hierarquicamente superior, podendo analisar tanto a legalidade quanto o mérito de eventuais faltas funcionais".[13]

Quanto ao poder correcional e disciplinar, que indiscutivelmente o Conselho possui, a primeira questão que se coloca é saber se é possível ao CNMP aplicar sanções a membro do Ministério Público, sem que este tenha sofrido qualquer procedimento disciplinar na Instituição ao qual está vinculado. Com efeito, qualquer pessoa do povo está legitimada a levar diretamente ao conhecimento do CNMP reclamação contra membro do Ministério Público. A controvérsia está no fato de saber se o CNMP poderá instaurar procedimento disciplinar em face do noticiado ou deverá encaminhar a reclamação para o órgão correicional da Instituição a que este está vinculado. Terá o CNMP condições estruturais para conduzir procedimento disciplinar contra membro do Ministério Público lotado em longínqua comarca no interior do Brasil? Ou melhor condição teria o órgão correicional do Ministério Público ao qual pertence este membro?

Parece-nos que o poder correicional e disciplinar do CNMP tem caráter subsidiário, tendo em vista o dispositivo previsto no artigo 130-A, § 2º, III, que assevera que tal poder se dará *"sem prejuízo da competência disciplinar e correicional da instituição".* Assim, ocorrendo desídia ou demora no andamento do *procedimento disciplinar em curso* na Ins-

---
13 MORAES, Alexandre de. **Direito Constitucional**, 20ª ed., Atlas, 2006, p. 497.

tituição e recebendo o colegiado reclamação, poderá *avocar* este procedimento para si. Não nos parece que possa agir de ofício.[14] Da mesma forma, tendo sido julgado procedimento disciplinar há menos de um ano pela respectiva Instituição, poderá o CNMP *revê-lo*, de ofício ou mediante provocação.[15]

3.1. As sanções cabíveis

Passemos agora ao estudo do art. 130-A, § 2º, III (redação da EC 103/2019) que, como visto, algumas sanções aplicáveis a membros faltosos. São elas: a remoção, a disponibilidade ou outra sanção cabível. Resta saber quais infrações estarão sujeitas a estas sanções.

Para Emerson Garcia,[16] por exemplo:

> "*A definição da autoridade responsável pela aplicação de determinada sanção não significa possa ser ela aplicada sem a prévia individualização das infrações administrativas e, consoante o escalonamento dos distintos graus de lesividade, das sanções a que cada qual corresponde. Trata-se de um imperativo de segurança jurídica. (...) O Conselho, apesar de estar autorizado a aplicar as sanções referidas no inciso III do parágrafo 2º do art. 130-A, somente poderá fazê-lo com estrita adequação às normas disciplinares reguladoras de cada Ministério Público, sendo cogente a observância da tipologia legal e das respectivas sanções cominadas*".

Outro parece ter sido o entendimento adotado pelo CNMP, para quem tais sanções podem ser aplicadas a qualquer membro do Ministério Público, ressalvando-se apenas o procedimento a ser seguido. Seu Regimento Interno é taxativo:

> "Art. 85. Além das disposições deste Regimento Interno, o processo disciplinar instaurado contra membro do Ministério Público obedecerá ao procedimento estabelecido na Lei Complementar nº 75, de 1993, na Lei nº 8.625, de 1993, e na legislação estadual editada com amparo no art. 128, § 5º, da Constituição, conforme o caso, inclusive no que concerne à aplicação, pelo Conselho, das penas disciplinares respectivas e das elencadas no inciso III do § 2º do art. 130-A da Constituição Federal, aplicando-se, no que não forem incompatíveis, a Lei nº 8.112/90 e a Lei nº 9.784/99".

---

14 Art. 74, § 7º, do novo Regimento Interno do CNMP.
15 Art. 90 do novo Regimento Interno do CNMP.
16 GARCIA, Emerson. **Poder normativo primário dos Conselhos Nacionais do Ministério Público e de Justiça: a gênese de um equívoco.** Disponível em jus2.uol.com.br/doutrina, acesso em 22/11/2006.

Entendemos que deva ser respeitado o princípio da legalidade. As hipóteses fáticas que configurem infrações disciplinares devem ser expressamente delimitadas, juntamente com a sanção aplicável em caso de seu cometimento. Afinal, o brocardo jurídico é secular: *nullum crimen sine lege*.

Como poderá o membro do Ministério Público ser sancionado por infração que não tinha consciência que estava cometendo? Como o membro do Parquet pode sofrer sanção mais grave (aposentadoria compulsória) do que a prevista em seu estatuto funcional (por exemplo, suspensão por 30 dias)? Poderia haver violação não só ao princípio da legalidade como também ao devido processo legal. Por tais razões, entendemos que o CNMP deverá atuar subsidiariamente à instauração do procedimento disciplinar pelo órgão correcional da Instituição a que está vinculado o membro faltoso e, em atuando, deverá se limitar a rever, fiscalizar, ajustar o procedimento aos ditames legais previstos expressamente na lei orgânica daquela Instituição, respeitando não só a descrição da falta (legalidade) como também o procedimento e as infrações previstas para a mesma (devido processo legal).

A respeito do tema, abaixo colaciono algumas decisões da Corte Suprema, apreciando a função correicional do CNMP:

> *"O constituinte, ao erigir o CNMP como órgão de controle externo do Ministério Público, atribuiu-lhe, expressamente, competência revisional ampla, de sorte que não há vinculação à aplicação da penalidade ou à gradação da sanção imputada pelo órgão correcional local (CRFB/1988, art. 130-A, § 2º, IV). [MS 34.712 AgR, rel. min. Luiz Fux, j. 6-10-2017, 1ª T, DJE de 25-10-2017]".*

> *"Pedido de revisão de arquivamento de inquérito administrativo. Decisão monocrática que deferiu a antecipação da tutela revisional, determinando a instauração, inaudita altera parte, de processo administrativo disciplinar na origem em desfavor de membro do Parquet. Impossibilidade. Decisão equivalente ao provimento monocrático do pedido de revisão de processo disciplinar. Previsão específica de competência do Plenário do Conselho. Art. 115 do Regimento Interno do CNMP. Inobservância do princípio da colegialidade. Violação do devido processo legal e da garantia de ampla defesa e de contraditório em relação ao acusado. [MS 30.864 AgR, rel. min. Dias Toffoli, j. 16-12-2016, 2ª T, DJE de 20-2-2017]".*

"A competência revisora conferida ao CNMP limita-se aos processos disciplinares instaurados contra os membros do Ministério Público da União ou dos Estados (inciso IV do § 2º do art. 130-A da Constituição da República), não sendo possível a revisão de processo disciplinar contra servidores. Somente com o esgotamento da atuação correicional do Ministério Público paulista, o ex-servidor apresentou, no CNMP, reclamação contra a pena de demissão aplicada. A Constituição da República resguardou o CNMP da possibilidade de se tornar instância revisora dos processos administrativos disciplinares instaurados nos órgãos correicionais competentes contra servidores auxiliares do Ministério Público em situações que não digam respeito à atividade-fim da própria instituição. [MS 28.827, rel. min. Cármen Lúcia, j. 28-8-2012, 1ª T, DJE de 9-10-2012]".

3.2. O poder punitivo do CNMP e o Procurador-Geral de Justiça

Uma última questão deve ser colocada. Pode o CNMP punir o Procurador-Geral de Justiça? Possui o colegiado poder disciplinar e administrativo sobre o chefe da Instituição? O Procurador-Geral, como se sabe, é órgão administrativo máximo de cada Parquet. Como já visto, suas responsabilidades funcionais serão aferidas em julgamento político perante o Poder Legislativo competente, consoante dispõe o Artigo 128, § 4º, da CF, após eventual fiscalização de suas atividades (tópico já exposto no Título VI, capítulo 2, item 2.4.1, desta obra), pelo Colégio de Procuradores de Justiça. A rigor, não estaria o Procurador-Geral sujeito as sanções administrativas nem ao poder punitivo do Conselho Nacional do Ministério Público.

Entretanto, o STF, aparentemente, entende de forma diversa. Em decisão proferida no MS 26.249, o Min. Cezar Peluso indeferiu liminar requerida pelo Presidente do TJ/RO, em face de decisão do CNJ que o afastara liminarmente do cargo e instaurara procedimento administrativo disciplinar, por estar investigado pela Polícia Federal na denominada "Operação Dominó". Ao proferir decisão indeferindo a liminar pleiteada, asseverou o relator: *"Tais atos resultam do exercício das atribuições institucionais, de ordem disciplinar e administrativa, conferidas pela Constituição da República ao Conselho, notadamente as previstas nos incisos II e III do artigo 103-B da Constituição Federal"*.[17]

---
17 Fonte: www.stf.jus.br. Notícias do STF de 03.09.07.

4. O Corregedor Nacional do Conselho Nacional do Ministério Público

A EC 45/2004 criou também, na esteira do CNMP, a figura do Corregedor Nacional do Ministério Público, que será um dos integrantes do colegiado oriundo do Ministério Público, com atribuições para receber as denúncias de qualquer interessado, relativas aos membros do Ministério Público, bem como exercer as funções executivas do Conselho, de inspeção e correição e requisitar e designar membros e servidores da Instituição, delegando-lhes atribuições (art. 130-A, § 3º). Objetivando adequar o seu Regimento Interno ao texto constitucional, o Plenário do CNMP alterou o art. 68 e seu parágrafo único, permitindo que a Corregedoria Nacional – havendo ou não evidências de irregularidades – realize as inspeções, correições e auditorias de ofício, por proposição de qualquer Conselheiro ou mediante justificada provocação de autoridade pública, sem prejuízo da atuação das Corregedorias Gerais do Ministério Público. Com isso, a Corregedoria deixa de desempenhar os procedimentos de fiscalização somente "em caráter complementar e excepcional", como constava no texto anteriormente. Cumpre-nos ressaltar o entendimento de Emerson Garcia, que afirma não ser possível ao Corregedor Nacional proceder às chamadas correições de rotina:

> *"Uma interpretação sistemática indica que, como o Conselho, anteriormente à instauração do procedimento disciplinar, somente pode atuar quando provocado, não será possível a realização de inspeções e correições "de rotina", sem a existência de um procedimento prévio, em tramitação no órgão, noticiando a existência de irregularidades a serem apuradas".*

5. Presidente do Conselho da Ordem dos Advogados do Brasil

Perante o Colegiado oficiará o Presidente do Conselho Federal da Ordem dos Advogados do Brasil (art. 130-A, § 4º), podendo fazer uso da palavra. Nas sessões plenárias, tem assento à direita do Presidente do Conselho. Como expressão de sua importância, insta ressaltar que poderá o Presidente do Conselho da OAB representar fundamentadamente ao CNMP solicitando a avocação de procedimento disciplinar em curso contra membro do Ministério Público; propor a instauração de ofício da revisão dos processos disciplinares julgados há menos de um ano; bem como a instauração de ofício do procedimento de controle administrativo, todas essas funções na forma do Regimento Interno do CNMP.[18]

6. Ouvidoria

Finalmente, o constituinte reformador introduziu, no texto relativo ao Ministério Público, mais um mecanismo de controle externo da Instituição, desta feita, de vertente social, as chamadas Ouvidorias (artigo 130-A, § 5º, da Constituição). Determinou que leis da União e dos Estados criem as ouvidorias do Ministério Público, organismos encarregados de receber reclamações e denúncias de qualquer interessado contra membros ou órgãos do Ministério Público e seus serviços auxiliares, com a possibilidade de encaminhamento de tais manifestações, diretamente, ao Conselho Nacional do Ministério Público.

A iniciativa legislativa para a regulamentação de referida norma há de se espelhar, por similitude, à iniciativa legislativa que cada Ministério Público possui para elaboração de sua própria lei orgânica. Assim, possui iniciativa legislativa, no que diz respeito ao Ministério Público da União, tanto o Procurador-Geral da República como também o Presidente da República. Quanto ao Ministério Público Estadual, o Procurador-Geral de Justiça e o Governador do Estado. A Ouvidoria recebeu a importante atribuição de receber reclamações de qualquer interessado contra membros da Instituição, descentralizando de forma benéfica a estrutura do CNMP por todo o país. Será ela responsável por realizar a triagem necessária das mais diversas impugnações que certamente receberá o CNMP. Cabe ressaltar que o Ministério Público fluminense é o pioneiro nesse tópico, pois mesmo antes da iniciativa legislativa preconizada pelo constituinte, a Resolução GPGJ 1.280/2005, que dispôs sobre a estrutura orgânica da Procuradoria-Geral da Justiça, já criava a Ouvidora-Geral, em seu artigo 6º, § 1º, com a função de *"orientar e encaminhar qualquer pessoa que procure o Ministério Público, em busca de sua atuação e proteção institucional"*, facilitando o acesso aos órgãos internos do Parquet. No Estado do Rio de Janeiro a Ouvidoria Geral do MP é disciplinada pela Lei 6.451/2013.

---

18 Art. 18, § 1º, art. 25, art. 87, art. 94 e art. 109, todos do Regimento Interno do CNMP.

7. Competência do STF

Finalmente, competente para julgar as ações contra o CNMP é o Supremo Tribunal Federal, por força do art. 102, I, "r", da CF, com a nova redação da EC 45/2004. Ressalve-se que a competência do STF restringe-se ao julgamento de demandas contra o colegiado. No que concerne aos seus conselheiros, a EC 45/2004 cuidou de alterar o Artigo 52, II, da Constituição Federal, tornando o Senado Federal competente para processar e julgar os integrantes do CNMP por crimes de responsabilidade.

Acerca do tema, o STF, julgando Ação Popular[19] proposta por advogado contra o CNMP, assim decidiu:

*"EMENTA: **Competência originária do Supremo Tribunal para as ações contra o Conselho Nacional de Justiça e contra o Conselho Nacional do Ministério Público** (CF, art. 102, I, r, com a redação da EC 45/04): inteligência: não inclusão da ação popular, ainda quando nela se vise à declaração de nulidade do ato de qualquer um dos conselhos nela referidos. 1. Tratando-se de ação popular, o Supremo Tribunal Federal – com as únicas ressalvas da incidência da alínea n do art. 102, I, da Constituição ou de a lide substantivar conflito entre a União e Estado-membro –, jamais admitiu a própria competência originária: ao contrário, a incompetência do Tribunal para processar e julgar a ação popular tem sido invariavelmente reafirmada, ainda quando se irrogue a responsabilidade pelo ato questionado a dignitário individual – a exemplo do Presidente da República – ou a membro ou membros de órgão colegiado de qualquer dos poderes do Estado cujos atos, na esfera cível – como sucede no mandado de segurança – ou na esfera penal – como ocorre na ação penal originária ou no habeas corpus – estejam sujeitos diretamente à sua jurisdição. 2. Essa não é a hipótese dos integrantes do Conselho Nacional de Justiça ou do Conselho Nacional do Ministério Público: <u>o que a Constituição, com a EC 45/04, inseriu na competência originária do Supremo Tribunal foram as ações contra os respectivos colegiado, e não, aquelas em que se questione a responsabilidade pessoal de um ou mais dos conselheiros, como seria de dar-se na ação popular</u>".*
(grifo nosso).

---

19 Pet-QO 3674/DF, Min. Rel. Sepúlveda Pertence, Tribunal Pleno, julgamento em 04.10.2006, DJ em 19.12.2006.

8. Jurisprudência sobre o Tema

8.1. Informativos STF

Informativo nº 899
CNMP: COMPETÊNCIA NORMATIVA E INTERCEPTAÇÃO TELEFÔNICA

O Plenário, por maioria, julgou improcedente o pedido formulado em ação direta ajuizada em face da Resolução 36/2009 do Conselho Nacional do Ministério Público (CNMP), que dispõe sobre o pedido e a utilização de interceptações telefônicas, no âmbito do Ministério Público (MP), nos termos da Lei 9.296/1996. De início, as preliminares de não conhecimento foram rejeitadas pelos seguintes argumentos: (a) o ato normativo, de caráter geral e abstrato, foi editado pelo Conselho no exercício de sua competência constitucional e constitui ato primário, sujeito a controle de constitucionalidade, por ação direta, no Supremo Tribunal Federal (STF); e (b) as mudanças promovidas no ato impugnado, por resolução posterior, não implicaram na perda do objeto desta demanda. No que tange à alegação de inépcia apresentada pela Advocacia-Geral da União (AGU), a petição inicial foi considerada suficientemente clara e não contém vícios formais. No mérito, ao reconhecer sua constitucionalidade, o Colegiado asseverou que a norma foi editada pelo CNMP no exercício das atribuições previstas diretamente no art. 130-A, § 2º, I e II, da Constituição Federal (CF). Nesse contexto, apenas regulamentou questões administrativas e disciplinares relacionadas ao procedimento de interceptação telefônica, sem adentrar em matéria de direito penal, processual ou relativa a nulidades. O ato em apreço regulamentou a Lei 9.296/1996 para estabelecer um conjunto de limites à atuação do Parquet, como forma de proteger o jurisdicionado no que se refere (a) ao requerimento de interceptação; (b) ao pedido de prorrogação; e (c) à conclusão do procedimento. De um lado, em cumprimento ao dever funcional de sigilo, o ato normativo enumerou validamente os critérios a serem observados pelos membros do Parquet nos casos de interceptação telefônica, com a finalidade de evitar excessos. Não foram criados novos "requisitos formais de validade" das interceptações. Tampouco a inobservância dos preceitos contidos na resolução constitui causa de nulidade, mas sim motivo para a instauração de procedimento administrativo disciplinar contra o agente público infrator, pois trata-se de regras ligadas aos deveres funcionais de sigilo na atuação ministerial. A Corte ressaltou, ainda, que o CNMP possui competência para regular os parâmetros a serem utilizados na análise de processos disciplinares submetidos ao órgão. Em realidade, trata-se de medida conveniente e desejável que confere previsibilidade à atuação do Conselho, bem como oferece segurança jurídica e tratamento isonômico àqueles sujeitos a seu controle. Por outro lado, padronizou procedimentos formais sobre a matéria, de modo a concretizar o princípio da eficiência (CF, art. 37, *caput*), cuja observância deve ser tutelada pelo Conselho (CF, art. 130-A, § 2º, II). A existência de um grau mínimo de uniformização atende ao princípio da eficiência, além de ser conveniente para a continuidade das investigações, especialmente ao se considerar a possibilidade de atuação de mais de um membro do Parquet no mesmo processo e em momentos distintos. Ademais, ressaltou que o ato questionado está em consonância com a jurisprudência do STF no sentido de que (a) o pedido de prorrogação de interceptação telefônica, para ser válido, deve estar devidamente justificado e fundamentado; e (b) é necessário transcrever o trecho completo da conversa, a fim de permitir sua contextualização, vedada a edição, ainda que dispensada a transcrição completa da interceptação. Por fim, entendeu que a independência funcional do MP foi preservada. A resolução não impõe uma linha de atuação ministerial, apenas promove a padronização formal mínima dos ritos adotados nos procedimentos relacionados a interceptações telefônicas, em consonância com as regras previstas na Lei 9.296/1996. Vencido o ministro Marco Aurélio, que acolheu integralmente o pedido inicial, por considerar que o CNMP (a) disciplinou matéria processual penal, cuja competência é privativa da União (CF, art. 22, I); e (b) feriu a independência funcional do MP, em afronta à cláusula constitucional que exige lei complementar para a fixação de suas atribuições. Vencidos, em parte, os ministros Alexandre de Moraes, Dias Toffoli, Ricardo Lewandowski e Gilmar Mendes, que julgavam parcialmente procedente o pedido formulado. ADI 4.263/DF, rel. Min. Roberto Barroso, julgamento em 25.4.2018.

Informativo nº 842
CNMP e vitaliciamento de membros do Ministério Público
A Segunda Turma denegou ordem em mandado de segurança impetrado contra ato do Conselho Nacional do Ministério Público (CNMP) que decretava o não vitaliciamento de membro do Ministé-

rio Público do Estado de São Paulo. Na espécie, o impetrante arguia que, nos termos do art. 128, I, "a", da CF, o promotor de Justiça vitalício somente perderia o cargo por sentença judicial transitada em julgado, a ser proposta, nos termos do art. 38, § 2º, da Lei 8.625/1993, pelo procurador-geral de Justiça, após autorização do Colégio de Procuradores. Defendia, ainda, que já seria detentor da garantia constitucional da vitaliciedade desde 1º-9-2007, data da decisão do Órgão Especial do Colégio de Procuradores de Justiça do Estado de São Paulo, o que conduziria à incompetência do CNMP para deliberar sobre sua exoneração. Para a Segunda Turma, o ato de vitaliciamento — decisão pela permanência de membro em estágio probatório nos quadros da instituição — tem natureza de ato administrativo. Dessa forma, sujeita-se ao controle de legalidade pelo CNMP, por força do art. 130-A, § 2º, II, da CF, que se harmoniza perfeitamente com o disposto no art. 128, § 5º, I, "a", do texto constitucional. Ademais, a previsão normativa que permite desfazer ato de vitaliciamento apenas por decisão judicial (CF, art. 128, I, "a") não afasta a possibilidade de o CMNP, a partir da EC 45/2004, analisar, com específica função de controle, a legalidade desse tipo de questão. Salientou, por fim, que a existência de processo penal em andamento, no qual o ora impetrante alega ter agido em legítima defesa, não é prejudicial à análise do "*writ*". Quanto a isso, a jurisprudência do Supremo Tribunal Federal é pacífica no sentido da independência entre as instâncias cível, penal e administrativa. Não há falar, por conseguinte, em violação ao princípio da presunção de inocência pela aplicação de sanção administrativa por descumprimento de dever funcional fixada em processo disciplinar legitimamente instaurado antes de finalizado o processo penal em que apurados os mesmos fatos. MS 27.542/DF, rel. min. Dias Toffoli, julgamento em 4-10-2016.

Informativo nº 755
Ações contra atos do CNJ e competência do STF

A competência originária do STF para as ações ajuizadas contra o CNJ se restringe ao mandado de segurança, mandado de injunção, "*habeas data*" e "*habeas corpus*". As demais ações em que questionado ato do CNJ ou do CNMP submetem-se consequentemente ao regime de competência estabelecido pelas normas comuns de direito processual. Com base nesse entendimento, a 2ª Turma, negou provimento a agravos regimentais em ações cíveis originárias e manteve a decisão monocrática atacada que assentara a incompetência do STF e remetera os autos à justiça federal. ACO 2.373 AgR/DF, rel. Min. Teori Zavascki, 19.8.2014.

9. Questão sobre o Tema

MP/RJ XXXI Concurso 2009/2010 Prova Escrita Preliminar - 16.08.2009
19ª questão: Princípios Institucionais do MP (Valor - 5 pontos)

Procurador de Justiça inativo desde 1º de setembro de 2006, dos quadros do Ministério Público do Estado do Rio de Janeiro – MPRJ, inicia atividade advocatícia perante o Supremo Tribunal Federal e o Superior Tribunal de Justiça. Em recursos especial e extraordinário por ele interpostos contra acórdão do Tribunal de Justiça fluminense, a Assessoria de Recursos Constitucionais da Subprocuradoria-Geral de Justiça de Atribuição Originária Institucional e Judicial do MPRJ manifesta-se pelo não conhecimento de ambos pela falta de capacidade postulatória e encaminha cópia dos autos à Corregedoria-Geral do MPRJ, para as medidas que entender pertinentes. Recebendo as peças, o Corregedor-Geral instaura processo disciplinar e decide pela aplicação da pena de censura ao mencionado procurador. As providências adotadas estão em conformidade com os dispositivos aplicáveis, quanto à atribuição e ao mérito? Cite-os.

RESPOSTA OBJETIVAMENTE JUSTIFICADA.

REFERÊNCIAS BIBLIOGRÁFICAS

ALMEIDA, Renato Franco de. A competência constitucional do TJ para julgamento de mandado de segurança contra ato de Promotor de Justiça. Brasília: Revista CEJ, nº 34, jul./set. 2006.

ALMEIDA, Renato Franco. Atividade Político-partidária por membros do Ministério Público: análise da alínea "e" do inciso II do § 5º do artigo 128 na redação da Emenda Constitucional nº 45/2004. Disponível em http://www.mp.mg.gov.br/portal/public/interno/repositorio/id/18184

ALMEIDA, Gregório Assagra de. Direitos Fundamentais e os principais fatores de legitimação social in ALMEIDA, Gregório Assagra de e SOARES JÚNIOR, Jarbas (coord.) Teoria Geral do Ministério Público. Ed. Del Rey. Belo Horizonte, 2013.

ANTUNES, Paulo de Bessa. O papel do Ministério Público na ação civil pública. RPGR, São Paulo, v. 4, 1993.

ASSAD, Alessandro Tramujas. A legitimidade dos Ministérios Públicos Estaduais para atuar como parte perante o Supremo Tribunal Federal e o Superior Tribunal de Justiça e os reflexos nas ações civis de improbidade administrativa. In: MARQUES, Mauro Campbell (Coord.). Improbidade Administrativa: temas atuais e controvertidos. Rio de Janeiro: Forense, 2017.

BASTOS, Celso Ribeiro. Curso de Direito Administrativo. São Paulo: Saraiva. 1996.

BASTOS, Celso Ribeiro. Dicionário de Direito Constitucional. São Paulo: Saraiva, 1994.

BARBI, Celso Agrícola. Comentários ao Código de Processo Civil. 3ª ed. Rio de Janeiro: Forense, 1983, v. 1.

BONAVIDES, Paulo. Curso de Direito Constitucional. 33ª edição. São Paulo: Malheiros, 2018.

Breves Comentários ao Novo Código de Processo Civil de Teresa Arruda, Fredie Didier Jr, Eduardo Talamini e Bruno Dantas. 2016.

CÂMARA, Alexandre Freitas. O Novo Processo Civil Brasileiro. 5ª. ed. – São Paulo: Atlas, 2019.

CAMPANHOLE. Constituições do Brasil. Ed. Atlas, 11ª ed., 1994.

CÂNDIDO, Joel José. Direito Eleitoral Brasileiro. 7ª edição. São Paulo: Editora Edipro, 1998.

CAPPELLETTI, Mauro e JOLOWICZ, J. A. Studies in a Comparative Law – Public Interest Parties and the Cative Role of the Judge in civil Litigation – Milano – Dott. A. Giuffré Editore.

CARNEIRO, Paulo Cezar Pinheiro. Acesso à Justiça – Juizados Especiais Cíveis e Ação Civil Pública. Rio de Janeiro: Forense, 1999.

CARNEIRO, Paulo César Pinheiro. O Ministério Público no Processo Civil e Penal. 6ª ed. Rio de Janeiro: Forense, 2001.

CARNEIRO, Paulo Cesar Pinheiro. O Ministério Público e a Lei da Ação Civil Pública – 10 Anos na Defesa dos Interesses Difusos e Coletivos. Revista do Ministério Público do Estado do Rio de Janeiro, Rio de Janeiro, nº 2, 1995.

CARVALHO FILHO, José dos Santos. Ação Civil Pública. 7ª ed. Rio de Janeiro: Lumen Juris, 2009.

CARVALHO FILHO, José dos Santos. Comentários ao Estatuto da Cidade. 1ª ed. Rio de Janeiro: Lumen Juris, 2005.

CARVALHO FILHO, José dos Santos. Manual de Direito Administrativo. 32ª ed. São Paulo: Atlas, 2018.

CARVALHO FILHO, José dos Santos. Membros do MP: Investidura em cargos e funções no Poder Executivo.www.genjuridico.com.br. Artigo publicado em 03/04/2016.

CARVALHO FILHO, José dos Santos. Processo Administrativo Federal. Rio de Janeiro: Lumen Juris. 2005, 2ª edição.

DECOMAIN, Paulo Roberto. Comentários à Lei Orgânica Nacional do Ministério Público. Editora Obra Jurídica, 1996.

DIDIER JR., Fredie e ZANETI JR., Hermes. Curso de Direito Processual Civil – Processo Coletivo. Vol. 4. 12ª ed., Salvador: Jus Podivm, 2018.

FERREIRA FILHO, Manoel Gonçalves, Comentários à Constituição Brasileira de 88. Vol. II. São Paulo: Saraiva, 1992.

FERREIRA, Sérgio de Andréia. Princípios Institucionais do Ministério Público. Revista do Instituto dos Advogados do Brasil.

GARCIA, Emerson. Ministério Público: organização, atribuições e regime jurídico. 5ª ed. São Paulo: Saraiva, 2015.

GARCIA, Emerson. Poder normativo primário dos Conselhos Nacionais do Ministério Público e de Justiça: a gênese de um equívoco. Disponível em jus2.uol.com.br/doutrina, acesso em 22/11/2006.

GARRIDO DE PAULA, Paulo Afonso. O Ministério Público e os direitos das crianças e adolescentes. In: ALVES, Airton Buzzo, RUFINO, Almir Gasquez e SILVA, José Antonio Franco da (org.). Funções Institucionais do Ministério Público. São Paulo: Saraiva, 2001.

GOMES FILHO, Luiz Roldão de Freitas. O Ministério Público e o Processo Falimentar, Visão Atual e Novas Perspectivas. 1ª ed. Rio de Janeiro: Lumen Juris, 2003.

GRAU, Eros. Ensaio e discurso sobre a interpretação/aplicação do direito, 5ª edição, Malheiros Editores, São Paulo: 2009. Última verificação: 06/08/2021.

GRINOVER, Ada Pellegrini. Significado social, político e jurídico da tutela dos interesses difusos. São Paulo: Revista do Processo, nº 7, jan-mar. 2000.

HAMILTON, Sergio Demoro. A dúvida de atribuição e o princípio da autonomia funcional. Revista do Ministério Público do Estado do Rio de Janeiro, Rio de Janeiro, nº 14, 2001.

HAMILTON, Sérgio Demoro. Apontamentos sobre o conflito negativo de atribuições. Revista de Direito da Procuradoria-Geral de Justiça do Estado do Rio de Janeiro, nº 3, 1976.

JATAHY, Carlos Roberto C.: A atualidade do caso Marbury vs Madison e a inconstitucionalidade da Lei 10.628/2002", na Revista do Ministério Público do Estado do Rio de Janeiro, no 19 (jan./jun.), 2004.

JATAHY, Carlos Roberto C. e Goldemberg, Eliane. Ministério Público: Legislação Institucional. Rio de Janeiro: Freitas Bastos, 2021.

LIMA, Alcides Mendonça. Atividade do Ministério Público no Processo Civil. São Paulo: Revista do Processo, ano 3, nº 10, abr./jun. 1978.

LIMA, Marcellus Polastri. Uma abordagem sobre questões relativas à atribuição criminal. Publicado na Revista de Direito do Ministério Público do Rio de Janeiro nº 2, 1995.

LEIVAS, Paulo Gilberto Cogo. Teoria dos direitos fundamentais sociais. Porto Alegre: Livraria do Advogado, 2006.

LEONEL, Ricardo de Barros. Manual do Processo Coletivo, RT, 2002.

LEONEL, Ricardo de Barros. Ministério Público e despesas processuais no novo Código de Processo Civil. In: ZANETI JR, Hermes (coord.). Processo coletivo. Coleção Repercussões do Novo CPC, v. 8. Salvador: JusPodivm, 2016.

LYRA, Roberto. Theoria e prática da promotoria pública. Rio de Janeiro: Jacintho, 1937.

MACHADO, Antonio Cláudio da Costa: A intervenção do MP no Processo Civil Brasileiro. São Paulo: Saraiva, 1989.

MANCUSO, Rodolfo de Camargo. Ação popular. 7ª ed. São Paulo: Editora Revista dos Tribunais, 2011, p. 93.

MÁRTENS, João B. da Silva Ferrão de Carvalho. O ministério público e a procuradoria-geral da Coroa e Fazenda. História, natureza e fins. In: Boletim do Ministério da Justiça. Lisboa: Ministério da Justiça, fev. 1974, nº 233.

MAZZILLI, Hugo Nigro. O Ministério Público na Constituição de 1988. São Paulo: Saraiva, 1989.

MAZZILLI, Hugo Nigro. Regime Jurídico do Ministério Público. 32ª ed. Salvador: Jus Podium, 2021.

MEIRELLES, Hely Lopes. Direito Administrativo Brasileiro, 41ª ed., Malheiros Editores, 2015.

MEIRELLES, Hely Lopes. Direito Municipal Brasileiro. 7ª ed. São Paulo: Malheiros, 1990.

MELLO, Celso Antônio de. Curso de direito administrativo. 32ª ed. São Paulo: Malheiros, 2015.

MELLO Junior, João Cancio de. A Função de controle dos atos da Administração Pública pelo Ministério Público. Belo Horizonte: Líder, 2001.

MONTEIRO, João. Teoria do Processo Civil. 6ª ed. Rio de janeiro: Borsoi, 1956.

MORAES, Alexandre de. Direito Constitucional, 32ª ed., Atlas, 2016.

MORAES, Rodrigo Iennaco. Efetividade do Direito à Saúde – Atuação prioritária do Ministério Público a partir da abordagem epidemiológica. Revista AMMP – Associação Mineira do Ministério Público. Ano 1, nº 1, biênio 2001/2003.

NEIVA, José Antônio Lisboa. Ação Civil Pública, Litisconsórcio de Ministérios Públicos. São Paulo: RT 707:238, 1994.

NERY JUNIOR, Nelson e Rosa Maria de Andrade Nery, in Código de Processo Civil Comentado, 17ª ed., São Paulo: Thomson Reuters Brasil, 2018.

NEVES, Daniel Amorim Assumpção. Novo Código de Processo Civil Comentado. 3ª ed. – Salvador: Ed: JusPodivm, 2018.

PINHO, Humberto Dalla Bernardina de. Manual de Tutela Coletiva. Humberto Dalla e José Roberto Mello Porto. São Paulo: Saraiva, 2021.

PINHO, Humberto Dalla Bernardina de. Direito Individual Homogêneo – uma leitura e releitura do tema. Disponível em <www.amperj.org.br/associados/dalla/.htm>, acesso em 11 out. 2003.

PINHO, Humberto Dalla Bernardina de. Direito processual civil contemporâneo: teoria geral do processo. 8ª ed. São Paulo: Saraiva Educação, 2018.

PINHO, Humberto Dalla Bernardina de. O consenso em matéria de Improbidade Administrativa: Limites e controvérsias em torno do Acordo de não persecução Cível introduzido na Lei 8429/92 pela Lei nº 13.964/2019. Revista Interdisciplinar de Direito, v18, n1 pp 145-162. jan/jun 2020

PORTO, Ronado (coord.). Ministério Público II: Democracia. São Paulo: Atlas, 1999.

REZENDE Filho, Gabriel. Direito Processual Civil. 4ª ed. São Paulo: Saraiva, 1954, v. 1.

RIBEIRO, Diaulas Costa. Ministério Público: Dimensão constitucional e repercussão no processo penal. São Paulo: Saraiva, 2003.

RODRIGUES, Geisa de Assis. Ação Civil Pública e Termo de Ajustamento de Conduta – Teoria e Prática. Rio de Janeiro: Forense, 2002.

ROUSSELET, Marcel e AUBOIN, Jean Michel. Histoire de La Justice. 5ª ed. Paris: Presses Universitaires de France, 1976.

SALLES, Carlos Alberto. Entre a razão e a utopia: A formação histórica do Ministério Público. In: VIGLIAR, José Marcelo Menezes e MACEDO Junior,

SAMPAIO, José Adércio Leite. A Constituição reinventada pela jurisdição constitucional. Belo Horizonte: Del Rey, 2002.

SANGLARD, Pedro Elias Erthal. A Atuação do Ministério Público Estadual na proteção do Meio Ambiente de Magé e de Guapimirim, Brasil (1991/1998). Disponível em <www.amperj.gov.br/artigos>, acesso em 06 out. 2003.

SANTOS, Moacyr Amaral. Primeiras Linhas de Direito Processual Civil. São Paulo: Saraiva, 1977, v. 1.

SAWEN Filho, João Francisco. Ministério Público e o Estado democrático de direito. Rio de Janeiro: Renovar, 1999.

SILVA, De Plácido e. Vocabulário Jurídico. Vol. I. 12ª ed., 1997.

SILVA, José Afonso da. Comentário Contextual à Constituição. 5ª ed. Malheiros, 2008.

SILVA, José Afonso da. Curso de Direito Constitucional Positivo. 38ª ed. São Paulo: Ed. Malheiros, 2015.

SOARES, Antônio Carlos Martins. Direito Eleitoral – questões controvertidas. Rio de Janeiro: Editora Lumen Juris, 2006.

SOUZA, Motauri Ciocchetti. Ação civil pública e inquérito civil. São Paulo: Saraiva, 2008.

STOCO, Rui. Tratado de responsabilidade civil: doutrina e jurisprudência. 8ª ed. São Paulo: Revista dos Tribunais, 2011.

TARTUCE, Flavio. Manual de direito civil: volume único. 7ª ed. – Rio de Janeiro: Forense. São Paulo: Método, 2017.

TORNAGHI, Hélio. Comentários ao Código de Processo Civil. São Paulo: Revista dos Tribunais, 1976, v. 1.

VIDAL, Hélvio Simões. Administradores e Provedores de entidades privadas prestadoras de serviços de saúde como sujeitos ativos de improbidade administrativa e a legitimação do Ministério Público para responsabilizá-los. Revista AMMP – Associação Mineira do Ministério Público. Ano 1, nº 1, biênio 2001/2003.

ZAPPA, Giancarlo. Il pubblico ministero: apunti di storia e di diritto comparatto. In: La riforma Del pubblico ministero. Milão: Dott. A. Giuffré, 1974.

ZAVASCKI, Teori Albino. Ministério Público e ação civil pública. Revista Inf. Legislativa nº 114, abr./jun. de 1992.

ZENKNER, Marcelo. Ministério Público e Efetividade do Processo Civil. Coleção Temas Fundamentais de Direito, v. 3, São Paulo: Revista dos Tribunais, 2006.